W0188830

MOLDEN
TASCHENBUCH
VERLAG

Das Buch

Am 10. Mai 1940 hielt die Welt den Atem an. Im Morgengrauen waren Hitlers Armeen zum Angriff gegen Frankreich angetreten. In tollkühnen Handstreichen zerschlugen Kommandoeinheiten die Eckpfeiler des alliierten Verteidigungssystems; am 15. Mai stand den Panzern Rommels und Guderians das Tor nach Frankreich offen; fünf Tage später war der Durchbruch zur Kanalküste vollendet, der Rest fast nur noch eine Sache des Aufräumens.

Wie konnte das geschehen? Hatte Frankreichs Armee nicht als die größte und am besten ausgerüstete der ganzen Welt gegolten? Alistair Horne hat sorgfältig recherchiert, ehe er seine Antworten formulierte. In der Gegenüberstellung des erschütternden französischen Zusammenbruchs und des deutschen Triumphs verschmelzen die Kunst packender Schilderung und historische Exaktheit zu einem Meisterwerk moderner Geschichtsschreibung.

Der Autor

Alistair Horne, 1925 in London geboren, im Zweiten Weltkrieg Dienst in der Royal Air Force und in der Abwehr. Mitarbeiter weltberühmter Zeitungen wie „Life", „The New York Times", „Daily Telegraph". Rundfunktätigkeit in den USA und in Kanada. Seine vorwiegend historischen Werke wurden in viele Sprachen übersetzt.

Alistair Horne

DER FRANKREICH-FELDZUG 1940

mit 9 Übersichtskarten

MTV · MOLDEN-TASCHENBUCH-VERLAG
WIEN-MÜNCHEN

MTV · Molden-Taschenbuch-Verlag
EROICA Verlagsgesellschaft mbH, Wien-München
Lizenzausgabe mit freundlicher Genehmigung des
Verlages Fritz Molden, Wien-München-Zürich
Titel der englischen Originalausgabe:
TO LOSE A BATTLE: FRANCE 1940
Aus dem Englischen übertragen von
HANSHEINZ WERNER
Copyright © Alistair Horne 1969
Alle Rechte der deutschen Ausgabe 1969:
Verlag Fritz Molden, Wien-München-Zürich
Ungekürzte Ausgabe
Nachdruck auch auszugsweise verboten
Umschlagentwurf: Hans Schaumberger
Gesamtherstellung: Ebner, Ulm
MTV-Band 16, Juni 1976
ISBN 3-217-05016-9

Inhalt

Vorwort 11
Dank des Autors 15

ERSTER TEIL

1. KAPITEL
Größe und Tragik des Sieges (1919 bis 1930) 19

2. KAPITEL
„Gott sei gedankt für die französische Armee!" 35

3. KAPITEL
Fortuna wechselt die Seiten 51

4. KAPITEL
Die Auguren schweigen 69

5. KAPITEL
„Ein merkwürdiger Krieg" 90

6. KAPITEL
Gamelin 107

7. KAPITEL
Die Sichel und der Schnitter 123

8. KAPITEL
Auf den Abgrund zu 141

ZWEITER TEIL

9. KAPITEL
Der Krokus blüht (10. Mai) 167

10. KAPITEL
Durch die Ardennen 184

11. KAPITEL
An der Maas (12. Mai) 194

12. KAPITEL
Der Übergang (13. Mai) 213

13. KAPITEL
Die Festigung der Brückenköpfe (14. Mai) 249

14. KAPITEL
Der Durchbruch (15. Mai) 273

15. KAPITEL
„Wir haben die Schlacht verloren!" (16. Mai) 295

16. KAPITEL
Die Panzer halten (17. Mai) 327

17. KAPITEL
Sturm zum Atlantik (18. bis 20. Mai) 349

18. KAPITEL
Einkesselung (21. bis 23. Mai) 384

19. KAPITEL
Das Ende im Norden (24. Mai bis 4. Juni) 414

20. KAPITEL
Die letzte Schlacht (5. bis 22. Juni) 430

21. KAPITEL
Nachmahd 447

ANHANG

Alliierter Aufmarschplan (10. Mai 1940) 462
Deutscher Aufmarschplan (10. Mai 1940) 464
Karten 466
Anmerkungen 475
Namenregister 496
Bibliographie 503

La France a perdu une bataille!
Mais la France n'a pas perdu la Guerre!

Frankreich hat eine Schlacht verloren —
aber es hat nicht den Krieg verloren!   General de Gaulles Proklamation
                                         in London nach dem Fall Frankreichs

Erst wenn ... man den Lebenswillen der deutschen Nation nicht mehr in
bloß passiver Abwehr verkümmern läßt, sondern zu einer endgültigen
aktiven Auseinandersetzung mit Frankreich zusammenrafft und in einen
letzten Entscheidungskampf mit deutscherseits größten Schlußzielen hinein-
wirft: erst dann wird man imstande sein, das ewige und an sich so unfrucht-
bare Ringen zwischen uns und Frankreich zum Abschluß zu bringen.
                                        Adolf Hitler, Mein Kampf (1925)

Für Alexandra

Seit dem Deutsch-Französischen Krieg sind nun rund hundert Jahre vergangen, fünfzig Jahre sind es her, daß in Versailles der Erste Weltkrieg beendet wurde, und vor dreißig Jahren fiel der Vorhang über dem ersten Akt des Zweiten Weltkriegs, dem Fall Frankreichs. Dieses Buch versucht, die Geschichte dieser dritten Episode zu erzählen. Obwohl es durchaus auf eigenen Beinen stehen soll, ist es zugleich die dritte Tafel eines Triptychons, dessen erste zwei „Paris ist tot — es lebe Paris" (Scherz-Verlag) und „Des Ruhmes Lohn: Verdun 1916" (Köhler-Verlag) sind; es ist daher eng mit dem Thema dieser früheren Bücher verknüpft. Fast die gesamten hundert Jahre lang, zumindest bis 1945, war die deutsch-französische Rivalität die entscheidende Frage in Europa. Das ist nicht mehr der Fall. Wie ich im Vorwort zu dem ersten Buch zu erklären versuchte, soll das Triptychon diese bedeutende Epoche europäischer Geschichte behandeln, deren Marksteine drei große Schlachten zwischen Deutschen und Franzosen sind, von denen jede entscheidend für den Ausgang des Krieges und darüber hinaus für die Ereignisse in Europa war. Im wesentlichen handelt es sich hier nicht um militärische Studien. Wie der Leser an Hand des vorliegenden Buches erkennen wird, gibt es — wenigstens nach Auffassung des Autors — Nachwirkungen von 1870/71 und von 1916, die nicht unwesentlich zur französischen Niederlage von 1940 beitrugen. Und vieles wiederum, was seither geschehen ist — und noch geschieht —, kann eine Erklärung in dem Debakel von 1940 finden.

„Über die Maas, über Schelde und Rhein" war in mancher Hinsicht am schwersten zu schreiben. Erstens war es gar nicht einfach, zu entscheiden, wann unsere Geschichte beginnt und wann sie endet. Mit der zermalmenden Überlegenheit der deutschen Stukas und Panzer am 13. Mai 1940 zu beginnen hieße vieles ungeklärt lassen, anderseits war die entscheidende Schlacht längst vorbei, als Pétain um Waffenstillstand bat, ja sie wurde geschlagen noch bevor sich das britische Expeditionskorps in Dünkirchen einschiffte. Ich entschloß mich also, mit Frankreichs Stunde der höchsten Macht zu beginnen, der Siegesparade von 1919, nur jene Faktoren des Weltgeschehens zwischen den Kriegen zu behandeln, die 1940 für Frankreichs Schwäche und Deutschlands Stärke von Relevanz zu sein schienen, und den Hauptbericht mit dem Scheitern der letzten alliierten Gegenangriffe in Nordfrankreich zwischen dem 21. und 24. Mai abzuschließen.

Nach diesem Zeitpunkt war der Feldzug für die Deutschen wenig mehr als eine Frage des Marschierens.

Die zweite und weitaus größere Schwierigkeit betraf das Quellenmaterial. Die Belagerung von Paris und die Kommune dauerten zusammen — auf ein und demselben Schauplatz — neun, Verdun zehn Monate. In beiden Schlachten hatten daher zahlreiche Chronisten auf beiden Seiten Muße, detaillierte Tagesberichte zu liefern — oft solche von höchster Qualität. 1870/71 waren in Paris zudem viele „neutrale" britische und amerikanische Beobachter anwesend, und für 1916 sind die amtlichen Kriegsgeschichten beider Parteien lange schon freigegeben. Die Entscheidungsschlacht um Frankreich 1940 dauerte im Gegensatz dazu weniger als zwei Wochen, und das Schlachtfeld erstreckte sich allein in der Tiefe über einen Raum von 320 Kilometer. Besonders auf französischer Seite hatten viele Chronisten einfach nicht die Zeit, ihre Tagebücher zu schreiben, ja sie kamen nicht einmal dazu, einen Brief nach Hause zu kritzeln.

Die Erbeutung der deutschen Archive durch die Alliierten lieferte den Historikern des Westens eine nie dagewesene Fülle an Material. Die Franzosen ihrerseits haben noch keine offizielle Kriegsgeschichte über 1940 veröffentlicht und die Archive von Vincennes nicht zur Benützung freigegeben. Die französische Zurückhaltung ist leicht zu verstehen; man hat allerdings den Eindruck, sie könnte weniger dadurch veranlaßt sein, was vorhanden, als dadurch, was nicht vorhanden ist. Das Fehlen einer offiziellen Kriegsgeschichte wird jedoch teilweise durch die zahlreichen persönlichen Berichte von Teilnehmern ausgeglichen, die Zutritt zu den Archiven hatten, etwa die der Generale Doumenc (Chef des Generalstabs der französischen Armee), Roton (General Georges' Stabschef) und Ruby (Stabschef der französischen 2. Armee), ganz zu schweigen von den ausführlichen Memoiren der Führer selbst: Reynaud, Gamelin und Weygand. Infolge des schnellen Ablaufs der Ereignisse — wenn nicht aus anderen Gründen — stimmen solche Berichte oft nicht überein, und man kann nur schwer entscheiden, was geschah und wann es geschah.

In ihren Berichten über General Weygands entscheidenden Besuch bei den Kommandeuren der Nordfront am 21. Mai (Kap. 18) schreiben sowohl Baudouin wie Churchill — die beide nicht dort waren —, Weygands Flugzeug sei angegriffen und zur Landung in Calais gezwungen worden. Weygand selbst sagt, er sei ungehindert in Norrent-Fontes gelandet und dann nach Calais geflogen. Nach dem Treffen, so schreibt Baudouin, habe Weygand Ypern um 16 Uhr verlassen und sei mit einem Torpedoboot von Dünkirchen nach Cherbourg gefahren; Churchill sagt, um 19 Uhr, und zwar mit einem Unterseeboot nach Dieppe, während Colonel Goutard die Zeit zwischen 17 und 18 Uhr festlegt. Churchill und andere behaupten, Lord Gort sei zu spät, um 20 Uhr, zu dem Treffen in Ypern erschienen, Benoist-

Méchin „gegen 21 Uhr". Das mag nach Haarspaltereien aussehen, macht aber den Historiker hinsichtlich der Genauigkeit in entscheidenden Fragen vorsichtig.

Napoleon warnte einmal: „Vor allem, mißtraut Augenzeugen! Das einzige, was meine Grenadiere von Rußland sahen, war der Tornister ihres Vordermanns." Dieser Rat Napoleons geht wohl zu weit, und seine Grenadiere sahen von dem russischen Feldzug sicher mehr, als ihm lieb sein konnte. Das menschliche Gedächtnis trügt jedoch, und mit ein oder zwei Ausnahmen habe ich mich auf das beschränkt, was gleichzeitig oder bald darauf niedergeschrieben wurde. Aus den schon erwähnten Gründen mußte ich mich stark auf deutsche Augenzeugenberichte über Kampfhandlungen, wie etwa den Maasübergang, stützen. Manche Zeugen, wie Rommel, lassen einen nie im Stich, wenn dieser sich manchmal auch mehr als nur seinen Anteil am Ruhm genommen hat. Allzuoft machen den Leser die nationalsozialistischen Beiklänge, die Betonung deutscher Taten und die Herabsetzung des Feindes — nie ein Rückschlag, nie die Erwähnung eines ausgebrannten deutschen Panzers — mißtrauisch. Anderseits sind die Memoiren vieler französischer Führer eine einzige lange Entschuldigung, wenn sie auch, gegeneinander gehalten, so manches enthüllen können.

Vieles in diesem Buch wird die französische *amour propre* unvermeidlich schmerzen. Obwohl viele der französischen Untersuchungen kaum kritischer sein könnten, tendieren die Franzosen vielleicht mehr als andere Nationen dazu, den Ausländer, der über ihre Geschichte schreibt, als den Voyeur zu betrachten, der durch das Schlüsselloch fremder Bäder lugt. Außerdem wird ein Brite ohnehin nur schwer begreifen, wie schwärend die Wunden sind, die Einfall und Niederlage bei einer so stolzen Nation wie Frankreich hinterlassen haben.

Holländer, Belgier und meine eigenen Landsleute wiederum mögen mich kritisieren, weil ich ihren Anteil an der Schlacht um Frankreich zu kurz behandelt habe; Amerikaner mögen der Ansicht sein, ich hätte mehr über ihre Rolle zwischen den Kriegen und über den Nachrichtenaustausch zwischen Reynaud, Churchill und Roosevelt sagen sollen. Ich kann mich nur damit entschuldigen, indem ich wiederhole, daß sich das Buch — ebenso wie „Paris ist tot" und „Des Ruhmes Lohn" — in erster Linie mit Frankreich und Deutschland befaßt.

Vorwort des Verlages
Der außergewöhnliche Erfolg des Werkes von Alistair Horne, das heute schon zu einem Standardwerk der Literatur über den Zweiten Weltkrieg geworden ist, legte den Gedanken nahe, eine Taschenbuchausgabe herauszubringen, die gegenüber dem Original völlig unverändert geblieben ist.

Der Verlag

Während meiner Studien für dieses Buch erhielt ich wieder sehr viel unentbehrliche, liebenswürdig gewährte Hilfe von Dr. Rohwer und Herrn Haupt von der Bibliothek für Zeitgeschichte in Stuttgart und M. Hornung von der Bibliothèque de Documentation Internationale Contemporaine an der Universität Paris. Von den englischen Bibliotheken und Archiven erwies sich die Buch- und Zeitschriftensammlung des Imperial War Museum als von unschätzbarem Wert. Zudem bin ich für mir gewährte Hilfe zu großem Dank verpflichtet dem Ministry of Defence, Professor Michael Howard vom King's College, London, dem Royal United Service Institution und der London Library.

In Deutschland erwies sich das Bundesarchiv als wertvolle Materialquelle, in Frankreich habe ich Oberst le Goyet vom Service Historique de l'Armée in Vincennes für seine Hinweise bezüglich einiger Spezialfragen zu danken. Von den Persönlichkeiten, die mich beraten oder mir ihre Memoiren zur Verfügung gestellt haben, gilt mein besonderer Dank Generalmajor Sir Edward Spears — der mit seinen klassischen Erinnerungen an das Frankreich zweier Weltkriege als Sueton unserer Zeit gelten sollte —, Hauptmann Sir Basil Liddell Hart, Oberst A. Goutard, Mrs. Clare Boothe-Luce, dem verstorbenen General der Luftwaffe Sir Arthur Barratt, den Herren Gaston Palewski, Edouard Leng, Constantine FitzGibbon und Oberst G. B. Jarrett.

Für Illustrationen habe ich zu danken Oberst Jarrett, der Bibliothek für Zeitgeschichte, dem Musée de la Guerre (Vincennes), der Radio Time Hulton Library, Anne Money-Coutts und Mrs. C. M. James, für Karten Mr. K. C. Jordan.

Zusammen mit meinen Verlegern möchte ich folgenden Verlagen und Personen für die Erlaubnis zur Heranziehung von Texten danken: Collins, Sons & Co Ltd. für die Auszüge aus „The Rommel Papers" (Herausgeber B. H. Liddell Hart), Michael Joseph Ltd. für Auszüge aus Heinz Guderians „Panzer Leader" und Mr. William Shirer für Auszüge aus seinem Werk „Berlin Diary".

Bei der Sichtung des Materials war mir die nie ermüdende Sorgfalt Mr. Peter Bradleys von großem Nutzen. Von denen, die das Manuskript lasen und mir wertvolle Vorschläge machten, bin ich besonders Generalmajor Miles Fitzalan-Howard verpflichtet, der den Text mit beruflich geschultem Auge prüfte, und Mr. Philip Whitting sowie meinen Verlegern in

London und New York, Mr. Alan Maclean, Mr. Richard Garnett und Mr. Harry Sions, denen ich nicht nur für ihre eifrige Arbeit am Manuskript, sondern auch für die Ermutigung während vieler Monate zu danken habe. Mein besonderer Dank gilt Mrs. Angus Nicol, die das Manuskript mehrmals mit der Maschine schrieb und mir in vieler anderer Hinsicht — oft zu unmöglichen Stunden — unschätzbare Hilfe leistete. Aufrichtig zu danken habe ich für das nie versiegende Wohlwollen meines alten Freundes Mr. William F. Buckley, der mir in einem kritischen Augenblick dieser Arbeit einen Hafen des Friedens bot. Schließlich verdient meine Frau besondere Erwähnung dafür, daß sie während der Besichtigung der Schlachtfelder als Kartenleserin fungierte, vor allem aber weil sie fast zehn mit Schlachten erfüllte Jahre zu ertragen vermochte.

Im Gegensatz zu einigen Hauptpersonen dieses Berichts erkennt der Autor, daß er für etwaige Katastrophen im Endergebnis ganz allein die Schuld trägt.

London, Ashington, Château de Rougemont

ERSTER TEIL

1. KAPITEL

Größe und Tragik des Sieges
1919—1930

Der Sieg mußte so teuer erkauft werden, daß er von der Niederlage fast nicht zu unterscheiden war.

Winston Churchill: The World Crisis

Die Jugend konnte siegen, hatte aber nicht gelernt, das Gewonnene zu behaupten; und gegen das Alter zeigte sie sich jämmerlich schwach. Wir stammelten, daß wir für einen neuen Himmel und eine neue Erde gearbeitet hätten, und sie dankten uns freundlich und machten ihren Frieden.

T. E. Lawrence über Versailles

13. Juli 1919

Schon am Sonntag nachmittag, am Tag vor dem großen Ereignis, hatten sich längs den Champs-Elysées große Menschenmengen angesammelt. Man schätzte, daß um 3 Uhr nachts bereits 100.000 Menschen dort ihre Plätze bezogen hatten. Der Arc de Triomphe war gesperrt. In der Menge, in der noch viele der Frauen Trauer um einen Sohn oder Gatten trugen, herrschte ein zurückhaltender, fast ernster Jubel. Alles war so anders als an jenem Augusttag vor fünf Jahren, als frenetische Pariser mit dem Gesang des *Chant de Départ* durch die Stadt gezogen waren und „Nach Berlin!" gerufen hatten.

Die Reinemachefrauen hatten kaum die Abfälle der Diplomatie aus dem Spiegelsaal von Versailles gefegt — dem Saal, in dem sich 1871 ein siegreicher Preußenkönig zum Kaiser proklamiert hatte und den Frankreich ein halbes Jahrhundert später mit unübertrefflichem Sinn für Theatralik als Bühne für eine „Revanche" genannte Tragödie wählte. Nach mehr als vier Jahren des entsetzlichsten Kriegs, den die Menschheit je gekannt hatte, war der Friede endlich Tatsache geworden. Als in London Kanonen die Nachricht verkündeten, daß der Friede nunmehr unterzeichnet sei, hatte die loyale Menge vor dem Buckinghampalast König Georg V. sagen hören: „Gemeinsam mit euch danke ich Gott!" Jedoch hatten sich die Verhandlungen so lange hingezogen, daß die Einzelheiten des Friedensvertrages selbst schon keinen besonderen Eindruck mehr machten. Die Öffentlichkeit war froh, daß die Presse zu aktuelleren Themen zurückkehrte. Das Tennisturnier von Wimbledon und die Regatta in Henley wurden erstmals nach dem Krieg wieder abgehalten, obwohl selbst die „Illustrated London News" klagte, „daß Henley dieses Jahr nicht ganz das alte war".

In Paris war die Vertragsunterschrift schnell von diesem anderen, großartigen Anlaß in den Schatten gestellt worden. Der 14. Juli 1919 war der Tag der Siegesparade, Frankreichs Augenblick des höchsten Triumphs, in den Augen vieler Franzosen vielleicht der größte Triumph seiner ganzen langen Geschichte. Niemals war „Le jour de gloire" passender mit der Marseillaise gefeiert worden als an diesem *Quatorze Juillet*, da Elsaß-Lothringen nach achtundvierzigjähriger Knechtschaft heimgekehrt war.

Am Vorabend der Parade füllte ein Zenotaph das mächtige Gewölbe des Arc de Triomphe fast völlig aus.[2] Die vier Seiten des Zenotaphs wurden von je einer Siegesgöttin bewacht, deren Schwingen aus der Bespannung von Kriegsflugzeugen gefertigt waren. An den Sockelflächen las man die düstere Widmung: „Aux morts pour la patrie." Die ganze Nacht flackerte und schwelte griechisches Feuer aus den Urnen an den Ecken des Zenotaphs, während mächtige Scheinwerfer seinen vergoldeten Gips in reinstes Gold verwandelten. Rings um den Zenotaph hielten Soldaten aller Waffengattungen der französischen Armee mit umgedrehten Gewehren Wache, schweigend angestarrt von einer ehrfürchtigen Menge, die sich um die erbeuteten feindlichen Kanonen drängte, die man im Kreis um den Place Etoile aufgefahren hatte.

14. Juli 1919

Kurz nach Mitternacht wurde die massige Pylone von Traktoren unter dem Bogen herausgezogen, um den Weg für die triumphale Prozession frei zu machen. Als das Morgengrauen eines strahlend silberblauen Tages anbrach (er erinnerte einige romantische französische Journalisten an den Tag von Austerlitz), grüßte die Glücklichen, die auf Balkonen längs der Champs-Elysées einen Platz gefunden hatten, ein gewaltiges Schauspiel. So weit das Auge reichte, die grüne Linie der Avenue de la Grande Armée hinunter und den ganzen acht Kilometer langen Paradeweg entlang, flatterten die Fahnen und Wimpel der alliierten Nationen von einem endlosen Wald weißer Maste. Zu beiden Seiten des Rond Point war ein riesiger Berg deutscher Waffen aufgehäuft, auf der einen Seite gekrönt von dem gallischen Hahn von 1914, der sich zum Kampf rüstet, und auf der anderen von dem Hahn von 1918, der der Welt seinen Aufstieg entgegenkräht. An der Porte Maillot sammelten sich die Massen der alliierten Kontingente hinter ihren Führern, begrüßt von Mitgliedern des Stadtrates, die gleich den Ädilen der Antike die Stadt den siegreichen Heeren öffneten.

Um 7 Uhr 45 brachte ein Wagen Clemenceau zum Etoile — den gefürchteten „Tiger", der Frankreich vom Rand der Niederlage weg durch das verzweifelte letzte Kriegsjahr zum Sieg gepeitscht hatte. Der alte Tiger versandte wilde Blicke nach links und rechts, als er, gefolgt von seinem unzertrennlichen Adjutanten, einem ernsten, pastösen jungen Mann namens Georges Mandel, langsam zu der Tribüne trottete. Kurz nach acht erschien der Präsident der Republik selbst: Raymond Poincaré, der Mann aus Lothringen, ein Symbol all dessen, wofür Frankreich so tapfer gekämpft hatte, von der Menge laut umjubelt. Begleitet von Frankreichs beiden ruhmreichen Marschällen, Joffre und Foch, legte der Präsident einen Kranz am Fuß des Zenotaphs nieder. Dann fuhren die Marschälle ab, um ihren Platz an der Spitze der Parade einzunehmen. Als der Präsident auf der Tribüne erschien, donnerten in der Ferne Kanonen — vom Bois de Boulogne, vom Mont Valérien und von all den Forts, die im bitteren Winter von 1870 die Stadt vor dem nun gedemütigten Feind hatten schützen wollen. Raketen stiegen hoch und explodierten über dem Arc de Triomphe. Unten an der Porte Maillot zog ein Hauptmann die Uhr und gab den Befehl, der in den letzten vier Jahren so oft im tödlichen Morgengrauen erklungen war: „Avancez!" Die Trommeln rollten, die Trompeten schmetterten ihre Fanfare in jenem eigenartigen gallischen, fast klagend schrillen Ton, dann setzten die Regimentskapellen mit den erregenden Klängen von „Vous n'aurez pas l'Alsace et la Lorraine" ein. Der elektrische Funke der Erwartung zuckte durch die Menge. Die Müdigkeit des langen Ausharrens war verflogen.

Die Ketten, die den Triumphbogen seit jenem Tag vor achtundvierzig Jahren umspannt hatten, als die Preußen ewigen Haß in die Herzen der Franzosen pflanzten, indem sie auf einen Triumphmarsch durch die niedergestreckte Stadt bestanden, waren jetzt entfernt. Zum erstenmal seit jenem Tag der Schmach tauchten marschierende Männer unter dem geheiligten Bogen auf. Wer sie aber in diesem historischen Augenblick über die Schwelle führte, war nicht Joffre oder Foch, nicht die Kavallerie, die Zuaven oder eine alliierte Abteilung: es waren drei junge Männer, oder was von ihnen noch übriggeblieben war, vom Krieg unsagbar verkrüppelt, noch in Uniform, aber von ihren Krankenschwestern in primitiven Wagen gefahren. Unmittelbar hinter ihnen kam eine weitere große Abteilung von *grands mutilés*. Offiziere und Mannschaften aller Dienstgrade, viele bereits in Zivil, marschierten — oder humpelten — ohne Gleichschritt oder militärische Ordnung, zwölf Mann in einem Glied; kaum einer, der nicht ein Auge oder ein Glied verloren hatte, viele trugen die begehrteste Auszeichnung Frankreichs, die Médaille Militaire, auf der Brust. Die Blinden — einige durften eine Fahne tragen — wurden von Einbeinigen oder Armlosen geführt. Männer, deren zerstörte Gesichter gnädig durch Verbände verdeckt waren, Männer ohne Hände, Männer, deren Haut noch vom

Chlorgas grün gefärbt war, Männer mit Augen, die irr unter Schädelkappen hervorstarrten, mit denen ihre schweren Kopfverletzungen verhüllt waren. Einige unter ihnen waren berühmte Helden, die von der Menge sofort erkannt wurden; in ihrer Mitte, an seinem Riesenmaß erkennbar, hinkte Sergeant André Maginot — bereits eine wohlbekannte Figur in der Nationalversammlung —, der bei Verdun schwer verwundet worden war.

In gequält zögerndem Tempo marschierte die Kolonne zu den für sie errichteten Tribünen. Als sie an einem Podium mit hundertfünfzig jungen Elsässerinnen in Nationaltracht vorbeikamen, regneten Blumen auf sie herab. Einen Augenblick lang starrte die Menge in betäubtem Schweigen auf die zerbrochenen Männer, dann erklang ein gewaltiger Schrei, der aus dem Inneren einer Nation zu kommen schien, ein Schrei, der zugleich Gruß und Gelöbnis war. Niemand, der die *mutilés* vorbeikommen sah, konnte verkennen, für wen sie hier marschierten: für viele tausend andere, die, noch hoffnungsloser verstümmelt, die Lazarette überall im Land nie mehr verlassen würden, für Hunderttausende anderer Kriegsversehrter, die nur relativ glücklicher waren als sie, denen die Zukunft nur wenig bot und die selbst nur wenig zum Wiederaufbau ihrer erschöpften Nation beitragen konnten — und vor allem für die verlorenen Legionen, die nicht mehr von der Front zurückgekehrt waren. Aus dem französischen Mutterland allein waren es 1,315.000 oder 27 Prozent aller Männer zwischen achtzehn und siebenundzwanzig; keine kriegführende Nation außer Serbien hatte einen höheren Prozentsatz an Gefallenen aufzuweisen — mehr als Rußland, mehr als Deutschland und seine Verbündeten. Diese Tatsache, die der Nation so brutal am Tag der Siegesfeier vor Augen geführt wurde, sollte nie vergessen werden.

Eine lange Pause trat ein — „wie um uns atmen oder unsere Tränen trocknen zu lassen". Dann kam „la gloire" in Person. Von donnerartigem Trommelwirbel und Fanfaren begleitet, ritt eine Schwadron der prächtigen Gardes Républicaines durch den Arc de Triomphe, vierzig Meter zurück folgten Joffre und Foch. Bis zur elften Stunde hatte man diskutiert, ob Joffre, der während der Schlacht von Verdun in Ungnade gefallen war, überhaupt teilnehmen solle. Foch hatte die Frage schließlich entschieden, indem er mit bewunderungswürdiger Großmut erklärt hatte, wenn Joffre nicht inter pares mit ihm reite, komme er auch nicht. So ritten sie nun nebeneinander: der Mann, der Frankreich 1914 an der Marne gerettet, und der, der es 1918 zum Endsieg geführt hatte, das Frankreich der Verteidigung und das des Angriffs. Die beiden Führer trugen ihre altvertrauten Uniformen: Foch ganz in Grau, am Käppi die drei Reihen Eichenlaub; Joffre, eine stattliche Gestalt, in schwarzem Dolman und roter Hose. Joffre, dem man sein Alter ansah, schien von der Menschenmenge beeindruckt; wiederholt zeigte er sie Foch, als sei er überrascht, daß man ihn noch kenne. Foch, steif aufgerichtet auf seinem berühmten Schlachtroß Emir, den Marschall-stab mit den sieben Sternen fest in der Rechten, war ganz das Bild des siegreichen Feldherrn. Diskret einige Schritte zurück, an seinem schon ge-wohnten Platz, ritt, adrett wie immer, General Maxime Weygand, Fochs Stabschef. Dann kam der übrige Stab des alliierten Generalissimus, ein-schließlich des Obersten Georges, der, wie Weygand, zwanzig Jahre später eine furchtbare Verantwortung übernehmen sollte.

Jetzt waren die Alliierten an der Reihe, zuerst der alphabetischen Reihen-folge nach die Amerikaner mit General Pershing an der Spitze. Ein „Times"-Korrespondent nannte sie „die schönsten amerikanischen Truppen, die Paris je gesehen hat; sie marschierten mit vollendeter Exaktheit". Dann kamen die Belgier und nach fünf Minuten Pause die Briten, geführt von Sir Dou-glas Haig. Als sie die Fahnen der zweihundert Regimenter vorbeitrugen, die in Flandern oder an der Somme gekämpft und geblutet hatten, fiel die Menge in den Refrain von „Tipperary" ein, des Liedes, das Frankreich nach vier Kriegsjahren so gut kannte. Dann folgten Italiener in schieferfarbenen Uniformen, kleine Japaner in Khaki, hierauf Portugiesen, Rumänen, Ser-ben und Siamesen und zuletzt Männer, die die französischen Waffenröcke im *bleu horizon* trugen, Männer der „neuen" Nationen, die ihre Existenz dem alliierten Sieg verdankten und die ihrerseits von denselben Alliierten in den nächsten zwei Jahrzehnten im Stich gelassen werden sollten — Tsche-choslowaken und Polen. So viele Nationen waren nötig gewesen, um die Macht des Deutschen Reiches zu stürzen. Und doch fehlte eine Armee, ohne die es kein „Wunder an der Marne", ohne deren angeblich unerschöpfliche Reserven es heute keine Siegesfeier gegeben hätte: die Armee Rußlands, das jetzt durch Revolution und Bürgerkrieg von den ehemaligen Verbündeten abgetrennt und offensichtlich vergessen war.

Als der düstere Eindruck, den der Beginn der Parade hinterlassen hatte, etwas verblaßt war, wurde die Menschenmenge wild. Jede neue Abteilung wurde mit Jubel begrüßt. Kavalleristen hoben Mädchen gegen alle Ordnung in den Sattel, damit sie besser sehen könnten. Frauen und Kinder schmückten die Soldaten mit Blumen und Papiergirlanden. An diesem Tag wenigstens erfolgte der Dank Frankreichs an seine Alliierten ohne Groll. Ihre ganze Lungenkraft bewahrten die Zuschauer freilich für das gewaltige französi-sche Kontingent auf. Ein einzelner Reiter kam auf einem Schimmel durch den Arc de Triomphe, ernst und majestätisch, groß und prächtig in der himmelblauen Uniform, das strenge Gesicht noch bleicher als sonst: er gab das Zeichen für den Höhepunkt des Tages — Marschall Pétain, der Ober-befehlshaber. Ihm folgten die *poilus*, die er durch die zehn Monate der Hölle von Verdun geführt, die er durch die Meutereien gelotst hatte, die die französische Armee im folgenden Jahr beinahe zerbrochen hätten. Aus Frankreichs einundzwanzig Armeekorps waren für die Parade jeweils die

Kompanien ausgewählt worden, die sich am meisten ausgezeichnet hatten. Welches Bild des Triumphs boten sie, als sie zu den Klängen von „Sambre-et-Meuse" und „Marche Lorraine" vorbeizogen, den Schlachthymnen, die in den Jahren der Qual Frankreichs Herzen aufgerüttelt hatten! Dann kamen die kleinen *chasseurs* in ihrem Geschwindschritt und den großen Baretts, Männer, die die Wucht des ersten deutschen Angriffs auf Verdun aufgefangen hatten; prächtig aussehende Husaren und Kürassiere in ihren blitzenden Brustpanzern, die nach dem ersten wilden Gemetzel der Grenzschlachten in diesem Krieg wirklich keine Chancen gehabt hatten; Männer aus dem französischen Kolonialreich, Fremdenlegionäre, wild blickende marokkanische *goums* mit Turbanen und in flatternden weißen Gewändern, algerische und indochinesische *tirailleurs;* kohlschwarze Senegalesen, die in dem beunruhigenden Ruf standen, nie Gefangene zu machen; Artilleristen, die eine Batterie der berühmten 7,5er zogen, die die Deutschen an der Marne aufgehalten hatten, und eine Batterie der weniger eleganten kurzrohrigen 15,5er, die bei der Verteidigung von Verdun eine so wichtige Rolle gespielt hatten. Flieger, geführt von dem Fahnenträger René Fonck, einem der wenigen überlebenden Asse, und Matrosen in Marineblau, die Schulter an Schulter mit Belgiern und Briten die Linie in dem schlammigen Sumpf Flanderns gehalten hatten.

In Abständen kamen die berühmten Kommandeure, die die Menge sofort jubelnd erkannte: Gouraud, der einarmige Held, Pau, der ebenfalls einen leeren Ärmel trug (aber schon seit 1870), Fayolle und Debeney, Maistre und Mangin, den seine Soldaten einmal den „Schlächter" genannt hatten. Castelnau, dessen schwarze Armbinde daran erinnerte, daß er selbst drei Söhne verloren hatte, erhielt von den Tribünen besonders warmen Beifall. Beim Anblick der berühmten Krieger versanken die zornigen Erinnerungen an fruchtlose blutige Offensiven und schreckliche Rückschläge, an die Vorwürfe, daß diese Generale das Leben ihrer Männer vergeudet hätten, in diesem Augenblick höchster Dankbarkeit. Am herzlichsten grüßte die Menge aber nicht die Offiziere, sondern die einfachen Soldaten und besonders die Infanterie. Welle um Welle kamen sie vorbei, die Schneide und die Substanz der französischen Armee, Männer, die unter unsagbaren Bedingungen den gesamten Krieg hindurch gekämpft, geduldet, gelitten und höchste Blutopfer getragen hatten, von den ersten mörderischen Grenzschlachten über Verdun, die Somme, den Chemin des Dames, die zweite Marneschlacht bis zu dem letzten glorreichen Vormarsch vom Oktober 1918. Als die Menge die zerfetzten Fahnen der Infanterieregimenter sah, wurde sie von einer Art Raserei erfaßt. Viele stimmten instinktiv „La Madelon" an, während ihnen Tränen über das Gesicht liefen. Welche Erinnerungen überfielen diese Männer, als sie in der Concorde an der Statue Straßburgs vorbeimarschierten, die in diesem Sommer zum erstenmal seit 1870 keinen Trauerflor mehr trug. Für alle Franzosen war dieser 14. Juli ein schicksalhafter Tag, den sie nicht erst in den qualvollen fünf Jahren, sondern bereits dreiundvierzig Jahre vorher erträumt hatten. Viele Franzosen unter den Zuschauern und unter den Marschierenden waren alt genug, um sich an die Schmach der Niederlage erinnern zu können. Pétain — der sich später des im Schatten einer noch demütigenderen Niederlage stehenden Frankreich als Regierungschef annehmen sollte — war damals ein Schuljunge gewesen, aber Foch hatte als Junge gesehen, wie Napoleon III. krank und geschlagen durch Metz gekommen war. Joffre hatte während der viermonatigen Belagerung auf den Wällen von Paris eine Kanone bedient; Clemenceau war einer der Abgeordneten gewesen, die 1871 gegen die Übergabe Elsaß-Lothringens protestiert hatten: beinahe wäre er in dem Bürgerkrieg, der dem Kommunardenaufstand folgte, gelyncht worden. Jetzt aber waren, wie ihm Präsident Poincaré in einer Sonderbotschaft erklärt hatte, „die letzten Spuren der schmerzlichen Vergangenheit im Licht dieses glorreichen Morgens für immer getilgt worden".

Über eine Stunde dauerte der Vorbeimarsch des französischen Kontingents. Man konnte sich schwer vorstellen, daß Frankreich in den vergangenen Monaten bereits drei Millionen Mann demobilisiert hatte. Für jeden Franzosen, der diese großartige Parade beobachtete, war es verzeihlich, zu glauben, daß Frankreich hauptsächlich durch eigene Kraft — und Verluste — gesiegt habe. Als Abschluß der Parade polterten schließlich neun von General Etiennes Angriffstanks durch den Arc de Triomphe. Der schweflige Geruch brennenden Öls und das betäubende Donnern schienen mehr ein Zeichen für die Macht der französischen Armee von heute als ein Vorbote der Schlachten von morgen zu sein. Wer konnte daran zweifeln, daß Frankreich, das siegreich aus dem Inferno hervorgegangen war, jetzt das mächtigste Landkriegsinstrument der Welt besaß? Welcher Tag — welches Schauspiel! Als sich der Staub der Tanks wieder senkte und der Zenotaph wieder unter den Bogen gezogen wurde, glaubte mancher Zuschauer, ein solches Schauspiel zum letztenmal gesehen zu haben. Denn es würde nie mehr Krieg geben.

Licht und Schatten

Die ganze Nacht des 14. Juli 1919 tanzten die Menschen auf den Straßen des strahlend beleuchteten Paris — sie hofften und glaubten doch, daß das euphorische *vie douce* der Vorkriegszeit wiederkehren würde — zurückgekehrt war. Schon aber warfen Gespenster ihre düsteren Schatten. Wer zwischen den Zeilen der Zeitungen lesen konnte, hatte sie schon vor Beginn des Festes entdeckt. Am letzten Freitag hatte es im Café de la Paix einen unangenehmen kleinen Zwischenfall gegeben. Eine Gruppe streikender Kellner war zwischen den Gästen, darunter viele alliierte Offiziere mit ihren Damen, erschienen, hatte Tische umgestoßen, Drinks verschüttet und Porzellan zerschlagen. Gäste und Streikende hatten Schläge ausgetauscht, aber die Ankunft von hundert Mann Polizeireserve hatte die Ordnung schnell wiederhergestellt. Die erbitterten Kellner hatten anscheinend für den Achtstundentag und für bessere Verpflegung und Arbeitsbedingungen gestreikt, für die gleichen Bedingungen also, für die am Tag der Vertragsunterzeichnung die Bediensteten der Metro und der Busse gestreikt und damit die Hauptstadt lahmgelegt hatten. In diesem Frühling waren die Inflation und die wachsende Unruhe der Arbeiter — *la vie chère* statt *la vie douce* — in vielen französischen Familien Hauptgesprächsthema gewesen. Glücklicherweise — so schien es wenigstens den Pariser Grundbesitzern — ging die Regierung hart gegen die Demonstranten des linken Flügels vor. Diese Härte verbitterte aber nur die Atmosphäre. Frankreich, das alles für den Sieg eingesetzt hatte, hatte einige Aspekte der inneren Gesundheit schwer vernachlässigt. Die *Union Sacrée,* der wunderbare Waffenstillstand zwischen allen Parteien und Klassen während des Krieges, hatte die Waffenruhe an den Fronten kaum überlebt!

Am Tag der Siegesparade hatte die Presse beunruhigende Nachrichten aus Berlin gebracht. Zwischen verwundeten deutschen Exsoldaten und französischen Offizieren war es zu einem Straßenkampf gekommen, dabei war ein französischer Soldat von unbekannter Hand getötet worden. Das war eine widerwärtige Erinnerung daran, daß die „Bestie" noch nicht ganz tot war. Aus Washington, wo der Senat die Beratungen über den Friedensvertrag begann, kamen Gerüchte, Präsident Wilson könnte es schwerfallen, den Kongreß zur Ratifikation des Vertragswerks zu bewegen, das Frankreich ein für allemal vor der Drohung der Bestie sichern sollte. Vier Monate später waren die Gerüchte Wirklichkeit geworden.

Mißstimmung beim linken Flügel

Eine wichtige Gruppe hatte die Siegesfeier boykottiert — die extreme politische Linke. Kommunisten, Internationalisten und extreme Sozialisten. In ihren Augen war der Krieg eine verbrecherische Affäre zwischen den kapitalistischen Klassen gewesen. Die Arbeiter waren zu Millionen gestorben, der Krieg war aber nicht ihre Sache gewesen, der Krieg hatte auch nicht wie in Rußland in einer heiligen Revolution geendet, die die bestehende Ordnung gestürzt hatte. Zum Jubel bestand keine Ursache, statt dessen wollten die Extremisten ihre eigene Show abziehen. Zusammen mit einigen Kriegsversehrten sammelten sie sich, etwa hundert Mann stark,[3] beim

Place de la Trinité. In einer makabren Demonstration gegen den Militarismus hatten sie an der Oper einige *mutilés* in ihren Rollstühlen vor Fochs Pferd rollen wollen. Die Polizei hatte sie jedoch auseinandergejagt. Sie sammelten sich auf den äußeren Boulevards von neuem und zogen durch den Ostteil von Paris, um den Märtyrern der Kommune im Friedhof Père Lachaise ihren Tribut zu zollen. Am Friedhof gab es eine Schlägerei, etwa zwanzig Verhaftungen wurden vorgenommen. Nächsten Tag beschimpfte Marcel Cachin, der Redakteur von „L'Humanité", die Siegesparade:

„Bitterkeit! Ekel! Ich habe die Menge erkannt. Es ist nicht jene, die die Bastille stürmte und zum erstenmal auf den Straßen von der Freiheit sang, nicht die, die voll Hingabe den Bahren von Zola oder Jaurès folgte ..., es ist die brutal elementare Menge, die sich nie ändert, die sklavisch Cäsar und Boulanger Beifall zollt, die Besiegten niederschreit und sich ihre Helden wahllos unter Boxern, Gladiatoren und diversen Anführern sucht."

Cachins Zorn mag durch die geringe Zahl von Teilnehmern an der Aktion vom 14. Juli entfacht worden sein, ihre Zahl war aber trügerisch irrelevant für die Frankreich innewohnende, geschweige denn potentielle Kraft der neuen Linken. Bei keiner anderen siegreichen Nation hatte die russische Oktoberrevolution stärkere Sympathien geweckt als bei den französischen Arbeitern. Die französische Linke hatte die brutale Unterdrückung der Kommune von 1871 nicht vergessen. Lenin hatte das Versagen der Kommune als Lehrbeispiel für die Vervollkommnung seiner eigenen Revolution benützt. Die Gründung der Dritten Internationale im März 1919 hatte die revolutionären Hoffnungen in den Herzen der geistigen Erben der Kommunardenopfer neu belebt, und es war auch kein Zufall, daß von den Streitkräften, die in Rußland interveniert hatten, gerade die Franzosen in Odessa die Flagge der Meuterei gehißt hatten. Im Mutterland gab es genug Brennstoff auf dem wirtschaftlichen und sozialen Sektor. Schon in den ersten Nachkriegstagen fühlte man das Vorhandensein einer neuen Macht auf dem politischen Schauplatz, demzufolge schlossen die besitzenden, bourgeoisen Klassen auch ihre Reihen fester zusammen.

Französische Illusionen

Schon beim Waffenstillstand von 1918 erlag Frankreich einer Reihe gefährlicher Illusionen. Es verfiel wieder in das ewige, etwas arrogante Dogma, es sei die Pflicht der Zivilisation, Frankreich als ihrer Mutter wenn nötig zu Hilfe zu kommen. Man nahm automatisch an, die angelsächsischen Verbündeten würden Frankreich nie im Stich lassen; man glaubte, sie — und da besonders Amerika — wollten Europa neu gestalten. Als Wilson zu den siegreichen amerikanischen Soldaten in Frankreich vom „Frieden ... auf der

Grundlage des Rechts" gesprochen hatte, zeigten sie sich sichtlich gelangweilt. Sie wollten nach Hause, und die amerikanische Wählerschaft zeigte, daß man sie — für immer — dort behalten wollte. Als der Idealismus von 1918 verdampfte, zogen sich die angelsächsischen Nationen immer tiefer in ihre Schneckenhäuser zurück. Sie hatten ihre eigenen inneren Probleme. Besonders in England hatte man das Gefühl, daß Deutschland in Versailles unmäßig hart behandelt worden sei; diese Ansicht wurde genährt zum Teil von echtem Altruismus, zum Teil von den Geboten der Wirtschaft, teilweise aber auch von einer instinktiven Sorge wegen der Annexionstendenzen des siegreichen Frankreich, wie sie sich in dem Zugriff nach der Saar und in der Besetzung des Ruhrgebietes manifestierten.

Eine weitere Illusion, zu der der Glanz der Siegesparade zweifellos verleitete, war das Gefühl, Frankreich habe den Krieg hauptsächlich dank seiner eigenen übergroßen Anstrengungen gewonnen. Briten und Amerikaner wußten jedoch, daß der Sieg ohne sie unmöglich gewesen wäre, und sie sollten bald erfahren, daß der Preis an Menschen und Gold zu hoch gewesen war. Sie hätten fast alles getan, um Frankreich nicht ein zweites Mal retten, geschweige denn Elsaß-Lothringen für Frankreich noch einmal zurückgewinnen zu müssen. Dazu kam noch Frankreichs Glaube, durch die Überlegenheit seiner Armee könne es den Frieden selbst erzwingen. Doch dazu war es nicht imstande, der Krieg hatte es in jeder Hinsicht schwächer zurückgelassen, als es selbst wahrhaben wollte und konnte.

Als der wahre Zustand der französischen Wirtschaft offenkundig wurde, gab man sich der glücklichen und simplen Illusion hin, „daß der Boche bezahlen würde". Aber Deutschland konnte und wollte nicht bezahlen. Schließlich gab es noch die tödliche Illusion — die Foch allerdings nicht teilte —, daß das besiegte, ruinierte, verstümmelte, von Revolutionen zerrissene Deutschland nie wieder eine militärische Drohung darstellen könne. Hatten die Franzosen etwa schon vergessen, wie der harte Friedensschluß von 1871 mit seinen territorialen Verlusten Frankreichs Rachefeuer fast ein halbes Jahrhundert lang genährt hatte? Wäre Frankreich seinem Verbündeten Rußland 1914 wirklich so bereitwillig zu Hilfe geeilt, wenn Elsaß-Lothringen nicht so schwer in die Waagschale gefallen wäre? Frankreichs größter Kummer war beseitigt, Versailles hatte die Last aber einfach auf Deutschland gewälzt, das nun um seine verlorenen Ostgebiete trauerte.

Finanzielle Spannungen

Die folgenschwerste Illusion bestand aber vermutlich darin, daß Frankreich seine Kräfte, die die Nachkriegswelt formen sollten, weit überschätzte, ein Fehler, den in den Jahren nach 1945 auch England beging. Es war ein

„hageres Frankreich", das den Tag des Sieges heraufdämmern sah. Die wirtschaftlichen Fakten waren erschreckend, Frankreich hatte etwa 25 Prozent seines Nationalvermögens ausgegeben, und fast 7 Prozent seines Gebietes, einschließlich einiger der reichsten Industriezentren, waren verwüstet. 3,25 Millionen Hektar (etwa die Fläche Hollands) fruchtbaren Bodens waren unbrauchbar, außerdem 4400 Kilometer Eisenbahnen und 48.000 Kilometer Straßen zerstört. Die Kohlenförderung war im Vergleich zu 1914 um 37, die Erzeugung von Stahl um 60 Prozent gesunken; das Handelsdefizit war von 1,5 auf 17,5 Millionen Franc angewachsen. Frankreichs Finanzminister schätzte den durch die Deutschen angerichteten materiellen Schaden — als Basis für die Reparationen — auf 134 Milliarden Goldfranc, im Vergleich zu den 5 Milliarden Goldfranc, die Deutschland 1871 gefordert und erhalten hatte, eine niederschmetternde Zahl. Trotzdem baute Frankreich mit der gleichen erstaunlichen Regenerationskraft wie nach 1871 seine zerstörten Industrien nach 1918 wieder auf, die Bauern bestellten ihre aufgewühlten Felder viel schneller, als man das für möglich gehalten hätte. Für immer lädiert war jedoch Frankreichs finanzielle Struktur. Um den Krieg bezahlen zu können, hatte Frankreich durch eine immer wachsende Menge von Papiergeld die Inflation gefördert. Beim Waffenstillstand hatte der Franc zwei Drittel seines Werts verloren. Aber das war nur der Anfang. Während damals das Pfund Sterling mit 26 Franc notierte, war schon bei der Siegesparade die Parität des Franc zum Pfund auf 51 gesunken. Im Mai 1926 sank die Parität auf 178 und zwei Monate später, als eine aufgebrachte Menge gegen die Tore des Palais Bourbon hämmerte, auf 220. Gründe dafür waren nicht schwer zu finden: da waren die gerechten Forderungen der Arbeiter nach besseren Arbeitsbedingungen und höheren Löhnen, da waren die Millionen, die an Renten für ehemalige Soldaten, besonders Versehrte, bezahlt werden mußten. Am gefährlichsten für die Abwärtsentwicklung waren aber die beiden Illusionen, daß die Alliierten Frankreich nie im Stich lassen würden und daß der „Boche bezahlen müsse". Bei Kriegsende hatte die Staatsschuld 156 Milliarden erreicht, davon 32 Milliarden bei den USA und England. Die Erstellung des Budgets von 1919 wurde um sieben Monate hinausgeschoben, inzwischen wurden weitere Anleihen aufgenommen, so daß der Staatshaushalt bei der Genehmigung des Budgets schließlich ein Riesendefizit von 27 Milliarden aufwies. Niemand nahm das tragisch. Man war überzeugt, daß die Alliierten großzügig sein würden. Man konnte nicht glauben, daß Frankreich, wie man damals zynisch sagte, den Alliierten „den Preis der Mäntel bezahlen müsse, in denen seine Soldaten getötet worden waren". England freilich, das selbst beinahe eine Million seiner Männer auf Flanderns Feldern gelassen hatte und daheim vor den gleichen ernsten inneren Problemen stand, sah die Situation nicht mit den Augen Frankreichs.

Als die Budgeterstellung im Dezember 1918 verschoben wurde, erklärte
Finanzminister Louis-Lucien Klotz — nach Clemenceaus Worten der einzige
Jude, der nichts von Geld verstand —, er erwarte, daß Frankreichs
Defizit jetzt und in Zukunft durch die deutschen Reparationen ausgeglichen
würde. Auf der Friedenskonferenz hatte Frankreich seine Kriegsschäden
auf 209 Milliarden Goldfranc geschätzt, die Gesamtansprüche der Alliierten
beliefen sich auf etwa 400 Milliarden. Britische Finanzexperten schätzten
jedoch, daß nicht mehr als 75 Milliarden aus Deutschland herausgequetscht
werden könnten. Da die Briten von Anfang an Widerwillen gegen das
Thema zeigten, hatten die Reparationsgespräche bitterste Uneinigkeit gebracht,
eine Uneinigkeit, die jenseits des Rhein nicht unbemerkt geblieben
war. Schließlich — und unglücklicherweise — sollte die Festsetzung der
Summe, die Deutschland zu bezahlen haben würde, späteren Verhandlungen
vorbehalten bleiben. Daß diese Frage nicht gelöst wurde, war eine schwärende
Wunde, die Frankreich nichts als Feindseligkeiten eintrug. 1923, als
Deutschland die Reparationsleistungen einstellte, besetzte Frankreich das
Ruhrgebiet, um die Zahlung zu erzwingen. England, das politische Ziele
hinter den finanziellen Vorwänden sah — es gab tatsächlich französische
Nationalisten, die offen die Hoffnung aussprachen, die Besetzung würde für
dauernd sein —, distanzierte sich vom Vorgehen Frankreichs. Der folgende
industrielle Zusammenbruch führte zum Ruin der deutschen Mark. In
Bayern machte ein unbekannter zorniger Österreicher zum erstenmal von
sich reden. In ganz Deutschland entstand ein Vermächtnis dauernder Verstimmung,
es gab einige Märtyrer, aus denen Hitler später vortrefflich
Kapital schlug. Die Beziehungen zu England verschlechterten sich chronisch,
vor der zweiten Weltkrise erreichten sie kaum je wieder die alte Herzlichkeit,
während in Frankreich selbst der Franc hinter der entwerteten Reichsmark
herzulaufen drohte. Als sich Frankreich von der Ruhr zurückziehen
mußte, erlitt die Illusion von Frankreichs beherrschender Rolle in der Nachkriegswelt
den ersten schweren Schock.

Die Reparationen und die aus ihnen erwachsenden internationalen
Feindseligkeiten haben mehr als alles andere den Weg für den Zweiten
Weltkrieg frei gemacht. Frankreichs Budget wurde nicht ausgeglichen, wie
Klotz und seine Nachfolger gehofft hatten, ja aus all den Transaktionen,
die die Reparationen mit der Bezahlung der Kriegsschulden zu verbinden
suchten, zog Deutschland in den zwanziger Jahren wahrscheinlich mehr
Gewinn als Frankreich. Sieben französische Finanzminister konnten in
ihrem Haus nicht Ordnung schaffen. Obwohl 1926 die Rückkehr Raymond
Poincarés als Ministerpräsident Frankreich eine fast wunderbare dreijährige
Quasistabilität — und auch Wohlstand — brachte, kamen und

gingen in den siebzehn Monaten nach seinem Rücktritt (1929) weitere fünf Regierungen. Frankreichs finanzielles Dilemma hielt bis in die dreißiger Jahre, stürzte Regierung um Regierung, machte eine konsequente Außenpolitik — geschweige denn eine Versöhnung mit Deutschland — unmöglich und legte der Dritten Republik Fesseln an, als eine neue Aufrüstung Frankreichs verzweifelt notwendig gewesen wäre.

Keine Männer, keine Ideen

„Die Vorsehung erhebt eine Nation zur Größe, indem sie ihren großen Männern Tugenden verleiht." Das sagte Burke in seiner Gedenkrede an Pitt. Ende der zwanziger Jahre war es schmerzlich klargeworden, daß die politische Existenz der Dritten Republik durch den Mangel an großen Männern wie an großen Ideen in Frage gestellt war. Man hatte Clemenceau so schnell abserviert, wie England das 1945 mit seinem obersten Kriegsherrn tat — „passé le péril, maudit le saint". Briand wurde langsam alt, Painlevé war alt geworden, während Poincaré der schlechte Gesundheitszustand im selben Jahr, in dem Foch und Clemenceau starben, 1929, zum Abtreten von der politischen Bühne zwang. Nach der Zeremonie zur Befreiung Straßburgs hatte man ihn seufzen gehört: „Jetzt kann ich sterben." Trotz seinem Wiederauferstehen 1926 schwang in Poincarés Bemerkung eine Doppelbedeutung mit. Mit der Rückkehr Elsaß-Lothringens war das einigende Wunschbild aus der französischen Politik geschwunden. Wo war jetzt ein heiliger Gral, der den Kampf wert war? Der Ausgleich des Budgets war dafür schwerlich ein Ersatz. Gleichzeitig hallte in Poincarés Seufzer die geistige Trägheit wider, die Frankreichs Politik in immer stärkerem Maße befiel und zu der später noch die physischen Folgen der schrecklichen französischen Kriegsverluste traten: stärker als alle anderen waren die freien Berufe dezimiert — von den Einberufenen waren 23 Prozent gefallen —, die Quelle, die neue Clemenceaus und Poincarés hätte hervorbringen sollen. Simone de Beauvoir erzählt in ihrer Autobiographie von einem Dr. Lemaire, der sich nach der Rückkehr von der Front, wo er Hunderte von Verwundeten unter schwersten Bedingungen operiert hatte, „ins Bett legte und nie wieder aufstand". Wieviel junge französische Intellektuelle, die die Zügel der Regierung hätten ergreifen sollen, waren seelisch und moralisch ebenso ausgepumpt wie Dr. Lemaire?

Der Aktivität des linken Flügels folgte in Frankreich eine kurze Phase trügerischer parlamentarischer Stabilität. Von der bolschewistischen Drohung ernüchtert, hatten sich die bürgerlichen Parteien in dem rechtsstehenden „Bloc National Républicain" vereinigt. Bei den Novemberwahlen 1919 errang der „Bloc" fast drei Viertel der Sitze in der Nationalversammlung und brachte Frankreich das extremste rechtsgerichtete Parlament seit 1876. Die Linke schien sich in inneren Spannungen zu zerfleischen. Im Dezember 1920 hatte sich die Sozialistische Partei in die neue — kompromißlos sowjetfreundliche — „Parti Communiste Française" und die gemäßigteren Sozialisten gespalten, die sich „Section Française de la II⁰ Internationale Ouvrière" (SFIO) nannten. 1921 folgte eine ähnliche Spaltung der Gewerkschaften: die kommunistische „Confédération Générale du Travail Unitaire" (CGTU) folgte jeder Weisung Moskaus und war zum totalen Krieg gegen das Unternehmertum verpflichtet, im Gegensatz zu der gemäßigteren alten „Confédération Générale du Travail" (CGT). Bis zu der großen Wiedervereinigung unter der Volksfront von 1936 beschimpften die Kommunisten die Sozialisten, die CGTU die CGT. Bürger und Unternehmer freuten sich in ihrer Kurzsichtigkeit über die Spaltung im linken Lager, die augenscheinliche Schwäche der Linken ermutigte sie, soziale Reformen zurückzunehmen oder gar nicht erst in Angriff zu nehmen; dadurch schufen sie den Boden für neue Beschwerden und Feindseligkeiten in der Zukunft.

Schon Clemenceau hatte seinem grundsätzlichen Mißtrauen gegenüber dem Völkerbund Ausdruck gegeben: „Wenn man einen neuen Geist zwischen den Völkern schaffen will, beginnt man damit am besten zuerst daheim." Die französischen Nachkriegspolitiker kehrten tatsächlich schnell zum alten Geist der Dritten Republik zurück — nur war es schlimmer als zuvor. Vor dem Krieg hatte es wenigstens einfache und klare Probleme gegeben; der Antiklerikalismus und Fälle wie die Affäre Dreyfus hatten die Grenzen zwischen den Parteien ziehen geholfen, vor allem aber hatte es immer die polarisierende Kraft Elsaß-Lothringen gegeben. Jetzt war die Rache — *la revanche* — vollzogen und der Antiklerikalismus Schnee vom vergangenen Jahr. Die Probleme waren verschleiert und kompliziert, die Zahl der starken Männer und klaren Köpfe, die die Parteien bei ihrer Suche nach neuen Programmen anführen konnten, nahm immer mehr ab. Die Parteien teilten sich wie Amöben stets von neuem. Bei jedem Sturz einer Regierung erwies es sich — besonders nach Poincarés Ausscheiden — als immer schwerer, eine Majorität mit Aussicht auf Stabilität zu finden.

Obwohl die mangelnde Stabilität der Regierung in den zwanziger Jahren vornehmlich auf innenpolitische Differenzen, etwa über das Budget, zurückzuführen war, hatte das die verhängnisvollsten Auswirkungen auf die Außenpolitik — besonders gegenüber Deutschland. Der hauptsächlich praktische Zweck des Versailler Vertrages war es gewesen, zu verhindern, daß Frankreich je wieder von den „teutonischen Horden" überschwemmt werde. Zu diesem Zweck mußte Deutschland seinen Generalstab auflösen, sein Heer für immer auf 100.000 Mann reduzieren; der Besitz von Panzern, schwerer Artillerie und einer Luftwaffe wurde ihm untersagt. Um Deutschland eines möglichen mächtigen Verbündeten in Mitteleuropa zu berauben und um dem von Wilson unterstützten Willen der kleinen Völker nach nationaler Selbstbestimmung und Souveränität nachzukommen, war die Habsburgermonarchie durch die gesonderten Verträge von Saint-Germain und Trianon in eine Reihe kleiner Nationen zerbrochen worden: man hoffte, daß die Polen, Tschechen, Jugoslawen, Ungarn und Rumänen ihre Dankbarkeit zeigen würden, indem sie dauernd Frankreichs Verbündete blieben. Man rechnete damit, daß die Reparationen das traditionelle Mißverhältnis der Wirtschaftskraft der beiden Länder ausgleichen würden, indem sie den Ausbau der französischen Industrie auf Kosten Deutschlands ermöglichten. Um seine verwundbare Ostgrenze weiter zu sichern, hatte Frankreich einen Gebietsstreifen im Rheinland erhalten. Hier hatte es aber weniger bekommen, als es haben wollte. Foch hatte erklärt: „Wenn wir das Rheinland nicht für immer besetzt halten, kann keine Neutralisierung oder Entwaffnung und auch keine schriftliche Klausel Deutschland daran hindern ... nach Belieben daraus hervorzubrechen." In der Zukunft, so hatte er prophetisch hinzugefügt, bliebe keine Zeit, durch Eintreffen anglo-amerikanischer Hilfe Frankreich vor der militärischen Niederlage zu retten. Lloyd George und Präsident Wilson hatten aber entsetzt abgelehnt und erklärt, sie würden nicht dulden, daß französische Annexionen ein neues Elsaß-Lothringen schufen. Schließlich hatte sich Frankreich mit der dauernden Entmilitarisierung und zeitweiligen Besetzung des linken Rheinufers[4] begnügen müssen. Foch boykottierte die Unterzeichnung des Vertrags. Ziemlich zutreffend grollte er: „Das ist kein Friede. Das ist ein Waffenstillstand auf zwanzig Jahre."

In dem Maße, wie die Realitäten der Nachkriegswelt systematisch Frankreichs Illusion zerstörten, es könne den Frieden Europas aufrechterhalten, wurden seine Führer von der wachsenden Angst befallen, die Klauseln von Versailles könnten Frankreich nur eine teilweise und zeitweilige Sicherheit verschaffen. Im Hintergrund lauerte immer die unabänderliche Tatsache, die man nie aus dem Auge lassen durfte: selbst wenn man die 1,800.000 Elsaß-Lothringer hinzurechnete und die Auswirkungen der deutschen Gebietsverluste auf die Bevölkerung in Rechnung stellte, standen 1919 immer noch nur 39 Millionen Franzosen gegen 59 Millionen Deutsche. Mehr noch: die Geburtenrate in Deutschland wuchs energisch, während die Frankreichs stabil blieb, so daß selbst 1931 die Kriegsverluste kaum wettgemacht waren. Das war der eine konstante Faktor der französischen Europapolitik in den zwanziger und dreißiger Jahren.

Wegen der chronischen Regierungsschwäche war Frankreich unfähig, diesem Problem mit einer konsequenten Strategie zu Leibe zu rücken. In einem Augenblick zeigte es sich entschlossen, die Deutschen durch den Einmarsch ins Ruhrgebiet zu zermalmen, im nächsten bot es den Ölzweig der Versöhnung. Einmal brüstete es sich mit seiner Überlegenheit dank der Offensivkraft der französischen Armee, dann wieder verbarg es sich hinter einer Chinesischen Mauer. Es schien sein Vertrauen in den Völkerbund zu setzen, während es sich anderseits bemühte, Deutschland durch Allianzen mit den neuen osteuropäischen Pufferstaaten einzukreisen. Dabei war es höchst zweifelhaft, ob eine Kombination dieser Staaten je das Gewicht des russischen Behemoth zu ersetzen vermochte, Frankreichs versagendem Verbündeten, der jetzt in den Traum des Marxismus und den Alptraum des Bürgerkriegs versunken war. Selbst in der hoffnungsvollsten Nachkriegsperiode, der Entente Briand-Stresemann von 1925 bis 1929, zwangen Angriffe der Rechten und die mangelnde Unterstützung der Linken Briand immer wieder, seine erklärten Ziele einer deutsch-französischen Annäherung zu verleugnen. 1929, als er zum elftenmal Ministerpräsident war, schlug Briand schließlich vor der Tribüne des Völkerbunds eine europäische Föderation vor, die Deutschland mit einschloß. Es war ein großartiger Plan, der nur leider um eine Generation zu früh kam — und Briand wurde prompt von den französischen Nationalisten gestürzt. Fast gleichzeitig starb Stresemann, der begabteste und begeisterndste Führer der Weimarer Republik, möglicherweise der einzige, der die steigende Flut des Nazismus hätte abwehren können. Kurze Zeit bevor er starb, zog der völlig erschöpfte und entmutigte Mann das Fazit aus seinen Verhandlungen mit Frankreich: „Ich gab und gab und gab, bis sich meine Anhänger gegen mich wandten ... wenn sie mir nur *eine* Konzession gemacht hätten, hätte ich mein Volk gewinnen können. Aber sie gaben nichts ... Das ist meine Tragödie und ihr Verbrechen." Frankreich hatte am Ende des ersten Nachkriegsjahrzehnts tatsächlich Konzessionen gemacht: es hatte sich beispielsweise bereit erklärt, seine Truppen fünf Jahre vor der festgesetzten Zeit aus dem Rheinland zurückzuziehen. Die Konzessionen waren aber so stark mit den Vorbehalten der unentschlossenen Regierung belastet, daß sie in deutschen Augen kein Zeichen echter Großmut oder weit vorausschauender Staatskunst, sondern Akte der Schwäche und der Unentschlossenheit waren, die Frankreich nur von seinen Verbündeten oder der *force majeure* auswärtiger Ereignisse aufgezwungen worden sein konnten. Zu Anfang der dreißiger Jahre lamentierte Briand bitter, daß sich trotz der kürzlichen Konzessionen hinsichtlich der Reparationen Deutschlands die Feindseligkeit nicht vermindert habe. 1931 war Deutschland zu einem Geist aus der Flasche geworden, der, statt seinem unschuldigen Befreier Dankbarkeit zu bezeugen, ihn zur Vergeltung für seine langen Leiden erschlug.

Inmitten von Frankreichs ewigem „Bäumchenwechsel" erschien nun plötzlich die unheilvolle, unversöhnliche Gestalt Hitlers auf der Bildfläche.

2. KAPITEL

„Gott sei gedankt
für die französische Armee!"

Gegen eine Armee, die durch die Wolken segelt, können weder Mauern
noch Berge oder Meere Sicherheit bieten.

Samuel Johnson: Rasselas

„Gott sei gedankt für die französische Armee!" rief Winston Churchill am
23. März 1933, zwei Monate nach Hitlers Machtergreifung, vor dem Unterhaus aus. Wenige Äußerungen Churchills haben selbst die Konservativen
mehr schockiert. Im ganzen Haus sah er „gequälte und widerwillige
Blicke". Schließlich war es das Jahr, in dem England, nachdem es seine eigenen Rüstungsausgaben auf den Tiefpunkt zwischen den Kriegen gesenkt
hatte, darauf drängte, daß Frankreich seinem Beispiel folge. England, das
sich mit sportlichen Ereignissen, dem Jo-Jo-Wahnsinn, Koffermorden und
den Liebesabenteuern des Rektors von Stiffkey befaßte,[1] hatte den Problemen Europas gegenüber eine immer reserviertere Haltung eingenommen.

Die gefühlsbetonte Anschauung vom Weltkrieg als einem ruhmreichen
Kreuzzug wurde immer mehr durch zweifelnde Äußerungen ersetzt, wie sie
Lloyd George hören ließ: „Wir sind alle in den Krieg hineingestolpert."
Frankreichs Rolle, England in diesen Riesenfehler hineingeführt zu haben,
schien immer deutlicher und unbezweifelbarer zu werden. Die britische
öffentliche Meinung, schockiert durch Berichte über hungernde rachitische
Kinder, die in einem offensichtlich durch Frankreichs Gier nach Reparationen zusammengebrochenen Deutschland aufwuchsen, sah, anders als die
französische, in Deutschland nicht mehr den Erbfeind.[2]

Im großen und ganzen war man in das normale, gesunde Status-quo-
ante-Mißtrauen gegen alles Französische zurückverfallen, eine Haltung, die
die „Times" noch im Juli 1934 in der Voraussage zusammenfaßte: „In
den kommenden Jahren besteht mehr Grund, *für* Deutschland als Deutschland selbst zu fürchten." Die Vision einer gewaltigen französischen Armee,
die, vermutlich immer noch die stärkste der Welt, ihren Schatten über
Europa warf, alarmierte die Briten; als Churchill sie lobte, vertrat er nur
eine kleine, andersdenkende Minderheit.

Wie stand es aber um diese französische Armee, als Hitler allzu deutlich machte, daß er nicht ruhen wolle, bis der Versailler Vertrag zerbrochen und Deutschlands Aufstieg gesichert sei? War sie noch die unübertreffliche Waffe von 1919?

Der Einfluß von Verdun

Die Ausbildung und die Moral einer Armee, ja sogar ihre Waffen sind vergängliche Faktoren, die das Gleichgewicht zwischen feindlichen Streitkräften im Verlauf eines einzigen Feldzugs ändern können. Hier müssen mehr die weniger wandelbaren Fragen der Doktrin und der grundlegenden Strategie betrachtet werden. Daß eine siegreiche Armee in der folgenden Friedensentwicklung stark durch ihre Erfahrungen in der Vergangenheit beeinflußt wird, ist eine historische Platitüde und nur zu natürlich, aber, um Friedrich den Großen zu zitieren: „Erfahrung ist zwecklos, wenn man nicht die richtigen Schlüsse daraus zieht." Da Frankreich die Hauptlast der Kämpfe an der Westfront getragen hatte, wirkten sich die dort gemachten Erfahrungen besonders gewichtig auf das französische militärische Denken aus. Vorherrschend war die Erfahrung von Verdun, aus der sich drei getrennte — einander manchmal bekämpfende — Einflüsse auf die französische Nachkriegsarmee ergaben.

Der erste bezog sich auf die psychologischen Folgen von Verdun, als dem Symbol und der Legende äußersten Ruhms. Bei den meisten großen alliierten Operationen des Krieges war der Ruhm ein geteilter Ruhm gewesen, Verdun, den größten und schrecklichsten Kampf, hatte jedoch Frankreich allein bestanden. Zehn qualvolle Monate lang und um einen Preis von 400.000 Mann hatte es sich im Einzelkampf mit der Macht der deutschen Armee gemessen und hatte gesiegt. Verdun war zur „Wasserscheide" des Krieges geworden, zu den „Mauern, an denen die höchsten Hoffnungen des kaiserlichen Deutschland zerbrachen", wie Präsident Poincaré erklärt hatte. Mit vollem Recht wurde Verdun zur Legende des nationalen Heroismus und der männlichen Bewährung. Im Verlauf der Jahre wuchsen Verdun die heiligen Eigenschaften eines Wunders zu. Verdun war Frankreichs „Schlacht um England", es bedeutete den Franzosen, vielleicht mit noch stärkerem emotionellem Inhalt, ebensoviel — und barg die gleiche latente Gefahr in sich. So wie die Briten in den Jahren nach 1945, verdutzt über die Auflösung des Empire und über wirtschaftliche Widerwärtigkeiten, einen unbegründeten Trost in dem Glauben fanden (und noch finden), der Gott, der über Dünkirchen und dem englischen Himmel gewaltet habe, werde am Ende doch wieder auftauchen, um sie zu retten, sahen die Franzosen gefährlicherweise in Verdun einen Prüfstein des Glaubens inmitten des Dschungels der Welt zwischen den Kriegen. Als während der wiederholten Finanzkrisen der längst nötige Ersatz veralteten Kriegsmaterials zu einem dauernden Alptraum der Armee wurde, hatte man sich gern an die fundamentale Überlegenheit des französischen Kriegervolks über den (jetzt entwaffneten) Feind im Jahre 1916 erinnert. Wie die britische Flotte nach Trafalgar versteinerte, wurde in Frankreich eine konservative Selbstgefälligkeit gezüchtet: „Was 1916 gut genug war, ist es auch jetzt." Das anzuzweifeln garantierte einem in den Kreisen der Armee schwerlich Popularität.

Parallel zu diesem Einfluß wirkte ein zweiter auf das Bewußtsein: wieviel Opfer eine Kriegführung wie die von Verdun Frankreich gekostet habe. Durch die Hölle von Verdun waren mehr Offiziere und Mannschaften der französischen Armee gegangen als durch jede andere Schlacht. Die häufigen Nachkriegsgedenkfeiern hielten die volle Erinnerung an das Entsetzen der zehn Monate wach: an die pausenlose Beschießung durch einen Feind, den man zumeist nie sah, die Verwundeten, die unversorgt blieben, die furchtbaren Verstümmelungen, die Ablösungen und die Verpflegungstrupps, die nie kamen, die sinnlosen Gegenangriffe, um einige wenige Meter Granatlöcher um einen unmöglichen Preis zurückzuerobern, den Durst, den Hunger, den Gestank, das Elend und die Furcht — und vor allem immer die Granaten. Ein junger Leutnant, der bei Verdun gefallen war, hatte in sein Tagebuch gekritzelt: „Sie werden nie fähig sein, uns das an einem anderen Tag noch einmal tun zu lassen; das hieße den Preis unserer Anstrengungen verkennen. Sie werden auf die zurückgreifen müssen, die diese Tage nicht durchlebt haben." Insgeheim fragten sich die Männer der französischen Nachkriegsarmee, ob sie Verdun wieder durchkämpfen könnten, ob das ein anderer Franzose, irgendein menschliches Wesen vermöchte. In der Trägheit, die der Krieg zurückgelassen hatte, fühlten sie, daß die Antwort „nein" lautete. Es gab keinen Zweifel, daß, rein numerisch, Verdun die Art von Schlacht war, die Frankreich mit seiner erschöpften Bevölkerung nie mehr werde durchfechten können. Welche Schlacht konnte es aber wirklich durchfechten?

Was immer die britischen Kritiker Churchills auch gefürchtet haben mochten, es wurde gewiß immer unwahrscheinlicher, daß sich Frankreich jemals auf eine offensive Kriegführung einlassen könne. In defensiver Hinsicht waren Frankreichs Interessen — wenigstens für die nächste Zeit — durch den Vertrag von Versailles geschützt. Es ist jedoch Aufgabe der militärischen Stäbe, für Eventualfälle zu planen. Frankreich konnte trotz allem wieder von dem traditionellen Feind angegriffen werden; wie konnte es dann eine Abwehrschlacht schlagen, ohne ein neues Verdun zu erleiden? Welche neue Strategie, welche neue Technik konnte man anwenden, um das zu vermeiden? Auf der Suche nach einer Alternative kehrten die Überlegungen der französischen Militärtheoretiker nach Verdun zurück. Die dort erhaltenen Lektionen und die daraus gezogenen Schlüsse bildeten den dritten und bedeutendsten Einfluß, der von dem furchtbaren Schlachtfeld ausstrahlte.

Der größte Teil des Stellungskriegs von 1914 bis 1918 hatte über eine amorphe Linie von Schützengräben hin und her gewogt. Eigentümlich für Verdun war das Vorhandensein konzentrischer Gruppen von mächtigen unterirdischen Forts. Obwohl Frankreich sie aus verschiedenen Gründen zu Beginn der Schlacht stark vernachlässigt hatte, schien der Schlachtverlauf darauf hinzudeuten, daß Verdun das Überleben den Forts verdankte. Das mächtigste dieser Forts, Douaumont, war schon früh in einem fast unblutigen Handstreich von einer kleinen Gruppe Deutscher genommen worden; später schätzte man, daß dieser Verlust den Franzosen das Äquivalent von 100.000 Mann gekostet hatte. Das Nachbarfort, Vaux, mit einer Garnison von nur 250 Mann, leistete einem ganzen deutschen Armeekorps heroischen Widerstand und verzögerte den Vormarsch auf Verdun um eine entscheidende Woche. Andere Forts wie Souville erwiesen sich als unschätzbar, weil sie granatsichere Unterkünfte boten, aus denen die Infanterie vorstoßen und die angreifenden Deutschen zurückwerfen konnte, wobei sie vom Feuer einer Artillerie unterstützt wurden, die hinter fast unzerstörbaren Stahlwänden postiert war. Nur die allerschwersten feindlichen Granaten konnten sie durchschlagen. Als 1922 eine von Marschall Joffre geführte Armeekommission Verdun besuchte, stellte sie erstaunt fest, wie die Forts die Beschießung durch die deutschen „Dicken Berthas" überstanden hatten, ein Eindruck, der sich bei einer Untersuchung der fast undurchdringlichen, tief eingegrabenen deutschen „Hindenburglinie" noch verstärkte. Wenn das französische Oberkommando die Forts von 1916 nur richtig benutzt hätte: wie viele Leben von Poilus wären dann verschont gewesen, und Verdun wäre dennoch unangetastet geblieben! Die Kommission warnte davor, diese Lehre je zu vergessen!

Die Maginotlinie

Dazu kam ein weiterer Faktor. Seit den Zeiten der Barbaren war Frankreich immer gegen eine Invasion über seine verwundbare Ostgrenze hinweg offengelegen. Bei der neuen Beweglichkeit, die die Eisenbahnen boten, hatte es sich schon zweimal, 1870 und 1914, gezeigt, daß eine im Osten verlorene Schlacht die Deutschen binnen Wochen vor die Tore von Paris bringen konnte. In Lothringen und im Norden waren Frankreichs wichtigste Industriezentren einem deutschen Angriff besonders ausgesetzt, ihre Wegnahme hatte im Weltkrieg beinahe zur Niederlage geführt. In einer Nation, in der die Stimme des Bauern noch Gewicht hatte, nahm der Boden Frankreichs — und zwar jeder Quadratmeter — heilige Eigenschaften an; seine unnachgiebige Verteidigung hatte das französische Oberkommando veranlaßt, bei Verdun eine so starke und kostspielige Taktik anzuwenden. Nachdem sich die Fronten 1914 stabilisiert hatten, hatte die französische Infanterie einen steten hohen Blutzoll gezahlt, um die ungeschützte Schützengrabenlinie zu verteidigen, die sich von der Schweiz bis an die Nordsee hinzog. Sie hatten sie aber gehalten und damit die Unverletzlichkeit von Frankreichs geheiligter Erde gewahrt. Angenommen, so fragte sich die Armeekommission von 1922, Frankreich würde sich nicht hinter flachen, hastig aufgeworfenen Gräben, sondern hinter einer fortgesetzten Kette fester Forts verteidigen, die noch tiefer und raffinierter angelegt waren als die von Verdun? Würde eine derartige Linie im Fall eines neuen deutschen Kriegs nicht Menschenleben sparen und die Verwüstung französischen Gebiets verhindern? Würde nicht ihre bloße Existenz in der Zukunft für einen angriffslustigen deutschen Kriegsherrn eine Abschreckung bedeuten?

Sieben Jahre lang wurde die Schlacht von Verdun in den höheren französischen Stäben neu durchgekämpft, als man sich über die Pläne der neuen französischen Befestigungslinie stritt. Über eine Vorbedingung stimmte die Mehrheit von Anfang an überein: die Linie mußte eine „fortlaufende Front" bilden. Vor allem war das die Ansicht Pétains, des Generalinspekteurs der Armee nach dem Krieg und — nachdem das Alter Foch und Joffre von der Bühne abzutreten zwang — auf viele Jahre ihres einflußreichsten Soldaten. Er war auch, mehr als jeder andere, der unsterbliche Verteidiger Verduns. Wenn man auch Pétain in den Jahren, die seinem Gerichtsverfahren und seiner Schmach folgten, in Frankreich zum Sündenbock für alles fehlerhafte militärische Denken der Zwischenkriegszeit machte, wäre es ungerecht, anzunehmen, daß er allein seine Armee in eine Art intellektuelle Zwangsjacke geschnürt habe. Die französische Armee hatte diese nur allzu bereitwillig angelegt. Während des Weltkriegs hatte das Offizierskorps keinen Kontakt mit den großen Bewegungsfeldzügen im Osten gehabt, an denen so viele Deutsche teilgenommen und für die Zukunft gelernt hatten, es besaß auch keine Kenntnisse von den Bewegungskriegen, die Allenby und die Briten in Palästina durchgefochten hatten.

„Wir waren", schrieb General Beaufre,[3] „von der Erinnerung an die Hartnäckigkeit der deutschen Maschinengewehre verfolgt und von der Unmöglichkeit, die feindliche Front zu durchbrechen." Aus den Erfahrungen von vier Jahren Stellungskrieg, an denen auch die Einführung der Tanks enttäuschend wenig änderte, war die Doktrin von der „ununterbrochenen Front" hervorgegangen, die die große Masse der französischen militärischen Denker übernahm, da sie keine Erfahrung mit einer anderen Form der Strategie besaßen. Das also mußte die Form einer zukünftigen Kriegführung werden, zumal sie für die Verteidigung des französischen Bodens besonders angemessen erschien. Angemessenheit ist aber gewöhnlich ein schlechter strategischer Führer.

Am 4. Januar 1930 stimmte eine große Mehrheit beider Kammern der Nationalversammlung für ein Gesetz, das die lange debattierten Pläne der Armee für eine „Große Mauer" an der Ostgrenze annahm. André Maginot, der einer der angesehensten Politiker der Dritten Republik geworden war, war damals Kriegsminister, deshalb sollte das Festungswerk hinfort seinen Namen tragen. Für die erste Bauphase bewilligte die Nationalversammlung die ungeheure Summe von 3 Milliarden Franc,[4] die auf fünf Jahre verteilt werden sollte. Die Arbeit begann sofort; wie Maginot betonte, *mußte* sie 1935 beendet sein, zum Zeitpunkt, da nach den Bestimmungen des Versailler Vertrags Frankreich seine Truppen aus dem Rheinland zurückziehen mußte. Sie sollte von Basel an der Schweizer Grenze nach Longwy, dicht an der Dreiländerecke von Belgien, Luxemburg und Frankreich führen. Wir werden noch sehen, warum sie nicht bis Dünkirchen weitergeplant wurde. Die Stärke und Tiefe der Linie variierte, auf 130 Kilometer Länge bestand sie jedoch aus „befestigten Regionen", die zwei Haupteinfallsgassen schützten. Die eine deckte einen auf Metz und Nancy zielenden Angriff ab, die andere schaute gegen Norden und hütete die Ebenen des Unterelsaß. Mit Blickrichtung nach Osten verstärkte eine Reihe kleinerer Befestigungen die breite Stromschranke des Rhein. Knapp hinter der Grenze begannen die beiden befestigten Regionen mit einer Reihe von Panzerhindernissen und Stacheldrahtverhauen, die durch befestigte Baracken, sogenannte „maisons fortes" (starke Häuser), und Bunker geschützt waren. Zweck dieser vorgeschobenen Posten war es, vor einem Angriff zu warnen und ihn zu verzögern. Dahinter kamen ein tiefer Panzergraben und die unterirdischen Kasematten und Forts, die das Rückgrat der Linie bildeten. Durch bis zu drei Meter dicke Betondecken geschützt, enthielt jede Kasematte Schnellfeuerpakgeschütze und Maschinengewehre, die aus unterirdischen Schlitzen mit einem 50-Grad-Winkel feuern konnten, dazu Granatwerfer, um feindliche Infanterie zu vertreiben, die sich im toten Winkel näherte. Die fünfundzwanzig Mann starke Garnison lebte ein Stockwerk tiefer in der Erde. Die Forts waren glänzend in ihrer Umgebung getarnt; alles, was der Feind von den Kasematten sehen konnte, waren die zwei Nippel der Beobachtungskuppeln, die darüber aufragten.

Der wahre Stolz der Maginotlinie waren jedoch die Forts, die in Abständen von fünf bis acht Kilometer die Kasematten deckten. Seit Vauban waren die französischen Ingenieure in der Kunst des Festungsbaus ohne Konkurrenz gewesen; die Forts von Verdun waren Meisterwerke ihrer Zeit — diese Stahl- und Betonungeheuer jedoch waren moderne Weltwunder. Wenn Truppen durch die höhlenartigen Tore einrückten, die am Fuße von Hügeln geschickt getarnt angebracht waren, gelangten sie in eine Art

Zukunftswelt, wo sie viele Wochen lang leben, schlafen, essen und arbeiten konnten, ohne je die Erdoberfläche zu sehen — ähnlich der Besatzung der heutigen Atomunterseeboote, die eine Fahrt unter dem Pol unternehmen können. Elektrische Züge brachten sie aus ihren unterirdischen Baracken und Kantinen zu ihren Geschütztürmen, unterirdische Kraftwerke versorgten sie mit Wärme und Licht; mächtige Kompressoranlagen lieferten Frischluft und leisteten Gewähr, daß die Forts gegen Giftgas gefeit waren; gewaltige unterirdische Vorratslager, Wasser- und Brennstofftanks ermöglichten es ihnen, sich bis zu drei Monaten zu halten, wenn sie vom Rest der französischen Armee abgeschnitten waren. Von den Forts gab es drei verschiedene Typen, deren größte — Kategorie I — eine Garnison bis zu 1200 Offiziere und Mannschaften beherbergte und zwischen fünfzehn und achtzehn Betonkuppeln enthielt, alle gespickt mit Geschützen in versenkbaren Türmen vom Kaliber 3,7 cm bis 13,5 cm. Jedes Fort war in zwei Hälften geteilt, die durch tiefe unterirdische Galerien, die unterhalb der Durchschlagswirkung jeder Bombe und Granate lagen, miteinander verbunden waren. Deren Länge variierte zwischen 400 m und 2,5 km. Wenn eine Hälfte außer Gefecht gesetzt war, konnte die andere weiterkämpfen, zudem war jede Hälfte so gelegen, daß sie ihr Feuer auf die andere Hälfte und auf andere Forts oder Kasematten richten konnte.

Bei Verdun lag die größte Gefahr für die Franzosen darin, daß feindliche Infanterie auf die Aufbauten der Forts gelangte und sich von dort hinunterarbeitete. Douaumont und Vaux waren beide auf diese Weise verlorengegangen. Um die Wiederholung solcher Fälle auszuschließen, sah der Plan für die Maginotlinie „Intervalltruppen", mit Feldartillerie ausgestattete Infanterie, vor, die bei jeder Bedrohung eines einzelnen Forts oder einer Fortgruppe in den Kampf geworfen werden konnten. Sie sollten das kompensieren, was der Linie fehlte: Beweglichkeit.[5]

Man hat oft gesagt, daß die Maginotlinie Frankreich 1940 nicht gerettet habe, man hat hierfür aber nicht immer die richtigen Gründe angeführt. Der Bau der Befestigungslinie war enorm teuer. Zum Teil infolge von Konstruktionsfehlern, die bürokratischen Eifersüchteleien zuzuschreiben waren, hatten die 130 Kilometer langen befestigten Regionen, die 1935 vollendet waren, 7 Milliarden gekostet, weit mehr, als vom Parlament veranschlagt worden war. Zusätzlich zu dem Bau selbst bedeutete die Erhaltung eine starke finanzielle Belastung. In einem von chronischen Budgetschwierigkeiten geplagten Land, in dem sich zudem eine starke Linke jeder Aufrüstung, gleich welcher Art, widersetzte, hatte das unvermeidlich zur Folge, daß die französische Armee anderswo zu Sparmaßnahmen gezwungen wurde. Der Maginotlinie fehlte es auch an Tiefe, selbst im besten Fall war der Verteidigungsgürtel nirgends breiter als 20 km. Auch das war eine Folge der zu hohen Kosten.

Der tödlichste Defekt der Linie lag jedoch nicht in ihrer mangelnden Tiefe, sondern in ihrer Länge. Romantischerweise hatte man sie den „Schild Frankreichs" getauft. Ein Schild muß aber so gehandhabt werden können, daß er *jeden* Körperteil seines Trägers schützt. Die Maginotlinie war zwar ganz offensichtlich unbeweglich, und doch deckte sie nicht, was Clausewitz „Frankreichs Magenspitze" genannt hatte: die klassische Einfallsroute über Belgiens Ebenen, über die 1914 der Schlieffen-Plan beinahe die Katastrophe herbeigeführt hätte. Noch 1935 hatten die Motive, die Maginotlinie nicht doch noch über die 400 Kilometer längs der belgischen Grenze weiterzuführen, nur teilweise mit den Baukosten zu tun. Die Verlängerung hätte mitten durch das Industriegebiet von Lille-Valenciennes geführt. Das wäre sehr lästig und zudem kostspielig gewesen. Noch viel mehr Gewicht hatte jedoch ein anderer Faktor: Belgien, das nicht vergaß, wie seine Neutralität 1914 von den Deutschen vergewaltigt worden war, war der enge Verbündete Frankreichs geblieben. Eine befestigte Linie auf der französischen Seite der Grenze hätte es allein und verlassen auf der falschen Seite der Schutzwehr gelassen. Belgien wäre damit kein anderer Weg geblieben, als zur Neutralitätspolitik zurückzukehren und sich auf die deutsche Ehrenhaftigkeit zu verlassen.

Trotz seines Rufs, defensiv gesinnt zu sein, hatte Pétain 1934 als Kriegsminister sehr deutlich zum Ausdruck gebracht, daß es im Falle eines deutschen Angriffs ein entscheidender Teil der französischen Strategie sei, „nach Belgien zu gehen" und dort einen offensiven Bewegungskrieg gegen den Feind zu führen. Bei dem Stand der französischen Armee im Jahre 1934, mit ihrer gewaltigen Überlegenheit über die Deutschen — die die Panzerkorps noch nicht erfunden hatten —, war diese Strategie ausgezeichnet, solange Belgien im Bündnis blieb. Es lag also einwandfrei im Interesse Frankreichs — obwohl man das den Belgiern schwerlich erklären konnte! —, seinen Boden dadurch zu schützen, daß es die Schlacht mit all ihrer Zerstörungswut so weit wie möglich *vor* seinen Grenzen ausfocht.

Mit dem Bau der Maginotlinie hatte das Rad des französischen militärischen Denkens, das sich 1870 zu drehen begonnen hatte, seine fatale Drehung fortgesetzt und war an seinen Ausgangspunkt zurückgekehrt.

1870 hatte Frankreich, um es ganz einfach auszudrücken, einen Krieg verloren, weil es zu defensiv geblieben war und sich zu sehr auf ständige Befestigungen verlassen hatte. Die Festungsstädte wie Straßburg, Metz und selbst Paris waren von Moltkes Preußen einfach eingeschlossen und eine nach der anderen belagert worden. In der Reaktion auf diese katastrophale Niederlage hätte Frankreich den nächsten Krieg beinahe verloren, weil es zu aggressiv gesinnt gewesen war. Nun suchte es wieder Sicherheit hinter Zement und Stahl. Die Maginotlinie wurde so nicht nur zu einer Komponente der Strategie, sondern zu einem Lebensstil. Da sich die französische

Armee hinter ihr sicher fühlte, verkümmerte sie wie die lotosessenden Mandarine von Kathay hinter ihrer Großen Mauer. Ein massives Zusammentreffen von Faktoren — Selbstgefälligkeit, Lässigkeit und fehlendes Potential an Menschen und Geld — ließ die stolze Waffe rosten, die die Welt an jenem *Quatorze Juillet 1919* so sehr bewundert hatte.

Die französische Armee: Männer und Waffen

Ende 1935, am Vorabend der ersten größeren Konfrontation mit Hitler, stand Frankreichs Armee weder an Zahl noch an Qualität pari. Die Einberufung begann gerade unter den „hohlen Jahrgängen" zu leiden, die durch das Sinken der Geburtenrate im großen Krieg verursacht worden waren. In Deutschland beispielsweise zählte der für die Einberufung zur Verfügung stehende Jahrgang 1915 — wenn nicht die Beschränkung durch Versailles gewesen wäre — 464.000 Männer; in Frankreich waren es lediglich 184.000, ein Verhältnis, das sich bis zum Zweiten Weltkrieg nicht änderte. Trotzdem hatte die Politik eine Herabsetzung der Militärdienstzeit von drei Jahren auf eines erzwungen. Die Hoffnungen, daß das Bevölkerungsdefizit des französischen Mutterlandes durch eine starke Kolonialarmee ausgeglichen werden könnte, hatten sich nie voll erfüllt. An Stelle einer Totalstärke von 300.000 Mann konnte Frankreich nur etwa zwei Drittel derselben aufbringen. Zudem gab es wenig, was gute Berufssoldaten zu längerem Dienen hätte verlocken können. Wenn ein Hauptmann monatlich etwa 240 Mark und ein Major und Bataillonskommandeur etwa 320 Mark[6] verdiente, so hieß das, daß Offiziere ohne Privatvermögen in einer mißlichen Situation leben mußten. Sie hatten keinerlei Ansehen, und wo lag der Ruhm einer militärischen Laufbahn, nachdem das höchste Ziel, die Revanche, erreicht war?

Mit allzu vielen Offizieren belastet, denen der letzte Krieg den „élan vitale" geraubt hatte, versumpfte der französische Generalstab in bürokratischen Methoden; die „paperasserie" (Papierwirtschaft), wie die Franzosen sie nannten, gedieh. Es war schwer festzustellen, wo die Vollmacht zur Entscheidung lag. Der einst allmächtige *Conseil Supérieur de la Guerre* (der Höchste Kriegsrat), aus dessen Mitgliedern in Kriegszeiten die höheren französischen Befehlshaber ernannt wurden, übte nur mehr eine beratende Funktion aus. In Antipathien und Eifersüchteleien zerfallen, hatten die Generale nur mehr wenig Kontakt miteinander, ihre Stäbe ahmten das nach, jeder lebte in wasserdichter Abgeschlossenheit. Auf höherer strategischer und taktischer Ebene wurde nur wenig diskutiert. General Beaufre schrieb über seine eigenen Erfahrungen in dieser Zeit:

„Im Kriegsministerium befehligte theoretisch der Generalstab, hatte aber weder das Geld, die Verwaltung, das Personal noch die Ausrüstung; der Staatssekretär hatte Geld und Verwaltungsstab — aber keine Befehlsverantwortung; die verschiedenen Abteilungen hatten die Ausrüstung, aber weder Geld noch Befehlsgewalt. Der Minister stand dem allem vor, konnte aber ohne den Gleichklang des ganzen Orchesters, dessen Kompliziertheit jegliche Initiative lähmte, nichts erreichen. Das Ensemble besaß nur eine Kraft — die der Trägheit."

In diesem Zustand der Trägheit gab sich die Armee mit der Technik und der Ausrüstung von 1918 zufrieden. Die hohen Kosten des Baus der Maginotlinie ließen auch schwerlich eine Alternative zu.[7] Obwohl die französische Armee mit den Taxis der Marne[8] und der Versorgung von Verdun längs der „voie sacrée" Pionierarbeit für die Kriegführung auf der Straße geleistet hatte, verließ man sich, als das Transportwesen nach dem Krieg veraltete, hinsichtlich der Beweglichkeit wieder auf Eisenbahnen — und auf Pferde. Während andere Armeen — besonders die deutsche — mit Funkverbindungen experimentierten, klammerten sich die Franzosen trotz der Lektionen von 1914 bis 1918, wo Operationen oft wegen zerschossener Leitungen gescheitert waren, an das Telephon; man beachtete nicht, daß solche Verbindungen nun auch aus der Luft und durch Panzer verstärkt bedroht waren. 1924 beschloß die Armee, ihr Maschinengewehr durch eine andere Type zu ersetzen und andere Infanteriemunition einzuführen; die neue Waffe wurde 1932 in Dienst gestellt. Das entsprechende Gewehr, das die gleiche Munition verwenden sollte, wurde — typisch für diese Trägheit — erst 1936 ausgewählt. 1939 waren erst einige hunderttausend Stück ausgeliefert. Ehe General Weygand 1933 als Generalinspekteur der Armee zurücktrat, hatte er vorgeschrieben, daß fünf Infanteriedivisionen motorisiert und eine Kavalleriedivision in eine *Division Légère Mécanique*[9] umgewandelt werden sollte; sonst zeigte die Armee wenig Fortschritte über das hinaus, was 1919 so glanzvoll durch Paris marschiert war.

Tanks und Doktrin

Für die Generalstäbe aller friedlich gesinnten Länder gibt es in modernen Zeiten kein gewichtigeres Problem als die Entscheidung, in welchem Jahr man eine Umrüstung planen soll.[10] Waffen, die zu lange vor dem Augenblick der Krise geplant werden, veralten schnell und sind fast so nutzlos wie die, die zu spät kommen. In der Tankproduktion war die französische Armee lange Jahre der Gefangene der gewaltigen Zahl von Maschinen geblieben, die 1918 vorhanden waren. Seit Hitlers Aufstieg ergriff man den Ausweg, alljährlich Prototypen zu bauen, während die Massenproduktion auf einen Termin verschoben wurde, da die Kriegsdrohung akut sein würde: einen Termin, den Selbsttäuschung und Beschwichtigungspolitik dauernd weiter hinausschoben. Solange Deutschland dem Vertrag von Versailles gehorchte und keine Panzer baute, genügte Frankreichs veraltete Rüstung für seine Zwecke. Außerdem konnte sich Frankreich eine Neurüstung kaum gestatten. Die gefährlichsten Folgen dieses Erbes — und kaum ein anderer Faktor hat entscheidender zur Niederlage von 1940 beigetragen — lagen auf lange Sicht in dem Einfluß, den es auf die Entwicklung der Doktrin von Frankreichs Panzerkriegführung nahm. Die meisten der aus dem Weltkrieg ererbten Tanks waren leichtbewaffnete, langsame und im Aktionsradius sehr beschränkte Renaults vom Modell F. T. Gegen Betonbefestigungen und im Kampf gegen andere Panzer waren sie nutzlos; sie dienten vorwiegend der Infanterieunterstützung. In den Entscheidungsschlachten von 1918 rückten die F. T. nach dem üblichen schweren Trommelfeuer mit der Infanterie vor. Wenn die Infanterie über die Reichweite ihrer Artillerie vorgerückt — und den Tanks der Treibstoff ausgegangen — war, setzten sich die Angreifer fest und warteten, bis die pferdebespannte Artillerie herankam und den nächsten mühsamen Schritt nach vorn vorbereitete. Bei jeder Pause erhielten so die bedrängten Deutschen Atemluft, um ihre Verteidigung neu zu ordnen. Nie wurde der Angriffsrhythmus beibehalten. Nie waren die französischen Tanks, 4000 an der Zahl, die aber längs der ganzen Front verteilt waren, zu einem Durchbruch konzentriert worden, und niemals gab es einen tiefen Einbruch in die feindliche Front. Immer wieder brachten die französischen Heeresberichte Sätze wie: „Die Tanks trieben die Verteidiger in die Flucht, aber die Infanterie erreichte ihre Ziele nicht." Die durch einen bereits geschlagenen Feind erlittenen Verluste an Tanks und Infanterie waren entmutigend, die daraus resultierenden Schlüsse nicht gerade hoffnungsvoll.

In seiner Nachkriegs-„Instruktion" von 1921 tat Marschall Pétain, damals Oberbefehlshaber, die künftige Rolle der Panzerwaffe mit zwei Zeilen ab. „Tanks unterstützen die vorgehende Infanterie, indem sie statische Hindernisse und aktiven Widerstand des Feindes durchbrechen." Vierzehn Jahre lang blieb das das Glaubensbekenntnis der französischen Armee. Wie bei Verdun dominierte der langsame Infanterist. In England war inzwischen der Prophet einer neuen, revolutionären Kriegführung auferstanden. Ein vierundzwanzigjähriger ehemaliger Berufsoffizier, der wegen einer Gasvergiftung an der Somme aus der Armee ausgeschieden war, Hauptmann Basil Liddell Hart, war eingeladen worden, bei der Abfassung der Ausbildungsvorschriften für die britische Nachkriegsinfanterie mitzuwirken. Das Handbuch gab ihm erste Gelegenheit, seine Theorie vom „sich ausweitenden Sturzbach" des schnellen, tiefen Durchbruchs als Gegengift gegen die statische Kriegführung von 1914 bis 1918 zu vertreten. Als Liddell Hart seine

Theorien entwickelte, sah er Offensiven voraus, die durch starke Konzentrationen schneller Tanks von großer Reichweite vorgetragen wurden, die nicht mehr bloße Helfer des Fußvolks waren; unterstützt werden sollten sie von ebenso beweglicher, selbstfahrender Artillerie und von auf gepanzerten Fahrzeugen transportierter Infanterie. Statt einen weiten Frontabschnitt mit der alten, methodischen Belagerungstechnik abzuhämmern, würde der Angreifer, der eine schwache Stelle des Gegners erkundet hatte, mit dem sich ausweitenden Sturzbach beweglicher Feuerkraft in Spitzengeschwindigkeit durchbrechen und tief im Rücken des Gegners verwundbare neue Fronten schaffen. Falls sich Liddell Harts Theorien als gangbar erwiesen, bedeuteten sie offensichtlich den Tod der Gedankenschule von der „fortlaufenden Front", auf der Frankreichs gesamte Strategie zwischen den Kriegen basierte.

Von diesem unbequemen, schlaksigen Guru und seiner kleinen Zahl von Anhängern gequält, beschloß die britische Armee 1926, probeweise eine mechanisierte Einheit zu schaffen. Binnen zwei Jahren setzten sich jedoch die konservativen Fraktionen des Armee-Establishments wieder durch, und die Einheit wurde aufgelöst. Auch in Frankreich gab es eine — noch kleinere — Gruppe hellwacher junger Offiziere, für die nach Beaufres Worten Liddell Harts Doktrin so „strahlend war wie die Wiederentdeckung der Antike durch die Menschen der Renaissance". Dank der ablehnenden Haltung der militärischen Orthodoxie in England konnten die Gestalter der französischen Militärpolitik Liddell Harts Lehren jedoch ignorieren. Nur in Deutschland wurde deren volle Bedeutung sofort erfaßt. Bei einer Attacke auf Vorschläge zur Schaffung einer neuen Panzerwaffe sagte Pétains Nachfolger als Kriegsminister, General Maurin, 1938 vor der Deputiertenkammer unter lautem Beifall: „Wie können wir noch an die Offensive glauben, wenn wir Milliarden ausgegeben haben, um eine befestigte Schranke zu bauen! Wir wären verrückt, wenn wir über diese Schranke hinaus zu Gott weiß welchem Abenteuer vorstoßen wollten!" Wenn aber die Offensive verdammt und ihre mechanischen Requisiten vernachlässigt wurden, wie sollte dann die französische Armee die wesentliche Komponente der Maginotlinienstrategie — den Marsch nach Belgien — gegen ein vermutlich wiederbewaffnetes und neu gerüstetes Deutschland durchführen?

Unterminierte Allianzen

Die Bedeutung der defensiven Haltung, die die französische Armee Ende 1935 adoptiert hatte, ging weit über einfache militärische Überlegungen, wie der Boden Frankreichs zu schützen sei, hinaus. Wichtiger noch, sie prallte ernstlich mit dem Bündnissystem zusammen, das seit 1919 so mühsam als Wellenbecher gegen eine mögliche deutsche Aggression aufgebaut worden war.

Von Anfang an hatte der Quai d'Orsay erkannt, daß Frankreich nicht mehr damit rechnen konnte, der traditionelle Verbündete von 1914, Rußland, würde Deutschland mit der Drohung eines Zweifrontenkriegs im Zaum halten. Die Interventionspolitik der Alliierten, ihr darauf folgendes instinktives Mißtrauen gegen den Bolschewismus und Rußlands zahlreiche innere Probleme hatten das klargemacht. Als Ersatz dafür mußte sich Frankreich mit diplomatischen Übereinkommen mit den kleinen Nationen Osteuropas begnügen, die aus dem Rumpf Österreich-Ungarns, Deutschlands und Rußlands herausgeschnitten worden waren. Auf dem Papier erschien die Masse ihrer vereinigten Streitkräfte eindrucksvoll genug, und die Polen hatten sich — unter dem Befehl General Weygands — als wackere Kämpfer gegen die Rote Armee gezeigt; wie aber die Nachmahd von München beweisen sollte, wurden sie nie vereinigt, ja sie schnitten sich fast lieber selbst die Kehle durch, als eine zusammenhängende Front gegen Hitlerdeutschland zu bilden. Als die Deutschen 1914 durch Belgien zur Marne drängten, kam Rußland Frankreich durch eine eigene Offensive zu Hilfe. Jetzt hätte jeder Amateurstratege einsehen müssen, daß Frankreich vor der umgekehrten Situation stand und im Kriegsfall aller Wahrscheinlichkeit nach seinen schwächeren Verbündeten im Osten zu Hilfe eilen müßte. Mit typisch gallischer Arroganz fragte es sich aber: „Wie können sie uns helfen?" und nie: „Wie können wir ihnen helfen?" Frankreichs Defensivhaltung der dreißiger Jahre machte es zudem zweifelhaft, ob Frankreich seinen Verbündeten überhaupt helfen konnte. Ironischerweise war die Schaffung Polens eher für Deutschland als für die Alliierten von Nutzen. Statt einen Cordon sanitaire zu schaffen, der Rußland vor den Deutschen schützte, bedeutete die Existenz Polens im kritischen Augenblick des Jahres 1939, daß Rußland, selbst wenn es gewollt hätte, Frankreich nicht hätte helfen können, weil ein mißtrauisches Polen im Weg stand. Frankreichs einzige Hoffnung, den durch Deutschland bedrohten Verbündeten zu helfen, wäre eine Wiederholung von 1923 — und wie unpopulär war das! —, also der Einmarsch ins Rheinland gewesen, in den einzigen Teil Deutschlands, der von Frankreich aus verwundbar war. Wie aber General Maurin erklärt hatte, machte die Maginotstrategie das unmöglich. So wurde, wie Polen im Osten, auch die Maginotlinie im Westen indirekt zu einem Cordon sanitaire, der Deutschland ebenso schützte wie Frankreich.

Hier lag ein fataler Widerspruch zwischen der Diplomatie und der Militärpolitik Frankreichs. Hitler aber nützte diesen Widerspruch aus und schlug Frankreich die Tür zum Rheinland brutal vor der Nase zu.

Am 5. März 1936 schrieb William Shirer, der Berliner CBS-Korrespondent, in sein Tagebuch: „Häßliche Atmosphäre in der Wilhelmstraße, aber schwierig, der Sache auf den Grund zu kommen." Zwei Tage später, als das Geheimnis gelüftet war, setzte er melodramatisch hinzu: „Heute abend standen sich zum ersten Male seit 1870 grauuniformierte deutsche und blauuniformierte französische Soldaten am Oberrhein gegenüber." Mit der blitzartigen Schnelligkeit, mit der er auch alle seine folgenden Unternehmungen durchführte, war Hitler in das entmilitarisierte Rheinland einmarschiert. Obwohl die Wiederaufrüstung schon seit einem Jahr ganz offen betrieben wurde, war die Wehrmacht noch ein schwaches Kind, das lediglich drei Bataillone über den Rhein schicken konnte, und selbst diese hatten Befehl, sich im Fall einer französischen Reaktion sofort zurückzuziehen. Noch unbewaffnete Maschinen der Luftwaffe flogen von Flugplatz zu Flugplatz; sobald sie landeten, wurden ihnen — so deutsche Quellen — neue Geschwaderkennzeichen aufgemalt. Die deutsche Armee war denkbar nervös. Würde das Spiel glücken? Shirer traf während der Krise General von Blomberg, den Reichswehrminister, „mit zwei Hunden an der Leine. Er war bleich, seine Wangen zuckten. Ist etwas schiefgegangen? fragte ich mich". Später gab selbst Hitler zu, „die achtundvierzig Stunden nach dem Einmarsch ins Rheinland waren die nervenzerreißendsten meines Lebens". Alle Welt schaute auf Frankreich. Was würde es gegen die Verletzung des Versailler Vertrages unternehmen?

Frankreich seinerseits blickte nach England. England war aber mit Italien und Abessinien beschäftigt; hatte Frankreich zudem nicht vor zwei Jahren ungeduldig erklärt, „es werde hinfort seine Sicherheit mit eigenen Mitteln garantieren?"[11] Überdies waren viele Briten der Meinung Lord Lothians, der den historischen Ausspruch tat, „Deutschland gehe schließlich nur in seinen eigenen Hintergarten". England erklärte Frankreich, dies sei ein französisches Problem. Die französische Regierung wandte sich an General Gamelin, Weygands Nachfolger als Oberbefehlshaber der Armee, und Gamelin erwies sich da bereits als der Meister des politischen, wenn auch nicht des militärischen Manövers. Natürlich sei die Armee zu sofortigem Handeln bereit; sei sich die Regierung jedoch darüber klar, daß Deutschland fast eine Million unter Waffen habe, von denen bereits 300.000 im Rheinland stünden? Natürlich war das eine absurde Übertreibung (siehe Seite 52), darauf abgezielt, ein Eingreifen der Armee zu vermeiden und die Verantwortung den Politikern zuzuschieben. Ohne zuzugeben, daß die Armee zu schnellem Handeln unfähig sei, betonte Gamelin, sie sei infolge der Verkürzung der Dienstzeit — woran natürlich die Politiker schuld waren — unter ihrer Sollstärke. Dann ließ er die Bombe platzen:

Wenn sie ins Rheinland marschieren solle, müsse sich die Regierung mit einer allgemeinen Mobilmachung vertraut machen.[12] Die französischen Minister sahen einander entsetzt an. Mobilmachung — sechs Wochen vor der Wahl? Das war Wahnsinn! Das nahm die Wählerschaft nie hin. Das bedeutete eine parlamentarische Niederlage, ihre Ministerposten standen auf dem Spiel. Unmöglich! Jetzt hatten die Politiker wie die Militärs eine Ausrede. Für die Lähmung des Willens konnte man England die Schuld geben. Das war jedoch, wie Churchill sagte, „eine Erklärung, aber keine Entschuldigung". Paul Reynaud wenigstens war der Ansicht, daß England Frankreich hätte unterstützen müssen, wenn dieses in Wahrung seiner vitalen Interessen allein gehandelt hätte.

Belgien scheidet aus

Frankreich tat also nichts, und Hitler hatte sein erstes und verzweifeltstes Spiel gewonnen. Die Folgen blieben nicht aus! Sofort reagierte Frankreichs Verbündeter Belgien. Der tapfere Herrscher, der 1920 die franko-belgische Allianz unterzeichnet hatte, König Albert, hatte 1934 ein tragisches Ende gefunden, und sein Sohn, Leopold III., hatte nicht das volle Maß der Weisheit und des moralischen Mutes des Vaters geerbt. Statt des schützenden Gürtels eines entmilitarisierten Rheinlands sah er an der belgischen Grenze wieder bewaffnete deutsche Soldaten und in seinem Rücken ein offensichtlich impotentes Frankreich. Wo lag Belgiens Sicherheit? Am 14. Oktober 1936 kündigte Leopold III. den Bündnisvertrag, er wollte zu dem neutralen Status, wie er vor 1914 bestanden hatte, zurückkehren. Mit dem Optimismus der dummen Schweinchen sagte der König: „Diese Politik sollte entschlossen darauf abzielen, uns von den Streitigkeiten unserer Nachbarn fernzuhalten." Für Frankreich bedeutete das, daß es im Kriegsfall Belgien erst betreten konnte, wenn Hitler dort bereits eingefallen war. Mit einem Schlag war die ganze Maginotstrategie zertrümmert. Belgiens Neutralität stellte Frankreich vor zwei schreckliche Alternativen. Man konnte nicht mehr in Koordination mit der Armee eines Verbündeten „nach Belgien eilen", statt dessen mußte man sich den eindringenden Deutschen irgendwo auf den schutzlosen flämischen Ebenen in einer hastig improvisierten Schlacht stellen — wofür die defensiv eingestellte französische Armee am wenigsten geeignet war —, oder man mußte ihnen — die gefürchtetste Möglichkeit — wieder auf französischem Boden gegenübertreten. Der einzige Weg für die Sicherheit lag jetzt in einer Verlängerung der Maginotlinie zur See. Die schon gebauten 130 Kilometer hatten aber sieben Milliarden Franc gekostet, die Verlängerung würde sicher noch viel kostspieliger sein. Die Politiker der Dritten Republik ergriffen daher den Ausweg, ihre Wähler — und ihre Verbündeten — zu täuschen, indem sie vorgaben, etwas zu tun, was, wie sie wußten, nicht in ihrer Macht lag.

Im besetzten Rheinland baute Hitler hastig gegenüber der Maginotlinie eine eigene mächtige Festungslinie, den Westwall (Siegfriedlinie). Wie Churchill am 6. April 1936 prophetisch vorhersagte, würden es diese Befestigungen ermöglichen, die „deutschen Truppen an dieser Linie sparsam einzusetzen und die Hauptkräfte durch Belgien und Holland ausholen zu lassen. Und im Osten? Dort sind die Folgen der Rheinlandbefestigung wahrscheinlich noch unmittelbarer. Polen und die Tschechoslowakei, zu denen man auch noch Jugoslawien, Rumänien, Österreich und andere Länder zählen muß, werden alle in dem Augenblick entscheidend betroffen, in dem das große Bauwerk vollendet sein wird".

Seine Fertigstellung machte es Frankreich praktisch unmöglich, seinen Verbündeten wirksame Hilfe zu leisten. Von jetzt an konnte Hitler im Osten „aufräumen" und sich dann, wenn sein Rücken gesichert war, Frankreich vornehmen.

Die Wiederbesetzung des Rheinlands bedeutete den Wendepunkt zwischen 1919 und 1939. Vom März 1936 an führte der Weg in Frankreichs Verderben steil abwärts. In Deutschland rüstete Hitler mit schrecklicher Geschwindigkeit auf.

Ehe das Jahr um war, schien es, als wechsle Fortuna, die ihre Meister erkannte, die Seiten.
> Winston S. Churchill: *Geschichte der englischsprechenden Völker, Bd. III (Über den Aufstieg Pitts)*

In der Welt gibt es nur zwei Mächte... das Schwert und den Geist. Auf lange Sicht wird das Schwert immer vom Geist besiegt.
> *Napoleon*

Am Sonntag, den 17. März 1935 war in Deutschland Heldengedenktag. Bei einer Feier in der Berliner Staatsoper präsidierte Hitler, flankiert zur Rechten von dem greisen Feldmarschall August von Mackensen und zur Linken von Kronprinz Wilhelm, dem ehemaligen Befehlshaber der Armee, die Verdun angegriffen hatte. William Shirer sagte, „es ist ein Bild gewesen, wie es Deutschland seit 1914 nicht mehr gesehen hat. Die Feier war keineswegs ein ernstes Gedenken an die Toten des großen Krieges, die Atmosphäre war mit Jubel und Dank geladen". Unter starkem Beifall erklärte Blomberg: „Die Welt hat erkennen müssen, daß Deutschland an seiner Niederlage nicht gestorben ist." Das war richtig, denn tags zuvor hatte Hitler in Auflehnung gegen Versailles der Welt erklärt, daß er wiederaufrüsten wolle und zu diesem Zweck die allgemeine Wehrpflicht eingeführt habe.

Hitler rüstet auf

Zum alptraumhaften Aufstieg des Dritten Reichs ist hier nichts Neues hinzuzufügen, selbst wenn es in unseren Rahmen gehörte. Nachdem wir aber den Verfall der französischen Armee bis zur Rheinlandkrise von 1936 skizziert haben, müssen wir kurz der eindrucksvollen Prozedur folgen, in der Hitler in vier Jahren eine Streitmacht schuf, die nicht nur der vereinigten Macht Englands und Frankreichs drückend überlegen war, sondern zugleich das blendendste Kriegsinstrument darstellte, das die Welt je erlebt hatte. Schon am Ende seines ersten Jahres an der Macht hatte Hitler insgeheim befohlen, die durch Versailles festgesetzte Zahl seines Heeres von 100.000 Mann noch vor dem Oktober 1934 zu verdreifachen. Das Wehrmachtsbudget wurde in diesem Jahr drastisch von 172 Millionen auf 654 Millionen Reichsmark erhöht. Am 10. März 1935 ließ Hitler dann bewußt einen Versuchsballon bei der britischen Presse steigen, indem er bekanntmachte, er besitze bereits wieder eine Luftmacht, die junge „Luftwaffe". Sein Vorwand war, Frankreich habe eben seine Armee „verstärkt", indem es einen Einberufungsjahrgang unter den Fahnen behalten habe. (Tatsächlich war das lediglich geschehen, um die Auswirkungen der „hohlen Jahrgänge" auszugleichen.) Frankreich und England erhoben lediglich Protest. Hitler ging also weiter und veröffentlichte am 16. März seinen kurzen Erlaß, der die Schaffung einer neuen deutschen Wehrmacht auf Grund der Einführung der allgemeinen Wehrpflicht verkündete. Allein im Frieden sollte die Zahl der Divisionen sechsunddreißig betragen. Das war viel mehr, als selbst die dankbaren Generale gewollt hatten, die sich am nächsten Tag in der Staatsoper versammelten. Sie wußten um die Schwierigkeiten, die es für die kleinen festen Kader bedeuten würde, diese gewaltige Ausdehnung zu verdauen. Wie wir gesehen haben, war die neue Wehrmacht selbst bei der Rheinlandbesetzung noch eine relativ schwache und nur leicht bewaffnete Streitmacht. Bisher waren nicht mehr als fünf Prozent des deutschen Nationaleinkommens für die Wiederbewaffnung ausgegeben worden. Aber schon damals glich Hitler das, was ihm an Waffen fehlte, durch Lautstärke und einschüchternde Prahlerei aus. Nach 1936 folgten die „stillen zwei Jahre" der „halben Respektabilität", die Jahre ohne territoriale Abenteuer, während deren die sich vergrößernde Wehrmacht ihre endgültige Gestalt annahm. Anfang 1938 besaß sie 39, 1939 51 Divisionen.[1] 1938 hatte sie sich auch das Menschenpotential Österreichs und das der Sudetendeutschen einverleibt.

Seeckts Vermächtnis

Als Hitler das Wagnis der deutschen Wiederbewaffnung unternahm, hatte er den Franzosen eine Anzahl von Vorteilen voraus. Erstens war das deutsche Heer als die besiegte Partei nicht wie der Sieger durch veraltete Ideen und Ausrüstung belastet. Zweitens hatte Hitler die bemerkenswert solide Vorarbeit in Generaloberst Seeckts Reichswehr geerbt. Als Mackensens Stabschef in Rußland hatte Seeckt für den spektakulären Durchbruch von Gorlice 1915 verantwortlich gezeichnet. Seeckts Monokel und seine harten Gesichtszüge ließen ihn als den typischen steifen preußischen Junker erscheinen und nichts von seiner erstaunlichen geistigen Elastizität und seinem weiten Gesichtskreis ahnen. Schon als er am Morgen nach der Niederlage den Befehl über die Reichswehr übernahm, war es sein Leitprinzip gewesen, „das Gift" in den Klauseln des Versailler Vertrags „zu neutralisieren" und einen Kern zu schaffen, aus dem eines Tages ein neues und größeres Heer gebildet werden könnte. Als die alliierten Bedingungen die Reichswehr gezwungen hatten, etwa 20.000 ihrer Offiziere zu entlassen, hatte Seeckt dafür gesorgt, daß die Elite blieb. Jeder Subalternoffizier war imstande, ein Bataillon zu kommandieren, jeder Stabsoffizier konnte eine Division führen. Von einem bestimmten Zeitpunkt an waren unter den durch Versailles zugelassenen 100.000 Mann 40.000 Unteroffiziere, und jeder von diesen galt als potentielles Offiziersmaterial. Seeckt, der einer unhandlichen Masse von Wehrpflichtigen nicht viel zutraute, weil es ihr an Beweglichkeit fehlte — was sich 1914 bis 1918 gezeigt hatte —, wählte Offiziere und Mannschaften der Reichswehr sorgfältig aus Freiwilligen aus. Entschlossen, die traditionellen Werte zu wahren, führte er gleichzeitig eine engere kameradschaftliche Beziehung zwischen Offizieren und Mannschaften ein, die sich auf gegenseitiges Vertrauen gründete. Die steife gesellschaftliche Absonderung, die der französischen Armee noch so sehr zusetzte, war verschwunden, gemildert war auch der barsche Ton — der Kommiß — der alten Tage. Das Ergebnis war ein bemerkenswertes, technisch ausgezeichnet funktionierendes Miniaturberufsheer.

Die alliierten Beschränkungen hinsichtlich der schweren Ausrüstung wurden mit großem Einfallsreichtum umgangen. Bis 1932 konnte man bei Reichswehrmanövern Soldaten sehen, die auf Fahrrädern montierte Panzerattrappen mitzogen. Nach langen Auseinandersetzungen mit den Alliierten durften die Deutschen ein kleines gepanzertes Fahrzeug mit einem drehbaren Turm, aber ohne alle Waffen, konstruieren. Für die Ausbildung war es jedoch von großem Wert. Da die Produktion von Kettenfahrzeugen verboten war[2], erdachten die Deutschen acht- und zehnrädrige Panzerwagen, Vorläufer der berühmten achträdrigen Spähwagen, die während des Zweiten Weltkriegs so gute Dienste leisteten. Infolge der Knappheit an Transportmitteln experimentierte Seeckt mit Motorradkompanien, die später für den Blitzkrieg der Wehrmacht so wichtig wurden. Seeckts größter Beitrag aber lag in der Lenkung des deutschen militärischen Denkens in fruchtbare Bereiche. Churchill schrieb, daß er darauf bestand, „die falschen Doktrinen abzulegen, die aus persönlichen Erfahrungen im großen Kriege stammten. Alle Lektionen dieses Kriegs wurden gründlich und systematisch studiert. Neue Schulungsmethoden ... wurden eingeführt, alle bestehenden Dienstvorschriften umgeschrieben".

Anders als die Franzosen, deren Blick starr auf die statische Kriegführung der Westfront gerichtet war — man war zu dankbar für den Sieg, als daß man die Konsequenzen aus begangenen Fehlern gezogen hätte —, besaßen Seeckt und die anderen Stabsoffiziere, die an der russischen Front gekämpft hatten, den Vorteil, erlebt zu haben, daß es auch andere Arten der Kriegführung gab. Er selbst hatte die großräumigen Operationen im Osten entwerfen geholfen und den Durchbruch von Gorlice geleitet, der zu einer im Westen nie erreichten Durchbruchstiefe geführt hatte. Aus diesen Kriegserfahrungen schloß er bereits 1921:

„Die ganze Zukunft der Kriegführung scheint mir im Einsatz beweglicher Heere zu liegen, die relativ klein, aber von hoher Qualität sind und durch die Hinzufügung der Luftwaffe entschieden wirksamer gemacht werden können ..."

Guderian und das Panzerkorps

Seeckt trat 1926 aus politischen Gründen zurück und starb zehn Jahre später. Aber er hinterließ seinen Nachfolgern feste Grundlagen, auf denen sie aufbauen konnten. 1922 wurde der vierunddreißigjährige Hauptmann Heinz Guderian in den Stab des motorisierten Heerestransportwesens versetzt. Er war Nachrichtenspezialist und bekam es hier zum erstenmal mit der Mechanisierung zu tun. Während des Weltkriegs hatte Guderian als Nachrichtenoffizier im Hauptquartier des Kronprinzen die deutsche Offensive auf Verdun mitgemacht. Was er dort erlebt hatte, hatte ihn überzeugt, daß das sinnlose Gemetzel dieser statischen Kriegführung nie wieder geduldet werden dürfe. Durch Seeckts Ideen ermutigt, studierte er eifrig die Auswirkungen der Motorisierung hinsichtlich der Beweglichkeit und geriet schon früh unter den Einfluß britischer Militärschriftsteller wie Liddell Hart, Fuller und Martel. Nach achtzehn Monaten Tätigkeit beim Transportwesen sollte Guderian Oberstleutnant von Brauchitsch[3] bei gemeinsamen Übungen von motorisierten Truppen und Luftwaffe unterstützen. Er arbeitete so ausgezeichnet, daß er als Lehrer für Taktik und Kriegsgeschichte eingesetzt wurde, eine einmalige Gelegenheit, seine Ideen weiterzuentwickeln. Guderian behauptete selbst, bis 1929 sei er sich der entscheidenden Bedeutung integrierter gepanzerter Divisionen völlig klar geworden, bei denen Panzer die Hauptrolle übernahmen, statt der Infanterie untergeordnet zu sein. 1931 erhielt er sein erstes „motorisiertes" Kommando, ein Bataillon, das mit Panzer- und Pak-Attrappen ausgerüstet war. In England hatte mittlerweile General Hobarts 1. Panzerbrigade Experimente mit tiefen Durchbrüchen durchgeführt. Guderian hielt sich auf dem laufenden, indem er sich auf eigene Kosten von einem Privatlehrer Liddell Harts Artikel übersetzen ließ, sobald sie in England im Druck erschienen waren. Im nächsten Jahr war er soweit, daß er seinen Gedanken in einem erstaunlich prophetischen Buch Ausdruck verleihen und sie auch in die Tat umsetzen konnte.

Guderian begann sein Buch „Achtung — Panzer!" damit, daß er die Ursachen für Erfolge und Fehlschläge der alliierten Tankoperationen — die Deutschen hatten hier den „Bus versäumt" und Tanks kaum eingesetzt — während des Weltkriegs analysierte. Er führte ihre Grundfehler auf: Die Alliierten griffen nie in ausreichender Tiefe an und wurden nie durch genügend starke mobile Reserven unterstützt, sie brachen zwar in die feindliche Front ein, *durchbrachen* sie aber nie, woraufhin sie in der Lage gewesen wären, mit einem Schlag Batterien, Reserven und Stäbe zu vernichten; das volle Potential der Tanks wurde geopfert, indem man sie mit so langsamen Einheiten wie marschierender Infanterie und pferdebespannter Artillerie zusammenkettete; man setzte sie in kleinen Päckchen statt stark konzentriert ein, außerdem waren sie die falsche Art von Tanks.

Eine Abhilfe sah Guderian hier in vollmechanisierten Panzerdivisionen, deren Komponenten eng zusammenarbeiteten und sich alle mit der gleichen Geschwindigkeit fortbewegen konnten. Die Panzerdivision sollte um den Panzer selbst aufgebaut werden: nicht um den langsamen Infanteriebegleitpanzer mit geringer Reichweite, mit dem die französische Armee noch „verheiratet" war[4], sondern um einen mittleren „Durchbruchspanzer" mit genügend Panzerung als Schutz gegen die Masse der feindlichen Abwehrwaffen, mit höherer Geschwindigkeit und einer Bewaffnung mit MG und Geschützen bis zu 7,5 cm Kaliber.

Von Anfang an sollten die Panzerkommandeure darin geschult werden, „in großen Einheiten zu kämpfen", um ein Maximum an Feuerkraft zu gewährleisten. Dicht hinter den „Durchbruchspanzern" sollte die motorisierte Infanterie mit der Aufgabe folgen, „aufzuräumen" und die Erfolge der Panzer auszubeuten. Mit ihr kamen dann die beweglichen Pak. Sie sollten offensiv nach vorn geworfen werden, um die verwundbaren Flanken des Panzervorstoßes gegen feindliche Tankangriffe zu sichern. Die unhandliche pferdebespannte Artillerie von 1914 bis 1918 sollte durch Geschütze auf Selbstfahrlafetten ersetzt werden. Hier konnte Guderian, der sein Buch 1936 schrieb, lediglich eine Lösung anbieten, die, wie er selbst zugab, nur teilweise befriedigte. Er betonte, daß das Wesentliche des Panzervorstoßes die Überraschung sein müsse. Eine längere Artillerievorbereitung, selbst durch eine hochbewegliche Artillerie, konnte das Spiel verraten, wie es bei den sorgfältig geplanten Offensiven des Weltkriegs wiederholt der Fall gewesen war. Die eigentliche Lösung erfolgte erst später mit der Entwicklung des Sturzkampfbombers.

Guderian betonte die Vorteile, die es biete, die Panzer in Massen und möglicherweise im Morgengrauen angreifen zu lassen, weil sie dann der Pak des Gegners schwierige Ziele böten. Er betonte auch, wie nötig es sei, so schnell zuzuschlagen, daß die Panzer in die feindliche Hauptverteidigungszone eingebrochen waren, ehe die Pak in Stellung gebracht werden konnte. Für den gefährlichsten Gegner der Panzerdivisionen hielt er jedoch den feindlichen Panzer.

„Gelingt es nicht, ihn zu schlagen, dann kann der Durchbruch als gescheitert angesehen werden, dann kommen auch die Infanterie und die Artillerie nicht mehr durch. Also kommt alles darauf an, das Eingreifen feindlicher Panzerabwehrreserven und Panzerkampfwagen zu verzögern und frühzeitig mit kampfkräftigen, das heißt zur Panzerschlacht befähigten Panzerverbänden in der Tiefe des Schlachtfeldes, im Raum der gegnerischen Reserven und Befehlszentren, aufzutreten."

Das Eingreifen der feindlichen Reserven sollte durch die taktische Luftwaffe verzögert werden, deren Zusammenarbeit mit den Panzern Guderian bereits voraussah; die Herbeiführung dieser Verzögerung sollte eine der Hauptaufgaben der Luftwaffe sein. Guderian erwähnte auch den Einsatz von Fallschirm- und Luftlandetruppen zur Eroberung wichtiger Punkte im Rücken des Feindes, um Gassen für den Panzerstoß zu öffnen.

Wenn es dem Angreifer einmal gelungen war, in die Verteidigungszone des Gegners einzubrechen, „kann man sich zur Bekämpfung der feindlichen Batterien und zur Säuberung der Infanteriekampfzone mit verhältnismäßig schwachen Panzereinheiten begnügen. Die Infanterie kann alsdann die Erfolge der Panzer ausnutzen . . .

Das Streben, die feindliche Verteidigung gleichzeitig in ihrer ganzen Tiefe zu treffen, muß demnach als sehr berechtigt bezeichnet werden. Dieses hohe Ziel ist nur mit zahlreichen Panzern in der erforderlichen Tiefengliederung erreichbar, mit Panzereinheiten und Panzerführern, die gelernt haben, im großen Verband zu fechten und auch unvorhergesehene Widerstände rasch und entschlossen zu brechen.

Der Durchbruchsangriff bedarf, abgesehen von der Tiefe, aber auch einer so großen Breite, daß die Flankierung des Angriffskerns erschwert wird . . .

Wir fassen unsere Forderungen an einen entscheidenden Panzerangriff daher zusammen in die Begriffe: geeignetes Gelände, Überraschung und Masseneinsatz in der erforderlichen Breite und Tiefe".

Hier lag also ein überraschend genauer Plan vor, wie ihn Guderian selbst vier Jahre später bei dem Durchbruch bei Sedan durchführen würde. In „Mein Kampf" hatte Hitler der Welt bereits verkündet, daß er sich den „Lebensraum" in Europa holen würde, jetzt erklärte Guderian im Detail die Taktik dieser kommenden Eroberungen.

Trotz des allein schon alarmierenden Titels „Achtung — Panzer!" wurde das Buch von den britischen und französischen Führern sogar noch gründlicher ignoriert als „Mein Kampf". Es wurde nie ins Englische oder Französische übersetzt und scheint nie von jemandem studiert worden zu sein, der in den jeweiligen Generalstäben eine Schlüsselposition einnahm. Und doch hatte das *Deuxième Bureau* — nach den Worten seines Chefs General

Gauché — das französische Oberkommando bereits im Februar 1935 vor den im Embryonalzustand bereits existierenden deutschen Panzerdivisionen gewarnt. Mehr noch: als „Achtung — Panzer!" erschien, war Guderian bereits eine bekannte Gestalt, er hatte seine Theorien in Militärmagazinen veröffentlicht und befehligte jetzt Hitlers 2. Panzerdivision.

Schon 1933 hatte Hitler, als er einer Vorführung von Deutschlands ersten Panzerprototypen beiwohnte, Guderian wiederholt zugerufen: „Das brauche ich! Die will ich haben." Hitlers technisches Verständnis war für seine Ratgeber eine ständige Quelle des Erstaunens: technische Einzelheiten faszinierten ihn; so soll er unter anderem als erster vorgeschlagen haben (1938), man solle die 8,8-cm-Flak als Pak-Waffe benützen; dadurch schuf Hitler die vielleicht auf beiden Seiten wirksamste Panzerabwehrwaffe des Zweiten Weltkriegs. Guderian und seine Theorien waren es vor allem, die Hitler für seine Politik blitzschneller, mit minimalem Krafteinsatz durchgeführter Eroberungen benötigte. Mit seiner visionären Intuition hatte er kurz nach der Machtübernahme zu Hermann Rauschning vorausgesagt: „Der nächste Krieg wird sich von dem letzten völlig unterscheiden. Infanterieangriffe und Massenformationen sind veraltet. Frontalkämpfe, die an versteinerten Fronten Jahre andauern, werden nicht wiederkehren. Das garantiere ich. Sie waren eine degenerierte Form von Krieg . . ." Und später erklärte er noch prophetischer: „Ich werde Frankreich aus seiner Maginotlinie hinausmanövrieren, ohne einen einzigen Soldaten zu verlieren."

Obwohl Guderian bei den konservativen Elementen des deutschen Heeres auf die gleiche Opposition stieß wie die französischen oder britischen Reformer, erhielt er von Hitler stärkste Unterstützung. Im Oktober 1935 wurden die drei ersten Panzerdivisionen aufgestellt. Guderian, damals noch Oberst, erhielt eine davon. Anfang 1938 wurde Guderian zum Generalleutnant befördert und erhielt den Befehl über das Panzerkorps, dem dann beim Einmarsch in Österreich die führende Rolle zugedacht wurde. Am Ende des Jahres erhielt er, jetzt General der Panzertruppen, den Schlüsselposten des Chefs der motorisierten Truppen im Generalstab. Guderian und die Philosophie des Blitzkrieges standen bereit.

Die „revolutionäre" Wehrmacht

In „Achtung — Panzer!" bezeichnet Guderian „den fanatischen Willen nach vorn" als die höchste für das Panzerkorps nötige menschliche Tugend. Und gerade diese Tugend pflanzte der seltsame, schreckliche Glaube des Nationalsozialismus der gesamten neuen Wehrmacht ein. Schon aus unserem zeitlichen Abstand ist es schwer, den spontanen Zauber wieder zu erfassen, geschweige denn zu erklären, den Hitler auf die deutsche Jugend ausübte —

diese Jugend, die nichts von dem dunklen Tunnel nie dagewesenen Entsetzens ahnte, in den er sie und ganz Europa führen sollte! Diese Jugend, die vom Elend des Hungers, der irrsinnigen Inflation, der Depression und Massenarbeitslosigkeit überschattet war, von den Demütigungen der Niederlage und der Besatzungszeit, den offensichtlichen Ungerechtigkeiten von Versailles und dem anscheinend sinnlosen Leben in der Weimarer Republik, war von Hitler leicht zu berauschen. Schon Nietzsche hatte von den Deutschen gesagt: „Rausch ist für sie mehr als Nahrung. Das ist der Köder, bei dem sie immer anbeißen. Ein populärer Führer muß ihnen die Aussicht auf Eroberung und Glanz vorhalten, dann wird man ihm glauben." Man glaubte Hitler, und seine ersten unblutigen Eroberungen bestätigten diesen Glauben wieder und wieder.

Die gigantischen Nürnberger Parteitage mit ihren Farben und ihrem hysterischen Massengeschrei befriedigten das elementare Bedürfnis nach Mystik in der deutschen Seele, sie erfüllten die deutsche Jugend mit einer Art revolutionärer Glut, die sie mit in die Wehrmacht nahm. In der älteren Generation, bei der die alptraumhafte Erinnerung an die Granatlöcher der Westfront so fest verwurzelt war wie bei den Franzosen, fragte man sich furchtsam, wohin Hitlers Wiederbewaffnung führen würde; es gab aber viele, die nur an ein Wort denken konnten — Rache. Jean-Paul Sartre war 1934 bei einem Deutschlandbesuch über den Fanatismus eines ehemaligen Feldwebels des Weltkriegs schockiert: „Wenn es nochmals einen Krieg gibt, werden wir nicht wieder besiegt werden. Wir werden uns unsere Ehre zurückholen." Sartre erwiderte, ein Krieg sei nicht nötig, jedermann wolle Frieden. „Aber die Ehre kommt zuerst", lautete die Antwort. „Zuerst müssen wir unsere Ehre wiederhaben." Als sich Hitlers Versprechen, den Vertrag von Versailles umzustoßen, immer mehr der Erfüllung näherte, vervielfachte sich die Zahl derer, die so dachten wie dieser ehemalige Feldwebel. Der Patriotismus lebte wieder auf. Eine militärische Laufbahn befriedigte das angeborene Verlangen des jungen Deutschen nach Kameradschaft wie auch seine Leidenschaft für technische Dinge. Gleichzeitig versprach die Ausweitung der Wehrmacht schnelle Beförderung. Hier war endlich etwas, was dem Leben neue Bedeutung verlieh. Seeckt und Guderian hatten der Wehrmacht eine revolutionäre Doktrin gebracht, Hitler und der Nazismus gaben ihr einen revolutionären Geist.

Die Ausbildung der deutschen Jugend in der Wehrmacht, wie auch schon früher in den verschiedenen paramilitärischen Organisationen, war in sich revolutionär. Mit zehn Jahren leistete der Junge im Jungvolk Adolf Hitler den Treueid. Das Hauptgewicht lag, wie überall im nationalsozialistischen Erziehungssystem, auf körperlicher Ausbildung, Disziplin und Gemeinschaftsarbeit. Mit vierzehn kamen die jungen Deutschen in die Hitlerjugend. 1936 wurde ein Gesetz erlassen, das Hitlerjugend und Wehrmacht eng koordinierte; die Mitglieder erhielten von örtlichen Einheiten Unterricht im Schießen und in der Führungsarbeit; sie besuchten Kasernen und durften Manöver beobachten. Einer der Verbindungsoffiziere für dieses Ausbildungsprogramm war ein gewisser Oberstleutnant Erwin Rommel. Mit achtzehn wurden die jungen Deutschen zur Wehrmacht oder in den Arbeitsdienst eingezogen. Auch im Arbeitsdienst, wo sie ihrem Land durch Straßenbau, durch Melioration und ähnliches dienten, wurden die Prinzipien der Disziplin und der Klassenlosigkeit der neuen Ordnung weiter betont. Selbst die Freizeitorganisation „Kraft durch Freude" (KdF) förderte den Begriff der Kameradschaft. Die Begeisterung, mit der diese Massenerziehung von der Jugend aufgenommen wurde, war echt, selbst ein leidenschaftsloser englischer Journalist,[5] der diese jungen Deutschen 1933 beobachtete, war (wie viele andere damalige Beobachter) tief beeindruckt von dem „gewaltigen Kameradschaftsgefühl. Sie waren glücklich, gemeinsam zu lernen, zu spielen, zu marschieren und gemeinsam zu kämpfen. Sie liebten die frische Luft und schleuderten ihre Kleider mit einer Begeisterung von sich, die die viktorianische Generation entsetzt hätte. Ihre animalische Energie war gigantisch . . ."

Wenn sie in die Wehrmacht kamen, bildeten diese spartanischen, begeisterten jungen Menschen bereits ein unübertreffliches Material für eine „revolutionäre" Streitmacht, instinktiv geschult bis zur instinktiven Beherrschung der einen Kunst, die sich bei Deutschlands ersten militärischen Operationen vor allem bewähren sollte — der Kunst des Teamworks, der Zusammenarbeit.

Antimilitarismus in Frankreich

Welchen Kontrast bot ein Blick auf den Geist im Frankreich der dreißiger Jahre! Die letzten rosigen Nachkriegsillusionen waren durch die Enthüllung von Frankreichs Ohnmacht während der Rheinlandkrise rauh hinweggefegt worden. Das Verlangen nach nationaler Größe, nach der Vorherrschaft in Europa war der tiefen Sehnsucht gewichen, „in Ruhe gelassen zu werden". Diese Sehnsucht zog sich durch alle Gesellschaftsschichten, ihre Symptome liefen mit gewissen Erscheinungen in England parallel. Aber vor allem in Frankreich wurzelte der Wunsch nach Frieden, oder das, was später als „Beschwichtigung" stigmatisiert werden sollte in der Erinnerung an das Grauen des Weltkriegs, einer Erinnerung, die im Lauf der Jahre eher stärker als schwächer geworden war; in starkem Ausmaß war das die Folge der Antikriegsliteratur, die Europa Ende der zwanziger Jahre überschwemmt hatte, einer Literatur, die im Grund die immer gleiche Geschichte vom Grauen und der Sinnlosigkeit des Kriegs erzählte, kombiniert mit der Darstellung der zynischen Gefühllosigkeit und des Unvermögens der Kriegsherren. In Deutschland hatte Hitler Bücher wie Remarques „Im Westen nichts Neues" schnell unterdrückt, in Frankreich zeitigte jedoch Henri Barbusses erschreckendes Buch „Le Feu" ungeheure Wirkung.

Die Generation von Verdun sah darin die unauslöschliche Mahnung an das, was damals gewesen war; für die Jüngeren war „Le Feu" ein alptraumhaftes Schreckensbild, dessen Neuinszenierung um jeden Preis vermieden werden mußte. Antikriegsvereinigungen, die von Riesen der literarischen Linken wie André Gide, Paul Éluard, Louis Aragon und Romain Rolland gegründet wurden, erlangten gewaltigen Einfluß. Henri Barbusse war jedoch der Fackelträger; als er 1935 starb, folgten 300.000 seinem Sarg.

Mit seinem genialen Instinkt verstand es Hitler, mit den Befürchtungen und Hoffnungen der Franzosen zu spielen; jedes neue Abenteuer begleitete er mit Friedenspropaganda und wiederholten Verzichten auf alle Ansprüche auf Elsaß-Lothringen, alles zielte darauf ab, die Franzosen hinter ihrer sicheren Maginotlinie noch ruhiger schlafen zu lassen. Da die Neue Ordnung ohnehin nicht mehr aufzuhalten war, erschien Hitler dem Durchschnittsfranzosen nicht als besonders bösartig. Außerdem gab es durchaus noch größere Gefahren. Soweit ein Haß gegen die Nazis bestand, wurde er durch den Haß auf den Krieg und die Angst vor diesem mehr als ausgeglichen.

Wie so oft in der Geschichte, sehen sich Gesellschaften unwiderstehlich dazu verleitet, sich immer dann in imaginären Freuden und inneren Ablenkungen zu verlieren, wenn die unerfreuliche Realität ihre Gefühle durcheinanderbringt. Je lauter die Barbaren an die Mauern Roms hämmerten, desto wilder wurden die Zirkusspiele im Kolosseum und die privaten Orgien innerhalb der Stadtmauern. In vielen Schichten des französischen Lebens Ende der zwanziger und während der dreißiger Jahre wurde die Flucht vor der Wirklichkeit zum beherrschenden Faktor. Neben dem Dadaismus und dem Surrealismus in der Kunst steht die „fantaisiste", die Märchenwelt von Cocteau und Giraudoux. Die Raserei der Foxtrott-*dansomanie* der zwanziger Jahre geht mit den Bühnenextravaganzen Diaghilews Hand in Hand. Das „Ballet Russe", das „Ballet Suédois", Josephine Baker, die „Revue Nègre". Alles für die Schau! Der Zirkus wird wieder entdeckt. Frankreich stellt plötzlich fest, daß es Tennis spielen kann. Der Sieg über England ist eine willkommene Beschwichtigung angesichts der wachsenden Abhängigkeit des Quai d'Orsay vom Foreign Office. Das Radfahren reißt alle mit, die Tour de France liefert den Massen das Gefühlsäquivalent, das den Reichsparteitagen am nächsten kommt. In den Kabaretts können sogar die geheiligten Fetische der Zeit vor 1914 verspottet werden, bärtige Damen aus dem Elsaß singen melodramatisch:

„Nein, nein, tausendmal nein! Meine Brust ist französisch, nie werde ich säugen ein deutsches Kind . . ."

In der Literatur weicht die Leidenschaft für romantische Reisen der ebenso starken Faszination der persönlichen, „heroischen Suche" des leidenden Mannes der Tat, wie sie in den Abenteuern von Saint-Exupéry und Malraux vertreten ist.

Trotz ihrer Philosophie des „engagement" demonstriert keine Literaturform eine größere Revolte gegen die Realität als der Existentialismus des jungen Jean-Paul Sartre und seiner Freunde vom Café Flore in den späten dreißiger Jahren. Sartres Geliebte, Simone de Beauvoir, liefert in ihrer Autobiographie die ehrliche Chronik der Haltung der französischen Linksintellektuellen.

Der Herbst 1929 ließ sie fühlen, sie lebe in einem neuen „Goldenen Zeitalter": „Der Friede schien endlich gesichert. Das Anwachsen der deutschen Nazipartei war lediglich eine Randerscheinung ohne ernstliche Bedeutung... bald würde der Kolonialismus zusammenbrechen." Von Hitlers Machtergreifung schreibt sie: „... wie jedermann in der französischen Linken beobachteten wir diese Entwicklung ganz ruhig"; im gleichen Atemzug berichtet sie ganz beiläufig von Einsteins Flucht und beklagt die Schließung des deutschen „Instituts für Sexologie". Trotzdem „war der Friede nicht bedroht; die einzige Gefahr bestand in der Panik, die die Rechte in Frankreich mit dem Ziel zu verbreiten suchte, uns in einen Krieg hineinzuziehen". Den „Älteren" der Linken „steckte, wie so vielen ihrer Generation", die Erinnerung an 1914 bis 1918 noch in den Knochen... 1914 tanzte die gesamte intellektuelle Elite, Sozialisten, Schriftsteller und so weiter — kein Wunder, daß Jaurès ermordet wurde — nach dem Takt der Chauvinisten... Die Älteren verboten uns damals, uns die Möglichkeit eines Kriegs auch nur vorzustellen..."

Diese Kriegsangst veranlaßte Sartre und die Beauvoir dazu, bei ihren Filmbesuchen Renoirs klassisches „La Grande Illusion" zu versäumen, statt dessen suchten sie Vergessen in amerikanischen Lustspielen wie „My Man Godfrey" und „Mr. Deeds goes to town".

Politische Skandale

Bei den wichtigen Wahlen von 1935, nach der Wiederbesetzung des Rheinlands, hatte Sartre die Abgabe der Stimme verweigert: „Die politischen Aspirationen der linksgerichteten Intellektuellen ließen ihn die Achseln zucken." Während Simone de Beauvoir die politische Bühne Frankreichs mit „desengagierter" Abneigung betrachtete und an der Ermordung König Alexanders von Jugoslawien und des französischen Außenministers Barthou nichts fand, „was mein Interesse weckte", räumt sie ein, „daß Sartre und ich jedes Wort über die neueste Wendung in dem Stavisky-Skandal lasen".

Dieser Dualismus der Haltungen reichte weit über den Kreis des Café Flore hinaus. Über den politischen Dschungel der Dritten Republik hatte sich noch ein Miasma von Korruptionsfällen gelegt. Der erste große Schock erfolgte 1928, als Klotz, der frühere Finanzminister, den Clemenceau so bissig behandelt hatte, unter der Anklage, falsche Schecks ausgestellt zu haben, verhaftet wurde. Zwei Jahre später folgte der Oustric-Skandal. Oustric hatte ein Bankimperium aufgebaut, in der Hauptsache mit Hilfe von Darlehen, die er irgendwie von der Bank von Frankreich erhalten hatte; als sein Reich zusammenbrach, führte die erwiesene Beteiligung der zweiten Regierung Tardieu auch zu deren Sturz. Das größte Aufsehen erregte jedoch Serge Stavisky, der Sohn eines ukrainisch-jüdischen Dentisten, ein verführerischer junger Mann mit einer offensichtlich unbegrenzten Zahl nützlicher Kontakte zu Politik, Presse und Justiz. Bereits 1933 waren seine finanziellen Unternehmungen amtlich überprüft worden, er schien jedoch gegen polizeiliche Untersuchungen immun zu sein, und eine gerichtliche Klage gegen ihn war tatsächlich neunzehnmal vertagt worden. Der Staatsanwalt, der bei Stavisky die Anklageerhebung nicht durchbrachte, war wie zufällig der Schwager des damaligen Ministerpräsidenten Camille Chautemps.

Am 30. Dezember wurde dann plötzlich ein Betrugsfall, der die Auszahlung von Millionen von Franc mit bloßer Deckung durch eine städtische Leihanstalt in der kleinen Stadt Bayonne betraf, Stavisky angehängt. Der Bürgermeister von Bayonne, Garat, zugleich Delegierter der Radikalen Partei, wurde verhaftet; alles deutete aber darauf hin, daß es um mehr ging. Wie hatte Stavisky solche Schwindeleien durchführen können und wieso war er so lange der Gerechtigkeit entgangen? Ehe man eine Antwort fand, wurde Stavisky in einem Haus in Chamonix, wo er sich mit seiner Geliebten versteckt hatte, tot aufgefunden. Angeblich war es Selbstmord, man nahm jedoch allgemein an, daß er sehr im Interesse von Chautemps, wie es schien — von einem Polizisten erschossen worden war. Über Nacht wurde Stavisky in Frankreich der bekannteste Mann seit Dreyfus. Vor der Nationalversammlung drängte sich eine Menschenmenge, die „Nieder mit den Dieben!" schrie und Abgeordnete bespuckte. Am 24. Januar 1934 mußte die Regierung Chautemps abtreten, nach einer Amtszeit von nur zwei Monaten und vier Tagen.

Gemeinsam mit Sartre und der Beauvoir genoß die große Masse der Franzosen das Schauspiel der politischen Skandale als Teil des nationalen Eskapismus. Hand in Hand damit ging eine tiefe Abneigung gegen Politiker und Regierung, die einen ernsten Riß in Frankreich gerade in dem Augenblick schuf, als die Marschstiefel der Nazis in immer stärkerem Gleichtakt marschierten. 1934 war das Ansehen der Politiker in Frankreich auf einen Rekordtiefstand gesunken, es sollte aber noch tiefer sinken und mit ihm jede Wirksamkeit von Maßnahmen der Regierung. Immer wieder gab es neue Skandale, und immer schien ein Minister beteiligt zu sein. Wie Pertinax bissig bemerkte, hatten die französischen Politiker die Gewohnheit angenommen, „mit ihrem Land zu verfahren wie mit einer Handelsfirma, die in Liquidation geht". Élie Bois schildert eine typische Szene aus der Dritten Republik. Bei einer Lunchparty wetteiferten Georges Bonnet und Camille Chautemps miteinander, wer einem eben gestürzten Ministerpräsidenten folgen sollte. „Ich bin an der Reihe!" „Nein, Georges, ich." Immer schwindelerregender wurde das Spiel des „Bäumchenwechselns", inszeniert von kleinen Männern, die keine Ahnung von der nahenden Tragödie hatten. In den achtzehn Monaten vor 1934 hatte es fünf verschiedene Regierungen, praktisch aber mit den gleichen Gesichtern, gegeben; von Mitte 1932 bis zum Kriegsausbruch 1939 gab es neunzehn französische Regierungen, einschließlich elf verschiedener Ministerpräsidenten, acht Finanz-, sieben Außen- und acht Kriegsministern. Eine Lieblingsbeleidigung der Pariser Taxifahrer wurde: „Espèce de député!" Die Bevölkerung verabscheute die Politiker, und die Politiker verabscheuten sich gegenseitig.

Beginnender Bürgerkrieg

Am 6. Februar 1934 kochten die Leidenschaften über. Das Datum bezeichnete den Beginn einer Art von Bürgerkrieg, der auf die Ereignisse von 1940 so großen Einfluß gewinnen sollte, daß man seine Hintergründe kennen und verstehen sollte.

Seit dem Waffenstillstandstag von 1918 waren zwei verschiedene, deutlich voneinander getrennte und einander entgegengesetzte ideologische Ströme durch das politische Leben Frankreichs geflossen. Der eine war revolutionär, der andere patriotisch: um sie auf zwei historische Ereignisse zu beziehen, könnte man sie Ströme der Kommune und Verduns nennen. Der revolutionäre Kommunestrom mag seine Quelle in der Revolution von 1789 haben, deren geistige Erben auf den Barrikaden von 1830 und 1848 gegen das Establishment kämpften, während sich seine Hauptkraft in der Nachkriegswelt, wie bereits erwähnt, aus der russischen Revolution herleitete. In der Pariser Kommune von 1871 lebte der Schutzgeist des französischen linken Flügels und vor allem dessen wichtigen Teils, des Pariser Proletariats. Die Kommune hatte als erste, wenn auch erfolglos, die Möglichkeit einer Regierung des Proletariats angedeutet, die sich auf Revolution und Zerstörung des bourgeoisen Monopols gründete; mehr noch, auf den Leistungen und Fehlern dieser Kommune — wie Karl Marx sie auslegte — hatte Lenin seine siegreiche Revolution von 1917 aufgebaut. Vor allem hielt in Frankreich die brennende Erinnerung an die 20.000 Kommunarden, die von den Streitkräften Thiers' so brutal massakriert worden waren, die Flamme der Revolution am Leben, sie ließ die Kluft zwischen Bourgeoisie und Proletariat weiter und unüberbrückbarer werden als in jeder anderen Nation der westlichen Welt. Die Bindung zur Kommune war nie durchtrennt worden; in den dreißiger Jahren (und noch heute) unternehmen die Führer der französischen Linken an jedem Pfingstsonntag einen feierlichen Pilgerzug zu der „Mur des Fédérés" im Friedhof Père Lachaise, um der summarischen Hinrichtung von 147 Kommunarden am 28. Mai 1871 zu gedenken. Die Internationale ist ihr Marschlied, die Mauer aber der Reliquienschein, zu dem sie ziehen.

Die Verdun-Bewegung anderseits bezog ihre Hauptkraft aus dem Mittelstand, den Konservativen, die seinerzeit die Kommune unterdrückt hatten. Sie glaubten an die fundamentale, unzerstörbare „Größe" Frankreichs — in einer neueren Umgebung könnte man sie im wesentlichen als gaullistisch bezeichnen —, sie sehnten sich nach der „gloire", wie sie sich für sie in den militärischen Triumphen Ludwigs XIV. und Napoleons verkörperte. Während die Erben der Kommune zur „Mur des Fédérés" marschierten, wandte sich der zweite Strom wegen seiner noch unmittelbarer wirkenden Inspiration dem tragischen Ruhm von Verdun zu. Man fühlte, Frankreich dürfe nicht auf den Nutzen aus all den Strömen Blutes verzichten, das so ruhmvoll in seinen zahlreichen Kriegen vergossen worden sei, besonders in diesem letzten und schrecklichsten. Doch die Bewegung wurde, genau wie die der Linken, innerlich uneins, wenn sie sich der Kehrseite der Medaille von Verdun bewußt wurde. Man klammerte sich noch an die Illusionen, die von der Siegesfeier des 14. Juli 1919 geblieben waren, ekelte sich aber vor Frankreichs anschließendem Zurückstecken und dem Verlust der „grandeur" ebenso wie vor der korrupten Unfähigkeit seiner Politiker. Gleichzeitig erinnerte man sich auch hier an die Kommune und die neue Energie, die die russische Revolution der Linken eingehaucht hatte. Das Gespenst des Bolschewismus, das blutige Messer zwischen den Zähnen, blies seinen heißen Atem bedrohlich dem Mittelstand ins Genick.

In den dreißiger Jahren hatten sich die lautstärksten und extremsten Franzosen, die im Verdun-Strom schwammen, in verschiedenen Ligen des rechten Flügels zusammengefunden. Da waren die „Camelots du Roi", Schocktruppen der Monarchisten, die katholische und antisemitische „Action Française" des Charles Maurras,[6] die den Angriff auf Stavisky und seine hochgestellten Freunde in der Radikalen Partei angeführt hatte. Dann waren da die „Jeunesses Patriotes", nationalistisch und extrem antikommunistisch, die den Mantel der feuerfressenden „Ligue des Patriotes" von Paul Déroulède übernommen hatten, die gegründet worden war, um die Niederlage von 1870 zu rächen. Nachdem aber das Leid um Elsaß-Lothringen gestillt war, war der Patriotismus der „Jeunesses" so defensiv wie der jeder anderen Sektion dieses Landes, wo die Maginotlinie zu einem Lebensstil geworden war. Ihre Energie richtete sich hauptsächlich auf den Schutz des Privatbesitzes vor wirklichen oder eingebildeten Bedrohungen durch den „Bolschewismus". 1932 wurde die „Solidarité Française" mit Mitteln aus dem Parfümerievermögen François Cotys geschaffen, ihre Mitglieder trugen eine paramilitärische Uniform mit schwarzen Baretten und blauen Hemden. Ihr Motto war: „La France aux Françaises!" — „Frankreich den Franzosen!" Die ebenfalls von Coty gegründete Zeitung „Ami du Peuple" führte auf der Titelseite das Schlagwort: „Mit Hitler gegen den Bolschewismus." 1933 wurden die „Francistes" aufgestellt, ihre Uniform war der der SA nicht unähnlich.

Politisch weniger extrem, aber immer noch weit rechts der Mitte standen verschiedene Veteranenorganisationen, deren Mitglieder hauptsächlich aus dem Kleinbürgertum kamen. Die aktivste Liga war aber zweifellos das 1928 als Vereinigung von dekorierten Frontsoldaten gegründete „Croix de Feu". Sein Führer, Oberst Casimir de la Rocque, der in den Stäben Fochs und Lyauteys gedient hatte, wollte die Institutionen der Dritten Republik von aller Korruption säubern. Unter seiner Führung nahm das „Croix de Feu" eine ausgesprochen politische Orientierung an. „Ehrlichkeit" und „Ordnung" waren seine beiden Schlachtrufe; wenn man es auch nicht, wie andere rechtsgerichtete Ligen, als faschistisch bezeichnen konnte, so teilte das „Croix de Feu" doch deren Bewunderung für die Kraft und den Schwung, die Mussolini der italienischen Jugend einflößte. Als dann die Skandale zahlreicher wurden, nahm das „Croix de Feu" eine offen antirepublikanische Haltung ein. Der patrizische Oberst war sicher kein Volksredner wie Hitler. Ein britischer Journalist sagt von ihm: „Sein Kopf war zu schmal und zu wenig eindrucksvoll, seine Stimme zu hoch, seine Diktion für einen Massenappeal zu kunstvoll. Seine Gesten waren die eines romantischen Schauspielers, nicht die eines Tribunen. Er war zu vornehm." Trotzdem war Oberst de la Rocque für den französischen linken Flügel die Verkörperung all dessen, was er unter Faschismus verstand, verabscheute und fürchtete.

In der Woche nach dem Sturz der Regierung Chautemps am 27. Januar 1934 war die Spannung in Paris gestiegen. Wütend über die Enthüllungen im Fall Stavisky, traf sich de la Rocque mit den Führern der anderen rechtsgerichteten Ligen, um einen Marsch zur Nationalversammlung zu organisieren. Am 5. Februar gab es Demonstrationen und Zusammenstöße mit der Polizei. Am nächsten Morgen brachte „L'Action Française" aufreizende Schlagzeilen: „Die Diebe verbarrikadieren sich in ihrer Höhle. Gegen diese verworfene Regierung heute abend alle vor die Deputiertenkammer!" Gegen 18 Uhr versuchten die ersten Stoßtrupps, hauptsächlich „Camelots du Roi", mit einer Anzahl an auffallender Stelle postierter „grands mutilés", einen Weg durch die Polizeibarriere an der Pont de la Concorde zu erzwingen. Sie schleuderten Flaschen, Steine und Rohrstücke gegen die Polizisten; als dann berittene Polizei angriff, zerschnitt man den Pferden mit an Stöcken befestigten Rasiermessern die Fesselgelenke. In der Kammer rang die neue Regierung unter Édouard Daladier noch um das Vertrauen. Um 19 Uhr 30 war die Polizei schwer in Bedrängnis, nach dreimaliger Warnung erhielt sie den Feuerbefehl. Sieben Demonstranten wurden getötet, viele wurden verwundet. Zur Oper zurückgetrieben, drangen die Demonstranten noch einmal zur Concorde vor. Die Polizei eröffnete wieder das Feuer, aber erst um Mitternacht konnten sich die Deputierten ganz sicher fühlen. Von 40.000 Demonstranten waren 16 getötet und mindestens 655 verwundet worden, über tausend Polizisten hatten Verletzungen davongetragen.

Trotzdem erklärte Oberst de la Rocque am nächsten Tag in seinem geheimen Hauptquartier: „Das ‚Croix de Feu' hat die Deputiertenkammer umzingelt und die Deputierten zur Flucht gezwungen..." Diese Erklärung reizte die Führer der anderen Ligen, die glaubten, die Feuerkreuzler hätten sich im Kampf klugerweise zurückgehalten; die Wirkung der Prahlerei auf den linken Flügel war noch dramatischer. Mitten im Getümmel schien plötzlich ein neuer General Boulanger aufgetaucht zu sein. Die Furcht wuchs, als Daladier am Nachmittag des 7. überstürzt zurücktrat. Expräsident Gaston Doumergue übernahm, nun siebzigjährig, die Führung einer „Nationalen Regierung", und zwar, zur Beruhigung der „alten Kämpfer", mit dem siebenundsiebzigjährigen Marschall Pétain, dem Helden von Verdun, als Verteidigungsminister. Zum erstenmal seit 1870 hatte der Mob eine französische Regierung gestürzt. Es war aber leider nicht das letztemal, daß eine verhängnisvolle Schwäche Daladiers seinen Beinamen „der Stier von Vaucluse" Lügen strafte. Zu seinem Rücktritt erklärte Daladier kläglich: „Andernfalls hätten wir schießen müssen."

Am 6. Februar hatten die Kommunisten, die den Abscheu de la Rocques gegen die korrupten Politiker teilten, in den Kampf eingegriffen. Ein Augenzeuge sah tatsächlich, wie ein Camelot du Roi und ein Kommunist, beide an ihren Abzeichen erkenntlich, gemeinsam einen Laternenpfahl umrissen — wohl das letztemal in Friedenszeiten und vor der Ära de Gaulles, daß die zwei extremen Flügel im politischen Leben Frankreichs zusammenarbeiteten. Jetzt aber befürchtete der gesamte linke Flügel einen drohenden Staatsstreich der Rechten nach dem Vorbild Deutschlands und Italiens, wobei Oberst de la Rocque die Rolle Louis Napoleons — oder Mussolinis — spielen würde. Am Morgen des 9. forderte „L'Humanité" für den Abend eine Massenversammlung auf dem Place de la République, um die Auflösung der Kammer und der kurzfristigen Verbündeten, der Ligen des rechten Flügels, zu fordern. In der Nacht geschah dann etwas

Entscheidendes. In der Nähe des Platzes näherten sich einander zwei Kolonnen, in der einen Kommunisten, in der anderen Jeunesses Socialistes, Vertreter der beiden wichtigsten Parteien der Linken also, die seit dem großen Schisma von 1920/21 kaum mehr miteinander gesprochen hatten. Mit den Rufen: „Wir kämpfen nicht gegeneinander, wir verbrüdern uns — wir sind alle hier, um die Republik zu verteidigen!" vermischten sich die beiden Kolonnen, marschierten gemeinsam und sangen: „Einheit der Tat!" Am 12. Februar rief die CGT einen Generalstreik als Protest gegen die faschistische Gefahr aus, und zum erstenmal seit dem Bruch vor dreizehn Jahren arbeitete die kommunistische CGTU völlig mit ihr zusammen. Im Verlauf des Tages wurde der neue Pakt mit Blut besiegelt, als inmitten der alten Kommunistenhochburgen im östlichen Paris Dreieckskämpfe zwischen Streikenden, rechtsgerichteten Faulenzern und der Polizei vier Tote forderten. „Vereinigt wie an der Front!" hatten Oberst de la Rocques „anciens combattants" am 6. Februar gerufen. „Einheit der Tat!" war drei Tage später der Schlachtruf der Erben der Kommune. Tatsächlich führten jedoch beide die französische Nation in nur noch größere Zwietracht.

Nach dem 6. Februar war jegliche Chance der Rechten auf einen Staatsstreich für immer dahin, der Protestmarsch gegen die korrupten Politiker zog jedoch eine große Zahl neuer junger Rekruten zu de la Rocques Fahnen. Als Antwort schloß sich die Linke zu einer „gemeinsamen antifaschistischen Front" zusammen. Im Juli unterzeichneten Blum, der Sozialistenführer, und der Kommunist Thorez einen Einheitspakt; vom Oktober 1934 an sprach „L'Humanité" von einer „Volksfront gegen den Faschismus". Weitere Faktoren stärkten noch diese neue Solidarität der Linken. Frankreich steckte noch tief in der Weltwirtschaftskrise, während sich England und Amerika bereits langsam erholten. Zwischen 1928 und 1934 sank die französische Industrieproduktion um 17 Prozent, das Durchschnittseinkommen zwischen 1929 und 1936 um 30 Prozent. Ende 1935 gab es 800.000 Arbeitslose. Aus Furcht vor der „bolschewistischen Drohung" gegen das Privateigentum hatten die Manager der französischen Industrie — die *patrons* — die Spaltung zwischen der sozialistischen und der kommunistischen Gewerkschaft ausgenützt, um die Durchführung der wesentlichen sozialen Reformen zu bremsen. Obwohl von 1935 an ein wirtschaftlicher Aufstieg begann, war die Lage der Arbeiter in vielen französischen Industrien wahrlich erschreckend.

Am 14. Juli 1935 marschierte das „Croix de Feu" in militärischer Formation die Champs-Elysées hinunter; de la Rocque wollte dem Arc de Triomphe Tribut zollen. Der Tag gehörte aber der Linken, die am anderen Ende von Paris demonstrierte. Zu Tausenden fluteten ihre Parteigänger von Belleville und dem Vorort Saint-Antoine zum Place de la Bastille;

einige Zeitungen schätzten die Menge auf eine halbe Million. Bei einer Massenversammlung auf dem Platz wurde unter roten Bannern mit der Aufschrift „Friede! Brot! Freiheit!" die Volksfront offiziell ins Leben gerufen.

Am Nachmittag zog eine riesige Kolonne nach Vincennes. Daladier, der Radikalsozialist und Exministerpräsident, dessen Sturz die Kommunisten im vergangenen Jahr mit herbeigeführt hatten, marschierte neben Marty, dem Revolutionär, der die Nachkriegsmeuterei in der französischen Flotte im Schwarzen Meer angezettelt hatte, Arm in Arm, wie Blutsbrüder, gingen Blum und Thorez, Herriot, Barbusse und Duclos. Eine ähnliche Solidarität der Linken hatte man seit der Blütezeit der Kommune vor sechsundvierzig Jahren nicht mehr erlebt. Wie Herriot aber später grollend bemerkte, schienen doch die Kommunisten den Schauplatz zu beherrschen.

Die Radikalen beschlossen auf ihrem Kongreß im Oktober, mit der Volksfront zusammenzugehen. Im März 1936 besetzte Hitler das Rheinland. Am 3. Mai ging Frankreich zu den Wahlurnen, und die Volksfront kam an die Macht. Die Kommunisten mit bisher 10 Sitzen errangen nicht weniger als 72, die Sozialisten, die 49 weitere Mandate eroberten, wurden die stärkste Partei, also mußte Léon Blum die Regierung bilden. In begeisterter Danksagung zogen am 24. Mai 400.000 Pariser mit Rufen wie „Vive le Front Populaire! Vive la Commune!" zur „Mur des Fédérés", während eine Abteilung Soldaten aus Versailles ein Banner mit der Aufschrift trug: „Die Soldaten von 1871 haben die Kommune ermordet. Die Soldaten von 1936 werden sie rächen!" Die Linke feierte ihren größten Triumph seit 1871. Wie aber würde sie ihn nützen, da jenseits des Rhein bereits immer mehr finstere Wolken aufstiegen?

4. KAPITEL

Die Auguren schweigen

Im tragischen Leben braucht es keinen Schurken!
Die Leidenschaft allein heckt aus die Pläne,
Und uns verrät, was falsch ist in uns selbst.

George Meredith: Modern Love

Frankreich im Streik

Fast von seinem Amtsantritt an ging für Léon Blum alles schief. Die Schwierigkeiten, ein gemeinsames Programm zu finden, bedeuteten, daß sich die Verhandlungen zwischen den so verschiedenen Mitgliedern der Volksfront über den ganzen Mai 1936 hinzogen. Das französische Proletariat, das zunächst gejubelt hatte, wartete jetzt denkbar ungeduldig auf greifbare Ergebnisse, die seine Lage erleichtern würden. Schon eine Woche nach der Wahl brach in der Bréguet-Flugzeugfabrik in Le Havre ein Streik aus. Bei einer kommunistischen Parteiversammlung am 25. Mai forderten militante Mitglieder, die Partei solle mit dem zögernden Blum brechen, Thorez beschwichtigte, forderte aber seinerseits von der Regierung sofortige wirtschaftliche Maßnahmen. Am nächsten Tag wurden die Lavalette-Fabrik in einem nordwestlichen Vorort von Paris und die Nieuport-Flugzeugwerke in Issy im Südwesten durch Streiks gelähmt. Sie vollzogen sich in einer neuen Form, die später als „grèves sur le tas" — Sitzstreiks — bekannt wurde. Die Arbeiter präsentierten der Leitung ihre Forderungen, die abgewiesen wurden. Hierauf schickten sie die Frauen heim und besetzten die Fabrik. Freunde von außerhalb versorgten sie mit Verpflegung, Zigaretten und Decken, die Arbeiter diskutierten, spielten Karten, kegelten, sangen und tanzten. Alkohol war verpönt, im allgemeinen herrschte aber Festtagsstimmung, die wieder Erinnerungen an die ersten Tage der Kommune von 1871 weckte, aber auch dem Massenskapismus verwandt war, der Frankreich ergriffen hatte. Die bizarre Situation wiederholte sich Tag für Tag, den Fabriksbesitzern machte man energisch klar, man würde die Fabriken niederbrennen, wenn sie den Streik zu brechen suchten.

Zuerst erfolgten die Streiks wohl anarchisch und spontan, allmählich aber übernahmen die Gewerkschaften die Kontrolle. Am 27. und 28. wurden in ähnlichen Streiks die Farman-Flugzeugwerke, die Fabriken von Citroën,

Renault, Gnome et Rhône und Simca im Raum von Paris mühelos in Besitz genommen — praktisch also alle die Fabriken, die für die französische Rüstungsindustrie wichtig waren. Anfang Juni erreichte die Zahl der Streikenden 500.000 (schließlich schätzte man sie auf zwei Millionen) in über 12.000 Fabriken. Die Pariser machten ihre Sonntagsspaziergänge zu den Fabriken, wo die Arbeiter sich lachend bei ihren stillgelegten Maschinen unterhielten.

Blum war von diesen Ereignissen, die er später als „soziale Explosion, die für die Regierung ein Schlag ins Gesicht war", bezeichnete, höchst alarmiert, und er begann sofort mit der Arbeit an Reformplänen. Die Börsenkurse sanken, einige „patrons" transferierten ihr Geld ins Ausland. Obwohl kommunistische Agitatoren am Werk waren, schien die Parteiführung von den Ereignissen überrascht worden zu sein — wie das auch während der Pariser Unruhen im Mai 1968 der Fall war. Am 8. Juni, um 1 Uhr, unterschrieb Blum dann das berühmte „Matignon-Abkommen", so benannt nach seinem neuen Amtssitz. In dem zweifellos größten Schritt in der Geschichte der Beziehungen zwischen Arbeitgeber und Arbeitnehmer wurden den Arbeitern Zwangstarifverhandlungen, bezahlter Urlaub, eine Vierzigstundenwoche und eine Lohnsteigerung zwischen sieben und fünfzehn Prozent garantiert. Trotzdem dauerten die Streiks an, bis Thorez am 11. Juni durch einen Appell an die Pariser Kommunisten eingreifen mußte: „Ihr müßt wissen, wann man einen Streik beendet!" Am 13. Juni räumten die Arbeiter die Renault-Werke. Am *Quatorze Juillet* — dem Höhepunkt und dem Schwanengesang der Volksfront — feierte die gesamte Linke ihren Triumph.

Simone de Beauvoir beschreibt, wie „uns" das Matignon-Abkommen „mit Freude erfüllte". Dank der Vierzigstundenwoche „konnte man an jedem Samstagmorgen Paare aus Paris radeln sehen; am Sonntagabend kamen sie mit Blumen und Laub an den Lenkstangen zurück"; und Léon Blum bemerkt bewegt: „Ich hatte das Gefühl, daß wir eine Pause, einen Lichtblick in ihr dunkles, schweres Leben gebracht hatten ... wir hatten ihnen Hoffnung gegeben." Tatsächlich aber hatte er die Zukunft ganz Frankreichs noch hoffnungsloser gemacht. Eine Woche nachdem die Nationalversammlung das Matignon-Abkommen ratifiziert hatte, brach der spanische Bürgerkrieg aus; in Deutschland schritt Hitlers Wiederaufrüstung erschreckend schnell voran. So notwendig und so überfällig Blums Reformen auch waren, für Frankreich hätten sie zu keinem unpassenderen Zeitpunkt kommen können. Statt ein magisches Allheilmittel für Frankreichs wirtschaftliche Übel zu bilden, verschlimmerten sie diese noch. Eine vernünftige Schätzung berechnete die sofortigen zusätzlichen Kosten für das Unternehmertum mit 64 bis 107 Prozent, was wiederum die Lebenshaltungskosten bis Ende 1937 um 50 Prozent steigerte. Die Arbeiter, die ihre neuen Gewinne dahinschwinden sahen, glaubten sofort, die Unternehmer wollten die neuen Gesetze neutralisieren, und wieder begann eine Welle wilder Streiks. Die scharf angestiegenen Kosten bedeuteten, daß die französischen Exporte im Ausland weniger konkurrenzfähig wurden, mit dem Ergebnis, daß Blum sich im September 1936 (neuerdings) zu einer Abwertung des Franc um 25 Prozent gezwungen sah — zur großen Empörung der Kommunisten.

Die französische Industrie stagnierte weiterhin. Weil die Volksfront annahm, die Bandarbeit fördere die Arbeitslosigkeit, opponierte sie dagegen, was bedeutete, daß ein großer Teil der dringend benötigten militärischen Ausrüstung weiterhin mühsam in Handarbeit hergestellt werden mußte. Am schlimmsten war aber die Auswirkung der Vierzigstundenwoche auf Frankreichs Umrüstung, zu einem Zeitpunkt, da die Deutschen in Hitlers Munitionsindustrie zweiundfünfzig Stunden in der Woche schufteten. Im Herbst 1938, als Deutschlands Produktion gegenüber 1930 um 30 Prozent angestiegen war, schätzte Pertinax, daß die Frankreichs wahrscheinlich um 25 Prozent abgenommen habe. Paul Reynaud meinte, daß die Vierzigstundenwoche „der Vernichtung von einem Sechstel der französischen Industrie gleichkomme". Ein weiteres unheilvolles Erbe der Sitzstreiks von 1936, das zu der Stagnation der französischen Industrie beitrug, war der Verlust der Vorarbeiter an Macht und Prestige; weniger sichtbar steckte dahinter ein neuer Trend zum Ungehorsam, zu einer Mißachtung der Autorität überhaupt — gleich, ob der Regierung, des Unternehmertums oder der Gewerkschaften —, eine Entwicklung, die 1940 ihre moralischen Früchte tragen sollte.

Frankreich rüstet auf — Reynaud, de Gaulle und Pétain: 1936 bis 1939

Inmitten des politischen und wirtschaftlichen Aufruhrs hatte Frankreich, alarmiert von Hitlers Aufstieg und der Rheinlandbesetzung, erste Versuche unternommen, seine Streitkräfte umzurüsten. Im März 1935 war die Dienstzeit auf zwei Jahre verlängert worden, obwohl das sozialistische Organ „Le Populaire" sich beklagte, „die Kammer habe wie 1913 vor den Generalen kapituliert". Im September 1936 wurde ein Motorisierungsprogramm festgelegt, das die Schaffung von drei leichten mechanisierten Divisionen und zwei Panzerdivisionen vorsah. Die Verwirklichung des Planes dauerte aber verzweifelt lange. Man begann die Prototypen einiger neuer Waffen zu entwickeln, die sich alle 1940 in verschiedenen Punkten ihren deutschen Gegenstücken überlegen zeigen sollten. 1935 kam der erste schwere „B"-Tank, 1936 der schnelle, mittelschwere „Somua", 1937 die 4,7-cm-Pak. Das Zögern beim Oberkommando, mangelnde Zusammenarbeit zwischen Armee und Rüstungsindustrie, die Feindseligkeit der

Volksfront gegenüber jeder Aufrüstung sowie die Streiks und die Vierzig-stundenwoche hatten zur Folge, daß die Bestellungen für die notwendigen Werkzeugmaschinen erst im Jahr nach der Aufstellung des neuen Programms erfolgten. Während 1936 monatlich 120 Panzer die Fabriken verlassen hatten, sank die Zahl im Januar 1937 auf 19 ab. Das Rüstungsbudget, das 1936 1492 Millionen Franc betragen hatte, stieg 1937 auf 2938 und 1938 auf 5152 Millionen. Viel davon wurde jedoch sinnlos vergeudet. 1937 beschloß die Regierung, längs der jetzt ungeschützten Nordgrenze eine Reihe leichter, unzusammenhängender Bunker zu bauen; die Presse nahm sofort an, dies bedeute die Verlängerung der eigentlichen Maginotlinie, und die Regierung ließ sie gern bei dieser Selbsttäuschung.

Schon im Februar 1935 hatte das *Deuxième Bureau* das Oberkommando vom Auftauchen der ersten Panzerdivision in Deutschland benachrichtigt und einen ziemlich genauen Bericht über deren vermutliche Rolle geliefert. Von den Führern der Regierung bis herab zu den patrizischen Kavallerie-offizieren mit ihrem konservativen Schibboleth: „Öl ist schmutzig, Mist nicht!", wollte die Nation insgesamt nicht glauben, daß eine Verbindung von Panzern und Luftwaffe die bestehenden Gesetze der Kriegführung aus dem Gleichgewicht bringen könnte. Chef der Rebellen, die gegen die Strömung anzukämpfen wagten, war der politische Neuling Paul Reynaud, der schon 1924 eine bewegliche Offensivarmee als das einzige Mittel, um Deutschland abzuschrecken, gefordert hatte. Später fand er einen nützlichen Verbündeten in Major Charles de Gaulle, der als erster in einem 1933 veröffentlichten Artikel die Sache der gepanzerten Division vertreten hatte. Zwei Jahre später weitete de Gaulle seine Ideen zu einem schmalen Band „Vers l'Armée de Métier" („Der Weg zum Berufsheer") aus. Wegen dieser Kühnheit wurde de Gaulle 1936 von der Beförderungsliste gestri-chen, wie das auch seinem früheren Idol und Gönner, Marschall Pétain, vor 1914 wegen seiner unorthodoxen Ansichten über die Feuerkraft wider-fahren war.

Wenn man de Gaulles Beitrag beurteilen will, muß man äußerste Vor-sicht walten lassen. Die Ereignisse des Kriegs und der Vichy-Ära sowie das Heranwachsen einer starken gaullistischen Mythosmaschine tendieren dazu, de Gaulle im Frieden zu einem genialen, aber unbeachteten Prophe-ten und im Krieg zum heroischen Vollstrecker seiner eigenen Theorien zu machen, und zwar auf einer Ebene hoch über allen anderen französischen Befehlshabern während des kurzen Feldzugs von 1940. Pétain anderseits erscheint als der Sündenbock, der für das militärische Versagen in der Zeit zwischen den Kriegen verantwortlich war. Das sind Übertreibungen. Hier ist nicht der Ort, das Bild Pétains zu restaurieren, in einigen Punkten könnte aber eine Berichtigung relevant sein. Pétain mag wegen seiner Doktrin der „fortlaufenden Front" die Schuld am falschen Denken in der französischen Armee tragen — doch nur bis 1936. Diese falsche Doktrin wurde von der überwiegenden Mehrheit der französischen Führer geteilt, und man könnte fragen, warum selbst Reynaud Pétains Fehler erst *nach* 1940 anprangerte. Die gleiche Frage könnte man noch vielen anderen prominenten Franzosen stellen. Pétain wird ferner beschuldigt, als Verteidigungsminister in der Regierung Doumergue (1934) die Armee stark vernachlässigt zu haben; tatsächlich war seine Amtszeit ein unaufhörlicher Kampf mit den Politikern, um die nötigen Militärkredite zu erhalten, ein Kampf, für den er, der fast Achtzigjährige und mit einer lebenslangen Antipathie gegen Politiker Behaftete, schwerlich geeignet war. Man hielt ihm ex post facto vor, daß er im März 1934 behauptet habe, der Ardennenwald sei „undurchdringlich". Auch das war jedoch die allgemeine Ansicht der Armee; da Guderians Panzer damals noch nicht erfunden waren, hatten diese Worte auch Sinn. Man sollte aber nicht vergessen, daß Pétain auch hinzugefügt hatte: „vorausgesetzt, daß wir besondere Vorbereitungen treffen". Wie wir sehen werden, sind diese Vorbereitungen nie getroffen worden. Auch die Verallgemeinerung, daß de Gaulle die Möglichkeiten des Panzerblitzkriegs voraussah, während der greise Pétain das nicht getan habe, ist nicht ganz richtig. Als Pétain 1935 an der Kriegsschule über den Einfluß von Luftmacht und Panzertruppen auf die Kriegführung sprach, äußerte er eine Prophezeiung, die auch de Gaulle nicht treffender hätte formulieren können: „Der Sieg wird dem gehören, der als erster die Eigenschaften der modernen Maschinen ausnützt und ihre Verwendung, ganz gleich auf welcher Ebene, kombiniert, um die Mittel des Gegners zur Kampfführung zu zerstören . . ."

Im folgenden Jahr erklärte er in Saint-Quentin: „. . . daß die Tage der Auffassung von der defensiven Armee, die in Frankreich seit dem Vertrag von Versailles Priorität hatte, gezählt sind . . . wir müssen unsere Tätigkeit so ausrichten, daß wir am Boden und in der Luft mächtige Kräfte besitzen, die sofort losgelassen werden können . . . denn allein moderne Offensivmethoden sind in der Lage, mit einem Verbündeten im Falle der Gefahr wirksam zusammenzuarbeiten . . ."

Soweit Pétain in Frage kam, war jedoch entscheidend, daß in den Jahren, in denen die französische Kriegsmaschine wirklichen Schaden erlitt — also 1936 bis 1940 —, der Einfluß des alten Marschalls in den Kriegsräten weitgehend geschwunden war.

Obwohl die Veröffentlichung von „Vers l'Armée de Métier" 1934 den endgültigen Bruch zwischen Pétain und seinem ehemaligen Schützling herbeiführte, zeigte sich de Gaulle — nach Ansicht eines seiner Biographen — in seiner unorthodoxen Haltung als „geistiger Erbe des Pétain von 1914". De Gaulle schrieb: „Jetzt richtet sich Deutschland alles Nötige für eine schnelle Invasion vor. Ein bestimmter Teil unserer Truppen muß immer alarmbereit und imstande sein, seine ganze Stärke beim ersten Angriffsschock zu entfalten." Eine träge, passiv-defensive Armee würde, so prophezeite er verächtlich, „vom Gegner überrascht, unbeweglich gemacht und umfaßt werden — und dann hätte man den in Metz festgenagelten Bazaine". Die einzige Hoffnung Frankreichs liege in der Beweglichkeit, „durch Manövrieren wird Frankreich geschützt"; und eine derartige bewegliche Schlagkraft könne nur durch eine motorisierte Berufsarmee erreicht werden. Sechs Panzerdivisionen im Stil Guderians, von einer entsprechenden Luftwaffe unterstützt, sollten den Kern von de Gaulles Streitmacht bilden. Entscheidend war jedoch, daß es eine Berufsarmee von einigen hunderttausend Mann sein müsse. Diesen Punkt betonte er in seinem Buch immer wieder. Trotzdem sind de Gaulles Ideen von romantischer Ungenauigkeit. Hier findet man nichts von der peinlich exakten technischen Darstellung Guderians — oder von den ursprünglichen Vorstellungen, die schon früher Liddell Hart oder Seeckt entwickelt haben. De Gaulle läßt sich in der Tat erst spät zu der „motorisierten Philosophie" der früheren Apostel bekehren. Er scheint die Bedeutung der Zusammenarbeit Panzer-Luftwaffe nur unvollständig begriffen zu haben. In der Nachkriegsausgabe seines Buches findet sich eine nicht ganz faire Korrektur, er fügt hier einen Abschnitt über die Bedeutung der Luftwaffe ein, der *nach* dem Fall Frankreichs geschrieben wurde. Trotzdem waren seine Schriften, bedenkt man den Stand der Dinge im Vorkriegsfrankreich, so hervorragend wie sein Mut, sie zu veröffentlichen.

Die Ketzer Reynaud und de Gaulle wurden von allen Seiten angegriffen. Pétain, dessen von Natur aus großer Pessimismus durch seine Erfahrungen als Verteidigungsminister noch verstärkt worden war, erklärte pragmatisch, es sei unmöglich, jährlich die 700 Millionen Franc zu beschaffen, die de Gaulles Panzertruppe erfordert hätte. Weygand, der scheidende Generalstabschef, war so befangen vom Gedanken an die schwindende Mannschaftsstärke durch die „hohlen Jahrgänge", daß er de Gaulles Ideen nicht voll beachtete. Folgenschwerer war die Haltung des Gespanns Daladier-Gamelin, das Frankreich 1939 dann tatsächlich in den Krieg führte. Noch im Januar 1937 erklärte der damalige Verteidigungsminister Daladier, die deutschen Panzer seien in den großen, ungeschützten Räumen Osteuropas sehr wohl angebracht, nie aber gegen ein so ausgeklügeltes Verteidigungssystem wie das Frankreichs. Der spanische Bürgerkrieg, so behauptete er, „habe die auf bestimmte Maschinen gegründeten Hoffnungen zerbrechen sehen". Vor Madrid lägen die „Tanks wie Siebe durchlöchert". „Unsere Befestigungen sind genügend ausgerüstet, um einen plötzlichen Angriff selbst am Sonntag zum Stehen zu bringen . . ." Drei Jahre später, am Pfingstsonntag, sollten diese Worte ironische Bedeutung erlangen.

Der neue Generalstabschef, General Gamelin, kam ihm mit einem Brief zu Hilfe, in dem er betonte, die Entwicklung der Pak bedeute, daß Tanks, wenn sie nicht von einer mächtigen Artillerie unterstützt würden, „genauso unvermeidlich aufgehalten würden wie Infanterie durch Maschinengewehre". Die einzige Folgerung war, daß man gepanzerte Divisionen unter die Infanteriekorps alten Stils streute, das heißt, sie in dem *„dispositif général*" einschmolz".

Dem britischen General Sir Cyril Deverell gegenüber wiederholte Gamelin 1936 Daladiers Äußerung, „die deutschen Panzer in Spanien seien nur für den Schrotthaufen geeignet": „Unsere Informationen zeigen, daß *unsere* Doktrin die richtige ist."

Als weiterer Beweis für Gamelins fundamentales Mißverstehen technischer Dinge sei eine weitere Äußerung (als Antwort auf de Gaulle) zitiert: „Sie können nicht hoffen, mit Tanks wirkliche Durchbrüche zu erzielen. Der Tank ist nicht unabhängig genug. Er muß nach vorn, dann aber wegen des Treibstoffs und der Munition wieder zurück." Es erscheint zweifelhaft, ob Gamelin bei dieser Auffassung auch nach der Lektüre von Guderian hätte bleiben können. Gamelin scheint es nie als seine Aufgabe angesehen zu haben, das Motorisierungsprogramm von 1936 energisch durchzusetzen. Am aufschlußreichsten ist vielleicht sein eigenes, zahmes Geständnis in seinen Memoiren: „. . . 1935 nicht die Schaffung einer unabhängigen Panzerwaffe gefordert zu haben. Hätte ich gewußt, daß der Krieg nicht vor 1939 ausbrechen würde, hätte ich das Problem gewiß in Angriff genommen . . ."

Aber auch noch andere Faktoren machten die französischen Führer, abgesehen von Reynaud und de Gaulle, gegen alle nichtinternen Probleme blind. Léon Blum und seine Verbündeten von der Volksfront sahen in de Gaulles „Berufsarmee" eine „Armee des Staatsstreiches", mit deren Hilfe Männer wie de la Rocque an die Macht gelangen konnten. Auch Daladier sprach sich gegen eine Berufsarmee aus, und abgesehen von einem kurzen politischen Frontwechsel während der tschechoslowakischen Krise opponierte auch Thorez aus den gleichen Gründen wie Blum gegen alle Rüstungsausgaben. „Keinen Sou für das Militär", erklärte er 1935 und gebrauchte dabei Worte, die bei Ausbruch des Krieges besondere Bedeutung erlangen sollten: „Wir bitten unsere Anhänger, in die Armee einzusickern und ihre Aufgabe als Angehörige der Arbeiterklasse zu erfüllen: die Armee auseinanderzusprengen." Der sehr ultrakonservative Weygand anderseits sagte von de Gaulles Berufsarmee: „Eine Brutstätte des Kommunismus, diese motorisierten Truppen!"

Die Reynaud-de-Gaulle-Doktrin erhielt also nur wenig Unterstützung. Anfang 1937 trat eine von General Georges abgefaßte und von Daladier unterschriebene Anweisung für den „taktischen Einsatz größerer Einheiten" in Kraft. Sie erklärte dogmatisch: „Der technische Fortschritt hat im taktischen Bereich die von den Vorgängern niedergelegten Hauptregeln nicht wesentlich geändert." Wie früher wurde der Infanterie „die Hauptlast des Kampfes übertragen. Von ihren eigenen Kanonen und denen der Artillerie geschützt und begleitet, gelegentlich von Kampftanks und Fliegern geführt, erobert und besetzt sie das Gelände und hält es". Die Instruktion spricht die Ansicht aus, die Entwicklung der Pak „habe zur Folge, daß Tanks nur bei einem Angriff nach sehr starker Artillerieunterstützung eingesetzt werden" — ein Glaube, der das französische Oberkommando hinsichtlich der zu erwartenden Schnelligkeit des deutschen Angriffs von 1940 fatal in die Irre führte.

Die offizielle französische Kriegsdoktrin blieb also ein Konglomerat wie zuvor, und damit trat Frankreich im September 1939 Deutschland gegenüber. Die Hauptmasse seiner Tanks blieb auf die Infanteriedivisionen verteilt; einige wurden — nur zögernd — von der Kavallerie übernommen; wie Guderian aber erklärte, hatte die Verbindung von Pferd und Motor „mehr Nach- als Vorteile". Gleichzeitig behauptete Guderian mit Recht, Frankreichs neue leichte mechanisierte Divisionen besäßen nicht mehr Schlagkraft als Aufklärungstruppen — wenn dieser Mangel auch zum Teil in elfter Stunde abgestellt wurde. In den letzten drei Jahren vor der Katastrophe unternahm man langsame, zögernde Versuche, eine Formel für die Schaffung französischer Panzerdivisionen zu finden; als diese dann auftauchten, waren sie jedoch zu klein und kamen viel zu spät. Vor allem aber blieb das beschwerliche System des Oberkommandos mit seinen doppelten Kanälen und der Verteilung der Vollmachten weiterhin bestehen und stand nach wie vor unter der undynamischen Leitung Gamelins. Im September 1938, als wegen Deutschlands Konflikt mit der Tschechoslowakei, Frankreichs Verbündetem, Krieg drohte, informierte das *Deuxième Bureau* Gamelin davon, die neue Armee Hitlers sei Frankreich militärisch entschieden überlegen.[1] In weniger als zwanzig Jahren hatte sich so das militärische Kräfteverhältnis in Europa völlig gewandelt.

Die neue Waffe: Görings Luftwaffe

1938 verdüsterte sich der Himmel noch mehr, als Frankreich sich plötzlich der Existenz von Hitlers neuer schrecklicher Waffe klar wurde: der Luftwaffe. General Spaatz von der amerikanischen Luftwaffe bemerkte: „Die deutsche Luftwaffe beherrschte die Weltdiplomatie und errang für Hitler die unblutigen politischen Siege am Ende der dreißiger Jahre." Zweifellos war sie auch für Hitlers Blitzsiege im ersten Teil des Kriegs von entscheidender Bedeutung. Vor Hitlers Machtergreifung war der Aufbau einer deutschen Luftmacht von den Beschränkungen von Versailles stärker betroffen als der des Heeres. In der Konstruktion von Flugzeugen holte Deutschland gegenüber dem Westen die verlorenen Jahre von 1918 bis 1933 nie auf. Was den Deutschen allerdings an Material fehlte, glichen sie durch Einfallsreichtum und Begeisterung aus. Der Geheimpakt der Reichswehrführung, der längst vor Hitler geschlossen worden war, wurde voll ausgenützt, um Piloten in Rußland zu schulen. Flugzeugkonstrukteuren wie Ernst Heinkel und Willy Messerschmitt gelang es, die Verbote von Versailles dadurch zu umgehen, daß sie Flugzeuge in ausländischen Fabriken — oder geheim in Deutschland bauten.[2] Bereits 1933 waren die Franzosen darüber beunruhigt, daß Professor Heinkel „Postflugzeuge" baute, die schneller waren als ihre schnellsten Jäger. Erhard Milchs Lufthansa lieferte einen unschätzbaren Kader bestgeschulter Piloten, während sich überall in Deutschland junge Menschen in die Segelfliegerschulen drängten. Da Hitler seine Absicht, eine Luftwaffe zu schaffen, nicht verheimlichte, waren diese Flieger aus Leidenschaft bald in seinem Lager.

Hermann Göring, dem Hitler die Verantwortung für den Aufbau der neuen Luftwaffe übertrug, war im Weltkrieg der letzte Kommandeur des berühmten Geschwaders Richthofen gewesen, er umgab sich sofort mit weiteren Kriegsfliegern wie Udet, Lörzer und Milch. Im Einklang mit Hitlers dämonischem Drängen auf Resultate schuf die draufgängerische Haltung dieser Asse freie Bahn für die wesentlichen Anfangserfolge der Luftwaffe; gleichzeitig war ihr Mangel an administrativer und technischer Erfahrung Grund für ihr letztliches Versagen. In einem Punkt stimmten alle überein: die Luftwaffe sollte hauptsächlich ein Eroberungsinstrument für eine Reihe kurzer Kriege sein. Dieses Konzept wirkte hemmend auf die industrielle Kapazität; schon 1936 konzentrierten sich die Deutschen auf die Massenproduktionen leichter und mittlerer Bomber auf Kosten viermotoriger Maschinen und komplizierter Jäger, die viel Arbeit und Material erfordert hätten. Die Funktion der Luftwaffe wurde rein offensiv gesehen, sie sollte mehr zur Frontunterstützung des Heeres dienen als eine eigene Langstreckenstrategie verfolgen. Für den Krieg, der 1940 in Frankreich ausgetragen wurde, erwies sich diese Philosophie als ideal, obwohl sie die Schlacht um England verlor und Deutschland dann in steigendem Maß den Schutz des Luftraums entzog, als es diesen am meisten benötigte. Die neue Waffe sollte schnell geschaffen werden. Als Hitler 1935 die Geburt der Luftwaffe verkündete, verfügte diese bereits über 1000 Frontflugzeuge und 20.000 Offiziere und Mannschaften. Im März wurde das erste Jagdgeschwader Richthofen Nr. 2 geschaffen. Im selben Jahr brachte Heinkel ein Zivilflugzeug heraus, dessen militärische Version, He 111, ein Jahr später folgte; 1939 waren 800 dieser Bomber hergestellt. Der Vorläufer von Messerschmitts Me 109, dem späteren Standardjäger der Deutschen fast während des ganzen Krieges, erschien 1936, im Jahr darauf versetzte er England einen Schock, als er das Rennen London-Isle of Man gewann. Im

Sommer führte die Luftwaffe ihr erstes großes Manöver mit dem Heer durch, und ein junger Mann namens Wernher von Braun überredete Professor Heinkel dazu, Experimente mit einem Raketenantrieb durchzuführen.

Das Geheimnis des schnellen Wachstums der Luftwaffe lag zum großen Teil darin, daß man sich auf wenige Typen konzentrierte — in deutlichem Gegensatz zu Frankreich und England. Das Hauptgewicht lag immer auf der Quantität, notfalls auf Kosten der Qualität. Neue Flugzeugfabriken arbeiteten in Lizenz größerer Firmen. Zu Heinkels Freude erhielt Junkers den Befehl, seine Ju 86 aufzugeben und statt dessen die He 111 zu bauen, die Göring in großen Mengen haben wollte. Vier Grundtypen bildeten den Kern der Luftwaffe: erstens die zweimotorige He 111, die 1938 eine Spitzengeschwindigkeit von 430 km/h erreichte, eine Reichweite von 1900 km hatte, aber lediglich eine Bombenlast von 2000 kg befördern konnte; 1939 wurde sie als der deutsche Standardflachbomber durch die Ju 88 ergänzt, die eine Spitzengeschwindigkeit von 480 km/h erreichte; zweitens der Jäger Me 109, dessen Modell von 1939 mehr als 560 km/h flog und einen Flugradius von etwa einer halben Stunde besaß, drittens das Transportflugzeug Ju 52 und viertens der Sturzkampfbomber Ju 87.[3]

Der Stuka war Ernst Udets Geistesprodukt. Udet war Kosmopolit und Bohemien von überzeugendem Charme; beim „Richthofen-Zirkus" hatte er 62 Gegner abgeschossen und stand damit nach Richthofen an zweiter Stelle. Nach dem Krieg war er Kunstflieger für eine Filmfirma geworden und vollbrachte oft halsbrecherische Kunststücke in Frack und Zylinder. 1936 ernannte ihn Göring zum Direktor der technischen Abteilung im Luftfahrtministerium, dem damals wahrscheinlich größten Rüstungskonzern der Welt. Udet testete alle neuen Prototypen persönlich. 1938 flog er mit einer Heinkel 112 mit mehr als 640 Stundenkilometer Weltrekord. 1933 hatte er in Amerika in Buffalo eine Curtiss Hawk geflogen und sofort ihre Möglichkeiten als Sturzbomber erkannt. Er überredete Göring dazu, für Deutschland zwei Curtiss Hawk zu kaufen, von denen er eine sofort zuschanden flog. Anfänglich stieß er auf den gleichen zweifelnden Konservativismus wie Guderian mit seinen Panzern, als er aber Technischer Direktor der Luftwaffe war, verlieh er seiner Überzeugung volles Gewicht. Die Idee zündete. In seiner schwedischen Fabrik arbeitete Junkers an einem Stuka, der 1935 als „Ju 87" erschien. Im folgenden Herbst wurde ein Test zwischen der Ju 87 und ihrem Rivalen, der He 118, veranstaltet. Die He 118 verkraftete den Sturzflug nicht; Udet, der sie selbst flog, stürzte wieder einmal ab, kam aber wie üblich unversehrt davon. Die Ju 87 wurde der Sturzkampfbomber der Luftwaffe.[4]

Als einmotoriges Flugzeug, dessen starres Fahrgestell ihm das düstere Aussehen eines mit ausgestreckten Krallen auf die Beute stürzenden Raubvogels gab, hatte der Stuka eine zweiköpfige Besatzung. Die Spitzengeschwindigkeit betrug nur 320 km/h (sie wurde später auf 380 km/h erhöht), der Aktionsradius war auf wenig mehr als 160 km beschränkt. Die Ju 87 führte drei MG und eine normale Bombenlast von nur 500 kg mit sich, konnte aber ihre Bomben auf kleine Ziele viel genauer abwerfen als ein normaler Bomber. Da sie schwach bewaffnet und langsam war, war sie sowohl durch Jäger wie durch Flak-Feuer gleich leicht verwundbar, vorausgesetzt daß die Kanoniere nicht in Panik gerieten. Ihre demoralisierende Wirkung erkannte Udet schnell; er ließ eine Sirene einbauen, die er „Trompete von Jericho" nannte. Ihr heulendes Kreischen beim Sturzflug wurde den alliierten Truppen im Anfangsstadium des Zweiten Weltkriegs nur allzu bekannt. Die Hauptbedeutung des Stuka lag darin, daß er jenen Faktor lieferte, der Guderians Panzerdoktrin von 1936 noch gefehlt hatte: die bewegliche Artillerie. Guderian erkannte das sofort — hier war die fliegende Feuerkraft, die schnell und vernichtend gegen Ziele weit hinter der feindlichen Front eingesetzt werden konnte, und zwar ohne die mühselige vorherige Konzentration von Geschützrohren, die das Überraschungsmoment sehr oft ausschaltete. Wenn man bedenkt, daß die Legion Kondor in Spanien bereits demonstriert hatte, wie vernichtend die Stuka arbeiten konnten, überrascht es, daß die französischen Führer von der neuen Waffe so wenig Notiz nahmen.

An Wirkung einzig dem Stuka unterlegen war das alte Arbeitspferd, die dreimotorige Ju 52. Noch heute ist sie bei einigen Fluglinien im Einsatz. Die Ju 52 erschien erstmalig 1932 und wurde in so großer Zahl produziert, daß Junkers bald De Havilland als die Firma mit der größten Zahl ziviler Flugzeuge im Einsatz übertraf. An die fünfzig Ju 52 wurden im Bürgerkrieg als Bomber und zum Transport von Francos Truppen aus Marokko verwendet. Auch das Absetzen von Fallschirmtruppen wurde bereits in Spanien geprobt; 1940 war aber besonders der Masseneinsatz von Ju 52 im Transport von Bomben, Benzin und Reserveteilen von Flugplatz zu Flugplatz wichtig. Der Ju 52 verdankte die Luftwaffe die große Beweglichkeit, die es den Kurzstreckenkampfflugzeugen ermöglichte, mit den vorrückenden Bodentruppen Schritt zu halten, eine Beweglichkeit, die damals keine andere Luftwaffe besaß.

Im August 1938, am Vorabend der Tschechenkrise, stattete General Vuillemin, der Stabschef der französischen Luftwaffe, zusammen mit Brigadegeneral François d'Astier de la Vigerie — der dann 1939 die kritische Nordzone der Luftoperationen erhielt — Deutschland einen offiziellen Besuch ab. In Heinkels Oranienburger Werken taten Heinkel, Udet und Milch alles, um die Franzosen zu beeindrucken; sie kombinierten Bluff und Wirklichkeit. Nachdem Udet Vuillemin in einem He-100-Jäger mitgenommen hatte, erzählte er ihm, das Modell sei bereits in voller Produktion, obwohl tatsächlich nur drei Testprototypen vorhanden waren.

Vuillemin wurde durch Hallen geführt, in denen He 111 in Massenproduktion montiert wurden. Als er ging, hörte man ihn murmeln: „Ich bin erschlagen!" Als er mit dem französischen Botschafter François-Poncet nach Berlin zurückfuhr, bekannte er niedergeschlagen: „Falls es, wie Sie erwarten, Ende September zum Krieg kommt, gibt es in vierzehn Tagen kein französisches Flugzeug mehr." In Paris machte Vuillemins Bericht über die deutsche Luftwaffe stärksten Eindruck, besonders auf Georges Bonnet, den damaligen Außenminister.[5]

Die französische Luftwaffe

André Maurois erinnert sich, daß ihn Churchill Ende 1935 gedrängt habe, „täglich einen Artikel über den Verfall der französischen Luftwaffe zu schreiben". Zu dieser Zeit war Frankreichs Luftmacht aus den gleichen Gründen ebenso veraltet wie die Armee, nur daß die Kluft zwischen ihr und der deutschen Luftwaffe in den nächsten fünf Jahren immer größer und unüberbrückbarer wurde. Belastet nicht nur mit den Tanks aus dem Weltkrieg, trat Frankreich auch mit einer Menge veralteter Flugzeuge aus den zwanziger Jahren in das neue Jahrzehnt. Dabei machte die Konstruktion von Flugzeugen viel schnellere Fortschritte als die der Panzer. Glücklicherweise hatte Frankreich 1934 in General Denain einen weitsichtigen, energischen Luftfahrtminister; da er die Bedeutung der Jäger erkannte, hatte er eine große Menge von Dewoitines bestellt, den besten Typ ihrer Zeit, der 1939 aber bereits überholt war. Nach Denains Meinung wurde Frankreichs Flugzeugproduktion von der Hauptkrankheit der Dritten Republik, dem häufigen Regierungswechsel, schwer getroffen. Die verschiedenen Flugzeugkonstrukteure besaßen in den politischen Lobbies großen Einfluß. Die einander ablösenden Luftfahrtminister konnten ihre sehr divergierenden Vorschläge nur schwer ablehnen, der Bestellung eines Prototyps folgte dann aber meist ein Auftrag auf eine unwirtschaftlich kleine Zahl von Maschinen, den der nächste Minister häufig auch noch zurückzog. Jede neue Auswahl wurde heftig umstritten, so daß man hier sehr wohl sagen konnte, daß das Bessere der Feind des Guten war.

Die französische Flugzeugindustrie litt, wie schon einmal erwähnt, besonders unter den Streiks, die unter der Volksfrontregierung um sich griffen. Der neue Minister, Pierre Cot, beschäftigte sich mehr mit vagen Träumen von internationaler Abrüstung und mit der Lösung industrieller Probleme durch Verstaatlichung als mit festen Programmen für eine Aufrüstung. Zweifellos sprach viel für eine Verstaatlichung der französischen Flugzeugindustrie, die Unordnung, die Cot jedoch schuf, war vor Ausbruch des Krieges schwerlich wiedergutzumachen, während die Luftwaffe selbst durch die Einmischung der Politik in interne Fragen, wie etwa die der Beförderung, schwerer zu leiden hatte. Unter Cot brachte man nach dem Programm von 1936 — das im darauffolgenden Jahr lediglich bis zum Reißbrettstadium gediehen war — zwei Bomber zuwege, einen Bréguet und einen Potez. Im Mai 1938 wurden 125 Potez 633 bestellt, die Bestellung jedoch bald widerrufen. Inzwischen täuschte die Presse — etwa „L'Intransigeant" — sich und die Wählerschaft mit Prahlereien wie: „Unsere Luftwaffe ist die stärkste in Europa." Mit dem „Plan V" wollte die französische Regierung 1938 ein Schnellprogramm durchführen, bei dem Jäger und Aufklärer die Priorität erhielten; von 864 bestellten Maschinen waren nur ein Sechstel Angriffs- und Sturzbomber. Die Produktion eines dreisitzigen Bombers wurde durch Unentschlossenheit bis 1939 verzögert. Im Januar 1938 trat ein energischer neuer Luftfahrtminister, Guy La Chambre, sein Amt an. Das Chaos in der Vergangenheit war aber zu groß, als daß jemand in den noch verbleibenden achtzehn Monaten hätte Ordnung schaffen können. Eine einzige Fabrik war für Massenproduktion eingerichtet. Als der Krieg näherrückte und die Produktionslücke in der Flugzeugindustrie unüberbrückbar wurde,[6] versuchte Chambre, sie durch Massenkäufe in den USA auszufüllen, aber selbst dieser verzweifelte Schritt stieß auf die Opposition der Lobbies der französischen Flugzeugindustrie.

Da der französischen Luftmacht das entsprechende Gegenstück zu Görings Luftfahrtministerium fehlte, wurde sie von der Armee wie eine arme Verwandte behandelt. Als Chef des Verteidigungsstabes war Gamelin nominell für das Wohlergehen der Luftwaffe verantwortlich, als streng konservativem Mann des Heeres drängten sich ihm jedoch keine neuen Ideen hinsichtlich der Luftmacht auf. Seiner Ansicht nach sollte die Luftwaffe für sich selbst sorgen, und Stabschef General Vuillemin, ein ältlicher, nicht allzu dynamischer Bomberpilot, tat ihm den Gefallen, nicht lästig zu werden. Nach der neuen Instruktion für den „taktischen Einsatz größerer Einheiten" blieb die Angriffsvorbereitung Aufgabe der Artillerie, lediglich Truppenkonzentrationen und Kolonnen auf dem Marsch oder auf dem Rückzug galten als geeignete Ziele für Luftangriffe. „Den Befehlshabern der Luftwaffe soll die Initiative für ihre Angriffe überlassen bleiben."

Einer der schwersten Fehler der französischen Vorkriegsluftpolitik war das völlige Unvermögen, die Bedeutung der Stuka zu erkennen. Schon im Rifkrieg in den zwanziger Jahren hatten französische Flieger die Möglichkeiten dieser Waffe erkannt, andere hatten die Bedeutung der deutschen Stuka in Spanien voll begriffen; die französische Luftwaffe widersetzte sich jedoch aus taktischen Erwägungen. Nichts beweist, daß Gamelin in dieser Sache je die Ansichten der Armee vertrat. Durch Berichte aus Spanien alarmiert, beschloß Vuillemin 1938, den Loire-Nieuport als Sturzbomber zu entwickeln. Man hielt die Maschine aber schließlich für zu langsam, nur die Marine wurde damit ausgerüstet. Statt dessen begann man verspätet mit Experimenten mit Tiefflugbombern. Als Resultat all dieser Unentschlossenheit besaß Frankreich 1940 nur 50 Sturzbomber. Man glaubte, man könne genügend schnelle Jäger aufbringen, die die langsamen Stuka vernichten und zugleich mit dem feindlichen Jagdschutz fertig werden könnten. 1940 war jedoch Frankreichs schnellster Jäger, der Morane 406, mindestens um 80 km/h langsamer als die deutsche Me 109 und konnte mit den schnelleren deutschen Flachbombern kaum Schritt halten. Wegen der Rückständigkeit der französischen Produktionsmethoden erforderte ein Morane 18.000 Arbeitsstunden gegenüber den nur 5000 für die Me 109. Demzufolge war die Zahl der Jäger zu gering. Mit einer Kanone und zwei MG bewaffnet, führte der Morane nur Munition für kurz dauernde Luftkämpfe mit sich. Auch in der Ausrüstung waren die französischen Maschinen vielfach unterlegen. 1938 konnten einige französische Einheiten wegen Konstruktionsfehlern der Flugzeuge während der Übungen keine Waffen benützen. 1939 waren die meisten Bomber noch nicht mit Funk ausgerüstet; wenn sie starteten, hatte man keine Verbindung mehr mit ihnen. Bomben konnten nur langsam und mühselig verladen werden. Einen der schwersten Mängel im Vergleich zur deutschen Luftwaffe bildeten jedoch die unzureichenden Lufttransporteinrichtungen, so daß die französische Luftstreitmacht im Einsatz äußerst unbeweglich war.

Auch in der Luftabwehr blieben die Franzosen weit hinter den Deutschen zurück. In Deutschland war die Flak voll in die Luftwaffe integriert, die Beweglichkeit und Feuerkraft der leichten Flak, die die Panzer in der vordersten Kampflinie begleitete, hatte beim Maasübergang 1940 allergrößte Bedeutung. In Frankreich war die Luftabwehr Sache der einzelnen Armeen; sie unterstand als gesonderte Abteilung der *Défense Aérienne du Territoire* (DAT). 1939, als die deutsche Luftwaffe 72 Flak-Regimenter besaß, hatte Frankreich nur deren fünf und war bemerkenswert knapp an 2,5- und 4-cm-Flak, die zum Schutz von Bodentruppen gegen angreifende Flugzeuge — besonders Stuka — so wesentlich wurde.

Die fünfte Kolonne

Während die Volksfront weiterhin regierte und die politischen Trennungsgräben sich ständig erweiterten, blieb Blum, wie so viele andere ehrenwerte europäische Politiker der Zeit, gegen die Drohung, die Hitler darstellte, so lange blind, bis es zu spät war. Obwohl die Volksfront „antifaschistisch" war, richtete sich ihr Eifer viel eher gegen die französischen Faschisten als gegen die jenseits der Grenzen. Während man fieberhaft hätte rüsten sollen, beschäftigte man sich mit Sozialreformen und ermutigte so bei den Arbeitern nur noch mehr das trügerische Gefühl der Sicherheit. Die Taten der Volksfront weckten anderseits bei ihren Gegnern Leidenschaften, die die Angelsachsen damals nur schwer verstanden. Eine extrem rechtsorientierte Terrorgruppe, die „Cagoulards", verübte etliche Bombenattentate.

„Die Revolution bricht aus!" war seit 1934 der Sammelruf der Konservativen gewesen; die Erfahrungen der Sitzstreiks hatten ihr Entsetzen noch gesteigert. „Es wäre kaum möglich", betonte der französische Historiker Marc Bloch, „das Gefühl des Schocks noch zu übertreiben, den die wohlhabenden Klassen, selbst Männer mit dem Ruf, liberal gesinnt zu sein, beim Kommen der Volksfront empfanden", und Pertinax schreibt, „eine geteilte Nation erlebt eine emotionale Krise wie bei der Affäre Dreyfus, nur noch viel tiefgehender". Die französischen Konservativen sahen gefährlicherweise den Feind im Innern für bedrohlicher an als das Ungeheuer an den Grenzen. „Lieber Hitler als Blum", wurde ihr Motto, und darin sah Hitler Möglichkeiten, die er sofort verfolgte. Dem aufmerksamen Zuhörer Rauschning prophezeite er, Frankreich könne trotz seiner großartigen Armee dadurch, daß man innere Unruhen und Zwietracht in der öffentlichen Meinung provozierte, leicht an einen Punkt gebracht werden, wo es seine Armee nur sehr spät oder überhaupt nicht mehr einsetzen könne.

Und hier kommen wir zu dem am wenigsten faßbaren Faktor von Frankreichs Fall — der sogenannten „fünften Kolonne" Deutschlands vor dem Krieg. (Der Ausdruck stammt aus dem spanischen Bürgerkrieg, als General Mola geprahlt hatte, er habe vier Kolonnen außerhalb von Madrid und eine fünfte in der Stadt.) Hitler, so sagte Rauschning, habe Macchiavellis „Il principe" gründlich studiert und daraus für sich den Schluß gezogen, daß „eine gründliche Kenntnis der Schwächen und Laster jedes meiner Gegner die erste Bedingung einer erfolgreichen Politik ist". Um die Schwächen und Laster der Dritten Republik auswerten zu können, sandte Hitler einen persönlichen Botschafter nach Paris, der die von Macchiavelli gepriesenen Talente in reichem Maße besaß — Otto Abetz, der nach Frankreichs Sturz deutscher Botschafter in Paris wurde.[7] Abetz, ein Freund Ribbentrops, war 1933 von den Nazis gewonnen worden. Er hatte eine französische Frau und bekundete aufrichtige Liebe und Bewunderung für alles Französische.

„Ich hatte den Mann gern", bekannte der Romanautor Jules Romains. „Erstens war er heiter, er hätte aus Französisch-Flandern oder dem Elsaß kommen können ... er trat als echter Westdeutscher auf, der infolge all seiner natürlichen Neigungen und der kulturellen Tradition eine Bindung an die Nation des Westens fühlte. Die Belgier, die Nordfranzosen, die Schweizer waren seine Brüder. Anderseits empfand er für die Preußen nichts als Abneigung und Mißtrauen ..."

83

Der Typ ist bekannt. Groß und breitschultrig, mit rotblondem Haar, blassem Gesicht und blauen Augen, wurde er von der Pariser Cafégesellschaft schnell akzeptiert. Häufig besuchte er den politischen Salon der Comtesse de Portes, der einflußreichen Geliebten Reynauds. Geschickt nützte er den Snobismus und Antisemitismus der herrschenden Klassen, den Haß des Sozialismus auf die Neureichen und den tiefsitzenden Pazifismus der Franzosen aus. Führend in dem Kreis um Abetz waren Fernand de Brion,[8] ein Journalist, der mit Laval und Georges Bonnet in Verbindung stand und dazu beitrug, das „Comité France-Allemagne" zu einem Instrument der Nazipropaganda zu machen, Jean Luchaire, ebenfalls Journalist, der Frau Abetz' Chef gewesen war, und der Direktor der Agence Prima, Paul Ferdonnet, der später als Frankreichs „Lord Haw-Haw" von Stuttgart aus Propagandasendungen startete. Abetz organisierte Reisen nach Deutschland, das „Comité France-Allemagne" sorgte für Gegenbesuche, die in rührenden Gelöbnissen gipfelten, es dürfe nie mehr einen Krieg zwischen Deutschland und Frankreich geben. Abetz ermutigte solche französische Zeitungen, die ihre Angriffe gegen republikanische Politiker mit einer heftigen Anglophobie verbanden und in Frankreich breite Leserschaft fanden. Die Rechte schluckte eifrig Abetz' Hinweise, im Kriegsfall würde ein französischer Sieg nur zum Untergang Frankreichs führen, da Deutschland Hauptwall gegen die Bolschewisierung Europas sei.

Die unmittelbaren Erfolge Abetz' und seines Kreises waren nicht groß, weder er noch ein anderer Deutscher schuf im Vorkriegsfrankreich ein großes Spionage-, Sabotage- oder Subversionsnetz; im Vergleich zu dem, was der Kreml hier vollbrachte, waren diese Bemühungen ein Kinderspiel. Wichtig war nicht, was Abetz' fünfte Kolonne tatsächlich war, sondern was andere Franzosen von ihr befürchteten. Élie Bois behauptete 1941: „Die Verräter zeigten sich nicht, sie arbeiteten im tiefsten Schatten, damit das Auge der Gerechtigkeit sie nicht überrasche. Aus der Ferne zogen sie an den Fäden der Marionetten, die das zum Teil nicht einmal gewahr wurden ... Diese Verräter ... werden durch ein wahrhaft mystisches Band zusammengehalten."

Hitlers geschickte Propaganda, die sein Heer und seine Luftwaffe noch imposanter erscheinen ließ, als sie es wirklich waren, half das unheimliche Gespenst der fünften Kolonne aufblähen. In den letzten Friedensjahren erweiterte Abetz durch seine Arbeit die Kluft zwischen den Fronten in Frankreich, er schürte den Glauben an eine große Organisation von Agenten und Verrätern, die Frankreichs Kriegsmaschine überall lähmte. Frankreich brauchte wirklich keine Schurken, es wurde von „dem verraten, was in ihm falsch war".

Nachdem ihn die Radikalen im Senat im Stich gelassen hatten, traten Blum und seine Regierung am 21. Juni 1937 zurück. Die Volksfront lag in Trümmern. Blums Weigerung, im spanischen Bürgerkrieg zu intervenieren, sein Versuch, sich mit den „patrons" durch einen zeitweiligen Lohnstopp zu einigen, das „Massaker von Clichy", wo sechs Arbeiter unter den Kugeln der Polizei gefallen waren, und schließlich der triste Fehlschlag der Weltausstellung von 1937 hatten die Nägel zum Sarg der Volksfront geliefert. In den nächsten vierzehn Monaten kamen und gingen drei weitere Kabinette.

Obwohl sich die Volksfront aufgelöst hatte, blieben die gefährlichsten Auswirkungen des „Bürgerkriegs" in Frankreich bestehen und im Volksbewußtsein haften.

Vor allem ging die Kommunistische Partei außerordentlich gestärkt aus den Trümmern hervor, dies hauptsächlich auf Kosten der Sozialisten des gemäßigten und patriotischen Blum. 1922, als die KP Deutschlands 218.355 Mitglieder zählte, hatte die französische Partei 60.000. Nach einem Rekordtiefstand im Jahre 1931 war sie im Januar 1936 wieder auf 32.000, das waren 12,6 Prozent der Wählerstimmen, angestiegen; Ende 1937 hatte sie die phantastische Zahl von 340.000 Mitgliedern erreicht. Damit war sie die stärkste kommunistische Partei der westlichen Welt, und diese Position konnte sie lange halten. Die Partei war nicht nur an Mitgliederzahl gewachsen, sondern auch an Weisheit, taktischem Geschick und Schlagkraft. Diese Faktoren halfen ihr auch, den derben Schock des deutsch-sowjetischen Nichtangriffspakts zu überstehen und ihrem Angriff auf die nationalen Kriegsanstrengungen während des „falschen Kriegs" Gewicht zu verleihen. Nach der psychologischen und physischen Umwälzung, die die Volksfront in der französischen Industrie bewirkt hatte, konnte das Gleichgewicht nicht mehr rechtzeitig hergestellt werden, um das Rüstungsschnellprogramm zu bewältigen, das Frankreich nach München aufgezwungen wurde. Obwohl die französischen Kommunisten sich als einzige dem Münchner Abkommen widersetzt und ihre Opposition gegen Hitler bis zur neuen Kehrtwendung vom August 1939 aufrechterhalten hatten, ließen der Haß auf die Partei und das Mißtrauen gegen Rußland, das nur noch vermehrt wurde durch die Zweifel an dessen Wert als möglichem Verbündeten als Folge der Säuberungen in der Roten Armee von 1937, das Bürgertum immer geneigter für eine Beschwichtigungspolitik werden.

1938, nach zwei Jahren trügerischer Passivität, marschierte Hitler in Österreich ein. Mit einem Schlag stand Frankreich mit seiner stets gleichbleibenden Bevölkerungszahl von 42 Millionen einem Reich mit 76 Millionen Menschen gegenüber. Die starken Grenzbefestigungen der Tschechoslowakei, Frankreichs Hauptverbündetem, schauten nun in die andere Richtung. Wieder standen England und Frankreich untätig da. Kaum hatte Hitler begonnen, Österreich zu verdauen, richtete er auch schon seine Aufmerksamkeit auf die Tschechen. Die Ereignisse trieben Europa mit wachsender Geschwindigkeit auf den Abgrund eines Krieges zu. Präsident Benesch flehte Frankreich an, seine Bündnispflicht zu erfüllen. Die französische Regierung, wieder mit Édouard Daladier am Steuer und dem schlüpfrigen Erzbeschwichtigungsapostel Georges Bonnet im Quai d'Orsay, vertrat eine innerlich gespaltene, völlig pazifistische Nation. Durch Vuillemins Enthüllungen über die deutsche Luftmacht erschreckt und im Zweifel, ob seine defensiv organisierte Armee wirkungsvoll und ohne große Verluste auf die durch den Westwall geschützten Deutschen losschlagen könne, suchte Frankreich verzweifelt nach Mitteln, seiner Verpflichtung entgehen zu können. Die Rettung bot sich in der Person von Neville Chamberlain, der bereit war, nach Deutschland zu fliegen und Hitler jedes Opfer der Tschechen anzubieten, nur um einen neuen Krieg mit Deutschland zu vermeiden.

Nervös wartete Paris auf das Ergebnis von München — die Bürger flohen bereits zu Tausenden, ihre Habe auf die Autodächer gehäuft. Und dann kam Daladier aus München zurück. Er erwartete, gelyncht zu werden, und war erstaunt, daß ihn in Le Bourget eine begeisterte Menge belagerte. Simone de Beauvoir erinnert sich, daß eine „Freudenwelle über Paris hinwegfegte, die Menschen lachten und sangen, Liebespaare umarmten sich ... ich war selbst begeistert und hatte deswegen nicht die leisesten Gewissensbisse. Ich hatte das Gefühl, daß ich jetzt und für immer dem Tode entgangen sei". Der ehrliche Léon Blum sprach für eine Vielzahl von Franzosen, als er sagte, er habe München mit einer Mischung „von Scham und Erleichterung" begrüßt.

In der Kammer stimmten einzig Thorez' Kommunisten auf Weisung Moskaus gegen den Münchner Verrat. Nach München lag die gesamte Bündnisstrategie Frankreichs im Rücken Deutschlands in Trümmern. Der große Škoda-Rüstungskomplex fiel unter Hitlers Kontrolle, und die unblutige Übergabe der tschechischen „Maginotlinie" bedeutete, daß, wenn nötig, die ganze Kraft der Wehrmacht gegen Frankreich eingesetzt werden konnte. Zunächst aber stand Polen auf Hitlers Terminplan. In flagranter Verletzung des Münchner Abkommens besetzte er im März 1939 den Rest der Tschechoslowakei. Während Frankreich stumm pazifistisch blieb, trat in England ein außerordentlicher Stimmungsumschwung ein; wütend rüstete es sich endlich zum Krieg gegen Hitler. Chamberlain dehnte seine „Garantie" auf das bedrohte Polen aus, warf damit Englands traditionelle Nichteinmischungspolitik in Osteuropa über Bord und nahm gleichzeitig die Zügel des britisch-französischen Bündnisses in die Hand. „Hier", sagte Winston Churchill, „war endlich eine Entscheidung getroffen worden — im letztmöglichen Augenblick und mit den am wenigsten befriedigenden Gründen." Nur widerstrebend vertraute sich Frankreich Englands Führung an.

Im Sommer 1939 holte Englands Rüstungsproduktion schnell gegen Deutschland auf, und endlich, verzweifelt spät, regte sich auch die stagnierende französische Industrie. Der Weg war weit, Frankreichs Anteil an der Weltproduktion war von 6,6 Prozent im Jahre 1929 auf 4,5 Prozent im Jahre 1937 gesunken; wegen der sinkenden Geburtenrate hatte die Zahl der Arbeiter zwischen 1932 und 1938 um eineinhalb Millionen abgenommen, die Zahl der Arbeitsstunden war von 8 Milliarden im Jahre 1933 auf 6 Milliarden im Jahre 1937 gesunken. In diesem Jahr hatte Deutschland 19 Millionen Tonnen Stahl produziert, Frankreich lediglich 6,6 Millionen. Die Nachwirkungen der Weltwirtschaftskrise, die Frankreich weniger hart getroffen hatte als England, waren noch nicht abgeschüttelt.

Im November 1938 übernahm ein neuer, energischer und furchtloser Finanzminister, Paul Reynaud, sein Amt. Sofort griff er das geheiligte Erbe der Arbeiter aus der Zeit der Volksfront, die Vierzigstundenwoche, an. „Glaubt ihr", fragte er im Rundfunk, „daß Frankreich im heutigen Europa seinen Lebensstandard halten, 25 Milliarden für die Rüstung ausgeben und gleichzeitig jede Woche zwei Tage frei nehmen kann?" Er ließ 42 Dekrete folgen, die die Reformen der Volksfront zum großen Teil widerriefen, und führte die Achtundvierzigstundenwoche wieder ein. Am 30. November folgte ein von den Kommunisten inspirierter vierundzwanzigstündiger Streik, der aber fehlschlug. Frankreichs Wirtschaft zeigte bemerkenswerte Vitalität. Die Arbeitslosigkeit sank, die Produktion stieg 1939 im Vergleich zum Vorjahr um 17 Prozent. Hatte Frankreich aber noch Zeit, sein Haus in Ordnung zu bringen?

Im Juni 1939 eröffneten England und Frankreich Verhandlungen mit dem Kreml, in dem verzweifelten Versuch, die Garantie für Polen zu stärken. Von Mißtrauen belastet und mit fast unglaublichen Verzögerungen auf seiten der Westmächte, schleppten sich die Verhandlungen über den ganzen Sommer hin. Woroschilow, der sowjetrussische Hauptunterhändler, stellte fest, seine Regierung habe einen „kompletten Plan mit Zahlen" für die Zusammenarbeit hinsichtlich Polen; wie aber stehe es mit den anderen? Die französischen und britischen Delegierten mußten zugeben, daß sie weder einen Plan noch eine Vollmacht besaßen. Alle Vorschläge mußten sie erst ihren Regierungen übermitteln. Woroschilow fragte, wie viele britische Divisionen nach Frankreich gesandt werden könnten. „Fünf Infanteriedivisionen und eine motorisierte", lautete die Antwort. Woroschilow erklärte ausdruckslos, die UdSSR sei bereit, gegen einen möglichen Angreifer 120 Infanterie- und 60 Kavalleriedivisionen ins Feld zu stellen, dazu 5000 schwere und mittlere Geschütze und etwa 10.000 gepanzerte Fahrzeuge. Und was war mit Polen, dem Gegenstand der alliierten Garantie? Die Regierung Oberst Becks weigerte sich hartnäckig, die Rote Armee unter irgendeinem Vorwand ins Land zu lassen. „Bei den Deutschen riskieren wir es, unsere Freiheit zu verlieren", sagte Marschall Rydz-Śmigly zum französischen Botschafter in Warschau, „aber bei den Russen würden wir unsere Seele verlieren." Wie die Nachkriegsereignisse gezeigt haben, waren seine Befürchtungen nicht ganz unbegründet.

In Paris verlief die Sommersaison 1939 in besonderem Glanz. Die offiziellen Empfänge hatten alle etwas Unwirkliches an sich, nichts aber kam dem Juliball in der polnischen Botschaft gleich. Die Frauen schienen nicht nur ihres Rangs, sondern vor allem ihrer Schönheit wegen eingeladen worden zu sein; Botschafter Lukasiewicz erweckte die Bewunderung von Paris, als er seinen Stab barfuß bis 3 Uhr morgens in einer Polonaise über den Rasen der Botschaft führte. Die Tänzer wandelten unter roter bengalischer Beleuchtung, ein Zuschauer hatte den Eindruck, vor seinen Augen werde Polen von Flammen verzehrt. Zehn Tage darauf folgte der letzte 14. Juli wie ein Echo aus der Vergangenheit: Fremdenlegionäre, Senegalesen, *cuirassiers* in schimmernden Brustpanzern — und eine Abteilung britischer *Grenadier Guards* in scharlachroten Waffenröcken und Bärenfellmützen, wie um den Franzosen zu versichern, daß die Entente noch Wirklichkeit sei. Für die unmittelbare Zukunft gab es aber wenig Grund zur Ermutigung. Wie hatte sich doch alles seit dem „jour de gloire" vor zwanzig Jahren verändert!

Inzwischen waren die Russen, erbittert über die polnische Hartnäckigkeit und das englisch-französische Zögern, zur Überzeugung gekommen, man wolle sie nur in einen Krieg ziehen, in dem es von seinen Alliierten wenig oder keine Hilfe erwarten konnte. Am 17. August stockten die Gespräche, aber schon drei Tage vorher waren Ribbentrop und Molotow in Verhandlungen getreten. Am 23. August kam dann die niederschmetternde Nachricht, daß Nazideutschland und Sowjetrußland, diese scheinbar unversöhnlichen Feinde, einen Nichtangriffspakt unterzeichnet hätten. Es war eine vernichtende Niederlage der alliierten Diplomatie, obwohl man heute nur schwer beurteilen kann, ob Rußland eine andere Wahl hatte. Wenn England bei der Garantie für Polen blieb, war der Krieg unvermeidlich. Der Pakt besiegelte das Schicksal Polens, aber auch das Frankreichs, das in Osteuropa jetzt nur mehr auf die Hilfe der tapferen, aber veralteten polnischen Armee zählen konnte. Wie Paul Reynaud später schrieb, hatten die Alliierten das

Spiel verloren, er hätte ergänzen können „und Satz und Match dazu".
Frankreich war wie gelähmt, und selbst die Kommunisten wurden von der
russischen Kehrtwendung völlig überrascht, obwohl „L'Humanité" sie sofort
als „Friedenstat" auslegte.

In Deutschland war der Alptraum eines Zweifrontenkriegs gebannt.

Am 28. August berichtete William Shirer aus Berlin, „wie Truppen durch
die Stadt nach Osten strömten". Drei Tage später erfuhr die Welt, daß
Deutschland Polen ohne Warnung angegriffen hatte. Am 3. September verkündete ein äußerst betroffener Chamberlain, England halte seine Garantie
gegenüber dem unglücklichen Polen ein. In einem Frankreich, das sich innerlich sträubte, „für Danzig zu sterben", und das noch mehr als England der
Toten von 1914 bis 1918 gedachte, begab sich Bonnet noch einmal auf das
glatte Eis der Beschwichtigungspolitik; auf die wütenden Proteste Lukasie-
wiczs erwiderte er: „Sie erwarten doch nicht, daß wir ein Massaker von
Frauen und Kindern in Paris haben wollen..." Aber die Würfel waren
gefallen, und Frankreich befand sich in einem Krieg, vor dem es sich so lange
gefürchtet hatte: es hatte keine anderen Verbündeten als Polen und England, Belgien blieb neutral, und die Maginotlinie war zwischen Longwy
und dem Meer nicht ausgebaut; seine Armee war nur auf dem Papier stark,
die Luftwaffe hoffnungslos unterlegen und die Nation innerlich zerrissen.

„Wir sprachen mit vielen Soldaten. Sie hatten den Krieg satt, ehe er begonnen hatte ... sie wollten nach Hause und scherten sich den Teufel um Danzig und den Korridor ... Sie hatten Frankreich ganz gern, aber sie liebten es nicht wirklich; sie konnten Hitler wegen all der Unruhe, die er schuf, nicht recht leiden, aber sie haßten ihn nicht wirklich. Das einzige, was sie wirklich haßten, war der Krieg."

Arthur Koestler

Weder in Berlin noch in London und Paris war der Ausbruch des Krieges von der Hysterie, dem Blumenwerfen und dem Geschrei begleitet, die für den August 1914 so charakteristisch gewesen waren. Die Erinnerung an den Weltkrieg war noch zu frisch. Joseph Harsch, der Berliner Korrespondent des „Christian Science Monitor", behauptete sogar, „die Deutschen waren am 1. September 1939 einer echten Panik näher als die Bewohner eines anderen europäischen Landes. Kein Volk wollte den Krieg, aber die Deutschen zeigten davor mehr Furcht als alle anderen ...".

In Frankreich gab es keinen wilden Ansturm auf die Rekrutierungsbüros. Simone de Beauvoir erklärt, daß — ein scharfer Kontrast zu 1914 — nur die farbigen Kolonialsoldaten in den Transportzügen sangen. Zum Schlagwort des Augenblicks wurde, wenn auch etwas gezwungen und von einem resignierten Achselzucken begleitet: „Bringen wir's hinter uns!" Koestler bemerkt jedoch, daß es keine „echte Überzeugungskraft besaß". Inzwischen vertauschte die Venus von Milo zum drittenmal in siebzig Jahren den Louvre mit einem sicheren Ort. Am ersten Kriegstag gab es in Berlin, London und Paris falsche Fliegeralarme. Die Pariser rannten in Panik in die Luftschutzräume, wo Frauen halb ohnmächtig und erstickt mit ihren Gasmasken saßen. Als sich dann die Alarme als falsch erwiesen, ließen sie beim nächstenmal die Masken zu Hause.

Nach zehn Tagen öffneten die ursprünglich geschlossenen Theater und Kinos wieder.

Die Bauern im Vorfeld der Maginotlinie wurden hastig ins Innere Frankreichs evakuiert, das Vieh überließ man sich selbst. In der Linie selbst — von nun an wenig schmeichelhaft als „le trou" bekannt — trafen die Reservisten gemächlich, versorgt mit Mirabelle- und Kirschwasserflaschen, ein. Die trotzigen Schlagworte einer anderen Zeit: „Ils ne passeront pas!" und Pétains „On les aura!" erschienen an den Mauern; die Insassen des „trou" übernahmen ihre Aufgaben wie „ein Heer von Hausmeistern". Die Mobilisierung verlief insgesamt glatt; bei Ausbruch der Feindseligkeiten standen 67 französische Divisionen — zuzüglich der ersten Kontingente der fünf Divisionen des Britischen Expeditionskorps (British Expedition Forces, BEF), die im Norden eintrafen — den ursprünglich 107 deutschen Divisionen gegenüber.

Die Mobilisierung verlief praktisch allzu glatt. Mehrere wichtige Rüstungsfabriken wurden stillgelegt, weil man die Facharbeiter einzog; so sank die Zahl der Arbeiter in den Renault-Werken von 30.000 auf 8000, mehrere Flugzeugwerke mußten schließen. Dazu traten merkwürdige Ungereimtheiten: Ein Automobilwerk, das Panzer hätte herstellen können, lieferte den ganzen Winter über Zivilautos zu Tausenden aus. Als Reynaud im Oktober eines Abends Rüstungswerke im Raum Paris besuchen wollte, mußte er erstaunt feststellen, daß sie geschlossen waren. Sie arbeiteten nachts nicht... Am 13. September bestimmte die Regierung Raoul Dautry zum Koordinator der Waffenproduktion. Die Ernennung erfolgte zu spät, selbst der brillante Dautry mußte André Maurois anvertrauen, er könne die Armee „nicht vor 1942" mit allem versorgen, was sie brauche. Eine seiner ersten Aktionen war, die einberufenen Facharbeiter zurückzuholen. Die Soldaten an der Front beschwerten sich darüber. Einige Divisionen verloren dadurch die Hälfte ihrer Reserveoffiziere und Unteroffiziere.

Dieser Mangel an Menschen war eine weitere Folge davon, daß Frankreich sich 1914 bis 1918 weißgeblutet hatte. Obwohl wir heute wissen, daß Hitlers Rüstungsindustrie 1939/40 keineswegs auf einen langen Krieg vorbereitet war — was man damals aber allgemein annahm —, machten sich die Mängel derselben erst im Verlauf des Kriegs bemerkbar, während die französische Rüstung überhaupt erst 1942 voll in Gang gekommen wäre. Das Bild war kaum ermutigend.

Die „Saaroffensive"

Glücklicherweise konzentrierte Hitler seine Wehrmacht im Osten gegen Polen und nicht gegen Frankreich. In zwei schnellen, schrecklichen Zangenstößen wurde Polen geteilt. Was aber unternahmen England und Frankreich, um ihrem Verbündeten im Osten zu helfen?

Im Mai 1939 hatte Gamelin dem polnischen Oberkommando die Zusage gegeben,[1] die französische Armee werde sofort bei Beginn der Feindseligkeiten die Offensive gegen Deutschland ergreifen und — spätestens am fünfzehnten Mobilmachungstag — das „volle Gewicht der Mehrzahl ihrer Streitkräfte einsetzen". Bei einer Besprechung mit britischen Führern nach Ausbruch der Feindseligkeiten erklärte er jedoch, er wolle „die Armee nicht durch eine hastig vorbereitete Offensive entmutigen".[2] Ein andermal soll er versprochen haben: „Ich werde den Krieg nicht mit einer Schlacht von Verdun beginnen." Wieder ein deutlicher Hinweis, wie sehr das Defensivdenken im Unterbewußtsein der französischen Führer verwurzelt war. Seinem Stellvertreter, General Georges, gegenüber gebrauchte er am Telephon Worte, die schwerlich die eines Foch waren: „Wir haben gegenüber Polen eine Pflicht zu erfüllen. Die Methode schließt eine Aktion nicht aus . . ."

Am 4. September meldete Georges an Gamelin: „Alle Aufklärungsgruppen haben von der Mosel bis zum Rhein die Grenze erreicht." Am 7. September hatten französische Streitkräfte an der Saar deutschen Boden betreten. Als die Nachrichten durch die Zensur kamen, sprach die alliierte Presse sofort von größeren Anstrengungen. Die „Daily Mail" sagte: „Die französische Armee strömt über die deutsche Grenze", während der „Daily Express" am nächsten Tag die Schlagzeile brachte: „Deutschland wirft weitere Truppen in den Westen." Am 9. meldete der „Express": „Frankreich begann letzte Nacht den ersten großen Angriff auf die Siegfriedlinie", und am 12.: „Frankreichs geheime 70-t-Tanks brechen durch die deutschen Linien." Tatsächlich nahmen nur neun Divisionen an der Saaroperation teil, sie hatten Befehl, bis zu den Vorposten des Westwalls vorzugehen und nicht weiter. Bis zum 12. waren die Franzosen auf einer Front von 27 km bis zu 5 km Tiefe vorgerückt und hatten etwa zwanzig verlassene Ortschaften besetzt.

Wie Fabre-Luce bemerkte, hatte die „Saaroffensive" eine gewisse Ähnlichkeit mit den Feldzügen des achtzehnten Jahrhunderts, als „große Nationen einige Kompanien entsandten, um sich in den Waffen zu messen, während die übrige Nation zusah und applaudierte". Die Verluste waren nur gering, sie wurden hauptsächlich durch Minen verursacht; da die Verluste des Weltkriegs immer noch ihren düsteren Schatten warfen, war es für die Armee entscheidend, um jeden Preis Verluste zu vermeiden. Ein Regimentstagebuch berichtet: „Ein Zug versuchte den Vormarsch fortzusetzen, wurde aber durch das Feuer einer automatischen Waffe aufgehalten." Ein Kavallerieoffizier, Marcel Lerecouvreux, bemerkte dazu bissig: „Man stelle sich vor, wenn 1918 der Angriff vom 18. Juli durch ein einziges MG aufgehalten worden wäre . . ." Inzwischen feuerten die Geschütze der berühmten Hochwaldbastion der Maginotlinie jeden Tag einige Minuten, aber nur die 7,5-cm-Geschütze besaßen genügend Reichweite, um deutschen Boden zu erreichen, zudem verklemmte sich eines schon nach den ersten Schüssen.

In der Luft waren die alliierten Hilfeleistungsversuche für Polen noch kläglicher. Die Furcht vor Vergeltungsangriffen der Luftwaffe auf Paris ließen die französische Regierung ein Veto gegen Bombenangriffe der RAF auf Deutschland einlegen, ebenso wie Daladier Churchills Projekt „Royal Marine", Minen den Rhein hinuntertreiben zu lassen, verhinderte, weil Hitler als Vergeltung „eine Seinebrücke sprengen könnte".

Als Leo Amery im britischen Unterhaus vorschlug, man solle die Brutalität der deutschen Luftangriffe auf Polen durch Brandbombenangriffe auf den Schwarzwald vergelten, war der Luftfahrtminister, Sir Kingsley Wood, entgeistert: „Ist Ihnen klar, daß das Privatbesitz ist? Sie werden von mir noch verlangen, ich solle Essen bombardieren!" So überschüttete die RAF Deutschland mit Tonnen nichttödlicher Flugblätter: Sir Kingsley nannte das „Wahrheitsangriffe". „Schändlichen Konfettikrieg" nannte es General Spears, ein anderer Abgeordneter.

Polen aufgegeben

Die halbherzigen alliierten Bemühungen zogen keine einzige deutsche Division von Polen ab. Dort unterlag die polnische Armee trotz aller Tapferkeit noch schneller, als selbst der pessimistischste alliierte Generalstäbler angenommen hatte. Zum erstenmal lernte die Welt die Bedeutung des Wortes „Blitzkrieg" kennen: Guderian, der das XIX. Panzerkorps befehligte, „die stählerne Spitze der deutschen Lanze", bewies seine Theorien nun auch in der Praxis. William Shirer schrieb in sein Tagebuch:

„Sie waren sehr sachlich, sie erinnerten mich an die Trainer einer Fußballmeistermannschaft, die an der Seitenlinie sitzen und zuversichtlich zusehen, wie die Maschine, die sie geschaffen haben, so arbeitet, wie sie es immer schon gewußt haben."

Gleichzeitig stellte er aber auch sehr treffend fest, daß die von den Stuka auf die polnischen Küstenbefestigungen abgeworfenen 250-kg-Bomben weit tödlicher wirkten als die schwersten Schlachtschiffgranaten. Am 14. September schloß sich die deutsche Zange hinter Warschau, am selben Tag erreichten Guderians Panzer, die weit vor der Infanterie herbrausten, Brest-Litowsk. Als Hitler sein Protektionskind besuchte, äußerte er sein Erstaunen über ein zerschlagenes polnisches Artillerieregiment an der Weichsel. „Waren das unsere Stuka?" — „Nein", erwiderte Guderian, „unsere Panzer." Am 17. September marschierte die Rote Armee in Erfüllung einer Geheimklausel des Nichtangriffpakts in Ostpolen ein, am 28. kapitulierte Polen.

Es hatte achtundzwanzig Tage Widerstand geleistet. Gamelin hatte damit gerechnet, daß es bis zum Frühjahr aushalten würde.

Am 12. September sandte Gamelin, über den Verlauf der Dinge in Polen beunruhigt, General Prételat, dem Befehlshaber der „Saaroffensive", einen Geheimbefehl, in die Defensive überzugehen. Nach der Kapitulation Polens beschloß das französische Kriegskabinett, die Streitkräfte in die Maginotlinie zurückzuziehen; am 4. Oktober war der Rückzug ohne Schwierigkeiten durchgeführt, und Gamelin atmete erleichtert auf, daß ihn die Deutschen friedlich hatten abziehen lassen. Die Franzosen hatten wenigstens eine Geste zugunsten der Polen gemacht, der Ehre war nach Gamelins Ansicht Genüge getan. Militärisch entschuldigte er den Rückzug mit einem Vergleich: „Haben die Deutschen das nicht Anfang 1917 mit dem Rückzug in die Hindenburgstellung auch getan?" Ein französischer General setzte einem britischen Kriegskorrespondenten gegenüber das Tüpfelchen auf das i:

„Es war einfach eine Scheininvasion ... wir wollen nicht auf ihrem Gebiet kämpfen. Wir haben diesen Krieg nicht gewollt. Nachdem die polnische Frage liquidiert ist, sind wir in unsere Linien zurückgegangen. Was haben Sie sonst erwartet?"

So endete Frankreichs erste und letzte Offensive während des Krieges. Während des Vormarsches war die Moral der französischen Truppen gut gewesen, entsprechend groß war die Enttäuschung beim Rückzug. Aus den gemachten Erfahrungen zog man den zweifelhaften Trost, daß deutsche Pak-Granaten von französischen Panzern abgeprallt waren. Von nun an blieb der alliierten Kriegspolitik nichts anderes übrig, als abzuwarten, bis das eigene Kriegspotential dem deutschen gewachsen war, ehe man eine Offensive begann, oder aber auf ein Wunder zu hoffen, wenn man auch nicht wußte, auf welches.

Die deutsche militärische Führung beobachtete die Untätigkeit Frankreichs mit einer Mischung aus Erstaunen und Erleichterung. Da die Befehlshaber wußten, daß die Wehrmacht für einen ausgewachsenen Krieg noch nicht bereit war, hatten sie Hitlers Vorstoß nach Polen als ein weiteres seiner irrsinnigen Wagnisse angesehen; als Frankreich und England den Krieg erklärten, waren sie entsetzt. Hitlers Bluff würde platzen, und sie hätten eine alliierte Durchbruchoffensive im Westen zu erwarten. General Westphal zufolge wurde die Grenze von Aachen bis Basel nur von 25 Reserve- und Depotdivisionen gehalten, ohne einen Panzer und lediglich mit Munition für eine dreitägige Schlacht. Im Nürnberger Prozeß sagte Milch aus, der Bombenvorrat der Luftwaffe sei so klein gewesen, daß die Hälfte davon im Polenfeldzug verbraucht wurde, während Jodl erklärte, in Polen „sind wir bei der bestehenden Munitionsknappheit nur zurechtgekommen, weil es im Westen zu keiner Schlacht kam". Trotz Hitlers Geprahle war der Westwall der Maginotlinie keineswegs gewachsen und auch noch unfertig; als Rundstedt den Westwall inspizierte, soll er nach Aussage seines Stabschefs „gelacht haben". Wenn die Franzosen im September 1939 angegriffen hätten, hätten ihre Truppen wenigstens die Übung bekommen, die ihnen später so fehlte, während deutsche Generale glaubten (und noch glauben), daß sie in vierzehn Tagen den Rhein erreicht und wahrscheinlich den Krieg gewonnen hätten.

Joseph Harsch war der Ansicht, die deutsche Moral hätte vermutlich den Schock genausowenig ertragen wie die französische den von 1940; Harsch und die deutschen Generale ignorierten dabei aber die Tatsache, daß die Armee Gamelins nicht mehr die Offensivkraft der Fochs vor zwanzig Jahren, geschweige denn den Willen Joffres an der Marne hatte. Nur Hitler, der Amateur, wußte das, und da er recht behielt, hatte er die erste entscheidende Runde gegen Deutschlands Berufssoldaten gewonnen.

„Ein merkwürdiger Krieg ..."

In den ersten Kriegstagen hatten die Franzosen gesagt: „Bringen wir's hinter uns." Am zehnten Tag meinten sie: „Man weiß nicht, wann solche Affären beginnen und enden." Am zwanzigsten begnügten sie sich mit der Bemerkung: „Drôle de guerre ..."

So schleppte sich der „drôle de guerre", der „komische Krieg", wie ihn der US-Senator Borah nannte, acht Monate lang hin. Zur See ließ England nach der Versenkung der „Royal Oak" in Scapa Flow beschämt den Kopf hängen; zwei Monate später wurde die Rechnung durch die Versenkung der „Graf Spee" im Rio de la Plata etwas ausgeglichen. An der Westfront beschränkte sich die Tätigkeit auf Spähtruppunternehmen mit Freiwilligen, was kaum geeignet war, die Kampfkraft der nicht elitären Masse der französischen Armee zu stärken. Der Herzog von Windsor besuchte das Fort Hochwald, das ihn dadurch ehrte, daß es vier Granaten ins Niemandsland schoß. Nachher gab es in der Offiziersmesse Champagner. Auch Dorothy Thompson kam und durfte eine 7,5 abfeuern, während Clare Boothe ein Fort „adoptierte"; und zum Dank für eine „tapfere Fahne" mit den in Gold gestickten Worten „Ils ne passeront pas!" sandte sie Zigaretten. Besucher an der Front waren über den dort herrschenden Waffenstillstand erstaunt. Shirer schrieb im Oktober nach einem Besuch der deutschen Linien:

„Dort, wo der Zug den Rhein entlangfuhr, konnten wir die französischen Bunker und an vielen Stellen große Bastmatten sehen, hinter denen die Franzosen Befestigungen bauten. Auf deutscher Seite das gleiche Bild. Die Truppen schienen einen Waffenstillstand einzuhalten ... ein Schuß eines französischen 7,5-Geschützes hätte unseren Zug liquidieren können. Die

Deutschen schafften mit der Bahn Munition und Nachschub heran, aber die Franzosen störten sie nicht ... Ein merkwürdiger Krieg ..."

Fünf Monate später beobachtete Präsident Roosevelts Friedensbotschafter Sumner Welles das gleiche Bild. „Kein Laut, als wir vorbeifuhren. Man sah nicht einmal ein Flugzeug am Himmel." Die Untätigkeit auf französischer Seite machte britische Kriegskorrespondenten wie Gordon Waterfield wütend:

„Jenseits des Flusses stand ein junger Deutscher, bis an die Hüften nackt, in der Sonne und wusch sich. Es ärgerte mich, daß er sich so ruhig wusch, während an unserem Ufer zwei MG postiert waren. Ich fragte den französischen Posten, warum er nicht schieße. Er schien über meinen Blutdurst überrascht. ,Il ne sont pas méchants', sagte er, ,und wenn wir schießen, schießen sie zurück.' "

Daß der Feind „nicht böse" war, wurde zum Grundton des „komischen Krieges", und diese Auffassung wurde von den Deutschen bewußt genährt. Als Straßburg zu Beginn des Krieges evakuiert wurde, halfen sie gefälligerweise, indem sie auf ihrer Seite des Flusses die Scheinwerfer einschalteten; mehrere Monate lang versorgten deutsche Kraftwerke an der Saar französische Grenzorte mit Strom. An der Lauter ereignete sich ein typischer Vorfall. Die Truppen wuschen dort in Sichtweite des Gegners ihre Wäsche, dabei verlief sich ein Franzose auf die deutsche Seite und wurde gefangen. Gleich darauf schickte der französische Kompaniechef einen Parlamentär unter weißer Flagge und bat um seine Rückgabe. Erstens, so erklärte der französische Capitaine, sei die Gefangennahme gegen die Usance, außerdem sei sein Abschnitt so schwach besetzt, daß er den Mann einfach nicht entbehren könne!

Es überrascht schwerlich, daß ein französischer Leutnant, Claude Jamet, am 7. November in sein Tagebuch schrieb: „Und der Krieg? Offengestanden, man interessiert sich nicht dafür. Man denkt nicht daran. Existiert er wirklich?"

Als sich die ursprüngliche Furcht vor deutschen Luftangriffen nicht materialisierte, wurde das Leben hinter den französischen Linien fast wieder normal. In Paris blieb zwar die Verdunkelung aufrecht, aber alle Geschäfte in Saint-Germain und am Rand von Paris strahlten im Lichterglanz. Simone de Beauvoir berichtete, wie in der Bretagne und in den entlegenen Provinzen „elegante Flüchtlinge in ihren Wagen umherfuhren und sich über den Mangel an Unterhaltung beklagten". Getrieben von der uralten Furcht der Menschen vor dem Exil, kehrten diese geflüchteten Pariser bald wieder nach Paris zurück. Man verdiente in Paris gut und gab das Geld mit vollen Händen aus.

Bezeichnenderweise war Maurice Chevaliers „Paris reste Paris" (Paris bleibt Paris) der Schlager der Saison. Psychologisch gesehen war die Atmosphäre allerdings nicht glücklich zu nennen. Simone de Beauvoir fragte im Oktober in ihrem Tagebuch: „Was bedeutet eigentlich das Wort Krieg? Vor einem Monat, als es die Zeitungen in Schlagzeilen druckten, bedeutete es ein formloses Entsetzen, etwas Unbestimmtes, aber sehr Reales. Jetzt fehlt ihm alle Substanz und Identität."

Neutrale Beobachter fühlten, daß sich der Krebs von München tief und unauslöschlich in die französische Seele gefressen hatte. Janet Teissier du Cros, eine Schottin, die mit einem an der Front stehenden französischen Soldaten verheiratet war, bemerkte: „Ich frage mich oft, was gekommen wäre — wenn wir gekämpft hätten, statt in der tschechoslowakischen Krise nachzugeben. Ich glaube, die Stimmung in Frankreich wäre ganz anders gewesen. Nach dem ersten Augenblick der Erleichterung hinterließ München bei den Menschen in Frankreich einen zynischen Nachgeschmack im Mund, und im öffentlichen Leben gab es keine Ehre mehr..."

Arthur Koestler stimmte dem bei: „Der Zynismus der Münchner Ära vernichtete jeden Glauben, um den es sich zu kämpfen lohnte."

Und der deutsche Nachrichtendienst war sich dieser Geisteshaltung sehr wohl bewußt.

Um die Langeweile zu überwinden, beschäftigten sich die Pariserinnen damit, verschiedene gute Werke zu tun. Im Ritz schwenkten elegante Damen „in einfachen schwarzen Kleidern" die Sammelbüchsen für die Flüchtlingshilfe und für Soldatenkantinen. Die Rotkreuz- und Krankenpflegeorganisationen waren zum Übermaß mit Frauen besetzt; der zynischen Äußerung Fabre-Luces zufolge „verlangten zwanzigtausend Krankenschwestern und mehr nach Verwundeten. Einige erweckten den Eindruck, die Militärbehörden täten nicht ihre Pflicht, weil sie diese nicht lieferten..."

Das Leben an der Front

Für den einfachen Soldaten waren die Verhältnisse an der Front trotz allem nicht glänzend. Zunächst gab es bei einigen Einheiten eine akute Knappheit an Stiefeln und Decken; bei der Zweiten Armee an der Sedanfront schliefen die Soldaten mangels passender Unterkünfte mit ihren Pferden in den Ställen. Soweit sie in Dörfern einquartiert waren, hatte der Kontakt mit der Zivilbevölkerung bei vielen Reservisten ernste Auswirkungen auf die Disziplin. Im scharfen Gegensatz zu der demokratisch organisierten Wehrmacht schienen in der französischen Armee die Offiziere mehr für sich als für ihre Soldaten zu sorgen, zu denen sie beklagenswert wenig Kontakt hatten. Obwohl das Tragen von Stahlhelm, Gasmaske und Koppel an der Front obligatorisch war, sah man Offiziere häufig in Dienstmütze, offener Uniformjacke, die Hände in den Taschen und eine Zigarette im Mundwinkel herumschlendern. Eine amerikanische Kantinenhelferin, die 1917 in Frankreich als Krankenschwester gearbeitet hatte, war schockiert über die gut manikürten, pomadisierten Offiziere im Gegensatz zu den erbärmlich aussehenden Soldaten in ihren schmutzigen Baracken und den tristen Kantinen, in denen sie ihren täglichen Sold von 50 Centimes ausgeben konnten.[3] Der Sold der „poilus" war im Vergleich zu dem kärglichen Betrag, für den sie 1914 bis 1918 gekämpft hatten und gestorben waren, nur wenig aufgebessert, und auch die Familienunterstützung war armselig; eine Frau mit zwei Kindern erhielt beispielsweise, wenn sie auch mietfrei wohnte, in der Provinz 16 und in Paris 21 Franc pro Tag. Oft benützten Soldaten ihren zehntägigen Urlaub, um in Paris als Taxifahrer zu arbeiten oder sonstwie Geld für ihre Angehörigen zu verdienen. Die Offiziere hingegen schienen ihre zivilen Geschäfte weiterführen zu können; sie beschafften sich „dienstliche Aufträge" in ihre Heimatstädte, fuhren mit ihren eigenen Wagen innerhalb der gesperrten „Armeezone" und konnten in ihren Unterkünften sogar ihre Frauen oder Geliebten unterbringen. So wurde wenigstens erzählt, und wie bei allen gelangweilten Soldaten auf der ganzen Welt schenkte man diesen Geschichten ebenso bereitwillig Glauben wie dem „alten Hut", daß den Mannschaften der Urlaub verdorben wurde, weil ihre Potenz durch die Bromide geschwächt war, die ihnen die Offiziere in ihre Weinrationen mischten. Je länger der „komische Krieg" andauerte, desto mehr kümmerte sich der französische Soldat aber nur noch um diesen Urlaub.

Um die Verschwörung des Schicksals gegen Frankreich noch zu steigern, wurde der Winter von 1939 zu dem kältesten seit fast einem halben Jahrhundert. Der Ärmelkanal fror bei Dungeness und Folkestone zu. Auch Deutschland fror; die Textilien wurden rationiert, und nach William Shirer gab es „viele lange Gesichter". Die bittere Kälte und die beginnende Kohlenknappheit machten Weihnachten in Berlin besonders düster. „Wenige Geschenke, spartanisches Essen, die Männer fort, die Straßen verdunkelt ... die Deutschen fühlen heute den Unterschied. Sie sind düster, deprimiert, traurig ..." Für Frankreich waren die arktischen Bedingungen aber besonders unerwünscht. Abgesehen von ihrer Auswirkung auf die militärische Moral, beeinträchtigten sie auch noch die Ausbildung und die Arbeit an den vernachlässigten Stellungen von Longwy bis zum Meer.

Ein französischer Soldat schilderte die Monotonie des Wachdienstes in einem Vorposten der Maginotlinie während des bitter kalten Winters: „Vor dir hast du ein unbekanntes Land, eine schwarze Nacht, und der nächste Posten ist mehrere hundert Meter entfernt. Deine Füße frieren in den steifen Stiefeln ein. Dein Helm drückt. Deine Augen sind müde vom Schauen, ohne daß du etwas siehst." Nacht um Nacht die gleiche sinnlose Wache. „Le Rire" brachte eine Witzzeichnung: sie zeigte zwei „poilus", der ältere, weißbärtig und mit Orden aus dem Ersten Weltkrieg geschmückt, sagte zum jüngeren: „Das begann alles zur Zeit meines Großvaters, aber niemand weiß mehr, warum." Im Verlauf des Winters erkrankte die ganze Armee chronisch an der gefährlichsten gallischen Krankheit — der Langeweile.

Im Vergleich zu den französischen Frontsektoren konnte man bei den von den BEF gehaltenen Sektoren eine ständige Betriebsamkeit feststellen. Vielleicht war viel von dieser Aktivität sinnlos, etwa daß man Löcher aushob, um sie dann wieder zuzuschütten — doch so wurde wenigstens die Langeweile vermieden, die den Franzosen so zusetzte.

General Spears, der die französische Meuterei von 1917 so gut in Erinnerung hatte, bei der die mangelnde Sorge um das Wohl der Truppe eine so große Rolle gespielt hatte, stellte bei den Franzosen — im Gegensatz zu den Briten — wieder die gleichen Unterlassungssünden fest. Die Verhältnisse an der französischen Front fand er „entsetzlich deprimierend". Diese „unergründliche, grenzenlose Langeweile" förderte aber schwerlich die Moral.

Die Moral in der französischen Armee

Beunruhigende Symptome hinsichtlich der Moral in der Armee zeigten sich auf verschiedene Art. In vielen Einheiten ließ die Disziplin zu wünschen übrig. Mannschaften grüßten die Offiziere nicht, die oft selber diese „äußeren Zeichen von Respekt" vernachlässigten. Besonders schienen diesen Fehler die Reserveoffiziere zu begehen. „Seit den Ereignissen von 1936 waren sie nicht mehr daran gewöhnt, daß man ihnen im Zivilleben gehorchte", meinte Marcel Lerecouvreux von der 2. Kavalleriedivision; ob er nun recht hatte oder nicht, seine Ansicht wurde im Offizierskorps weithin geteilt. Entsetzt erinnerte sich Lerecouvreux daran, wie ein Posten einer Nachbareinheit, der die Sprengladung unter einer Maasbrücke zu bewachen hatte, seinen Posten und sein Gewehr verließ, um einem Kameraden zu helfen, der 50 m von ihm entfernt angelte. Eine weitere Seite der Disziplinlosigkeit zeigte sich in Plünderungen in den evakuierten Gebieten. Leutnant Jamet von der Dritten Armee berichtet: „Die Meldungen der Gendarmerie sind niederschmetternd. Überall Akte des Vandalismus; wo die Zuaven durchgekommen sind, ist kein Möbelstück ganz geblieben, alles, was nicht getrunken oder gestohlen werden konnte, wurde zerschlagen." Schon Ende September wurden sechs Soldaten standrechtlich erschossen, weil sie in Ortschaften nahe der Maginotlinie geplündert hatten.

Wie schon während der Belagerung von Paris 1870 wurde der Alkoholismus erneut zum Begleiter der Langeweile. Die überall anzutreffenden Betrunkenen bereiteten bald ernstliche Kopfschmerzen; „in den größeren Bahnhöfen mußten für diese Leute Räume vorbereitet werden, die man euphemistisch ‚Disäthylisierungsräume‘ nannte. Eine weitere störende Erscheinung war die steigende Zahl junger und gesunder Offiziere, die alles taten, um eine Beschäftigung im Stab, fern vom tristen Leben der Front zu erhalten, während 1914 bis 1918 jeder, der sich zum Stab kommandieren ließ — es sei denn, er war schwer verwundet worden —, Gefahr gelaufen war, als *embusqué*, als Drückeberger, verdammt zu werden. Bei den einfachen Soldaten, denen die Möglichkeit einer Abkommandierung zum Stab verschlossen blieb, zeigte sich die Unzufriedenheit durch ein ständiges Anwachsen des ‚französischen Urlaubs‘. Ohne Erlaubnis, zuerst geheim und dann immer offener, entfernten sie sich am Samstag mittags und kamen am Sonntag abends, Montag morgens oder gar erst Montag mittags wieder", schreibt General Menu. Drohungen mit Disziplinarstrafen schienen nur wenig Wirkung zu haben. Sogar Präsident Lebrun, der selbst bei Verdun gekämpft hatte, schüttelte nach seinen Frontbesuchen traurig den Kopf: „Es schien überhaupt nur Schlappheit und gelockerte Disziplin zu geben. Niemand atmete offenbar noch die reine, belebende Luft der Gräben von 1914/18."

Generalleutnant Alan Brooke, damals Befehlshaber des II. Korps der BEF, 1941 Churchills Chef des Empire-Generalstabs, bei dem die Lustlosigkeit französischer Truppen an der belgischen Front „unerfreuliche Befürchtungen hinsichtlich der Kämpfereigenschaften der Franzosen geweckt hatte", wies auf einen weiteren, psychologisch vielleicht gleich unerwünschten Faktor hin, der sich in der Maginotlinie bemerkbar machte: die Selbstgefälligkeit. Die Soldaten, die im „trou" in weit größerer Bequemlichkeit lebten als die Truppen draußen in Schlamm und Eis, hielten eine bessere Disziplin, doch war, wie Brooke am 6. Februar prophetisch in sein Tagebuch schrieb, „der gefährlichste Aspekt psychologischer Natur; ein Gefühl falscher Sicherheit wird erzeugt, das Gefühl, hinter einem unzerstörbaren eisernen Zaun zu sitzen; falls dieser Zaun zufällig einmal durchbrochen wird, könnte daran auch der französische Kampfgeist zerbrechen".

Aber auch noch andere „Viruserkrankungen" schädigten die militärische Moral. Da war die demoralisierende Wirkung wiederholter falscher Alarme. Am 12. Januar schrieb bespielsweise Major Barlone von der Ersten Armee in sein Tagebuch: „Jeglicher Urlaub gesperrt... man erwartet das Eindringen der Deutschen in Belgien... Alle Männer, die man in der kalten Nacht aus dem Schlaf weckte, sind voll Begeisterung, endlich gegen die Deutschen kämpfen zu können..." Und sechs Tage später: „Die Alarmbereitschaft ist vorbei, und unsere Männer sind sehr enttäuscht." Dann war da noch die Verstimmung darüber, daß die Zivilisten hinter der Front ungestört weiterarbeiten konnten, während die Soldaten all das Unbehagen über die Entwurzelung aus ihrem Berufs- und Privatleben erdulden mußten, die der Krieg ihnen auferlegt hatte, ohne daß sie die Aufregungen und den Ruhm des Krieges genießen durften. Außerdem herrschte darüber Bitterkeit, daß zwar England Frankreich in den Krieg getrieben zu haben schien, selbst aber — während Frankreich voll mobilisiert hatte — die Wehrpflicht nur teilweise durchführte. Da lediglich fünf BEF-Divisionen nach Frankreich gekommen waren, war diese französische Beschwerde bestimmt nicht ungerechtfertigt.

Schließlich — worum ging es in diesem Krieg? Seit dem Fall Polens hatten die britische und französische Regierung die Kriegsziele nicht erläutert. Die Truppe fragte immer wieder: „Warum kämpfen wir?" Doch die Offiziere versuchten nicht einmal, die Frage zu beantworten. 1914 war das einfach gewesen: „Wir kämpfen, weil wir angegriffen wurden und uns Elsaß-Lothringen wieder holen wollen." Obwohl das französische Oberkommando darum wußte, daß die Moral erheblich schlechter war als 1914, tat es nichts, um sie zu heben — man versuchte nicht einmal, die beklagenswert schlechte Feldpost zu verbessern, die die Soldaten zu Kriegsbeginn oft sechs Wochen ohne Verbindung mit ihren Familien bleiben ließ. Vielleicht lag der Grund für die Trägheit in Gamelins späterer sanfter Entschuldigung: „Ich sehe jetzt, daß ich, da ich meine Zeit ausschließlich mit Stabsoffizieren verbrachte, mit dem Geist des Landes und der Truppe nicht genügend in Berührung stand."

Der Propagandakrieg

In diesem Zustand der Langeweile war die französische Armee äußerst empfänglich für die Propaganda, die Dr. Goebbels und seine Experten gegen sie losließen. Während des „komischen Krieges" ersetzten beide Parteien den fehlenden Granatenhagel durch unaufhörliche Wortkanonaden. An den Rheinufern standen einander riesige Reklamewände und Lautsprecher gegenüber. Die französischen Truppen schossen auf Befehl nicht darauf, die Deutschen wohl deshalb nicht, weil sie die französische Propaganda so außerordentlich lächerlich fanden. Die Plakate, die in ganz Frankreich angeschlagen waren, brachten den allgemeinen Tenor der öffentlichen Meinung zum Ausdruck. Sie zeigten die riesigen Gebiete Frankreichs und des englischen Empire mit dem Slogan „Wir werden gewinnen, weil wir stärker sind". Jeden Monat nannte man ein angeblich neues deutsches Eroberungsziel. Wenn dann nichts geschah, galt das als alliierter Sieg. Ein weiteres Plakat brachte Daladiers prahlerische Worte: „1914 haben wir in den ersten vier Kriegsmonaten 100.000 Tote verloren, dieses Mal nur 2000." Lieblingsthemen waren, daß Deutschland am Rand einer Revolution stehe oder durch die britische Blockade ausgehungert werde. Kaum weniger phantastisch war eine von den Zeitungen verbreitete Geschichte, von der Clare Boothe berichtete: Genau drei Monate vor dem Ende des deutsch-französischen Krieges von 1870 sei in Lothringen eine Wunderquelle entsprungen. Sie floß wieder im August 1918. Und nun, am 19. Februar 1940, floß sie neuerdings. „Wird Deutschland im Mai zusammenbrechen?" fragten nun die Zeitungen.

Selbst neutralen Beobachtern in Deutschland, die mit den Alliierten sympathisierten, erschien die französische Propaganda geradezu grotesk: „Wir hörten über ‚Paris Mondiale' ", schrieb Joseph Harsch aus Berlin, „daß Berlin am Rand des Hungers stehe, dann gingen wir aus und speisten in einem von Dutzenden Lokalen, wo man bekommt, was man nur zu essen vermag . . . In englischen Zeitungen, die wir über die amerikanische Botschaft erhielten, lasen wir, die deutsche Armee sei ungenügend ausgebildet, sie wende noch die Taktik des Massenangriffs an, wobei Menschenherden von hinten durch Offiziere vorgetrieben würden . . ."

Die deutsche Propaganda hingegen war direkt, sehr geschickt und außerordentlich wirksam. Sie fußte auf drei Hypothesen: dem mangelnden Interesse Frankreichs am Krieg, dem ererbten Mißtrauen und der Abneigung gegen das „perfide Albion" und dem Schaden, den der deutsch-sowjetische Nichtangriffspakt einem innerlich ohnehin zerrissenen Frankreich bereits angetan habe. Immer wieder hämmerten sie ein Thema durch den Äther, das in steigendem Maße den Wunsch eines großen Teils der französischen Armee spiegelte: „Ihr bleibt in eurer Maginotlinie und wir im Westwall." Besonders Abetz' alter Verbündeter, Paul Ferdonnet, leistete hier Ausgezeichnetes, seine Propagandasendungen trugen ihm den Beinamen „der Verräter von Stuttgart" ein. Er schockierte die französischen Truppen durch seine genaue Kenntnis ihrer Bewegungen. So nannte er beispielsweise genau den Zeitpunkt, wann eine Division abgelöst und durch welche sie ersetzt wurde. In einem anderen Fall benachrichtigte er einen Korpskommandeur davon, daß die Frauen und Geliebten der Offiziere unter seinem Kommando diese am Wochenende in einer bestimmten Stadt besuchen würden. Eine Nachprüfung bewies die Richtigkeit der Information.

Über Rundfunk und Grenzlautsprecher nützten die Deutschen geschickt die französische Liebe zur Musik aus; Gaston Pawlewski, Fliegeroffizier und später führender Gaullist, gab dem Autor gegenüber zu, die Programme aus Deutschland seien die besten gewesen, die die französischen Streitkräfte empfangen konnten. Dann kamen Slogans wie: „Verwandelt Frankreich nicht in ein einziges Schlachtfeld . . . Hört nicht auf das perfide England . . . Eure Füße frieren ein im Schlamm — La France aux Français!" Flugzeuge warfen Zeichnungen ab. Leutnant Jamet hob im November ein Blatt auf, das den Titel „Das Blutbad" trug. Ein kleiner Franzose und ein großer, Pfeife rauchender „Tommy" standen an einem Tümpel voll Blut.

Auf dem zweiten Bild schickten sie sich an, hineinzuspringen, auf dem dritten war der Franzose hineingesprungen, während der Tommy lachend wegging. Eine andere Zeichnung zeigte britische Offiziere in Paris, die halbnackte Frauen liebkosten, während ein „poilu" in der Maginotlinie Wache stand.

Die geschickte Propaganda verfehlte nicht ihre Wirkung. Schon Mitte November schrieb Jamet in sein Tagebuch, daß „Habt ihr die Engländer gesehen?" zur Redensart bei der Truppe geworden sei. Er setzte hinzu: „Die Anglophobie scheint zu wachsen." Obwohl die Regierung bei Ausbruch des Krieges kommunistische Zeitungen sofort verboten hatte, gediehen hinter den Linien kryptofaschistische Blätter wie „Je suis Partout" und „Le Petit Parisien" mit ihren antibritischen und antisemitischen Schlagzeilen weiter. Neville Chamberlain wurde als Gefangener des kriegslüsternen britischen Judentums gezeigt.

Für die psychologische Kriegführung besaß Deutschland aber keine stärkere Waffe als den Nichtangriffspakt mit Stalin. Für viele intelligente, nichtmarxistische Franzosen, die sich daran erinnerten, wie wertvoll die russische Hilfe 1914 gewesen war, waren alle Siegeshoffnungen geschwunden, als die Russen ins Nazilager übergingen. Die Führung der Kommunistischen Partei aber war durch die russische Kehrtwendung wie gelähmt. Einen Monat lang, während Stalin zynisch die polnische Beute einheimste, wartete man auf neue Weisungen aus Moskau. Die erste Folge war die physische Auflösung der letzten Bindungen zur Volksfront — wenn auch gewisse Wirkungen derselben fühlbar blieben. Am 25. September brach die CGT wieder mit den Kommunisten. Léon Blum, wie irregeleitet er auch in der Vergangenheit gewesen sein mochte, war durch und durch Patriot, er stellte sich hinter die Kriegsanstrengungen und beschimpfte die früheren Verbündeten. „Sie sind Defätisten", sagte er und fügte traurig hinzu: „Wir können nicht mit ihnen arbeiten. Ich kenne sie gut — niemand ist von ihnen mehr genarrt worden als ich." In den ersten drei Kriegsmonaten verließen einundzwanzig Senatoren und Abgeordnete angewidert die KPF, dazu eine große Zahl von Bürgermeistern, Stadträten und Gewerkschaftsfunktionären. Das Parteihauptquartier wurde von Protesttelegrammen überflutet. Die Partei erlitt einen schweren Rückschlag, der große Machtzuwachs und die taktischen Erfahrungen aus der Volksfrontzeit hielten sie jedoch am Leben, wozu das Ungeschick der Regierung Daladier noch einiges beitrug.

Am 27. September verfügte die Regierung die Auflösung der KP. Zwischen dem 5. und 10. Oktober wurden 35 Abgeordnete verhaftet. Thorez, der aus der Armee desertiert war, um der Verhaftung zu entgehen, verlor die Staatsbürgerschaft. „L'Humanité" wurde verboten, und einige Jugendliche, die kommunistische Flugblätter verteilt hatten, verurteilte man zu zwei Jahren Gefängnis.

Ilja Ehrenburg, der „Prawda"-Korrespondent, beklagte sich: „Der Bourgeois rächt sich jetzt für die Angst, die man ihm 1936 eingejagt hat."

Daß man während des ganzen „komischen Krieges" keinen Versuch unternahm, die Nazianhänger des rechten Flügels zusammenzufangen oder gegen Hetzblätter wie „Le Petit Parisien" vorzugehen, verlieh deren Behauptungen nur mehr Gewicht. Die Maßnahmen gegen die Kommunisten glichen stark der „Spionomanie" von 1870 und 1914. Zusammen mit den Kommunisten verhaftete die Polizei in ihrem Übereifer Tausende von nichtkommunistischen „verdächtigen" Ausländern, von denen viele echte Antifaschisten und Flüchtlinge aus Hitlers Konzentrationslagern waren. Arthur Koestler, der ebenfalls verhaftet wurde, sagte, die französischen KZ seien sogar „noch unter dem Niveau derer" gewesen, aus denen er in Deutschland geflohen war, mit dem einzigen Unterschied, „daß Menschen in Vernet infolge fehlender medizinischer Betreuung starben, in Dachau absichtlich getötet wurden". Die Insassen von Vernet brauchten lange, „um den allgemein verblüffenden Ausbruch des Hasses gegen jene zu begreifen, die zuerst den gemeinsamen Feind bekämpft hatten", sagte Koestler, „und als wir ihn begriffen, legte er einen der psychologischen Hauptfaktoren bloß, die schließlich zum Selbstmord Frankreichs führten".

Die französischen Kommunisten, die er in Vernet traf, schildert er als die „aktivsten, härtesten und heftigsten Nazigegner innerhalb der französischen Arbeiterklasse". In ihrer Enttäuschung über Stalins Kehrtwendung hätte man sie für den gemeinsamen Kreuzzug gegen den Nazismus gewinnen können. „Es war eine mörderische Dummheit der französischen Regierung, einen Polizeipogrom gegen die Kommunisten zu inszenieren, statt die einzigartige Gelegenheit zu nützen, sie zu gewinnen." Die Unterdrückung des Kommunismus trug tatsächlich nur dazu bei, die Reihen seiner Parteigänger fester zu schließen; Blum erkannte sofort, daß nichts der Partei einen größeren Dienst erwies als das Verbot von „L'Humanité" und „Ce Soir". Von seinem Asyl in Belgien aus leitete Thorez die Partei weiter.

Am 1. Oktober 1939 erhielt Edouard Herriot, der Präsident der Nationalversammlung, einen Brief von den verbannten kommunistischen Delegierten, die darauf drangen, die Regierung solle Hitlers „Friedensvorschläge" ernsthaft prüfen. Damit formulierten sie die neue Politik Moskaus für die KPF: entschiedener Widerstand gegen die Fortsetzung des Krieges. Später wurde ein Traktat Georgi Dimitroffs, des mächtigen Sekretärs der Komintern, das die Beendigung des „Plünderkriegs" forderte, von Fabrik zu Fabrik weitergegeben und auch in der französischen Armee verteilt. Am Waffenstillstandstag 1939 fragten Flugblätter: „Wer in Frankreich will für die Wiederherstellung eines Polen unter der Herrschaft von reaktionären und faschistischen Obersten kämpfen?" Auf Flugblättern, die man in Fabriken fand, las man „Vive Stalin! Vive Hitler!" Man betonte immer wieder, der Feind des französischen Proletariats sei die Bourgeoisie. „Fort mit dieser Regierung des Unglücks und der Unterwürfigkeit gegenüber den Bankiers der Londoner City", schrieb ein anderes Flugblatt.

England war für die kommunistische Propaganda wie für Goebbels erste Zielscheibe. Besonders hackte man auf der unterschiedlichen Besoldung der zwei Armeen herum. Noch am 1. Mai 1940, als der deutsche Blitzkrieg unmittelbar bevorstand, starteten die Kommunisten eine letzte Offensive gegen den „imperialistischen Krieg" und beschuldigten Frankreich, auf den Stand eines britischen Dominions hinabgesunken zu sein.

Die kommunistische Propaganda war womöglich noch wirkungsvoller als die der Deutschen. Sie sprach die Nation in ihrer Gesamtheit besser an, auch ihre Verbreitungsmethoden waren viel geschickter. Überall gingen Flugblätter um, Kettenbriefe machten an der Front die Runde, es gab sogar eine Untergrundausgabe von „L'Humanité", die ausschließlich für die Armee bestimmt war. Die Deutschen, die den ungeheuren Wert dieser Propaganda sofort erkannten, taten alles, um sie zu unterstützen und auszunützen. Flugzeuge der Luftwaffe warfen Flugblätter mit Molotows Rede vom 31. Oktober ab, in der er sich mit den deutschen Friedensvorschlägen identifiziert hatte. In der wachsenden Langeweile des „komischen Kriegs" war das Gift der kommunistischen Propaganda um so wirksamer und gewann sogar ehemalige Anhänger der Volksfront zurück, die mit dem Kommunismus gebrochen hatten. In der Armee machte sich der Kommunismus unter den Mannschaften breit, während er für das Offizierskorps der „Feind im Innern" blieb. Die deutsche und die kommunistische Propaganda erweiterten sehr geschickt die Risse, die noch aus der Volksfrontzeit stammten.

Nicht weniger deprimierend auf die französische Kriegsmoral wirkten sich die greifbaren Ergebnisse kommunistischer Subversion aus, nämlich die Sabotageakte. Immer weder verlangsamten Vorfälle geheimnisvollen Ursprungs die Rüstungsproduktion. Die schlimmsten Fälle von Sabotage scheinen sich in den Renault-Werken (Panzer) und den Farman-Werken (Flugzeuge) ereignet zu haben. Ein Bericht über die Sabotage an der Produktion der B 1, Frankreichs so dringend benötigten schweren Panzern, erwähnt im einzelnen: „Schraubenmuttern, Bolzen und Stücke von Alteisen wurden in die Triebwerke geworfen, Metallfeilicht und Korundstaub in die Motorengehäuse, die Öl- und Petroleumleitungen wurden angesägt, damit sie nach wenigen Betriebsstunden zerfielen . . ." Im April 1940 lenkte eine Anzahl tödlicher Flugzeugunfälle die Untersuchungen auf die Farman-Werke. Hier stellte man bei ablieferungsbereiten Maschinen fest, daß ein Messingdraht, der als Sperrvorrichtung für jene Schraube diente, die die Benzinzuleitung an ihrem Platz hielt, durchtrennt war. Nach einigen Flugstunden schraubte sich die Schraube durch das Vibrieren der Maschine von selbst auf, der Brennstoff tropfte auf das weißglühende Auspuffrohr, was zu der tödlichen

Explosion führte. Man sagte, ein junger Kommunist, Roger Rambaud, sei von den Detektiven der Sûreté auf frischer Tat ertappt worden, als er auf dem Probestand bei siebzehn von zwanzig Maschinen die Drähte durchschnitt. In einer Fabrik, die die 2,5-Flak herstellte, die die Armee genauso dringend benötigte wie die B 1, wurden durch einen Sabotageakt über 200 Rohre zerstört, die normale Ausstattung von vier Divisionen. In dem Chaos, das dem Fall Frankreichs folgte, wurden derartige Sabotageakte entweder nicht bestätigt oder nicht bestraft. Zweifellos waren viele Behauptungen übertrieben, aber ebenso wie die Furcht vor der schattenhaften deutschen fünften Kolonne war auch die Furcht vor der kommunistischen Spionage und Sabotage fast so wirksam wie diese selbst.

6. KAPITEL

Gamelin

Einer von Napoleons Marschällen legte diesem einmal einen Feldzugsplan vor, bei dem die französische Armee fein säuberlich von einem Ende der Grenze bis zum anderen aufgestellt war. „Wollen Sie das Schmuggeln verhindern?" fragte Napoleon herzlos.

Theodore Draper

Als der Frühling von 1940 nahte, richteten sich die Augen aller Franzosen instinktiv auf das Château von Vincennes. Man fragte sich, welche neue Strategie der Alliierten hinter den düsteren Mauern entwickelt würde. Hier war Heinrich V. gestorben, an diesen Mauern, einer der Lieblingshinrichtungsstätten Frankreichs, hatten der Herzog von Enghien, Mata Hari und die letzten Kommunarden den Tod gefunden. General Spears war überzeugt, daß das Schloß „nur so von Blut triefe". Trotz dieser düsteren historischen Assoziationen war Vincennes am Ostrand von Paris zum Domizil des *Grand Quartier Général* (GQG) geworden, des Hauptquartiers von General Maurice Gamelin, Chef des Generalstabs der nationalen Verteidigung und seit Kriegsausbruch Oberbefehlshaber aller französischen Landstreitkräfte. Mütterlicherseits stammte Gamelin von einer alten Soldatenfamilie aus Elsaß-Lothringen ab, hatte 1891 Saint-Cyr als Jahrgangsbester absolviert und war bei den algerischen Tirailleurs eingetreten. 1914 war er in Joffres Stab gewesen und hatte die Befehle ausgearbeitet, auf denen letztlich der Sieg an der Marne beruhte. 1916 war er (mit 44) einer der jüngsten und tüchtigsten Divisionskommandeure geworden; 1918 hielt man ihn allgemein für den hervorragendsten Offizier seiner Jahrgangsklasse. Anfang 1940 erreichte Gamelin die Altersgrenze von achtundsechzig. Er war klein, mit sandfarbenem Haar, gewöhnlich in straff sitzendem Waffenrock und hohen Schnürstiefeln. André Maurois zufolge gaben ihm sein kurzer steifer Schnurrbart, die kleinen Augen und der dünnlippige Mund etwas Undurchschaubares... „er besaß weder die sprühende Lebhaftigkeit eines Foch noch die massive Genialität eines Joffre"... noch hatte er, wie Maurois hätte ergänzen können, die kalt-imposante Präsenz eines Pétain. Englands 1,90 m großer Chef des Empire-Generalstabs, General Ironside, sah sein französisches Gegenstück ziemlich gönnerhaft als netten kleinen

Mann in gutsitzender Hose. (Weniger höflich beschrieb Luftmarschall Sir Arthur Barratt Gamelin dem Autor gegenüber als „knopfäugigen, knopfstiefeligen, dickbäuchigen kleinen Lebensmittelhändler".)

General Spears erinnert sich von 1914 her, daß Gamelin Joffre „wie ein Schatten" folgte. Gamelin schien sich nach seinem früheren Meister formen zu wollen. Seine blauen Augen erweckten den Eindruck gelassener Ruhe; er besaß aber nichts von der soliden Basis der legendären Unbeirrbarkeit Joffres — ganz abgesehen davon, daß diese bis zum Exzeß ausgeübte Eigenschaft letztlich Joffre den Posten und Frankreich 1916 beinahe den Sieg gekostet hatte. Wie Joffre war auch Gamelin schweigsam; während man von Joffre aber oft sagte, das sei so, weil er einfach nichts im Kopf habe, war das bei dem intellektuellen Gamelin sicher nicht der Fall. Wenn Gamelin sprach, verschränkte er die Hände und bewegte sie wie zum Segen: Gamelin besaß tatsächlich etwas Mönchhaftes, was man von Joffre wahrlich nie hätte behaupten können.

Ein älterer französischer Diplomat, der bei einem von Gamelins Londoner Besuchen mit diesem in der französischen Botschaft speiste, war erstaunt, daß der Generalissimus nur über Philosophie und italienische Malerei sprach. Der Diplomat fühlte bei dem Gespräch „einen kalten Hauch im Nacken". Gamelin gab sich ohne jede Scheu als Intellektueller, der sich vor der Truppe unbehaglich fühlte (er beschränkte die Kontakte zu dieser auch auf ein Minimum). Er zog die Gesellschaft seiner fünfzehn ihn bewundernden Stabsoffiziere vor, bei denen — so Pertinax — Kultur und kunstgeschichtliche Werke Hauptgesprächsthema bildeten.

Nach de Gaulle, der über einen Besuch in den düsteren Gewölben von Vincennes berichtet, „hauste er in einer klosterähnlichen Atmosphäre, von nur wenigen Offizieren umgeben, arbeitend und meditierend und völlig vom Gang der Ereignisse isoliert. In seinem Elfenbeinturm in Vincennes erweckte General Gamelin in mir den Eindruck eines Gelehrten, der die chemischen Reaktionen seiner Strategie in einem Laboratorium prüfte".

Die Isolierung von der Außenwelt wurde noch durch den außergewöhnlichen Umstand verstärkt, daß Vincennes keine Funkzentrale besaß.[1]

Für Gamelin bedeutete Erfahrung alles, womit er ganz an Friedrichs des Großen Bemerkung vorbeiging: „Wenn Erfahrung alles ist, was ein großer General braucht, wären die Maultiere des Prinzen Eugen die größten Generale gewesen." Jules Romains gegenüber erwähnte er als ernsten Nachteil der Wehrmacht: „Ich kann mich nur auf wenige ihrer jetzigen Generale besinnen, die 1914 bis 1918 an verantwortungsvoller Stelle kämpften. Wir hier sind fast alle ehemalige Divisionskommandeure von 1918 . . ." Gamelins Tragik lag nicht darin, daß er aus Dummheit moderne Trends falsch deutete, sein leuchtender Verstand hat sicherlich tief über Panzer und ihre mögliche Auswirkung auf die Kriegführung nachgedacht, doch das inner-

halb eines abstrakten intellektuellen Vakuums, und seine privaten Überlegungen hatten schwerlich dazu beigetragen, die französische Armee mit
mehr oder besseren Panzern zu versorgen. Wenn Gamelin Befehle gab,
klangen sie mehr wie Themen für eine akademische Diskussion als wie
Worte eines Kämpfers, der energisches Handeln forderte. Als er sich Ende
1939 Sorgen über die Mängel in der Ausbildung machte, übermittelte er
seinem Untergebenen, General Georges, „einige Ideen" in einem Stil, den
man im Quai d'Orsay bewundert hätte, statt daß er klare Anordnungen
gegeben hätte. Es überrascht kaum, daß die Armee von diesen „Ideen"
keine Notiz nahm. Selbst Daladier, Gamelins politischer Protektor, soll
einmal zu Weygand gesagt haben: „Wenn Sie sprechen, hat man etwas,
bei Gamelin ist es wie Sand, der einem durch die Finger rinnt." Reynaud
aber fällte Paul Baudouin gegenüber das endgültige verdammende Urteil.
„Als Präfekt oder Bischof mag er in Ordnung sein, aber nicht als Führer
von Menschen."

Gamelin war, wie Georges Mandel ihn beschrieb, tatsächlich eine Art
„militärischer Präfekt", der seine Entscheidungen genau den Launen der
Politiker anpaßte. Einer seiner Offiziere im GQG erinnert sich: „Wenn er
eine Entscheidung auf dem Gebiet treffen mußte, das mich interessierte, sah
ich ihn oft zögern und die Entscheidung hinausschieben, um alle Konsequenzen zu erwägen. Schließlich traf er die, die ihn keinem späteren Konflikt mit den Zivilgewalten aussetzen konnte."

Ausdrücklich zu dem Zweck, den politischen Puls zu fühlen, wählte
Gamelin Vincennes zum Hauptquartier, während Joffre bewußt in Chan-
tilly geblieben war, um dem parlamentarischen Einfluß fern zu sein. Auf
diese Weise, zu nahe bei seinen politischen Herren und zu fern von der
Zone der Operationen, untergrub Gamelin selber seine Autorität über die
Streitkräfte.

Der französische Befehlsweg

Der französische Befehlsweg war anormal und kaum befriedigend. Der
Minister der nationalen Verteidigung (diese Rolle füllte Daladier neben der
des Ministerpräsidenten aus) hatte nur nominelle Gewalt über Flotte und
Luftwaffe, und Gamelin als Stabschef besaß nicht mehr Autorität als sein
politischer „Boß". Die französische Luftwaffe unter dem äußerst deprimier-
ten General Vuillemin ging ebenfalls ihre eigenen Wege. Vuillemin hatte
sein Hauptquartier in Coulommiers außerhalb von Paris. Ihm unterstand
General Têtu, mit dem Titel „Kommandeur der Luftoperationskräfte",
der die Luftoperationen mit dem HQ Nordostfront koordinieren sollte.
Diese Front war den verschiedenen Armeegruppen entsprechend in „Zonen

der Luftoperationen" eingeteilt. In der Theorie war das wohl angebracht, praktisch bedeutete es jedoch, daß der einzelne Armeebefehlshaber im richtigen Augenblick keine ausreichende Konzentration von Luftstreitkräften erhalten konnte. Die grundlegende Schwierigkeit bestand natürlich in der numerischen Unterlegenheit der französischen Luftwaffe. Bei der RAF in Frankreich unterstand Luftmarschall Barratts „Vorgeschobenes Luftwaffenkommando" (AASF) direkt dem Bomberkommando in England, die RAF-Komponente der BEF dagegen dem Armeebefehlshaber Lord Gort.[2]

Als Oberbefehlshaber aller französischen Landstreitkräfte erteilte Gamelin den Armeen in den Alpen, in Syrien und in Nordafrika direkte Befehle. Der großen Masse der Streitkräfte aber, die als „Armee des Nordostens" zusammengefaßt war, erteilte er sie über seinen Stellvertreter, General Georges, der ursprünglich den etwas vagen Titel „Major-Général des Armées" führte (der Titel stammte von Napoleon, unter Joffre hatte ihn General Castelnau geführt). Auf der nächsten Ebene folgten die Befehlshaber der verschiedenen Armeegruppen. Die Armeegruppe Nr. 1, die vom Kanal bis zum Beginn der Maginotlinie postiert war und bei der Schlacht um Frankreich die Hauptrolle spielen sollte, wurde von General Billotte befehligt. Zu den fünf Armeen dieser Armeegruppe gehörten auch die BEF, Lord Gort erhielt seine Befehle jedoch nicht von Billotte, sondern von Gamelin über Georges.[3]

Gamelin wurde bald klar, daß er nicht gleichzeitig die gesamte Kriegsstrategie kontrollieren und dazu den Befehl über die „Zone der Armeen des Nordostens" von einem einzigen, aufgeblähten Hauptquartier aus führen könne. Am 6. Januar nahm er daher eine Reorganisation vor, die ihn von dem direkten Befehl über die Nordostfront entlastete und diesen an General Georges, mit dem nunmehrigen Titel „Oberbefehlshaber Nordost", übertrug. Diese Maßnahme lieferte Gamelin, als er später seine Memoiren schrieb, so manche Ausflucht, die Wirksamkeit des französischen Kommandos wurde dadurch nicht verbessert. Obwohl er sich das Recht vorbehielt, im Notfall einzugreifen — ein Recht, von dem er in der Schlacht erst Gebrauch machte, als es viel zu spät war —, bedeutete diese Reorganisation, daß sich Gamelin — in scharfem Gegensatz zu seinem alten Meister Joffre — die Kontrolle über jene Zone nahm, die fast bestimmt der Hauptkriegsschauplatz werden würde. Anderseits ließ er Georges nie die volle Selbständigkeit und volle Verantwortung. Die Reorganisation führte nun zum Entstehen eines dritten HQ, dem „GHQ Landstreitkräfte" unter General Doumenc in einer Rothschild-Villa in Montry an der Marne, auf halbem Weg zwischen Vincennes und Georges' HQ der Nordostfront in La-Ferté-sous-Douarre, 65 km östlich von Paris.

Das neue Hauptquartier, mit der Aufgabe, Befehle vorzubereiten und auszuarbeiten, wurde hauptsächlich durch Teilung von General Georges'

Stab geschaffen; das Zerschlagen von Abteilungen, die monatelang ziemlich gut zusammengearbeitet hatten, hatte besonders beklagenswerte Folgen. Das *Deuxième Bureau* (Nachrichten) wurde zweigeteilt; sein Chef, Oberst (später General) Gauché, befand sich unter Gamelins Fittichen in Vincennes; Offiziere mußten jeden Tag von La Ferté dorthin fahren, um seine Unterschrift zu erhalten. Auch das *Troisième Bureau* (Operationen) war geteilt; besonders unglücklich war seine Trennung vom *Quatrième Bureau* (Transport und Nachschub), das ganz nach Montry verlegt worden war — eine unnatürliche Trennung, die rasch widerrufen werden mußte, als die Deutschen am 10. Mai angriffen. Und auch General Doumenc „mußte sich halbieren", am Vormittag arbeitete er in Montry und am Nachmittag in La Ferté. Offiziere, die von der Front herkamen, etwa General Prioux, waren von dem, was sie sahen, nicht beeindruckt. Die verschiedenen Stäbe vermehrten sich wie Amöben und schufen selbst wieder Büros, die sich mit Ackerbau, körperlicher Ertüchtigung und Sport befaßten. Die schlechten Kommunikationsmöglichkeiten ließen die Gewohnheit einreißen, Gamelin in seinem Elfenbeinturm völlig „kurzzuschließen".

General Georges

Die Feindschaft zwischen Gamelin und Georges war nicht das geringste von Gamelins Motiven, in Montry ein drittes, ein Puffer-Hauptquartier zu schaffen; Gamelin schien Georges' Position bewußt dadurch schwächen zu wollen, daß er ihm die wertvolleren Mitglieder seines Stabes wegnahm. Als in Regierungskreisen Gamelins Stern im Sinken begriffen war und Georges sich als logischer Nachfolger anbot, verschlimmerten sich die Beziehungen der beiden so sehr, daß sie nicht einmal mehr Höflichkeiten austauschten. General Georges selbst kam aus bescheidenen Verhältnissen — er soll Sohn eines Gendarmen gewesen sein — und verdankte seine Laufbahn allein seinen beruflichen Verdiensten und keineswegs Intrigen oder politischer Protektion. Im Weltkrieg hatte er im Stab in Saloniki gedient und war von Foch ausgewählt worden. In dessen Gefolge war er als Oberst bei der Siegesparade von 1919 hinter dem Marschall geritten. Nach dem Krieg hatte er ein Regiment im Rheinland befehligt, dann war er Pétains Stabschef in Marokko geworden. Am 9. Oktober 1934 traf ihn das Schicksal: als er König Alexander von Jugoslawien in Marseilles begleitete, wurde er von demselben Täter, der den König und Barthou ermordete, in die Brust geschossen. Noch 1940 litt er sichtlich an den Folgen der Verletzung. Spears stellte fest, „daß er an einer Hand immer einen Wollhandschuh trug und nicht mehr fliegen durfte", statt dessen fuhr er „einen schönen, riesigen Cadillac, auf den er mit Recht stolz war". Weil Georges angeblich zweifelhafte Beziehungen zu dem extremen rechten Flügel besaß, betrachtete Daladier ihn mit Mißtrauen und hätte ihn — behauptete Gamelin — nie als Oberbefehlshaber geduldet.[4] 1939 war Georges' Pessimismus hinsichtlich des Kriegsausganges weithin in der Armee bekannt, viele britische Offiziere hielten ihn aber für Frankreichs besten Soldaten. Spears, der es wissen mußte, sagte, „er habe mehr Einfluß auf Churchill gehabt als jeder andere Franzose". Auch viele französische Offiziere waren der Meinung, Georges — und nicht Gamelin — hätte Weygand 1935 als Oberbefehlshaber folgen sollen.

Vor dem Krieg war La Ferté mit seinen schloßartigen Häusern ein beliebter Sommeraufenthalt für reiche Pariser gewesen. Hier hatte General Georges sein HQ Nordostfront in Les Bondons eingerichtet, einem „geräumigen Landhaus in anglonormannischem Stil, inmitten eines Parks auf einem bewaldeten Hügel, der die Marne überschaute", aber „in Zeiten einer Krise sowenig wie möglich als Kommandostelle geeignet". Georges' Stabsoffiziere speisten in beschaulicher Ruhe im Hotel de l'Epée, das einen berühmten Küchenchef hatte. Vielleicht weil Georges' Verletzung sein Befinden beeinträchtigte, glich die Atmosphäre in Les Bondons der in Vincennes; auch hier war ein Befehl „eine ausgezeichnete Diskussionsbasis".

Wenn man General Spears' vortreffliche Berichte über das französische Oberkommando von 1940 liest, hat man das Gefühl, eine Welt sei alt und müde geworden. Man stieß auf die gleichen alten Gesichter, denen man schon eine Generation früher begegnet war. Brigadekommandeure waren jetzt Armee- oder Oberbefehlshaber, Bataillonskommandeure führten jetzt Divisionen oder Korps, die Hauptleute von 1918 befehligten Brigaden oder Divisionen. Aber sie waren alt geworden. Wie ein Symbol tauchte hier in seinem Rollstuhl Marschall Franchet d'Esperey auf, der mannhafte Held von 1918, der, beinahe achtzigjährig, zu Spears und Harold Nicolson sagte: „Meine Herren, Sie sehen ein Gespenst, das die Schauplätze seiner Vergangenheit wieder besucht." Gamelin, Joffres Erbe, war achtundsechzig, Weygand, der Schatten Fochs, dreiundsiebzig. Wo und wer aber waren die jungen Männer mit den neuen Ideen?

Gamelins Strategie

In der Entente von 1939 ruhte die Seekriegführung auf Englands Schultern, die Planung der Landoperationen wegen des starken französischen Übergewichts auf denen des französischen Generalissimus — eine, wie es schien, faire Arbeitsteilung. Gamelins Strategie auf lange Sicht war es, abzuwarten, bis England und Frankreich den Vorsprung der Wehrmacht an Menschen und Material aufgeholt haben würden, ehe man eine ernstliche

Offensive starten konnte. Das würde frühestens 1941 der Fall sein, und bis dahin hatte man, wer weiß, vielleicht wieder das neutrale Amerika zum Kriegseintritt überredet. Die zwei Hauptüberlegungen, die Frankreichs Strategie zugrunde lagen, blieben die gleichen wie seit 1919: Frankreichs Menschenpotential zu schonen, ein Gemetzel wie 1914 bis 1918 zu vermeiden und den Krieg von dem heiligen Boden Frankreichs fernzuhalten. Wenn nun aber Hitler zuerst angriff, während Frankreich sein Potential erst aufbaute? Das erschien als sehr wahrscheinlich, und in diesem Fall konnte er entweder über die gemeinsame Grenze auf dem kürzesten Weg nach Paris vorstoßen oder wie 1914 durch das neutrale Belgien angreifen. Die imposante Schranke der Maginotlinie lag der ersten und Belgiens Neutralität der zweiten Route im Weg. Da Hitlers Rücksichtslosigkeit als gegeben feststand, bestand wenig Zweifel, welchen Weg er wählen würde; schon vom Oktober 1939 an berichtete das *Deuxième Bureau,* daß sich Hitlers Blicke auf die flandrischen Ebenen richteten.

Da die Weiterführung der Maginotlinie von Longwy zum Meer noch keineswegs Wirklichkeit geworden war, hatte Pétains Rezept, nach Belgien zu gehen und dort einer deutschen Invasion zu begegnen, immer noch Sinn.[5] Jetzt aber nahm König Leopolds starre Neutralität den Franzosen jede Aussicht, im Kriegsfall auf belgische Einladung gemächlich in die belgischen Befestigungen an der deutschen Grenze zu marschieren. Die zwei Generalstäbe hatten einander nicht konsultiert. Die Belgier gründeten ihre Pläne auf die Hoffnung, das moderne Verteidigungssystem Albert-Kanal, dessen Angelpunkt die mächtige Festung Eben Emael war, zumindest lange genug halten zu können, bis die Alliierten ihnen zu Hilfe kamen. Sie weigerten sich aber hartnäckig, die Alliierten mit Plänen über das Verteidigungssystem zu versorgen; das Ersuchen französischer Offiziere, die Forts in Zivil besuchen zu dürfen, wurde unweigerlich abgelehnt. Die gleiche strikte Neutralität galt auch für Holland. Gamelin und die französischen Militärs wären natürlich gern nach Belgien gegangen, ohne das Handeln der Deutschen abzuwarten. Die Politiker waren aber mit Recht in hellster Besorgnis, welche Wirkung eine französische Verletzung der belgischen Neutralität auf die Weltmeinung — vor allem die Amerikas — haben würde. Man durfte auch die eventuelle Zusammenarbeit mit der belgischen Armee nicht gefährden, deren 700.000 Mann oder 22 Divisionen (zu denen bei einer Einbeziehung Hollands noch zehn weitere kamen) nach Gamelins Ansicht für Frankreich unentbehrlich waren.

Am 24. Oktober gab Gamelin den Armeen der Nordostfront Befehl, sich zum Vorrücken in eine Defensivstellung an der Schelde, die sich von Antwerpen nach Gent erstreckte, vorzubereiten. Was die Anmarschentfernung anlangte, war der „Schelde-Plan" der klügste, der den Alliierten für die Operationen in den Niederlanden offenstand. Die Linie war aber unangenehm lang, sie deckte zudem nur einen so kleinen Teil des belgischen Territoriums, daß Brüssel aufgegeben und die Hauptmasse der belgischen Armee ganz einfach ihrem Schicksal hätte überlassen werden müssen. General Georges meldete jedoch sofort die schlimmsten Befürchtungen an wegen eines tieferen Vordringens nach Belgien: Die Armee war noch keineswegs bereit, zu riskieren, daß sie von einer deutschen Offensive in unvorbereiteten Stellungen und weit von ihrer Basis überrascht würde. Trotz der Zweifel von Georges erteilte Gamelin am 15. November seine verbesserte Weisung Nr. 8, nach der die alliierten Streitkräfte zur Dyle-Linie vorrücken sollten, die sich von Antwerpen genau nach Süden bis oberhalb von Dinant an der Maas erstreckte. Die Dyle war wenig mehr als ein breiter Bach, die französische Armee mußte dadurch „noch weiter hinaus auf den belgischen Ast". Wieder äußerte General Georges seine Vorbehalte. Auf der Habenseite des Dyle-Plans stand, daß die zu haltende Linie kürzer war, Brüssel schützte, eine bessere Chance gab, die Verbindung mit den Verteidigern der Albert-Kanal-Stellung herzustellen und zudem nicht mehr als zehn französische Divisionen erforderte. Gamelin selbst war jedoch nicht ganz zufrieden, weil der Plan keine Möglichkeit bot, den Holländern im Fall eines Angriffs zu Hilfe zu kommen.

Ende November ersuchte Gamelin General Billotte, den Befehlshaber der Armeegruppe Nr. 1, eine Ausweitung des Dyle-Plans von Antwerpen nach Norden in die Richtung von Breda zu studieren, das doppelt so weit von der französischen wie von der deutschen Grenze entfernt war. Als Georges von dieser neuen Ausweitung von Gamelins Belgienstrategie hörte, protestierte er heftig. An den Rand von Billottes Bericht schrieb er: „Das ist der Befehl zu einem Abenteuer... stecken wir unsere Effekten nicht in diese Sache." Am 5. Dezember schickte er ihn zusammen mit einem Memorandum an Gamelin, das die folgende sachverständige und prophetische Warnung enthielt:

„Das Problem wird von der Frage der verfügbaren Kräfte beherrscht... Unser Offensivmanöver in Belgien und Holland sollte mit der Bedachtnahme darauf geführt werden, nicht den größeren Teil unserer Reserven angesichts eines deutschen Angriffs, der nur eine Ablenkung sein könnte, in diesem Teil des Kriegsschauplatzes zu binden. *Im Fall eines starken Angriffs, der im Zentrum erfolgt, an unserer Front zwischen Maas und Mosel, könnten wir (dann) der nötigen Mittel für einen Gegenangriff beraubt werden.*"

Georges' Argumente scheinen Gamelin einen Augenblick lang unsicher gemacht zu haben. Neben wichtigen militärischen Überlegungen trieben Gamelin aber auch die persönliche Ehre und der Stolz weiter. Demütigend genug war es gewesen, daß er, Frankreichs erster Soldat, hatte beiseite stehen müssen, als Deutschland zuerst die Tschechoslowakei und dann Polen zermalmte. Seine Feinde verspotteten ihn immer noch wegen der Lethargie der französischen Armee während der Eroberung Polens, er war fest entschlossen, ihnen keinen Grund zu der Behauptung zu geben, er habe auch Belgien und Holland ihrem Schicksal überlassen. Und dann ereignete sich am 10. Januar einer jener merkwürdigen Zwischenfälle, die so oft das Schicksal der Menschheit verändern.

Der Mechelen-Zwischenfall

Am 9. Januar wurde Hellmuth Reinberger, ein deutscher Major der Fallschirmjäger bei einem Luftlandeplanungsstab, für den nächsten Morgen zu einer geheimen Besprechung ins HQ der 2. Luftflotte nach Köln befohlen. Reinberger befand sich zu diesem Zeitpunkt in Münster. Am Abend war er bei der örtlichen Fliegereinheit eingeladen. Nach einigen Drinks machte ihm der Kommandeur, ein Major d. R. namens Hönmanns, den Vorschlag, er werde ihm die langweilige Bahnfahrt ersparen, indem er ihn nach Köln fliege. Hönmanns, ein Weltkriegsflieger, besaß einen Zivilflugschein und brauchte noch einige Flugstunden; er hätte dabei auch gern seine Frau besucht und etwas Wäsche mitgenommen. Reinberger nahm unter der Bedingung an, daß die Wetterverhältnisse günstig wären.

Der nächste Tag dämmerte wolkenlos herauf, die Sicht über dem Ruhrgebiet betrug 4 km. Die zwei Majore starteten in einer winzigen Me 108. Reinberger hielt auf den Knien eine imposante gelbe Schweinsledertasche, vollgestopft mit geheimen Dokumenten über die Luftoperationen bei einer deutschen Invasion in Holland und Belgien. Plötzlich wurde das Wetter diesig. Hönmanns erkannte, daß er wahrscheinlich von seinem Kurs zu weit nach Westen abgewichen war, er änderte den Kurs nach Osten. Unerklärlicherweise fiel in dem Augenblick der Motor aus. Hönmanns verfehlte knapp eine Hochspannungsleitung, beide Flügelspitzen wurden durch eine Pappelreihe abgerissen, trotzdem landete er geschickt in einem verschneiten Dickicht. Ein Blick auf die Karte zeigte, daß sie auf belgischem Gebiet, bei Mechelen, wenige Kilometer nördlich von Maastricht, gelandet waren. Entsetzt sprang Reinberger hinter eine Hecke und versuchte, die Dokumente zu verbrennen, aber sein Feuerzeug versagte. Ein gefälliger belgischer Bauer gab ihm Streichhölzer, Reinberger machte ein kleines Feuer, in das er die Dokumente (die bekanntlich immer schlecht brennen) Blatt um Blatt warf. Bald kam ein belgischer Hauptmann mit seinen Soldaten und verhaftete Hönmanns, der behauptete, allein geflogen zu sein. Die Rauchsäule hinter dem Dickicht verriet Reinberger jedoch, und die beiden Majore wurden zu der nächsten Gendarmeriestation gebracht. Dort konnte Reinberger, offenbar infolge einer außerordentlichen Nachlässigkeit seiner Bewacher, die

Dokumente in einen Ofen stecken, aber der belgische Hauptmann rettete, was nicht verbrannt war. Bei Einbruch der Nacht waren die Papiere in der Hand des belgischen GHQ; obwohl sie stark angesengt waren, entzifferte man genug, um herauslesen zu können, daß die Deutschen, in Wiederholung des Schlieffen-Plans von 1914, über Belgien (und Holland) in Nordfrankreich einfallen wollten.

Der Dyle-Breda-Plan

Belgien gab die Informationen sofort an die Franzosen und Holländer weiter. Die französische Armee wurde alarmiert, bei schrecklichem Wetter rückte Billotte an die belgische Grenze vor. Das belgische Oberkommando ließ zeitweilig die Grenzschranken öffnen, und es sah so aus, als ob man die Alliierten nach Belgien „einladen" würde. König Leopold widerrief aber schnell den Befehl und entließ seinen Stabschef. Verzweifelt und niedergeschlagen zog sich die französische Armee wieder zurück.

Nach dem 15. Januar verklang dieser bedrohlichste aller falschen Alarme so wie seine Vorgänger. Durch den Einblick in die deutschen Operationspläne sah sich Gamelin in seinem Entschluß bestärkt.[6] Am 20. März erließ er eine neue Direktive, die den früheren Dyle-Plan durch die Breda-Variante ergänzte. Sie wurde von den alliierten Regierungen gebilligt und sollte dann auch der Hauptplan sein, mit dem die Alliierten den Deutschen gegenübertraten, als der Angriff am 10. Mai erfolgte. Statt der ursprünglich vorgesehenen zehn Divisionen plus den fünf der BEF würden nun dreißig beteiligt sein, darunter die Elite der britisch-französischen Armeen: zwei der drei neuen französischen Panzerdivisionen, fünf der sieben motorisierten und alle drei leichten mechanisierten Divisionen (LMD). Ganz links, mit der Flanke an der See, stand General Girauds 7. Armee mit sieben erstklassigen Divisionen (einschließlich einer LMD). Sie sollte Belgien blitzschnell durchqueren und sich mit der holländischen Armee vereinigen. Bisher hatte die 7. Armee einen wesentlichen Bestandteil von General Georges' beweglichen Reserven gebildet; Gamelins Entscheidung, sie der Breda-Variante zuzuweisen, sollte die weitreichendsten Folgen haben. Dann folgten Lord Gorts BEF,[7] die zwischen Louvain und Wavre zur Dyle vorrücken sollten, südlich davon stand General Blanchards erstklassige 1. Armee, die die Gembloux-Lücke bis zur Festung Namur an der Maas halten sollte; General Coraps 9. Armee sollte vorrücken und die Maas besetzen, wo sie südlich von Namur durch die Ardennen verläuft. Der Drehpunkt des ganzen Manövers sollte knapp nördlich von Sedan liegen, wo die Maas Frankreich verläßt und wo die Grenze zwischen der 9. und der 2. Armee lag. Rechts von Corap sollte General Huntzigers 2. Armee von Sedan bis zur Verankerung der Maginotlinie in Longwy unbeweglich bleiben — ebenso der Rest der französischen Streitkräfte hinter dem „trou". Der endgültige Plan bedeutete kurz gesagt, daß die Hauptschlagkraft der französisch-britischen Armee gegen das gerichtet sein sollte, was sich in Belgien und Holland nördlich der Linie Lüttich-Namur entwickeln mochte.

Bis zum Augenblick des deutschen Angriffs hegten hohe französische Kreise wegen des Dyle-Breda-Plans böse Ahnungen. Nach dem Januaralarm hatte man den belgischen Generalstab überredet, Stellungen längs der Dyle vorzubereiten, für den Fall, daß die Alliierten aufgefordert würden, diese Linie zu besetzen; General Prioux, der Befehlshaber des Kavalleriekorps, das mit einigen der besten Panzer- und mechanisierten Einheiten die stählerne Spitze von Blanchards 1. Armee bildete, hatte aber starke Zweifel hinsichtlich der Art der nicht bekannten Stellungen, die die Belgier in der Gembloux-Lücke errichten sollten. General Giraud, dessen 7. Armee die gewagteste Aufgabe zu lösen hatte, beklagte sich am 28. März in einem Brief an Billotte über die Schwierigkeiten seiner Mission. Billotte, dessen Armeegruppe für das Gelingen des gesamten Manövers verantwortlich war, hatte bisher Gamelins Pläne eifrig unterstützt, jetzt aber schloß er sich Girauds Vorbehalten an. General Vuillemin, dauernd wegen der deutschen Luftüberlegenheit deprimiert, hatte Georges' Pessimismus voll geteilt. Georges selbst ließ sich nicht überzeugen. Vielleicht wegen der schlechten Nachrichtenverbindungen, vielleicht auch weil durch seinen schlechten Gesundheitszustand seine Willenskraft geschwächt war. Er konnte Gamelin nicht beeinflussen.[8] Auch in England gab es Gegenstimmen; da aber nur eine Handvoll Divisionen im Feld stand — im Mai 1940 hatte Lord Gort nur neun unter seinem Befehl —, glaubte man, man schwieg besser und überließ die Planung den Führern von Frankreichs unbesiegbarer Armee.[9]

Allein Gamelin, vergraben in seinem Elfenbeinturm, blieb zuversichtlich. Am 15. April sandte er einen letzten Brief ab, der Georges' Zweifel vertreiben sollte; er wiederholte, daß „es unmöglich schien, Holland Deutschland planmäßig zu überlassen". Entgegen allen Lektionen des Polenfeldzugs verblieb er in dem naiven Glauben, die Holländer und Belgier könnten ihre Länder verteidigen. Weit entfernt davon, einen deutschen Angriff durch die Niederlande zu fürchten, erweckte er gelegentlich den Eindruck, daß er das sogar wünsche, „weil sich der Feind", wie er einmal die Regierung informierte, „dann im offenen Gelände anbieten" würde.

Es ist jedoch nur schwer zu sehen, mit welchen Kräften Gamelin den deutschen Angriffskeil angreifen wollte, der sich ihm „darbot". Indem er die Breda-Variante in den Dylen-Plan einführte und dafür Girauds 7. Armee frei machte, blieb Gamelin den Prinzipien der „durchlaufenden Front" treu. Hinter dieser Front behielt er aber nur äußerst knappe Reserven. Das war gut, wenn die Front, wie von 1914 bis 1918, fortlaufend *blieb*. Bei Gamelins endgültiger Aufstellung, die die Wucht des deutschen Maiangriffs zu tragen hatte, waren etwa dreißig Divisionen der Breda-Dyle-Operation zugewiesen, zehn Garnisonsdivisionen standen dauernd in der Maginotlinie, die von weiteren dreißig als „Intervalltruppen" unterstützt wurden. Damit blieben nur zweiundzwanzig Divisionen Reserve. Von diesen zweiundzwanzig waren sieben (einschließlich zwei der drei neuen Panzerdivisionen) für Belgien bestimmt, weitere fünf Divisionen sollten einen etwaigen deutschen Stoß durch die Schweiz auffangen. General Georges blieben also als strategische Reserve nur zehn bis dreizehn Divisionen, also praktisch nichts. Daß dreißig gute Divisionen als „Intervalltruppen" zusätzlich die Maginotlinie bewachen sollten, deutet auf einen ernsten Fehler in Frankreichs strategischem Plan hin; wie sich zeigen sollte, war die kritische Phase der Schlacht bereits vorbei, ehe noch eine der vergeudeten dreißig Divisionen hineingeworfen werden konnte.[10] General Georges' Nordostfront wies also eine mächtige rechte Flanke an der Maginotlinie und eine starke linke Flanke vor Nordbelgien auf. Das Zentrum aber, längs einer etwa 150 km langen Front hinter den „undurchdringlichen" Ardennen, wurde nur von vier leichten Kavalleriedivisionen (zum Teil noch mit Pferden ausgestattet) und zehn mittelmäßigen Infanteriedivisionen der 9. und 2. Armee gehalten — über die noch mehr zu sagen sein wird. Und hinter ihnen stand — nichts.

Welche Verlockung bot diese im Zentrum so schwache französische Linie einem kühnen und genialen Gegner!

Am Beispiel Polens nichts gelernt

Nichts an der Haltung des französischen Oberkommandos ist unbegreiflicher als die Tatsache, daß es keine Lehre aus dem polnischen Feldzug gezogen hatte. Was den unglücklichen Polen zugestoßen war, ließ die Franzosen ihre Grunddoktrin vom Kriege nicht ändern, die Ausbildung der Kampftruppen revidieren oder mögliche deutsche Offensivpläne im Licht der Strategie zu studieren, die in Polen so erfolgreich gewesen war. Dabei war das französische Oberkommando sehr genau unterrichtet. Als Luftwaffengeneral Armengaud im Herbst 1939 von einer Mission nach Polen zurückkehrte, erstattete er Gamelin einen ausführlichen mündlichen Bericht, dem er ein schriftliches Memorandum folgen ließ. In dem Memorandum warnte er davor, daß die Wehrmacht in Polen ihre Fähigkeit demonstriert habe, „eine unzureichend besetzte Verteidigungsstellung zu durchbrechen".

„Es wäre irrsinnig", fuhr er fort, „daraus keine Folgerung zu ziehen und diese Warnung unbeachtet zu lassen. Das deutsche System besteht im wesentlichen darin, mit Panzern und Luftwaffe eine Bresche zu schlagen, dann motorisierte und mechanisierte Kolonnen in die Bresche zu werfen und nach rechts und links zuzuschlagen, um diese zu erweitern, während gleichzeitig Panzerabteilungen, von der Luftwaffe begleitet und geschützt und verstärkt von den unterstützenden Divisionen, weiter vorrücken, so daß die Manövrierfähigkeit der hinteren Verteidigung zur Ohnmacht verurteilt ist."

Armengaud glaubte weiter, daß die Luftwaffe den entscheidenden Anteil daran gehabt habe, weil sie die Manövrierfähigkeit des Verteidigers behindert und seine Befehlswege dadurch durchbrochen habe, „daß das Oberkommando völlig die Übersicht verlor und seine Befehle nicht mehr durchbrachte". Gamelin gegenüber äußerte Armengaud die Ansicht, die Deutschen würden im Zentrum durchbrechen und sich dann mit Massen von Material und Flugzeugen nach hinten entfalten. Er schätzte, daß ihnen der Durchbruch sehr schnell, möglicherweise binnen achtundvierzig Stunden, gelingen könnte.

Zum Dank für seine Mühe wurde Armengaud auf einen Verwaltungsposten versetzt, wo er, wie er sagte, den Optimismus höchster Stellen nicht genug dämpfen konnte, als die Erinnerungen an Polen einmal verblaßt waren. Dabei wurde Armengauds Meinung doch offensichtlich durch die Berichte des *Deuxième Bureau* bestätigt. Oberst Gauché informierte Gamelin, „wie die deutsche Bombardierung aus der Luft zur fast völligen Lähmung des polnischen Oberkommandos geführt habe, das dadurch unfähig war, die Mobilisierung zu vollenden, Konzentrationen zu bewerkstelligen, Verstärkungen oder Nachschub nach vorne zu bringen oder ein koordiniertes Manöver durchzuführen". Das *Deuxième Bureau* wies auch auf die höchst wichtige Tatsache hin, daß die Deutschen *nicht* versucht hatten, Warschau zu nehmen, sondern daß ihr erstes Ziel die völlige Vernichtung der polnischen Armee gewesen sei. Dieses strategische Vorgehen wäre im Mai 1940 sicherlich wert gewesen, einkalkuliert zu werden. In einem weiteren spezifischen Punkt hatte das *Deuxième Bureau* das Oberkommando gewarnt: nämlich hinsichtlich der Wirkung der deutschen Panzerkanonen gegen die polnischen Bunker. Diese hatten das Feuer der 15-cm-Geschütze gut überstanden, ihre MG waren aber oft durch Schüsse vernichtet worden, die die Panzer in die Schießscharten jagten. Jedes befestigte Werk sollte daher mit Pak ausgerüstet werden. Es wird noch zu zeigen sein, wie diese Warnung beachtet wurde.

Die Haltung des französischen Oberkommandos war etwa folgende: „Wir sind keine Polen, das kann hier nicht passieren." General Keller, Generalinspekteur der Panzertruppe, schrieb als Antwort auf ein Memorandum de Gaulles:

„. . . Selbst wenn die gegenwärtige befestigte Linie durchbrochen oder flankiert werden sollte, hat es nicht den Anschein, daß unsere Gegner auf ein Zusammentreffen so günstiger Umstände stoßen werden wie bei dem Blitzkrieg in Polen. Man kann daher sicher sein, daß bei zukünftigen Operationen die Aufgabe der Panzer die gleiche bleiben wird wie in der Vergangenheit: nämlich die Unterstützung der Infanterie zur Erreichung ihrer Ziele."

So starrsinnig verharrten die militärischen Doktrinäre in Frankreich bei ihren Meinungen. General Huntziger, der Befehlshaber der unglücklichen 2. Armee, ließ sogar Einzelheiten über die technische Ausrüstung der Wehrmacht in Polen bei seinen Einheiten zirkulieren, man scheint aber daraus für die Ausbildung nur wenige praktische Konsequenzen gezogen zu haben.

Finnland und andere Ablenkungen

Genauso außergewöhnlich wie die Ignorierung der Lehren aus dem Polenfeldzug war die erstaunliche Weltfremdheit, die die Alliierten während des „komischen Krieges" bei der Erstellung von Plänen und Projekten an den Tag legten. Im französischen wie im britischen Kriegsrat dachte man laufend neue verrückte Pläne für Ablenkungsoperationen aus. In Frankreich war die Entstehung solcher Pläne aus der ewigen Sorge verständlich, den Krieg von Frankreichs Boden fernzuhalten, sie waren aber alle auf eine militärische Stärke gegründet, die die Alliierten Anfang 1940 einfach nicht besaßen; zudem — und das war noch schlimmer — waren mehrere dieser Pläne geeignet, Rußland aktiv an Hitlers Seite in den Krieg zu ziehen, eine Torheit, die schwerlich zu überbieten gewesen wäre.

Als Rußlands Forderungen auf Konzessionen zur Sicherung des Landwegs nach Leningrad abgelehnt wurden, griff es am 30. November Finnland an. Die tapferen Finnen schlugen zurück und ließen die Phantasie des Westens die tollsten Bockspünge vollführen, indem sie der mächtigen Roten Armee Niederlage auf Niederlage zufügten. In England verdammte man in zornigstem Unwillen „die verbrecherische Verschwörung von Stalin und Hitler", während — nach „Daily Sketch" — im Büro des Königs im Buckingham Palace sehr bald eine große Karte Finnlands die der Westfront ersetzte. In Frankreich erreichten die Gefühle den Siedepunkt; in der Madeleine betete man für Marschall Mannerheim; Damen strickten Westen für finnische Soldaten, in der Oper und im Carlton in Cannes fanden Festvorstellungen zugunsten der Finnen statt. Hier war ein echter, ein männlicher Krieg, an dem man sich begeistern konnte. „Die befestigte Karelienfront erweckte", so schrieb Fabre-Luce, „zu gleicher Zeit Assoziationen mit der Maginotlinie und mit dem Wintersport."

Ideologisch gesehen waren Frankreichs Gefühle aus verschiedenen Ingredienzien zusammengesetzt. Rußlands Angriff galt als ein weiterer abstoßender Aggressionsakt einer totalitären Macht. War nicht Frankreich im September im Geist des Völkerbundes dagegen aufgetreten? In der Bourgeoisie und beim rechten Flügel waren die Feindschaften aus der Volksfrontzeit geblieben, die durch den Ribbentrop-Molotow-Pakt noch verstärkt worden waren. Der finnische Winterkrieg als heiliger Kreuzzug gegen den Bolschewismus war weit attraktiver als der „drôle de guerre" gegen Hitler.

Die Nationalversammlung trat für die Intervention ein. Senator Bardoux, ein unabhängiger Radikaler, schrieb am 23. Dezember in sein Tagebuch:

„Die russische Katastrophe in Finnland ist ein entscheidendes Ereignis. Statt Deutschland und Rußland voneinander trennen zu wollen, müssen wir sie in Zukunft noch fester zusammenschweißen, denn ein schwacher Verbündeter ist ein Klotz am Bein und öffnet eine Bresche in der gemeinsamen Front. Wir müssen entschlossen handeln. Wenn wir Finnland zu Hilfe kommen, werden wir — zusammen mit den Neutralen und Italien (wie er hoffnungsvoll hinzusetzte!) — den entscheidenden Block schaffen. Es ist möglich, Hitler die Krim anzubieten und die Ukrainer, Transkaukasier und Perser für unsere Zwecke zu gewinnen. Wir können alles aufrollen, bis zum Kaukasus . . ."

Als die Finnen die offensichtlich klapprige russische Kriegsmaschine weiterhin besiegten, beschäftigten sich die Kriegsplaner mit ernstlichen Interventionsgedanken. Ein Expeditionskorps, das im norwegischen Hafen Narvik landete, konnte den Finnen durch einen Marsch über Nordschweden die Hand reichen und gleichzeitig Hitler einen tödlichen Schlag versetzen, indem man ihn des schwedischen Erzes beraubte. Hier konnte man Hitlers Blicke von Frankreich ablenken!

Am 15. Januar schrieb Gamelin an Daladier und schlug ihm die Schaffung einer skandinavischen Front vor. Den Winter über wurde zwischen Paris und London diskutiert, während sich die Hänge von Chamonix mit britischen Offizieren und Mannschaften füllten, die Ski fahren lernten. Zuerst begrüßte der ausgesprochen antikommunistische Chamberlain die Möglichkeit, „zwei Vögel mit einem Steinwurf zu töten"; als man sich aber des Ernstes des Unternehmens voll bewußt wurde, versuchte die britische Regierung, ihre stürmischen Alliierten vorsichtig zu zügeln.[11] Inzwischen lehnten — zum Glück für alle Beteiligten — die norwegische und die schwedische Regierung eine Expedition durch ihr Gebiet entschieden ab. Im März war der parlamentarische Druck aber so stark geworden, daß Daladier, ohne England zu konsultieren, die Finnen informierte, Frankreich sei bereit, den norwegischen und schwedischen Einwand hinwegzufegen. Am 11. sagte er zu Halifax, er werde zurücktreten, wenn England nicht mitmache. Ironside schrieb, die Franzosen „seien absolut skrupellos"; am folgenden Tag bemerkte er, daß das Kabinett Chamberlain „wie eine erschreckte Schafherde" der Narvikexpedition widerstrebend zugestimmt habe. Am 13. März unterzeichnete Finnland dann den Frieden mit Rußland. Tage, wenn nicht Stunden, hatten England und Frankreich vor einem Krieg mit Rußland gerettet.

Wie ein Unterhausmitglied bemerkte, „wäre es das tollste militärische Abenteuer gewesen, in das sich dieses Land je eingelassen hat". In Frankreich herrschte jedoch bittere Enttäuschung. Die „moralische Niederlage" genügte, um den Sturz der Regierung Daladier herbeizuführen.

Am anderen Ende des europäischen Kriegstheaters hatte der muntere General Maxime Weygand, der die französische Orientarmee befehligte, mit Plänen gespielt, die kaum realistischer waren als das skandinavische Abenteuer. Auf irgendeine Weise würde man die Türkei und Griechenland in den Krieg ziehen, die Salonikifront des Weltkriegs sollte reaktiviert werden; dann würden hundert Balkandivisionen loyal mit den Alliierten gegen Hitlers „weichen Unterleib" marschieren. Hier war eine weitere hoffnungsträchtige (von Gamelin unterstützte) Aussicht, das französische Menschenpotential zu schonen und den Krieg von Frankreichs Boden fernzuhalten. Aber weder Griechenland noch die Türkei oder eine andere Balkanmacht ließen sich durch das Werben der Alliierten sonderlich bewegen. General Weygand erhielt während des „komischen Krieges" nur zwei Divisionen Verstärkung, während er selbst, am 15. Mai 1940 zum Oberkommandierenden der französischen Streitkräfte in der Heimat ernannt, als einziges Mitglied seiner Armee am Feldzug von 1940 teilnahm.[12]

Zur Invasion Finnlands drängte Weygand — Katholik und politisch weit rechts stehend — Gamelin brieflich: „Ich halte es für wesentlich, der Sowjetunion in Finnland ... und anderswo das Rückgrat zu brechen." Von dort rührten die Ideen, mit Bombern (die von Weygands syrischer Basis aus starten sollten) die kaukasischen Ölfelder anzugreifen, die sowohl die Wehrmacht wie die Russen in Finnland belieferten. Gamelin behauptete, er habe sein Bestes getan, um von solchen Plänen abzulenken, obwohl Weygand erklärte, er habe am 13. März ein Memorandum von Gamelin erhalten, „das einen Angriff auf die Ölquellen des Kaukasus empfahl". Noch am 17. April korrespondierte Weygand mit Gamelin wegen dieser Operation, deren Pläne glücklicherweise nie fertig wurden. Wie man bei dem absurd kleinen Bombenpotential, das Frankreich und England damals zur Verfügung hatten, meinen konnte, ein Bombenangriff auf die Ölfelder von Baku könnte mehr bedeuten als ein Nadelstich, ist schwer zu begreifen.

Während so die fruchtbaren Gehirne in den verschiedenen alliierten Kriegsräten das „Landkartenspiel" in völliger Unbekümmertheit um die Realitäten jenseits des Rhein betrieben, fragten sich die Soldaten an der Front, welche Gestalt Hitlers Pläne für den Frühling annehmen mochten.

7. KAPITEL

Die Sichel und der Schnitter

„Ruhig, Freund Sancho!" erwiderte Don Quixote. „Mehr als alles andere sind die Affairen des Krieges einem ständigen Wandel unterworfen."

Cervantes: „Don Quixote"

„Seine Majestät, der Zufall . . ."

Friedrich der Große

Schon lange vor dem Krieg hatte Hitler, der Gefreite, der das Elend von vier Jahren Stellungskrieg an der Westfront mitgemacht hatte, den Traum gehegt, „Frankreich" — wie er in „Mein Kampf" schrieb — „in einer einzigen Entscheidungsschlacht" zu zerschlagen. Rauschning gegenüber erklärte er, „er würde . . . mit einem nie dagewesenen Einsatz aller ihm zu Gebote stehenden Mittel den Sieg mit einem gewaltigen K.-o.-Schlag an seinen Mast nageln".

In mystische Ungenauigkeit gehüllt, ließen Hitlers unzusammenhängende Äußerungen darüber, wie das bewerkstelligt werden sollte, seine militärischen Ratgeber wiederholt in Deckung gehen. Die Überwindung ihrer Einwände und die Entwicklung eines der blendendsten Kriegspläne aller Zeiten ist an sich ein außerordentliches Kapitel, bei dem der Zufall eine große Rolle spielte.

1914 hatte Deutschland bei Kriegsausbruch seinen Schlieffen-Plan, nach welchem man sofort gegen Frankreich losschlug, während Rußland noch mobilisierte.

Als Daladier und Chamberlain 1939 unerwarteterweise ihre Garantie für Polen einhielten, hatte Hitler seinen Generalstab nicht instruiert, an eine vergleichbare Strategie zu denken. Seine Generale hatten sich noch keineswegs von dem Schock erholt, wieder gegen Frankreich und England Krieg führen zu müssen, als Hitler am 12. September Oberst Schmundt, seinem militärischen Chefadjutanten, sagte, er wolle sofort nach dem Polenfeldzug im Westen angreifen. Am 27. kapitulierte Polen. Am selben Tag, um 17 Uhr, hielt Hitler im Kartenraum der Neuen Reichskanzlei eine Besprechung mit den drei Wehrmachtsbefehlshabern ab.[1]

Ohne Einleitung und ohne seine Militärexperten um Rat zu fragen, erklärte Hitler seine Absichten bezüglich einer Offensive gegen Frankreich —

sie solle noch in diesem Jahr und so bald wie möglich erfolgen. Er schlug dabei seine Neutralitätsversprechen in den Wind und erklärte, die Offensive würde durch Belgien und den holländischen Blinddarm von Maastricht erfolgen. Als Rechtfertigung wies er auf die Verwundbarkeit der Ruhr hin und behauptete, der französische Generalstab arbeite mit dem belgischen zusammen. Nach kurzer Diskussion warf er seine eigenen Notizen ins Feuer, entließ die Anwesenden und gab den Armeeführern Weisung, einen Operationsplan auszuarbeiten.

Weisung Gelb

Die Nachricht von Hitlers Entscheidung rief sofort Proteste in der Wehrmacht hervor. Der Befehlshaber der Heeresgruppe C, Ritter von Leeb, war wütend über den „Irrsinn", die belgische und holländische Neutralität zu brechen, die anderen Heeresgruppenbefehlshaber, Rundstedt und Bock, erklärten mehr aus pragmatischen als moralischen Gründen, eine so frühe Offensive habe wenig Aussicht auf Erfolg. Halder war überzeugt, daß die motorisierten und die Panzerdivisionen nach dem Polenfeldzug unmöglich vor Mitte November reorganisiert werden könnten,[2] daß die Truppen, die am Rhein in Defensive gestanden waren, noch nicht schlagbereit seien und daß ernstliche Munitionsknappheit bestehe. Selbst der stürmische Göring hegte wegen des zu erwartenden schlechten Flugwetters Zweifel.

Nach Ansicht des OKH war eine Offensive vor Frühjahr 1942 nicht möglich.

Nichts konnte Hitler abbringen. Am 9. Oktober übermittelte Warlimont dem OKH den 25. November als Angriffsdatum. Hitler befahl Halder, beim zögernden OKH auf Planung der Details zu drängen. Hitler ging über alle technischen Einwände hinweg und erklärte, „General Zeit" kämpfe für die Alliierten und nicht für Deutschland. Zum erstenmal nannte er Einzelheiten: die Hauptmasse der Panzerkräfte solle beiderseits von Lüttich vorstoßen. Ziel der Offensive sei es, ein Gebiet am Kanal zu besetzen, um den Krieg gegen England führen zu können. Mit diesem bescheidenen Ziel schien Hitler eher die Erfüllung eines wilden persönlichen Wunsches zu verfolgen, als einen durchdachten Plan auszusprechen, wenn er gleichzeitig die „endgültige militärische Vernichtung des Feindes" erwähnte. Trotz ihrer fehlenden Begeisterung legten Halder und das OKH bereits am 19. Oktober den ersten Plan mit dem Decknamen „Aufmarschanweisung Gelb" vor. Er sollte im wesentlichen die BEF von den Franzosen trennen und Luft- und Seebasen gegen die englischen Inseln sichern. Die Frage, wie die Entscheidung gegen die Alliierten erreicht werden sollte, wenn man einmal am Kanal stand, blieb völlig offen.

Historiker haben die erste Variante von OKH-Gelb irrtümlich als Abänderung des Schlieffen-Plans bezeichnet. Schlieffen hatte ein Cannae, eine Vernichtungsschlacht geplant, bei der die deutsche Armee durch Belgien und westlich an Paris vorbei vorstoßen, nach Süden einschwenken, die französischen Streitkräfte von hinten aufrollen und sie gegen die Schweiz und den Jura hin zermalmen sollte; Halders Vormarschachse lag in Westnordwestrichtung, seine Strategie war keineswegs so weitreichend und kühn wie die Schlieffens.

Der Plan war zweifellos schlecht, man konnte aus ihm die Unentschlossenheit und Halbherzigkeit des OKH und der Armeeführer lesen. Man diskutierte, wo die Panzerdivisionen eingesetzt werden sollten. Hitler war nicht befriedigt. Dem widerstrebenden Halder gegenüber sprach er von „Sonderoperationen", bei denen Luftlandetruppen die Maasübergänge nördlich von Lüttich nehmen und der belgischen Armee den Rückzug nach Gent verlegen sollten. Am 22. Oktober schockierte er Halder, indem er den Beginn der Westoffensive auf den 12. November vorverlegte. Drei Tage später fragte Hitler Brauchitsch plötzlich, ob ein *Hauptangriff an der südlichen Maas* den Feind „abschneiden und vernichten" könne. Ganz beiläufig erwähnte er dann Amiens und zog mit einem Rotstift eine Linie von der Maas südlich Namur zur Kanalküste. Dann schickte er die erstaunten Bock, Brauchitsch und Halder fort, sie sollten den OKH-Plan neu überdenken. Am selben Tag erschien der vierundsechzigjährige Generaloberst Gerd von Rundstedt, der in Polen die Heeresgruppe Süd befehligt hatte, in Koblenz, um die neugebildete Heeresgruppe A, die Luxemburg und den südbelgischen Ardennen gegenüberstand, zu übernehmen. Mit ihm kam sein Stabschef, der brillante Generalleutnant Erich von Manstein. Von diesem Tag an begannen zwei voneinander unabhängige Gedankenkanäle zu fließen, die sich schließlich vereinigten — bei Sedan.

Am 29. Oktober legte das OKH seinen revidierten Plan vor. Der Schwerpunkt des Angriffs blieb wie vorher bei Bocks Heeresgruppe B im Norden. Um aber Hitler etwas entgegenzukommen, war er etwas nach Süden verlegt worden, so daß die 4. Armee mit vier Panzerdivisionen die Maas jetzt beiderseits Namur überschreiten sollte. Der Plan sah aber immer noch einen Frontalangriff mit begrenzten Zielen vor. Hitler war nur teilweise befriedigt; am nächsten Tag enthüllte er Jodl, dem Chef des Wehrmachtsführungsstabes, eine „neue Idee", nach der die Ost-West-Lücke von Arlon in den Ardennen ausgenützt werden sollte. Mit einer Panzer- und einer motorisierten Division konnte man Sedan an der Maas, 80 km *südlich* von Namur, erreichen. Zum erstenmal wurde in einem deutschen Kriegsrat der schicksalhafte Name Sedan erwähnt. Jodl gab aber diesen neuesten Geistesblitz des Führers nicht einmal an das OKH weiter.

Ende Oktober war sich Hitler der Opposition des OKH gegen seine Pläne voll bewußt. Am 5. November, dem Termin der Befehlsausgabe für eine Offensive am 12., wurde Brauchitsch in die Reichskanzlei befohlen. Der Oberbefehlshaber des Heeres war ein achtundfünfzigjähriger, hochdekorierter Artillerist mit ausgezeichneter dienstlicher Vergangenheit. Mit hervorragender Intelligenz begabt, war er zugleich ein ruhiger, zurückgezogener Mann, peinlich korrekt in seinen Beziehungen. Obwohl er gefühlsbetont und ziemlich nervös war, verabscheute seine Junkererziehung heftige Szenen. Er besaß Gewissen und Willenskraft, war aber kaum eine Kämpfernatur zu nennen. Als Soldat und Mensch war er dem drittklassigen Keitel, dem OKW-Chef aus Württemberg, weit überlegen. Wenn auch kein Mann der Partei, so war er der Nazihierarchie verpflichtet, weil sie seine Scheidung 1938 erleichtert hatte. Seine zweite Frau, eine begeisterte Nazianhängerin, beherrschte ihn. Da die stürmischen Sitzungen mit Hitler ihn ziemlich mitgenommen hatten, zog Brauchitsch sich mehr und mehr auf eine passive Linie militärischen Gehorsams zurück.

Am 5. November trat er aber Hitler, durch eine Reise an die Front in seiner Ansicht bestärkt, mit der Auffassung gegenüber, daß die Armee für eine größere Offensive noch nicht bereit sei. Er verlas ein Memorandum, in dem die Ansichten der Truppenführer niedergelegt waren. Als Brauchitsch davor warnte, die Franzosen zu unterschätzen, hob Hitler die Hand: „Herr Generaloberst, ich möchte hier gleich unterbrechen, weil ich anderer Ansicht bin. Erstens schätze ich den Kampfwillen der französischen Armee gering ein. Jede Armee ist ein Spiegel ihres Volkes. Die Franzosen denken nur an Frieden und an ein gutes Leben, sie sind von parlamentarischen Streitigkeiten zerrissen. Dementsprechend zeigt die Armee, so tapfer und gut geschult ihr Offizierskorps auch sein mag, nicht die Kampfentschlossenheit, die man von ihr erwartet. Nach den ersten Rückschlägen wird sie schnell zerbrechen . . .“

Brauchitsch fuhr, wenn auch etwas wankend gemacht, fort: In Polen seien die deutschen Angriffstruppen der Infanterie von 1914 nicht gleichwertig gewesen; es habe Fälle von Disziplinlosigkeit gegeben, die die Frage aufwarfen, ob die Truppen der Belastung eines Feldzugs im Westen gewachsen seien. Darauf verlor Hitler die Beherrschung — Brauchitsch tadelte *seine* Armee! Er verlangte konkrete Beispiele für die Disziplinlosigkeiten. Dann ließ er seiner Wut gegen Brauchitsch und die Armeeführer freien Lauf; sie seien nie loyal gewesen, der „Geist von Zossen“[3] sei gleichbedeutend mit Defätismus. Hitler schickte Brauchitsch ziemlich rüde fort, er diktierte einen Entlassungsbrief, den er später aber vernichtete. Brauchitsch kehrte völlig fassungslos nach Zossen zurück. Er begründete seine

Beschuldigungen hinsichtlich der Disziplinlosigkeiten, aber Hitler verzieh ihm diese „Schmähung" seiner jungen Armee nie. Ohne Brauchitschs Memorandum zu beachten, befahl Hitler Keitel, die Vorbereitungen für den 12. wie geplant fortzusetzen. Zwei Tage später zwang schlechtes Wetter Hitler, den Angriff zu verschieben — zum ersten von insgesamt neunundzwanzig Malen.

Schon vor dem Krieg hatte Hitler den Generalstab eines großen Teils seiner Macht entkleidet. Selbst der Kaiser hatte nie die Macht besessen, die Hitler jetzt in Händen hielt; Wilhelm II. war praktisch zum Gefangenen des Generalstabs geworden, hingegen hatte Hitler das OKW schnell zu einem Ausführungsbüro gemacht, das ihm als dem Obersten Befehlshaber der Wehrmacht gefügig war. In militärischen Kreisen wurde OKW mit „Oben kein Widerstand" übersetzt. Von Keitel, den man „Lakeitel" nannte, soll Blomberg geringschätzig gesagt haben: „Er ist nur der Mann, der mein Büro leitet." — „Das ist der Mann, den ich suche", erwiderte Hitler sofort. So leitete Keitel für den Rest des Kriegs „Hitlers Büro" als gefügiger Angestellter, während unter dem OKW die Oberbefehlshaber der Wehrmachtteile nur einen Schatten jener Unabhängigkeit der kaiserlichen Zeit behielten.

Churchill soll während des Krieges einmal gegrollt haben: „Das System der Stabschefs ... führt zu schwachen und schwankenden Entscheidungen ... man setze den tapfersten Seemann, den unerschrockensten Flieger und den kühnsten Soldaten an einen Tisch — und was erhält man — die Summe ihrer Angst."

Das gleiche war auch Hitlers Meinung über seine militärischen Ratgeber; als sich ihre Ängste bei jedem neuen Wagnis als grundlos erwiesen, hörte er immer weniger auf sie. Auf lange Sicht sollte sich der verminderte Einfluß des Generalstabs als eine der großen Schwächen der blendenden deutschen Kriegsmaschine erweisen. Nach der Auseinandersetzung vom 5. November erreichte der Einfluß des OKH nie wieder seine alte Höhe.

Halder und der „Widerstand"

Hinter der Opposition des OKH gegen Hitlers Offensivpläne lag ein Komplex von Motiven, die wegen ihrer Bedeutung für die Entwicklung von „Gelb" kurz gestreift werden müssen. Zur Zeit der Tschechenkrise war der „Widerstand" hauptsächlich in den konservativen Kreisen der Armee zu finden, die Hitler immer für einen „Emporkömmling aus der Gosse" gehalten hatten und jetzt in höchster Angst waren, wohin seine Politik die Nation führen würde. An der Spitze dieser Opposition stand der Stabschef des Heeres, der weithin geachtete Generaloberst Beck,[4] der nach dem

Attentat vom 20. Juli 1944 Selbstmord begehen mußte. Wir haben erfahren, daß der „Widerstand" gegen Hitler vorgegangen wäre, wenn England und Frankreich in der Frage der Tschechoslowakei fest geblieben wären. Hitler triumphierte jedoch, und der Widerstand verlor viel von seinem Schwung und auch viele seiner Anhänger. Hitlers Coup, den Nichtangriffspakt mit Rußland zuwege zu bringen, war ein weiterer Schlag.

Beck trat bereits vor München zurück und nahm damit dem Widerstand die Haupttriebfeder. Nur widerstrebend nahm General Franz Halder seinen Posten ein, ein Artillerist, der drei Jahre jünger war als der neue Oberbefehlshaber Brauchitsch. Aus einer alten bayrischen Soldatenfamilie stammend, brach Halder als erster bayrischer Katholik die traditionelle preußische und protestantische Hegemonie des Heeres und wurde Stabschef. Als kluger Intellektueller mit einer Leidenschaft für Mathematik und Botanik hatte er eine glänzende Laufbahn als Stabsoffizier hinter sich, im Weltkrieg war er mehr im statischen Westen als im Osten gewesen. Im Herbst 1939 konnte man ihn bestimmt für einen Mann des Widerstands ansehen, er besaß aber weder die Entschlossenheit noch die Gefolgschaft des Heeres, um Becks Rolle übernehmen zu können. Er war nicht der Mann, militärische oder politische Risiken einzugehen, auch war er nicht frei von beruflichem Ehrgeiz. Wenn er an praktische Möglichkeiten dachte, Hitler zu beseitigen, stand er vor der Wahl, einen politischen Putsch zu inszenieren, gegen den sein Ehrgefühl und sein soldatischer Gehorsam revoltierten, oder einen Mord zuzulassen, was sein christliches Gewissen ihm verbot. In Halders Dilemma lag die ganze Tragik des deutschen Widerstandes überhaupt, dessen beste Seiten zugleich seine unwirksamsten waren. Statt schärfere Waffen zu gebrauchen, entschied sich Halder — soweit „Gelb" in Frage kam — für Verzögerung und Obstruktion.[5]

Nach Kriegsbeginn standen Halder und ihm gleichgesinnte Generale in Beziehung zu Gruppen, die Friedensfühler nach England ausstreckten. Hitler sollte „entfernt" und das „andere Deutschland" restauriert werden. Das „andere Deutschland", an das sie dachten, war aber nicht die träge, liberale Weimarer Republik, es glich weit mehr dem Kaiserreich von vor 1914. Die Verschwörer waren in ihren Friedensbedingungen nicht einmal bereit, Österreich und das Sudetenland aufzugeben, während sie von Polen forderten, es solle zu den Vorkriegsgrenzen von 1914 zurückkehren, also sogar mehr, als Hitler vor dem Feldzug verlangt hatte. Sie wollten also auf Hitler verzichten, nicht aber auf sein Werk.

Die Bedingungen waren als Verhandlungsbasis England gegenüber so unrealistisch wie die Hoffnung, die deutsche Bevölkerung, die von Hitlers billigen Triumphen begeistert war, bei einem Staatsstreich mitzureißen. Auch die Unterstützung durch die Armee war mehr als zweifelhaft. Von Leeb — der, ohne es zu wissen, bereits unter Gestapo-Beobachtung stand — hätte mitgemacht, Bock und Rundstedt nahmen die konventionelle Haltung einer politischen Nichteinmischung ein. Ende Oktober hatte Halder seinen Stellvertreter Stülpnagel[6] ausgesandt, um die Stimmung der Front auszuhorchen; bei seiner Rückkehr warnte Stülpnagel ihn, daß die Truppe und die jüngeren Offiziere dem Ruf, Hitler zu stürzen, nicht folgen würden.

Gegen Ende November sagte Halder: „Wir sollten Hitler diese letzte Chance geben, das deutsche Volk aus der Sklaverei des britischen Kapitalismus zu befreien." Diese Bemerkung ist symptomatisch für den Konflikt Halders und des deutschen militärischen Widerstandes überhaupt. Je mehr Hitler vor und während des Kriegs zu siegen schien, desto weniger war der „Widerstand" zum Widerstand bereit, und umgekehrt.

Halder hatte den Alliierten sicher nie eine Demütigung ersparen wollen, ihn und seine Kameraden beherrschte einzig der Gedanke, Deutschland dürfe nie mehr die Schrecken eines langen Kriegs, der mit einer Niederlage endete, erleben. Welch radikaler Glanz auch in die neue Wehrmacht mit ihren Panzern und Stuka gelegt worden war — das militärische Establishment, das in Brauchitsch und Halder echte Vertreter besaß, blieb im Grund konservativ. Trotz der blendenden Erfolge in Polen konnten die Heerführer ihren Pessimismus hinsichtlich des Krieges mit England und Frankreich nicht abschütteln. Sich selbst überlassen, hätten Brauchitsch und Halder ebenso vorsichtig gehandelt wie Gamelin und Georges, sie stammten schließlich aus der gleichen Schule.

Hätte man Hitler, wie er es wünschte, im Herbst 1939 angreifen lassen, wären seine Chancen für einen entscheidenden Sieg über Frankreich denkbar gering gewesen. Wahrscheinlich wäre ein Unentschieden die Folge gewesen, der Krieg hätte sich bis zu einer — wie die Generale fürchteten — Niederlage Deutschlands weitergeschleppt. Indem der Widerstand des OKH eine frühzeitige Offensive 1939 verhinderte, bahnte er tatsächlich den Weg für Hitlers größten Triumph und eine Verlängerung des Krieges, bis Deutschland in Asche lag. Die Geschichte kennt kaum eine größere Ironie.

Der Manstein-Plan

Die Einzelheiten des ersten OKH-Plans hatten Rundstedts neugeschaffene Heeresgruppe A erreicht, als Rundstedts Stabschef Manstein am 21. Oktober in Zossen durchreiste. Aus rein beruflichem und technischem Interesse nahmen die zwei Generale sofort daran Anstoß.

Rundstedt und Manstein stellten wohl die imposanteste Kombination im deutschen Heer dar. Unter ihrer Führung hatte die Heeresgruppe Süd den rechten, stärksten Arm gebildet, der die polnische Armee in wenig mehr als einer Woche zerschlagen hatte. Der Herkunft nach war Rundstedt ein typischer preußischer Offizier alter Schule. 1914 war er Hauptmann in der 22. Reservedivision gewesen, die bei der Durchführung des Schlieffen-Plans Paris am nächsten kam. Die Erinnerung an die bittere Enttäuschung über den Rückzug, nachdem seine Division in der Ferne bereits den Eiffelturm gesehen hatte, sollte ihn während des ganzen Feldzugs von 1940 nicht verlassen. Von 1915 an machte Rundstedt den Bewegungskrieg in Rußland mit. Zwischen 1919 und 1933 hatte er fast jede Stabsstellung in Seeckts Reichswehr inne. 1938 nahm er den Abschied, wurde aber 1939 wieder in Dienst gestellt. Er war damals vierundsechzig.

Als besondere Ehrung hatte man Rundstedt bei seiner Pensionierung zum Inhaber des 18. Infanterieregiments ernannt, das er einmal befehligt hatte; während des Krieges trug er lieber die einfache Uniform eines Regimentskommandeurs als die Abzeichen eines Feldmarschalls. Sein Gesicht verriet keine hervorragende Intelligenz, in der Armee stand er aber in dem verdienten Ruf, der begabteste aller höheren Kommandeure zu sein. Trotz seines Alters war er energisch und wendig. Er folgte dem Rat talentierter Untergebener, er beschränkte seinen Genius auf taktische Probleme, während sein Stabschef Manstein einen viel weiteren Überblick über die Gesamtkriegführung besaß als er. Rundstedt genoß im Offizierskorps höchste Achtung, er hätte den idealen Führer des Widerstands abgegeben, seine moralischen Prinzipien hinsichtlich der Kriegführung waren untadelig, er war auch einer der wenigen hohen Wehrmachtsführer, auf die nie auch nur der Schatten eines Kriegsverbrechens fiel.

Erich von Manstein, kurz vor dem Krieg zum Generalleutnant befördert, war zwölf Jahre jünger als Rundstedt. Sein Vater war ein Offizier polnisch-deutscher Abstammung namens Lewinski; ein Offizierskamerad und Freund der Familie hatte Erich als Kind adoptiert. Im Weltkrieg hatte Manstein als Hauptmann des Stabes in der Gruppe von Gallwitz gestanden, die bei Verdun auf dem linken Maasufer angriff. Die Schlüsse, die Manstein aus dem schrecklichen Kampf gezogen hatte, waren denen der französischen Verteidiger von Verdun völlig entgegengesetzt: Abnützung durch den altmodischen Frontalangriff war kein Weg mehr, einen Krieg zu gewinnen. 1935 wurde Oberst Manstein unter General Beck Operationschef. Obwohl er Hitler nicht feindlich gesinnt war,[7] wurde er bei der „Säuberung" von 1938 als Divisionskommandeur zur Truppe abgestellt. Nur unter großen Schwierigkeiten konnte ihn Rundstedt in den Generalstab zurückholen. Sein Gesicht mit der beherrschenden Hakennase verlieh Manstein etwas von dem Aussehen eines Adlers oder Falken. Eisig und unbeugsam, war er ein Führer, der mehr Achtung als Liebe erweckte. Wie bei Guderian waren Mansteins Interessen rein beruflicher Natur, das war die Basis seiner Treue zu Hitler. Im Verlauf des Krieges bewährte er sich als Deutschlands fähigster Führer großer Truppenkörper, ebenso als dessen hervorragendster Stratege. Die Geschichte wird ihn fast gewiß als einen der größten Heerführer des 20. Jahrhunderts aufführen.

Als Manstein die Anweisung Gelb studierte, war seine sofortige Reaktion, der Plan könne bestenfalls zu Teilerfolgen führen. Im Gegensatz zu General von Leeb kümmerte ihn das Schicksal Belgiens nicht, er glaubte jedoch, daß ein zweiter Bruch der Neutralität durch Deutschland binnen einer Generation die Mühe nur dann lohnte, wenn dadurch ein entscheidender Gesamtsieg erzielt würde. Deshalb verfaßte er das erste seiner sechs Memoranden an das OKH: Der Erfolg der Operation liege darin, die gesamten feindlichen Kräfte in Belgien und nördlich der Somme zu vernichten, und nicht bloß darin, sie frontal zurückzuwerfen. Der Schwerpunkt müsse weiter nach Süden verlagert werden, die Achse müsse von Namur durch die Linie Arras-Boulogne laufen, so daß der alliierte Flügel in Belgien nicht boß zur Somme zurückgerollt, sondern von ihr abgeschnitten würde. Gleichzeitig müsse die linke Flanke des deutschen Stoßes stark genug sein, um jeden französischen Gegenangriff aus Südwesten zurückzuwerfen.[8] Manstein schloß, er erwarte zwar nicht, daß die Alliierten starke Kräfte nach Belgien werfen würden (darauf zielten aber Gamelins Pläne ab), falls sie es aber täten, wären die Aussichten auf einen großen deutschen Erfolg um so günstiger.

In seiner ursprünglichen Form wies der Manstein-Plan den Schwerpunkt immer noch Bocks Heeresgruppe B zu, er erwähnte nicht den Einsatz von Panzern, noch fielen die magischen Namen Sedan oder Ardennen, wie bei Hitlers „neuer Idee" vom 30. Oktober. Anderseits war Mansteins Formel viel präziser, und sein Vorschlag, die alliierten Armeen an der Somme abzuschneiden, war anspruchsvoller als alles, was Hitlers Gehirn entsprungen war. Rundstedt unterstützte die Gedankengänge seines Stabschefs. Am 31. Oktober — zufällig nur einen Tag nachdem Hitler Jodl seine „neue Idee" mitgeteilt hatte — wurde das Memorandum mit seiner Unterschrift an das OKH gesandt. Vier Tage später gab ein Besuch Brauchitschs in Rundstedts HQ Manstein Gelegenheit, den Plan persönlich zu erörtern. Brauchitsch lehnte eine Abänderung der Anweisung ab, er ließ sich aber schließlich dazu überreden, der Armeegruppe A die 2. Panzerdivision und zwei motorisierte Regimenter zu versprechen. Hier begann die fortschreitende Eskalation der Heeresgruppe A auf Kosten von B (Bock).[9] Brauchitsch ließ sich aber nicht von Mansteins Befürchtungen hinsichtlich eines französischen Stoßes in seine linke Flanke beeindrucken. „Jede Heeresgruppe", kommentierte Halder schneidend, „erwartet an der eigenen Front das Maximum feindlicher Gegenmaßnahmen." Jedenfalls wurde das Memorandum von Zossen nicht an das OKW oder Hitler weitergegeben, noch wurden Hitlers neue Gedanken der Heeresgruppe A übermittelt.

Inzwischen verfolgte Hitler seine „neue Idee" vom 30. Oktober weiter.

Am 11. November, nach der zweiten Verschiebung der Offensive, informierte das OKH die Heeresgruppen A und B, Hitler habe die Aufstellung einer dritten Gruppe schneller Truppen an der Südflanke von A mit der Stoßrichtung Sedan befohlen. Sie sollte von Guderians XIX. Korps, bestehend aus zwei Panzerdivisionen und einer motorisierten Division, gebildet werden. Bock äußerte sofort seine Unzufriedenheit wegen der weiteren Schwächung der Heeresgruppe B; immer noch hielt man die Funktion des Sedanstoßes für zweitrangig, einzig dazu bestimmt, die Aufgabe der Heeresgruppe A (die ihrerseits der von B untergeordnet war) zu erleichtern. Guderian, der Panzerexperte, der nun erstmalig in Erscheinung trat, wurde um seine Meinung gefragt und erklärte, die Kräfte seien für einen Stoß auf Sedan via Arlon ungenügend.

Wegen des schlechten Wetters und des Zögerns des OKH wurde die Offensive wieder verschoben. Als Brauchitsch und Halder am 21. November wieder Koblenz besuchten, legte Manstein ein zweites Memorandum vor, das aber wieder nicht diskutiert wurde. Man hegte im OKH die Hoffnung, daß Hitler die Westoffensive überhaupt aufgeben würde. Mansteins Vorschläge hätten nur Wasser auf Hitlers Mühle bedeutet. Zudem war berufliche Eifersucht wohl mit der Grund, daß Brauchitsch und Halder ihren Untergebenen den direkten Zutritt zum Führer verweigerten. Die Beziehungen zwischen Brauchitsch und Rundstedt waren nie besonders gut gewesen, während der vorsichtige Halder dem wagemutigen Genie Manstein mißtraute.

Hitler maßregelt seine Generale

Zwei Tage später berief Hitler, empört über die Opposition des OKH, die höheren Wehrmachtsbefehlshaber bis hinab zu den Korpskommandeuren und den entsprechenden Diensträngen bei Luftwaffe und Marine — insgesamt 180 — in die Reichskanzlei. Er behandelte sie wie kleine Jungen und erinnerte sie daran, daß die Wehrmacht ohne die Nazipartei nie aufgebaut worden wäre. Er sei immer mehr von Zweiflern als von Gläubigen umgeben gewesen; seine Annexionspolitik habe sich gelohnt, er habe dafür gesorgt, daß Deutschland keinen Zweifrontenkrieg führen müsse. Auf dieser einen Front wolle er einen vernichtenden Angriff führen: „wer anders denkt, handelt unverantwortlich". Der Augenblick sei günstig, in sechs Monaten sei das vielleicht nicht mehr der Fall. Niemand würde sich um die holländische und belgische Neutralität kümmern, wenn Deutschland Sieger sei. England würde er durch den U-Boot- und Minenkrieg auf die Knie zwingen. Die Armeeführer beschuldigte er der Feigheit, er habe die Wehrmacht nicht dazu geschaffen, daß sie nicht kämpfe. Er verdammte veraltete

Auffassungen von Ritterlichkeit: wer sich seinem Willen widersetze, würde „vernichtet" werden. Alles hänge von den militärischen Führern ab, „mit dem deutschen Soldaten kann ich alles erreichen, wenn er gut geführt wird. Wenn wir als Sieger aus dem Kampf hervorgehen — und wir werden siegen —, geht unsere Epoche in die Geschichte unseres Volkes ein . . . ich werde die Niederlage meines Volkes nicht überleben. Keine Kapitulation an der Front, keine Revolution daheim."

Die Generale marschierten bestürzt und kleinlaut geworden ab, und Brauchitsch reichte seinen Rücktritt ein. Hitler lehnte ab, Brauchitsch habe seine Pflicht genauso zu tun wie jeder einfache Soldat. Guderian gegenüber äußerte Hitler später, sein Unwillen habe sich vor allem gegen den Oberbefehlshaber des Heeres (Brauchitsch) gerichtet. Woraufhin Guderian kühn sagte, dann müsse Brauchitsch abgelöst werden. Und er nannte in Frage kommende Nachfolger. Doch Hitler lehnte jeden Vorschlag ab, und das Gespräch endete ohne Ergebnis. Die Folge von Hitlers Beleidigungen war jedoch, daß die Generale ihn nun um so mehr unterstützten. „Der Vorwurf der Feigheit machte aus den Tapferen Feiglinge", sagte Oberst Oster, ein Mitglied des Widerstands, bissig. Die Opposition des OKH gegen „Gelb" schwand allmählich, jetzt war es jedoch Hitler, der nicht mehr so sehr auf eine Winteroffensive erpicht zu sein schien. Einzig Manstein blieb hartnäckig.

In der zweiten Novemberhälfte lud Manstein Guderian nach Koblenz ein und fragte ihn, ob es möglich sei, starke Panzerkräfte durch die Ardennen in Richtung Sedan zu werfen. Guderian, der das Gebiet aus dem Weltkrieg kannte, bejahte, mit einem Vorbehalt: die dort eingesetzten Panzerdivisionen müßten so stark wie möglich gemacht werden. Die Besprechung war wichtig, denn Manstein war zuerst und vor allem Infanterist und hatte nicht an die Verwendung von Panzern gedacht.[10] Und dennoch, am 18. Dezember will er der Heeresgruppe B sieben und der Heeresgruppe A, die die Maas südlich von Dinant überschreiten soll, nur drei Panzerdivisionen zuweisen.[11]

Zu einem dritten Memorandum Mansteins vom 30. November mußte sich Halder erstmalig schriftlich äußern. Er tat das ausweichend, das OKH wolle nicht vor dem ersten Zusammenstoß mit dem Gegner entscheiden, wo der kritische Schwerpunkt liegen solle. Manstein ließ im Dezember zwei weitere Memoranden folgen, im vierten (vom 6. Dezember) forderte er zum erstenmal kategorisch den Schwerpunkt für die Südflanke des Angriffs, das heißt bei Heeresgruppe A, die auf die Sommemündung zielen sollte. Jetzt hatte Halder genug, er beschloß, Manstein, der ohnehin für die Führung eines Armeekorps bestimmt war, nach Stettin zu versetzen — so weit wie möglich weg von der Heeresgruppe A und der Westfront.

Die schlechten Wetterbedingungen im Dezember waren der Anlaß dafür, „Gelb" noch viermal zu verschieben. Am 28. sagte Hitler zu Jodl, wenn das schlechte Wetter bis Mitte Januar anhalte, werde er die Offensive auf den Frühling vertagen. Als aber am 10. Januar klares Wetter prophezeit wurde, legte er den Angriffstag auf den 17. Januar fest. Über sechzig Divisionen setzten sich zur Grenze in Bewegung, der Schwerpunkt lag immer noch bei Bocks Heeresgruppe B. Dann machten die zwei Luftwaffenmajore ihre Notlandung bei Mechelen, um 11 Uhr 45 informierte Jodl Hitler, der einen furchtbaren Wutanfall bekam. Er drohte mit Todesurteilen gegen die Flieger, Gestapobeamte verhörten deren Frauen. Der Befehlshaber der Luftflotte, der die beiden Fliegermajore angehört hatten, wurden entlassen und durch Kesselring ersetzt.[12] Der deutsche Militärattaché in Den Haag mußte die zwei internierten Offiziere befragen, wieviel die Belgier wohl erfahren hatten; Reinberger gab an, daß er die wesentlichen Papiere verbrannt habe.[13] Tatsächlich verrieten die halbverbrannten Dokumente nur Umrisse des Plans, aber das konnten die Deutschen nicht wissen. Hitler weigerte sich trotzdem, den Angriff abzusagen. Dann aber kamen am 16. beängstigende Nachrichten über das Ausmaß der belgischen und holländischen Mobilmachung. Hitler traf seine Entscheidung, er befahl die Verschiebung von „Gelb" auf unbestimmte Zeit. Die ganze Operation „müsse auf streng geheimer Basis neu geplant werden". Das neuerliche Eingreifen des Zufalls bewahrte Hitler schließlich vor dem schweren Fehler einer vorzeitigen Offensive.[14]

Letzten Endes war der Mechelen-Zwischenfall für die Deutschen ein reiner Gewinn. Das OKH konnte jetzt seine gesamte Strategie überprüfen. Hitlers neue Vorschriften für Geheimhaltung und Überraschung legten besonderes Gewicht auf die Schnelligkeit, mit der der Schlag geführt werden sollte. Zudem gab die Reaktion des Feindes auf die Mechelen-Affäre der Abteilung „Fremde Heere West" des OKH eine genaue Vorstellung von der feindlichen Schlachtordnung und den Absichten der Alliierten, die sie vorher nicht besaß.

Als die Franzosen und Briten Mitte Januar eilig ihre Stellungen an der belgischen Grenze bezogen, war es den Deutschen klar, daß die Elite der englischen und französischen Armeen gemäß Gamelins Dyle-Plan nach Nordbelgien geworfen würden, während die Schwäche der 9. Armee General Coraps an der Maas immer offensichtlicher wurde. Die Kenntnis der anglo-französischen Pläne ließ einen Frontalzusammenstoß in Belgien immer weniger attraktiv erscheinen. Mansteins Alternative, hinter den Elitekräften des Feindes die Falle zuschnappen zu lassen, erschien daher immer verlockender. Der Mechelen-Zwischenfall, der Gamelin Kenntnis von den deutschen Absichten auf Holland gab, veranlaßte ihn außerdem, seinen Nordflügel durch die Breda-Variante weiter zu verstärken, er steckte damit seine besten Reserven in den „Sack", den Manstein an der Somme abschneiden wollte.

Halder sträubte sich immer noch gegen den hartnäckigen Manstein. Am 12. Januar unterzeichnete Rundstedt Mansteins sechstes und letztes Memorandum, das noch einmal alles zusammenfaßte, und schickte es mit dem ausdrücklichen Ersuchen nach Zossen, es Hitler vorzulegen. Wieder erklärte man der Heeresgruppe A ziemlich scharf, sie solle sich um ihre eigenen Angelegenheiten kümmern. Rundstedts Ersuchen wurde abgelehnt. Am 25. besuchte Brauchitsch Koblenz, in einer ziemlich eisigen Atmosphäre beschuldigte Manstein den Oberbefehlshaber rundheraus, „nicht auf eine volle Entscheidung im Westen abzuzielen", wobei er auf die „wohlbekannte Haltung des OKH gegen die Offensive im allgemeinen" anspielte. Zwei Tage später erhielt Manstein seine Versetzung nach Stettin. Er schien die Schlacht verloren zu haben.

Hitler deckt Manstein

Am 7. Februar, zwei Tage, ehe Manstein sein neues Kommando übernehmen sollte, hielt die Heeresgruppe A ein Kriegsspiel ab. Halder war von dem, was er sah, stark beeindruckt. Als er Koblenz verließ, stimmte er wenigstens einem der von Manstein geforderten Punkte zu, daß nämlich der Maasübergang von Guderians XIX. Panzerkorps gleichzeitig vom XIV. motorisierten Korps unterstützt werden sollte. Manstein erlebte wenigstens diese eine Befriedigung, als er nach Stettin abreiste. Als das Kriegsspiel am 14. fortgesetzt wurde, kam es zu einer lebhaften Auseinandersetzung zwischen Guderian und Halder. Guderian wollte seine Panzer am fünften Angriffstag über die Maas werfen. Seinen eigenen Theorien getreu, wollte er die Panzerspitze so stark machen, daß man sich um die Flankenbedrohung keine Sorgen zu machen brauchte. Halder erklärte das für sinnlos, man könne die Maas nicht überschreiten, ehe die Infanteriedivisionen anlangten, und das sei erst am neunten Tag möglich.[15] Jetzt ergriff Rundstedt die Partei Halders. Die Planspiele erledigten die Frage nicht, sie bewiesen aber, daß „Rot", der Verteidiger im Gebiet von Sedan, außerordentlich empfindlich war.

Und dann trat der letzte Zufall ein, der den Ablauf von „Gelb" beeinflussen sollte. Kurz vor Mansteins Abreise besuchte Hitlers Chefadjutant, Oberst Schmundt, auch Rundstedts HQ, wo er sich ausführlich mit Manstein unterhielt. Schmundt war erstaunt, wie parallel Mansteins Plan mit Hitlers Gedankengängen lief. Am 2. Februar berichtete Schmundt Hitler von dem Gespräch. Obwohl Hitler seine persönliche Abneigung gegen Manstein nicht verbarg, zeigte er doch stärkstes Interesse. Manstein sollte nach Berlin gebracht werden. Wie war das aber möglich, ohne den Verdacht des OKH zu wecken? Oberstleutnant Heusinger[16] von der Operationsabteilung des OKH schlug vor, Manstein solle mit vier anderen neuernannten Korpskommandeuren gerufen werden, um dem Obersten Befehlshaber „die Hände zu küssen".

Das schicksalhafte Arbeitsfrühstück fand am 17. Februar statt. Manstein blieb bis 14 Uhr. Hitler hörte hingerissen zu. Am nächsten Tag legte Hitler den Plan als seine eigene Arbeit und ohne Erwähnung des Verfassers Brauchitsch und Halder vor. Die Führer des OKH ließen erkennen, daß sie jetzt auch dafür gewonnen waren (vielleicht, weil sie sahen, woher der Wind wehte). Sie kehrten nach Zossen zurück, um eine völlig revidierte Anweisung zu verfassen. Frische Zuversicht hatte die Zweifel verdrängt. Ein Winterfeldzug war glücklich vermieden, das Heer war nach dem Polenfeldzug reorganisiert, und Halders scharfer Verstand sah die Möglichkeit eines neuen großen Erfolgs. Die Gedanken, Hitler abzusetzen, wurden auf eine ferne Zukunft verschoben. Das OKH, Hitler, Rundstedt und die anderen Heerführer machten sich an die Arbeit, die deutsche Militärmaschine lief auf vollen Touren.

„Sichelschnitt"

Am 24. Februar war die neue Anweisung fertig, sie war eine noch drastischere Revision von „Gelb" als alles, was Manstein vorgeschlagen hatte. Der Schwerpunkt lag jetzt bei der Heeresgruppe A, Bocks Heeresgruppe B hatte nun — nach dem prächtigen Vergleich Liddell Harts — die Aufgabe des „Matadorenmantels" erhalten, der Gamelin nach Holland und Belgien locken sollte, während Rundstedt anderswo den tödlichen Degenstoß führte.

Liddell Hart hatte den Schlieffen-Plan von 1914 mit einer Drehtür verglichen, je heftiger die Franzosen in Lothringen drängten, desto wuchtiger sollte ihnen in Flandern die Tür in den Rücken schlagen. Beim „Sichelschnitt", wie der neue Plan getauft wurde, schoben die Franzosen die Drehtür im Norden und die Deutschen im Süden. Bocks Streitmacht war von 43 auf 29 1/3 Divisionen verkleinert worden; von seinen Panzerdivisionen blieben ihm nur drei, von denen zwei eventuell noch Rundstedt zugewiesen werden sollten. Bocks Rolle blieb trotzdem von größter Wichtigkeit, er mußte den alliierten „Bullen" so kräftig anpacken, daß dieser sich nicht losreißen und die Flanke von Rundstedts Stoß zerfetzen konnte.

Der deutsche Aufmarsch war, wie folgt, geplant: Heeresgruppe B mit

Küchlers 18. und Reichenaus 6. Armee; Heeresgruppe A, mit der Nordgrenze südlich von Lüttich, bestehend aus Kluges 4., Lists 12. und Buschs 16. Armee; Armeegruppe C, von Luxemburg bis zur Schweizer Grenze, bestehend aus der 1. und 7. Armee. Die sieben Panzerdivisionen Rundstedts sollten durch das rauhe Ardennengelände Luxemburgs und Südbelgiens vorstoßen, das das französische Oberkommando für lange für „undurchdringlich" gehalten hatte.

Der Hauptstoß — jetzt nicht mehr ein Nebenstoß — sollte von Guderians XIX. Panzerkorps, bestehend aus der 1., 2.[17] und 10. Panzerdivision und unterstützt von Hitlers motorisiertem Eliteregiment Großdeutschland (13. motorisiertes Infanterieregiment) und gedeckt von Wietersheims XIV. motorisiertem Korps bei Sedan geführt werden. Nördlich davon sollten die 6. und 8. Panzerdivision (Reinhardt) nach Monthermé stoßen, während die 5. und 7. Panzerdivision von Hoths Korps die Flankensicherung gegen Norden übernahmen, indem sie die Maas bei Dinant überschritten. Die fünf Panzerdivisionen Guderians und Reinhardts sollten unter gemeinsamem Befehl in einer Panzergruppe integriert werden. Man hatte überlegt, wer diese Gruppe befehligen sollte; schließlich war die Wahl auf General Ewald von Kleist gefallen. Kleist, ein ziemlich konservativer Kavalleriegeneral, war bei Kriegsausbruch reaktiviert worden und hatte im Polenfeldzug ein Korps geführt. Obwohl ihm damals auch eine Panzer- und eine leichte Division unterstellt waren, war Kleist — nach Meinung Guderians, dem der Gedanke, unter ihm zu arbeiten, nicht allzusehr gefiel — den Panzertruppen gegenüber nicht sehr günstig gesinnt. Kleists Ernennung war ein Erfolg Halders, der damit rechnete, der konservative Kleist würde bei dem kühnen Plan, der Halder immer noch nervös machte, die Zügel in der Hand behalten.

Auf Hitlers persönliches Drängen wurde eine Umstellung bei den Panzerdivisionen — die sich als sehr erfolgreich erweisen sollte — vorgenommen. Die Mehrzahl der mit Geschützen ausgestatteten Panzer III und IV wurden von der 18. Armee, wo sie kaum gebraucht werden würden, abgezogen und Kleist und Rundstedt zugeteilt. Hier waren ihre Geschütze unentbehrlich, um die Bunker an der Maas zum Schweigen zu bringen. Hitler hatte auch noch eine Reihe von Sonderoperationen geplant, die den Einsatz von Fallschirmspringern und Lastenseglern[18] vorsahen. Hitler befaßte sich bei diesen Sonderaktionen mit den kleinsten Details, der Einsatz von „Brandenburgern" in holländischer Uniform sprach ihn besonders an.

Der „Sichelschnitt" sollte von kunstvollen Ablenkungsmanövern begleitet werden, die die Franzosen in dauernder Furcht halten sollten, der wichtigste — oder wenigstens zweitwichtigste — Angriff erfolgte bei Leebs Heeresgruppe C. Zwar konnte diese Armeegruppe mit nur neunzehn Infanteriedivisionen mittleren Kampfwerts wohl kaum etwas gegen die Maginotlinie ausrichten, man hoffte aber, daß das französische Oberkommando zögern würde, die „Intervalltruppen" abzuziehen, die dann als Reserven zur Verwendung gegen den Durchbruch bei Sedan verfügbar gewesen wären.

Noch immer gab es hinsichtlich des neuen Plans Zweifel. Noch im April sagte Bock, den vermutlich immer noch die Verkleinerung seines Kommandos schmerzte, grollend zu Halder: „Sie werden mit der Flanke Ihres Durchbruchs 15 km entfernt an der Maginotlinie vorbeikriechen und hoffen, daß die Franzosen untätig zusehen. Sie stopfen die Masse der Panzer auf die schmalen Straßen der Ardennenberge, als gäbe es keine Luftstreitkräfte! Und dann hoffen Sie, eine Operation bis zur Küste durchzuführen, mit einer offenen, 320 km langen Südflanke, an der die Masse der französischen Armee steht."

Er erklärte, das „überschreite die Grenzen der Vernunft". Auch Rundstedt, dem jetzt die beruhigende Gegenwart Mansteins fehlte, machte sich nun wegen der „offenen Südflanke" Sorgen. Es schien ihm nur natürlich, daß Gamelin entlang der Achse Paris - Châlons-sur-Marne - Verdun die Masse seiner Reserven aufstellen würde. Sein neuer Stabschef Sodenstern hegte Zweifel hinsichtlich des furchtbaren Verkehrschaos, das bei dem Zusammendrängen der sieben Panzerdivisionen in den Ardennen entstehen konnte. Selbst Guderian dachte darüber nach, ob sein Korps den Maasübergang bei Sedan allein erzwingen könne, und Halder bezweifelte, ob die Truppe den Plan würde ausführen können, der äußerstes Geschick und Ausdauer erforderte. Gewisse Mängel im Polenfeldzug, glaubte er, zeigten, daß nur ein Teil der Armee den großen Anforderungen gewachsen sei — und diese Eliteeinheiten standen alle in der ersten Angriffswelle.

Durch neue Sandkastenspiele wurden die letzten Mängel des Plans ausgebügelt. Die Panzersoldaten brachten sich und ihre Panzer immer besser in Form. Auch der Nachrichtendienst lieferte ermutigende Berichte. Mitte März hatte „Fremde Heere West" ein so klares Bild von dem französischen Schlachtplan, daß man dem OKH versichern konnte, Gamelin könne höchstens 41 bis 48 Divisionen an der verwundbaren Südflanke einsetzen, von denen man 12 bis 17 nur als solche der „dritten Klasse" einschätzen könne. Um selbst diese Kräfte ansetzen zu können, müsse das französische Oberkommando zudem mit größter Schnelligkeit reagieren, was nicht wahrscheinlich war.

Auch die Luftaufklärung, die während des ganzen Winters an den Übergangszonen an der Maas durchgeführt worden war, brachte befriedigende Ergebnisse. Major von Stiotta konnte aus der mikroskopisch genauen Auswertung der Aufnahmen an Rundstedt melden, daß die französischen Befestigungen an der weitergeführten Maginotlinie noch bei weitem nicht vollendet waren.

In den eingeweihten Kreisen Deutschlands regte sich wachsende Zuversicht. Grund dafür war nicht zuletzt das wachsende Bewußtsein von der Schönheit der „Sichelschnitt"-Operation als strategischem Plan. Wie die folgenden Ereignisse beweisen sollten, war „Sichelschnitt" tatsächlich einer der genialsten Pläne, die ein militärisches Gehirn je ersonnen hat.[19] Im Endstadium konnte man ihn nicht mehr einem einzigen Menschen zuschreiben. Ohne die außerordentliche Energie und die instinktiven Ideen Hitlers und ohne Mansteins brillante strategische Konzeption hätte das OKH nie einen K.-o.-Schlag gegen Frankreich zu denken gewagt. Ohne Halder und das OKH hätte Hitler 1939 vermutlich eine „halb geladene" Offensive gegen Frankreich begonnen; und schließlich waren es Halders glänzendes Organisationstalent, seine Fähigkeit, technische Ratschläge zu verdauen und anzuwenden, und seine peinliche Sorgfalt, die „Sichelschnitt" in der ganzen Vollkommenheit gelingen ließen.

Tatsächlich war „Sichelschnitt" nicht ganz vollkommen, sonst hätte es nicht nur die Schlacht um Frankreich, sondern den ganzen Krieg gewonnen. Taktisch ganz, strategisch fast vollkommen, enthielt es als Instrument der hohen Politik doch einen fatalen Fehler. Mitte März fragte Hitler Guderian nach seinen weiteren Plänen, wenn er am fünften Angriffstag einen Brückenkopf über die Maas errichtet habe. „Und was machen Sie dann?" Guderian erinnerte sich daran, daß Hitler der erste war, der ihm diese vitale Frage stellte.

„‚Wenn ich keine gegenteiligen Befehle erhalte, werde ich am nächsten Tag meinen Vormarsch nach Westen fortsetzen', erwiderte ich. ‚Die Oberste Führung muß entscheiden, ob mein Ziel Amiens oder Paris sein soll. Meiner Meinung nach ist es richtiger, an Amiens vorbei zum Kanal vorzustoßen.' Hitler nickte und sagte nichts mehr. Nur General Busch, der die 16. Armee links von mir befehligte, rief: ‚Na, ich glaube, daß Sie nicht einmal den Fluß überschreiten werden.' "

Guderian fügt hinzu: „Ich erhielt nie weitere Befehle, was ich tun sollte, wenn der Brückenkopf jenseits der Maas errichtet war." Das Zögern des deutschen Oberkommandos, den Kanal als eigentliches Ziel zu nennen, war typisch für die nagende Furcht vor der Kühnheit von „Sichelschnitt". Fast die ganze Energie des OKH war auf die Planung des Durchbruchs vergeudet worden, an die sofortige Auswertung hatte man kaum gedacht. Zudem schien die Möglichkeit, „Sichelschnitt" könnte zu einem Gesamtsieg über Frankreich führen, so gering, daß man schon gar nicht mehr daran dachte, welchen K.-o.-Schlag man hierauf England versetzen sollte. Die Aussicht, Frankreich in einer einzigen schnellen Offensive zu schlagen, war für das Weltkriegsdenken Halders und seiner Genossen zu überraschend, und hier versagte sogar einmal Hitlers intuitiver Weitblick. Drei Tage vor dem großen Angriff führte Hitler ein Gespräch mit Admiral Raeder, seinem Marinechef, aber weder „Sichelschnitt" noch eine eventuell darauffolgende Invasion in England wurden erwähnt. Hitler konnte nur an die bevorstehende gewaltige Auseinandersetzung zu Lande denken.

Hier lag die Achillesferse von „Sichelschnitt" und der Keim zu Hitlers späterer Niederlage.

Mitte März erwartete jedermann, Hitler werde binnen weniger Tage „auf den Knopf drücken". Seine Aufmerksamkeit wurde aber für einige Zeit abgelenkt. Zu seiner Beunruhigung zeigten sich die Alliierten trotz der Kapitulation Finnlands und dem Zusammenbruch ihrer verrückten Interventionspläne immer noch an Narvik und den schwedischen Eisenerzlagern interessiert. Um sie daran zu hindern, beschloß Hitler, während sie noch schwankten, zuerst in Norwegen zuzuschlagen.

8. KAPITEL

Auf den Abgrund zu

„Leichte Ausbildung, harter Kampf, harte Ausbildung, leichter Kampf."
Suworow

Katastrophe in Norwegen

Die Sorge um den Verlauf des russisch-finnischen Kriegs hatte Hitler am 14. Dezember dazu veranlaßt, durch das OKW erste Studien für eine Invasion in Norwegen vorbereiten zu lassen. Die Beschäftigung mit „Gelb" drängte die Gedanken an das Projekt in den Hintergrund, bis die englische Marine am 16. Februar in norwegischen Gewässern den deutschen Dampfer „Altmark" enterte und eine Anzahl britischer Seeleute herunterholte, deren Schiffe die „Graf Spee" versenkt hatten. Drei Tage später gab Hitler, wütend über diesen Handstreich und von dem Interesse der Alliierten an Norwegen beunruhigt, Befehl zur Beschleunigung der Pläne für „Weserübung" (Deckname für die Besetzung Dänemarks und Norwegens). Am 1. März unterschrieb er die Anweisung für „Weserübung", konnte sich aber nicht entscheiden, ob sie vor oder nach „Sichelschnitt" erfolgen solle. Auf den Rat Jodls[1] sollten die beiden Unternehmungen völlig getrennt voneinander durchgeführt werden. Hitler beschloß daher, „Weserübung" zuerst zu starten, und suchte nach einem Vorwand, die Neutralität zweier weiterer Länder zu verletzen.

Nach monatelangen Auseinandersetzungen überredete Churchill bei einem Treffen des Alliierten Obersten Kriegsrats Chamberlain endlich dazu, die norwegischen Küstengewässer, durch die die schwedischen Erztransporte nach Deutschland gelangten, durch die Royal Navy verminen zu lassen. Die Warnung vor diesem Neutralitätsbruch sollte Norwegen und Schweden am 5. April übermittelt werden. Am 4. April informierte Chamberlain in seiner berühmten Rede die Konservative Partei, daß „Hitler den Bus versäumt habe". Der „Daily Express" veröffentlichte am selben Tag ein Interview mit dem Chef des Empire-Generalstabs, in dem Ironside sagte: „Wir heißen einen Angriff nur willkommen. Wir sind völlig sicher . . ."

Während Chamberlain und Ironside noch sprachen, bestiegen aber die ersten von etwa 10.000 deutschen Soldaten bereits den „Bus" nach Norwegen, zu einem der wagemutigsten Unternehmen des Kriegs.

Am 9. April wurde Dänemark fast ohne einen Schuß besetzt. In fünf getrennten Gruppen landeten die Deutschen in Norwegen: in Oslo, Kristiansand, Bergen, Trondheim und Narvik. Die Norweger wehrten sich tapfer, obwohl sie schlecht ausgerüstet waren und völlig überrascht wurden. Obwohl die Alliierten monatelang Zeit zum Nachdenken gehabt hatten, wurden sie ebenfalls überrumpelt. In Paris erinnerte sich der Sekretär des neu geschaffenen Kriegskomitees, Paul Baudouin: „Fünf Minuten lang suchten der Ministerpräsident und ich auf der Karte Norwegens nach einem zweiten Narvik, denn wir waren überzeugt, daß *das* Narvik, wo die deutschen Truppen gemeldet worden waren, nicht der Eisenerzhafen im Norden sein könne — nicht 1600 km von den deutschen Basen entfernt."

In arrogantem Vertrauen auf die Überlegenheit der Royal Navy hatten es die Alliierten für unmöglich gehalten, daß Hitler mit seiner winzigen Flotte ein amphibisches Unternehmen dieses Ausmaßes durchführen könne. Sie reagierten gemächlich und verwirrt. Zwar errangen die Briten zwischen dem 10. und 13. April ermutigende Erfolge zur See, wobei alle zehn deutschen Zerstörer versenkt wurden, die die Landung in Narvik gedeckt hatten, aber sie hatten keine Landtruppen, um den Sieg auszunützen. Anderseits versenkte die deutsche Luftwaffe bei einem dreistündigen Luftangriff vor Bergen einen Zerstörer und landete einen Treffer auf dem Schlachtschiff „Rodney", was den Oberbefehlshaber der „Home-Fleet" veranlaßte, auf hohe See abzudrehen. Zum erstenmal hatten an Land stationierte Flugzeuge ihre Überlegenheit über Schlachtschiffe bewiesen. Am 15. April traf das erste britische Kontingent in Narvik ein, nach weiteren Landungen kamen am 19. die ersten französischen Truppen, nach der Aussage Paul Reynauds waren sie „völlig unfähig, abzumarschieren oder ein Gefecht zu liefern. Ihre Artillerie, ihre Panzer, ihre Pak, ihre Maultiere, ja sogar ihre Skier waren auf dem Hilfskreuzer ‚Ville d'Alger' geblieben, der — ein Detail, das man übersehen hatte — seiner Länge wegen nicht in den Hafen konnte".

Mit 350 Ju-52-Transportflugzeugen hatte sich die Luftwaffe fest in Norwegen eingerichtet, während die Stuka die Alliierten niederhielten. Am 3. Mai hatten die Briten ihre Truppen aus Mittelnorwegen evakuieren müssen, in Narvik waren sie geblieben, und dort stand es schlecht um die Deutschen. Nur die Entwicklung in Frankreich rettete General Dietl und seine 2000 Gebirgsjäger vor dem Untergang.

Bei dem norwegischen Abenteuer hatte Hitler zehn seiner zwanzig Zerstörer und drei seiner acht Kreuzer verloren. Er hatte damit einen Teil der Flotte vergeudet, ohne die eine Invasion auf den Britischen Inseln nicht in Frage kam. Für die Alliierten war das der einzige Nettogewinn aus einer Operation, die Hitler verächtlich als „frivolen Dilettantismus" bezeichnete. Wie in Gallipoli 1915 (von Suez 1956 ganz zu schweigen) versagte England gerade bei einer Operation, für deren erfolgreiche Durchführung es Geschichte und geographische Lage geradezu prädestiniert hätten.[2] Zudem bedeutete — und das war das Schlimmste — Norwegen eine flagrante Niederlage der britischen Seemacht.

Frivolerweise zeigte die Pariser Gesellschaft Befriedigung über das englische Mißgeschick. Alles, was Paul Ferdonnet vom Stuttgarter Sender aus über die Briten berichtete, schien wahr zu sein. In der Armee herrschte tiefe Furcht; wenn Hitler die Briten in ihrem eigenen Element und trotz der Überlegenheit der Royal Navy schlagen konnte, wie konnte ihn dann die französische Armee an Land aufhalten? Konnte man den unbesieglichen Dämon überhaupt aufhalten?

Die Alliierten wußten es nicht, aber der Sieg in Norwegen war knapper gewesen, als es schien. Zweimal gab es, wie Jodl es nannte, ein ausgesprochenes Chaos in der Führung. Über Narvik geriet Hitler in Panik, er befahl tatsächlich Dietl, er solle kapitulieren, der Funkspruch wurde jedoch von einem mutigen Stabsoffizier im OKW unterdrückt. Die Schwierigkeiten bei den Luftlandungen in Norwegen hatten Göring hinsichtlich der geplanten Operationen in Holland nervös gemacht.

Am wichtigsten war aber der psychologische Faktor. Die Resultate in Norwegen hätten „Sichelschnitt" so oder so nicht aufgehalten. Die Panik, die Hitler Narviks wegen zeigte, läßt jedoch den Schluß zu, daß ein oder zwei harte Schläge ihn und seine Generale in Frankreich vermutlich zur Vorsicht gezwungen hätten. Nichts hätte aber für „Sichelschnitt" verderblicher sein können als Vorsicht oder übergroße Nervosität.

Bis 24. April hatte sich die Situation jedoch so weit gebessert, daß Hitler wieder nach Westen blicken konnte. Auf Grund weiterer guter Nachrichten am 1. Mai befahl er, alles zu veranlassen, daß „Sichelschnitt" vom 4. Mai an jederzeit binnen vierundzwanzig Stunden gestartet werden könne.

Krisen in Frankreich und England

Während Norwegen das Vertrauen der deutschen Generale zu ihrem Führer gestärkt hatte, führte es in Frankreich und England zu größeren Regierungskrisen. Der 12. und 13. April gehörten für Gamelin „zu den unangenehmsten Tagen seines Lebens", wie ein „Angeklagter" wurde er zu einer Kabinettssitzung gerufen. Nach dem finnischen Debakel hatte die öffentliche Unzufriedenheit bereits den Sturz von Gamelins Beschützer, Daladier, zur Folge gehabt, der am 21. März durch ein neues Kabinett unter Paul Reynaud ersetzt wurde. Reynaud war kein Freund des Generalissimus.

1914 hatten die französischen Parteien eine „Union Sacrée" geschaffen, die in der Geschichte Frankreichs fast einmalig war. Für 1939 war es, wie

Clare Boothe berichtete, typisch, daß bei einer Dinnerparty die Hälfte der Gäste Blum nicht die Hand gab, obwohl er erklärt hatte, er würde sich mit jedem verbünden, wenn nur der Krieg gewonnen würde. Kurz nach Kriegsausbruch hatte Daladier den „Beschwichtigungspolitiker" Bonnet aus dem Quai d'Orsay gedrängt,[3] wenn er ihn auch nicht ganz los wurde. Daladier wollte dann die „Union Sacrée" neu begründen, indem er seinen alten Feind Herriot ins Kabinett berief. Herriot wollte aber Pétain als Deckung im Kabinett, der sich seinerseits wieder gegen Herriot wandte. So mußte Daladier alles selbst übernehmen, er war nicht nur Ministerpräsident, sondern auch Außenminister, Kriegsminister und Minister für die nationale Verteidigung.

Das Kabinett zerfiel bald in die „Harten": Paul Reynaud und Georges Mandel, und die „Weichen": Bonnet, de Monzie, Pomaret und Chautemps.[4] Die „Weichen" vertraten verschiedene Gruppen, die gegen den Krieg waren: Kommunisten, Antimilitaristen der nichtkommunistischen Linken, Konservative, die eine Revolution fürchteten, Defätisten und Profaschisten wie Laval, der aus dem Hintergrund einen beträchtlichen Einfluß auf die „Weichen" ausübte. Vor allem aber war das Staatsoberhaupt, das der Regierung vielleicht hätte Kraft geben können, offensichtlich senil. Als Sumner Welles Präsident Lebrun im Frühjahr 1940 besuchte, stellte er fest, daß dessen Gedächtnis raschem Verfall unterlag. „Es fiel ihm schwer, sich genau an Namen, Daten, ja sogar an Tatsachen zu erinnern ..."

Daladier

Daladier selbst war weder eine starke noch eine gewinnende Persönlichkeit. Der fünfundfünfzigjährige Witwer, Sohn eines Bäckers aus Vaucluse im Süden, hatte Geschichte unterrichtet, ehe er Politiker wurde. Als Führer der Radikalsozialisten war er während der Stavisky-Revolte und während des Münchner Abkommens Ministerpräsident und Kriegsminister gewesen — und hatte beide Male kapituliert.

Daladier war stämmig, sein dunkelbrauner Teint und die Haarlocke verliehen ihm eine (trügerische) Ähnlichkeit mit Bonaparte. Unter den Belastungen der Volksfrontaktivität hatte er sich immer mehr starken Getränken ergeben; ein Beobachter schildert ihn als „einen schmutzigen Mann mit einer Zigarette im Mundwinkel, nach Absinth stinkend und mit rauhem Marseiller Dialekt ... Er besaß eine gewisse südländische Beredsamkeit, besonders über den Äther, wenn man ihn nicht sah ..."

Seine Anhänger im Süden nannten ihn den „Stier von Vaucluse", aber Spears bemerkte bissig, seine Hörner hätten mehr Ähnlichkeit mit den weichen Fühlern einer Schnecke. Andere sagten, er sei eine „samtene Hand in einem eisernen Handschuh"; sein rauhes Aussehen und seine Wutanfälle trugen ihm einen Ruf der Stärke ein, der sicher nicht gerechtfertigt war. Seine tatsächliche Stärke lag in der Politik und nicht in der Staatskunst, er gedieh in den dampfenden Dschungeln der politischen Lobbies der Dritten Republik. Einer Nation, die so zögernd in den Krieg ging wie Frankreich, konnte er gewißlich keine Inspiration verleihen, als politischer Jongleur, der die politischen Parteien der Dritten Republik einigermaßen im Gleichgewicht zu halten verstand, war er jedoch unentbehrlich.

Anfang Januar 1940 nahm sich Daladier ein Wochenende frei. Bei einem Ausritt strauchelte sein Pferd auf dem gefrorenen Boden, Daladier fiel vom Pferd, sein Fuß blieb im Steigbügel hängen. In den nächsten Monaten litt er pausenlos an Schmerzen und Schlaflosigkeit, und das schien sich auf seine Regierungsführung auszuwirken. Am 6. März stellte Senator Bardoux fest, daß er „immer noch hinkte und noch müder, trauriger und weniger dynamisch aussah als vierzehn Tage vorher". Am 20. März stürzte Daladier ein zweites Mal — und dieses Mal politisch. Laval hatte den Angriff inszeniert ... Präsident Lebrun beauftragte Paul Reynaud, die einhundertundneunte Regierung der Dritten Republik zu bilden.

Paul Reynaud

Reynaud war zweiundsechzig, als er zum erstenmal an die Macht kam. Er stammte aus einer Bauernfamilie in den Basses-Alpes und hatte es zum erfolgreichen Rechtsanwalt gebracht. Er galt als Kenner der chinesischen Kunst und besaß in seinem Aussehen tatsächlich etwas von einem chinesischen Mandarin: adrett, mit scharfen Zügen und Augenbrauen, die immer etwas kritisch hochgezogen schienen. Er liebte den Sport — Wandern, Radfahren, Schwimmen — und brachte das auch deutlich zum Ausdruck. Von gewisser Bedeutung war seine Kleinwüchsigkeit. Er besaß fast alle Attribute des kleinen Mannes: Behendigkeit, Kampfgeist, eine Empfänglichkeit gegenüber Schmeichlern, das Selbstvertrauen, mit dem man sein Minderwertigkeitsgefühl tarnt — und Mut. Seine Feinde — und es gab deren viele — nannten ihn „Mickey Mouse".

In der Debatte zeigte er eine brillante, vernichtende Logik, aber er wollte „meistern, nicht gewinnen"; das, zusammen mit seiner angeborenen Anmaßung und Kampflust, machte ihn bei anderen Politikern der Dritten Republik unbeliebt, besonders bei Daladier, der ihn verabscheute. Reynaud, ein harter Arbeiter und echter Patriot, hatte sich nie gescheut, gegen den Strom zu schwimmen. Schon früh hatte er Frankreich vor Hitler gewarnt und sich gegen die herrschende Militärdoktrin gestellt und die Ansichten de Gaulles übernommen. Als Finanzminister hatte er 1938 viele Schäden der Volksfrontzeit ausgeglichen, sich aber durch seine harten Maßnahmen wieder viele Feinde geschaffen. Vom September 1939 an hatte er sich dem totalen Krieg gegen Hitler verschrieben, kam aber erst zu spät an die Macht, als nämlich Hitler selbst im Begriffe war, den totalen Krieg gegen Frankreich zu entfesseln.

Als kleiner Rufer in der französischen Wildnis war Reynaud das Gegenstück zu Churchill, den er sehr bewunderte; unglücklicherweise mangelten ihm Größe und Gefolgschaft. Er besaß keine eigene Partei, nur wenige Vertraute, und sein Urteil bei der Wahl politischer „Freunde" war keineswegs unfehlbar. Im Gegensatz zu der „carte blanche", die Churchill bei seinem Regierungsantritt erhielt, war Reynaud bei seiner Regierungsbildung von Anfang an zu Kompromissen und zum Seiltanzen gezwungen.

Seine schwerste Belastung war freilich seine Geliebte, Madame Hélène de Portes. Ehrgeizige Frauen haben von jeher hinter den Kulissen einen großen Einfluß auf die französische Politik ausgeübt. Ende der dreißiger Jahre hatten drei die Bühne der Dritten Republik beherrscht: Madame Bonnet, mit dem Spitznamen „Madame-soutien-Georges", die Marquise de Crussol, eine hübsche und jugendlich wirkende Blondine, die Daladiers Egeria war, und Reynauds Comtesse Hélène de Portes, die mächtigste von allen — sie wirkte fast zu düster, als daß man ihr einen Spitznamen hätte geben wollen.

Das Außergewöhnliche an Hélène de Portes lag darin, daß niemand von den zahllosen Menschen, die sie kannten, eine befriedigende Erklärung hätte geben können, worin ihre Anziehungskraft lag. Das geschulte Auge General Spears stellt fest, sie habe „sehr gute Beine und Fesseln gehabt, aber ihr Teint war fahl. Sie war mittelgroß und dunkel, ihr gekräuseltes, hochgekämmtes Haar sah unordentlich aus. Ihr Mund war groß und ihre Stimme nicht wohlklingend". Spears meinte, sie kleide sich modisch, ihr fehle aber das Attraktive, das man so oft bei Pariserinnen findet. Mit den Augen einer Frau sah Clare Boothe in ihr eine „dunkle, unschöne, gesprächige kleine Frau Ende der Vierzig. Sie sah so sehr nach ‚Hausfrau' aus, wie das einer französischen Mätresse überhaupt möglich ist. Sie war patriotisch, energisch; sie hatte viele Freunde und viele Ideen über vielerlei. In ihr aber die Dubarry Frankreichs zu sehen verfehlt genauso das Ziel, wie wenn man Mrs. Eleanor Roosevelt die Kleopatra des New Deal genannt hätte".

Worin lag dann das Geheimnis ihrer Macht über Reynaud? Wahrscheinlich in seiner geringen Körpergröße. Wie ein Franzose sagte, „ließ sie ihn sich groß, großartig und mächtig fühlen; wäre Reynaud drei Zoll größer gewesen, wäre die Weltgeschichte vielleicht anders verlaufen". Er brauchte sie und verließ sich auf sie, er gedieh an ihren Schmeicheleien; sie ihrerseits wollte ihren Helden ganz oben auf der politischen Leiter sehen, sie stützte ihn in seinem eigenen starken Ehrgeiz. Ihre Beziehung glich, wie man einmal bemerkte, mehr der Art „wie Diana sich an ihr Pferd klammert, als wie Venus ihre Beute faßt".

In der Nachmahd der französischen Niederlage erschien Hélène de Portes vielen als lupenreine Angehörige der fünften Kolonne. Otto Abetz und die Mitglieder des „Comité Française" hatten ihren berühmten Salon häufig besucht; sie war auch nie so „hart" wie Reynaud, und sie war antibritisch. In der Rückschau muß man aber wohl fairerweise zugeben, daß sie nicht stärker der fünften Kolonne angehörte als der größte Teil der „haute bourgeoisie", deren Schibboleth unter der Volksfront der Ruf „Lieber Hitler als Blum!" gewesen war. Das Schlimmste an ihrer Beziehung zu Reynaud lag wohl darin, daß sie diesen völlig zu ihrem Hampelmann machte und ihn erbarmungslos schikanierte, bis er völlig fertig war. Gemeinsam wohnten sie in Reynauds Junggesellenwohnung, in der viele Staatsgeschäfte erledigt wurden. Ständig mischte sie sich ein, und selbst in seinem Büro war Reynaud nie vor ihren endlosen Telephongesprächen sicher. Nicht nur einmal traf man sie tatsächlich an seinem Schreibtisch an, wo sie bei einer Versammlung von Generalen, Abgeordneten und Regierungsbeamten präsidierte. Als André Maurois eine politische Anordnung seines Freundes kritisierte, gab Reynaud zu: „Es war nicht meine Wahl, sondern ihre." Maurois erwiderte: „Das ist keine Ausrede!" „Ah", seufzte Reynaud, „du weißt nicht, was ein Mann, der den ganzen Tag hart gearbeitet hat, zu tun imstande ist, um sich für den Abend Frieden zu verschaffen."

Ein weiterer Aspekt von Madame de Portes' unglücklichem Einfluß lag darin, daß sie mit der Marquise de Crussol, Daladiers Mätresse, sehr verfeindet war. Die Rivalität der beiden Frauen vergiftete die ohnehin schlechten Beziehungen zwischen den beiden Politikern noch weiter. Im Januar begann Madame Portes ihren Feldzug für Reynaud auf die plumpste Art. Sie füllte die Pariser Salons mit Geschichten über Daladiers Lethargie, und die getreue Marquise trug diesen Klatsch sofort an Daladier weiter, bis der Riß zwischen ihm und Reynaud fast unüberbrückbar wurde. Churchill sagte über diese Fehde zu Spears verzweifelt: „Was werden die kommenden Jahrhunderte sagen, wenn wir diesen Krieg wegen mangelnden Verstehens verloren haben."

Reynaud mit Gamelin belastet

Die Tragik für Frankreich lag darin, daß Reynaud, der hinter sich keine politische Maschine hatte, ohne Daladiers Unterstützung im Kabinett nicht überleben konnte. Schon am ersten Tag der neuen Regierung sah sich Reynaud einem Vertrauensvotum gegenüber. Er siegte mit einer einzigen Stimme, so schwach war die Position der Regierung unmittelbar vor Hitlers Angriff. Reynaud wollte von Daladier das Ministerium der nationalen Verteidigung übernehmen, mußte aber verzichten, weil er die Unterstützung seines Feindes brauchte. Er wollte Gamelin entlassen und konnte es nicht, weil Gamelin Daladiers Mann war; er wollte Oberst de Gaulle als Staatssekretär ins Kriegskabinett holen, de Gaulle wollte aber nicht mit Daladier zusammenarbeiten und kehrte lieber zu seinen Panzern zurück.[5] Den Posten erhielt an seiner Stelle Paul Baudouin, jung und gut aussehend, aber ein „Weicher" und ein besonderer Protegé der Madame de Portes. Bonnet wurde endlich entlassen, Reynaud mußte dafür aber zwei Angehörige der extremen Rechten, Marin und Ybarnegaray, ins Kabinett nehmen. Ybarnegarays Ernennung bedeutete in etwa das gleiche, wie wenn Churchill Oswald Mosley in sein Kabinett aufgenommen hätte. Daladier selbst brummte: „Ich hätte nicht in diese Regierung eintreten sollen. Ich muß bei der ersten Gelegenheit wieder hinaus!"

Es war typisch, wie sich der Eigennutz in einem Frankreich breitmachte, das am Rand des Abgrunds stand. An der Front sprach Major Barlone die Meinung vieler Soldaten aus, wenn er über die neue Regierung in sein Tagebuch schrieb: „Die Leute sehen in jedem Politiker einen Planer und einen Dieb... Der Frühling ist da, die Zeit der Prüfung wahrscheinlich nahe... und welche Regierung haben wir!"

Trotz alldem machte sich Reynaud mit der gleichen Kampflust an die Arbeit wie einst Clemenceau. Eine seiner ersten Regierungshandlungen war, daß er am 28. März nach London reiste und mit den Briten eine gemeinsame Erklärung unterzeichnete, in der sich die beiden Länder verpflichteten, ohne Zustimmung des anderen keinen Separatfrieden zu schließen — ein Unternehmen, zu dem sich Daladier nicht bereitgefunden hatte.[6]

Am 12. April beschloß Reynaud, der wegen Gamelins Untätigkeit in der Norwegenfrage wütend war, hier eine Krise herbeizuführen: „Es wäre verbrecherisch, diesen lethargischen Philosophen an der Spitze der französischen Armee zu belassen", sagte er zu Baudouin. Er „schwankte noch zwischen General Georges und General Weygand". Daladier stellte sich jedoch vor Gamelin; er drohte mit dem Rücktritt, wenn es hier einen Wechsel gäbe. Reynaud waren die Hände gebunden; als er sich zum Handeln entschloß, teilte ihm Präsident Lebrun, dessen Unterstützung er unbedingt brauchte, lediglich mit, er „solle Geduld haben, die Zeit würde vieles von selbst regeln". Das war auch tatsächlich der Fall. Am 28. April erkrankte Reynaud an Grippe, er mußte eine Woche das Bett hüten, und Gamelin war wieder gerettet. Als Reynaud noch ziemlich wackelig ins Amt zurückkehrte, war er zum endgültigen Angriff gegen seinen Oberbefehlshaber entschlossen.

Am 8. Mai wurde für den folgenden Morgen eine Kabinettsitzung einberufen. Reynaud erschien mit einem dicken Aktenbündel, aus dem er zwei Stunden lang vorlas. „Er war viel schmäler, und seine Stimme war noch dünn und unsicher", sagte ein Beobachter. Reynaud schloß mit der Warnung, wenn Frankreich weiter Fehler wie Norwegen begehe, werde es fast unweigerlich den Krieg verlieren. Gamelin dürfe die Leitung nicht behalten. Erst nach minutenlangem peinlichem Schweigen kam Finanzminister Lamoureux Reynaud zu Hilfe. Daladier schlug heftig zurück. Reynaud schloß mit der Erklärung, angesichts der Opposition betrachte er die Regierung als für zurückgetreten, er werde den Präsidenten dementsprechend informieren. Am nächsten Tag griffen die Deutschen an. Gamelin erhielt den dritten Aufschub. In England brachte das Unterhaus inmitten so wichtiger Fragen wie der Tatsache, daß die Schafe in Kent durch den Flugzeuglärm gestört würden und daß schottische Hotels Überpreise für Kaffee verlangten, die Norwegendebatte zum Abschluß. Chamberlain war erledigt. Am 10. Mai, als Hitlers Panzer nach Holland und Belgien vorstießen, wurde Churchill Premierminister. In lapidaren Worten erklärte er: „Ich war mir eines tiefen Gefühls der Erleichterung bewußt. Endlich hatte ich Vollmacht, Weisungen auf dem ganzen Schauplatz zu geben. Ich hatte ein Gefühl, als ginge ich mit dem Schicksal . . ."

England hatte seinen Kriegsführer gefunden, der die volle Unterstützung der Parlamentarier besaß.

Wie anders war die Lage in Frankreich. Die Zeit hatte zweifellos verschiedene Fragen „erledigt", aber nicht so, wie Lebrun vielleicht gehofft hatte. Die Regierung war in Auflösung und der Oberbefehlshaber schon zum Gehen verurteilt.

Die gegnerischen Kräfte: Tanks

Für „Sichelschnitt" konnte Hitler im Mai mit 136 der 157 Heeresdivisionen rechnen, davon war nicht mehr als ein Drittel erstklassiges Offensivmaterial. Frankreichs Nordostfront wurde von 94 Divisionen mit unterschiedlichem Kampfwert[7] gehalten; dazu kamen 10 britische, 22 belgische und 10 holländische Divisionen — welch letztere entgegen Gamelins Hoffnungen im Kampf nur wenig Bedeutung hatten —, also insgesamt 136 Divisionen. Der bloßen Zahl nach besaßen die Deutschen also nicht jene überwältigende Überlegenheit, die die Alliierten später brauchten, um die Wehrmacht zu zermalmen.

In der kritischen Frage der Panzer variieren die Zahlen beträchtlich. Das französische *Deuxième Bureau* schätzte, daß die Deutschen 7000 bis 7500 Panzer besaßen, eine stark übertriebene Zahl, die die Franzosen vor allem als Entschuldigung für das, was folgte, benützten. Guderian zufolge hätten Deutschlands zehn Panzerdivisionen mit 2800 Panzern ausgestattet sein sollen, in Wirklichkeit waren es jedoch nur 2580; als verläßliche, auf deutschen Archiven basierende Zahl könnte man knapp über 2400, aber weit unter 3000 annehmen.[8]

Die Zahl der franko-britischen Panzer gibt Gamelin selbst mit 3432 modernen Fahrzeugen an; Oberst Goutard, eine im allgemeinen vertrauenswürdige Quelle, nennt „etwa 3000", und die neueste Schätzung (General de Cossé Brissac) nennt als Frankreichs Totalstärke 3100; davon waren 2285 modern. In der Gesamtzahl der Panzer waren die Briten und Franzosen also überlegen.

Auch in der Qualität der Panzer war die Kluft zwischen der Wehrmacht und den Alliierten nicht so groß wie noch zwei Jahre vorher. Die Hauptstütze der deutschen Panzerdivisionen war der leichte Panzer II, der nur ein 2-cm-Geschütz mit sich führte; über 1400 oder mehr als die Hälfte der Gesamtzahl waren Panzer I oder II, nur 349 waren mittlere Panzer III mit einem 3,7-cm-Geschütz, und nur 278 waren neue 24-Tonnen-Panzer vom Typ IV mit einem 7,5-cm-Geschütz. Die Franzosen besaßen ihren neuen 33-Tonnen-Tank B — 1940 wahrscheinlich der beste aller Panzer — und den schnellen, mittleren „Somua" (20 Tonnen). Der B-Tank hatte eine 4,7-cm-Kanone in einem drehbaren Turm und ein 7,5-cm-Geschütz im Rumpf sowie eine stärkere Panzerung als alle deutschen Panzer, und auch der „Somua" hatte die 4,7-cm-Kanone, die unter den damals gängigen Kanonen wahrscheinlich die höchste Durchschlagskraft besaß. Trotz der Verzögerungen in der Produktion gab es von diesen beiden Gattungen 800, also mehr als alle deutschen Panzer III und IV zusammen. Auch die 100 britischen Infanterietanks in Frankreich waren stärker gepanzert als die deutschen, ihr Zweipfünder war stärker als die deutschen 3,7-cm-Geschütze.

Die Nachteile der „Somua" und der B-Panzer lagen darin, daß ihre Türme von einem überlasteten Kommandanten — Lade- und Richtschütze in einer Person — bedient wurden, im Gegensatz zu den Zwei- oder Dreimanntürmen der Briten und der Deutschen; die vom Fahrer bediente 7,5-cm-Kanone des B-Panzers war nicht schwenkbar, sie konnte nach der Seite nur dann abgefeuert werden, wenn man den ganzen Panzer drehte; auch waren die französischen Zieleinrichtungen den deutschen unterlegen. Die schwersten Mängel der französischen Panzer lagen aber immer noch in ihrer armseligen Reichweite sowie darin, daß vier Fünftel davon keine Funkgeräte besaßen. Das beeinträchtigte ihre Beweglichkeit.

Doch schwerer als technische Vorteile wog die Überlegenheit der deutschen Panzerbesatzungen in Ausbildung und Doktrin. Während des Anschlusses 1938 waren viele deutsche Panzer auf den österreichischen Straßen liegengeblieben, es hatte dort ein wahres Chaos geherrscht.[9] Zwei Jahre und die Erfahrungen aus der Tschechoslowakei und aus Polen hatten Hitler Gelegenheit gegeben, alle Mängel zu beseitigen.

Das größte Übel lag freilich in der Art und Weise, wie die französischen Panzer verteilt waren: 700 bis 800 bei den Kavalleriedivisionen oder leichten mechanisierten Divisionen (LMD) und 1500 bis 1700, die in unabhängigen Panzerbataillonen bei der Infanterie verstreut waren; der Rest gehörte zu den drei neuen Panzerdivisionen, die erst 1940 aufgestellt worden waren;[10] jede besaß aber nur halb soviel Panzer wie die zehn mächtigen deutschen Panzerdivisionen, in denen alle Panzer konzentriert waren.

Bei den Pak konnten die deutschen 3,7-cm-Geschütze kaum etwas gegen die schweren französischen Panzer ausrichten. Die weit überlegene französische 4,7-cm-Pak war aber nur so knapp vorhanden, daß lediglich sechzehn Divisionen damit ausgerüstet waren. Soweit die Pak vorhanden waren, wurden sie von umgebauten Traktoren gezogen, die Munition aber auf Lastwagen befördert; die Geschütze konnten also querfeldein fahren, die Munition aber nicht. Der älteren 2,5-cm-Pak fehlte die Durchschlagskraft, sie war zudem pferdebespannt und ebenfalls zu knapp. Coraps 9. Armee, die sie am dringendsten benötigt hätte, besaß nur die Hälfte der vorgesehenen Ausstattung. Die Situation bei den Tankminen war noch schlimmer — erst im Mai 1940 erreichten sie die Front. An Artillerie waren die Franzosen mit 11.200 Geschützen gegenüber 7710 deutschen überlegen. Die französische Artillerie war aber noch von den Pferden abhängig wie 1918 und deshalb aus der Luft leicht verwundbar, und sie besaß zudem kein Geschütz auf Selbstfahrlafette, wie sie in jeder deutschen Panzerdivision vorzufinden waren.

Luftwaffe

Bei der Flak war Frankreichs Situation besonders beklagenswert. General Roton zufolge „besaßen wir am 10. Mai nur 17 9-cm-Geschütze". Bei der zur Abwehr von Sturzbombern so wichtigen leichten Flak waren nur 22 französische Divisionen mit der 2-cm-Örlikon ausgestattet, und zwar jede nur mit zwölf Stück; 13 weitere Divisionen hatten je sechs der neuen 2,5-cm-Flak, die allerdings erst im April eintrafen: die Bedienungen konnten also kaum mehr geschult werden. 39 Batterien blieben bei den Armeen als Reserve; ansonsten bestand die französische Flak aus 7,5-cm-Geschützen, die von 1918 übriggeblieben waren. Gegen die etwas über 1500 Flakgeschütze stellten die Deutschen 2600 mächtige „8,8" sowie 6700 leichte Flakgeschütze, mit denen alle Panzerdivisionen und motorisierten Divisionen reichlich ausgestattet waren.

In der Luft waren die Alliierten natürlich am stärksten unterlegen. Trotz der Bemühungen Raoul Dautrys produzierte die französische Flugzeugindustrie im April 1940 — wie im September 1939 — nur 60 Maschinen[11]; zahlenmäßig lautete das Verhältnis wie folgt:

	Deutschland*	Frankreich*	England[12]
Bomber	1562	143	220
Sturzbomber	555	54	0
Jäger	1016	764	130
Aufklärer	501	342	50
	3634	1303	400

Die Franzosen besaßen also in Frankreich etwa 1200, die Briten etwas über 600 Maschinen, wenn man das strategische Bomberkommando mitrechnete, das in die Schlacht eingreifen konnte. Infolge des französischen Verteilungssystems konnte der Befehlshaber der entscheidenden „Zone d'Operations Aériennes Nord" nur mit 746 Maschinen rechnen, gegen die Göring 3000 bis 3500 von seinen insgesamt 5000 einsetzen konnte. Der Rest einschließlich der Ju-52-Transporter blieb in Norwegen oder als Reserve in Deutschland. Was der Wehrmacht an Geschützen fehlte, wurde durch die „fliegende Artillerie" mehr als ausgeglichen. Unschätzbar war auch der Vorsprung, den die Luftwaffe in Spanien und Polen an Erfahrung und Ausbildung gewonnen hatte.

Die Franzosen an der Maas

Die Armeen, die die Hauptwucht der deutschen Offensive treffen sollte, waren die 9. Armee General Coraps und die 2. Armee General Huntzigers.

Nach dem Dyle-Breda-Plan sollte die 9. Armee von ihrem Drehpunkt nördlich Sedan vorrücken und den belgischen Abschnitt der Maas von Namur nach Süden besetzen, dazu war ein Vormarsch bis zu 55 km nötig. Corap sollte eine Front von etwa 80 km Luftlinie halten, infolge der Maasschleifen waren es aber beträchtlich mehr. Für diese Aufgabe hatte er nur 9¹/₂ Divisionen zur Verfügung. Zwei leichte Kavalleriedivisionen (die 1. und die 4.) sowie die 3. Spahibrigade, eine Mischung aus Reitern und leichten Panzern, die den Stoß einer deutschen Panzerdivision niemals aus-

---

* „Der Zweite Weltkrieg in Bildern und Dokumenten", herausgegeben von Hans Adolf Jacobsen und Hans Dollinger, Verlag Kurt Desch.

halten konnten, sollten als Aufklärungsschleier die Maas überqueren, in die Ardennen vorgehen und den ersten Stoß des deutschen Angriffs auffangen, während die Infanterie an der Maas Stellung bezog.

Von Coraps sieben Infanteriedivisionen, die den Schlüsselabschnitt der Front halten sollten, waren nur zwei, die 5. (motorisierte) und die 4. nordafrikanische Division, aktiv, zwei, die 18. und 22., gehörten zur Serie A, was bedeutete, daß nur 23 Prozent der Offiziere, 17 Prozent der Unteroffiziere und 2 Prozent der Mannschaften Aktive, der Rest Reserve waren; zwei (die 61. und die 53.) waren Serie B, die fast ausschließlich aus Reservisten (dazu noch aus älteren Reservisten, Männern um 40, die von der übrigen Armee unfreundlich „Krokodile" genannt wurden) bestand. Eine Division schließlich (die 102.) war eine Festungsdivision, also ziemlich schwer beweglich.

Coraps „Mischung" bestand überwiegend aus Normannen und Bretonen, guten Kämpfern, die sich aber der Vorliebe französischer Kommandeure bewußt waren, sie dort einzusetzen, wo weichere Truppen aus dem Süden versagen konnten, Männer von der Loire und Kolonialsoldaten aus Nordafrika, Indochina und Madagaskar. Bei der Parade am 11. November 1939 hatten sie auf Generalleutnant Alan Brooke keinen sehr guten Eindruck gemacht.

„Ich sehe die Truppen heute noch ... Unrasierte Männer, schlechtgepflegte Pferde; Uniformen und Lederzeug, die nicht paßten, schmutzige Fahrzeuge, ein Mangel an Stolz auf sich selbst und ihre Einheiten. Was mich aber am meisten erschütterte, war der Ausdruck in den Gesichtern der Männer; mißmutig und unwillig; den Befehl ‚Die Augen links!' beachtete kaum ein Mann. Nach der Zeremonie lud mich Corap ein, einige seiner Stellungen im Forêt de Saint-Michel zu besichtigen. Wir fanden einen halb fertigen und sehr schlechten Panzergraben ohne jede Schutzstellung vor. Im Gespräch sagte ich, daß er den Graben wohl durch das Feuer aus panzersicheren Bunkern decken wolle. Darauf antwortete er: ‚Ah bah! On va les faire plus tard — allons, on va déjeuner!' — ‚Ach was, die bauen wir später, jetzt gehen wir frühstücken!' "

Während des bitteren, müßigen Winters war kaum etwas geschehen, an der gesamten Front war wahrscheinlich kein Abschnitt so dünn besetzt wie der Coraps.

Die Grenze zwischen der 9. und der 2. Armee lag in Dom-le-Mesnil, am Zusammenfluß der Maas mit dem Ardennenkanal, etwa 8 km flußabwärts von Sedan. Huntzigers 2. Armee, die nach dem Dyle-Plan nicht nach Belgien vorrücken sollte, bestand nur aus zwei Armeekorps (und einem Kavallerieschleier ähnlich dem Coraps).

Dieses Buch hat sich hauptsächlich mit dem X. Korps (unter General Grandsard) zu befassen, weil Guderians Panzerspitze gerade dieses Korps bei Sedan angriff. Um einen flankierenden Angriff auf die Maginotlinie abzudecken, hatte Huntziger verhängnisvollerweise seine besten Divisionen rechts und seine schlechtesten links unmittelbar hinter Sedan aufgestellt, wo sie an Coraps mittelmäßige Kräfte angrenzten. Auf Grandsards rechtem Flügel stand die 3. nordafrikanische Division, eine Berufsdivision, die von der kritischen Phase der Schlacht kaum erfaßt wurde; seine linke Flügeldivision war die 55., eine aus der Serie B — und eine schlechte obendrein. Hinter der Linie stand in Reserve die 71. Division (ebenfalls B), die zum X. Korps gehörte.

Schon gleich nach Kriegsbeginn hatte Huntziger einem amerikanischen freiwilligen Ambulanzfahrer anvertraut, daß ihm die Moral seiner Truppe Sorgen mache; von der 55. und der 71. Division sagt Grandsard selbst:

„Fälle von Aufsässigkeit waren selten, aber die Begeisterung für Arbeit und Ausbildung und der Wille zum Kämpfen noch seltener. Die Nonchalance ist weit verbreitet, sie ist von dem Gefühl begleitet, Frankreich könne nicht geschlagen werden — Deutschland würde ohne Kampf besiegt werden. Die Leute sind schwammig und schwer ... Bei der Artillerie sind die Männer lauter ältere Jahrgänge, die Ausbildung ist mittelmäßig ..."

Die 55. Division (General Lafontaine) wurde hinsichtlich der Ausrüstung als „arme Verwandte" bezeichnet[13]; es fehlte besonders an moderner Flak. Von den 450 Offizieren waren nur 20 Aktive. Die 71. Division, die in Paris — und da in den ziemlich rot gefärbten Vororten — rekrutiert worden war, war vermutlich noch mittelmäßiger als die 55. Am 10. Mai betrug ihre Kampfstärke infolge Urlaub, Krankheit und anderer Gründe statt 17.000 nur 10.000 Mann.

Drei mittelmäßige Divisionen also, die 55., die 71. und Coraps 53., sollten den schicksalhaften Abschnitt von Sedan hüten. Wie Gamelin in seinen Memoiren vorsichtig zugibt, war das „gefährlich" — und ein Geschenk des Himmels für Guderian.

Fußball und Rosen

Viele Franzosen, Soldaten wie Zivilisten, teilten Churchills Ansicht, daß die französische Ausbildung und die Vorbereitungen zur Verteidigung während des bitteren Winters ungenügend waren. Statt aus den ersten Lektionen von Polen zu lernen und entsprechend zu üben, waren allzu viele französische Soldaten damit beschäftigt, ihre Baracken zu pflegen, organisiert Fußball zu spielen, auf dem Glacis der Maginotforts Rosen zu pflanzen oder im Frühling die Felder zu bestellen — alles nur, um die Langeweile zu vertreiben. Jean-Paul Sartre berichtete Simone de Beauvoir von seinen täglichen Aufgaben:

„Meine Aufgabe besteht darin, Ballons aufsteigen zu lassen und sie durch den Feldstecher zu beobachten, das nennt man ‚meteorologische Beobachtung'. Dann rufe ich die Batterieoffiziere an und melde ihnen die Windrichtung; was sie mit der Information anfangen, ist ihre Sache. Die jüngeren benützen die Berichte irgendwie, die älteren stecken sie einfach in den Papierkorb. Da nicht geschossen wird, sind beide Methoden gleich wirksam."

Die Ausbildung war mangelhaft und wurde oft kritisiert. Die seltenen Panzerübungen mußten oft abgebrochen werden, weil die Versorgung nicht genügend Treibstoff gestellt hatte. Gamelins GHQ gab eine neunzehn Seiten lange Vorschrift über das Verhalten auf Patrouille heraus, während sich die Offiziere an der Front wunderten, warum man nicht das Verhalten bei Stuka-Angriffen übte, damit die Truppen erkannten, ihre Sicherheit liege nicht in panischem Umherlaufen, sondern darin, in ihren Deckungslöchern zu bleiben. Während die Franzosen die Monate des „komischen Kriegs" vergeudeten, wurden auf der deutschen Seite Divisionen der zweiten, dritten und vierten Kategorie aus „bewaffnetem Gesindel" in voll einsatzfähige Einheiten umgewandelt.

Bei Coraps und Huntzigers mittelmäßigen Divisionen war das Bild besonders deprimierend. Die dringend nötige Ausbildung der Reservisten stand in scharfem Gegensatz dazu, daß sie zugleich zur Arbeit an den Befestigungen benötigt wurden. Durchschnittlich stand für die Schieß- und Gefechtsausbildung nur ein halber Tag pro Woche zur Verfügung; dabei mußten Ausbildung und Schanzarbeiten wegen der falschen Alarme oft für fünf oder sechs Tage unterbrochen werden. Grandsard stellte fest, daß er bis Anfang März nicht zwei seiner Infanterieregimenter zu einer dreiwöchigen Ausbildung hinter die Front schicken konnte. In Frankreich hat man es Pétain immer angekreidet, daß er im März 1934 die Ardennen für „undurchquerbar" erklärt hatte (warum der französische Generalstab diese These ohne Widerspruch hinnahm, ist ein anderes Kapitel!); Pétains Zusatz, „vorausgesetzt, daß man hier besondere Maßnahmen trifft", wird gern vergessen. Welche „besonderen Maßnahmen" hatten die Männer der 2. und 9. Armee durchgeführt? Ein französischer Stabsoffizier hatte tatsächlich vorgeschlagen, die Waldwege, die durch die Ardennen zur französischen Grenze führten, durch das Fällen von Tausenden von Bäumen zu sperren, was aber abgelehnt worden war. Warum? Weil die Wege für den Vormarsch des Aufklärungsschleiers der französischen Kavallerie freigehalten werden sollten. Grandsard selbst sagte, daß die Maas bei Sedan zu Beginn des Kriegs nur durch etwa vierzig Bunker abgeschirmt war, die entweder mit zwei MG oder einer kleinen Pak und einem MG bewaffnet waren und „höchstens einem Beschuß durch 10,5-cm-Geschütze standzuhalten vermochten". Es gab keine Betonunterstände für Kommandostellen und Artillerie. Am 25. November begann man mit einem Programm, die Zahl der Bunker zu verdoppeln; am 10. Januar war aber erst ein Fünftel der 45.000 Tonnen Material angelangt, die man zum Bau benötigte. Zur Erhöhung der allgemeinen Mißstimmung mußte die 71. Division 16 Kilometer Schützengräben neu bauen, die der Winter zerstört hatte.

Warum aber dieser Aufschub? Grandsard tadelt die Weichheit und Trägheit seiner Leute; ein Hauptgrund scheint aber darin gelegen zu sein, daß sich Billotte und seine Armeeführer nicht über den Befestigungstyp einigen konnten.

Anfang März hatte Gamelin einen prophetischen Brief von dem Abgeordneten Pierre Taittinger erhalten, der mit einer Abordnung die Linien inspiziert hatte. Die Verteidigung von Sedan hatte Taittinger und seine Kollegen so schockiert, daß sie eine Katastrophe voraussahen. Gamelin reagierte, indem er den Bau einer Linie von „maisons fortes" befahl, die Sedan auf halbem Weg zwischen der belgischen Grenze und dem rechten Maasufer schützen sollten. Ein „maison forte" war ein kleiner, halb getarnter Mauerblock mit einer dicken Betondecke. In einem Aufbau darüber waren die vier bis fünf Mann Besatzung untergebracht. Angeblich widerstanden sie jeder Beschießung, tatsächlich aber genügte eine Stuka-Bombe oder ein direkter Treffer eines großen deutschen Sturmgeschützes, um sie in die Luft zu jagen. Zur Besatzung der „maisons fortes" wählte man mit Vorliebe „Unerwünschte" aus — Nörgler und Männer auf Bewährung. Zudem war die Linie, die den Sedanbrückenkopf am rechten Maasufer decken sollte, keineswegs vollendet — wie Rundstedts scharfäugiger Photoexperte, Major von Stiotta, bereits festgestellt hatte.

Am 11. April bat Huntziger, den der Zustand der Befestigungen besorgt machte, Gamelin um vier Reservedivisionen, um die Arbeiten zu beschleunigen, aber sein Ersuchen wurde abgelehnt. So waren am 10. Mai erst 54 von 100 Befestigungen fertig, womit sich die Dichte von drei auf sechs Bunker pro Kilometer erhöhte.[14] Die meisten der fertigen Bunker hatten aber weder ihre Stahltüren noch die Blenden für die Schießscharten erhalten. Man schützte sie völlig unzureichend mit Sandsäcken — klaffende Achillesfersen für Guderians rasante Panzerkanonen. Bei den Bunkern in Coraps Front waren die gleichen Mängel festzustellen.[15]

Auf den wichtigen Höhen hinter Sedan war nur eine Kasematte mit zwei 7,5-cm-Geschützen fertig, als die Schlacht begann. Sarraz-Bournet, ein Major in Gamelins Deuxième Bureau, war entsetzt, als er feststellte, daß einige von Zivilfirmen erbaute neue Bunker nicht einmal Schießscharten hatten, die die Maas überschauten. War das Sabotage oder bloßes „Vergessen"? Ähnliche Mängel wurden überall festgestellt.

Man hatte sich wenig Mühe gegeben, die neuen Befestigungen zu tarnen. Anfang Mai gibt Grandsard zu, daß an seiner Korpsfront „in den Bauzonen das Material nicht weggeschafft worden war und das Gelände für Flugzeuge deutlich sichtbar war, manchmal behinderten die Materialmassen sogar das Schußfeld".

Die „undurchdringlichen" Ardennen

Der Erfolg einer französischen Maasverteidigung hing offensichtlich weitgehend von Belgiens Absicht ab, die Ardennen zu halten. Die Belgier hatten die Verteidigung dieses großen Abschnittes tatsächlich nicht mehr als sieben Bataillonen *Chasseurs Ardennais* anvertraut; eine „fortlaufende" Front, geschweige denn eine Verteidigung in der Tiefe, wurde dadurch völlig unmöglich. Die Ardennenjäger hatten Befehl, falls sie von einer Übermacht angegriffen wurden, die Verbindungswege zu zerstören und sich nach Norden zurückzuziehen, also die Deckung der französischen Maasstellung aufzugeben, um sich mit der Hauptmasse der belgischen Armee zu vereinigen. Von den Befestigungen an der Linie Lüttich-Arlon soll ein belgischer General gesagt haben: „Ich pisse darauf und bin daran vorbei." Die belgische Strategie war völlig klar und verständlich; da die Belgier nicht stark genug waren, um ihr ganzes Land zu schützen, wollten sie sich auf die Industrie- und Bevölkerungszentren im Norden konzentrieren, statt die unterbevölkerte Ardennenwildnis südlich von Lüttich zu verteidigen. Man hoffte darauf, daß die französische Kavallerie rechtzeitig und stark genug eintreffen würde, um die Ardennen zu schützen. Französische Autoren zitieren die belgische Weigerung von 1936, die Verteidigungspläne mit dem französischen Oberkommando zu diskutieren, sie geben an der „Überraschung" von Sedan teilweise den Belgiern die Schuld, weil diese ihre Absicht nicht bekanntgaben. Das *Deuxième Bureau* muß aber genau über die belgischen Pläne informiert gewesen sein. Der belgische General Wanty behauptet sogar, das ganze französische Oberkommando habe Bescheid gewußt.

Wie war nun aber das Gelände beschaffen, durch das Rundstedts gewaltige mechanisierte Phalanx vorbrechen sollte?

Schon im August 1914 hatte General Lanrezac, der Befehlshaber der Fünften Armee, seinen rechten Nebenmann, General de Langle de Cary, vor den Gefahren gewarnt: „... das Gelände ist zur Verteidigung und für Hinterhalte geeignet ... Sie werden nicht hineinkommen, und wenn Sie drin sind, kommen Sie nicht wieder heraus." Langle griff an, geriet in einen Hinterhalt und taumelte mit schweren Verlusten zurück. Obwohl zwischen dem sechzehnten und achtzehnten Jahrhundert zehn erfolgreiche Feldzüge in den „ungastlichen" Ardennen durchgeführt worden waren, ließ sich das französische Oberkommando besonders von der unglücklichen Erfahrung Langles beeinflussen; die Ardennen galten als undurchdringlich.

In der Tat gab es in den Ardennen Gebiete, die den Durchzug einer großen Armee schwer behindern konnten. Strecken an der Maas, wie zwischen Charleville und Givet, werden im Osten durch steile Felsenklippen geschützt. Bei Dinant kann der Fluß nur durch steile, gewundene Schluchten erreicht werden, die von Panzern nur schwer zu überwinden sind und zudem leicht gesperrt werden können. Sedan selbst ist durch dichte Wälder geschützt, alle Zugänge vom Osten sind von den Marféehöhen im Westen aus gut einzusehen. Hat man aber einmal das Ardennenhochplateau erreicht, findet man ideales Panzergelände vor. Zwischen den Wäldern liegen große Lichtungen mit Weideland, das Dreieck Arlon-Bastogne-Neufchâteau, durch das Guderians Hauptanmarsch verlief, ist im allgemeinen flaches, offenes Land. Selbst die kleineren Wege sind gut, es stimmt nicht, daß sich, wie Gamelin in seinen Memoiren behauptet, Panzer und Infanterie abseits der Straßen nicht entfalten konnten. Die prächtigen Eichen-, Birken- und Kiefernwälder stellten nicht nur kein Hindernis dar, sie boten sogar eine hervorragende Tarnung gegen die Sicht aus der Luft, ganze Panzerdivisionen konnten sich hier den Blicken des Feindes entziehen. Es gab freilich auch Schluchten und natürliche Schranken wie den gewundenen Fluß Semois, falls sie aber nicht energisch verteidigt wurden, waren sie wertlos.

Wenn man das Gelände kennt, wird es einem noch schwerer verständlich, wie man die Ardennen als undurchdringliches Hindernis selbst für eine moderne Armee halten konnte. Es wird sogar noch unverständlicher, wenn man hört, daß die Manöver 1938 unter General Prételat — der dann die 2. Armee übernehmen sollte — unter der Annahme eines deutschen Angriffs durchgeführt wurden, der dem von 1940 aufs Haar glich. Von imaginären sieben deutschen Divisionen (darunter zwei Panzerbrigaden) getroffen, die sich aus den Ardennen entfalteten, wurden die französischen Verteidiger so zerschlagen, daß sie sich nicht mehr festsetzen konnten. Dieses Ergebnis war so maßgeblich, daß mindestens einer der höheren Kommandeure bat, es möge nicht veröffentlicht werden, um die Truppe nicht zu demoralisieren. Gamelin, der an die Defensivwunder der französischen Armee in der Vergangenheit dachte, hatte lediglich erwidert, im Ernstfall wären sicher genügend Reserven zur Stelle, um den feindlichen Schlag zu parieren. Auch Ironside, der schwerlich ein hervorragender Stratege war, hatte schon im Oktober 1939 prophezeit, die Deutschen könnten die Ardennen für den Hauptangriff auswählen. Es bleibt zu erklären, warum Gamelin trotz all dieser Warnungen blind zu sein schien für die Gefahren, die in den dunklen Wäldern der Ardennen lauerten.

Die Luftaufklärung war 1940 die Hauptwaffe des militärischen Nachrichtenwesens, die Deutschen machten von ihr bei der Erkundung der Maasbefestigungen auch ausgiebig Gebrauch. Warum konnten dann die Luftstreitkräfte der Alliierten die gewaltige deutsche Panzerkonzentration, die auf die Ardennen zielte, nicht ausmachen? Alle Bitten Luftmarschall Barratts, Erkundungsflüge in großer Höhe über Belgien durchführen zu dürfen, wurden aus politischen Gründen abgelehnt; man braucht nicht zu erwähnen, daß die Deutschen solche Hemmungen nicht hatten. Belgischen Berichten zufolge sollen sie in den acht Monaten vor 1940 über 500 Aufklärungsflüge durchgeführt haben. Die französische Luftwaffe, die von Elsaß-Lothringen aus nach Norden flog, hätte leicht die Eifel und die Verbindungslinien über den Rhein erkunden können. Dieses Versagen haben die Franzosen der Unterlegenheit ihrer Luftwaffe und den schlechten Wetterbedingungen im Winter 1939/40 zugeschrieben.[16] Nach dem Verlust mehrerer Maschinen Ende September 1939 wurden die Maschinen vom Typ Bloch 131 von Tagflügen zurückgezogen und nur noch nachts eingesetzt, die Bréguet- und Potez-Aufklärer erhielten Anweisung, „nur hinter den eigenen Batteriestellungen zu arbeiten", und die Mureaux durften sich den Linien „auf ein bis zwei Kilometer nähern — vorausgesetzt, daß sie in Patrouillen zu zweit flogen". General Ruby behauptet, „die französischen Aufklärer konnten nur unter äußerster Todesverachtung die Linien überfliegen". Luftmarschall Barratt, den die Apathie und der Defätismus der französischen Luftwaffe von Anfang an alarmiert hatten, erklärte weniger großmütig: „Die französischen Aufklärerbesatzungen wollten einfach nicht den Boden verlassen und schützten oft schlechtes Wetter vor."

Während des kritischen Monats April verlor die französische Luftwaffe durch Feindeinwirkung ganze vier Maschinen, bestimmt kein hoher Preis, wenn man die tödliche Gefahr bedenkt, der Frankreich ausgesetzt war.

Trotz dieses Versagens der französischen Luftaufklärung besaß das *Deuxième Bureau* jedoch ein bemerkenswert exaktes Bild von den deutschen Plänen — vielleicht ein vollständigeres als das, das „Fremde Heere West" des OKH von den französischen Streitkräften gewonnen hatte. Schon im März war es die deutschen Truppenkonzentrationen um Trier und in dem Gebiet zwischen Rhein und Mosel gewahr geworden. Ende März berichtete es, daß der deutsche Nachrichtendienst sich plötzlich für die Straßenbedingungen längs der Achse Sedan-Abbéville interessierte; einen Monat später kannte es den Standort aller deutschen Panzerdivisionen sowie der drei motorisierten Divisionen. Aus der massiven Anhäufung vor den Ardennen hätte das französische Oberkommando wohl annehmen — und, wenn es Guderians „Achtung — Panzer!" studiert hätte, über jeden Schatten eines

Zweifels erhaben sein — müssen, in welche Richtung der Angriff zielen würde. Eddy Bauer, ein Schweizer Militärhistoriker, teilte uns mit, der Schweizer Nachrichtendienst habe den Bau von acht Militärbrücken über den Rhein zwischen Bingen und Bonn beobachtet und daraus geschlossen, daß der Hauptstoß nicht im Norden und auch nicht im Süden durch die Maginotlinie erfolgen würde; er behauptete des weiteren, das sei auch den Franzosen bekannt gewesen. Wohl auf der Basis der Schweizer Nachrichtenarbeit informierte der französische Militärattaché in Bern das GQG am 30. April, die Deutschen würden zwischen dem 8. und dem 10. Mai angreifen, mit „Sedan als Hauptbewegungsachse".

Alle diese Informationen wurden an Gamelin weitergereicht, er blieb aber skeptisch; unter anderem behauptete er bis zum bitteren Ende, die Deutschen hätten in der Heeresgruppe C doppelt so viele Truppen gegenüber der Maginotlinie, als seine Nachrichtenexperten behaupteten — und das OKH besitze fünfundvierzig statt zwanzig Divisionen in Reserve.

Die Blindheit Gamelins — und auch Georges', Billottes und der ganzen französischen Generalität — war teilweise in dem ehrlichen Glauben begründet, die Stellungen bei Sedan seien ausreichend, und dieser Glaube stützte sich auf die unauslösliche Selbstsicherheit, die französische Armee sei, in extremis, unbesieglich. Man muß allerdings auch die Erfolge der deutschen Tarnungsmaßnahmen in Rechnung stellen, die zum „Sichelschnitt"-Plan gehörten. Vom Februar an ließ Admiral Canaris' Abwehr absichtlich bei den Neutralen Gerüchte über die Kriegsmüdigkeit in Deutschland verbreiten sowie darüber, daß das Heer zu einer größeren Offensive gegen die Alliierten nicht imstande sei[17]; einen knappen Monat vor dem Beginn von „Sichelschnitt" hörte man den deutschen Militärattaché in Brüssel sagen, ein Angriff in die Tiefe sei sinnlos, „denn wir würden zwar einen Anfangserfolg erringen, er würde aber zu nichts führen".

Die größte Täuschung wurde aber bei Leebs Heeresgruppe C durchgeführt. Hier war selbst die Mehrzahl der Offiziere davon überzeugt, die Offensive würde am Südende der Front erfolgen, man sprach davon, daß Italien eingreife und zwanzig Divisionen zur Verfügung stelle. Um den 20. April fing das *Deuxième Bureau* eine Rede Görings auf, in der dieser sagte, die Maginotlinie würde zwischen dem 5. und 15. Mai an zwei Punkten angegriffen werden; man erwarte, daß die Deutschen bei der Ausnützung des Erfolgs 500.000 Mann und 80 Prozent der Luftwaffe verlieren würden. All das wirkte auf Gamelin zweifellos verwirrend, aber man hätte den neuesten Berichten, besonders dem des französischen Militärattachés in Bern, glauben sollen.

Kurz vor dem Beginn von „Sichelschnitt" kamen einige bemerkenswerte Warnungen aus Deutschland selbst; die zutreffendste erhielten die Holländer. Oberst Hans Oster — in der Abwehr tätig und eines der mutigsten und aktivsten Mitglieder des Widerstands[19] — war mit Oberst Sas, dem holländischen Militärattaché in Berlin, eng befreundet. Zwischen November 1939 und dem 10. Mai warnte er Sas viermal präzise vor Hitlers Angriffsplänen; die Holländer waren aber mißtrauisch, teils wegen der falschen Alarme in der Vergangenheit, teils weil sie glauben *wollten,* sie würden nicht angegriffen. Am 3. April hatte Oster Sas vor dem Norwegenunternehmen gewarnt — was eintraf —, am 3. Mai sagte er Sas, daß Holland angegriffen werden würde. Der Holländer informierte die Belgier, man traf einige Vorbereitungen. Sas wollte Oster am Abend des 9. Mai nochmals treffen.

Am Abgrund

Selten hatte es einen wundervolleren Frühling gegeben. Die Pariser saßen in den Straßencafés und träumten wehmütig vom Urlaub des letzten Jahres. Im Grand Palais fanden Kunstausstellungen statt, Pferderennen in Auteuil; in den Vorstädten spielten die „Tommies" gegen die „Poilus" Fußball. Natürlich gab es fleischlose und zuckerlose Tage und solche ohne Alkohol, es gab keine Luxusschokolade, und die „Patisseries" waren drei Tage in der Woche geschlossen; das machte aber der Pariser Gastronomie nicht viel aus. Am 2. Mai gab die Pariser Gesellschaft, wie Fabre-Luce berichtet, „die letzte Party, ein Wohltätigkeitsfest im Marigny-Theater. Entthronte Monarchen wie der Herzog von Windsor und König Zogu von Albanien nahmen die vordersten Plätze ein. André Maurois stellte fest, daß die Akademie friedlich an ihrem ewigen Wörterbuch weiterarbeitete:

„... die Definition des Wortes ‚aile' führte zu einem Wortgefecht zwischen Abel Bonnard und Georges Duhamel. Die letzte Ausgabe hatte *aile* (Flügel) einen ‚Muskel' genannt. ‚Das ist ja lächerlich', sagte Bonnard. ‚Ein Flügel ist ein Glied.' ‚Im Gegenteil', sagte Dr. Duhamel, ‚ein Flügel ist ein Muskel, was Sie vom Flügel eines Huhnes essen, ist ein Muskel, nicht mehr und nicht weniger ...' "

Doch unter der schwachen Tarnung „Geschäft wie üblich" war die Wirklichkeit für Menschen, die mit offenen Augen umhergingen, nur zu offenkundig. Pierre Mendès-France, der Anfang Mai aus Syrien vom Urlaub kam, war über das, was er sah, schockiert:

„Jedermann, Zivilist wie Militär, dachte einzig daran, sein persönliches Leben so gut wie möglich zu organisieren, um ohne allzuviel Risiko, Verluste oder Unbehagen über diese anscheinend endlose Periode hinwegzukommen ... Man hörte nur von Erholung für die Armee, Sport für die Armee, Kunst und Musik für die Armee, Theater für die Armee und so weiter."

Seit Januar waren die Urlaubsbeschränkungen in der französischen Armee weitgehend gelockert worden; erst am 7. Mai hatte Gamelin die normalen Verhältnisse wiederhergestellt. Trotz der Warnungen Oberst Gauchés war nicht einmal im GQG eine Urlaubssperre verfügt worden.

In Deutschland hatte die Lebensmittelrationierung den Verbrauch auf 75 Prozent der Vorkriegszeit reduziert, aber niemand hungerte. Nach acht Monaten, in denen die Deutschen nicht angegriffen worden waren, und besonders nach den Erfolgen des Norwegenfeldzugs, hatten sich ihre Nerven etwas beruhigt, aber man fand keine wirkliche Kriegsbegeisterung vor. Am 1. Mai besuchte William Shirer die Rheinfront: „Alles war ruhig — am Himmel war kein einziger Flieger zu sehen." Sein Tagebuch fährt fort:

„7. Mai. Seit drei oder vier Tagen führen die deutschen Zeitungen einen schrecklichen Feldzug, sie wollen wohl jemand davon überzeugen, daß die Alliierten, die in Norwegen versagt haben, in einem anderen Teil Europas zu Aggressoren werden wollen ... Wohin geht Deutschland jetzt? Ich vermute nach Holland, weil Holland als einziges Land in dem Propagandafeldzug nicht erwähnt wurde.

8. Mai. In der Wilhelmstraße war ein Gefühl der Spannung nicht zu verkennen. Etwas ist los, aber wir wissen nicht, was ...

9. Mai. Noch größere Schlagzeilen heute abend. ‚England will Krieg ausweiten‘, schreiben sie ... Es könnte wohl sein, daß der Krieg, wie hier viele Menschen glauben, entschieden wird, ehe der Sommer um ist. Irgendwie scheinen die Menschen zu fühlen, daß die Pfingstfeiertage an diesem Wochenende die letzten Feiertage sein werden, die Europa für einige Zeit erleben wird."

Endlich waren Hitlers Panzer bereit. Am 7. Mai hatte der Führer Göring des Wetters wegen noch einen Aufschub zugebilligt, „aber keinen Tag länger". Am Abend des 9. gab die Luftwaffe dann bekannt, daß „das Wetter am 10. Mai gut sein werde". Wie der Überbringer guter Nachrichten bei einem orientalischen Despoten erhielt der Chef des meteorologischen Dienstes eine goldene Uhr. In der Reichskanzlei, dem OKW und dem OKH herrschte jedoch äußerste Nervosität.

Am 9. berichtet Halder von der Besorgnis wegen alarmierender Nachrichten, daß französische und britische Panzer in Jugoslawien gelandet worden seien. Trotzdem bestieg Hitler mit seinem Gefolge an diesem Abend den Führer-Sonderzug in einem kleinen Ort bei Berlin und fuhr nach Norden. Erst nach Dunkelheit bog der Zug nach Westen ab und brachte Hitler in sein vorbereitetes HQ in Münstereifel, auf halbem Wege zwischen Bonn und den belgischen Ardennen. Um 21 Uhr deutscher Sommerzeit gab das OKW das Codewort „Danzig" durch. Damit war allen Einheiten an der Westgrenze signalisiert, die große Offensive beginne am nächsten Morgen um 5 Uhr 35.

In Berlin hatte Oster seinen Freund Sas wieder getroffen — zum letzten-mal. Oster bemerkte, es habe so viele Verschiebungen gegeben, daß es auch diesmal wieder eine geben könnte; wenn jedoch bis 21 Uhr 30 kein Gegen-befehl gegeben würde, „wäre es endlich soweit". Um 21 Uhr 30 gingen die beiden Obersten zum OKW, Sas wartete draußen in der Dunkelheit. Als Oster wieder zu ihm kam, sagte er zu Sas, ein Gegenbefehl sei nicht er-folgt. „Das Schwein ist an die Westfront abgedampft... hoffen wir, daß wir uns nach dem Krieg wieder treffen." Nach einem vereinbarten Code rief Sas Den Haag an. Anderthalb Stunden später rief der Chef des hol-ländischen Nachrichtendienstes zurück und fragte zweifelnd: „Ich habe eben die bedauerliche Nachricht von der dringend notwendigen Operation Ihrer Frau erhalten. Haben Sie jetzt mit allen Ärzten gesprochen?" Sas erwiderte verärgert: „Ich verstehe nicht, wie Sie mich unter diesen Um-ständen belästigen können. Sie wissen es jetzt. Die Operation ist nicht mehr zu vermeiden. Ich habe mit allen Ärzten gesprochen." Er schloß mit den Worten — und es erscheint außergewöhnlich, daß der deutsche Geheim-dienst ein derartiges Gespräch im Klartext durchgehen ließ —: „Sie findet morgen früh, im Morgengrauen, statt."

Am 10. Mai, um 3 Uhr früh, sprengten die Holländer, reichlich spät, ihre ersten Grenzbrücken.

In London war am 9. Mai, als der 250. Kriegstag zu Ende ging, Neville Chamberlain zurückgetreten. In Paris hatte Reynaud dem Präsidenten Lebrun seinen Rücktritt angeboten, weil Daladier nicht gestatten wollte, daß er Gamelin entließ. In der Nähe von Nîmes las Janet de Teissier du Cros, eine Schottin, die ihren französischen Mann auf Urlaub erwartete, voll Freude in einer Zeitung, die sie am Abend des 9. gekauft hatte: „Nach-lassen der Spannung in Holland." Der „schieläugige" Krieg würde wohl noch lang genug dauern, daß François seinen Urlaub auskosten könnte, dachte sie. „Nichts sonst ist wichtig..." Näher an der Front hatten die Stabsoffiziere von General Huntzigers 2. Armee einen angenehmen Abend bei einer Theatervorstellung in Vouziers verbracht. Gontaut-Biron, ein motorisierter Dragoner von der 3. leichten Kavalleriedivision der 3. Armee, die im Fall eines deutschen Angriffs nach Luxemburg vorrücken sollte, er-innert sich, daß der „Abend sehr fröhlich gewesen war... Wir spielten bis tief in die Nacht Bridge. Wir hatten keine Angst, man hatte uns so oft gesagt, daß uns der Nachrichtendienst 24 Stunden vorher warnen würde. Gegen 11 Uhr trennten wir uns und kehrten in unsere Quartiere zurück..." Clare Boothes journalistischer Instinkt ließ sie am gleichen Tag nach Amster-dam fliegen: „Auf der Fahrt nach Den Haag hatte man keine Krise er-kennen können, außer in den wundervollen Tulpenfeldern, die die höchste Blüte erreicht hatten und zu verwelken drohten." In der Nacht erreichte sie Brüssel und fand beim amerikanischen Gesandten Cudahy Aufnahme.

Er sagte zu ihr: „Ich war Tag und Nacht am Telephon. Aber jetzt...", seine Stimme klang seltsam zweifelnd, als ob er es selbst nicht glauben könne, „ist es Gott sei Dank vorbei. Der König hat alle seine Verabredungen für das Wochenende wieder in Kraft gesetzt."

In der Nähe von Metz hatte General Boris, der Generalinspekteur der Artillerie, die Artilleriekommandeure der 3. Armee damit getröstet, „moderne Geschütze stehen im nächsten Frühling zur Verfügung".

Am folgenden Morgen — Freitag, den 10. Mai — hörte General Boris auf einer Inspektionsreise Explosionen. „Ist das ein Manöver?" fragte er. „Mon Général, das ist die deutsche Offensive." In Brüssel wurde Clare Boothe von ihrer Zofe wachgerüttelt. „Aufwachen! Die Deutschen kommen wieder."

Der Vorhang hob sich vor der Auseinandersetzung des Jahrhunderts, wozu der Weltkrieg, die Marne, Verdun, die Somme, Passchendaele und Amiens vielleicht nur die donnernde Ouvertüre gewesen waren. Auf der einen Seite Frankreich, ein zerrissenes und für den Krieg nicht begeistertes Land, geführt von einem Ministerpräsidenten, den Grippe und seine Mätresse geschwächt hatten und der seinen Rücktritt angeboten hatte, und von einem Oberbefehlshaber, dessen Sturz bereits beschlossen war; beschützt von einer Armee, deren Moral, um es schonend zu sagen, „geflickt" war, geleitet von einer veralteten Doktrin und geführt von mittelmäßigen Kommandeuren, und mit einer Luftwaffe, die in jeder Hinsicht unterlegen war; unterstützt weiter von einem einzigen Verbündeten, der bloß eine Handvoll Divisionen stellen konnte. Auf der anderen Seite ein revolutionäres Deutschland, geführt von einem dämonischen Propheten mit unbedingter Selbstsicherheit, den Berufssoldaten stützten, von denen viele nervös und ihm gegenüber feindselig eingestellt waren und die die Siegesgewißheit ihres Führers nicht teilten; ausgerüstet mit einer Kriegsmaschinerie der Superlative, aber mit verhältnismäßig weniger Elitedivisionen als die kaiserliche Armee, die eine Generation früher nach Belgien eingerückt war; und diese Armee marschierte nach einem der brillantesten Kriegspläne aller Zeiten — aber einem Plan, der so riskant war, daß jeder ernste Rückschlag, wie etwa das Brechen der messerscharfen Klinge von Guderians Panzern, nicht anders als mit einer neuen verhängnisvollen Niederlage für Deutschland enden konnte.

ZWEITER TEIL

9. KAPITEL

Der Krokus blüht
10. Mai

„Wenn die Krokusse blühn, wenn die Krokusse blühn",
so flüstern die Frauen in Berlin,
„drückt ‚er' auf den Knopf, und die Schlacht beginnt . . ."

A. F. Herbert: Frühlingslied

Die Deutschen marschieren

In der Nacht zum 9. Mai sandte ein achtundvierzigjähriger Generalmajor, Erwin Rommel, der vor knapp drei Monaten den Befehl über die 7. Panzerdivision übernommen hatte, aus der Eifel einen kurzen, eiligen Brief an seine Frau:

„Liebste Lu.
Endlich packen wir. Hoffen wir, nicht umsonst! In den nächsten paar Tagen wirst Du alles Kommende aus den Zeitungen erfahren. Sorg Dich nicht. Alles wird gutgehen."

In ganz Westdeutschland und weit jenseits des Rheins wurde ebenfalls gepackt, wurden gleichfalls letzte Briefe geschrieben. Das Eliteregiment Großdeutschland, das in der kommenden Schlacht eine Schlüsselrolle spielen sollte, erhielt von seinem Kommandeur, Oberstleutnant Graf Schwerin, einen knappen Tagesbefehl. „Vorwärts gegen den Feind! Mit Gott! Es lebe der Führer!" Werner Flack, Funkerfeldwebel in einer bespannten Einheit, die in Polen gekämpft hatte, war eben vom Manöver heimgekehrt und hatte sich einen Tagesurlaub erhofft, um das wundervolle Frühlingswetter in Bingen zu genießen. Von seinem Hauptfeldwebel erfuhr er, daß die Kompanie in vier Stunden schon wieder abrücken werde. Wieder ins Manöver? In der Funkstelle fand er einen mit Maschine geschriebenen Zettel, der die Gefechtssendefrequenzen der Einheit angab. Da er nun wußte, daß es „losging", erinnerte er sich: „Die Wärme und der Glanz des Tages wirkten merkwürdig drückend. Aber ich sah weder die Berge noch die Blumen, weder die Wiesen noch den Sonnenschein. Ich schob das Blatt mit den Gefechtssendefrequenzen einfach in den Kompanieakt."

Der Geheimhaltung und der Schnelligkeit, die Hitler nach dem Mechelen-Zwischenfall gefordert hatte, war in jeder Hinsicht Rechnung getragen worden. Selbst die Kommandeure von Einheiten in der Vorhut des Angriffs waren bis zur letztmöglichen Minute in Ungewißheit über den Zeitpunkt des Angriffs gehalten worden. Am Nachmittag des 7. Mai beispielsweise hatte Oskar Reile, ein Abwehroffizier in Trier mit der wichtigen Aufgabe, die Agenten in Luxemburg zu kontrollieren, um einige Tage Urlaub gebeten und ihn auch erhalten. Sein Vorgesetzter ersuchte ihn, in der Umgebung zu bleiben, setzte aber hinzu: „Soweit ich sehen kann, wird in den nächsten paar Tagen nichts Besonderes passieren." Erst am Nachmittag des 9. Mai wurde Reile aus seinem Urlaub zurückberufen. Hauptmann von Kielmannsegg,[1] der 2. Stabsoffizier der 1. Panzerdivision, die beim Angriff auf Sedan die Spitze bilden sollte, stellte fest, daß die Offiziere, die am 9. abends zur Essenszeit ihre Befehle erhielten, „völlig unvorbereitet waren". Einige waren bereits auf Pfingsturlaub. Die 1. Panzerdivision verließ ihr Quartier in der Nacht ohne sie; mit gelöschten Lichtern fuhr sie die gewundenen Eifelstraßen hinauf. Einer der Panzermänner schrieb:

„Mit jeder Stunde wird es auf den Anmarschstraßen lebendiger, immer mehr der in der Eifel einquartierten Truppen rücken ab. Wir überholen marschierende, reitende und fahrende Kolonnen. Der Lärm der Motoren geht einem in dieser Nacht der Ungewißheit auf die Nerven... Es ist pechfinster. Jetzt verstehen wir, warum wir bei unseren Friedensmanövern so oft hierherkamen..."

Um 4 Uhr 30[2] überquerte die 1. Panzerdivision mit General Guderian bei Vianden die luxemburgische Grenze. Guderians Männer waren jedoch nicht die ersten, die das Großherzogtum betraten, an den Tagen zuvor war eine nie dagewesene Zahl von „Touristen" auf Fahr- und Motorrädern an den ahnungslosen Grenzwachen vorbeigefahren. Von der Abwehr entsandt, war es ihre Aufgabe, die Telephonverbindungen zu stören und die Luxemburger daran zu hindern, wichtige Straßenverbindungen zu sprengen. Weiter im Norden stieß Rommels 7. Panzerdivision über die belgische Grenze, ihr Ziel war das 107 km entfernte Dinant an der Maas. Noch weiter nördlich, an der holländischen Front vor Maastricht, hatten sich deutsche Sturmtruppen bis dicht an die holländischen Zollposten herangearbeitet. Im ersten Morgengrauen hörten die Holländer das Brummen der näherkommenden Panzer, die Spannung wurde unerträglich, die deutschen Grenzwachen patrouillierten aber immer noch ruhig. Dann wurde der Lärm lauter, als Geschwader um Geschwader von Ju 52 vorüberflogen, die eine gesamte deutsche Luftlandedivision und etwa 4000 Fallschirmjäger an Bord hatten. Inzwischen sandte der deutsche Rundfunk die übliche kriegerische Musik und brachte die ersten Sportnachrichten.

Auch die Bomberbesatzungen der Luftwaffe waren nicht vorgewarnt worden. In den frühen Stunden des 10. Mai aus den Betten geholt, erhielten sie binnen einer Viertelstunde eine kurze Einweisung. Nicht einmal zum Rasieren blieb Zeit. Kurz vor Sonnenaufgang starteten alle verfügbaren Maschinen. Sie legten Minen vor der holländischen und der britischen Küste, trafen Flugplätze in Holland, Belgien und Frankreich und bombardierten Straßen und Bahnzentren tief in Frankreich. In Abbeville ging ein Zuckerlager in Flammen auf und brannte mehrere Tage lang. Auf dem RAF-Flugplatz von Conde-Vraux südlich von Reims zerstörten Dorniers („Fliegende Bleistifte") sechs der achtzehn Blenheim-Bomber der 114. Staffel, die ordentlich am Boden aufgereiht waren, und machten die restlichen zwölf unbrauchbar, wenn auch die RAF an diesem Tag sonst glücklicherweise keine ernstlichen Verluste am Boden erlitt. Insgesamt etwa fünfzig französische Flugplätze in General d'Astiers Luftoperationszone und hinter Paris wurden angegriffen; General d'Astier behauptet, alle Rollfelder seien sofort repariert und nur vier Flugzeuge zerstört und weitere dreißig beschädigt worden. Drei He 111, die Dijon bombardieren sollten, kamen vom Kurs ab und belegten irrtümlich Freiburg i. Br. mit Bomben, wobei 57 Zivilisten, einschließlich 22 Kindern, getötet wurden.[3]

Görings Wüten richtete sich jedoch gegen das kleine Holland. Theo Osterkamp, ein Pour-le-Mérite-Jagdflieger aus dem Weltkrieg, dachte bei sich, wie friedlich alles aussehe: „Kinder spielten am Bach, ein weißer Hund sprang bellend herum, sie winken, lachen, sind glücklich. Wie verrückt! Warum ist dieses schöne, friedliche Land plötzlich Feindgebiet? Warum werden die Mädchen mit den Rechen in der Hand morgen drohen und kreischen, statt mit den bunten Taschentüchern zu winken und zu lachen?"

Die Antwort hierauf war nicht schwer, denn zur gleichen Zeit beschossen weniger idyllisch veranlagte junge Deutsche bereits die Straßen von Den Haag mit MG. Die He 111 bogen über die Nordsee aus, um die Holländer zu überraschen (ähnlich wie die Israeli-Jagdbomber im Juni 1967), und behämmerten die Flugplätze Amsterdam-Schiphol, Bergen-op-Zoom und Rotterdam-Waalhaven. In Waalhaven töteten die Bomben eine große Zahl holländischer Soldaten, die trotz der Warnungen Oberst Sas' in den gefährdeten Hangars hatten schlafen dürfen. Die wenigen Flugzeuge der holländischen Luftwaffe wurden fast alle vernichtet. Dann folgten die deutschen Fallschirmjäger und Luftlandetruppen in dem ersten größeren Versuch der Geschichte, ein Land aus der Luft zu erobern.

Da sich die Hauptanstrengung der Luftwaffe auf Holland konzentrierte, verriet nichts den Alliierten die wahre Stoßrichtung von „Sichelschnitt". Während die Panzer über die verstopften Eifelstraßen krochen, flog ein gewaltiger Jagdschutz als Sicherung gegen etwaige alliierte Aufklärer, aber nur wenige zeigten sich.

Den Fliegern, die die Straßen nach Sedan an der Maas patrouillierten, bot sich das Schauspiel ihres Lebens. Nase an Stoßstange sah man die größte Panzerkonzentration — 1200 bis 1500 — aller Zeiten. Kleists massive Panzergruppe marschierte in drei Pulks, einer dicht hinter dem anderen. „Wie eine riesige Phalanx", bemerkte General von Blumentritt, Rundstedts Operationschef, „reichte sie 160 km zurück, die Schlußgruppe fuhr noch 80 km jenseits des Rheins. Hätte man diese Massenformation von Panzern in einer Reihe aufgestellt, wäre die Spitze in Trier und das Ende in Königsberg gewesen." Zuerst kamen die Panzer und die motorisierten Stoßtruppen der Infanterie, dann die schweren Nachschubkolonnen, schließlich folgten, noch weit jenseits des Rheins, singend und wie in Konkurrenz gegeneinander marschierend, die Infanterieregimenter, deren Aufgabe es war, das von den Panzern eroberte Gelände zu halten und zu konsolidieren. Die Grenze würden sie erst in weiteren zwei Tagen erreichen. Gelegentlich wurden die Kolonnen durch ein havariertes Fahrzeug aufgehalten; doch das geschah nur selten; wenn nämlich ein Panzer oder ein Wagen auch nur stockte, wurde er rücksichtslos von der Straße heruntergeschoben. Unruhig schauten die Panzerkommandanten, die wußten, welch prächtiges Ziel die kriechenden Kolonnen boten, immer wieder zum Himmel; sie sahen aber nur die beruhigenden schwarzen Kreuze der Luftwaffe.

Guderian

Der Vormarsch von Guderians Kolonnen durch Luxemburg vollzog sich glatt und friedlich. Feldwebel Schwappacher vom Regiment Großdeutschland schildert, wie die Umrisse der letzten Häuser in dem Grenzort Echternach „im Frühmorgennebel auftauchen und verschwinden … eine alte Großmutter begrüßt uns glücklich und gibt uns ihren Segen für die kommende Schlacht … die Luxemburger versuchen, die Brücke über die Sauer zu sprengen, es gelingt aber nur halb, unsere Pioniere können sie sofort mit einigen Brettern reparieren".

Andere deutsche Soldaten sahen erstaunt, wie die Bauern auf den Feldern weiterpflügten und, als die Panzer vorüberfuhren, kaum die Köpfe hoben. Die „Touristen" des Admirals Canaris hatten gut vorgearbeitet; es gab fast keinen Aufenthalt durch Sprengungen, auf der Hauptstraße Trier-Luxemburg waren einige Strecken vermint, aber nicht gesprengt. Die deutschen Pioniere führten Holzrampen mit, mit deren Hilfe die plumpen Panzersperren überwunden werden konnten. Die „Touristen" waren der erste Genieblitz bei Hitlers „Sonderoperationen". 125 Freiwillige unter Leutnant

Heddereich waren von 25 Fieseler-Störchen vor dem Morgengrauen nach Esch an der Alz an der französisch-luxemburgischen Grenze gelandet worden; sie sollten den wichtigen Knotenpunkt halten, bis Guderians Panzer anlangten. Nachdem die Abteilung eine Anzahl Luxemburger Arbeiter auf dem Fahrrad angehalten und zurückgeschickt hatte, wurde die Gruppe von einem verblüfften, aber freundlichen Gendarmen angesprochen, der sie informierte, sie seien auf neutralem Boden, und ihnen befahl, sie sollten ihn verlassen. Er wurde unauffällig verhaftet. Die Deutschen verfehlten nur knapp den Erbprinzen — und heutigen — Großherzog Jean, der mit dem Wagen vorbeikam, setzten sich und warteten auf Guderian. Um 9 Uhr morgens hatten die vordersten Einheiten der 1. Panzerdivision bereits die belgische Grenze erreicht, nachdem sie ganz Luxemburg durchfahren hatten. Kaum ein Schuß war gefallen: die Luxemburger Verluste beliefen sich auf sechs verwundete Gendarmen und einen Soldaten; 75 wurden gefangen, getötet niemand.

An der rechten Flanke von Kleists Panzergruppe meldete die 5. Panzerdivision, daß ihr erster Panzer eine Gruppe belgischer Infanteristen zusammengeschossen habe, die ahnungslos bei einer Grenzbrücke herumlungerte. Später wurde die 5. Panzerdivision von zwei feindlichen Bombern angegriffen, die ihre Bomben ungezielt in den Wald warfen. Einer wurde von leichter deutscher Flak abgeschossen. Knapp südlich der 5. Panzerdivision stieß Rommel (mit seiner 7.) auf kunstvolle belgische Hindernisse. „Alle Straßen und Waldwege waren für dauernd gesperrt und tiefe Krater in die Hauptstraßen gesprengt; die meisten Straßensperren wurden von den Belgiern jedoch nicht verteidigt; meine Division wurde daher nur an wenigen Stellen länger aufgehalten. Viele Straßensperren konnte man umfahren. An anderen Stellen entfernten die Soldaten die Hindernisse schnell."

Immerhin verlangsamten die unverteidigten belgischen Grenzbefestigungen Rommels Vormarsch auf die Geschwindigkeit von sechs Kilometer in drei Stunden — ein Rückschlag, der den ungeduldigen Rommel sehr nervös machte. Die Brücken waren so gut gesprengt, daß ihre Reste für Notbrücken kaum verwendbar waren, tiefe Trichter machten manche Straßen völlig unpassierbar. Bei Martelange, dicht hinter der belgischen Grenze, hielten Minenfelder und eine gesprengte Straßenbrücke die 1. Panzerdivision so lange auf, daß sie den Angriff auf die belgische Hauptwiderstandslinie auf den nächsten Tag verschieben mußte. Die belgischen *Chasseurs Ardennais* führten ihren Auftrag wortgetreu aus, sie zogen sich nach Durchführung der Zerstörung zurück. Um wieviel mehr wäre der empfindlich genaue deutsche Zeitplan in Unordnung geraten, wenn die Grenzhindernisse verteidigt worden wären. Hier zeigte sich vielleicht die erste schmerzliche Folge davon, daß Belgien 1936 wieder neutral geworden war.

Operation „Niwi"

Leutnant Hedderichs Luftlandekommando wurde bereits erwähnt. Weiter im Norden rollte ein noch anspruchsvolleres Unternehmen ab, die Operation „Niwi" — so genannt, weil etwa 400 Mann von „Großdeutschland" in Nives und Witry in den belgischen Ardennen, auf halbem Weg zwischen Neufchâteau und den Grenzstädten Bastogne und Martelange, landen sollten. Neufchâteau, auf einer beherrschenden Höhe gelegen, von der Straßen nach allen Richtungen ausstrahlten, war möglicherweise eine wichtige Verteidigungsposition, seine schnelle Wegnahme war für Guderians Vormarsch auf Sedan von großer Bedeutung. In zwei Gruppen, von 98 Fieseler Störchen befördert, sollten die „Niwi"-Männer die Straßen von Neufchâteau nach Osten offenhalten, das Vorrücken feindlicher Verstärkungen durch Neufchâteau verhindern und den Vormarsch von Guderians XIX. Korps unterstützen, indem sie die belgischen Grenzstellungen von rückwärts angriffen. Die Witry-Gruppe unter dem Kommandeur Oberstleutnant Garski landete planmäßig, die Gruppe des Hauptmanns Krüger, die nach Nives wollte, erlebte ein Mißgeschick, das bei Luftlandeoperationen häufig eintritt.

Ein Feldwebel bei Krüger schildert: „Bald nach dem Start verlieren wir die anderen mit uns fliegenden Störche aus den Augen. Die Leute winken uns zu, wir landen auf einer Wiese in Belgien. Es war der falsche Platz, und mit lauten Flüchen starteten die drei Maschinen wieder." Dann entdeckten die Piloten auf dem Boden einen brennenden Storch und landeten in der Nähe. Es gab ein schreckliches Durcheinander. Die Munition wird in einen nahen Wald gebracht und die Straße verbarrikadiert. Verwirrte belgische Passanten sagten den Deutschen, sie seien in der Nähe von Léglise, etwa 12 km von Nives und auf der falschen Seite von Garskis Gruppe. „Wir richten uns zur Verteidigung ein, MG werden aufgebaut ... wir requirieren Zivilautos ... dann kommt plötzlich unser Melder Preusch mit dem Fahrrad; er war mit dem Hauptmann 3,5 km weiter gelandet."

Sie vereinigten sich mit Krügers Gruppe, aber erst am Nachmittag mit Garski und dem Rest des Bataillons. Mit den *Chasseurs Ardennais* wurde um den Besitz von Witry scharf gekämpft; es fiel um 13 Uhr, die Deutschen verloren dabei neunzehn Mann. Kurze Zeit später wurde die Verbindung zu den Vorausabteilungen der 1. Panzerdivision hergestellt. Die Zugänge nach Neufchâteau waren offen.

Die „Brandenburger"

Obwohl die Operationen Hedderich und „Niwi" für den Erfolg von „Sichelschnitt" taktisch grundlegender waren, gestalteten sich die Ereignisse im

Norden noch farbiger und spektakulärer. Holland mit seiner kleinen schwachen Armee[4] verließ sich bei der Verteidigung auf das Überfluten weiter Gebiete und die Zerstörung der zahlreichen Kanalbrücken. Am Abend des 10. hatten General Students Luftlandetruppen die drei Schlüssel-flugplätze Ockenburg, Ijpenburg und Valkenburg rings um Den Haag so-wie wichtige Brücken über den Unterlauf der Maas in Dordrecht und Moerdijk in der Hand, außerdem hatten sie 62 der 125 holländischen Flug-zeuge vernichtet. Um Holland für Bocks Panzer und seine Infanterie zu öffnen, waren einige der Listen angewandt worden, auf die Hitler so stolz war. Schon im November 1939 hatte er die Idee erörtert, die wichtigen Maasbrücken durch Kommandos in holländischen Uniformen zu nehmen. Obwohl Canaris angeblich die Operation als unethisch mißbilligte, hatte er die Uniformen beschafft. Das blieb in Holland nicht unbemerkt, die Zei-tungen karikierten den uniformfreudigen Göring sogar als holländischen Trambahnschaffner, doch weiter wurde das Mißtrauen der phlegmatischen Holländer nicht geweckt. Die Truppen für das Unternehmen stammten aus einer Einheit mit dem Decknamen „Bau- und Lehrkompanie Branden-burg",[5] den „Brandenburgern", wie sie allgemein genannt wurden. Im Ver-lauf des Kriegs wurde aus der Kompanie ein Bataillon und schließlich eine Division.

Hauptmann Theodor von Hippel, der in Lettow-Vorbecks brillantem Guerillakrieg hinter den englischen Linien in Ostafrika gekämpft hatte, war während der Tschechenkrise auf den Gedanken der „Brandenburger" verfallen. Sie sollten in die tschechischen Linien einsickern und sich mit den sudetendeutschen Freischärlern vereinigen; sie waren aber, dank Chamber-lain, nie zum Einsatz gekommen. 1939 von Hippel auf Weisung von Cana-ris aufgestellt, hatten sie bei ihrem ersten Einsatz die dänischen Beltbrücken intakt in die Hand bekommen.

Der Anschlag auf die Brücken von Maastricht endete mit einem Miß-erfolg. Es gab eine wirre Schießerei, bei der der Führer der falschen Hol-länder, Leutnant Hocke, getötet wurde; die Sprengkammern konnten nicht entschärft werden, und alle drei Brücken flogen unmittelbar vor den war-tenden Panzern in die Luft. Canaris' Beauftragter sah vor Maastricht eine deprimierende Panzer- und Fahrzeugschlange, die alle Straßen versperrte; erst um die Mitte des Vormittags konnte eine Sturmbrücke über die Maas geschlagen werden. Ein ähnliches Fiasko gab es bei Arnheim, wo die „Bran-denburger" wegen der Knappheit an fremden Uniformen Pappmachéhelme aufsetzten und sofort entdeckt wurden. In Gennep aber triumphierten sie; unter Leutnant Walther führten drei als holländische Polizisten verkleidete Männer einen Trupp deutscher „Gefangener", die unter ihren Mänteln Maschinenpistolen und Handgranaten trugen, zur Brücke und nahmen diese den überraschten Verteidigern weg. Die Wegnahme der Brücke von Gennep hatte wichtige Folgen; die 9. Panzerdivision brauste über sie hinweg und warf sich zwischen die holländischen Truppen und General Girauds 7. Armee, um Gamelins „Breda-Variante" zu verhindern; gleichzeitig konnte General von Reichenau einige Einheiten seiner 6. Armee, die vor Maastricht festsaßen, nach Gennep im Norden abdrehen. Der deutsche Blitzkrieg rollte nach Holland hinein.

Auch in Belgien sollten die „Brandenburger" etwa vierundzwanzig Objekte, darunter Brücken und Viadukte, sichern und Minenfelder aufspüren. Bei St. Vith, auf Rommels Route nach Dinant, war Hauptmann Rudloff, der wochenlang die belgischen Grenzposten genau beobachtet hatte, besonders erfolgreich. Im Bahnhof gab es eine wilde Schießerei, während der eine Lokomotive entkommen konnte, um die hinteren Gebiete zu warnen, aber drei der vier Brücken fielen in deutsche Hand. Für ihre Leistungen erhielt die 3. Kompanie der „Brandenburger" nicht weniger als 29 Eiserne Kreuze.

Eben Emael

Die unauffälligste Episode am 10. Mai war aber zweifellos die Wegnahme des belgischen Forts Eben Emael. Eben Emael war die nördlichste Befestigung, die Lüttich schützte, und gleichzeitig der Angelpunkt der Albertkanalstellung, an der sich die Belgier nach Gamelins Ansicht fünf Tage lang halten konnten, bis sich die Franzosen und die BEF dort festgesetzt haben würden. Für Hitlers „Sichelschnitt" war lebenswichtig, daß es im Norden keinen Aufschub gab; ehe nämlich die starken mechanisierten Kräfte der französischen 1. Armee dort durch einen Frontalangriff gefesselt waren, bestand immer die Gefahr, daß sie gegen die verwundbare Nordflanke des deutschen Durchbruchs auf Sedan angedreht wurden. Deshalb hing für beide Seiten viel von Eben Emael ab. Das erst 1935 fertiggestellte Fort maß 700 mal 900 m und war durch einen gewaltigen Einschnitt geschützt, der 36 m steil und unangreifbar in den Albertkanal abfiel. In verschiedenen Einzel- und Doppeltürmen besaß es etwa zwölf Geschütze von 7,5 bis 12 cm sowie zahlreiche leichte Geschütze und MG; in unterirdischen Kasematten war ein ganzes Bataillon untergebracht. Kein Einzelfort der Maginotlinie war so stark. Wie alle starren, angeblich unbezwingbaren Festungen besaß aber auch Eben Emael eine Achillesferse: es verfügte praktisch über keine Luftabwehr, und die Oberfläche des Forts war nicht vermint.

Der Auftrag, Eben Emael zu nehmen, war der „Sturmabteilung Koch" anvertraut, die sich ausschließlich aus Freiwilligen von Pioniereinheiten zusammensetzte, die unter Hauptmann Koch seit November 1939 in Hildesheim unter schärfster Geheimhaltung ausgebildet worden waren. Niemand bekam Urlaub; die Männer waren bei Todesstrafe zur Geheimhaltung verpflichtet worden. Zuerst hatten sie den Angriff an Modellen und dann an Bunkern der tschechischen Sudetenfestung geübt, so daß die Männer im Mai jede Einzelheit von Eben Emael kannten — bis auf den Namen.

Am 10. Mai um 3 Uhr 30 — es war noch sehr dunkel, starteten sie in elf großen Lastenseglern, die je sieben bis acht Mann trugen und von einer Ju 52 geschleppt wurden. Die Lastensegler wurden von deutschen Segelflieger-Assen gesteuert, einschließlich des früheren Weltmeisters, Feldwebel Bräutigam. Der Grund, Lastensegler einzusetzen, war verständlich: in der Dunkelheit konnten sie die mehr als 22 km über die Grenze ungehört und ungesehen zurücklegen und oben auf dem Fort bis auf zwanzig Meter genau am angegebenen Punkt landen. Die exakte Zeiteinteilung gestattete es ihnen, auf Eben Emael aufzusetzen, ehe die Hauptmasse der Wehrmacht — genau 5 Minuten später — die Grenze überschritt. Die Ju 52 kreisten, um Höhe zu gewinnen, folgten Leuchtfeuern bis Aachen, wo sie die Lastensegler in einer Höhe von 2400 m ausklinkten. Die Gleiter flogen weiter und warfen per Fallschirm mit Feuerwerkskörpern vollgestopfte Puppen ab, um die Belgier zu verwirren. In Eben Emael hörten die Verteidiger holländisches Flakfeuer über dem „Blinddarm" von Maastricht, sie hörten und sahen aber nichts weiter, bis plötzlich, wie große schwarze Vögel, die fast bewegungslos in der Luft hingen, die Segler über ihnen waren.

Trotz der genauen Planung wäre das Unternehmen aber beinahe fehlgeschlagen, als die Schleppseile von zwei Gleitern rissen, einschließlich dessen, in dem sich der Kommandant, Leutnant Rudolf Witzig, befand. Witzig landete auf einem Feld in der Nähe von Köln, er bereitete sofort ein Flugfeld vor, indem er Weidenhecken niederhacken ließ; dann ließ er eine weitere Ju 52 kommen, die ihn abschleppte. Er landete sicher auf Eben Emael und stellte fest, daß Oberfeldwebel Wenzel — sicher ein Ergebnis der ausgezeichneten Ausbildung — die Lage bereits in der Hand hatte. Schnell sprengten die deutschen Pioniere die dicken Stahlschilde, die die unterirdischen Geschütztürme schützten; dabei verwendeten sie — zum erstenmal — starke Hohlladungen. So wurden die Geschütztürme und Kasematten von Eben Emael nacheinander außer Gefecht gesetzt; der schwere 12-cm-Doppelturm, dessen Panzerung für die Hohlladung zu stark war, wurde erledigt, indem man die Sprengladungen in die Rohre warf. Bei zwei Scheintürmen vergeudete man etwas Zeit, als Leutnant Witzig aber eintraf, hatten die Angreifer das Fort bereits „geblendet" und ihm die Zähne gezogen. In der Nähe stehende belgische Artillerie eröffnete das Feuer auf die Deutschen auf dem Fortglacis, die bataillonsstarke Besatzung unternahm aber keinen Gegenangriff, auch waren keine Minen angebracht. Witzig drang nun in das Fort ein, um „aufzuräumen". Inzwischen hatten andere Abteilungen von Witzigs Luftlandepionieren zwei in der Nähe befindliche Brücken über den Albertkanal genommen. Die Nacht vom 10. zum 11. Mai hielt die Besatzung aus, während belgische Infanterie von außerhalb die Deutschen aus dem Fort zu werfen versuchte. Die Situation für Witzigs 85 Mann wurde bereits kritisch, als sie am 11. um 6 Uhr von Voraustruppen von Reichenaus 6. Armee entsetzt wurden. Sechs Stunden später kapitulierte Eben Emael, 1100 Mann wurden gefangengenommen. Bei dem Kampf verloren die Belgier 23 Mann an Gefallenen und 59 an Verwundeten. Witzig hatte 6 Tote und 15 Verwundete. Hitler verlieh Koch und Witzig sofort das Ritterkreuz.[6]

Von allen Erfolgen des 10. Mai freute Hitler keiner so sehr wie die Einnahme von Eben Emael, und die Freude war durchaus gerechtfertigt. Zweifellos war es einer der kühnsten Handstreiche des Kriegs, sogar noch brillanter als die Wegnahme von Fort Douaumont 1916, das ja praktisch durch Zufall gefallen war. Die Eroberung bedeutete, daß die Deutschen binnen dreißig Stunden die Albertkanal-Linie durchbrochen und Gamelins Strategie ernstlich gefährdet hatten. Der taktische Erfolg betraf aber nur das Ablenkungsmanöver des deutschen Plans. Von noch größerer Bedeutung war die psychologische Wirkung. Goebbels Propagandamaschine verschwieg listigerweise die Hohlladungen und sprach geheimnisvoll von „neuen Angriffsmethoden". Im alliierten Lager wurde das sofort übernommen; man sprach von geheimen Waffen, wie etwa Nervengasen. Noch ein Jahr später behauptete ein amerikanisches Magazin, Eben Emael sei von Deutschen gesprengt worden, die in nahen Höhlen Zichorie züchteten, den sie dann heimtückischerweise mit Sprengstoffen füllten! So kurz nach dem Norwegenfeldzug machten die Gerüchte über die Geheimwaffen die Franzosen schwach im Magen. Wenn die Deutschen so mit dem stärksten Einzelfort der Welt verfuhren, was wurde dann aus Frankreichs undurchdringlicher Maginotlinie? Die Blicke richteten sich besorgt dorthin, Blicke, die besser auf die wachsende Gefahr in den Ardennen gerichtet gewesen wären. Der Einsatz einer Handvoll „Brandenburger" in holländischen Uniformen erzielte in der psychologischen Kriegführung weitere Erfolge für Hitler. Wie ein Waldbrand griffen die Gerüchte um sich, über Angehörige der fünften Kolonne — Nonnen mit Nagelstiefeln, Priester mit Maschinenpistolen unter der Soutane. Erst in ganz Holland, dann auch in Belgien und Frankreich. Und wie die Keime einer tödlichen Pest brachten sie Lähmung und Demoralisation mit sich.

Die Alliierten marschieren

Am Morgen des deutschen Angriffs besuchte Sir Samuel Hoare um 6 Uhr Churchill, der darauf wartete, zur Regierungsbildung zum König gerufen zu werden, in der Admiralität. Churchill rauchte eine Zigarre und aß Eier mit Speck, als ob nichts Ernstes geschehen sei. Zwei Stunden später traf sich das Kriegskabinett, um die Ereignisse auf dem Festland zu besprechen; in äußerster Ruhe bestand Churchill darauf, seinen Bericht über eine neue Waffe zu erstatten.

Als Paul Reynaud in Paris die Nachricht hörte, war er sich mit Präsident Lebrun schnell darüber einig, daß jetzt nicht die Zeit für einen Regierungswechsel sei, er zog sein Rücktrittsgesuch zurück. Auch ein Wechsel des Oberbefehlshabers war nicht opportun, deshalb sandte er Gamelin einen beruhigenden Brief:

„Mon général, die Schlacht hat begonnen. Nur eines ist wichtig: sie zu gewinnen. Eines Herzens wollen wir alle dafür arbeiten." Im Rundfunk erklärte er tapfer: „Die französische Armee hat das Schwert gezogen. Frankreich sammelt sich."

Privat äußerte er aber seine Sorge über den geplanten Vormarsch nach Belgien; zu Baudouin sagte er: „Ich bin höchst beunruhigt. Wir werden sehen, was Gamelin wert ist."

In Vincennes war das GQG durch Berichte aus Luxemburg über verdächtige deutsche Truppenbewegungen seit 1 Uhr alarmiert. Um 5 Uhr heulten die Sirenen. Durch seinen Chef de cabinet, Oberst Petitbon, vom deutschen Angriff benachrichtigt, kam Gamelin in sein Büro. Wie ein Angehöriger seines Stabes berichtet, „verriet sein Gesicht keinerlei Erregung, keine innere Unruhe". Gegen 7 Uhr gab Gamelin den Befehl, den Dyle-Breda-Plan in die Tat umzusetzen.

Ein Offizier, der das GQG besuchte, sah, wie „Gamelin die Gänge der Baracken auf und ab ging und eine kriegerische Melodie summte ... Man sagt, er habe die Niederlage vorausgesehen, ich kann aber kaum glauben, daß er das in diesem Augenblick dachte".

Den Generalsekretär des Kriegsministeriums hörte man sagen: „Wenn Sie, wie ich heute morgen, das breite Lächeln General Gamelins gesehen hätten, als er mir die Richtung des feindlichen Angriffs nannte, würden sie beruhigt schlafen. Die Deutschen haben ihm gerade die Gelegenheit gegeben, auf die er gewartet hat."

Für die Männer unter seinem Kommando erließ er einen Tagesbefehl, der symbolisch mit einer Wiederholung von Pétains unsterblichen Worten bei Verdun schloß: „Nous les aurons!" Irgendwie fehlte dem Tagesbefehl aber der sonstige Schwung des Oberbefehlshabers. Nach einem hastigen Frühstück fuhr Gamelin zu General Georges nach La Ferté. Dann hörte er einen Bericht eines französischen Obersten, Attaché beim König von Belgien, „daß es bei Fort Eben Emael einen ziemlich ernsten Zwischenfall gegeben habe". Sonst schienen die Nachrichten, die im Lauf des Tages eintrafen, „günstig" zu sein.

An der Front schrieb Leutnant Jamet in sein Tagebuch: „Also endlich Krieg." Das war die Reaktion, die bei den Soldaten der Armeegruppe Nr. 1, die nach Belgien einrücken sollte, weithin geteilt wurde. Als die acht Monate des „komischen Krieges" vorbei waren, mischte sich in die Furcht eine gewisse Erleichterung. Als Generalleutnant Alan Brooke vom II. Korps der BEF den Marschbefehl in die Dyle-Stellung erhielt, schrieb er: „Es war an einem so herrlichen Frühlingstag schwer zu glauben, daß wir den ersten Schritt ... zu einer der größten Schlachten der Geschichte machten." General Prioux stellte mit Stolz die bewundernswerte Marschdisziplin seiner Truppen fest. Der ihn begleitende Oberst der französischen Luftwaffe stimmte zu, sagte jedoch, es stimme ihn traurig, daß so prächtige Männer einen so erbärmlichen Schutz aus der Luft hätten. In der Nacht erreichte Prioux' Korps nach einem glatten Marsch zwischen 110 und 150 km planmäßig die Dyle-Linie. Prioux war aber entsetzt, daß keinerlei Stellungen vorbereitet waren, die die Belgier angeblich versprochen hatten.

9. Armee

An der Front von General Coraps 9. Armee marschierten die Infanteriedivisionen wie geplant zum belgischen Maasabschnitt vor, während der Kavallerieschleier vor ihnen in die Ardennen ausschwärmte. Leutnant Georges Kosak von der 4. leichten Kavalleriedivision erinnert sich an den schnell wechselnden Empfang, als sie am Morgen des 10. nach Belgien kamen: „Zuerst kommen wir durch mehrere kleine Dörfer, wo die Bewohner nichts von den Ereignissen zu wissen scheinen; dann in wichtige Zentren, wo sich die Bevölkerung auf den Gehsteigen und an den Fenstern drängt und uns begeistert begrüßt. Überall hängen französische Fahnen und Girlanden. Die Frauen haben die Arme voll Blumen, die Schürzen voll Zigaretten, Süßigkeiten und Schokolade ... es ist sehr bewegend. Unsere Herzen hämmern, wir fühlen einen ungeheuren Stolz ..."

Beim Maasübergang fand Leutnant Kosak es ebenfalls unglaublich, daß die Schlacht begonnen hatte, „weil alles so fröhlich und sonnig war". Als sie aber die kleine Stadt Ciney, etwa 70 km Luftlinie von der deutschen Grenze entfernt, erreichten, „überfällt uns ein merkwürdiges Gefühl, die Straßen sind still und schweigend, die Fensterläden geschlossen, einige wenige neugierige Zuschauer sehen uns ohne Gefühlsäußerung vorbeimarschieren ... die Atmosphäre ist gleichgültig, wenn nicht feindselig; unsere Männer sind wachsam und ernst geworden. Hinter Ciney wird nicht mehr gesungen, nicht mehr gelacht ..."

Der Vormarsch von Coraps Infanterie verlief weniger glatt. Unentschuldbarerweise scheint General Martins XI. Korps von den Ereignissen über-

rascht worden zu sein. Von der 22. Division waren einige Bataillone auf
Übung; um sich umzugruppieren, mußten mehrere davon zwanzig Kilometer
zu Fuß marschieren, dabei verloren sie fast vierundzwanzig Stunden kostbare Zeit.

Die 18. Division, die fast 90 km zurücklegen mußte, um ihre Stellungen
bei Dinant zu erreichen — im Vergleich zu den 115 Rommels — konnte
am ersten Tag nur zwei Bataillone in Lastwagen vorwerfen. Der Rest
konnte erst am 14. in Stellung gehen; man rechnete jedoch damit, daß
der Feind die Maas frühestens am 16. erreichen würde. Beim Verlassen der
Grenzstellungen erhielt das XI. Korps Befehl, die Bunker zu versperren
und die Schlüssel dem Stab der 53. Division zu übergeben. Diese Division,
die Corap in Reserve hielt, wurde in der Folge nach Süden verlegt. Die
Bunker blieben verschlossen und unzugänglich.

2. Armee

Obwohl die Kavalleriedivisionen der 9. und 2. Armee eng zusammenarbeiten sollten, war die Verbindung von Anfang an erbärmlich. An der Front
von Huntzigers 2. Armee rückte der Kavallerieschleier weit vor dem Coraps
vor, in diesem Abschnitt stießen auch französische und deutsche Truppen in
der Schlacht um Frankreich zum erstenmal aufeinander. Die Vorhut der
2. leichten Kavalleriedivision, die die Lücke bei Arlon decken sollte, traf
am 10. um 9 Uhr bei Habay-la-Neuve — etwa 13 km nordwestwärts
Arlon — auf Aufklärungseinheiten von Guderians linker Panzerdivision.
In diesem Gebiet entspann sich ein wirres Gefecht, in dem der deutsche Regimentskommandeur Oberstleutnant Ehermann fiel. Bei Étalle wurden die
2,5-Paks einer französischen Einheit im Augenblick vernichtet, da sie zum
Einsatz kamen. Die Abteilung wurde eingeschlossen und nach kurzem Straßenkampf mit dem Regiment Großdeutschland aufgerieben. „Zu unserer
Rechten marschiert eine Gruppe Franzosen in einem Kleefeld auf", schreibt
ein Schütze von „Großdeutschland" über das erste Gefecht: „Sie sehen uns
erstaunt an, wir schauen nicht gerade heiter zurück . . . sollen wir schießen?
Major Föst gibt den Feuerbefehl. Ein Franzose schlägt einen Salto in den
Klee, der erste Tote, er sieht völlig weiß aus. Tot . . . Etwas legt sich uns
kalt ums Herz . . . daran müssen wir uns erst noch gewöhnen."

Um Étalle wurde weitergekämpft, dabei fiel Major Föst, ein Weltkriegsveteran, mehrere Mann wurden verwundet. Die 2. leichte Kavalleriedivision
konnte die 10,5-cm-Geschütze wegen ihrer Unbeweglichkeit nicht zur
Feuerunterstützung heranziehen; am Nachmittag mußte sie Arlon räumen.
Bei Einbruch der Nacht war die 2. leichte Kavalleriedivision, über ein zu
großes Gebiet auseinandergezogen und nach ihrem ersten Gefecht ziemlich

angeschlagen, auf die Semois zurückgefallen, die letzte größere Schranke in den südlichen Ardennen jenseits der französischen Grenze.

Etwa um die gleiche Zeit passierte rechts von der 2. leichten Kavalleriedivision die zur 3. Armee General Condés gehörige 3. leichte Kavalleriedivison die großherzogliche luxemburgische Familie auf ihrer Flucht nach Westen und focht bei Esch ein scharfes Treffen gegen Leutnant Hedderichs Gruppe, die zuerst irrtümlich als fünfte Kolonne gemeldet worden war. Um 9 Uhr, als ein MG-Träger und ein Panzer durch Landminen hochgegangen waren, entschied man in der 3. leichten Kavalleriedivision, daß man Hedderichs hastig errichtete Sperren nicht nehmen könne; sie entsandten nun ihre H-35-Panzer, um die Straßen zu sperren, die aus Norden und Osten nach Esch führten. Der französische Dragonerhauptmann Gantaut-Biron schildert, wie die Panzer „von zahlreichen deutschen Pakgeschützen unter Feuer genommen wurden, während uns die feindliche Artillerie in unseren Positionen niederhielt... Der Feind war vor uns mit weit überlegenen Kräften zur Stelle, stark unterstützt von zahlreichen Formationen der fünften Kolonne in Esch, die weiterhin auf Versprengte schossen."

In Wirklichkeit waren Hedderichs 90 Mann und die leichten Voraustruppen, die sie verstärkten, während des ganzen Tages beträchtlich unterlegen gewesen. Trotzdem zogen sich die Franzosen am Abend aus Esch zurück, ihr Rückzug wurde durch etwa 25.000 verzweifelte Zivilisten kompliziert, die auf der einzigen Straße zur französischen Grenze entkommen wollten. Das war nur das erste Erlebnis mit den in Panik geratenen Flüchtlingen; die französische Armee hatte mit diesem Problem noch während des ganzen Feldzuges große Schwierigkeiten.

An Huntzigers linkem Flügel hatte die 5. leichte Kavalleriedivison die Aufgabe, das offene Land im Raum Neufchâteau-Libramont-Bastogne zu decken. Hier lag die Hauptroute von Guderians Angriff. Infolge der belgischen Sperre bei Martelange konnte sie ihre Aufgabe aber am 10. ohne ernste Kämpfe erfüllen. Inzwischen war Huntziger selbst nach Bouillon, der Kreuzritterburg an der Semois, gefahren, um sich über die Lage in den Ardennen zu informieren. Ein belgischer Bürgermeister setzte ihn in Erstaunen, als er auf das Ersuchen, einige Hotels in Bouillon in Lazarette umzuwandeln, erwiderte: „Aber, mon général, Bouillon ist ein Urlaubsort, unsere Hotels sind für die Touristen reserviert." Trotzdem kehrte Huntziger, „im allgemeinen mit dem Verlauf des Tages zufrieden", in sein HQ in Senuc zurück.

In der Nacht kamen jedoch Luftaufklärungsberichte nach Senuc, die zwei große motorisierte Feindmassen auf dem Marsch in die Ardennen identifizierten, augenscheinlich bedrohten sie sowohl Sedan wie Carignan im Südosten.

Am Abend des 10. Mai hatten sich General Kayaerts Ardennenjäger weisungsgemäß nach Norden zurückgezogen, sie hinterließen ein Vakuum zwischen der französischen Kavallerie und Guderians Panzern. Nur an Coraps Front lieferten sie ein erbittertes Gefecht und fügten Rommel dabei den ersten Rückschlag des Feldzuges zu. In der Nacht hatte dieser die Ourthe erreichen wollen, wurde aber durch tapfere Gegenwehr bei Chabrehez, etwa 20 km von der belgischen Grenze und ebenso weit von der Ourthe entfernt, aufgehalten. Hier hatten sich Teile des 3. Ardennenjägerregiments in einem zur Verteidigung ideal geeigneten hügeligen Gelände eingegraben. Obwohl die Belgier keine Pak besaßen, hielten sie Rommels 7. Kradschützenbataillon unter genau liegendem Feuer. Rommel mußte schließlich seine Absicht aufgeben, die Ourthe noch in der Nacht zu erreichen. Coraps Kavallerie erhielt dadurch einen Aufschub und gelangte über den Fluß, ohne auf die Deutschen zu stoßen.

Alliierter Lufteinsatz

Die Antwort auf die Angriffe der Luftwaffe am frühen Morgen des 10. Mai erfolgte durch die Alliierten erst nach einer bösen Verzögerung, deren Hauptursache keineswegs die Beschädigung der Flugplätze war. Wir hören beispielsweise, daß die starke „Groupe d'Assaut I/54", die mit Bréguet-Schlachtbombern ausgestattet in günstiger Basis auf halbem Weg zwischen Paris und Châlons-sur-Marne stationiert war, erst am Mittag des 10. entsprechende Befehle erhielt. Dann traf ein weiterer schriftlicher Befehl ein, der sie für Operationen über Nordbelgien bestimmte und ihre Verlegung nach Montdidier vorsah. Ein weiterer Befehl kam aber erst am nächsten Tag, so daß die Groupe I/54 erst am 12. eingesetzt wurde. Fast alle Jäger von General d'Astiers Operationszone Nord und starke RAF-Hurricane-Verbände, die in England stationiert waren, hatten von General Gamelin, der immer noch von der Wichtigkeit seiner linken Flankenbewegung besessen war, Befehl erhalten, General Girauds 7. Armee auf ihrem Eilmarsch nach Breda zu decken; nur zwei französische Jägergruppen mit 37 Maschinen wurden zur Unterstützung der 9. und der 2. Armee beordert.

General d'Astier und Luftmarschall Barratt in ihrem gemeinsamen HQ in Chauny schäumten vor Hilflosigkeit. Um 8 Uhr hatten sie aus dem GQG den Befehl erhalten: „Lufttätigkeit auf Jäger und Aufklärer beschränkt." Das bedeutete, daß die deutschen Kolonnen gerade in den Stunden, in denen sie sich in den Ardennen zusammendrängten, gegen Luftangriffe immun waren. Erst um 11 Uhr erhielten die alliierten Luftbefehlshaber Vollmacht, feindliche Kolonnen (erste Priorität) und Flugplätze (zweite Priorität) zu bombardieren, aber selbst diese Vollmacht wurde durch General Georges eingeschränkt: „Um jeden Preis die Bombardierung bebauter Gebiete vermeiden!" Die Motive waren die französische Angst vor der Vergeltung der Luftwaffe sowie Gamelins unrealistische Hoffnung, ein „Bombenkrieg" könne vermieden werden. In der Folge durften die alliierten Flieger die Panzer nicht angreifen, wenn sie durch einen der zahllosen Weiler kamen oder dort hielten.

Ungeduldig wegen der französischen Lethargie, nahm Marschall Barratt die Sache schließlich selbst in die Hand und befahl seinen Fairey-Battle-Bombern, die Kolonnen Guderians in Luxemburg anzugreifen. Die Battles, die als einzige alliierte Flugzeuge an diesem Tag angriffen, wurden, als sie in geringer Höhe anflogen, von einem wahren Feuersturm der deutschen Flak empfangen und von lauernden Me 109 angefallen. Der Battle zeigte sofort seine große Verwundbarkeit von unten, die sich später bei Sedan so tragisch kostspielig erweisen sollte. Von den ersten acht angreifenden Battles wurden drei sofort abgeschossen. Am Nachmittag wurden die Tiefangriffe wiederholt; von 32, die an diesem Tag angriffen, wurden 13 abgeschossen, der Rest beschädigt.

Ein geplanter massiver anglo-französischer Angriff in der Nacht, an dem auch das Bomberkommando aus England teilnehmen sollte, wurde durch Georges' Veto ebenfalls unterbunden. Die Angriffe beschränkten sich also auf britische Einsätze gegen drei Flugzeuge in Holland und einige französische Bombenabwürfe auf Flugplätze und Straßen westlich des Rheins. Am Abend des 10. Mai konnte sich Luftmarschall Barratt kaum mehr beherrschen, seine Äußerungen über den schwerfälligen Verbündeten sind im Druck nicht wiederzugeben.

Hitler weint vor Freude

Hitler war mit den Ereignissen des 10. Mai durchaus zufrieden. Als sein Sonderzug bei seinem Felsennest in der Eifel angekommen war, flog die Luftwaffe in rollendem Einsatz über ihn hinweg. Als ihn später der Nachrichtendienst des OKW darüber informierte, Gamelin habe bereits, wie erhofft, auf den „Matadorenmantel" reagiert und stürme nach Belgien, war Hitler nach einer schlaflosen Nacht hingerissen: „Ich hätte vor Freude weinen können; sie sind in die Falle gegangen! Wie klug war es, Lüttich anzugreifen. Wie hübsch ist das Felsennest! Die Vögel am Morgen, die Aussicht auf die Straße, auf der die Kolonnen vorrücken, die Geschwader am Himmel. Ich wußte, was ich tat."

Über Kleists Panzergruppe schrieb Halder am Abend in sein Tagebuch: „Sehr gute Marschleistungen."

Näher an der Front war die Stimmung nicht so sanguinisch. Trotz des

schwachen feindlichen Widerstands hatte es in den Ardennen besorgnis-
erregende Stauungen und Verkehrsstörungen gegeben, nur die hervorragende Organisation und die Marschdisziplin verhinderten ein Chaos. Man
kann sich nicht vorstellen, was geschehen wäre, wenn Kleists Panzer nicht
die Erfahrungen von Österreich und Polen gehabt und wenn die Alliierten
rücksichtslos aus der Luft angegriffen hätten. Auch so hatte infolge von
Rommels Stocken bei Chabrehez Hoths Panzerkorps an der Nordflanke
des Stoßes das Tagesziel nicht erreicht, während im Süden die belgischen
Grenzsperren die stürmischen Deutschen hinter den Zeitplan zurückbleiben
ließen. Dabei zählte jede Minute! In Kleists HQ gab man in der Nacht der
ernsten Sorge Ausdruck, die Franzosen könnten ihr Gleichgewicht wieder-
gewinnen. Zwischen Kleist und Guderian hatte es auch eine erste taktische
Auseinandersetzung gegeben.

Aus übertriebener Sorge wegen der Drohung, die die 2. leichte Kavalleriedivision für seine Südflanke darstellte, befahl Kleist der 10. Panzerdivision,
abzubiegen und nach Longwy statt nach Sedan vorzustoßen. Wütend forderte Guderian den Widerruf des Befehls, er erklärte: „Die Entsendung
eines Drittels meiner Kräfte, um der hypothetischen Drohung der französischen Kavallerie zu begegnen, würde den Erfolg des Maasübergangs
und damit der ganzen Operation gefährden." Guderian siegte, aber Kleist
blieb ängstlich.

So war am Ende des ersten Tages eine merkwürdige Stimmungsinversion
festzustellen: In Gamelins GQG selbstgefälliger Optimismus, in Kleists
HQ nervöser Pessimismus.

Soldaten der Westfront! Die Stunde des entscheidendsten Kampfes für die
Zukunft der deutschen Nation ist gekommen. Seit 300 Jahren war es das
Ziel der englischen und französischen Machthaber, jede wirkliche Konsoli-
dierung Europas zu verhindern, vor allem aber Deutschland in Ohnmacht
und Schwäche zu erhalten ...
Soldaten der Westfront! Damit ist die Stunde nun für euch gekommen!
Der heute beginnende Kampf entscheidet das Schicksal der deutschen Nation
für die nächsten tausend Jahre.
Tut jetzt eure Pflicht ...

Adolf Hitler: Tagesbefehl zum 10. Mai 1940

Rommel

Als am Samstag, den 11. Mai der Tag anbrach, waren die Panzer überall
wieder auf dem Marsch. Rommel, der während der Nacht seine Streitkräfte
konzentriert und reorganisiert hatte, zerschmetterte schnell den tapferen
Widerstand der Ardennenjäger in Chabrehez. Am Vormittag hatten Vor-
auseinheiten seiner 7. Panzerdivision bereits die Ourthe erreicht, das Ziel,
das ihm in der vergangenen Nacht versagt geblieben war. Auf der anderen
Seite des Flusses waren inzwischen Teile der französischen 4. leichten Kavalleriedivision angekommen.

Bei Hotton sollte Leutnant Kosaks Pionierkompanie eine von den Belgiern unvollkommen gesprengte Brücke zerstören, seine Aufgabe wurde
durch die Masse belgischer Flüchtlinge erschwert, die darüberströmten. Um
13 Uhr 45 hatte er die Brücke endlich geräumt, er sprengte in dem Augenblick, als Rommels erste Panzerspähwagen am anderen Ufer erschienen.
Kosak zog sich etwa 8 km nach Marche zurück. Die französische Kavallerie
versuchte nicht, die zerstörten Ourthebrücken zu verteidigen; binnen weniger Stunden hatten die deutschen Pioniere eine Pontonbrücke gebaut.

Mit unerwarteter Plötzlichkeit erschienen Rommels Panzer auf dem
anderen Ourtheufer und versetzten der verstreut vor ihr liegenden französischen Kavallerie den ersten wütenden Schlag. In Marche wurden Leutnant Kosak und seine Kompanie von MG-Feuer aus einem deutschen Panzerspähwagen überrascht. Er sprang in ein kleines französisches Auto und
versuchte zu entkommen: „... mit einemmal versperrte eine graugrüne

Masse den Weg, ich bremste mit ganzer Kraft und umklammerte das Steuer; die Reifen kreischten wie eine elektrische Holzsäge, ich biege nach links. Ein brutaler Schock hält den Wagen an ... der feindliche Panzerspähwagen manövriert, liegt seitlich über dem Weg, versucht zu drehen ..."

Eine Sekunde ehe die Deutschen das Feuer eröffnen, verschwindet Kosak hinter einem Haus. Außerhalb von Marche sammelt er seine Kompanie; da ein Entkommen unmöglich ist, bezieht er Stellung. Die Pioniere vergraben einige Minen und gehen in Deckung. Der erste Panzerspähwagen explodiert auf einer von Kosaks Minen, die auch einen zweiten außer Gefecht setzen. In der folgenden Unordnung entkommt Kosak wie durch ein Wunder nach Ciney, wo die französischen Truppen am vergangenen Tag so merkwürdig empfangen worden waren. Hier, weniger als 16 km von Dinant und der Maas entfernt, spricht der Divisionskommandeur, General Barbe, mit Kosak und erklärt: „Ich bin mit Ihnen zufrieden."

Den ganzen Tag über gibt es an Rommels Stoßachse wirre Kämpfe. Manchmal greifen die Tanks der 4. leichten Kavalleriedivision energisch an, ihre Hotchkiss und Renault sind aber in der Minderzahl und schwächer. Rommel schreibt von diesem Tag: „Unsere sofortige Feuereröffnung führte stets zu einem hastigen Rückzug der Franzosen." An seinem ersten Kampftag mit den Franzosen stellt er „wieder und wieder fest, daß bei Begegnungsgefechten der Tag dem gehört, der den Gegner zuerst mit Feuer eindeckt. Der Mann, der sich duckt und die Entwicklung abwartet, ist gewöhnlich Zweiter." Seine Panzer rückten vor und bestreuten die Wälder zu beiden Seiten der Straße mit MG- und Geschützfeuer. In den Wäldern wird die mit Panzern vermischte Kavallerie in Unordnung gebracht. Am Abend des 11. schrieb Rommel seiner Frau einen zweiten hastigen Brief: „Liebste Lu.

Ich komme heute zum erstenmal zu Atem und habe einen Augenblick Zeit zu schreiben. Alles bisher wunderbar. Bin meinen Nachbarn weit voraus. Vom Befehlen und Schreien bin ich völlig heiser. Habe knapp drei Stunden geschlafen und gelegentlich gegessen. Sonst geht es mir großartig. Das muß Dir, bitte, genügen, für mehr bin ich zu müde."

Die Nachbarn, auf die sich Rommel bezieht, waren vor allem die 5. Panzerdivision zu seiner Rechten. Die 5., die nicht mit Rommels Schwung geführt wurde, hatte sich auf den Ardennenstraßen „verheddert" und war weit zurückgeblieben. Vom 11. an sollte sie nie mehr ganz aufholen, und so stand Rommel an der rechten Flanke des Durchbruchs im vollen Scheinwerferlicht.

Links von Rommel hatte Reinhardts XLI. Korps, bestehend aus der 8. und der 6. Panzerdivision, das durch Bastogne nach Monthermé an der Maas vorstoßen sollte, ebenfalls Schwierigkeiten. Reinhardt war nach Guderian abgerückt, um auf den überfüllten, gewundenen Ardennenstraßen Platz für dessen XIX. Panzerkorps zu schaffen. Am Nachmittag wurde der 6. aber der Weg durch Teile von Guderians 2. Panzerdivision versperrt, die zu weit nach Norden abgekommen war. Um 15 Uhr 20 mußte sie haltmachen, bis das Durcheinander entwirrt war. Schließlich mußte die 2. der 6. den Weg freigeben. Guderian nahm ihr schließlich noch eine weitere Straße rechts von ihrer Achse, ein Aufenthalt, der die Ankunft der Division an dem kritischen Tag bei Sedan verzögern sollte. Auch die 1. Panzerdivision war durch die 10. von links „gedrückt" worden. Hier scheint Guderian mindestens teilweise die Schuld zu tragen. In allzu heftiger Reaktion auf Kleists Befehl vom 10. hatte er am 11. um 10 Uhr der 10. Division Befehl gegeben, auf die Semois bei Cugnon zuzumarschieren, ein Stück nördlich vom ursprünglichen Ziel Florenville. Im OKH schrieb Halder in sein Tagebuch, Brauchitsch wolle die Heeresgruppe A unter Druck setzen („Sie melden Marschschwierigkeiten auf Grund zahlreicher Zerstörungen!"). Ohne die fast ans Wunderbare grenzende Tätigkeit der motorisierten Pioniere, die überall zur rechten Zeit auftauchten, Sperren beseitigten, Brücken reparierten und Umgehungen ausbauten, wären die Verzögerungen an diesem Tag sicher weit größer gewesen. Trotzdem fluchten die Panzerkommandanten wegen der Stauungen, knurrten die Feldpolizei an, die das Verkehrschaos zu entwirren suchte, und sahen immer wieder nervös zu dem strahlend blauen Himmel auf. Welches phantastische Ziel bot der kilometerlange Verkehrsstau den feindlichen Fliegern! Wie konnten sie diese Gelegenheit verpassen!

Guderian

An Guderians Front trug die 1. Panzerdivision die Hauptlast der Kämpfe am 11. General Kirchner, der seine Panzer östlich von Neufchâteau versammelt hatte, fegte jetzt die wenigen Reste der Ardennenjäger beiseite, um gegen die französische 5. leichte Kavalleriedivision loszuschlagen. Bei Suxy, südlich von Neufchâteau, durchbrachen etwa dreißig Panzer mit dem weißen Eichenblatt als Emblem der 1. Panzerdivision die französischen Stellungen und umzingelten schnell eine Batterie 10,5-cm-Feldgeschütze. Das war eine neue Waffe, aber zur Bekämpfung von Panzern völlig ungeeignet. Die Batterie war schnell vernichtet, ein unangenehmer Vorgeschmack auf das, was die Verteidiger auf dem anderen Maasufer erwarten sollte. Erschüttert befahl General Chanoine, der Kommandeur der 5. leichten Kavalleriedivision, seinem rechten Flügel, sich auf die Semois zurückfallen zu lassen. Inzwischen wurde sein linker Flügel nördlich von Neufchâteau ebenfalls schwer bedrängt; während des Tages erhielt Chanoine die Erlaubnis von Huntziger, seine ganze Division über die Semois zurückzuziehen. Huntziger betonte jedoch, die Flußlinie müsse um jeden Preis gehalten werden. Zur Verstärkung entsandte er ein Bataillon des 295. Infanterieregiments, das er sich von einer von General Grandsards B-Divisionen, der 55., ausborgte. Diese Division hielt die Schlüsselstellung bei Sedan.

Rechts von der 5. leichten Kavalleriedivision wurde die 2. leichte Kavalleriedivision, die noch an ihren Wunden vom vergangenen Tag leckte, verhältnismäßig in Ruhe gelassen. Der Grund dafür, warum die 10. Panzerdivision ihren Angriff nicht wiederaufnahm, scheint in der Verwirrung wegen der Marschrichtungsänderung und den sich daraus ergebenden Stauungen gelegen zu haben. Die scheinbare Verlagerung des feindlichen Drucks von der 2. auf die 5. leichte Kavalleriedivision steigerte aber Huntzigers Ratlosigkeit. Richtete sich Guderians Hauptstoß auf Carignan und die nördliche Verankerung der Maginotlinie, wie es am 10. den Anschein gehabt hatte, oder neuerdings auf Sedan? An ihrer Rechten war die 2. leichte Kavalleriedivision am Abend des 10. durch den Rückzug des Kavallerieschleiers der 4. Armee (der 3. leichten Kavalleriedivision), der Esch aufgab und sich über die französisch-luxemburgische Grenze zurückzog, ungedeckt hängengeblieben. Ernster jedoch war die Drohung, die sich auf der anderen Flanke von Huntzigers Kavallerieabteilungen ergab. Links von der schwer getroffenen 5. leichten Kavalleriedivision lag die 3. Spahibrigade, eine nordafrikanische Eliteeinheit, die Coraps 9. Armee unterstellt war. Sie sollte die Verbindung zwischen den Kavallerieschleiern der zwei Armeen herstellen. Weil die 6. Panzerdivision zurückblieb, wurden die Spahis am 10. und 11. nicht angegriffen. Als aber der Spahikommandeur, Oberst Marc, vom Rückzug der 5. leichten Kavalleriedivision erfuhr, zog er seine Spahis schleunigst über die Semois zurück. Die Folgen sollten sich am kommenden Tag als besonders unglücklich erweisen.

Am Abend des 11. Mai war die Lage bei Huntzigers Kavallerie wie folgt: Die 2. leichte Kavalleriedivision war noch widerstandsfähig, die 5. jedoch schwer angeschlagen, sie hielt eine 32 km lange Front, gegen die zwei der stärksten deutschen Panzerdivisionen (die 1. und die 2.) vorrückten. Beide Flanken von Huntzigers Kavallerie hingen in der Luft, alles hatte sich über die Semois zurückgezogen. Hier befand sich die letzte natürliche Schranke zwischen der französischen Grenze — und Sedan. Eine bedeutende Schranke war es nicht! Auf Generalstabskarten mag die Semois imposant aussehen, im Oberlauf ist sie jedoch wenig mehr als ein sehr hübscher Forellenbach, der sich in zahllosen Windungen durch wässerige Wiesen und Waldufer hinzieht. An vielen Stellen kann man sie durchwaten, an anderen ist sie schmal genug, daß selbst ein ungeübter Werfer eine Handgranate hinüberschleudern kann. Die zahlreichen Windungen machten es dem Verteidiger schwer, einem entschlossenen Gegner den Übergang zu verwehren. Die Hauptroute über die Semois und nach Sedan führte durch Bouillon. Hier waren die Aussichten für eine entschlossene Verteidigung geländemäßig, durch beherrschende Höhen und gut einzusehende Zugangsstraßen, auf denen sich die Panzer nicht leicht entfalten konnten, viel besser. Trotzdem war es klar, daß Guderians Angriffsziel für den 12. Bouillon sein würde. Aber es blieb dort alles ruhig.

Wie Rommels 7., war jetzt auch Kirchners 1. Panzerdivision ihren Nachbarn voraus; von Neufchâteau aus hatte sie die wichtige Straßenkreuzung Fays-les-Veneurs erreicht, war nach Süden eingebogen und hielt zum erstenmal Richtung Bouillon und darüber hinaus Sedan. In der Abenddämmerung des 11. hatten die die Spitze bildenden Panzer des 1. Panzerregiments die Semois bei Bouillon erreicht. Sie gerieten in schweres Abwehrfeuer, durch das ein Panzer vernichtet wurde. Dann entdeckte man eine unzerstörte Steinbrücke, die Franzosen sprengten sie aber, als die Panzer eben hinüberwollten. Hauptmann von Kress gelang es, eine Furt zu durchqueren, die durch die Regimentsaufklärung entdeckt worden war, wurde aber gleich darauf irrtümlich von 25 Stuka bombardiert. Das 1. Panzerregiment wurde zurückgezogen, man beschloß, den Angriff am nächsten Morgen mit der motorisierten Infanterie der Division wiederaufzunehmen.

Am 11. hatte die große Mehrheit der Männer, die mit und hinter Kleists Panzerphalanx marschierten, den Feind noch nicht zu Gesicht bekommen, ein Faktor, der dem Ardennenfeldzug etwas Phantomhaftes verlieh. Von Zeit zu Zeit hatte Guderian selbst französische Spähwagen entdeckt, die lautlos durch die Bäume des Ardenner Waldes flitzten, keine Seite eröffnete das Feuer. Ein junger Pionierleutnant, Karl-Heinz Mende, schrieb erstaunt nach Hause, daß man durch ein Land fahre, so fruchtbar und schön wie ein deutsches, aber leer und verlassen. „Wir kämpfen nicht um das Land, wir überfluten es einfach." Wie General von Blumentritt nach dem Krieg zu Liddell Hart sagte, war es wirklich keine Operation im taktischen Sinn, sondern ein Vormarsch: „Bei der Abfassung des Plans hatten wir es für unwahrscheinlich gehalten, daß wir vor der Maas auf ernstlichen Widerstand stoßen würden." In den ersten zwei Tagen war das Hauptproblem nicht taktischer Natur, sondern betraf die Verwaltung. In der Nacht bezogen Guderian und sein äußerst bewegliches Korps-HQ in Neufchâteau Quartier, die Stimmung war viel besser als am Tag zuvor. Mit Ausnahme der 2. Panzerdivision, die weiterhin nachhinkte, hatte das ganze Panzerkorps die am 10. verlorene Zeit mehr als aufgeholt. Im OKH erhielt Halder einen Besuch des Führers (von 16 Uhr 40 bis 19 Uhr), man „freute sich über den Erfolg". Auf französischer Seite wären nirgends größere Eisenbahntransporte beobachtet worden. Die feindliche Luftwaffe sei erstaunlich zurückhaltend. Vorsichtig setzte Halder aber hinzu, „daß man einen feindlichen Angriff aus Süden erwarte".

Luftkrieg

In der Luft setzte die Luftwaffe das strategische Bombardement der feindlichen Flugplätze und Nachrichtenzentren fort, wenn auch nicht stärker als am vorherigen Tag. General d'Astier erklärt, daß nur drei Flugzeuge am Boden zerstört und ein Rollfeld vernichtet wurden. Die deutschen Luftangriffe galten taktisch der Vernichtung der holländischen Streitkräfte im Norden. Über den Ardennen blieb der Jagdschutz dicht, auch die Panzer schienen alle nötige Luftunterstützung zu erhalten. Oberstleutnant Soldan, ein Chronist der Wehrmacht, erklärt, daß die Zusammenarbeit der Luftwaffe in den kritischen Phasen des Tages „bewunderungswürdig" gewesen sei: „Flieger, die von oben beobachteten, erkannten sofort, wo Hilfe nötig war. Stuka stürzten sich auf den Feind und schufen freie Bahn für die zahllosen Fahrzeuge, deren Motoren in diesem Waldgebiet aus Hügeln und Bergen einen schrecklichen Lärm machten."

Anderseits vermied die Luftwaffe geschickt eine verstärkte Tätigkeit über dem Raum Dinant-Sedan, die die Ziele von „Sichelschnitt" hätten verraten können. Inzwischen unternahmen die Alliierten eine einzige Operation gegen das kilometerlange Ziel, das sich durch die Ardennen schlängelte. Die amtliche RAF-Chronik berichtet: „Acht Battles der Schwadronen 88 und 218 erhielten Befehl zu einem Angriff auf eine Kolonne auf deutschem Gebiet, die sich der Luxemburger Grenze näherte. Ob sie ihr Zielgebiet erreichten, ist zweifelhaft. Der einzige Pilot, der zurückkehrte, sah, wie drei seiner Kameraden durch Flakfeuer in den Ardennen abgeschossen wurden."

Wieder beteiligte sich die französische Luftwaffe nicht.

Am anderen Ende der Front griff ein Geschwader belgischer Battles die eroberten Brücken in Maastricht und am Albertkanal an; sie führten 50-Kilo-Bomben mit, die angesichts der Aufgabe lächerlich klein waren. Dem Angriff folgten Blenheims der RAF; bei einem Einsatz wurden fünf von sechs Angreifern durch Flak vernichtet. Erst am Vormittag des 11. wurden die Beschränkungen General Georges' für die französische Luftwaffe aufgehoben. Um 16 Uhr 20 rief Gamelin selbst d'Astier an und befahl ihm, „alles zu tun, um die deutschen Kolonnen im Vormarsch auf Maastricht, Tongern und Gembloux zu verlangsamen und, um dieses erforderliche Ziel zu erreichen, auch Städte und Dörfer zu bombardieren". Unwiederbringliche

Zeit war aber bereits verloren, und in jedem Fall konzentrierte Gamelin seine beschränkten Luftstreitkräfte am falschen Ort — wie es die Planer von „Sichelschnitt" ja erhofft hatten.

Die Alliierten in Belgien

Am 11. Mai stellte General d'Astier fest, daß Giraulds 7. Armee auf ihrem Eilmarsch nach Breda von der „Luftwaffe nicht belästigt wurde". War es nicht verdächtig, daß die Luftwaffe Giraud anscheinend nicht beachtete, obwohl die armen Holländer erbarmungslos behämmert wurden? Auch die BEF war auf dem Vormarsch zur Dyle-Stellung unbehelligt geblieben. Bei ihr hielt sich ein gewisser „Kim" Philby als Korrespondent der „Times" auf, dessen Scharfsinn später einem anderen Auftraggeber von Nutzen sein sollte. Zu einem amerikanischen Kollegen, Drew Middleton, sagte er ziemlich besorgt: „Es ging *zu* verdammt gut. Warum hat er uns bei solcher Stärke in der Luft nicht belästigt? Was hat er vor?"

Die Vorhut der BEF war, abgesehen von einem Zwischenfall, bei dem ein belgischer Grenzposten Generalmajor Bernard Montgomerys 3. Division aufhalten wollte, weil sie nicht die nötige Erlaubnis besaß, außerordentlich glatt vorangekommen. Den Veteranen, die schon einmal in Belgien gekämpft hatten, erschien der Vormarsch fast unheimlich. „Es war", schrieb Drew Middleton, „wie wenn man Schritte wieder gehe, die man im Traum gemacht hat. Wieder sah man die Gesichter der Freunde, die lange tot waren, wieder hörte man die halbvergessenen Namen von Städten und Dörfern." Die Tommies waren aber in bester Stimmung. Clare Boothe, die auf dem Rückweg von Brüssel nach Paris an ihnen vorbeifuhr, erinnerte sich, wie jedermann gesagt hatte, „es sei merkwürdig, daß die Soldaten in diesem Krieg nicht sangen. Nun, *diese* Soldaten sangen... Sie zeigten mit den Daumen nach oben, was besagte: ‚Alles in Ordnung.' Sie winkten und warfen Kußhände..."

Am Abend des 11. hatte sich die BEF in dem ihr zugewiesenen Abschnitt längs der Dyle von Louvain bis Wavre eingegraben; obwohl der Fluß hier nur wenig mehr war als ein breiter Bach, waren die britischen Stellungen verhältnismäßig stark.

Der französischen 1. Armee, die die Gemblouxlücke zwischen der BEF und Coraps 9. Armee ausfüllen sollte, erging es nicht so gut. Beim Vormarsch von Valenciennes aus bemerkte Major Barlone düster hinsichtlich der belgischen Flüchtlinge, die aus dem Raum Lüttich auf die französische Grenze zuflohen: „Die Nachrichten, die diese Leute bringen, sind pessimistisch... Verrat und die fünfte Kolonne sind der Hauptgesprächsstoff." Als General Prioux vom Elitekavalleriekorps Gembloux erreichte, war er

„wie erschlagen", wie wenig die Belgier getan hatten, um diesen lebenswichtigen Raum zu befestigen: eine völlig offene Ebene schien sich den deutschen Panzern förmlich anzubieten. Inzwischen hatte ihm ein Stabshauptmann ernste Nachrichten aus Lüttich gebracht; das mächtige Eben Emael war gefallen, und die Deutschen überfluteten bereits die Albertkanal-Linie. Am Nachmittag waren sie in Tongern, sie griffen bereits nach Waremme, zehn Kilometer westlich von Lüttich, und bedrohten es vom Fluß her. Prioux nahm an, daß sein Korps bei diesem Tempo nie die Zeit haben würde, sich festzusetzen, ehe der Feind heran war. Am frühen Nachmittag meldete er Blanchard, daß das Dyle-Manöver angesichts des schwachen belgischen Widerstands und der feindlichen Überlegenheit nur schwer durchzuführen und es daher besser sei, das Schelde-Manöver vorzuziehen; Blanchard gab das mit seiner Empfehlung an Billotte weiter. Billotte, der die Dyle-Breda-Variante unterstützt hatte, war schockiert. In der Nacht suchte er Prioux persönlich auf und sagte ihm, der Dyle-Plan könne nicht rückgängig gemacht werden; er würde den Vormarsch der Hauptmasse der 1. Armee beschleunigen, inzwischen müsse Prioux aber bis Tag D plus 5, also bis zum 14. Mai, aushalten.

Holland

In Holland brach die Verteidigung erschreckend schnell zusammen. Die Gerüchte vom Verrat durch die fünfte Kolonne vervielfachten sich: Handgranaten sollen statt mit Sprengstoff mit Sand gefüllt gewesen sein; Bunker zerbrachen, weil der Zement „verschnitten" war, Kinder wurden durch Schokolade „vergiftet", die aus der Luft abgeworfen wurde. Die holländische Armee griff noch tapfer die „Taschen" an, die General Students Luftlandetruppen hielten, aber die 9. Panzerdivision hatte ihre Panzer jetzt auf der Brücke von Gennep über die Maas gebracht und rollte schnell auf Rotterdam zu. Die Vorhut von Girauds mechanisierten Divisionen erreichten ihr Ziel bei Breda, nur um feststellen zu müssen, daß sich die holländische Armee, der sie die Hand reichen sollten, zum Schutz von Rotterdam nach Norden zurückgezogen hatte. Am 11. gegen Mittag war Giraud in der Gegend von Tilburg auf die 9. Panzerdivision gestoßen. Bei dem unerwarteten Gefecht angeschlagen, drehten seine Panzer ab und fielen in die Richtung von Antwerpen zurück; sie wurden dabei von deutschen Tiefliegern scharf angegriffen. So war, sechsunddreißig Stunden nach Beginn der Schlacht, Gamelins Breda-Variante, für die er seine unersetzlichen beweglichen Reserven bereitgestellt hatte, bereits null und nichtig geworden.

In Vincennes waren Gamelins Augen immer noch nach dem Norden gerichtet. In London sagte der französische Militärattaché — am 11. und nochmals am 12. — zu General Spears, das GQG sei überzeugt, daß die Deutschen ihren Hauptstoß zwischen Maastricht und Lüttich führten, während der Militärkorrespondent der „Times" am 11. zuversichtlich erklärte: „Dieses Mal hat es wenigstens keine strategische Überraschung gegeben."

General Ironside schrieb in sein Tagebuch: „. . . Wir werden die belgische Armee retten. Insgesamt ist der Vorteil auf unserer Seite. Ein wirklich harter Kampf den ganzen Sommer über . . ." Kommandostellen im Ausland, wie etwa der General Weygands in Syrien, berichtete das GQG am selben Tag summarisch: „Das alliierte Manöver entwickelt sich günstig." Wenn Gamelins Optimismus an diesem Tag etwas geschmälert wurde, dann durch die rasche Auflösung des holländischen Widerstandes und die schlechten belgischen Verteidigungsstellungen. Wie Gamelin in seinen Memoiren zugibt, „beschäftigte er sich während der ersten drei Schlachttage vor allem mit Holland".

Und doch mehrten sich die Anzeichen, daß in den Ardennen etwas Ernstes im Gange war. Schon am Morgen des 11. berichtete die britische wie die französische Luftaufklärung „von zahlreichen Kolonnen auf der Straße von Euskirchen nach Prüm und auf dem belgischen Eisenbahnnetz westlich von Luxemburg", über das Ausladen von Panzern nördlich von Neufchâteau sowie über beträchtliche motorisierte Kräfte, die sich gegen Arlon entfalteten, während General d'Astier in seinem Mittagsbericht feststellte: „Der Feind scheint eine energische Aktion in Richtung Givet[1] vorzubereiten." Die Zahl der deutschen Panzerdivisionen in den Ardennen entging dem *Deuxième Bureau* aber weiterhin. Die Wirksamkeit des deutschen Jagdschutz gegen Aufklärer und das Laubdach der „undurchdringlichen" Wälder, in denen ganze Divisionen von einer Stunde zur andern spurlos verschwinden konnten, trugen zur Verschleierung der deutschen Absichten bei, während die Energie, mit der Bock nördlich von Lüttich den „Matadorenmantel" schwang, darauf hindeutete, daß dort mehr als nur ein Viertel der deutschen Panzerkräfte eingesetzt war.

Trotzdem trifft die Behauptung nicht zu, das französische Oberkommando habe aus den Ardennen keine Gefahrenwarnungen erhalten oder es habe auf diese Warnungen nicht reagiert. Am Nachmittag erteilte General Georges eine „Weisung Nr. 12", in der er die Notwendigkeit „vorhersah", die 2. und 3. Panzerdivision, die 3. motorisierte Division und die 14., 36. und 87. Infanteriedivision, die alle zur Generalreserve gehörten, „in die zweite Stellung hinter Sedan zu schieben". Die Transportbefehle für die Einheiten sollten zwischen dem 11. und 13. ergehen; sie kamen zu spät.

Am Nachmittag des 11. besuchte Gamelin General Georges in dessen HQ in Les Bondons. Am Tag zuvor hatte er auf eigene Initiative Georges die Vollmacht übertragen, direkt mit König Leopold als dem Oberbefehlshaber der belgischen Armee zu verhandeln. Jetzt stellte er überrascht fest, daß Georges diese Vollmacht an Billotte weitergegeben hatte, dem er auch seine Koordinationsvollmacht über Lord Gorts BEF übertragen wollte. Gamelin sagte ärgerlich, das sei eine „Abdankung" gewesen, er tat aber nichts, um die Entscheidung seines Untergebenen zu ändern. Als er am Abend nach Vincennes zurückkehrte, war das wirre alliierte Kommandonetz keineswegs vereinfacht worden, und auch die Beziehungen zwischen Gamelin und Georges hatten sich nicht freundschaftlicher gestaltet.

Die Deutschen geben bekannt, daß eines der Forts von Lüttich in ihrer Hand ist. Selbst wenn die Behauptung wahr wäre, wird ihre Bedeutung dadurch abgeschwächt, daß dafür ein Hauptmann und ein Leutnant ausgezeichnet worden sind. Das würde darauf hindeuten, daß das Fort nur ein Bunker oder ein MG-Nest war.

„New York Herald Tribune", 12. Mai

Verzweiflung in Berlin. „Sunday Chronicle", 12. Mai

Der Angriff der deutschen Wehrmacht im Westen machte am 12. Mai gute Fortschritte. Wehrmachtsbericht, 13. Mai

Die Niederlande

Jene Berichte der alliierten Zeitungen am Pfingstsonntagmorgen, dem 12. Mai, erweckten den Eindruck, die deutsche Offensive sei von den Holländern und Belgiern aufgehalten worden, wie es nach Gamelins Plänen ja auch hätte geschehen sollen. Tatsächlich war die Lage in Holland aber schon verzweifelt, und in den nächsten vierundzwanzig Stunden sollte sie hoffnungslos werden. Im Norden hatten die Deutschen das Ostufer der Zuidersee erreicht; im Zentrum hatten sie, über Arnheim vorstoßend — das Luftlandetruppen am ersten Tag genommen hatten —, die Grebbe-Linie bei Renen nach hartem Kampf durchbrochen und bedrohten das Herz des Landes, im Süden stieß die 9. Panzerdivision zu der großen Brücke über die Maasmündung bei Moerdijk vor, um sich mit den Fallschirmjägern zu vereinigen, die die Brücke genommen hatten. Am Abend des 12. war Moerdijk erobert und damit jede Hoffnung auf eine Hilfe durch Girauds 7. Armee geschwunden. Holland war entzweigeschnitten, und der holländischen Armee, die in bitterer Verzweiflung weiterkämpfte, blieb keine andere Wahl, als sich, mit dem Rücken zum Meer, in die Festung Holland zurückzuziehen, in den Raum um die großen Städte Rotterdam, Utrecht und Amsterdam.

Von der holländischen Luftwaffe war nur ein einziger Fokker-Bomber übriggeblieben, er wurde am nächsten Tag über Moerdijk abgeschossen.

General Girauds prächtige mechanisierte Einheiten befanden sich in einer bedrohlichen Lage: von Stukas und deutschen Panzern schwer in Mitleidenschaft gezogen, wurde ihre rechte Flanke immer mehr von der 9. Panzerdivision bedroht; die Munition wurde knapp, und viele ihrer Tanks rollten noch auf Flachwagen durch Belgien. Die Verluste waren schwer gewesen. Giraud beschloß daher, den holländischen Boden bis auf einen winzigen Zipfel zu räumen; er versuchte, eine Linie von Bergen-op-Zoom zum Turnhoutkanal zu halten, um Antwerpen zu decken.

Nach General Prioux' alarmierendem Bericht (vom 11.) über den Zustand der Dyle-Linie hatte Billotte den beschleunigten Vormarsch von Blanchards 1. Armee befohlen, so daß sie bereits am 14. statt am 15. in Stellung gehen konnte. Die mechanisierten französischen Kolonnen, die bei Tag statt in den kurzen Mainächten marschierten, wurden nun erstmals systematisch von der Luftwaffe angegriffen. Auf den Gewaltmärschen, die durch die Vorverlegung des Zeitplans nötig wurden, war ein großer Teil der Artillerie zurückgelassen worden. Inzwischen befand sich die belgische Armee am 12. in vollem Rückzug von der Albertkanal-Linie, sie versuchte, die Linie Antwerpen - Mechelen - Louvain zu besetzen und am rechten Flügel an die BEF anzuschließen. Der belgische Rückzug wiederum setzte die vorgeschobenen Teile von Prioux' Kavalleriekorps dem Angriff der Panzer von General Hoepners XVI. Panzerkorps aus. Im Raum von Hanut, halbwegs zwischen Lüttich und der Dyle, wurden in der ersten großen Panzerschlacht zwischen Deutschen und Franzosen die ersten Schläge ausgetauscht. Prioux' Panzer schlugen sich am ersten Tag gut. Auf beiden Seiten waren die Panzerkräfte überdehnt, die deutsche Infanterie kam so langsam nach, daß die hart bedrängten Belgier die dringend nötige Atempause erhielten, um ihren Rückzug durchzuführen, ohne in eine echte Krise zu geraten.

Am Abend des 12. hielt Prioux' Tankschleier — wenn auch mit Mühe — immer noch die vorgeschobene Stellung. Der Tag war unentschieden verlaufen, er schien aber zu beweisen, daß sich die französischen Panzer bei einigermaßen gleichen Bedingungen sehr wohl gegen die deutschen Panzer zu behaupten vermochten. Von der Armee, der Armeegruppe und von Gamelins GQG selbst wurde Prioux mit schmeichelhaftem Lob für diese ersten — leider vorzeitigen Resultate — überschüttet. Aber am Abend des 12. hatten lediglich zwei Drittel der 1. Armee die Dyle erreicht, und es sah so aus, als würde am Morgen die volle Wucht der zwei Panzerdivisionen Hoepners auf Prioux treffen.

Die BEF, die sich von Louvain bis Wavre an der Dyle eingegraben hatten, erlebten einen weiteren ruhigen Tag. Gorts Stabschef, General Sir Henry Pownall, war bei einer Besprechung im Château de Casteau, an der König Leopold und sein militärischer Ratgeber, General von Overstraeten, Daladier (noch Verteidigungsminister), Georges und Billotte teilnahmen. Unter dem Druck der Ereignisse kam man überein, daß Billotte als Georges' „Delegierter" fungieren und „die Aktionen der alliierten Streitkräfte auf belgischem Boden koordinieren sollte". Trotz der Konferenz von Casteau blieb die gegenseitige Verantwortung weiterhin unklar. Billotte wurde durch die Verantwortung für sein großes Kommando in steigendem Maß überlastet, er hatte wenig Zeit, die BEF und die belgische Armee mit den Franzosen zu „koordinieren". Gort blieb praktisch ohne Anweisung von oben, eine Vernachlässigung, die zehn Tage später in einem kritischen Stadium der Schlacht schlimme Nachwirkungen zeitigen sollte.

Der Himmel des strahlenden Pfingstsonntags sah die Hauptanstrengungen der alliierten Luftwaffe wieder im Norden. Ihre besondere Aufmerksamkeit galt den Brücken von Maastricht und der Straße, die von ihnen nach Tongern führte. Hier strömten Hoepners Panzer auf die Dyle-Stellung zu, sie boten — offensichtlich — ein weit drohenderes und lohnenderes Ziel als die viel größere Streitmacht, die sich in den Ardennen „verloren" hatte. Am 12. um 6 Uhr forderte Billotte das französische Jägerkommando auf, es solle seine ganze Unterstützung den Bombern gewähren, die den Brückenkopf Maastricht angriffen. General d'Astier erklärte, daß die französischen Bombergeschwader noch nicht einsatzbereit seien. Der Eliteeinheit „Groupe I/54" hatten beispielsweise bis zur Nacht vom 11. auf den 12. wichtige Bombenabwurfgeräte gefehlt, die man im letzten Moment mit Lastautos aus der Fabrik holen mußte. Am Morgen des 12. mußte d'Astier daher erneut die RAF bitten, die Hauptlast der Angriffe gegen Maastricht zu übernehmen. Von neun Blenheims, die deutsche Kolonnen zwischen Tongern und Maastricht bombardierten, wurden sieben von Messerschmitt-Jägern abgeschossen.

Am Mittag des 12. war „Groupe I/54" endlich zum ersten Einsatz bereit; Sergeant Conill, der mit den führenden sechs Bréguets flog, schildert einen Tiefangriff auf eine Kolonne bei Tongern. In der Nähe von Lüttich erhielt Conills Formation Befehl, auf Höhe „Zero" zu gehen: „Vor uns flog der Major seine Bréguet mit unglaublichem Wagemut, er fegte über Hausdächer und Baumwipfel hinweg und sprang über Hindernisse … Vor uns tauchten die Dächer von Tongern auf. Vor uns eine Hauptstraße … und welcher Anblick bot sich uns! *Hunderte und Aberhunderte von Fahrzeugen* rollten auf Frankreich zu … eines folgte dem anderen. Mit 350 Stundenkilometer flog der Major in der Höhe der Baumwipfel die Straße entlang … Plötzlich zuckten unter uns weiße und blaue Blitze auf, der höllische Ausbruch von Feuer, Stahl und Flammen wurde immer größer. Ich sah deutlich, wie die kleinkalibrigen Geschosse zu Tausenden auf uns zuflogen, jeder von uns fühlte, daß sie auf ihn persönlich zielten …"

Sergeant Conill konnte sehen, wie die Flakgeschosse in die Maschine des Majors schlugen. Plötzlich senkte die Bréguet einen Flügel, brach durch

Pappeläste „und krachte auf der Straße mitten in die deutschen Truppen".
Dann sah Conill, wie sein Flügelmann in Flammen gehüllt abstürzte. Leutnant Blondy, der Pilot von Conills Maschine, warf seine Bomben unerschrocken auf deutsche Infanterie auf Lastwagen, ehe auch ihn die Flak erfaßte. Mit nur einem Motor hinkte die Bréguet zurück und machte in Frankreich eine Bauchlandung. Die Maschine mußte abgeschrieben werden, keine der anderen fünf Bréguets kehrte zurück.

Die Wirkung der 2-cm- und der 3,7-cm-Flak und die Schnelligkeit, mit der die Deutschen diese Waffen herangebracht und um wichtige Knotenpunkte postiert hatten, bedeuteten für die französische Luftwaffe an diesem Tag einen besonders unangenehmen Schock. Die schweren Verluste der „Groupe I/54" (8 von 18 Maschinen) machten der Methode des Angreifens im Tiefflug praktisch ein Ende.

Am Abend griff ein Dutzend Léo-Bomber von der Gruppe 6 das Straßennetz von Tongern wieder an, diesmal aber klugerweise aus einer Höhe von 750 Meter; zwar zwang die Flak sie zum Ausweichen, die Genauigkeit des Flakfeuers litt aber doch darunter. Die Léos kehrten, wenn auch beschädigt, alle zurück.

Luftmarschall Barratt, den Billotte ständig unter Druck setzte und der erkannte, daß Angriffe auf den gut verteidigten Maastricht-Brückenkopf Selbstmord waren, ergriff eine ungewöhnliche Maßnahme: er fragte nach Freiwilligen. Die ganze Staffel 12, die den Beinamen das „Schmutzige Dutzend" hatte, meldete sich. Fünf Battles starteten unter starkem Hurricane-Jagdschutz. Aber nur ein verkrüppelter Bomber, dessen Pilot die Mannschaft zudem hatte aussteigen lassen, wurde zurückgeleitet, die anderen vier sah man nie wieder. Zwei britische Flieger erhielten — als erste in dem Feldzug — posthum das Victoria-Kreuz. Ein Träger der Veldwezelt-Brücke wurde getroffen. Zu einem der Überlebenden, den man aus seinem brennenden Flugzeug gezogen hatte, sagten die Deutschen: „Ihr Briten seid verrückt. Wir erobern die Brücke am Freitag früh. Ihr laßt uns den Freitag und den Samstag Zeit, um unsere Flak rings um die Brücke aufzubauen, am Sonntag, wenn alles fertig ist, kommt ihr mit drei Maschinen und wollt das Ding hochgehen lassen."

Dieses Urteil war nicht unberechtigt.

General d'Astier zufolge flog die RAF insgesamt 140 Einsätze und verlor 24 Maschinen, die Franzosen flogen nur etwa dreißig und verloren 9. Französische Jäger flogen etwa 200 Einsätze, sie verloren sechs Maschinen und wollen 26 abgeschossen haben, während die deutsche Jägergruppe 27, die mit ihren 124 Me 109 über die Blenheims von Maastricht herfiel, in 340 Einsätzen vier Maschinen verlor und 28 Abschüsse für sich beanspruchte.

Im Tagebuch des XVI. Panzerkorps heißt es, die Angriffe der Alliierten gegen Maastricht hätten eine „beträchtliche Verzögerung" verursacht. Aber um welchen Preis! Und warum konzentrierten sich die Alliierten weiterhin auf eine zweitrangige Bedrohung?

D'Astier betonte in einem Bericht über die Ergebnisse der Luftaufklärung am 12. erneut die deutschen Anstrengungen in den Ardennen: „Beträchtliche motorisierte und Panzerkräfte sind um Dinant, Givet und Bouillon auf dem Marsch zur Maas, sie kommen von Marche beziehungsweise Neufchâteau." Er erwähnte ahnungsvoll das Brückenbaugerät, das die deutschen Kolonnen mitführten, und schloß: „Man darf eine sehr ernste feindliche Bemühung gegen die Maas annehmen." Zu seinem Erstaunen wies Billotte aber am Mittag des 12. den Luftoperationen im Raum Maastricht immer noch die Priorität zu, wenn er auch jetzt die zweite Priorität von der angeschlagenen 7. Armee und der nicht angegriffenen BEF zu Huntziger verlegte. Um 16 Uhr griff General Georges ein und gewährte Huntziger die erste Priorität. Billotte, der seinen Gefechtsstand hinter der Front der 1. Armee bezogen hatte und sein ganzes Augenmerk auf diesen Frontabschnitt gerichtet hielt, war verblüfft. Er blieb bei seinem Standpunkt und erklärte: „Zwei Drittel der Luftunterstützung für die 1., ein Drittel für die 2. Armee." Billotte kann in einem gewissen Grad dadurch entlastet werden, daß sich Huntziger den ganzen Tag über nicht an d'Astier wandte, obwohl er informiert war, daß die Bomber für ihn bereitgestellt waren. Aus eigener, auf den Luftmeldungen basierender Initiative ersuchte d'Astier darum, daß 50 britische Bomber den Raum Neufchâteau - Bouillon am Abend des 12. angriffen. 18 Bomber kehrten von dem Angriff nicht zurück.

Guderian: Über die Semois

In der Nacht vom 11. auf den 12. hatte Guderian den überstürzten Rückzug von Coraps 3. Spahibrigade über die Semois schnell ausgenützt. Das Kradschützenbataillon der 1. Panzerdivision am rechten Flügel der Division ging im Schutz der Dunkelheit bei Mouzaive über den Fluß und richtete sich am anderen Ufer ein, ehe die Verteidiger darauf reagieren konnten. Knapp 8 km Luftlinie von Bouillon, dem Hauptpunkt der französischen Abwehr an der Semois, entfernt, gewährte der Brückenkopf Mouzaive den Angreifern im Morgengrauen des 12. einen großen Vorteil. Um 6 Uhr hatte Guderian die ersten Panzer bei Mouzaive übersetzen lassen; die linke Flanke von Huntzigers 5. leichter Kavalleriedivision, die nichts vom Rückzug der Spahis wußte, war nun bedroht. Bei Bouillon selbst arbeiteten sich die Männer von Oberstleutnant Balcks 1. Schützenregiment, das sich am anderen Maasufer noch mit Ruhm bedecken sollte, die steilen, dicht bewaldeten Ufer hinunter und erreichten eine Furt durch die Semois, die die

Aufklärungsabteilung in der vergangenen Nacht festgestellt hatte. Schon nach kurzer Zeit hatten sie ihr Ziel erreicht, und die ersten Panzer rollten durch die Furt; der trockene Frühling hatte den Wasserspiegel der Semois erheblich gesenkt.

Wie üblich war Guderian im Morgengrauen wieder ganz vorne und beobachtete Balcks Flußübergang. Als dann die Divisionspioniere eine neue Brücke geschlagen hatten, folgte er den Panzern die steile Schlucht nach Sedan hinauf. „Verminte Straßen zwangen mich jedoch, nach Bouillon zurückzukehren", berichtete Guderian. „Hier im Südteil der Stadt erlebte ich zum erstenmal einen feindlichen Luftangriff; Ziel war die Brücke der 1. Division. Glücklicherweise blieb die Brücke unbeschädigt, aber einige Häuser gerieten in Brand." In seinem Befehlsfahrzeug fuhr Guderian dann zum Abschnitt Cugnon-Herbeumont, wo die 10. Panzerdivision über die Semois setzte. „Das Bild war eindrucksvoll", und Guderian kehrte „unbesorgt" nach Bouillon zurück, wo er im Hotel Panorama sein Korps-HQ eingerichtet hatte.

In einem mit Jagdtrophäen geschmückten Alkoven machte er sich an die Arbeit, er plante das nächste Stadium des Angriffs. „Plötzlich erfolgte eine Reihe schnell aufeinanderfolgender Explosionen — wieder ein Luftangriff. Als ob das noch nicht genug wäre, geriet eine Pioniernachschubkolonne, die Zünder, Sprengstoffe, Minen und Handgranaten beförderte, in Brand, eine Detonation folgte auf die andere. Ein Eberkopf, der an der Wand über meinem Schreibtisch montiert war, löste sich und verfehlte mich nur um Haaresbreite, die anderen Trophäen stürzten herab. Das schöne Aussichtsfenster, vor dem ich saß, wurde zerschmettert, und die Splitter sausten mir um die Ohren ..."

Guderian verlegte daraufhin sein HQ aus Bouillon, er wurde wieder bombardiert und verlegte es ein zweites Mal, in das hübsche Dorf Noirefontaine auf dem Ardennenplateau, 5 km nördlich von Bouillon.

Die Bombardierung des Bouillon-Brückenkopfs durch die Alliierten dauerte den ganzen Tag über an. Von dem 16 km entfernten Torcy an der Maas versandten französische „lange 15,5er" ihre Granaten genau genug, um den Brückenschlag der deutschen Pioniere zu einer recht gefährlichen Aufgabe zu machen. Weniger zielsicher flogen britische Battle-Bomber — die auch das Hotel Panorama mit Bomben belegt hatten — die Brücken durch das niedrige, vielgewundene Tal an. Wie schon erwähnt, kamen 18 von 50 nicht zurück. Doch nicht alles ging nach Wunsch der deutschen Luftwaffe; fünf in Amerika gebaute Curtiss-Jäger der „Groupe I/5" — das Cigognes-Geschwader — fielen über zwölf Stukas her, die von einem Angriff im Raum Bouillon - Sedan zurückkehrten, und schossen alle zwölf ohne eigene Verluste ab. Eine zweite Stuka-Welle wurde ebenfalls angegriffen, einige Maschinen wurden abgeschossen, der Rest verjagt. Diese beiden Luftkämpfe bewiesen die Verwundbarkeit der gefürchteten Stuka; es war aber eine Lektion, aus der man kaum Nutzen zog.

Trotz der alliierten Bemühungen hatte die 1. Panzerdivision am Vormittag einen Brückenkopf über die Semois errichtet und stieß jetzt entlang der Straße nach dem den Wegweisern zufolge nur noch 18 km entfernten Sedan vor. Als die Briten ihre Morgenzeitungen lasen, hatten die ersten Panzer Guderians Belgien hinter sich gelassen und rollten nach Frankreich hinein. Als sie aus den „ungastlichen" Ardennen brachen, konnten sie in der nebligen Ferne die Frénoishöhen jenseits der Maas sehen, von wo aus vor siebzig Jahren der König von Preußen und Bismarck den siegreichen Angriff der Deutschen bei Sedan beobachtet hatten.

Die 2. Armee

Als Huntziger am frühen Morgen erkannt hatte, daß die Bedrohung der 5. leichten Kavalleriedivision durch den Panzerübergang bei Mouzaive die Verteidigung von Bouillon unmöglich gemacht hatte, befahl er der Kavallerie, sich auf die „maisons fortes" zurückzuziehen, die im Winter zwischen Sedan und der Grenze gebaut worden waren. Der Rückzug des 5. Infanteriebataillons vom 295. Regiment, das am Tag vorher zur Verstärkung aus der 55. Division herausgelöst und nach Bouillon entsandt worden war, verlief nicht so glatt. Seine Lastautos waren verschwunden, General Ruby sagt, daß dieses Bataillon mit Reservisten der Klasse B „sich in den Wäldern nach allen Richtungen verstreute und, von der Marschroute abgeschnitten, seinen Kommandeur, Major Clausener, und den größten Teil des Gepäcks verlor; man sah nur 300 demoralisierte Männer wieder, die ‚Verrat' gegen die Kavallerie schrien und für die folgenden Tage ohne jeden Gefechtswert waren".

Das war ein unheilvoller Hinweis darauf, was geschehen konnte, wenn eine B-Division von deutschen Panzern oder Stuka wirklich schwer getroffen wurde.

Weiter rechts, im Abschnitt der 2. leichten Kavalleriedivision, zeichnete Marcel Lerecouvreux ein ähnlich deprimierendes Bild. Da die 10. Panzerdivision jetzt längs der Achse Herbeumont - Sedan vorstieß, hatte die 2. leichte Kavalleriedivision einen verhältnismäßig ruhigen Morgen erlebt, aber am Nachmittag vernahm Lerécouvreux, der sich im Divisions-HQ weit hinter der Semois aufhielt, überraschenderweise Kleingewehrfeuer ganz aus der Nähe. Er erfuhr, daß sich die Nachbardivisionen bereits über die Chiers zurückzogen. Hastig packte das Divisions-HQ die Koffer. Französische Artillerie schoß über seine Köpfe weg. Lerecouvreux bemerkte, daß Angehörige der Division weinten, „weil sie Gräben aufgeben mußten, die sie mit eigenen Händen gebaut hatten und in denen sie den Feind hatten aufhalten wollen".

Die Kavallerie zog sich trotz ihrer Ermüdung aus dreitägigen Kämpfen in guter Ordnung zurück. Das war nicht überall der Fall; „in Margut, einem Kreuzungspunkt an der Chiers", hatte es in den zwei Tagen seit dem Abzug der Zivilbevölkerung zahlreiche Fälle von Raub und Plünderung durch nichtkämpfende Truppen gegeben; „der Wein floß aus aufgeschlagenen Fässern in die Gosse". Trunkenheit führte auch zu einem besonders schändlichen Zwischenfall: „. . . ein offensichtlich betrunkener Soldat näherte sich einem Zug der 18. Chasseurs, der nach dem Gefecht in Margut haltgemacht hatte. Ohne jedes Motiv tötete er einen Chasseur durch einen Schuß in die Brust. In der allgemeinen Verwirrung verschwand der Mörder, ehe er verhaftet werden konnte." Lerecouvreux erwähnt auch die Flucht eines Bataillons Kolonialinfanterie.

Guderian bei Sedan

Für die auf dem Rückzug befindlichen Franzosen dauerte der Halt in der Linie der „maisons fortes" weit kürzer als erwartet. Um 14 Uhr zwangen sie Panzer der 1. Panzerdivision, die über Fleigneux und Saint-Menges in den Rücken der 5. leichten Kavalleriedivision einschwenken, hier die Hoffnung auf einen Widerstand aufzugeben; sie mußten auf den Brückenkopf von Sedan zurückfallen. Die Panzer verfolgten sie erbarmungslos. Obwohl Gamelin Befehl erteilt hatte, die Stadt — deren größerer Teil auf dem Ardennenufer der Maas liegt — „um jeden Preis" zu halten, hatte die Kavallerie sie binnen vier Stunden aufgegeben, zog sich zurück und ließ die Deutschen fast ohne Widerstand eindringen. Noch vor dem Einbruch der Dunkelheit rollten die Panzer durch die Straßen der Stadt.

Sedan! Der Ortsname, den Hitler im Oktober fast beiläufig genannt hatte; eine kleine Provinzstadt mit 13.000 Einwohnern, kleiner als Verdun 1916 — aber welchen Zauber barg dieser Name für die Deutschen! Der Geburtsort des großen Feldherrn Turenne hatte 1870 die bedingungslose Kapitulation Napoleons III. und 100.000 Mann seiner Truppen vor Moltke erlebt, eine Kapitulation, die den Lauf der europäischen Geschichte für immer geändert hatte.

Jetzt rückte Guderians Vorhut in eine leere Stadt ein. Die Straßen wirkten unnatürlich verlassen. Einige Nachzügler der abziehenden Kavallerie eröffneten das Feuer aus MG und Gewehren, wurden aber schnell zum Schweigen gebracht. Als sich die deutsche Infanterie und die Pioniere zur Maas vorarbeiteten, schlug ihnen vom anderen Flußufer schweres Artilleriefeuer entgegen; plötzlich flog mit schrecklichem Krachen eine Brücke in die

Luft. Ihr folgte eine nach der anderen, bis keine mehr stand — obwohl Paul Reynaud in der Hitze des Augenblickes behauptete, einige seien durch „Verrat" intakt geblieben.

Bei Einbruch der Nacht hatte die 1. Panzerdivision die Maas in voller Stärke erreicht. General Kirchner, der Divisionskommandeur, schlug sein HQ knapp zwei bis drei Kilometer nördlich von Illy auf, wo General Gallifet 1870 jene letzte verzweifelte Kavallerieattacke geführt hatte, die die Bewunderung und das Mitleid des Königs von Preußen erweckte. Links davon hatte die 10. Panzerdivision ebenfalls die Maas erreicht — bei Bazeilles, um das 1870 die Bayern so wild gekämpft hatten. Nur die 2. Panzerdivision hing — sehr zu Guderians Sorge und Ärger — noch weit zurück.

Reinhardt

Im Abschnitt von Reinhardts XLI. Korps, dessen Hauptziel Monthermé, an der Mündung der Semois in die Maas, war, kamen die 6. und die 8. Panzerdivision nur langsam voran. Grund war die anhaltende Verwirrung auf den Vormarschstraßen. Die Stauungen entstanden nicht nur durch die 2. Panzerdivision, auch einige von Rundstedts vordersten Infanteriedivisionen drückten jetzt von hinten auf das bereits verstopfte Straßennetz der Ardennen. Für den Spätnachmittag des 12. gibt das Kriegstagebuch der 6. Panzerdivision zu, daß nicht einmal die Funkverbindung ein klares Bild davon geben konnte, wohin die einzelnen Einheiten zu marschieren hatten. Die Lufterkundung des Korps konnte am Nachmittag keine feindlichen Einheiten östlich der Maas feststellen, das Kriegstagebuch berichtet knapp „von der Gefangennahme eines einzigen betrunkenen französischen Soldaten". Bei Einbruch der Nacht hatten die Vorausabteilungen der 6. Panzerdivision, begleitet von ihrem Kommandeur, General Kempf, die französische Grenze bei Monthermé überschritten und standen fast am Rand der Ardennen, die hier steil zur Maas abfallen.

Die verblüffende Abwesenheit des Feindes wirkte entnervend. „Entweder haben die Franzosen den Verstand verloren", sagte Feldwebel Sievert von einer Panzergrenadierabteilung der 6. Panzerdivision, „und wissen wirklich nicht, daß wir dicht vor der Maas stehen, oder sie bereiten etwas wirklich Teuflisches für uns vor."

9. Armee: Die Kavallerie zieht sich zurück

Der Grund für das Vakuum auf französischer Seite war jedoch erschreckend einfach. Als Corap zu seiner Überraschung feststellte, daß sich die 3. Spahibrigade, die den rechten Flügel seines Kavallerieschleiers bildete, bis Mézières auf der „falschen Seite" der Maas zurückgezogen hatte, befahl er sofort, sie solle kehrtmachen und ihre Stellungen an der Semois wieder beziehen. Dafür war es aber schon zu spät. Guderians Panzer hatten die Semois überschritten, ehe sich noch die Hauptmasse der Spahis aus Mézières in Bewegung setzte. Corap erkannte jetzt, daß die Flanke seiner Kavallerie völlig exponiert war, gleichzeitig erhielt er eine Luftaufklärungsmeldung, daß sich eine 25 km lange feindliche motorisierte Kolonne ostwärts Marche auf der Straße Marche - Dinant westwärts bewege. Eine Kolonne von dieser Länge konnte nur eines bedeuten: eine Panzerdivision.[1] Besorgt über den schlechten Zustand der Verteidigung von Dinant infolge des verspäteten Eintreffens der Infanterie, befahl Corap den Rückzug seiner gesamten Kavallerie; sie sollte am Westufer der Maas Stellung beziehen. Am 12. um 16 Uhr war dieser Befehl ausgeführt, alle Maasbrücken vor der Front der 9. Armee, von Dinant bis zum Bar, waren gesprengt.

Die Aktion der französischen Kavallerie war damit beendet, sie hatte nur zweieinhalb Tage gedauert, statt fünf, wie das französische Oberkommando gehofft hatte, als es berechnete, daß der deutsche Maasübergang nicht vor dem neunten Tag beginnen könne. Trotz der Unordung, in die die französische Kavallerie geraten war, waren die Verluste auf beiden Seiten nur leicht gewesen.

In dem Abschnitt vor Reinhardt hatte sich die Kavallerie ohne Mühe vom Feind gelöst. Anders war es jedoch bei Rommels schnell vorstoßender 7. Panzerdivision, hier spielte sich auch das entscheidendste Ereignis des 12. Mai ab.

Leutnant Kosak schildert den Rückzug der schwer angeschlagenen 4. leichten Kavalleriedivision über die Maas nördlich von Dinant: „Gegen Mittag kam eine Menge ungesattelter Pferde zurück, gefolgt von einigen verwundeten Kavalleristen zu Fuß, die notdürftig verbunden waren; andere hielten sich nur mit Mühe im Sattel. Die Sättel und das Zaumzeug waren mit Blut befleckt. Viele Pferde hinkten, andere erreichten uns schwer verwundet, gerade noch, um hier zu sterben, wieder andere mußte man erschießen, um sie von ihren Leiden zu erlösen . . ."

Rommel folgte in hitziger Verfolgung dichtauf. Um 11 Uhr 30 hatte sein 25. Panzerregiment unter Oberst Rothenburg[2] Ciney und Leignon, 16 km vor Dinant, genommen. Obwohl die engen Schluchten von Ciney hinunter nach Dinant leicht zu verbarrikadieren und nur schwer wieder passierbar zu machen gewesen wären, rollten schon am Frühnachmittag die ersten deutschen Panzerspähwagen die Ufer der Maas hinunter. In einem MG-Stand, der das Westende der Eisenbahnbrücke bei Houx[3] bewachte, hörte Jäger Darche von den Ardennenjägern Motorenlärm. Es war etwa halb 5 Uhr. Einige Minuten später erschien ein feindlicher Panzerspähwagen am anderen Ende der Brücke. Darche schoß mit seiner Panzerbüchse darauf und brachte ihn zum Stehen. MG-Feuer aus dem kleinen Bunker vertrieb auch Infanterie, die sich auf Lastautos unvorsichtig der Maas genähert hatte. Dann wurde Darche durch einen anderen Panzerspähwagen getötet, der direkt in die Schießscharte feuerte. Die Überlebenden mußten den Bunker räumen, sie hatten den Gegner aber zur Vorsicht gezwungen.

Rommel

Rommels 7. Panzerdivision, die aus einer „leichten" Division aufgestellt war, verfügte nur über ein Panzerregiment, statt der üblichen zwei. Am Mittag des 12. erhielt er eine wertvolle Verstärkung: Oberst Werners 31. Panzerregiment, das zu der nachhinkenden 5. Panzerdivision gehörte, das der Korpskommandeur Hoth aber Rommel zeitweilig unterstellte, um dessen bereits ermutigende Erfolge weiter auszubauen. Werners Regiment war dem Gros seiner Division bereits weit voraus; nach einigen scharfen Gefechten mit der Nachhut der französischen 4. leichten Kavalleriedivision bei Ciney brauste es am Spätnachmittag bei Yvoir zur Maas hinunter. Die letzten französischen Fahrzeuge waren noch auf der Brücke, Werners Panzer versuchten, die Brücke zu überrollen, ehe sie zerstört wurde. In einem Bunker am anderen Ufer drückte aber ein tapferer belgischer Pionier, Leutnant de Wispelaere, auf den Sprengknopf. Nichts geschah. Einer der deutschen Panzerwagen rollte bereits die Steigung zur Brücke herauf. Unter Feuer brachte ihn ein Pakgeschütz unter de Wispelaeres Befehl auf der Brücke selbst zum Stehen. Der Kommandant des Panzers in seiner schwarzen Lederjacke kletterte aber heraus und lief, mit einer großen Zange in der Hand, auf die Sprengkammer zu. Ein Mann von de Wispelaeres Abteilung streckte ihn nieder, während die Pak einen zweiten Panzerwagen zerstörte, der auf die Brücke wollte. Mutig lief de Wispelaere heraus, um die Ladung unter schwerem feindlichen Beschuß mit der Hand zu sprengen. Wie durch ein Wunder konnte er die Zündschnur entzünden, als er aber in den Bunker zurücklaufen wollte, wurde er durch eine Granate getroffen und getötet. Fast gleichzeitig flog die Brücke in die Luft. Einem deutschen Bericht zufolge „schoß eine Flammensäule hoch in die Luft. Ein donnernder Krach — Stahl und Steine wirbelten durch die Luft und damit auch die zwei Panzerwagen..." Die letzte Maasbrücke war gesprengt. Aber war sie die letzte?

Am Abend des 12. war Rommels motorisierte Infanteriebrigade heran und hatte das östliche Maasufer zwischen Dinant und Houx fest in der Hand. Infolge des harten Widerstands aus den Bunkern am Westufer hatten die Aufklärungsabteilungen den Fluß nur flüchtig erkundet. Am Nachmittag entdeckten sie bei Houx jedoch etwas, das wie ein altes Wehr aussah, es führte zu einer schmalen Insel im Fluß und war von den Verteidigern unerklärlicherweise nicht zerstört worden. Im Schutz der Dunkelheit und des tiefhängenden Nebels erkundeten Rommels Spähtrupps zu Fuß und meldeten, daß das Wehr passierbar sei. Rommels Infanteriekommandeur, Oberst Furst, befahl dem Kradschützenbataillon den sofortigen Übergang zu Fuß. Die Divisionschronik schildert den Übergang sehr eindrucksvoll: „Sie tasten sich aus dem Wald heraus und sind in einem einzigen Anlauf fünfzig Meter aus den Bäumen heraus. Keuchend verschnaufen sie in Granatlöchern ... weiter! Sie schießen nicht, sie wollen das feindliche Feuer nicht auf sich ziehen. Drüben werden Leuchtkugeln abgefeuert. Ihr Licht scheint kein Ende zu nehmen, wie die Strahlen eines riesigen Scheinwerfers beleuchtet es das Land mit tödlicher Helligkeit ... Nach einer wahren Ewigkeit erreichen die Männer das schützende Laub und die Äste des Ufers. Vor ihnen dehnt sich der Fluß. Die erste Phase ist erfolgreich zurückgelegt." Die Deutschen erreichen „den dünnen Grat mit den vielen Lücken, aus denen das alte verwitterte Steinwehr besteht. Zur Rechten und zur Linken beziehen MG Stellung. Sie geben Feuerschutz ... Die ersten Sturmtruppen turnen hintereinander über das zerbrechliche Wehr. Wie Seiltänzer balancieren sie sich vorwärts."

Der Feind reagierte nicht, die lange, schmale Insel war unbesetzt. Rommels Kradschützen bahnten sich verstohlen einen Weg durch die Büsche, bis sie auf der anderen Seite ein ebenfalls intaktes Schleusentor entdeckten. Sie überquerten es sofort, nützten die Verwirrung über das nächtliche Geschieße aus und gruben sich ein. Von einem Kreuzfeuer deutscher und französischer MG niedergehalten, krallten sich die Kradschützen fest. Gruppe um Gruppe wurden sie verstärkt, bis mehrere Kompanien drüben waren; seltsamerweise wurde immer noch kein Versuch unternommen, sie wieder in den Fluß zu werfen. Kurz nach Mitternacht, am 13. Mai, drei Tage nach Beginn des Feldzugs, hatten sich deutsche Soldaten am Westufer der Maas festgesetzt. Rommel hatte dieser Tag nicht mehr als das Leben von drei Offizieren, sechs Unteroffizieren und fünfzehn Mann gekostet.

Rommels fast müheloser Übergang war das Ergebnis des Zusammentreffens ungewöhnlicher Umstände. Durch reines Glück war er bei Houx auf eine besonders empfindliche Stelle der Maasverteidigung gestoßen. Schleuse und Wehr waren nicht zerstört worden, weil man — nicht zu Unrecht — befürchtet hatte, daß die Sprengung in der trockenen Jahreszeit den Wasserspiegel der Maas noch weiter senken und den Fluß stellenweise passierbar machen würde. Die Ufer der Insel waren mit hohen Bäumen bestanden, so daß die Deutschen, von den Verteidigern am Westufer unbemerkt, übersetzen konnten, während eine Straße und eine Bahnlinie am Fluß das Schußfeld der Verteidiger zusätzlich behinderten. Westwärts von Houx

steigt das Gelände sanft nach Anthée und Philippeville auf dem dahinter-
liegenden Plateau an, ein sehr verlockender Vormarschweg für Panzer.
Houx stellte daher aus vielen Gründen eine nicht zu ignorierende Gefah-
renzone dar, man hätte annehmen können, daß sie besonders aufmerksam
verteidigt werden würde. Das war jedoch nicht der Fall.

Die Franzosen bei Houx

Um das Mißgeschick noch zu vergrößern, lag die deutsche Übergangsstelle
gerade an der Grenze zwischen General Bouffets II. und General Martins
XI. Korps. Bouffets einzige motorisierte Division, die 5., war dank ihrer
Beweglichkeit bereits angelangt und am 12. mehr oder weniger verteidi-
gungsbereit. Ihre Nachbarin zur Rechten, in Martins Abschnitt, die 18. Infanteriedivision (eine A-Einheit), hatte erst sechs ihrer Bataillone und einen
Teil der Artillerie in Stellung bringen können. Nach Coraps ursprünglichem
Plan sollte die 18. erst am Tag D plus 5, also am 14. Mai, vollzählig in
Stellung sein. Die Folge davon war, daß ihre Kompanien an der Maas so
dünn verteilt standen, daß sie nicht hoffen konnten, die ganze Front bewachen zu können. Nach dem über 80 km langen Gewaltmarsch von der
französischen Grenze her waren die Reservisten der A-Klasse zudem völlig
erschöpft. Schon am 11. hatte General Martin seine Sorge wegen des Raums
Houx zum Ausdruck gebracht und Erlaubnis erhalten, die Lücke in seiner
Verteidigung mit den weichenden Resten der 1. leichten Kavalleriedivision
zu stopfen. Der Kampfwert der mitgenommenen Kavallerie war aber nicht
mehr groß, und was noch vorhanden war, wurde vergeudet, indem man die
Kavallerie zwischen der Infanterie verteilte. Zudem gab es Kompetenzschwierigkeiten zwischen den Obersten, die Kavallerieregimenter befehligten, und den Oberstleutnants, die den Befehl über Infanterieregimenter
ausübten.

Um die Verteidigung gegenüber von Houx zu verstärken, hatte Martin
die 5. motorisierte Division gebeten, eines ihrer Bataillone zur 18. Division
abzustellen, bis die gesamte Division in Stellung sein würde. Obwohl die
betreffende Einheit, das II. Bataillon des 39. Infanterieregiments, diesen
Befehl am 11. erhielt, erreichte es seine neue Stellung erst am nächsten
Tag (dem 12.) um 16 Uhr; als Rommel also bereits am östlichen Maasufer
angelangt war, übernahm es eben erst seinen Abschnitt vom 66. Regiment.
Da es feststellte, daß das diesseitige Flußufer bereits unter Rommels Beschuß stand, hatte das neu angekommene Bataillon keine Lust gezeigt, Vorposten am Ufer selbst aufzustellen. Statt dessen saßen die 39er auf dem
hohen Westufer, von wo sie die Insel von Houx und ihre Zugänge unmöglich unter Feuer nehmen konnten. Sie blieben auch nach Einbruch der

Dunkelheit oben, als sie keine Ausrede mehr hatten, das feindliche Feuer hindere sie daran, den Flußrand zu besetzen. Dieser Fehler stand in radikalem Widerspruch zu Coraps Befehl (Nr. 12 vom 22. April), der ausdrücklich erklärt hatte, die Verteidigung müsse unmittelbar am Wasserrand geführt werden. Hier zeigte sich vielleicht die erste praktische Folge der schlechten Disziplin bei der 9. Armee, über die sich General Brooke bereits im Herbst geäußert hatte.

Am Morgen des 13. Mai um 1 Uhr[4] erfuhr General Boucher, der Kommandeur der 5. motorisierten Division, daß eine deutsche Abteilung bereits über die Maas gegangen sei. General Martin, der davon am meisten betroffene höhere Befehlshaber, erfuhr davon aber erst um 4 Uhr. Als weitere Folge der tödlichen Trägheit des französischen Nachrichtenwesens konnte Martin Corap telephonisch nicht erreichen. Martin mußte also Pläne für einen örtlichen Gegenangriff mit Boucher koordinieren; die weitere Folge war, daß vom Armeebefehlshaber Corap aufwärts niemand vor dem 13. nachmittags vom Ausmaß der Drohung bei Houx erfuhr.

Zu dieser Zeit drohte aber bereits bei Sedan eine weit größere Gefahr.

Das französische Oberkommando

Trotz der wiederholten Warnungen durch die Luftaufklärung verlief der Tag bei den höheren französischen Stäben in einer Atmosphäre des Optimismus und ohne besondere Sorge um die Ereignisse in den Ardennen. Man achtete auf die Panzerschlacht in der Gemblouxlücke, in der das französische Oberkommando — wie General Georges später zugab — eine größere Gefahr für die alliierte Front sah als in der Lage bei Sedan — und zwar deshalb, weil die Deutschen 1914 auch von dort gekommen waren.

In Regierungskreisen sprach man von der fünften Kolonne und von Fallschirmspringern. Ein britischer Kriegsberichterstatter erinnert sich, daß Duroc, einer von Reynauds Sprechern am Quai d'Orsay, erklärte: „Wenn sich die Deutschen damit behelfen müssen, ihre Soldaten in fremde Uniformen zu verkleiden, können sie sich nicht sehr stark fühlen. Das überzeugt mich davon, daß sie den Krieg verlieren werden."

Am 12. schlug Gamelin Georges vor, der Kavallerieschleier, der sich aus den Ardennen zurückziehe, solle nach hinten verlegt werden, „um die deutschen Fallschirmspringer zusammenzutreiben". Dann änderte er den Befehl und schlug vor, die Kavallerie nach Norden zur Unterstützung von Blanchards 1. Armee zu schicken. Beide Vorschläge zeigen, wie wenig der Generalissimus in seinem ohne Funkanlage ausgestatteten HQ von der wahren Lage wußte. Gamelin gibt zu, daß er sich in „erster Linie der Organisation gewidmet habe". Diese Organisation scheint sich mit allen möglichen — zu diesem Zeitpunkt völlig unnötigen — Details befaßt zu haben, wie etwa mit der Methode, wie die Deutschen Eben Emael genommen hatten. Er beklagte sich zwar über die spärlichen Nachrichten aus den Ardennen, ging aber zu Bett, zufrieden über eine Meldung von General Georges: „Die Verteidigung scheint jetzt an der ganzen Flußfront (Maas) gesichert zu sein."

Aus Georges' HQ in La Ferté berichtet dessen Stabschef, General Roton, daß am 12. um 15 Uhr eine äußerst alarmierende Meldung von Huntzigers 2. Armee eingegangen sei. Die Kavallerie habe „sehr ernste Verluste" (eine Übertreibung) erlitten, und Huntziger fordere eine frische Division für die 71., die Grandsard (Befehlshaber des X. Korps) südlich von Sedan habe einsetzen müssen. Georges war unterwegs nach Norden, in seiner Abwesenheit befahl Roton aus eigener Initiative die sofortige Inmarschsetzung von drei der fünf Divisionen, die Georges am Tag vorher für den Raum Sedan bestimmt hatte: der 3. Panzerdivision,[5] der 3. motorisierten Division und der 14. Infanteriedivision. Sie gehörten zu den besten der französischen Armee. Um 17 Uhr kam jedoch überraschenderweise eine „beruhigende" Meldung von Huntzigers Stabschef. „An der Front war es wieder ruhig", berichtet Roton. „Es war also seiner Meinung nach wohl nicht mehr nötig, die 3. motorisierte Division bis nach Stonne vorzuwerfen. Ich behielt aber meinen Standpunkt bei, die Division solle pünktlich am 14. auf dem Schlachtfeld von Sedan eintreffen." Das war jedoch um mindestens *einen* kritischen Tag zu spät.

In der Zwischenzeit wurde für den von Rommel viel unmittelbarer bedrohten Corap nichts mehr unternommen.[6]

Huntzigers Befehle für die 2. Armee

Am Abend des 12. war es der 2. Armee völlig klar, daß sie am nächsten Tag mit voller Wucht angegriffen werden würde. Die ganze Nacht über konnten die Truppen gegenüber von Sedan das Rollen der deutschen Panzer hören, die am anderen Maasufer auffuhren. Nächtliche Erkundungsflüge berichteten von starken motorisierten Kolonnen, die in offener Mißachtung der alliierten Luftstreitkräfte mit aufgeblendeten Scheinwerfern auf den Straßen zur Maas südlich von Namur westwärts fuhren; am stärksten war der Verkehr in Richtung Sedan. Die 1. Panzerdivision war nun eindeutig identifiziert worden; und aus den verworrenen Berichten der französischen Kavallerie ging ebenfalls hervor, daß es nicht die einzige Panzerdivision war, die auf Sedan marschierte. Da die 1. Panzerdivision als Hitlers Stolz bekannt war, muß Huntziger in diesem Augenblick das Ausmaß des bevorstehenden Angriffs erkannt haben.

Huntziger galt als der vielleicht brillanteste Kopf unter den höheren französischen Befehlshabern. Halb Elsässer, halb Bretone, war er nach dem Besuch von Saint-Cyr 1901 zur Marineinfanterie gegangen. Vor dem Weltkrieg nahm er an Kolonialkriegen in Madagaskar und Indochina teil, führte während des Weltkriegs ein Bataillon und war bei Kriegsende als Oberstleutnant Marschall Franchet d'Espereys Operationschef in Saloniki gewesen. Nachdem er als einer der jüngsten Armeebefehlshaber die französischen Streitkräfte in Syrien befehligt hatte, wurde er 1938 in den Obersten Kriegsrat berufen. Als er die 2. Armee übernahm, war er noch nicht sechzig — nach den Maßstäben von 1940 also jugendlich —, eine elegante, energische Erscheinung. Seine kalten blauen Augen verrieten im Verkehr mit Untergebenen eine gewisse Distanz, man war aber hinsichtlich seiner „blendenden Intelligenz" allgemein einer Meinung: in der französischen Armee hielt man ihn für den wahrscheinlichsten Nachfolger Gamelins.

Die fundamentale Wahrheit über Huntziger findet man aber in den Schlußworten seines in der Nacht vom 12. zum 13. Mai erlassenen Tagesbefehls:

„Jeder Fußbreit Boden, den der Feind erobert, muß ihm wieder weggenommen werden.
Die Ehre der Führer aller Grade liegt darin, die Stellungen ohne Rücksicht auf Verluste zu halten.
Défaillance wird nicht geduldet.
In der Maginotlinie werden wir den heiligen Boden der Nation verteidigen.
Ich bin mir der 2. Armee sicher."

Es waren mutige, anfeuernde Worte, aber sie waren die eines vergangenen Kriegs, sie gemahnten an die starre, lineare Verteidigung von Verdun. Sie enthüllten auch Huntzigers Denken, das trotz all seiner Intelligenz im Sieg von 1918 wurzelte. Der französische Generalstab, der nach den eigenen Möglichkeiten urteilte, wußte, daß die Franzosen einen Maasübergang in großem Ausmaß nicht vor dem 18. Mai hätten durchführen können, deshalb — quod erat demonstrandum — könnten es die Deutschen auch nicht. Und am Abend des 12. scheint Huntziger trotz aller Warnungen nur halb an das wahre Ausmaß der ihn bedrohenden Gefahr geglaubt zu haben. Symptomatisch für die fatale Lässigkeit, mit der die 2. Armee — und auch die 9. — ihre Vorbereitungen durchführte, war die Art und Weise, wie die 71. Division in Stellung gebracht wurde. Bis zum März hatte die in Paris rekrutierte B-Division, wahrscheinlich die armseligste, die Huntziger besaß, einen Maasabschnitt bei Mouzon besetzt, dann war sie im Raum Vouziers einer dringend nötigen Ausbildung unterzogen worden. Am 10. Mai hatte Huntziger befohlen, daß die Division ihre Stellung an der

Maas zwischen der 55. Division und der nordafrikanischen 3. Division wieder einnehmen solle, schien aber nicht auf besondere Eile gedrängt zu haben.

General Grandsard, zu dessen X. Korps die 71. Division gehörte, behauptete in seiner „Rechtfertigung", er habe in der Nacht des 12. Mai noch keine Ahnung von der Stärke der auf Sedan rückenden Deutschen gehabt, er habe auch keine Details der Luft- und Kavallerieaufklärung erhalten, in der Nacht sei er überzeugt gewesen, daß ihn der Feind am 13. nicht mit Aussicht auf Erfolg angreifen könne. (Er fügte hinzu, er habe natürlich von den Stuka gewußt, aber darauf vertraut, daß die französische Luftwaffe sie in Schach halten würde.) Grandsard tadelt Huntziger, daß er die 71. Division am 10. so weit entfernt von der Stellung gehalten habe. „Zu fordern, daß eine Infanteriedivision im Fußmarsch in zwei kurzen Mainächten (sechs Stunden Nacht) 60 km zurücklegt und eine Ablösung durchführt, ist ein Ding der Unmöglichkeit."[7] Am Nachmittag des 12. ersuchte der Kommandeur der 71. Division, der schon alte und kränkliche General Baudet, Grandsard um eine Fristverlängerung; Grandsard lehnte ab. Als General Baudet in die Stellung rückte, war sein Gefechtsstand noch nicht aufgebaut; die Divisionstelephonzentrale war nur mit leichten Leitungen ausgestattet, die zum Teil noch nicht einmal unter die Erde verlegt waren. Um für die 71. Division Platz zu schaffen, gruppierte die 55. Division General Lafontaines ebenfalls um. Grandsard schätzte, daß sein Korps frühestens am 13. in Stellung sein könne. General Ruby sagte uns jedoch, Lafontaine habe nicht die Absicht gehabt, seine Dispositionen vor der Nacht vom 13. auf den 14. Mai zum Abschluß zu bringen.

Hinsichtlich der Artillerie sah Grandsards Lage in der Nacht des 12. Mai etwas rosiger aus — wenigstens auf dem Papier. Am frühen Morgen des 12. Mai hatte Huntziger zwei weitere Regimenter zur Unterstützung Grandsards befohlen, während die 55. Division, obwohl knapp an MG und an Pak, mit etwa 140 Geschützen hinter ihrer Front etwa die doppelte Normalausstattung besaß. Anscheinend ohne Grandsard zu benachrichtigen, hatte der Kommandeur des Regiments weittragender 15,5er jedoch die Batterie in Torcy, die die Übergangsstelle bei Bouillon so wirksam beschossen hatte, zurückgezogen, nachdem ihr die Munition ausgegangen war. Grandsard stellte am Abend zu seinem Ärger fest, daß er die deutschen Anmarschwege nicht mehr wirksam unter Beschuß halten konnte.

Als sich der 12. Mai seinem Ende näherte, war also das Gesamtbild an der Front von Grandsards X. Korps nicht ermutigend. Ein Teil der Artillerie grub sich noch ein. Verstärkung sollte erst im Morgengrauen kommen. Von der Infanterie waren die älteren Reservisten der 71. Division von ihrem Gewaltmarsch sehr erschöpft und hatten zudem wenig Zeit gehabt, sich in den neuen Stellungen einzugewöhnen. Auch die 55. Division „zog noch um"; diese an sich schwache Einheit hatte praktisch ein Bataillon des 295. Regiments verloren. An der Semois übel angeschlagen, konnten die über die Maas zurückweichenden Reste mit ihren düsteren Berichten „die anderen" kaum ermutigen. Grandsards X. Korps war also von vornherein kaum eine imponierende Streitmacht gegen die Elite der deutschen Panzer. Die große Frage des folgenden 13. war, ob die von General Georges befohlenen Verstärkungen rechtzeitig das Schlachtfeld erreichen würden. Konnte Guderian ihnen zuvorkommen, indem er genügend Teile seines Korps heranbrachte, um einen Flußübergang in voller Stärke zu erzwingen? Hinter all dem stand noch mehr auf dem Spiel: die Ausbildung und die Philosophie einer ganzen Generation — und darüber hinaus ein ganzer Trend der Geschichte, der bis auf das erste Sedan von 1870 zurückzuverfolgen war.

Das deutsche Oberkommando

Würde Guderian die Maas am 13. überqueren? Am 12. hatte Hitler seinen Chefadjutanten, Oberst Schmundt, in das Gefechts-HQ von Kleists Panzergruppe entsandt und Kleist fragen lassen, ob er einen sofortigen Übergang versuchen oder warten wolle, bis die Hauptmasse der Infanteriedivisionen angelangt sei. Die Frage spiegelte die Nervosität wider, die hinsichtlich der Kühnheit des Manstein-Sichelschnittplans immer noch im deutschen Oberkommando unter der Oberfläche lauerte. Kleist war durch die Resultate der drei letzten Tage und durch Meldungen ermutigt, daß die Franzosen noch keine Reserven hinter dem Sedanabschnitt zusammengezogen hätten, deshalb wollte er „sofort und ohne Zeitvergeudung angreifen". Guderian flog mit einem Fieseler Storch in Kleists HQ, wo er für sein Korps den Befehl erhielt, am nächsten Tag um 15 Uhr über den Fluß hinweg anzugreifen. Zum erstenmal meldete der ansonsten immer eifrige Guderian Bedenken an; die 1. und die 10. Panzerdivision würden rechtzeitig in Bereitstellung sein, nicht aber die 2., die noch an der Semois zurückhing; und die Sturmpioniere, die die Brücken über den Fluß schlagen müßten, wären noch von der Arbeit in den Ardennen müde. Auch Guderian selbst dürfte, wenn er es auch in seinen Memoiren nicht erwähnt, durch die zwei Bombenangriffe etwas mitgenommen gewesen sein. Er bezweifelte, ob es klug sei, nur mit zwei Drittel des Korps anzugreifen. Kleist blieb aber hart, und Guderian sagte: „Ich mußte zugeben, daß ein sofortiger Angriff wahrscheinlich Vorteile bot." Weit mehr wurde er aber durch die Änderung des Luftangriffsplans für den 13. außer Fassung gebracht. Guderian hatte schon mit General Lörzer von der Luftwaffe vereinbart, daß der Übergang ständige Unterstützung erhalten solle, „um die Köpfe der feindlichen Kanoniere in Deckung zu zwingen". Jetzt befahl Kleist einen „massierten Bombenangriff zugleich mit der Artillerievorbereitung". Guderian behauptete, daß „dadurch der ganze Angriffsplan gefährdet würde". Kleist blieb aber hart. In übler Laune flog Guderian in sein HQ zurück. Unterwegs hätte sich beinahe der Mechelen-Zwischenfall wiederholt, allerdings mit weit ernsteren Folgen für die Deutschen.

„Der unerfahrene junge Pilot des Fieseler-Storchs konnte in dem schwindenden Licht den Landestreifen des XIX. Korps nicht finden. Gleich darauf erkannte ich, daß wir auf dem anderen Maasufer waren, und das in einer langsamen und unbewaffneten Maschine über den französischen Stellungen. Ein unerfreulicher Augenblick. Ich gab meinem Piloten energisch Befehl, nach Norden zu drehen — wir schafften es gerade noch."

Im Korps-HQ setzte Guderian die Befehle für den nächsten Tag auf. Er stellte fest: „Angesichts der kurzen Zeit, die uns zur Verfügung stand, mußten wir die Befehle für die Manöver in Koblenz aus den Akten nehmen und sie, nachdem Datum und Zeiten geändert waren, als Tagesbefehl ausgeben. Sie paßten genau auf die Situation. Der einzige Unterschied lag darin, daß wir in Koblenz den Angriffsbeginn auf 9 Uhr statt auf 15 Uhr festgelegt hatten."

Während aber die Augen des deutschen Kommandos auf die Vorbereitungen des Maasübergangs durch Guderian gerichtet waren, bemerkte niemand, daß Generalmajor Rommel — dem nur die Nebenrolle der Flankensicherung zugewiesen war — bereits am anderen Flußufer Fuß gefaßt hatte und daranging, eine eigene große Offensive zu beginnen.

12. KAPITEL

Die Deutschen scheinen diesmal an Frankreich nicht interessiert zu sein.
„New York Journal American", 13. Mai

La description d'une bataille devrait être une leçon de moral!
Joseph Joubert

Rommel betritt die Szene

Am Vorabend eines Abenteuers, das ihn in der Folge in der Welt berühmter machen sollte als jeden anderen deutschen General des Zweiten Weltkrieges, war Erwin Rommel außerhalb der Armee nicht bekannt und in ihr kaum. Er stammte aus einer mäßig bemittelten Familie des Mittelstandes ohne militärische Tradition, sein Vater und sein Großvater waren Lehrer gewesen. Er war Württemberger, 1940 48 Jahre alt. 1912 war er mit nicht besonders brillanter Qualifikation in einem nicht besonders glanzvollen Regiment Offizier geworden. Er scheint ein penibler Vorgesetzter gewesen zu sein, intolerant gegen jede Schlamperei. Sein britischer Biograph Desmond Young schreibt, er sei einer der Soldaten gewesen, „die nur im Krieg die eine Beschäftigung finden, für die sie vollkommen geeignet sind".

Schon drei Wochen nach Weltkriegsbeginn erhielt Leutnant Rommel 1914 am Südrand der schicksalhaften Ardennen, nahe Longwy, seine erste Chance. Mit nur drei Mann — und an einer schmerzhaften Lebensmittelvergiftung erkrankt — stieß er auf 15 bis 20 Franzosen. Statt den Rest seines Zuges zu holen, eröffnete er sofort das Feuer und versprengte den Feind. Fünf Monate später, als er von einer Schenkelverletzung genesen war, holte er sich das Eiserne Kreuz. Mit seinem Zug kroch er durch Stacheldraht mitten in die französische Hauptstellung, vernichtete vier Blockhäuser und zog sich mit geringen Verlusten zurück, ehe der Feind zurückschlagen konnte. Das war nur ein kleines Beispiel für die Infiltrationstaktik, die er als höherer Befehlshaber zur Meisterschaft entwickelte — ein Beispiel auch für seine Kühnheit. 1915 wurde er zu einem der neugebildeten Gebirgsbataillone versetzt, die „Spezialaufgaben in Kampfgruppen" erfüllen sollten und deren Führer oft weitgehende Aktionsfreiheit erhielten. In dem kurzen Rumänienfeldzug 1916/17 leistete Rommel fast Unglaubliches; obwohl er immer noch Oberleutnant war, führte er oft ein ganzes Bataillon.

Den Höhepunkt seiner Weltkriegslaufbahn erreichte er aber während der Schlacht von Tolmein und Karfreit gegen die gleiche Nation, die fünfundzwanzig Jahre später unter seinem Befehl in der libyschen Wüste kämpfen sollte. Im Morgengrauen drang er in die italienischen Linien ein und eroberte zuerst eine Batterie, ohne daß ein Schuß abgefeuert wurde. Noch tiefer in den feindlichen Stellungen überraschte er ein Bataillon, das zum Gegenangriff antrat, von hinten, es ergab sich ebenfalls. Jetzt wurde Rommel auf insgesamt sechs Kompanien verstärkt, er bezog Stellung quer über einen wichtigen Nachschubweg weit hinter der feindlichen Linie. Hier nahm er fast eine ganze Elitebrigade Bersaglieri gefangen, die eben zur Front marschierten. Nach 50 Stunden kam er mit der erstaunlichen Beute von 150 Offizieren, 9000 Mann und 81 Geschützen zurück. Für diese Leistung wurde er zum Hauptmann befördert und erhielt den Orden Pour le mérite.

In der Reichswehr wurde er 1933 zum Major befördert, blieb aber als Regimentsoffizier bei seiner Gebirgstruppe, bis er zwei Jahre später mit dem Rang eines Oberstleutnants Lehrer an der Kriegsakademie in Potsdam wurde. In dieser Zeit erhielt er auch einen Sonderauftrag für die Hitlerjugend, überwarf sich aber bald mit deren Führer Baldur von Schirach. Nach drei Jahren Potsdam wurde er als Oberst Kommandeur der Kriegsschule Wiener Neustadt. Nichts deutete auf einen meteorhaften Aufstieg hin. Rommel hatte auch keinerlei Verbindungen zu einflußreichen militärischen Kreisen oder zur Partei. Seine Beziehung zu der Nazimaschine vor dem Krieg ähnelte der Guderians; nie auch nur im entferntesten ein Mann der Partei, bewunderte er Hitler als Techniker und war empfänglich für dessen verwandte Dynamik und seine Aufgeschlossenheit für unorthodoxe Ideen. Hitler fiel er zum erstenmal auf, als er 1938 ein einfaches, aber bewundernswert klares Buch über die Infanterietaktik, „Infanterie greift an!", geschrieben hatte. Bei der Besetzung des Sudetenlandes befehligte er das Bataillon, das mit der Sorge für Hitlers persönliche Sicherheit betraut war. Als Generalmajor und Kommandant des Führer-HQ war er während des Polenfeldzuges wieder für Hitlers Sicherheit verantwortlich. Er tobte, weil er kein Kampfkommando erhielt, konnte Parteipotentaten wie Martin Bormann nicht leiden, war aber von der Möglichkeit fasziniert, den Feldzug aus höchster Warte zu beobachten. Nach dem Feldzug bat er Hitler um das Kommando über eine Panzerdivision und erhielt es auch. Am 15. Februar traf Rommel in Bad Godesberg ein, um den Befehl über eine der vier leichten Divisionen[1] zu übernehmen, die während des Winters in Panzerdivisionen umgewandelt worden waren. Schwächer als die ursprünglichen Panzerdivisionen hatte die 7. drei statt vier Panzerbataillone,

218 statt 276 Panzer, von denen zudem mehr als die Hälfte leichte bis mittlere T 38 tschechischer Bauart waren.

Es war eine der erstaunlichsten Leistungen Rommels, daß er, in mittlerem Alter stehend und als Infanterist ohne jede Erfahrung, in der Panzerführung in drei kurzen Monaten nicht nur die Technik meisterte, sondern darüber hinaus eine neue Einheit schmiedete, die die vielleicht erfolgreichste Panzerdivision in Frankreich werden sollte — und das trotz des verhältnismäßig kleinen Panzerkontingents. Einige seiner Kritiker behaupten, er habe die Prinzipien der Panzerkriegführung nie verstanden. Immer wieder führte er große Panzermassen in gleicher Weise wie die wenigen Kompanien, mit denen er tief hinter die italienischen Linien vorgedrungen war, und zwar mit einer verwegenen Unorthodoxie, die „Puristen schockierte". Noch mehr als Guderian war er ein Befehlshaber, den die Frontnähe die Ereignisse sofort erfassen ließ.

Rommels Gegner

Der unglückliche französische Kommandeur, gegen den Rommel am 13. den ersten harten Schlag führte, General Corap, war vielleicht für den französischen Offizier alten Stils so typisch wie Rommel für die Elite der neuen, revolutionären Wehrmacht. Corap, Normanne und 1940 im Alter von 62 Jahren, hatte den größten Teil seiner Laufbahn in Kolonialkriegen in Nordafrika zugebracht. Den Weltkrieg beendete er als Oberstleutnant. Den Gipfel seiner Laufbahn erreichte er 1926, als er den berühmten Rebellen Abd-el-Krim gefangennahm. Er war, wie man es in der französischen Armee nannte, ein typischer „baraudeur", ein Veteran aus Nordafrika; André Maurois sagte von ihm: „Seine Unterhaltung war sehr interessant, aber völlig auf die Vergangenheit gerichtet..." Weiter schildert Maurois ihn als einen „von seinen Vorgesetzten hochgeschätzten, zaghaften Mann, in der Erscheinung unmilitärisch und etwas beleibt. Er hatte Mühe, in ein Auto zu steigen." Im Gegensatz zu dem eleganten, schlanken und distanzierten Huntziger besaß Corap die vulgäre Herzlichkeit eines dicken Manns, die ihn bei der Truppe beliebt machte, obwohl bekannt war, daß er eine besonders heftige Abneigung gegen die Volksfront besaß. Noch mehr als bei Huntziger hatte seine militärische Fortbildung 1918 aufgehört, er war in der mechanischen Kriegführungen ein Ignorant, und vor allem: er hatte nicht die leiseste Ahnung, wie schnell sich 1940 ein Gegner wie Rommel bewegen konnte.

Am 13. Mai um 3 Uhr fuhr Rommel mit seinem Adjutanten, Hauptmann Schräpler, nach Dinant, um festzustellen, was dort los war. Granaten der am andern Ufer postierten französischen Artillerie schlugen ein, eine Anzahl zerschossener Panzer lag an der Straße zum Fluß. Das feindliche Feuer machte es Rommel unmöglich, in seinem Befehlsfahrzeug weiterzufahren; deshalb kletterten er und Schräpler zu Fuß zum Fluß hinunter. Sein 6. Schützenregiment machte sich eben fertig, in Schlauchbooten überzusetzen, um den Brückenkopf des Kradschützenbataillons zu verstärken.

„Die Schützen", sagt Rommel, „wurden durch das schwere Artilleriefeuer und das äußerst lästige Kleingewehrfeuer der Franzosen aufgehalten, die sich in den Felsen am Westufer festgesetzt hatten.

Als ich kam, war die Lage nicht allzu erfreulich. Unsere Boote wurden nacheinander von dem flankierenden französischen Feuer zerstört, der Übergang kam schließlich zum Stillstand. Die feindliche Infanterie war so gut getarnt, daß man sie selbst nach längerem Suchen mit dem Glas nicht entdecken konnte. Immer wieder richtete sie ihr Feuer auf den Raum, in dem ich und meine Kameraden, die Kommandeure der Schützenbrigade und des Pionierbataillons, lagen."

Der Morgennebel, der den Kradschützen bei dem Übergang so geholfen hatte, löste sich auf. Ein Rauchschleier wäre dringend nötig gewesen, um das Streufeuer der feindlichen Infanterie unschädlich zu machen.

„Wir besaßen aber keine Nebeleinheiten. Ich gab also Befehl, eine Anzahl Häuser im Tal anzünden, um so den nötigen Rauch zu erzeugen.

Von Minute zu Minute wurde das feindliche Feuer unerfreulicher. Von weiter oben kam ein beschädigtes Schlauchboot getrieben, ein Schwerverwundeter klammerte sich daran und schrie und kreischte um Hilfe — der arme Kerl war dem Ertrinken nahe. Aber es gab keine Hilfe für ihn, das feindliche Feuer war zu stark."

Jetzt richtete Rommel seine Aufmerksamkeit auf Houx im Norden, wo die Kradschützen nur mit Mühe ihren Gewinn aus der letzten Nacht behaupteten. Fast das ganze Bataillon war jetzt übergesetzt, aber der französische Widerstand nahm zu. Kurz nach dem Übersetzen war der Chef der 1. Kompanie, Hauptmann Heilbronn, verwundet worden, der Bataillonsadjutant, Oberleutnant Pflug, und mehrere andere Offiziere waren gefallen. Der Bataillonskommandeur, Major Steinkeller, übernahm persönlich die Führung von zwei Kompanien, stieß landeinwärts und nahm nach kurzem Kampf den kleinen Weiler La Grange. Um die Mitte des Vormittags war aber jede Verbindung mit dem Ostufer abgerissen; hinter der Truppe befanden sich noch feindliche Widerstandsnester, die Übergangsstelle lag zudem unter schwerem Artilleriefeuer. Die Kradschützen hatten noch keine Pak ans Westufer holen können; falls die Franzosen frühzeitig mit Panzern zum Gegenangriff antraten, wurde die Lage zwangsläufig sehr prekär.

Nicht besonders glücklich über die Lage, fuhr Rommel in einem Panzer zum 7. Schützenregiment, das unter Oberst von Bismarck[2] 3 km südlich von Houx bei Bouvignes über die Maas gehen wollte. Unterwegs wurde Rommel wieder vom Westufer aus beschossen, Schräpler wurde durch einen Splitter am Arm verwundet. Bismarck hatte bereits eine Kompanie über den Fluß werfen können, aber „das feindliche Feuer war so schwer geworden, daß das Wassergerät in Stücke geschossen wurde und man das Übersetzen einstellen mußte. Eine große Zahl Verwundeter wurde in einem Haus nahe der zerstörten Brücke behandelt. Man sah aber nichts vom Gegner, der den Übergang verhinderte . . .“

Rommel sah, daß man keine Verstärkung über die Maas bringen konnte, „ohne starke Artillerie- und Panzerunterstützung direkt an den Fluß zu holen, mit deren Hilfe man die feindlichen Widerstandsnester bekämpfen konnte“. Er fuhr zum Divisions-HQ zurück, wo sein Korpskommandeur und der Befehlshaber der 4. Armee, Kluge, seine Fortschritte mit Interesse beobachteten. Dann kehrte er nach Leffé am Nordrand von Dinant zurück, „um das Übersetzen dort in Gang zu bringen“.

„In Leffé fanden wir eine Anzahl durch feindliches Feuer mehr oder weniger beschädigter Schlauchboote, die auf der Straße lagen, wo unsere Leute sie hatten liegenlassen. Nachdem wir unterwegs von eigenen Flugzeugen bombardiert wurden, kamen wir an den Fluß . . . Der Übergang war völlig zum Stillstand gekommen, die Offiziere waren von den Verlusten ihrer Einheiten schwer erschüttert. Am anderen Ufer sahen wir mehrere Angehörige der Kompanie, die bereits drüben waren, viele waren verwundet . . . Die Offiziere meldeten, daß sich niemand aus der Deckung wagen könne, da der Feind sofort das Feuer eröffnet.“

Jetzt kamen die Panzer IV,[3] die Rommel gerufen hatte; Hauptmann König vom 25. Panzerregiment setzt den Bericht fort: „Nur die Hälfte der Panzer erreicht den Fluß, die anderen bleiben irgendwo auf dem Hang liegen. An der Maas ist die Hölle los — der Feind verteidigt sich in Bunkern und provisorischen Stellungen — jedes Haus am anderen Ufer ist zur Verteidigung eingerichtet. Konzentriertes Feuer prasselt auf unsere Pioniere, das Wasser der Maas wird von Granateinschlägen aufgewühlt.“

Die Panzer fuhren langsam die Uferstraße entlang, die Türme um 90 Grad gedreht, und feuerten aus wenig mehr als 100 m direkt auf die französischen Bunker und MG-Nester. König:

„Das Feuer der Panzergeschütze, der 7,5 sowie der 2-cm-Schnellfeuerkanonen, zeigt bald Wirkung . . . Die Kompanien schießen wie auf dem Schießstand, kein erkanntes Ziel, keine verdächtige Bewegung bleibt unbeachtet. Das feindliche Feuer läßt merklich nach, trotzdem bleibt das Übersetzen der ersten Sturmboote mit den Pionieren eine harte Aufgabe, viele kommen nicht mehr zurück. In ohnmächtiger Wut sehen die Panzerbesatzungen, wie Boote durch direkte Treffer zerrissen werden."

Einer der besonders lästigen Bunker[4] wurde durch Leutnant Hanke[5] mit einigen Schüssen erledigt.

Im Schutz des Panzerfeuers wurde der Übergang langsam fortgesetzt, eine Seilfähre mit mehreren großen Pontons arbeitete jetzt. Hauptmann König berichtet: „General Rommel ist überall. Er ist bei den Pionieren, er springt auf einen Panzer IV, um ihm selbst Ziele anzuweisen."

Um seine schwer mitgenommenen Schützen mitzureißen, handelt Rommel mehr wie der einstige Leutnant hinter den italienischen Linien als wie ein Divisionskommandeur: „Ich übernahm persönlich den Befehl über das II. Bataillon des Schützenregiments und führte es eine Weile selbst. Mit Leutnant Most[6] fuhr ich in einem der ersten Boote zu der Kompanie, die seit dem frühen Morgen am anderen Ufer war. Vom Kompaniegefechtsstand aus konnten wir sehen, daß die Kompanien Enkefort und Lichter schnell vorankamen.

Dann eilte ich durch eine tiefe Schlucht zur Kompanie Enkefort. Als ich ankam, wurde Alarm gegeben: ‚Panzer von vorn!' Die Kompanie besaß keine Pak, ich gab daher Befehl, so schnell wie möglich das Kleingewehrfeuer auf die Panzer zu eröffnen."

Daraus erstand die Legende, Rommel habe seiner bedrängten Infanterie befohlen, mit Leuchtpistolen auf die Panzer zu feuern, um die Leuchtspur von Pakgranaten vorzutäuschen. Ob das nun zutraf oder nicht — die Tanks zogen sich jedenfalls zurück, „während eine große Zahl französischer Nachzügler durch die Büsche kam und langsam die Waffen niederlegte".

Inzwischen war es Mittag geworden, und die Lage hatte sich für Rommel gebessert. Mit Leutnant Most kehrte er wieder ans Ostufer zurück und fuhr mit einem Panzer und einem Funkwagen zum 6. Schützenregiment, das die bedrängten Kradschützen unterstützte. Der Übergang war hier „in vollem Schwung", Rommel erfuhr, daß bereits 20 der dringend benötigten Paks hinübergeschafft waren.

„Eine Kompanie des Pionierbataillons baute eine 8-t-Pontonbrücke, ich hielt sie an und sagte, sie sollten eine 16-t-Brücken bauen. Ich wollte so schnell wie möglich einen Teil des Panzerregiments hinüberbringen. Sobald die erste Pontonbrücke fertig war, fuhr ich mit meinem achträdrigen Kommandowagen hinüber."

Die wartenden Panzerbesatzungen sahen ungeduldig zu, wie die Pioniere in der Mittagssonne schufteten. Mehrmals wurden die Pontons getroffen, mindestens einer versank mit einem Panzer mitten im Fluß, der Kommandeur des Pionierbataillons fiel mit einer Anzahl seiner Männer.

Zu diesem Zeitpunkt der Festigung des Brückenkopfes scheint Rommel einen Anfall von Optimismus erlitten zu haben. Der amtlichen Divisionsgeschichte zufolge rief er am Spätnachmittag die drei Führer seiner leichten Panzerabteilungen zu sich und sagte zu ihnen: „Meine Herren! Der Feind ist in vollem Rückzug. Wir werden sofort folgen und erreichen noch heute den Punkt X achtzehn Kilometer westwärts von Dinant." Die Arbeit der Fähren wurde aber durch französisches Störfeuer weiter verzögert, erst in der Dämmerung konnten die ersten Panzerabteilungen übersetzen. Rommel mußte also den Brückenkopf befestigen, statt aus ihm auszubrechen.

In der Zwischenzeit hatte der Feind einen starken Gegenangriff angesetzt, man konnte hören, wie sich das Feuer seiner Panzer dem Kamm des Maasufers näherte. Wieder fuhr Rommel in Richtung auf das Feuer über die Maas: „Die Lage sah entschieden übel aus. Der Kommandeur des 7. Kradschützenbataillons war verwundet worden,[7] sein Adjutant gefallen, ein starker Gegenangriff hatte unsere Leute in Grange schwer mitgenommen. Es bestand Gefahr, daß feindliche Panzer in das Maastal selbst eindrangen. Ich ging wieder über die Maas und gab Befehl, daß zuerst die Panzerkompanie und dann das Panzerregiment in der Nacht übergesetzt werden sollten. Die Panzer nachts über den 120 Meter breiten Fluß zu setzen, war ein hartes Stück Arbeit. Am Morgen waren erst 15 Panzer drüben, eine beunruhigend kleine Zahl."

Der „starke französische Gegenangriff"[8] war in Wirklichkeit eine Übertreibung; es muß noch näher beleuchtet werden, wie die Franzosen an diesem kritischen Tag reagierten.

Corap reagiert

Die knappen und unvollständigen französischen Berichte von den Kämpfen bezeugen die Verwirrung, die bei den Franzosen überall dort herrschte, wo die Deutschen die Maas überschreiten konnten. Aber schon aus Rommels Version geht hervor, daß die Ardennenjäger, die die Bunker und Stellungen an der Maas besetzt hielten, ebenso wie die Männer des französischen 66. Regiments, die dazwischen eingeschoben waren, während des 13. hart und gut kämpften. Gegen Tagesende gab es noch Widerstandsnester, die hinter dem deutschen Brückenkopf standhielten; die Unterstützung durch schwere Waffen war aber nicht ausreichend; zudem war das 66. Regiment zu dünn verteilt und durch den Anmarsch vor dem Angriff ermüdet; Entsatz war dringend nötig.

Während des 13. scheint die Lage unmittelbar *hinter* dem bedrohten Raum weit schlimmer gewesen zu sein als am Fluß selbst, ein Phänomen, das sich später bei Sedan in gesteigertem Maße wiederholte. Da jedes verfügbare Flugzeug an diesem Tag Guderian unterstützen sollte, war die taktische Hilfe der Luftwaffe für Rommel sehr begrenzt. Sie kann daher bestenfalls zum Teil die Schuld an der wachsenden Verwirrung hinter den französischen Linien tragen, die sich so schwerwiegend auf die französischen Gegenangriffe auswirkte. General Boucher, der Kommandeur der 5. motorisierten Division, hatte, wie schon erwähnt, um 1 Uhr von dem Übergang erfahren. Obwohl sein Gefechtsstand nur 16 km vom Schauplatz entfernt war, erfuhr er erst fünf Stunden später, daß jede Verbindung mit seinem vom Nachbarn ausgeborgten Bataillon des 39. Infanterieregiments abgerissen war. Um die Verbindung herzustellen, warf er eine Schwadron Motorradschützen und zwei Kompanien MG-Träger nach vorn; vermutlich waren es die, die durch das Kleingewehrfeuer und die Leuchtpistolen am Morgen zum Stehen gebracht wurden. Um 10 Uhr entschloß sich Boucher zu einem Infanterieangriff auf Haut-le-Wastia mit einem Bataillon des 129. Regiments. Die Stunde H sollte 13 Uhr sein, das Bataillon setzte sich aber erst um 14 Uhr in Bewegung und wurde sofort durch deutsche Flieger zersprengt. Hierauf sollte ein Eliteregiment motorisierter Dragoner unter Befehl des II. Korps diese Aufgabe übernehmen. Als das Regiment meldete, es könne erst um 20 Uhr in der Ausgangsstellung sein, wurde das Unternehmen auf den folgenden Morgen verschoben. Das war alles, was im Abschnitt des II. Korps nördlich des Houx-Brückenkopfes am 13. ankommen würde — dabei standen hier einige der besten Einheiten von Coraps 9. Armee.[9]

Zwischen dem HQ der 18. Division und ihren Regimentern (dem 66., 77. und 125.) waren die Verbindungen am Vormittag außerordentlich schlecht. General Doumenc notiert: „. . . Verbindung unterbrochen, sie hatte mit dem 77. aufgehört und konnte zum 125. nicht wiederhergestellt werden. Der Funk arbeitete nicht, es gab keine Motorräder." General Martin, der nichts vom Übergang erfahren hatte, obwohl sein HQ weniger als 25 km von Houx entfernt war, besuchte am frühen Nachmittag die 18. Division, wo er den Oberst des 39. Regiments aufsuchte, das sich bisher nicht besonders ausgezeichnet zu haben schien. Der Oberst meldete ihm aufgeregt, er sei eben mit knapper Not einem deutschen Spähtrupp entkommen, dem er in seinem Stabswagen auf einer Eisenbahnbrücke bei Sosoye, 13 km westwärts der Maas, begegnet war. Jetzt befahl Martin dem 39. Regiment einen Gegenangriff, der den Wald von Surinvaux wieder nehmen und alle feindlichen Truppen westwärts der Maas in den Fluß werfen sollte. Das Unternehmen sollte durch drei Artilleriegruppen und eine Panzergruppe unterstützt werden; der Angriffsbeginn war für 19 Uhr 30 festgesetzt.

Inzwischen zeigte das 66. Regiment, nach General Doumenat, Zeichen von Erschöpfung, „vom Rest der Division war wenig bekannt. Das 77. Regiment schien geflohen zu sein.[10] Vom 125. war nichts bekannt."

All das hatte Rommel mit etwas mehr als einem Dutzend Infanterie-kompanien und ohne Unterstützung durch schwere Waffen auf dem West-ufer der Maas erreicht.

Um 18 Uhr 30, eine Stunde vor Martins Gegenangriff, „rief der Oberst des 39. Infanterieregiments an, er sei zur vereinbarten Stunde noch nicht bereit. Die Stunde H wurde nun mit 20 Uhr festgesetzt. Um 19 Uhr 45 rief er wieder an, der Angriff könne um 20 Uhr nicht stattfinden. So kam es, daß die Panzergruppe allein zum Bois de la Grange vorrückte; die Panzer fegten alles vor sich her und brachten bei Einbruch der Nacht acht Ge-fangene ein."

Als die Panzer erkannten, daß keine Infanterie folgte, um das gewon-nene Gelände zu halten, zogen sie sich schnell zurück.

Das war die gesamte Bemühung von Coraps 9. Armee, die bösartige, tödliche Krebsgeschwulst in ihrer Seite auszumerzen — der Angriff einer Tankschwadron ohne jede Unterstützung. Eine Riesenchance, Rommels Brückenkopf wegzuwischen und ihm eine böse Schlappe zu bereiten, war vertan. Den ganzen Tag war die Entscheidung auf des Messers Schneide ge-legen — mehr als die Franzosen ahnten. Und ohne Rommels persönliche Führung auf der einen und mit etwas mehr Entschlossenheit auf der ande-ren Seite hätte die Geschichte ganz anders aussehen können. Vermutlich hätte Rommel den Übergang am 14. oder 15. wiederholt; wie aber die Ereignisse bewiesen, als sich Fortuna gegen die Deutschen wandte, war er ein Kommandeur, der vom Erfolg beflügelt, von Rückschlägen aber leicht deprimiert wurde. Wenn seine Kradschützen und Schützen am 13. in die Maas zurückgeworfen worden wären, hätte der Rückschlag die Schneide der 7. Panzerdivision sehr wohl stumpf machen können; jedenfalls aber hätte Coraps Armee eben das gewonnen, was die Franzosen in dem Feld-zug am nötigsten brauchten — Zeit. Auch in der Nacht zum 14. und am Morgen blieb Rommels Lage äußerst kritisch. Sein Brückenkopf war nur 3 km tief und etwa 5 km breit, in seinem Rücken hielten sich noch Wider-standsnester; es war keineswegs sicher, ob er Panzer in genügender Zahl rechtzeitig herüberbrachte, ehe ein konzentrierter Panzerangriff des Gegners den Brückenkopf überrollte. In der Nacht lauschten die wartenden Pan-zerbesatzungen immer noch ungeduldig auf das Gehämmer der Pioniere an der Brücke, die bei einem feindlichen Luftangriff am Abend leicht be-schädigt worden war.

Am 13. gegen Mittag hatte General Georges Gamelin erstmals in einer kurzen Meldung von dem Übergang informiert, „ein Bataillon sei ange-schlagen worden". Kurz darauf wurde das GQG benachrichtigt, ein „Ge-genangriff mit Panzern sei im Gange". Endlich richtete sich die Aufmerk-samkeit auf die Maas. Oberst Minart vom GQG berichtet: „Aber zwei lange Stunden verstrichen, ohne daß wir erfahren konnten, ob der Gegenangriff Erfolg hatte und die Deutschen auf das rechte Ufer zurückgeworfen worden waren. Unüberprüfbare Gerüchte drangen bis Vincennes. Die Deutschen sollten in Mézières sein. Gamelin telephonierte zweimal direkt mit der 9. Armee. Stabschef General Thierry d'Argenlieu[11] erwiderte mit seiner üblichen Ruhe: ‚Aus Mézières ist nichts zu berichten; wir überwachen den Raum von Monthermé. Der Zwischenfall von Houx ist wieder unter Kontrolle, General Martin ist mit General Duffet[12] an Ort und Stelle.' "

Nach diesem Bericht verstrichen mehrere Stunden ohne Nachricht von der 9. Armee. Um 16 Uhr 15 kamen dann die ersten schlechten Nachrichten von Huntzigers 2. Armee. Um 21 Uhr 25 rief General Georges Gamelin an und informierte ihn knapp, daß es bei Sedan „un pépin assez sérieux" (einen ziemlich ernsten Nadelstich) gegeben habe. Das war die Untertreibung des Jahrhunderts.

Guderians Panzer

Um 7 Uhr 15 hatte Guderian die Befehle für den Übergang am Nachmittag erteilt. Dieser sollte, wie er in bescheidener Übertreibung versprach, die Unterstützung „fast der ganzen deutschen Luftwaffe haben". Die französische Verteidigung würde durch „ununterbrochene achtstündige Angriffe zerschlagen werden". Um 15 Uhr sollte sein XIX. Korps zwischen der Mündung des Bar[13] und Bazeilles übersetzen. Wenn sie rechtzeitig eintraf, sollte die 2. Panzerdivision die rechte Flanke bilden und bei Doncherry über die Maas setzen. Im Zentrum sollte die 1. Panzerdivision auf Glaire, an der Wurzel der durch eine scharfe Maasschleife gebildeten Halbinsel Iges, und auf Torcy am Nordrand von Sedan vorstoßen. Die 10. Panzerdivision sollte südlich von Sedan übersetzen und die linke Flanke durch Erreichen der Höhe am Westufer der Maas sichern.

Die Hauptlast des Tages fiel jedoch General Kirchners 1. Panzerdivision zu. Sie sollte die Halbinsel Iges säubern, zur Straße Bellevue - Torcy vorstoßen und dann die beherrschenden Höhen des Bois de Marfée, den Angelpunkt der französischen Sedanstellung, angreifen. Schließlich sollte sie sich auf der Linie Chéhéry[14] - Chaumont einrichten. Bei dieser Aufgabe sollte die Division durch das Regiment Großdeutschland, ein Bataillon Sturmpioniere und die schweren Artillerieabteilungen ihrer Schwesterdivision unterstützt werden. Eine gewaltige Ballung von Feuerkraft würde auf die nur 3 km breite Front der 1. Panzerdivision vereinigt werden; der Erfolg oder Mißerfolg des Tages hing aber ganz von den drei Bataillonen von Oberstleutnant Balcks 1. Schützenregiment, den vier Bataillonen von Oberstleutnant Graf von Schwerins „Großdeutschland" und den verschiedenen Sturmpionierkompanien ab.

Wie bei Rommel nördlich von Dinant war eine Unterstützung durch Panzer erst möglich, wenn die Infanterie den Brückenkopf gesichert hatte.

Um sein Panzerkorps zu ermutigen, erklärte Guderian, die zwei anderen Panzerdivisionen in Kleists Gruppe, Reinhardts 6. und 8., würden am gleichen Tag die Maas im Raum von Monthermé und Nouzonville überqueren. Hinter Guderian würde sich Wietersheims XIV. motorisiertes Korps bereitstellen, um den Erfolg auszunützen.

Die Schlacht um Sedan

In zeitgenössischen deutschen Wochenschauen sieht man, wie die Sturmtruppen die letzten Kilometer zur Maas zu Fuß zurücklegten, zähe, gebräunte, selbstsichere junge Männer, mit aufgerollten Ärmeln, die durch das kniehohe Gras der Wiesen marschieren. Die Sonne brennt herab. Sie kommen an den zahllosen schweren Waffen vorbei, die den Angriff unterstützen. Fahrzeuge werden mit Laub getarnt. Am Himmel dröhnen die eigenen Flugzeuge. Feldwebel Prümers von einer Nachrichteneinheit der 1. Panzerdivision erinnert sich, daß am Tag zuvor das Fertigmachen von Sturmgepäck befohlen worden sei, weil man „zwei Tage lang keine Transportfahrzeuge sehen werde". Um Mitternacht setzte sich seine Einheit in Bewegung. In der Finsternis „wahrten wir Funkstille, um uns nicht zu verraten. Als wir auf eine lange Transportkolonne stoßen, wird sie angehalten; plötzlich verlieren wir die Verbindung. Wir überholen und geraten an den Rand eines riesigen Bombenkraters, wir fahren nach rechts, aber dieser Weg ist mit Fahrzeugen verstopft, niemand weiß, wohin der Regimentsstab gekommen ist. Wir wandern bis zum Morgen herum, ehe wir schließlich auf das HQ der Schützenbrigade stoßen."

Dann eröffnet die feindliche Artillerie das Feuer: „Die Franzosen schießen auf jedes einzelne Fahrzeug, selbst auf Kradmelder, Schuß um Schuß ..." Nervös dachte Prümers, was wie er viele denken mochten: „Himmel, wie wird es erst drüben zugehen?"

Im Verlauf des Morgens informierte General Kirchner Guderian mehrmals, daß das feindliche Feuer seine Bewegungen unmöglich mache, der Übergang könne nur gelingen, wenn die Luftwaffe die französische Artillerie außer Gefecht setze. Das französische Feuer war aber insgesamt sporadisch und nicht übermäßig genau, obwohl es einigen Panzerbesatzungen schien, die feindlichen Granaten könnten unmöglich ihr Ziel verfehlen. Panzer und „weiche Fahrzeuge" drängten sich in jeder Schlucht und auf dem Hohlweg am Fluß.

In der Fond de Givonne, einem langen offenen Tal, das zum Teil vom Westufer aus nicht einzusehen ist, drängte sich die Hauptmasse von Guderians Panzern, die eindrucksvollste Panzerkonzentration, die man je gesehen hatte. Die Ketten berührten einander fast, der betäubende Motorenlärm war weit über die französischen Stellungen am andern Maasufer hinweg zu hören. Hinter den Häusern am Fluß brachten die Kanoniere der leichten Artillerie und der Flak ihre Geschütze in Stellung. Pioniere schleppten keuchend die schweren Floßsäcke nahe an den Fluß. Da ihnen die Sonne in die Augen schien, konnten sie die nahen Bunker jenseits des glatten Wasserstreifens nicht erkennen, aber fast von überall konnten sie die imposanten Höhen von La Marfée sehen, die das Schlachtfeld nach allen Richtungen hin beherrschten. Von La Marfée aus hatten die französischen Beobachter einen prächtigen Einblick in Guderians Bereitstellung.

General Grandsard sagt, „daß sie auf der ganzen Front des Korps den Feind aus den Wäldern kommen sahen". Die Beobachter signalisierten der Artillerie, „daß mindestens 200 Panzer im Raum von Saint-Menges waren und weitere 200 in und am Rand von Sedan". Welche Ziele! Das war die Gelegenheit für die „Hammerschläge", die in der „Allgemeinen Instruktion für das Artilleriefeuer" so betont wurden. Aber die französischen Geschütze, die Guderians Panzerkonzentrationen am Morgen des 13. „behämmerten", beschränkten sich auf 30 bis 80 Schuß pro Rohr. Warum? Grandsard erklärt, daß man „Munition sparen wollte" (obwohl den Deutschen in den nächsten Tagen große Munitionsvorräte in die Hände fielen). Obwohl die deutschen Streitkräfte so rasch auf dem Ufer aufmarschierten, scheint sich Grandsard noch am Morgen des 13. an den archaischen Glauben geklammert zu haben, daß Guderian an diesem Tag keinen Flußübergang versuchen könne. Zu General Lafontaine von der 55. Division sagte er beruhigend: „Der Feind kann vier bis sechs Tage lang nichts unternehmen, so lange brauchen sie, um schwere Artillerie und Munition heranzuschaffen und in Stellung zu bringen."

Genaugenommen, und nach den Grundsätzen der konventionellen Kriegführung von 1918, war Grandsards Vermutung durchaus richtig. Am 13. konnte Guderian nur einen Bruchteil jenes Artillerieaufgebots heranschaffen, das die Verteidiger den Deutschen entgegenzusetzen hatten, und nach Kleists Aussage waren die Geschütze auf 50 Schuß *pro Batterie* beschränkt, weil die Munitionskolonnen auf den engen Ardennenstraßen aufgehalten wurden. Guderian hatte an dieses Problem gedacht, als er vier Jahre vorher „Achtung Panzer!" schrieb. In der Zwischenzeit war die Artillerie aber durch eine mächtige Luftwaffe ersetzt worden; für die unrealistische Welt, in der die französischen Befehlshaber lebten, war es typisch, daß sich Grandsard am 13. Mai 1940 nicht die Rolle vorstellen konnte, die die Luftwaffe bei einem Maasübergang spielen würde.

Für die massive, für diesen Tag versprochene Unterstützung hatte die Luftwaffe das gesamte II. Fliegerkorps Generalleutnant Bruno Lörzers — einen Hauptbestandteil der 3. Luftflotte unter General Hugo Sperrle — sowie Generalmajor Wolfram von Richthofens VIII. Fliegerkorps, das von der 2. Luftflotte Kesselrings im Norden ausgeborgt war, zur Verfügung gestellt. Kesselring und Sperrle — die beide für ihre Leistung in Frankreich zu Feldmarschällen befördert wurden — waren Offiziere des Heeres, die in den dreißiger Jahren zur Luftwaffe versetzt wurden. Kesselring, ein Artillerist, hatte erst mit 48 Jahren fliegen gelernt. Sperrle hingegen hatte als erster Kommandeur der Legion Kondor in Spanien unschätzbare Erfahrungen gesammelt. Lörzer war ein „alter Adler"; mit 44 Abschüssen war er im Weltkrieg an siebter Stelle unter Deutschlands Fliegern gestanden. Freiherr von Richthofen, ein Vetter des berühmten „roten Kampffliegers", hatte ebenfalls zu dem „Fliegerzirkus" im Weltkrieg gehört, war Sperrle als Führer der Legion Kondor gefolgt und galt als Experte der Luftwaffe für „Nahunterstützung". Lörzer und Richthofen verfügten zusammen über etwa 1500 Flugzeuge,[15] etwa ebensoviel wie die Engländer und Franzosen in ganz Frankreich. Nach den Maßstäben von 1940 war das für die wenigen Kilometer Front eine ungeheure Ballung von Luftstreitkräften.[16]

Um 7 Uhr begannen Lörzers Bomber, zumeist Dornier 17 („Fliegende Bleistifte"), die französischen Stellungen zu bombardieren. Die Angriffe waren jedoch kaum schwerer als die der letzten Tage und dauerten vier Stunden; erst allmählich steigerte sich ihre Wucht. Sie zielten vor allem auf die Verbindungen der Verteidiger untereinander. Grandsard erklärte, sein Feuerplan für die Artillerie sei durch zerschossene Leitungen stark behindert worden; tatsächlich ließ das französische Artilleriefeuer allmählich nach. Bei General Baudets neu eingetroffener 71. Division wurde die behelfsmäßige Telephonzentrale zerstört. Grandsard sagt, er habe Baudet damit zu „trösten" versucht, es sehe nicht so aus, als greife der Feind am 13. mit stärkeren Kräften an. Inzwischen beklagte sich General Lafontaine von der 55. Division, er werde bombardiert, ohne daß die alliierte Luftwaffe eingreife; das erschüttere natürlich die Moral seiner Soldaten. Grandsard meldete das sofort an Huntziger weiter, der aber — so Grandsard — die sehr unbefriedigende Antwort gegeben habe: „Sie brauchen eine Feuertaufe!"

Das völlige Versagen der alliierten Luftwaffe am 13. Mai bei Sedan ist einer der außergewöhnlichen und unerklärlichen Einzelzüge der Schlacht. Eine Erklärung mag höchstens in der erbärmlichen Verbindung zwischen den verschiedenen französischen Armeen und den alliierten Luftstreitkräften zu finden sein. Hinsichtlich der Angriffe auf die deutschen Konzentrationen östlich der Maas sagte uns General d'Astier, Billotte habe ihn endlich am 13. um 9 Uhr 40 gebeten, der 2. Armee mit Vorrang Luftunterstützung zu gewähren. Er behauptete jedoch, er habe keinen Hinweis auf den bevorstehenden Flußübergang der Deutschen erhalten. Billotte habe nur unbestimmt von den „nächsten zwei oder drei Tagen" gesprochen. Erst am Mittag meldete die 2. Armee Panzerkonzentrationen bei Givonne, setzte aber hinzu, im Augenblick brauche sie keine Bomberunterstützung, da die „Artillerie diese Ziele erfasse". Nach dem stereotypen Denken der französischen Artilleristen konnte eine Bombardierung nur die Zielbeobachtung erschweren. Billotte, der Rommels Übergang bei Houx meldete, schlug Luftunterstützung ebenfalls aus, da man bereits Panzer angefordert habe; von dem Ergebnis der Panzerattacke wurde bereits berichtet.

Und die Briten? Da keine verzweifelte Bitte um Hilfe vorlag, versorgte Barratts *Advanced Air Striking Force* (AASF; Vorgeschobene Einsatzkräfte) am 13. ihre Wunden. Sie waren schmerzlich. In den letzten drei Tagen hatte die Verlustrate am 10. 40 Prozent, am 11. 100 Prozent und am 12. 62 Prozent betragen. Am Abend des 12. Mai waren die 135 einsatzfähigen Bomber der AASF auf 72 zusammengeschrumpft. Vielleicht überrascht es nicht, wenn Barratt einen Funkspruch des Luftwaffenstabs in London erhielt, der höchste Besorgnis über die schweren Verluste ausdrückte und warnte, wenn diese Verluste andauerten, könne man in der kritischen Phase der Schlacht nicht wirksam eingreifen. Man kann sich zwar schwerlich einen kritischeren Tag denken als den 13.; auf Grund dieser Warnung jedenfalls rief Barratt nicht seine Blenheims, und die Battles beschränkten sich darauf, eine Kreuzung bei Breda zu blockieren. Hinsichtlich des alliierten Jagdschutzes über Sedan behauptet General Ruby, der damals in Huntzigers HQ war, alle Bitten Grandsards seien sofort an das Luftkommando weitergegeben worden, dort aber in der „schrecklichen Organisation" irgendwo hängengeblieben. General d'Astier erklärt, seine Jäger hätten an diesem Tag zwischen den Fronten der 9. und 2. Armee 250 Einsätze geflogen und dabei bei zwölf eigenen Verlusten 21 Feindflugzeuge abgeschossen; mit den Einsätzen der deutschen Luftwaffe verglichen, war das jedoch nur ein Tropfen auf einen heißen Stein.

Im Tagebuch einer französischen Fliegereinheit steht: „Zwischen 10 und 11 Uhr stößt eine Patrouille von drei Maschinen über dem Raum Carignan - Sedan auf 50 Feindbomber, die von 80 Me 109 geschützt werden. Freie Jagd. Leutnant Wrana wird abgeschossen." Gegen diese Konkurrenz befanden sich die französischen Curtiss — um 95 Stundenkilometer langsamer als die Me 109 — in schwerem, wenn nicht hoffnungslosem Nachteil. Angesichts des Ernstes der Drohung hat man aber den Eindruck, daß die französischen Jäger, die bereits übermüdet waren, ihre Angriffe nicht mit letzter Energie durchführten.

Gegen Mittag steigerte sich die Intensität der Angriffe, die Luftwaffe entsandte jetzt Hunderte von Maschinen in dichten Formationen. Feldwebel Prümers von der 1. Panzerdivision, die immer noch unter schwerem Artilleriefeuer lag, beobachtete fasziniert die Ankunft der ersten von Richthofens Stukas: „Drei, sechs, acht, oh, dahinter kommen noch mehr — und rechts wieder Flugzeuge und noch mehr ... ein schneller Blick durchs Glas — Stukas. Was wir dann während der nächsten zwanzig Minuten sehen sollen, ist einer der gewaltigsten Eindrücke dieses Krieges. Geschwader um Geschwader steigt zu großer Höhe auf, bricht in Reihenformation ab — da — da stürzt sich die erste Maschine senkrecht hinunter, gefolgt von der zweiten, dritten — zehn, zwölf Maschinen sind da. Gleichzeitig, wie Raubvögel, fallen sie auf ihre Opfer und lösen ihre Bombenlast gegen das Ziel. Wir können die Bomben sehr deutlich sehen. Ein wahrer Bombenregen fällt auf die Bunkerstellungen und auf Sedan. Die Explosionen sind überwältigend, der Lärm betäubend. Alles vermischt sich, das Heulen der Sirenen beim Sturzflug der Stukas, das Pfeifen und Krachen der Bomben. Ein riesiger Vernichtungsschlag trifft den Feind. Wir stehen und beobachten wie hypnotisiert; da drunten ist die Hölle los! Gleichzeitig erfüllt uns Zuversicht ... Und plötzlich merken wir, daß die feindliche Artillerie nicht mehr schießt ... Während das letzte Stukageschwader noch angreift, erhalten wir unseren Marschbefehl ..."

Die Stukas operierten in drei Gruppen von je etwa vierzig Flugzeugen; die erste, die etwa 1500 m hoch flog, griff mit jeweils zwei, drei Maschinen gleichzeitig an, während die zweite Gruppe etwa 3600 m hoch in Warteposition war und die Ziele beobachtete, die die erste Gruppe verfehlt hatte; dann löste sie die erste Gruppe, die ihre Bomben geworfen hatte, ab. Die dritte Gruppe arbeitete isoliert, sie wählte einzelne oder bewegliche Ziele aus. Nach den Stukawellen nahmen die Dorniers wieder ihre Arbeit auf, dann kamen wieder Stukas. Die Me 109 und die schwereren Me-110-„Zerstörer" umschwirrten sie und fielen jeden langsameren französischen Jäger an, der an die verwundbaren Stukas heranwollte.

Guderian, der beobachtete, erkannte plötzlich, daß die Luftwaffe die von ihm und Lörzer vereinbarte und nicht die von Kleist befohlene Taktik anwandte. Wenn auch darüber verdutzt, „seufzte er vor Erleichterung". Als der Tag vorbei war, befragte er deswegen Lörzer. Das Flieger-As des Ersten Weltkrieges erwiderte achselzuckend: „Na, Kleists Befehle sind, sagen wir, zu spät eingetroffen. Sie hätten die Geschwader nur verwirrt. Deshalb habe ich sie nicht weitergegeben."

Die Stukas griffen wieder an. Mit heulenden Sirenen fielen sie in die Tiefe und warfen ihre 250-Kilo-Bomben gegen die dünnhäutigen französischen Bunker, gegen die Infanterie, die sich in ihre Gräben duckte, und auf die Geschützbedienungen. Die Wut der Stukas richtete sich besonders auf die

Artillerie in ihren schlechtgetarnten flachen Stellungen. Am meisten litten die Verstärkungen der letzten Nacht, die wenig Zeit gehabt hatten, sich einzugraben. Die Sprengkraft der schweren Bomben drehte Batterien buchstäblich um, vernichtete Geschütze und füllte die mechanischen Elemente der Fliegerabwehr-MG mit Erde und Staub. Die Beobachter in ihren Betonbunkern wurden durch Staub und Rauch geblendet, überall rissen Telephonleitungen. Der Lärm war entsetzlich.[17] Jeder von Grandsards Reservisten hatte den Eindruck, daß jedes Flugzeug „genau auf ihm landen würde". Die deutschen Piloten schienen unheimlicherweise genau zu wissen, wo die einzelnen Geschütze und Bunker standen.

Dank der Ungenauigkeit der Stukas waren die Verluste aber nicht allzu groß. Als Werkzeug des Terrors waren die Stukas jedoch wirksamer als die Geheimwaffe des Kaisers von 1914, die „Dicke Bertha", wirksamer als der Gasangriff bei Ypern, die ersten Flammenwerfer, ja sogar wirksamer als die ersten Tanks. Sie eröffneten eine neue Dimension des Krieges, auf die nicht einmal abgehärtete Berufssoldaten vorbereitet waren. Grandsards Leute aber waren halbe Zivilisten, deren Moral ohnehin nicht hoch war und die keine Ausbildung gegen Stukaangriffe erhalten hatten. Für das, was dann folgte, kann man ihnen nicht allein die Schuld geben. General Ruby sagte: „Die Kanoniere schossen nicht mehr, sie warfen sich zu Boden, die Infanteristen kauerten sich in die Gräben, betäubt vom Krachen der Bomben und dem Kreischen der Stukas; sie hatten noch nicht die instinktive Reaktion entwickelt, zu ihren Flakwaffen zu laufen und zurückzuschießen. Sie hatten nur eine Sorge, die Köpfe drunten zu behalten. Fünf Stunden dieses Alptraumes genügten, um ihre Nerven zu zerfetzen, sie konnten gegen die feindliche Infanterie nicht mehr reagieren ..."

Die Demoralisation wuchs, als sie keine alliierten Flieger auftauchen sahen. Alle Bitten der 55. Division blieben unbeantwortet.

Von der deutschen Seite aus gesehen, war das ganze Westufer in einer Rauchwolke verschwunden. Selbst aus der Entfernung bekamen die Deutschen den Luftdruck der Bombenexplosionen zu verspüren. Sie fragten sich, ob jemand dieses Inferno überleben könne. Eine halbe Stunde vor dem Zeitpunkt H setzte dann auch Guderians Artillerie zu einem kurzen, aber furchtbaren Trommelfeuer an. Die Flakkanoniere, die die lähmende Wirkung der Stukas ausnützten, holten ihre Geschütze aus der Deckung, zogen sie mit den Händen bis unmittelbar an den Fluß und nahmen die Bunker auf der anderen Seite unter Flakbeschuß. Auf die geringe Entfernung fanden die doppelläufigen 2-cm- und die automatischen 3,7-cm-Geschütze schnell die Schießscharten und Geschützstellungen. Da die Stahlschilde noch nicht angekommen waren, wirkte das Feuer tödlich, weniger allerdings gegen die Bunker, die entsprechend ausgerüstet waren.

Die tödlichste Arbeit leistete aber ein Geschütz, das später zur gefürchteten Pakwaffe auf beiden Seiten werden sollte — und das vielleicht neben dem russischen Panzer T 34 die erfolgreichste Einzelwaffe des ganzen Krieges überhaupt war: die deutsche „8,8". Von Krupp als schwere Standardflakwaffe für die Wehrmacht entwickelt, stammte sie direkt von jener Waffe[18] ab, die ebenfalls Krupp 1870 hastig konstruiert hatte, um die aus Paris fliehenden Ballons abzuschießen. Die 8,8 hatte eine hohe Mündungsgeschwindigkeit und daher auf kurze Entfernung eine gewaltige Treffsicherheit und Durchschlagskraft. Angeblich auf Hitlers Drängen hin hatte man Anfang 1939 die 8,8 gegen die Bunker der tschechischen „kleinen Maginotlinie" ausprobiert. Die Resultate waren verheerend, und es war bezeichnend, daß der französische Militärattaché in Prag in allen Einzelheiten darüber berichtete. Der erste „horizontale" Kampfeinsatz der 8,8 ergab sich rein zufällig. Im Polenfeldzug wurde eine eingeschlossene Flakeinheit von polnischer Kavallerie angegriffen; in diesem Notfall schossen die Kanoniere über offenes Visier. Der Erfolg überraschte selbst die Deutschen. Die französischen Bunker bei Sedan waren gegen schräg einfallendes Feuer von Geschützen bis zum Kaliber von 21 cm sicher, gegen das rasante Flachfeuer der 8,8 waren sie äußerst verwundbar. Die Geschütze wurden eines nach dem anderen zerschossen, die Mannschaften durch Splitter geblendet oder in den engen Bunkern entsetzlich verstümmelt, oder aber sie wurden durch das Feuer der leichten Flak gezwungen, die Schießscharten zu verlassen.

Sedan: der schicksalhafte Augenblick

Um 15 Uhr hörten die Stukaangriffe schlagartig auf und verlagerten sich auf Ziele hinter der Maas. Der Augenblick der Krise in der Schlacht war gekommen, wenn sich auch nur wenige Soldaten darüber klar waren. Der entscheidende Moment der kunstvollen Sichelschnittplanung war da. Falls der Übergang bei Sedan fehlschlug, falls Guderians „Speerspitze" zerschmettert wurde, wer konnte dann das Schicksal Deutschlands voraussagen? Die großartigen Kriegspläne beider Parteien wurden jetzt auf das isolierte Handeln einiger weniger Männer reduziert. Wie der Verlust eines Hufnagels oft für Pferd und Reiter entscheidend ist, konnte nun der Erfolg oder das Versagen einzelner zum Erfolg oder Versagen ganzer Züge und fortschreitend zu dem von Kompanien, Regimentern und so weiter führen, bis das Schicksal des Tages entschieden war.

Bei Sedan ereignete sich alles so schnell, daß der berichtende Historiker ebenso geblendet ist, wie es die französischen Verteidiger vom Rauch der Stukabomben waren. Auf französischer Seite blieb nur wenig Zeit, die Regimentstagebücher zu führen. Ganze Seiten der Geschichte dieses Tages sind für immer zusammen mit den Kämpfern verschwunden. Andere Einzelheiten wieder sind für die französische „amour-propre" so beschämend, daß sie wahrscheinlich für immer — wie die Details der Meuterei von 1917 — in den Archiven von Vincennes verschwunden bleiben werden. Selbst auf deutscher Seite rollten die Ereignisse so schnell ab, daß es nur wenige zusammenhängende Berichte gibt. Der Historiker ist daher gezwungen, ein Bild des Tages aus kleinen Fragmenten und Szenen zusammenzusetzen und sich auf die deutschen Berichte zu verlassen, wobei die gelegentliche Nazipropaganda entsprechend berücksichtigt werden muß.

10. Panzerdivision

Ehe sich noch der Rauch der letzten Stukabombe verzogen hatte, erschienen die Angreifer schon überall mit ihren Schlauchbooten.[19] Die erste Welle erlitt schwere Verluste. Den Überlebenden erschienen die 60 m über den Fluß endlos lang. Auf Guderians linkem Flügel hatte die 10. Panzerdivision einen schlechten Start. Die Boote der rechten Gruppe, des 86. Schützenregiments, erreichten den Wasserrand zu spät, um das Stukabombardement noch voll ausnützen zu können. Links meldete das 69. Regiment (um 16 Uhr) dem Divisionskommandeur, Generalleutnant Schaal, schweres flankierendes Granatfeuer von Geschützen, die die Stukas anscheinend übersehen[20] hatten, mache ein Vorgehen unmöglich. Die Granaten regneten auf die flachen Maaswiesen bei Bazeilles. Alle Schlauchboote bis auf zwei waren zerschossen. Feldwebel Schulze vom 69. Regiment berichtet, wie sein Zug am Morgen bei Givonne in schweres Artilleriefeuer geraten sei. Nachdem er sich zum erstenmal in diesem Feldzug hatte „eingraben" müssen, beobachtete er erleichtert den Stukaangriff. Zu dem Zeitpunkt arbeitete sich Schulzes Zug langsam durch den Ort Balan gegen die Maas vor: „Eine große Wiese liegt vor uns. Auf einem Hügel etwa 800 Meter vor uns (auf dem anderen Maasufer) hat sich der Feind eingegraben. Anfänglich kommen wir gut voran, die Wiese ist naß, wir waten bis an die Knöchel im Wasser, hier und dort pfeifen uns Kugeln über die Köpfe, Stacheldraht wird durchschnitten, wir gehen weiter vor. In der nächsten Sekunde bricht die Hölle los. MG-Feuerstöße pfeifen über uns weg, es gibt Einschläge vor, bei und hinter uns. Der Feind schießt gut. In diesem Feuer kann niemand weiter. Die geringste Bewegung zieht neues Feuer an. Wir liegen im Wasser, pressen uns an den Boden und sind glücklich, wenn ein besonders hohes Grasbüschel uns dem Feind verbirgt. Links von uns gehen Truppen zurück; uns selbst ist jede Bewegung unmöglich. Etwa 300 bis 400 Meter weiter rechts ist Oberfeldwebel S. P. mit seinem Zug bereits bis 80 Meter an den Fluß heran.

Die feindliche Artillerie, die bisher bis weit hinter Balan geschossen hat, verlegt das Feuer nach vorn, jetzt liegt es dicht hinter den Angreifern, vor uns, jenseits der Flußschranke, feindliche Infanterie, hinter uns Sperrfeuer, wir können weder vor noch zurück. Unerwartet tauchen rechts Pioniere auf, eisenharte Männer, die Sturmboote tragen. Oberfeldwebel S. P. entschließt sich, es zusammen mit den Pionieren zu wagen. Er und drei seiner Männer springen auf und in eines der Boote ... In einer Sekunde sind sie unterwegs. Das zweite Boot folgt mit Verstärkungen und dem Bataillonsadjutanten, Leutnant M. Als ein drittes Boot zu Wasser gebracht wird, hat die feindliche Artillerie ihr Feuer so weit zurückverlegt, daß das Boot vernichtet wird. Die Pioniere fallen; aber eine kleine Gruppe von zehn oder zwölf Mann hat es geschafft. Sie sind die ersten am anderen Maasufer, sie liegen dicht vor einem feindlichen Bunker. Was sollen sie tun? Bei einem französischen Gegenstoß sind sie verloren."

Von der Maasuferseite bei Balan aus sieht Schulze, wie der Bunker „geknackt" wird, ein deutscher Offizier verschwindet dahinter: „Bald kommt er mit fünf Gefangenen zurück, der Bunker ist noch nicht genommen — dann legen sie weiße Tücher aus, weil unsere Truppen auf unserer Seite noch schießen; die Franzosen ahnen nicht, daß unsere Leute schon drüben sind. Stunden vergehen. Während Oberfeldwebel S. P. bereits drüben ist, wird die Kompanie vom feindlichen Feuer im Wasser niedergehalten."

Schulzes Zug wird als Reserve nach Balan zurückgezogen: „Die feindliche Artillerie beschießt Balan. Wir sitzen in unseren nassen Uniformen in sicheren Kellern. An Schlaf ist nicht zu denken, denn die Nächte sind bitterkalt. Die Zähne klappern einem, die Glieder schlottern."

An Schulzes Abschnitt war die Lage am 13. bei Einbruch der Nacht nicht allzu brillant. Daß die 10. Panzerdivision an diesem Tag überhaupt auf dem anderen Ufer Fuß faßte, war lediglich der Initiative von Anführern kleinster Einheiten der Sturmpioniere, wie Feldwebel Rubarth, zu verdanken. Mit Spezialladungen zum Sprengen jener Bunker ausgestattet, die den Stukas entgangen waren, sammelten sich Rubarth und seine elf Mann im Park eines Landhauses bei Balan. Über die Wiesenfläche hinweg, wo Schulze und seine Männer festlagen, konnte Rubarth die Stützpunkte des Gegners am Flußufer bei Wadelincourt deutlich erkennen, er stellte aber fest, daß das Gelände „für einen Angriff äußerst ungünstig war". Rubarth berichtet: „Sofort schlug uns starkes MG-Feuer entgegen. Es gab Verluste. Mit meiner Abteilung erreiche ich im Schutz einiger Bäume und eines Sportplatzes die Maas."

Anscheinend hatte er lediglich zwei kleine Schlauchboote zur Verfügung, die nur je drei Mann aufnehmen konnten. Rubarth drängte jedoch vier Mann in jedes Boot und paddelte im Geschoßhagel auf den 60 m breiten Fluß hinaus. Wegen der Extralast der Drahtscheren, Granaten und

Hohlladungen stieg das Wasser bedenklich am Bootsrand hoch. Rubarth befahl seinen Leuten, allen überflüssigen Ballast, wie das Schanzzeug, ins Wasser zu werfen. Grimmig sagte er: „Wir graben uns nicht ein — entweder wir kommen durch, oder es ist das Ende." Um die Verteidiger beim Feuern zu stören, ließ der Feldwebel seinen Fahrer, Unteroffizier Podszus, mit einem MG auf die Schießscharten eines besonders bedrohlichen Bunkers gerade voraus schießen. Podszus stützte dabei das MG in dem wild schlingernden Boot auf die Schulter eines Kameraden. Nach der Landung (bei Wadelincourt) erledigte Rubarth den Bunker schnell: „Die feindliche Artillerie legt jetzt schweres Feuer auf unsere Übergangsstelle. Die Abteilung kriecht im toten Winkel an dem nächsten Bunker vorbei und greift ihn von hinten an. Ich verwende eine Sprengladung. In der nächsten Sekunde fliegt ein Teil der Bunkerrückwand heraus. Mit Handgranaten dezimieren wir die Bunkerbesatzung. Nach kurzer Zeit erscheinen die restlichen Leute mit weißen Tüchern — und dann weht unser Hakenkreuz über dem Bunker. Vom anderen Ufer hören wir das laute Hurra unserer Kameraden. Wir greifen zwei weitere Feldbefestigungen an, die wir etwa 100 m links von uns entdeckt haben. Um dorthin zu gelangen, müssen wir durch einen Sumpf und stehen stellenweise bis an die Oberschenkel im Wasser. Mit rücksichtsloser Kühnheit greift Unteroffizier Bräutigam den linken Bunker allein an und nimmt die Besatzung gefangen. Zusammen mit Feldwebel Theophel und den Unteroffizieren Podszus und Monk nehme ich den zweiten Bunker. Damit ist die erste Bunkerlinie hinter der Maas auf etwa 300 m durchbrochen."

Die Leichtigkeit, mit der Rubarth und seine wenigen Männer die Bunkerreihe knackten, läßt entsprechende Schlüsse auf die Verfassung der Verteidiger zu. Wo blieben die „Intervalltruppen", die die verwundbaren Flanken der wichtigen Bastionen hüten sollten?

Rubarth schildert weiter, wie er bis zu dem 100 m vom Fluß entfernten Bahndamm vorstieß. Hier geriet er zum erstenmal in so schweres Feuer, „daß wir zeitweilig in Deckung gehen mußten". Rubarth überschaute die Lage, er stellte fest, daß das zweite Schlauchboot, das seine Abteilung herüberbringen sollte, mitten im Strom getroffen und seine Besatzung vermutlich getötet worden war: „Mit einem Feldwebel und vier Mann bin ich also allein auf dem Westufer. Eine Gruppe Infanterie deckt unsere rechte Flanke. Zudem wird unsere Munition knapp, und wir können den Angriff nicht fortsetzen. Um Verstärkung und Munition zu holen, gehe ich zur Übergangsstelle zurück und entdecke, daß ein Übersetzen durch schweres feindliches Feuer unmöglich geworden ist. Die Schlauchboote sind teilweise in Stücke geschossen. Vier Mann meiner Abteilung sind dort gefallen. Mein Kompaniechef, der noch am andern Ufer beobachtet, befiehlt sofort, neue Boote zu holen, er teilt neue Besatzungen ein."

Während sie in der brennenden Sonne auf Verstärkung warteten, befahl Unteroffizier Bräutigam, der Französisch sprach, einem der Gefangenen, etwas zum Trinken zu holen. Der Mann brachte eine Flasche Wein. Die Verteidiger von Wadelincourt sammelten sich inzwischen und griffen Rubarth überraschend an. Sie wurden abgeschlagen, aber Bräutigam fiel und die Unteroffiziere Podszus und Monk wurden verwundet. Kurze Zeit nach diesem kritischen Augenblick stieß eine Gruppe Infanterie zu Rubarth. Endlich kamen vom Ostufer Sturmpioniere als Verstärkung. Mit ihnen sprengte er eine Bresche in die zweite Bunkerlinie. Bei Einbruch der Nacht war Rubarth erschöpft, er hatte von seinen ursprünglichen elf Mann sechs an Gefallenen und drei an Verwundeten verloren! Zusammen mit Schützen des 86. Regiments hatte er aber sein Ziel, die Höhen von Wadelincourt, erreicht. Er erhielt sofort das Ritterkreuz und wurde zum Leutnant befördert.

Im einbrechenden Zwielicht hatte die 10. Panzerdivision einen kleinen, aber gesicherten Brückenkopf am Westufer zwischen Wadelincourt und Pont Maugis gebildet.

1. Panzerdivision

Dank der gewaltigen Konzentration von Feuerkraft hatte es die 1. Panzerdivision etwas leichter. An ihrer linken Flanke fiel die Aufgabe, die westlichen Vorstädte von Sedan zu säubern und die Marféehöhe zu stürmen, dem Regiment Großdeutschland zu. Als eines der besten deutschen Regimenter hatte es die Tradition des Berliner Garderegiments übernommen. In Friedenszeiten stellte es die Wache am Brandenburger Tor sowie Ehrenwachen bei Staatsbesuchen. Drei Monate vor Kriegsbeginn hatte Hitler in einer Proklamation den Namen des Regiments in „Großdeutschland" abgeändert, der Name sollte ein Symbol für die Einheit aller Deutschen in dem neuen Reich sein. Die Offiziere des Regiments, das viel später als Panzerkorps aufschien, wurden aus dem gesamten Heer ausgesucht. Die Männer mußten eine gewisse Mindestgröße besitzen, das Regiment kämpfte immer als gesonderte Einheit, die Angehörigen des Regiments hatten den Namen der Einheit auf den Ärmelstreifen aufgenäht. Als Elitetruppe war es für die Lösung besonders schwieriger Aufgaben bestimmt. So hatte Guderian es schon im Februar dazu ausgesucht, die Bresche zu schlagen, durch die dann seine Panzer strömen konnten: Damals hatte Guderian offenbar geringschätzige Bemerkungen über die Infanterie gemacht, „die schlief, statt nachts vorzurücken". Der Regimentskommandeur Oberstleutnant Graf von Schwerin hatte darauf mit Guderian eine Kiste Champagner gewettet, daß das bei „Großdeutschland" nicht passieren würde. Den ganzen April über war das Regiment „geschliffen" worden: auf Gewaltmärschen bei verkürzten Rationen, bei Flußübergängen über die Mosel und bei fiktiven Nachtangriffen.

Am Mittag des 13. hatten die Stoßtrupps von „Großdeutschland" die eisernen Rationen erhalten, die Feldflaschen waren mit Kaffee gefüllt, die Waffen durchgesehen. Dann traf Oberstleutnant Graf Schwerin mit seinem Stöckchen ein, das Regiment marschierte durch Floing, etwas über einen Kilometer von der Übergangsstelle entfernt. Oberstleutnant von Courbière, dem Kompaniechef der 6. Kompanie, fiel die unnatürliche Stille in Floing auf. „Kein Schuß fällt, die Einwohner sind geflohen, Hunde und Katzen streichen durch die Straßen, deren Häuser Zeugnis von dem furchtbaren Wüten des Krieges ablegen." Er fragte sich, ob das Schweigen der französischen Waffen etwa bedeutete, „daß sie bereits schwer getroffen sind oder nur darauf warten, bis wir übersetzen". Als die Kompanie die Kleiderfabrik mit ihren blaugestrichenen Verdunkelungsfenstern erreichte, „erkennen die Franzosen endlich die drohende Gefahr und schießen, ohne sich um die einschlagenden Bomben zu kümmern. Die Pioniere bringen die Sturmboote, können den Fluß jedoch nicht erreichen. Trotz unseres Feuerschutzes kann der Feind alle Bewegungen aus seinen Bunkern beobachten und schlägt zurück. Sturmgeschütze rollen vor, aber selbst sie können nichts gegen Beton und Stahl ausrichten. Wertvolle Zeit geht verloren, bis endlich eine 8,8 den Feind zum Schweigen bringt. Wieder werden Sturmboote vorgebracht, und wieder schießt der Feind. Der junge Leutnant der 7. Kompanie Graf Meden und zwei Pioniere fallen. Die Verwundeten werden zurückgebracht, wieder greift die schwere Flak ein. Unter ihrem Feuerschutz überquert die führende 7. Kompanie die Maas. Der Übergang ist gelungen. Schnell, wie es schon im Winter geübt wurde, folgt die 6. Kompanie".

Etwa 3 km weiter kann Courbière deutlich die Hänge von La Marfée erkennen. Immer noch schleudern die Stukas ihre Bomben in die Befestigungen, oft nur um „Haaresbreite" vor den ersten Angreifern. Als sich Courbière der Hauptstraße Sedan - Donchery nähert, sieht er die ersten Franzosen mit erhobenen Händen auf sich zukommen.

Gleichzeitig gerät die 7. Kompanie unter schweres Feuer aus Bunkern längs des Weges. „Eine rasche Erkundung zeigt, daß man gut an einen großen Bunker mit sechs Schießscharten, etwa 200 m südlich der Straße, am Rande eines Gemüsegartens, herankommen kann ... Nach kurzem Kampf erreichen ihn ein Feldwebel und zwei Mann. Die Gegner werden mit Handgranaten ausgeräuchert, sie sind völlig niedergeschmettert und kommen heraus. Ihre Gesichter verraten die seelische Spannung des Kampfes. Dicht nebeneinander stellen sie sich mit dem Rücken an den Bunker und rufen ‚Tirez!' ..."

Courbières Kompanie säubert dann einen zweiten Bunker und eine in einem Stall versteckte Pak-Stellung. Hier finden sie zu ihrer Begeisterung ein Lager mit Sodawasser, mit dem sie in der schwülen Hitze des Spätnachmittags ihren Durst löschen; nach kurzer Rast stoßen sie zu ihrer noch größeren Begeisterung auf Teile von Oberstleutnant Balcks 1. Schützenregiment, das ebenfalls erfolgreich über die Maas gegangen ist. Es ist 17 Uhr. Nach einem wilden Nahkampf erreicht Courbières Kompanie im schwindenden Tageslicht ihr Ziel auf Höhe 147, nicht weit von der Stelle, wo Moltke vor siebzig Jahren die erste Schlacht bei Sedan geleitet hat.

Zusammen mit „Großdeutschland" sollte Balcks 1. Schützenregiment[21] in den ersten Phasen des Durchbruchs bei Sedan eine bedeutsame Rolle spielen. Oberstleutnant Balck war ein harter Frontsoldat, der bei Verdun gekämpft hatte und im Weltkrieg fünfmal verwundet worden war. Er war eine sehr energische Persönlichkeit (Chester Wilmot beurteilt ihn — vielleicht zu hart — als „notorischen Optimisten mit dem Ruf eines rücksichtslosen Angreifers", während ihn das offizielle amerikanische Geschichtswerk „The Lorraine Campaign" als „säbelrasselnden Leuteschinder" porträtiert); sicherlich gab es im Zweiten Weltkrieg nicht viele Kommandeure, die mehr aus ihren Leuten herausholen konnten. Nach Sedan führte Balcks bisher langsamer Aufstieg steil nach oben, er nahm an fast allen Feldzügen teil: als Divisions- und Korpskommandeur in Rußland, als Befehlshaber einer Armee in Polen und Ungarn, dann schließlich als General und Führer der Heeresgruppe G in den letzten Stadien des Rückzugs aus Frankreich und schließlich als Oberkommandierender einer Armeegruppe in Transdanubien und Österreich. Am 13. und den zwei folgenden Tagen trugen seine Führereigenschaften zweifellos am stärksten zu Guderians Erfolg bei.

Balcks Befehl für den 13. lautete, im Raum von Glaire - Gaulier hinter „Großdeutschland" überzusetzen, den Nordhang von La Marfée hinaufzustoßen, einzudrehen und längs der Hauptstraße Sedan - Vouziers nach Süden vorzugehen. Da „Großdeutschland" die Hauptlast des Kampfes trug, hatten Balcks Schützen an dem Tag vielleicht die leichteste Aufgabe der deutschen Angriffstruppen. Guderian zufolge, der in Floing beobachtete und es selbst nicht erwarten konnte, über die Maas zu kommen, „verlief der Übergang wie im Manöver. Die französische Artillerie war durch den pausenlosen Angriff von Stukas und Bombern nahezu gelähmt. Die Betonwerke längs der Maas wurden durch unsere Pak und Flak außer Gefecht gesetzt, die feindlichen MG-Schützen durch das Feuer unserer schweren Waffen und der Artillerie niedergehalten. Trotz des völlig offenen Geländes blieben unsere Verluste gering".

Balck, der den Eindruck hatte, daß die französischen Kanoniere bereits ihre Geschütze im Stich ließen, bemerkte die große Wirkung, die das Nachlassen des Artilleriefeuers auf seine Schützen hatte. „Vor wenigen Minuten noch suchte alles in Splittergräben Deckung, jetzt dachte niemand mehr daran. Die Männer waren nicht mehr zu halten . . ."

Anderthalb Stunden nach Stunde H hatte Balck mit den führenden Teilen seines Regiments bereits die Bahnlinie Sedan - Donchery erreicht, nach einer weiteren Stunde (um 17 Uhr 30) hatte er sich bis zu der parallel verlaufenden Straße durchgekämpft und war in die französische Hauptwiderstandslinie eingebrochen.

Inzwischen hatte das Kradschützenbataillon der Division, das über die Maasschleife bei Iges gegangen war, die gesamte Halbinsel gesäubert und war bei dem Kanal am Fuß der Halbinsel wieder zu Balck gestoßen. Um 19 Uhr 30 hatte sich die 1. Panzerdivision mit Teilen von sechs Bataillonen in einem starken Brückenkopf eingerichtet. Ein großer Teil der wichtigen, von einem Fichtenwald und Kriegerfriedhöfen gekrönten Marféehöhen war bereits in ihrer Hand.

Guderian hatte aber noch keine Panzer und keine Pak oder Artillerie am Westufer. Ebenso wie Rommel im Norden stand er vor einer sorgenvollen Nacht, in der die Franzosen vielleicht einen Panzergegenstoß vorbereiteten, um seine ungeschützte Infanterie zu zerschmettern, ehe er selbst Panzer übersetzen konnte. Der Bau von Fähren und Brücken hatte daher jetzt Vorrang. Noch im MG-Feuer aus den Bunkern am Westufer hatte Leutnant Grubnau von einer Brückenbaukompanie der Pioniere bereits ein geeignetes Gelände erkundet . . . „aber es gab keine Deckung". Die Stelle lag dicht bei der Kleiderfabrik, in der die Pioniere ihr schweres Gerät bereitstellten. Die Maas ist hier etwa 70 m breit. Obwohl ein Teil von Grubnaus Gerät noch in den Ardennen steckte, begann er bereits um 16 Uhr 30, als sich Balcks Infanteristen noch in ihren Sturmbooten hinüberkämpften, mit dem Bau der ersten Pontonbrücke. „Es ist erstaunlich, wie leicht der schwere Brückenbau heute durchgeführt werden kann. Ein feindlicher Bombenangriff läßt alles in der kärglichen Deckung Zuflucht nehmen. Unsere neun leichten MG feuern, die Bomben fallen weitab. Der Brückenschlag wird fortgesetzt. Jetzt setzt feindliches Artilleriefeuer ein. Der feindliche Artillerieflieger wird jedoch von unserem Jagdschutz vertrieben . . . Die Franzosen scheinen den Brückenbau an einer anderen Stelle zu erwarten. Die Granaten schlagen 50 m entfernt von uns ein — glücklicherweise verhindert das Dorf Glaire ein beobachtetes Feuer . . ."

Den ganzen Nachmittag arbeiteten die jungen Pioniere halbnackt in brütender Hitze und trotz des immer wieder einsetzenden Feuers. In der Rekordzeit von 38 Minuten hatten sie die erste Fähre in Gang gebracht; kurz nach Mitternacht war eine 16-t-Brücke fertig, während sich am Ostufer bereits eine gewaltige Panzerschlange bereitgestellt hatte.

Rechts von der 1. Panzerdivision griff die 2. Panzerdivision an. Guderians alte Division hatte an dem Einmarsch in Österreich teilgenommen und war als Teil der Garnisontruppen in Wien in der Wehrmacht als „Wiener Division" bekanntgeworden. In ihren Formationen standen viele Österreicher und Bayern. Generalleutnant Rudolf Veiel kommandierte sie bereits seit dem Anschluß; die „Wiener Division" hatte bei der Besetzung des Sudetenlands die Spitze gebildet und war während des Polenfeldzuges von der Tschechoslowakei aus in die polnische Südflanke gestoßen. Ihr nur beschränkter Beitrag zum Übergang am 13. war zu erwarten gewesen; in der Nacht zuvor hatte Guderian Kleist gewarnt, daß die 2., die noch an der Semois feststeckte, zur Stunde H noch nicht an der Maas bereitgestellt sein werde, zudem hatte sie ihre schwere Artillerie zur Unterstützung der 1. Panzerdivision abgetreten. Als sie (bei Donchery) über die Maas ging, hatte ihr Guderian ziemlich ehrgeizige Ziele gesteckt: „Nachdem sie die Höhen hinter Donchery genommen hat, wird sie sofort nach Westen eindrehen, den Ardennenkanal bis einschließlich des Barflusses überqueren und die feindliche Verteidigung längs der Maas aufrollen." Auf höherer strategischer Ebene war die Rolle der 2. Panzerdivision von größter Bedeutung, denn sie sollte die Nahtstelle zwischen den französischen Armeen Huntziger und Corap aufbrechen.

Entgegen allen Erwartungen kam die 2. Panzerdivision am Morgen des 13. überraschend schnell voran. Um die Mitte des Vormittags erreichte sie mit Teilen bereits Donchery, ein düsteres kleines Maasdorf, 3 km unterhalb von Sedan, wo Bismarck 1870 in einem armseligen Weberhaus Napoleon III. getroffen hatte, um mit ihm die Bedingungen der Kapitulation zu besprechen. Sobald die ersten deutschen Panzer in das Tal rollten, schlug ihnen ein Feuersturm der Artillerie entgegen. Die französische Artilleriebeobachtung auf den beherrschenden Höhen war ausgezeichnet. Da die untergehende Sonne strahlend von jenseits der Maas leuchtete, fiel es den deutschen Panzern sehr schwer, die gutgetarnten französischen Stellungen auszumachen. Die Panzer schwärmten aus und tasteten sich langsam in die verlassenen Teile von Donchery am Ostufer vor. Die Sturmpioniere, die durch das schwere Feuer niedergehalten wurden, ließen sich mit ihren Booten von den Panzern zum Ufer fahren. Unteroffizier Frömmel von den Panzern berichtet: „Die Pioniere springen im Feuerhagel ab, um ihre Boote zu der Maas zu bringen. Nur noch wenige Meter trennen sie von dem Ufer, und doch bedeutet jeder Schritt jetzt die Hölle. Der Panzer feuert aus allen Rohren, er versucht den entschlossen arbeitenden Pionieren Feuerschutz zu geben. Das Boot ist bereits im Wasser, seine Paddel tauchen tief ein. Wie eine Dusche fällt eine Geschoßgarbe aus dem Bunker über das Boot her.

Ringsum spritzt das Wasser hoch, mehrere tapfere Pioniere fallen. Unmöglich! Zurück! Sie kommen ans Ufer und suchen im hohen Gras Deckung. Das gleiche Schicksal trifft Minuten später die Männer, deren Schlauchboot von drei weiteren Panzern an diesen tödlichen Fluß gebracht worden ist."

Ein Kompaniechef der Pioniere, Leutnant Zimmermann, wird mitten im Fluß schwer verwundet und kommt nur mit Mühe ans Ufer zurück. Mehrere Deutsche liegen dort verwundet im französischen MG-Feuer im Gras. Im wachsenden Zwielicht entspinnt sich ein mörderisches Duell zwischen den Panzern und den französischen Bunkern jenseits der Maas. Leuchtspurgeschosse pfeifen wie Feuerwerk hin und her. Oberfeldwebel Keddig berichtet: „Wir schossen Granate um Granate auf die Bunker, die wir ausgemacht hatten, und versuchten, sie zum Schweigen zu bringen. Im Panzerturm wurde es unerträglich heiß, er war von Pulverdampf erfüllt. Ein wunderschöner Sommerabend lag über dem Land. Das Feuer der französischen Artillerie dauerte jedoch mit unverminderter Wucht an. Wir konnten nicht im Traum daran denken, eine Panzerluke zu öffnen."

Trotz des französischen Artillerie- und Pakfeuers scheinen nur wenige Panzer außer Gefecht gesetzt worden zu sein. Schließlich wird einer der Bunker zum Schweigen gebracht und zeigt die weiße Flagge. Die ersten Boote der Sturmpioniere kommen sicher hinüber, kurz darauf steigen weiße Leuchtkugeln triumphierend am feindlichen Ufer empor.

Als sie ihre Munition verschossen haben, ziehen sich die Panzer nach Einbruch der Nacht zurück. Dank der Bresche, die Balck und „Großdeutschland" in das Zentrum der französischen Linien geschlagen haben, faßt auch die 2. Panzerdivision jenseits der Maas Fuß. Ein Offizier, der Verstärkungen herüberholt, sieht im Mondlicht neben den Stuka-Kratern und zerstörten Bunkern auch die große Zahl unfertiger Befestigungen: „Die Holzgerüste stehen noch, die Fundamente sind noch nicht ausgehoben. Erstaunlich, diese Franzosen! Sie haben doch zwanzig Jahre Zeit gehabt, ihre Befestigungen zu bauen ..."

Sedan: mit den Augen der Franzosen gesehen

Wie schon erwähnt, sind die französischen Berichte darüber, was am 13. an der Maas geschah, spärlich und wirr. General Lafontaines 55. Division mußte fast allein die ganze Wucht von Guderians Angriff tragen. Zweifellos sprach von Anfang an fast alles gegen sie. Die schon älteren, schlecht ausgebildeten Reservisten waren den besten Truppen der deutschen Armee — die zudem von einer gewaltigen Luftmacht unterstützt wurden — keineswegs gewachsen; sie waren zum Teil gerade im Begriff gewesen, an einem anderen Abschnitt Stellung zu beziehen. Eines ihrer Bataillone war bereits an der Semois fast völlig zerschlagen worden. Anderseits hatte die 55. Division sehr starke Artillerieunterstützung und in der Marféehöhe eine ausgezeichnete natürliche Stellung. Stellenweise wehrten sich die Männer der 55. Division mit unbesungenem Heroismus; Hauptmann von Kielmannsegg vom Stab der 1. Panzerdivision zollt den „zahlreichen Bunkern, die sich verzweifelt wehrten", hohes Lob. Im Freien scheint die französische Infanterie jedoch unter den Luftangriffen einfach „weggeschmolzen" zu sein, und die meisten französischen Militärhistoriker pflichten dem ausgesprochen objektiven Oberst Goutard bei, wenn er sagt, daß der „Widerstand im allgemeinen sehr schwach war".

Die Meldungen, die die Divisions- und Korpsgefechtsstände erreichten, waren sehr lückenhaft. Eine der ersten Meldungen, die Grandsard um 17 Uhr 10 von der 55. Division erhielt, lautete knapp: „Die Maas wurde im Zuständigkeitsbereich 1572 südlich Wadelincourt von etwa 40 Mann überschritten.[22] Sperrfeuer eröffnet. Donchery von anderthalb Bataillonen besetzt. Divisionsartillerie feuert." Bezeichnenderweise heißt es weiter: „Keine Verbindung mehr zum Infanterieregiment zur Linken." In diesem Augenblick meint Huntziger, der in Grandsards Gefechtsstand eingetroffen ist, hinsichtlich der Deutschen, die bei Wadelincourt am Westufer gelandet sind, ruhig: „Das gibt ebensoviel Gefangene." Huntziger griff nach Grandsards Äußerung nicht in die Schlacht ein. Grandsard erklärt, zuerst habe er gedacht, „es sei nichts verloren, vorausgesetzt, daß sich die Widerstandslinie selbst verteidige und daß die den Reserven erteilten Befehle befolgt würden". Er fährt jedoch fort: „Die folgenden Stunden sollten die Hoffnungen des Kommandeurs des X. Korps grausam enttäuschen. Ungefähr zwischen 18 und 19 Uhr entwickelte sich die Situation mit verwirrender Schnelligkeit zur Katastrophe."

Um 18 Uhr 30 kam die höchst beunruhigende Meldung eines Batteriechefs in Chaumont, daß man im Raum Marfée feindliche Panzer gesichtet habe. Eine Viertelstunde später kam eine noch beunruhigendere Nachricht. Grandsard berichtet: „Der Oberst (Dourzal), der die Gruppe B der schweren Korpsartillerie in Bulson befehligte, meldete dem Obersten (Poncelet), der die schwere Artillerie befehligte, 400 bis 500 m vor seinem Gefechtsstand sei ein heftiger Kampf ausgebrochen, er bitte um Erlaubnis, sich zurückziehen zu dürfen; als sein Chef Einzelheiten verlangte, bestätigte Dourzal, daß es sich einwandfrei um deutsche MG handelte und daß er in fünf Minuten umzingelt sein werde; er erhielt von seinem Chef die Erlaubnis, sich zurückzuziehen."

Etwa um die gleiche Zeit räumte auch Oberst Poncelet seinen Gefechtsstand in Flaba, weit hinter Bulson und über 8 km von den nächsten Deutschen entfernt; er gab den schweren Batterien unter seinem Kommando Befehl, sich zurückzuziehen. (Man sollte hier festhalten, daß kein deutscher

Panzer vor dem folgenden Tag das Westufer der Maas erreichte und daß kein deutscher Infanterist in der Nacht in die Nähe von Bulson kam.)

Poncelet soll aber, wie General Ruby mitteilt, erklärt haben, „daß deutsche Panzer sich näherten, als er seinen Kommandostand in Flaba verließ". General Ruby bemerkt bissig, daß diese beiden Artillerieobersten „besonders für die folgende Panik verantwortlich zu machen sind". Niemand scheint, so unglaublich es klingt, den Versuch gemacht zu haben, diese alarmierenden Gerüchte zu überprüfen, und zwar einschließlich Grandsards selbst, obwohl dieser die in Panik geratenen Obersten in der Nacht auf ihre Posten zurückbefahl. Oberst Poncelet verfiel in eine tiefe Depression und beging zwölf Tage später Selbstmord.

Drei Stunden nach den ersten Landungen am Westufer gab sich General Lafontaine von der 55. Division in seinem Gefechtsstand in Fond-Dagot, knapp hinter Bulson, mit einer gewissen Ruhe Rechenschaft über die Lage. Die Luftangriffe hatten aufgehört, er hatte nach rechts die Verbindung mit der zu Corap gehörenden 53. Division hergestellt und ein Bataillon zur Verstärkung nach La Marfée entsandt (das dann tatsächlich den deutschen Vormarsch bis zum Morgengrauen des nächsten Tages aufhielt). General Ruby berichtet, daß „plötzlich eine Welle entsetzter Flüchtlinge, Kanoniere und Infanterie, in Fahrzeugen und zu Fuß, viele ohne Waffen, aber mit ihrem Gepäck, die Straße von Bulson entlangstürmten. ‚Die Panzer sind in Bulson!' schrien sie. Einige schossen wie verrückt mit den Gewehren umher. General Lafontaine und seine Offiziere liefen vor, redeten beruhigend auf sie ein, ließen sie ihre Lastwagen quer stellen. Unter den Deserteuren waren auch Offiziere. Kanoniere, besonders von der schweren Korpsartillerie, und Infanteristen waren bunt vermischt, verängstigt und im Bann einer Massenhysterie. All diese Männer behaupteten, in Bulson und Chaumont tatsächlich Panzer gesehen zu haben! Was noch schlimmer war: Führer aller Ränge behaupteten, Rückzugsbefehle erhalten zu haben, sie konnten sie aber nicht vorweisen, ja nicht einmal sagen, von wem sie sie erhalten hatten. Sofort brach Panik aus, Kommandoposten leerten sich wie durch Zauberei."[23]

Der wirkliche Zusammenbruch begann bei Sedan zweifellos bei den Kanonieren. Seit Napoleon hatte die Artillerie in der französischen Armee eine bevorzugtere Stellung eingenommen als in anderen Armeen. Während des Weltkrieges war es fast zum Axiom geworden, daß, solange die Artillerie „hielt", auch die Infanterie halten würde. Wenn die Geschütze verstummten, gab die Infanterie auf. Durch einen seltsamen Zufall hatte der erste deutsche Stoß bei Verdun erfolgreich eine zweitklassige Territorialeinheit getroffen, die mit den B-Divisionen von 1940 zu vergleichen war. Bei Verdun hatte die französische Artillerie aber standgehalten, und das Loch war, wenn auch um einen schrecklichen Preis, durch Gegenangriffe der Infanterie gestopft worden. Warum hatten die französischen Kanoniere bei Sedan nicht

„aushalten" können wie ihre Väter bei Verdun? Zweifellos war der Massen-angriff der Stuka am Nachmittag schrecklich gewesen; war aber das furcht-bare Hämmern der deutschen 21- und 15-cm-Kanonen vor Verdun, das un-endlich viel länger gedauert hatte, nicht mindestens ebenso entnervend ge-wesen? Und hatten nicht polnische Artilleristen 1939 trotz noch größerer materieller Unterlegenheit bei ihren Geschützen ausgehalten, bis sie von den Stuka buchstäblich pulverisiert wurden? Aber die Polen kämpften um ihre nackte Existenz — und wofür kämpften 1940 die Franzosen der Dritten Republik? Wenn man nach den Gründen für den Zusammenbruch der Artilleristen von Sedan sucht, steht man wieder vor den zersetzenden 24 Jahren, die die „poilus" von Verdun von den Männern von Sedan trennten; hier zeigt sich die schreckliche Ernte der Jahre voll gegenseitigen Mißtrauens, voll Uneinigkeit, voll Verzweiflung über die Verluste von 1914 bis 1918, der Jahre des „Ohne mich" und des Defätismus in Frankreich.

Paradoxerweise gab es immer noch zum Kampf entschlossene und tapfere Widerstandsnester der französischen Infanterie, die im Vorfeld der Artillerie aushielten, als deren Kommandeure bereits abzogen. Als die Mel-dung die Runde machte, daß die Artilleristen abzogen, verbreitete sich die Panik wie eine häßliche Ölpest. Nichts schien die Flüchtenden der 55. Division stoppen zu können oder die Eskalation der Gerüchte, die sie mit sich trugen.

Weit hinten in Vouziers alarmierte Oberst Serin, der Provostmarschall der 2. Armee, zwei Kompanien der Mobilgarde, um die Flut „in Kanäle" zu leiten.

Nach General Rubys Aussage kamen die Flüchtlinge bis nach Reims, ehe sie zusammengetrieben wurden, sie hatten mittlerweile Sainte-Menehould und Vouziers „von oben bis unten geplündert". Selbst Huntzigers HQ in Senuc war gegen die Panik nicht immun. „Gegen 21 Uhr", sagte Ruby, „meldeten sich zwei Sappeur-(Pionier-)Offiziere sehr erregt beim General und sagten aus, sie hätten in Vendresse deutsche Panzer gesehen. General Huntziger nannte sie kalt Lügner; sie hatten unser 7. Panzer-bataillon für eine deutsche Panzereinheit gehalten."

Noch weiter hinten traf Jean Muray in einem Dorf 55 km hinter Sedan, wo eine Division als Reserve hinter Coraps Front lag, am nächsten Morgen Männer aus Sedan, die schreckliche Gerüchte verbreiteten. „Sie hatten es gesehen; die Vernichtung französischer Divisionen . . . das Pul-verisieren einer Armee . . . den Mut einiger . . . die Feigheit anderer . . ."

Roland Dorgelès, der berühmte Romanautor, erzählt von zehn Kano-nieren und einem Sanitätsoffizier auf der Flucht aus Sedan, sie wurden sechs Tage nach dem Debakel in Auxerre, mitten in Frankreich, angehal-ten. Auf Befragen, wieso er die Front verlassen habe, habe der Offizier erwidert: „Aber, mon capitaine, es fielen doch Bomben . . ."

Näher an der Front wirkte sich die Panik natürlich noch verhängnis-
voller aus. Ohne das Gerücht zu überprüfen, daß „Panzer in Bulson" seien,
ersuchte General Lafontaine Grandsard, seinen Gefechtsstand nach
Chémery zurückverlegen zu dürfen. Grandsard sagte, Lafontaine müsse
selbst entscheiden, was am besten zu tun sei. Lafontaine tat das; halb auf
Rädern, halb zu Fuß zog sich sein HQ hastig zurück. Nach Grandsards
Bericht hatte das weitere verhängnisvolle Folgen. Offiziere, die in der
Nacht in Lafontaines früherem Gefechtsstand Befehle einholen wollten,
fanden diesen verlassen vor „und schlossen daraus, daß sich die
55. Division zurückziehe. Darin sahen sie für sich ein Argument für die
Wahrung des eigenen Stolzes.[24]

General Ruby berichtet, daß Lafontaine in Chémery „in ein unvor-
stellbares Chaos geriet; der Flüchtlingsstrom zog ohne Unterlaß durch den
Ort; alle Staffeln der Division sammelten sich in dem Raum — Kampfeinheiten, Regimentsstäbe, Nachschubkolonnen, Fahrzeugparks ... alle
drängten, durch Nachzügler vermehrt, nach Süden; wie durch Zauberei
hatten ihre Offiziere natürlich alle einen geheimnisvollen Rückzugsbefehl
erhalten. Von der Militärpolizei errichtete Schranken wurden beiseite
gefegt."

Inmitten dieser Szenen der Auflösung, mit Hilfe von Telephonleitungen, die noch schlechter waren als in Bulson, versuchte Lafontaine,
einen Gegenangriff zu organisieren. Der Befehlshaber seiner wichtigsten
Reserveeinheit, Oberstleutnant Labarthe vom 213. Infanterieregiment,
murmelte unaufhörlich vor sich hin: „Surtout, pas de contre-attaque!"

Dann griff die Panik vom Abschnitt der 55. Division auch auf die
Front der Schwesterdivision, der 71., über, die, obwohl sie immer noch
langsam in Stellung ging, in den Kämpfen des Tages nur wenig gelitten
hatte. Grandsard hatte die ersten Meldungen der angeblichen Panzer bei
Chaumont und Bulson an General Baudet weitergegeben und ihn ersucht,
die nötigen Dispositionen zu treffen. Baudet zog sofort seinen frisch ein-
gerichteten Gefechtsstand um 5 bis 6 km zurück und nahm den Kommandeur der Divisionsartillerie mit. Das hatte Folgen für die verschiedenen
Batterien; da die Autorität fehlte, verschwanden die Bedienungen teilweise
in den Wäldern; sie wanderten die ganze Nacht umher und kehrten
(natürlich unvollständig) erst am Morgen zu den Geschützen zurück;
andere zerstörten auf imaginäre Befehle hin ihre Geschütze und zogen ab.
Es gab nur allzu wenige Batteriechefs — wie Major Benedetti vom
363. Regiment —, die ihre Geschütze buchstäblich mit der Hand gegen
den Flüchtlingsstrom nach vorn zogen.

An der Front der 71. Division waren „bereits drei von vier Gruppen
7,5er von ihren Bedienungen aufgegeben worden ... und vier von sechs
Gruppen der schweren Artillerie". Das waren die Geschütze, die den Über-

gang der Deutschen bei Wadelincourt durch ihr Flankenfeuer aufgehalten hatten. Falls die 71. Division am folgenden Tag angegriffen wurde, waren ihre Aussichten wohl kaum günstig.

Sedan: Der französische Gegenangriff

Die Resultate des ersten französischen Gegenstoßes gegen Rommels Brückenkopf bei Dinant kennen wir bereits. Was unternahm man aber, um Guderian bei Sedan zurückzuwerfen? Als Reserve hatte Grandsard das 4. und das 7. Panzerbataillon sowie das 205. und das 213. Infanterieregiment, letzteres unter Befehl des zaghaften Oberstleutnants Labarthe. Hinter ihnen trafen die mächtigen Einheiten der 3. Panzerdivision und der 3. motorisierten Division ein, die General Georges Huntziger unterstellt hatte. Grandsard hatte seine vier Reserveeinheiten Lafontaine zur Verfügung gestellt; am 14. um 1 Uhr 30 befahl ihnen Lafontaine, im Morgengrauen einen Zangenangriff durchzuführen. Wenn das Unternehmen wie geplant durchgeführt worden wäre, ehe noch Guderian seine Panzer auf dem Westufer hatte und ehe die Luftwaffe von neuem eingriff, hätte es gute Chancen auf Erfolg gehabt. Selbst wenn Guderians verwundbare Schützen nicht überrannt worden wären, wäre wenigstens wertvolle Zeit für Huntzigers Hauptstoß gewonnen worden.[25] Keine Einheit war jedoch rechtzeitig zum Angriff bereit. Oberstleutnant Labarthe konnte Lafontaine überzeugen, bei der unsicheren Moral des 213. Regiments sei es zu riskant, die Truppe in einem Nachtmarsch durch die vor Angst schreienden Resteinheiten, die von der Front zurückfluteten, nach vorn zu führen; beim 7. Panzerbataillon, das die Infanterie begleiten sollte, behauptete man, den Befehl nicht rechtzeitig erhalten zu haben, das (zur 71. Division gehörige) 205. Regiment wurde bei seinem Vormarsch durch Flüchtlinge auf Lastwagen aufgehalten, die schrien: „Infanteristen, geht nicht nach vorn. Die Boches sind da!"

Schließlich überbrachte ein Melder den Befehl, haltzumachen („Von wem kam dieser Gegenbefehl?" fragt General Ruby); das unterstützende 4. Panzerbataillon wurde von einem von Grandsards eigenen Stabsoffizieren davon benachrichtigt, daß in Chaumont Panzer seien. Es hielt die Nacht über an und erreichte die Infanterie des 205. Regiments erst am Morgen. Mit bewunderungswürdiger Zurückhaltung sagt Grandsard, „die Möglichkeit war zu groß, einen Befehl ‚auszulegen', statt ihn, wie empfangen, auszuführen; zu groß, ihn unter dem Vorwand eigener Initiative zu modifizieren, wenn man mit unbestätigten Gerüchten konfrontiert wurde". Statt also um 4 Uhr sollte Grandsards Gegenangriff erst drei Stunden später beginnen. Bis dahin hatte sich die gesamte Lage im deutschen Brückenkopf verändert. Im wesentlichen war es die gleiche Geschichte wie bei Dinant. Die französische Armee hatte die zweite große Gelegenheit dieses Feldzugs versäumt.

Bei Einbruch der Nacht bemerkte Oberstleutnant Balck in seinem Gefechtsstand bei Frènois, daß das französische Artilleriefeuer nachließ. Seine Schützen waren von den Anstrengungen des Tages hundemüde; er riß sie aber durch seine eigene Energie mit und brachte sie wieder auf die Beine. In einem Nachtmarsch von 8 km trieb er das müde Regiment nach Süden. Ohne Widerstand erreichte er im Morgengrauen Chéhéry und hatte damit in einem Ansatz die Tiefe des Brückenkopfes verdoppelt. An der linken Flanke ermöglichten es der Einbruch der Nacht und das abnehmende Flankenfeuer der 71. Division den liegengebliebenen Schützenbataillonen der 10. Panzerdivision, ebenfalls über die Maas zu gehen. Feldwebel Schulze, der von Bombenkrater zu Bombenkrater kroch, stellte fest, daß viele Bunker von ihren Besatzungen aufgegeben worden zu sein schienen. Die Divisionspioniere schlugen knapp südlich von Sedan eine Brücke für die 10. Panzerdivision. Im Abschnitt der 1. Panzerdivision, die bereits übergesetzt war, beobachtete Guderian besorgt den Brückenschlag bei Gaulier.

Der Regimentschronist von „Großdeutschland" bemerkt, daß „der Kampflärm fast aufgehört hat; nur gelegentlich fällt ein Schuß, sonst Stille; der Feind ist geschlagen. Kurz vor Mitternacht ist die Pontonbrücke fertig, und wir rollen langsam aufs andere Ufer, biegen scharf nach rechts und folgen der Straße längs der Maas einige tausend Meter weit bis zu dem kleinen Ort Villette. Ein kraterartiges Stuka-Bomben-Loch zwingt uns vom Weg herunter ... ringsum brennen Häuser ..."

Als die ersten Panzer in den Brückenkopf von Sedan rollten, war dieser etwa 5 km breit und dort, wo Balcks Regiment seinen Nachtmarsch beendet hatte, 6 bis 10 km tief. „Stolz und zufrieden mit dem, was ich gesehen hatte", kehrte Guderian in sein HQ in La Chapelle zurück, um die Befehle für den 14. vorzubereiten. Gleichzeitig sandte er ein Telegramm an General Busch, den Befehlshaber der 16. Armee, der bei der Besprechung in Hitlers Hauptquartier Guderian zugesagt hatte, er werde niemals über die Maas kommen.

Reinhardts Schwierigkeiten

Wenn die Resultate des 13. an beiden Flügeln von „Sichelschnitt" — bei Dinant und Sedan — (vom deutschen Standpunkt aus) wenig zu wünschen übrigließen, war das vom Zentrum schwerlich zu behaupten. Hier, bei Monthermé, steckte Reinhardts XLI. Panzerkorps böse fest und blieb noch zwei Tage lang in dieser Lage. Die Geschichte von Reinhardts Schwierigkeiten bietet interessante Vergleichsmöglichkeiten zu den leichten Erfolgen Rommels und Guderians, obwohl es wirklich nicht Reinhardts Schuld war. Das Gelände um Monthermé ist außerordentlich schwierig. Die Nachschubstraßen für Reinhardt waren durch die Nachschubkolonnen der 2. Panzerdivision schwer verstopft. Die Verteidiger befanden sich — anders als die Truppen auf Coraps Nordflügel bei Dinant, die nach einem 100-km-Marsch nach Belgien ihnen nicht vertraute Stellungen bezogen hatten — auf französischem Boden und hatten sich dort seit Kriegsbeginn eingegraben; im Gegensatz zu Huntzigers Truppen bei Sedan waren es auch keine B-Reservisten, sondern Aktive der 102. Festungsdivision. Die Luftwaffe, die sich auf Sedan konzentrierte, konnte Reinhardt verhältnismäßig wenig Unterstützung gewähren, gegen die wohlvorbereiteten Stellungen in dem dichtbewaldeten Gelände hatten die Bomben auch nur begrenzte Wirkung. Die Deutschen scheinen fast ebensoviel gelitten zu haben wie die Franzosen, als Stuka irrtümlich eine Abteilung der 6. Panzerdivision angriffen, mehrere Geschütze und Fahrzeuge vernichteten und elf Mann töteten. Anderseits hatte Corap, der die Lücke von Charleville - Mézières für den verwundbarsten Punkt des Abschnitts hielt, den größten Teil der verfügbaren Artillerie dort konzentriert und die Verteidigung von Monthermé der 42. Kolonial-MG-Halbbrigade, die zumeist aus Indochinesen bestand, überlassen. Am Morgen des 13. säuberten Vorausabteilungen von General Kempfs 6. Panzerdivision den Teil von Monthermé auf dem rechten Maasufer. Kempf selbst faßte seine Angriffspläne am Roche-à-Sept-Heures, einem berühmten Aussichtspunkt, der die Stadt beherrschend überschaut. Unter ihm fielen die Felsen aus schlüpfrigem Gestein und tückischem Geröll, von dichten Waldbändern unterbrochen, fast senkrecht 100 m zur Maas ab. Jenseits des Flusses ragte der Isthmus von Monthermé wie ein geschwollener Daumen zur Maas vor, eine ebenso beherrschende Höhe wie der Roche-à-Sept-Heures und eine glänzende natürliche Verteidigungsstellung. Die Trümmer der Maasbrücke konnte Kempf zu seinen Füßen sehen. Für einen größeren Flußübergang war der Platz nicht ideal, wenn Kempf auch von der Ähnlichkeit mit der Lahn angenehm überrascht war, wo die Division für „Sichelschnitt" ausgebildet worden war. Kempf bestimmte das 4. Schützenregiment für einen sofortigen Übersetzversuch und versammelte, wie Rommel bei Dinant, alle seine verfügbaren Panzer III und IV als Feuerschutz.

Mühsam kletterten, stolperten und glitten die Infanteristen mit ihren schweren MG, Granatwerfern und Munitionskisten den Steilhang hinunter, Steinlawinen rutschten weg, es gab schmerzliche Stürze. Das Tal war jedoch von einer Rauchwand erfüllt und das französische Feuer spärlich. Am Fluß selbst herrschte eine unangenehme Stille, die Schützen hörten das asthmatische Keuchen der Fußpumpen, mit denen die Schlauchboote aufgeblasen wurden. Drüben regte sich nichts. Als jedoch die erste Mannschaft mit dem Schlauchboot das Ufer erreichte, setzte verheerendes MG-Feuer ein. Mehrere Mann wurden verwundet, die andern ließen das Boot fallen und liefen in Deckung. Auch die nächste Bootsbesatzung wurde zusammengeschossen, in dem Rauch und der Verwirrung war es schwer, die feindlichen MG auszumachen. Endlich entdeckte man einen gut getarnten Bunker unter einem Terrassencafé, wo in besseren Zeiten Touristen gesessen und über die Maas geschaut hatten. Panzer beschossen das Café, im Schutz einer brennenden Kohlenbarke wurden weitere Sturmboote herangebracht. Die Panzer hatten den Bunker schnell zusammengeschossen, man sah aber auch, daß weiter flußaufwärts gestartete Boote von der Strömung gegen die Bogen der zerstörten Brücke abgetrieben worden waren und dort vom Feuer aus anderen Bunkern festgehalten wurden. Die Pioniere nützten diese Entdeckung schnell aus. Sie brachten Planken und andere Boote herbei und bauten einen wackeligen Steg, den sie an den Brückenpfeilern befestigten. Im Zwielicht setzten die Reste eines Schützenbataillons über die Brücke und errichteten um Mitternacht einen kleinen Brückenkopf auf der Montherméhalbinsel. Der französische Widerstand war aber damit keineswegs gebrochen. Kempfs Schützen mußten sich, ermüdet und nach schweren Verlusten, unter heftigem Feuer von den von den Franzosen besetzten Höhen eingraben, und es bestand nur wenig Aussicht, am Morgen die Panzer über die Maas zu bringen.

Holland — eine Frage von Stunden

Trotz dem immer drohender werdenden Anwachsen der Kämpfe an der Maas war die Lage in Nordbelgien und Holland am 13. sehr ernst geworden. Für die Holländer konnte das Ende nur noch eine Frage von Stunden sein. Die 9. Panzerdivision hämmerte sich zum Stadtrand von Rotterdam durch. Noch aber wehrten sich die Holländer, und am Abend gab der aufgebrachte General von Küchler (Befehlshaber der 18. Armee) seinen Streitkräften den Befehl, „den Widerstand in und bei Rotterdam mit allen Mitteln zu brechen". Inzwischen hatte sich General Girauds 7. Armee aus ihrer bedrohlichen Lage gerettet und auf die Scheldemündung zurückgezogen. Weiter südlich war die Hauptmasse der belgischen Armee hinter die Dyle-Linie zurückgewichen, und von der Front der BEF konnte Lord Gort nur wieder melden: „Während des Tages keine wichtigen Ereignisse."

General Prioux' Kavalleriekorps, das noch vor Blanchards 1. Armee stand, hatte die Hauptlast der Kämpfe in Nordbelgien zu tragen. Was am 12. Mai bloße Panzerscharmützel gewesen waren, hatte sich zu der ersten großen

Panzerschlacht des Feldzuges entwickelt. Von Stukas geschickt unterstützt, hämmerten die 3. und die 4. Panzerdivision auf Prioux' zwei leichte motorisierte Divisionen ein. Den ganzen Tag über hatte die Schlacht um Merdorp, ein Dorf westlich von Hanut (nahe bei Marlboroughs Schlachtfeld von Ramillies) getobt. Obwohl zeitgenössische deutsche Berichte nur geringe Panzerverluste zugeben, zeigt sich, daß sie anfänglich über die „unglaubliche Panzerung" der mittleren Somuas verwirrt waren, die die Treffer aller Pak — außer der schwersten — aushielten. Dann entdeckten die deutschen Panzerkommandanten eine Achillesferse, die französischen Geschütze feuerten dauernd zu kurz und auch langsamer als ihre eigenen. Die Deutschen fuhren also, wenn möglich, immer nahe heran. Ein deutscher Panzeroffizier sagte, „daß man aber noch einiges über die Taktik der französischen Panzer erfahren habe: sie waren wenig manövrierfähig und kämpften einzeln und in loser Formation. Sie können Stärke und Zahl nicht ausnützen". Im gesamten Feldzug sollten die französischen Panzer nie wieder unter so gleichen Bedingungen kämpfen wie bei Merdorp: sie fochten hartnäckig und mutig, aber zu oft in kleinen Gruppen, die häufig ausmanövriert wurden; am Ende des Tages behaupteten die deutschen Panzer das Feld. In der Nacht zog Prioux seine Panzer hinter die belgische Panzersperre bei Perwez zurück. Beide Parteien hatten schwere Verluste erlitten,[26] doch schienen die französischen Verluste weitreichendere Auswirkungen auf die strategische Lage gehabt zu haben.

Die Alliierten — Tränen und Unwissenheit

Als sich der ereignisreiche Pfingstmontag seinem Ende näherte, schien im französischen Oberkommando General Georges endlich zu der Erkenntnis gekommen zu sein, was an der oberen Maas auf dem Spiele stand. Schon am frühen Morgen, so erinnert sich Hauptmann Beaufre, habe er auf General Doumencs Lagekarte einen großen Pfeil gezeichnet, der zeigte, daß die Deutschen ihre Hauptanstrengung „nicht in Belgien", sondern auf der Achse Luxemburg-Mézières unternahmen. Er behauptet, Georges' *Deuxième Bureau* sei zu den gleichen Schlüssen gekommen, habe sie aber „wegen der Stärke unserer Stellung bei Sedan" wieder verworfen. Während des Tages eilten Melder mit einer Flut von Meldungen zwischen Doumencs GQG in Montry und dem Georges' in La Ferté hin und her. Spät am Abend wurde Beaufre dann von einem Anruf Georges' geweckt: „General Doumenc soll sofort kommen." Von Beaufre begleitet, traf Doumenc gegen 3 Uhr in La Ferté ein. Georges' Stab drängte sich in dem in einen Kartenraum verwandelten „grand salon" von Les Bondons. „Am Telephon wiederholt Major Navereau leise die Informationen, die er erhält. Die andern schweigen.

General Roton, der Stabschef, sitzt zusammengesunken in einem Lehnstuhl. Die Atmosphäre gleicht der einer Familie, die bei einem Mitglied der Familie Totenwache hält. Georges erhebt sich energisch und geht auf Doumenc zu. Er ist schrecklich bleich. ‚Unsere Front ist bei Sedan eingedrückt. Es hat Versager gegeben (*défaillances*)...‘ Er sinkt in einen Lehnstuhl und beginnt zu schluchzen. Es war das erstemal, daß ich einen Mann in einer Schlacht weinen sah. Ich sollte das leider noch oft sehen. Es hat mich schrecklich beeindruckt.“

Beaufre sagt, Doumenc habe sein Bestes getan, um den Oberbefehlshaber zu trösten. „Schauen wir uns die Karte an. Wir wollen sehen, was zu tun ist“, sagte er beruhigend.

Inzwischen hatten Gamelin und mit ihm die französische und die britische Regierung keine Ahnung von Georges’ Verfassung, der Mangel an Nachrichten schirmte sie gegen den vollen Ernst der Situation ab. Nach Georges’ erster Mitteilung von dem „ziemlich ernsten Nadelstich bei Sedan“ hatte Gamelin als neueste Meldung aus Sedan via Georges erfahren, daß die 2. Armee „standhalte“, mit dem stolzen Zusatz, „hier sind wir ruhig“. Baudouin, der Sekretär in Reynauds neuem Kriegskabinett, hatte nach drei vergeblichen Versuchen vom Verbindungsoffizier des Kabinetts im GQG am 13. gegen 18 Uhr erfahren, „unsere Vorhuten in den Ardennen sind heftig zurückgeworfen worden“. Aus den Tiefen seines Elfenbeinturms erließ Gamelin den folgenden, ziemlich nichtssagenden Tagesbefehl an die französischen Streitkräfte: „Wir müssen uns jetzt dem Ansturm der mechanisierten und motorisierten Kräfte des Feindes stellen. Die Stunde ist gekommen, in der Tiefe unserer Front in den Stellungen zu kämpfen,[27] die vom Oberkommando bestimmt werden. Niemand darf sich zurückziehen. Wenn der Feind örtlich durchbricht, muß er nicht nur abgeriegelt, sondern angegriffen und zurückgeworfen werden.“

In London schrieb der Chef des Empiregeneralstabs, Ironside, in sein Tagebuch: „Es gibt keine Anzeichen, daß die Deutschen bis jetzt etwas anderes getan haben, als ihre mechanisierten Kolonnen im Schutz einer intensiven Lufttätigkeit vorrücken zu lassen.“

13. KAPITEL

Die Festigung der Brückenköpfe
14. Mai

Im Raume südlich der Linie Lüttich-Namur haben unsere Truppen die Ardennen hinter sich gelassen und mit Anfängen die Maas zwischen Namur und Givet erreicht ... Unter dem Schutz von ununterbrochen angreifenden deutschen Kampf-, Stuka- und Zerstörerverbänden und deren niederschmetternder Wirkung gelang es, die Maas auch auf französischem Gebiet zu überschreiten.

Wehrmachtsbericht vom 14. Mai

Im allgemeinen kann gesagt werden, daß die Deutschen noch keine Gefechtsberührung mit der Hauptmasse der französischen und britischen Streitkräfte haben, abgesehen möglicherweise im Raum von Longwy, wo sie die unterirdischen Hügelfestungen der Maginotlinie angegriffen haben sollen.

„The Times", 15. Mai

Onhaye: Rommel greift an

Bei den Deutschen war der 14. Mai der Festigung der Brückenköpfe jenseits der Maas zur Vorbereitung des großen Panzerdurchbruchs nach Nordfrankreich gewidmet; die Franzosen bereiteten ihrerseits einen großen Gegenschlag gegen die zwei deutschen „Beulen" vor.

Bei Dinant schien der Tag für Rommel nicht unter den glänzendsten Auspizien zu beginnen. Dem — von der vergangenen Nacht auf den Morgen verschobenen — Angriff eines Bataillons motorisierter Dragoner (dem 14.) von General Bouchers 5. Division gelang die Einnahme des Dorfs Haut-la-Wastia und die Gefangennahme von etwa 40 von Rommels Kradschützen. Die Franzosen nützten ihren Vorteil aber nicht aus, sondern zogen sich auf eine von Corap festgelegte Linie zurück. Auf der anderen Seite des Brückenkopfs funkte Oberst von Bismarck, daß das 7. Schützenregiment im Schutze der Dunkelheit auf der Hauptstraße bis Onhaye, 5 km westwärts von Dinant, vorgestoßen sei. Es hatte feindliche Stellungen überrannt, stand aber im Kampf mit starken gegnerischen Kräften. Rommel eilte hierhin und dorthin, brachte seine Pak in Stellung und drängte seine Panzer, die, wie es schien, mit quälender Langsamkeit über die kaum fertiggestellte Pontonbrücke rollten. Plötzlich erhielt Rommel einen Funkspruch von Bismarck, daß sein Regiment „eingeschlossen sei". Rommel beschloß darauf, ihm „mit jedem verfügbaren Panzer zu Hilfe zu kommen".

Bis um 8 Uhr hatte sein 25. Panzerregiment unter Oberst Rothenburg genau 30 Panzer ans Westufer gebracht. Alle Panzer rückten hinter Bismarck auf, stießen aber auf keinen Gegner. Rommel: „Es stellte sich heraus, daß Bismarck ‚eingetroffen' und nicht ‚eingeschlossen' gefunkt hatte."

Mit fünf Panzern als bewegliche Feuerunterstützung führten Bismarcks Schützen jetzt einen Flankenangriff durch, um Onhaye von Westen zu nehmen. Von Dinant aus steigt die Hauptstraße steil nach Onhaye an, hat man Onhaye aber einmal passiert, steht man auf der Höhe; von hier aus erstreckt sich flaches, für Panzer ideal geeignetes Land westwärts nach Philippeville und weiter in die ungegliederte Ebene von Nordfrankreich. Die Wegnahme von Onhaye — sie war das Ziel einer Spezialübung, die Rommel in Bad Godesberg durchgeführt hatte — war daher für die Ausbruchsphase der 7. Panzerdivision von ausschlaggebender Bedeutung. Um die Aktion in der Hand zu behalten, stieg Rommel in einen Panzer III und fuhr dicht hinter Oberst Rothenburg. Diese für ihn charakteristische Kühnheit hätte beinahe seine Laufbahn beendet.

Als er sich dem Rand des Waldes von Onhaye näherte, „gerieten wir plötzlich in schweres Artillerie- und Pakfeuer aus Westen. Überall schlugen Granaten ein, und mein Panzer erhielt zwei Treffer, den ersten an den oberen Rand des Turms und den zweiten in das Periskop.

Der Fahrer fuhr sofort in das nächste Gebüsch. Er hatte aber erst wenige Meter zurückgelegt, als der Panzer einen steilen Hang am Westrand des Waldes hinunterglitt und auf die Seite gekippt stehenblieb, und zwar so, daß der Feind, dessen Geschütze etwa 500 m entfernt in Stellung waren, ihn sehen mußte. Die Granate, die am Periskop landete, hatte mich durch einen kleinen Splitter an der Wange verwundet, die stark blutete.

Ich versuchte, den Turm zu drehen, um das 3,7-cm-Geschütz auf den Feind zu richten, da unser Panzer aber zu stark geneigt war, erwies sich das als unmöglich.

Die französische Batterie eröffnete jetzt ein Schnellfeuer auf unseren Wald. Jeden Augenblick mußten wir gewärtig sein, daß unser Panzer, der voll zu sehen war, das Ziel sein würde. Ich beschloß daher, ihn so schnell wie möglich zu verlassen, und nahm die Besatzung mit. In dem Augenblick meldete sich der Kommandant der Begleitpanzer als schwer verwundet: ‚Herr General, mein linker Arm ist weggeschossen.' Während ringsum Granaten einschlugen und Splitter schwirrten, kletterten wir durch die Sandgrube hinauf."

Rommel sah erschrocken, daß „hinten aus Rothenburgs Panzer Flammen herausschossen".

„Der Adjutant des Panzerregiments hatte seinen Panzer ebenfalls verlassen. Ich dachte zuerst, der Kommandopanzer sei durch einen Treffer in den Tank in Brand geraten, und machte mir größte Sorgen um Oberst

Rothenburgs Sicherheit. Dann stellte sich aber heraus, daß nur die Rauchkerzen Feuer gefangen hatten, ihr Rauch kam uns jetzt gut zustatten. Einzig der Rauchschleier, den dieser Panzer unfreiwillig legte, hinderte den Feind daran, weitere Fahrzeuge zusammenzuschießen."

In der Zwischenzeit fuhr Rommels gepanzerter Kommandowagen in den Wald, wo er ebenfalls mit einem Schuß im Motor liegenblieb. Rommel kam durch, obwohl sein Biograph Desmond Young behauptet, daß er beinahe von französischer Kolonialinfanterie gefangengenommen worden wäre.[1] Dann ließ er die lästigen französischen Geschützstellungen durch Stukas liquidieren. Später holten seine Schützen einen mutigen französischen Artilleriekapitän aus dem Keller eines halbzerstörten Hauses, wo er „Rotwein trinkend und Zigaretten rauchend von einem Sofa aus" seiner Batterie Beobachtungen über die deutschen Kolonnen durchgab, die an seinem Versteck vorbeimarschierten. Seine Gefangennahme brachte die französischen Geschütze zwar nicht sofort zum Schweigen, ihr Feuer war aber jetzt nicht mehr gezielt. Wegen des Rückschlags am Morgen konnte Rommel sein wichtiges Aufmarschgebiet um Onhaye erst am Abend in Besitz nehmen.

Onhaye: Französische Gegenangriffe

Auf französischer Seite setzte man erst nach weiterem unangebrachtem Zaudern Reserven gegen Rommels Brückenkopf an. Die stärkste Figur, die General Georges ins Treffen bringen konnte — und eine der stärksten auf dem französischen Schachbrett überhaupt — war die 1. Panzerdivision. Von Gamelin ursprünglich für das Dyle-Unternehmen bestimmt, war sie am 11. zur Verfügung von Blanchards 1. Armee nach Charleroi gesandt worden, mit der besonderen Aufgabe, die Gembloux-Lücke zu decken. Die 1. Panzerdivision unter General Bruneau hatte im Gegensatz zu Rommels 228 nur 150 Panzer, die Hälfte bestand jedoch aus dem ausgezeichneten schweren „Modell B". Anderseits besaß sie keine gepanzerten Nachschubfahrzeuge und keine Nachrichteneinheiten; bei den mit Funk ausgerüsteten Panzern waren die Akkumulatoren zu schwach, um längere Zeit senden zu können. Die Furcht vor der Luftwaffe zwang die Division dazu, den Anmarsch nach Charleroi in den kurzen Mainächten durchzuführen; dieser hätte für 130 km in vier Etappen durchgeführt werden müssen.[2]

Wegen des schnellen deutschen Vormarsches sollte er auf zwei Etappen verkürzt werden, wobei eine im Tagmarsch zurückgelegt werden sollte; ein dritter Befehl schrieb dann eine einzige Etappe vor, was zu großer Verwirrung führte. Die Bombardierung der Eisenbahn verzögerte die Ankunft der Division um achtzehn Stunden; als Bruneau seinen Gefechtsstand in der Nacht des 12. in Lambusart (bei Charleroi) eingerichtet hatte, ersuchte ihn der örtliche Korpskommandeur, ihn gegen vermutliche Fallschirmjäger zu unterstützen. Bruneau lehnte klugerweise ab.

Den ganzen 13. hindurch blieb die 1. Panzerdivision untätig, knapp 40 km von der Stelle entfernt, wo Rommels Brückenkopf entstand. An diesem Tag hatte General Georges sie Corap versprochen, aber Billotte, den der Verlauf der wilden Panzerschlacht, in die Prioux' Kavallerie vor der empfindlichen Gembloux-Lücke verwickelt worden war, besorgt machte und der immer noch nicht glauben wollte, daß der deutsche Hauptstoß im Süden erfolgte, zögerte weiterhin. Erst am 13. um Mitternacht erhielt Bruneau erste Instruktionen, er solle einen Einsatz der 1. Panzerdivision im Süden zur Unterstützung von General Martins XI. Korps vorbereiten. Weitere zwölf Stunden wurden mit Stabsarbeit vertan, bis die Division am 14. um 13 Uhr Befehl erhielt, in den Raum von Florennes, 32 km weiter südlich, zu rücken. „Sie brauchte aber lange Zeit", schrieb Oberst Bardies, „ihre Stellung zu erreichen, denn die Straßen waren mit fliehenden Truppen und Zivilisten überfüllt ... Für die 32 km benötigte die Panzerdivision sieben Stunden. Der Treibstoff war knapp. Sie würde an diesem Tag nicht kämpfen können." Ein Bataillon verirrte sich, erst nach Mitternacht hatte Bruneau drei Panzerbataillone im Raum von Florennes versammelt. Irrtümlicherweise hatte er die Treibstoffwagen ans Ende der Divisionskolonne dirigiert, es erschien daher zweifelhaft, ob die 1. Panzerdivision am frühen Morgen des 15. zum Angriff bereit war.

Um diese Zeit hatte sich die Lage aber bereits radikal geändert. Wie anders wäre alles gewesen, hätte die Division Rommel am 13. angegriffen, als er nur seine Infanterie auf dem Westufer hatte, oder auch noch am Morgen des 14., als er bei Onhaye auf starken Widerstand stieß.

Die zweite größere Streitmacht, die Corap zum Gegenangriff auf Rommel zur Verfügung stand, war General Sancelmes 4. nordafrikanische Division, die in Reserve gewesen war. Als zähe, aktive Einheit, die aus Zuaven und algerischen „tirailleurs" bestand — viele ihrer Verwandten sollten 20 Jahre später gegen Frankreich kämpfen —, war sie die beste Division der 9. Armee[3] und hätte idealerweise in einem koordinierten Gegenangriff mit der 1. Panzerdivision eingesetzt werden müssen. Corap wies ihr jedoch sofort eine defensive Rolle zu, sie sollte die Linie bei Onhaye halten. Die Tirailleurs, die blendend fochten, hatten Rommel hier am Morgen des 14. aufgehalten, der defensive Ton von Coraps Befehl hatte jedoch auf seine schwer bedrängte 18. Division nicht ermutigend gewirkt. Die Meldungen vom linken Flügel, gegenüber Rommels ursprünglicher Übergangsstelle bei Houx, waren besonders schlecht. Hier war das Bataillon des 39. Regiments, das den Wald von Surinvaux im Morgengrauen angreifen sollte, zu früh, noch in der Nacht, hineingestolpert. Von Panzern unterstützt, trieben es die Deutschen am Morgen schnell zusammen. Tapfer kämpfend gingen auch die Reste des 66. Regiments unter. „Dann", sagt General Doumenc, „flutete die ganze Front zurück und versuchte ohne viel Erfolg, sich in der Linie Anthée-Sosoye zur Verteidigung einzurichten. Die Luftwaffe wütete erbarmungslos, Verbindungen rissen ab, Befehle konnten nicht weitergegeben werden, es wurde unmöglich, die Schlacht zu kontrollieren."

Corap in Schwierigkeiten

Was Corap an diesem Tag unternahm, war dieser Kontrolle auch nicht förderlich. Da sein HQ in Vervins zu weit vom Schlachtfeld entfernt war, hatte er es am Morgen zu General Martins Gefechtsstand in Florennes vorverlegt und den Rest des Tages dazu benützt, die einzelnen Divisionsgefechtsstände zu besuchen. Verbindungsoffiziere, die dringend Weisungen für die 1. Panzerdivision und die 4. nordafrikanische Division einholen wollten, fanden ihn nur mit Mühe. Was Corap an diesem Tag sah und erfuhr, deprimierte ihn tief. Zusätzlich zu Rommels Brückenkopf setzte eine deutsche Infanteriedivision bei Yvoir, nördlich von Dinant, über die Maas. Schlimmer noch, eine weitere Infanteriedivision hatte die südlichste (22.) Division von Martins Korps, die die Linie bei Givet hielt, teilweise überrannt. Wie es das Pech so haben wollte, war der Divisionskommandeur, General Hassler, im letzten Monat bei einem Autounfall verletzt worden und kehrte erst am 15. Mai zu seiner Division zurück. Hasslers Stabschef verlor den Kopf, er befahl der 22. Division, Givet aufzugeben und sich etwa 10 km hinter den Fluß zurückzuziehen. Wütend drohte ihm Corap mit einem Kriegsgericht und befahl ihm formell den Gegenangriff. Es war aber schon zu spät; wie Oberst Goutard bissig bemerkte, „war hier eine weitere Division, die sich beim ersten gegen sie geführten Schlag auflöste".

Überall fand Corap Anzeichen dafür, daß die Moral versagte, besonders aber bei den A-Reservisten der 18. Division, die bisher die härtesten Schläge von Rommel einzustecken gehabt hatten. Die Offiziere schienen zu schnell aufzugeben, Corap richtete daher eine Mahnung an die gesamte 9. Armee: „An bestimmten Punkten sind Fälle von *défaillance* vorgekommen . . . In diesem Augenblick, in dem das Schicksal Frankreichs auf dem Spiel steht, wird keine Schwäche geduldet. Auf allen Ebenen haben diese Führer die Pflicht, beispielgebend zu wirken und den Gehorsam, wenn nötig zu erzwingen. Erbarmungslose Strafen treffen alle Führer, die versagen."

Am Abend war es Rommel gelungen, Onhaye den Nordafrikanern zu entreißen. Um 19 Uhr gab General Martin, der sich um die erschütterte

Position seiner 18. und 22. Division und ihre schlechte Kampfmoral sorgte, dem gesamten Korps Befehl, sich hinter eine „Sperrlinie" zurückzuziehen, die durch Florennes verlief. Als die 13. Zuaven und das Reserveregiment der 4. nordafrikanischen Division am selben Abend an die Front rückten, sahen sie mit Erstaunen, daß sich General Martin und sein Stab in die entgegengesetzte Richtung bewegten. Als die Zuaven am 10. aus ihren Stellungen an der belgischen Grenze abgezogen wurden, waren sie wiederholt von deutschen Fliegern angegriffen worden; in der Nacht des 13. hatten sie das brennende Philippeville umgangen. Jetzt wurden sie, immer noch ohne den Feind gesehen zu haben, „in die Gräben beiderseits der Straße geworfen und blieben dort drei Stunden unbeweglich"; ohne etwas zu begreifen, sahen sie, „wie der Stab des XI. Korps sich, vom Strandgut der Kampftruppen begleitet, durch ihre Mitte zurückzog. Dicht auf ihren Fersen folgten Rothenburgs Panzer, die am 14. bei Anbruch der Nacht auf der Straße nach Philippeville bis Anthée vorgestoßen waren. Rommels Brückenkopf war jetzt überall 12 km tief — und das um einen Gesamtpreis von 3 Offizieren, 7 Unteroffizieren und 41 Mann, die an diesem Tag gefallen waren. Die Panzer Rommels und die Oberst Werners von der 5. Panzerdivision, die weiter zu seiner Verfügung standen, strömten trotz alliierter Luftangriffe auf die Pontons und immer schneller in den Brückenkopf. Alles war jetzt für die Ausbruchsphase bereit. Immer noch war Rommel Guderian um einen Sprung voraus.

Wohl den einzigen Trost, den Corap, der stattliche alte Kolonialsoldat, an diesem Tag von der Front erhielt, war der hartnäckige Widerstand der MG-Schützen der 102. Festungsdivision bei Monthermé, einer Kolonialtruppe. Hier hatte es General Kempfs 6. Panzerdivision nicht leicht. In den frühen Morgenstunden hatte gezieltes französisches Artilleriefeuer den Fußsteg zerstört. Die Schützen, die sich an das Westufer des Isthmus von Monthermé klammerten, wurden wiederholt angegriffen, erschwert wurde ihre Lage auch durch das Ausbleiben der schweren Divisionsartillerie, die noch in den Ardennen steckte. Unter schweren Verlusten konnten Oberst von Ravensteins Schützen am Morgen auf die Höhe 325 vorstoßen. Gegen Mittag mußte Kempf seinem Korpskommandeur Reinhardt jedoch melden, daß er an diesem Tag wenig Möglichkeiten für weitere Fortschritte sehe. Eine schwere Pontonbrücke zu bauen, um die Panzer hinüberzubringen, kam jedenfalls nicht in Frage. Das französische Artilleriefeuer dauerte den ganzen Tag und die Nacht über an. Die wenigen schweren Waffen, die den Verteidigern zur Verfügung standen, waren langsam feuernde, „lange 15,5er", die mit ihrer flachen Flugbahn die Deutschen an den Steilhängen des Monthermé-Isthmus nur schwer treffen konnten. Um sie zu unterstützen, schickte Corap eine Gruppe sechzig Jahre alter 22-cm-Haubitzen. Um Mitternacht wurden sie von dem Kommandeur der 42. Halbbrigade —

von ihrer Bedienung vermutlich nach einem deutschen Luftangriff verlassen — auf der Straße gefunden. Am selben Abend wurde ein einzelnes 4,7-cm-Pakgeschütz ebenfalls nach Monthermé geschickt; General Menu zufolge wurde es am folgenden Tag ebenfalls vom Feind gefunden, seine Bedienung hatte es aufgegeben, ohne einen einzigen Schuß abgefeuert zu haben.

Deutsche Infanterie erreicht die Maas

Trotz der andauernden Verkehrsstauungen in den Ardennen hatten die ersten von Rundstedts Infanteriedivisionen, die als „Wattierung" der Panzerdurchbruchskorridore eine so wichtige Rolle spielen sollten, die Maas erreicht. Am 14. gingen drei zu beiden Seiten von Rommels Brückenkopf über den Fluß, während sich zwei Divisionen von General Haases III. Korps,[4] die 3. und die 23., sich bis zur Maas bei Nouzonville, zwischen Manthermé und Charleville-Mézières, durchkämpften. Einer der Offiziere der 23. Division war Axel von dem Bussche, ein 21jähriger Berufssoldat, der später an verschiedenen Attentatsplänen gegen Hitler teilnahm. Bisher war der Marsch durch die Ardennen wie ein Picknickausflug gewesen; bis der Kommandeur sie wegen unsoldatischen Verhaltens getadelt hatte, hatten die Männer ihre Waffen in requirierten Kinderwagen mitgefahren. Als sich von dem Bussche dann auf die Maas zukämpfte und eine Handgranate in eine französische Stellung werfen wollte, sah er einen erschreckten Annamiten, der ganz aus der Nähe auf ihn zielte. Die Kugel riß von dem Bussche den Daumen weg — der Feldzug war für ihn zu Ende.

Leutnant Karl-Heinz Mende von den Pionieren hatte bisher ebenfalls noch keinen scharfen Schuß erlebt. Gelegentlich hatte man aus der Ferne Feuer gehört, das war aber auch alles gewesen. Dann aber wurde Mendes Einheit in ein Inferno geworfen. Trotz wiederholten Stukaangriffen bei Nouzonville wehrte sich die französische 102. Festungsdivision hartnäckig in gut getarnten Stellungen. Erst beim dritten Versuch kam die Division über den Fluß. Später schrieb Mende nachdenklich über diese seine erste Konfrontation mit dem Krieg: „Wir haben es hinter uns — nach allem, was ich erlebt habe, weiß ich nicht, ob ich ärmer oder reicher geworden bin und ob das Erleben solcher Dinge der wahre neue Wert dieses Feldzugs ist. Ich weiß nur eines — und ich habe diese Überzeugung auch bei tapferen Kameraden gefunden: das schlimmste in der Schlacht ist nicht die Gefahr, die einem vor den Augen brennt, das schlimmste ist die Nervosität wegen des Erfolgs."

Nachdem der Übergang gelungen war: „Ich kann nicht sagen, ob wir besorgt oder unsicher waren, wir hatten einfach kein Gefühl mehr. Und nur wenn vor uns ein Infanterist getroffen zusammenbrach oder ein toter Kamerad in der Nähe lag, erwachte ein Stück des alten Gefühls, und wir dachten eine Sekunde daran, wie gefährlich das alles war und daß wir letzten Endes doch Menschen aus Fleisch und Blut waren."

Am Abend des 14. Mai waren es jedoch nicht die Maasübergänge bei Monthermé und Nouzonville, die Coraps rechte Flanke am meisten gefährdeten, sondern die veränderte Richtung von Guderians Stoß. Um das zu untersuchen, müssen wir nach Sedan zurückkehren.

Die Franzosen: ein Opfergang

Einen Hinweis darauf, wie planmäßig „Sichelschnitt" verlief, geben Guderians kurze Befehle für den 14. „Die Divisionen werden ihre Ziele gemäß der Planübung nehmen." Im Morgengrauen waren bereits zahlreiche Panzer der 1. Panzerdivision über Leutnant Grubnaus Brücke gerollt. „Die Konzentration von Fahrzeugen am Ostufer war so gewaltig, daß nichts in der entgegengesetzten Richtung fahren konnte. Die Kleiderfabrik war in ein Feldlazarett umgewandelt worden, in dem alle deutschen und zusätzlich 200 französische Verwundete versorgt wurden. Die Panzer der 1. Division fuhren sofort nach Chéhéry (wo Balck gefährdet war) und Bulson, also auf den gleichen Achsen, auf denen General Lafontaines zwei Gruppen zum Gegenangriff vorrückten. Der erste Frontalzusammenstoß zwischen den Panzern Guderians und den französischen Panzern stand unmittelbar bevor. Die zwei Gruppen waren aber unfähig, ihren Angriff zu koordinieren. Die rechte Gruppe (bestehend aus dem 4. Panzerbataillon und dem 205. Infanterieregiment von der 71. Division) war noch nicht zum Handeln bereit. So gingen nur das 7. Panzerbataillon und Labarthes 213. Infanterieregiment bruchstückweise in den Kampf. Besorgt über die Kampfmoral seines Regiments bat Labarthe, in den Ortschaften Chémery und Maisoncelle eine Verteidigungsstellung beziehen zu dürfen. Das wurde aber von Lafontaine (und Grandsard) abgelehnt, und so griff er schließlich um 7 Uhr an, er murmelte: „C'est une mission de sacrifice!" Das 213. Regiment verfügte über keine Pak, die Artillerieunterstützung war zweifelhaft, und das 7. Panzerbataillon war nur mit dem leichten Infanteriemodell FCM (mit einem veralteten 3,7-cm-Geschütz von geringer Durchschlagskraft) ausgestattet. Trotzdem begann die Schlacht für die französischen Panzer günstig genug. In der Nähe von Chéhéry stießen sie auf Fahrzeuge der 1. Panzerdivision, die eben auftankten. In einem wilden Gefecht auf kurze Entfernung wurden die zwei vordersten deutschen Panzer zusammengeschossen und der Kommandeur der 1. Panzerbrigade, Oberst Keltsch, schwer verwundet. Selbst die Deutschen geben zu, daß es für sie ein häßlicher

Moment war. Man ist verleitet, sich vorzustellen, welchen Schaden das 4. und das 7. Panzerbataillon bei Balcks Infanterie hätten anrichten können, wenn ihr Angriff nur einige Stunden früher erfolgt wäre. Mit jener Mischung von Optimismus und schlechter Information, die beim französischen Oberkommando immer noch vorherrschte, meldete General Georges Gamelin eine halbe Stunde später, „daß die Bresche bei Sedan unter Kontrolle gebracht und ein Gegenangriff mit starken Kräften seit 4 Uhr 30 im Gange ist". Wenig später wandte sich das Schicksal der Schlacht bereits gegen das 7. Panzerbataillon. Mit höchstem Mut warf sich ein Sturmpionierbataillon gegen die französischen Panzer, die Pioniere schleuderten Hohlladungen zwischen die Ketten und unter die Motorenkasten; während des Angriffs fiel ihr Kommandeur, Oberstleutnant Mahler. Die französischen Panzer schienen zu zögern, ihren Vorteil auszunützen. Wie in der Panzerschlacht in Nordbelgien wurden sie von ihren Kommandanten nur langsam und ungeschickt geführt. Während die wenigen deutschen Paks und zwei 8,8-Geschütze, die die Gefechtslinie erreicht hatten, die Franzosen in Schach hielten, bereitete die 1. Panzerdivision mit üblicher Schnelligkeit einen zerschmetternden Gegenschlag vor. Gegen 8 Uhr 30 schlug eine Panzermasse in Raum Connage (zwischen Chéhéry und Chémery) zu und erledigte elf von fünfzehn FCM. Ein ähnliches Schicksal ereilte die französische Panzerkompanie, die sich auf der beherrschenden Höhe von Bulson entfaltet hatte. Jetzt konnte man in Wahrheit sagen: „Die Panzer sind in Bulson!" Die Franzosen taumelten zurück; auf dem gleichen Gelände, wo sich 1870 die französischen Kürassiere in der Schlacht bei Sedan geopfert hatten, hatten sie mehr als die Hälfte ihrer Kampffahrzeuge verloren.

Ein „linker deutscher Panzerhaken" traf dann von Chémery aus die ungeschützte Flanke des 213. Infanterieregiments, dessen zaudernder Kommandeur, Labarthe, verwundet in Gefangenschaft fiel. Die zerbrochenen Reste seines Regiments fluteten zu der zweiten Linie der 55. Division bei Mont-Dieu zurück.

Etwa um 21 Uhr 30 erfuhr General Lafontaine vom Fehlschlag seines Gegenangriffs. Unter den gegebenen Umständen hielt er es für sinnlos, nun auch noch seine rechte Kampfgruppe einzusetzen. Statt dessen befahl er den Rückzug hinter Raucourt, das 4. Panzerbataillon zerstreute sich, ohne eingesetzt worden zu sein. „Das", so sagt General Ruby, „bedeutete das Ende der 55. Division."

Drei Stunden später meldete sich Lafontaine erschöpft und traurig mit seinem Stab in Grandsards Korps-HQ. Zwei Tage später wurde er offiziell des Kommandos einer Division enthoben, die nicht mehr existierte.

Obwohl sie noch nicht angegriffen wurde, sollte die 71. Division ihre Schwesterdivision nicht lange überleben. Der arme General Baudet war krank und für die Pensionierung überreif. Grandsard hatte ihm erst am vergangenen Morgen gesagt, daß der Feind unmöglich in voller Stärke angreifen könne; nun war Baudet die ganze Nacht wie betäubt von seinem Gefechtsstand zu dem seines rechten Nachbarn, der 3. nordafrikanischen Division, sowie zu Grandsards HQ gewandert. Während der Nacht verlegte er sein HQ von Raucourt nach La Bagnolle zurück und am Morgen noch einmal nach Sommauthe, 11 km südlich. So hatte er in dem Augenblick, da die 10. Panzerdivision von Pont Maugis und Thélonne her zu drücken begann und grimmige Berichte über das Schicksal der 55. Division eingingen, jede Verbindung mit seinen Truppen verloren. Man schrie: „Panzer von hinten und links!" General Menu berichtet: „Der Schrei hallte von Gruppe zu Gruppe, von Abschnitt zu Abschnitt, Gewehr- und MG-Schützen standen auf und flohen, bei ihrer Flucht rissen sie auch jene Artilleristen mit, die ihnen noch nicht zuvorgekommen waren, alles war vermischt mit Elementen aus dem Nachbarabschnitt. Um 14 Uhr war niemand mehr in Stellung."

Bis auf ihr 205. Regiment, das — für Lafontaines fehlgeschlagenen Angriff bestimmt — noch tapfer um Raucourt aushielt, hatte die 71. Division zu bestehen aufgehört. Am Abend des 14. hatte sie sich nach den beißenden Worten General Rubys „angesichts der bloßen Drohung des Feindes buchstäblich aufgelöst". Auch Baudets Kopf fiel, zusammen mit dem Lafontaines, „in den Korb".

Die ansteckende Furcht scheint sich am Morgen des 14. auch bis zu Grandsards X. Korps ausgebreitet zu haben. Der Nachrichtenchef des Korps, der (laut Grandsard) „seit dem vergangenen Tag eine bedauerliche Erregung und Nervosität zeigte", hatte die HQ-Telephonzentrale ohne Befehl geräumt. „Als ich gegen Mittag die Armee wieder anrufen wollte, antwortete die Zentrale nicht mehr. Als ich hinging, mußte ich feststellen, daß sie völlig ausgebaut war!" Bei Einbruch der Nacht war Grandsards Kommando nichts als eine leere Hülse. Von der Korpsartillerie waren ihm nur ein 10,5- und ein 15,5-cm-Geschütz geblieben, die in Reparatur gewesen waren; seine einzige intakte Division, die 3. nordafrikanische, war von Huntziger dem XVIII. Korps unterstellt worden.

Die restlichen Trümmer des X. Korps wurden General Flavigny, dem Kommandeur des neu aufgestellten XXI. Korps, zur Verfügung gestellt, der mit der 3. Panzerdivision und der 3. motorisierten Division auf die „Beule von Sedan" zuhastete. Damit verschwinden Grandsards X. Korps und seine unglücklichen B-Divisionen aus der Geschichte, sie wurden durch eine wahre Flut neuer Namen und neuer Einheiten ersetzt.

Am Morgen des 14. erreichten Feldwebel Schulze und die Schützen der 10. Panzerdivision, die einen schweren Maasübergang hinter sich hatten, die Höhen hinter Thélonne, die die 55. Division verteidigt hatte: „Wir fanden ihre Artilleriestellungen, wie sie sie bei der Flucht verlassen hatten. Einige Geschütze waren noch geladen. Der Feind hatte nicht die Zeit gehabt, die Waffen unbrauchbar zu machen." Die deutschen Befehlshaber erkannten sofort, daß hier ein großes Loch in der französischen Verteidigung klaffte. Am Morgen war Guderian über die Maas und vorbei an Tausenden französischen Gefangenen zur Front des Brückenkopfs gefahren, er war zugegen, als General Kirchner die Befehle zur Abwehr der französischen Panzerangriffe gab. Bald nachdem er Kirchner verlassen hatte, wurde die Panzerkonzentration der deutschen 1. Panzerdivision — sehr wirkungsvoll — von Stukas angegriffen, die nicht ahnten, daß eigene Truppen so weit vorgedrungen waren. Die Luftwaffe hatte inzwischen hektische Transportbewegungen von Metz, Soissons und Verdun in Richtung auf Sedan gemeldet, obwohl das Bahn- und Straßennetz heftig bombardiert worden war. Man schloß daraus, daß „der Antransport der französischen Armeereserven begonnen hatte".[5] Wieder an der Maas angelangt, schickte Guderian die Panzerbrigade der 2. Panzerdivision unmittelbar hinter der 1. her, um dem französischen Gegenstoß entgegentreten zu können. Die Hauptaufgabe von „Großdeutschland" und der 1. Panzerdivision mußte es also sein, die Höhen bei Stonne zu halten, die den Sedanbrückenkopf beherrschten. Am frühen Nachmittag machten dann der Zusammenbruch von Lafontaines Gegenangriff und das Ausbleiben einer weiteren Drohung Guderian die Schwäche der französischen Position klar. Wieder kehrte er zur 1. Panzerdivision zurück und stellte General Kirchner eine höchst wichtige Frage: „Ich fragte ihn, ob seine ganze Division nach Westen gedreht werden könne und ob eine Flankensicherung zurückgelassen werden müsse, die am Ostufer des Ardennenkanals nach Süden schaute."

Kirchners Stabschef, Major Wenck, antwortete sofort mit Guderians Lieblingswort: „Klotzen, nicht kleckern". „Das", so sagt Guderian, „beantwortete meine Frage." Sofort erteilte er der 1. und 2. Panzerdivision Befehl, „mit allen Kräften die Richtung zu ändern, den Ardennenkanal zu überschreiten und mit dem Ziel, die französische Verteidigung völlig zu durchbrechen, in Richtung Westen zu stoßen". Kirchner gegenüber ergänzte er den Befehl mit den dramatischen Worten: „Für den rechten Flügel — Straßenkarte Rethel." Auf dem Rückweg zum Korps-HQ, um dort die Befehle für den 15. aufzusetzen, hielt Guderian auf den Höhen von Donchery. „Als ich mir das Gelände ansah, kam mir der Erfolg unseres Angriffes wie ein Wunder vor."

Guderians Befehl war das vielleicht bedeutendste Ereignis des bisherigen Feldzugs, er leitete die dritte, entscheidende Phase ein. Die erste war der gefährliche Ardennenmarsch mit der Ablenkung durch den „Matadorenmantel" im Norden gewesen, die zweite der Übergang über die Maas und die Festigung des Brückenkopfs. Indem Guderian jetzt nach Westen drehte, war er für das Rennen zum Kanal bereit, das die alliierten Armeen in der Mitte durchschneiden sollte. Die Schlacht von Sedan war geschlagen, die Schlacht um Frankreich begann.

Indem er nun rechts über den Ardennenkanal schlug — der die Nahtstelle zwischen der französischen 2. und der 9. Armee bildete —, veränderte er auch die unmittelbare taktische Situation ernstlich zum Nachteil seiner Gegner. Er drehte dem angeschlagenen Huntziger den Rücken zu und schlug jetzt gegen die Südflanke von Coraps 9. Armee, die dort, wo sie Rommel gegenüberstand, bereits in Unordnung geraten war. Guderian ging zweifellos ein kolossales Risiko ein, als er seine Südflanke einem starken Gegenangriff der Kräfte aussetzte, vor denen der Nachrichtendienst bereits gewarnt hatte. Diese Flanke, deren Schlüsselpunkt Stonne war, wurde nur durch „Großdeutschland" und die 10. Panzerdivision geschützt. „Großdeutschland" hatte bereits erheblich gelitten; es würde zudem einige Zeit dauern, ehe die Panzer der 10. Panzerdivision wirksam eingreifen konnten. Würden sie halten können, bis die Infanterieverstärkungen eintrafen, die immer noch durch die Ardennen marschierten? Guderian hatte zudem noch eine zweite große Befürchtung: daß es den alliierten Luftstreitkräften gelingen könnte, die Pontonbrücken über die Maas zu zerstören, diese dünnen Versorgungsstränge, von denen alles abhing.

Die Alliierten bombardieren Sedan

Am 14. gegen Mittag war Rundstedt, der Befehlshaber der Heeresgruppe, in Sedan angekommen, um die Lage an Ort und Stelle zu studieren. Guderian berichtete ihm „mitten auf der Brücke während eines Luftangriffs. Rundstedt fragte trocken: ‚Ist es hier immer so?' Ich konnte mit gutem Gewissen bejahen".

Am 14. und 15. griffen die Franzosen und Briten die Brücken von Sedan mit einer Verwegenheit an, die selbst die deutschen Flakkanoniere beeindruckte. Die Nachricht von Rommels und Guderians gelungenem Übergang hatte Luftmarschall Barratt in der Nacht des 13. Mai erreicht. Barratt hatte daraufhin, obwohl er bereits ein Viertel seiner Bomber verloren hatte, die AASF alarmiert, am nächsten Tag zu vollem Einsatz bereit zu sein, gleichzeitig aber auch Rückzugspläne vorbereitet. Kurz nach Tagesanbruch starteten zehn Battles der Staffeln 103 und 150 in zwei gesonderten Aufträgen nach Sedan. Da sie die deutsche Flak im Morgennebel überraschten und auf keine Me 109 stießen, kehrten sie ohne Verluste zurück, richteten mit ihren leichten Bomben aber nur geringen Schaden an den Pontonbrücken an, die schnell behoben wurden. Barratt wollte dann zu Rommels Brücken bei Dinant überwechseln, nach dem Fehlschlag von Lafontaines Gegenangriffen richtete Billotte jedoch eine dringende „Sieg-oder-Untergang-Bitte" an ihn, alle verfügbaren alliierten Bomber gegen Sedan einzusetzen. Am Vormittag war dann die französische Luftwaffe an der Reihe, die aber nur die lächerliche Gesamtzahl von 28 Bombern zusammenscharren konnte. Zuerst griffen alle acht Bréguets der Groupe d'Assaut 18, von Jägern begleitet, Truppenkonzentrationen am Westufer an. Wegen der verheerenden Verluste bei Tiefangriffen flogen sie in einer Höhe von mehr als 750 Meter. Das verwirrte zwar die deutschen Flakkanoniere, schadete aber auch der Genauigkeit der Bombenabwürfe. Fünf Bréguets wurden getroffen, aber nur einer stürzte — hinter den französischen Linien — ab.

Kurz nach Mittag griffen 13 alte Amiots und 6 Léos den Stadtrand von Sedan an. Fünf Bomber wurden abgeschossen. Am Abend des 14. hatte die Groupe I/12 nur noch eine einsatzfähige Maschine; das französische Luftkommando stellte die Operationen für diesen Tag ein.

Am Nachmittag kam wieder Barratts AASF mit allen verfügbaren Blenheims und Battles. Wie die Franzosen machten auch die Briten den Fehler, in kleinen Rudeln anzugreifen; zudem hatte sich schon im Norden gezeigt, daß die langsamen und schwach bewaffneten Battles für die Bodenflak und die Me 109 allzu verwundbar waren.[6] Die deutsche Abwehr war jetzt gründlich vorbereitet. Gegen den an sich imposanten Jagdschutz von 250 alliierten Jägern setzten Loerzer und Richthofen 814 Jäger ein. Die deutschen Flieger nannten es einen „Jägertag". In Wahrheit gehörte der Tag aber mindestens ebensosehr Guderians leichter Flak. Guderian hatte in brillanter Organisation seine Flakbatterien aus den Kolonnen herausgeholt, die sich noch durch die Ardennen wanden, und sie in imposanter Konzentration von Feuerkraft rings um die Pontonbrücken aufgebaut. Hauptmann von Kielmannsegg beobachtete die Vorgänge nahe der Brücke der 1. Panzerdivision bei Gaulier: „Ein strahlend blauer Himmel spannt sich über der Sommerlandschaft mit dem ruhig strömenden Fluß — aber sie ist von Kriegslärm erfüllt. Stundenlang mischen sich die dumpfen Explosionen der Bomben, das schnelle Tak-tak der MG und das verschiedenartige Krachen der diversen Flakkaliber mit dem Dröhnen der Flugzeugmotoren und dem Lärm der Divisionen, die ungehindert über die Brücken ziehen. Die Flaksoldaten bedienen ihre Geschütze mit aufgerollten Ärmeln und schweißbedeckt, sie erledigen ihre Aufgabe fast mit sportlichem Ehrgeiz ... Wieder und wieder kracht ein feindliches Flugzeug, eine lange schwarze Rauchfahne hinter sich ziehend, aus dem Himmel, die Rauchfahne bleibt nach der Explosion eine Weile senkrecht in der warmen Luft stehen. Gelegentlich lösen sich ein oder zwei weiße Fallschirme aus den stürzenden Maschinen und treiben langsam herunter. In der kurzen Zeit, die ich an der Brücke war — kaum eine Stunde —, wurden allein elf Flugzeuge heruntergeholt."

Für die RAF war die Maas an diesem Tag eine unvorstellbare Hölle, ein „Tal des Todes", aus dem nur wenige zurückkehrten. Das Ziel, das sie treffen sollten, war bloß 60 m lang und einige Meter breit — aber die hoffnungslos unterlegenen Battles griffen, wie auch die Deutschen zugaben, „mit unglaublichem Mut" an. Staffel 12, das „Schmutzige Dutzend", die schon bei Maastricht schwer gelitten hatte, verlor vier der ihr noch gebliebenen fünf Maschinen. Von 71 eingesetzten Bombern kamen 40 nicht zurück. Die offizielle Geschichte der RAF bemerkt dazu: „Nie hat die RAF bei einem Unternehmen ähnlichen Ausmaßes größere Verluste erlitten."

Am Abend setzten 28 Blenheims vom Bomberkommando die Angriffe fort und verloren ein Viertel ihrer Maschinen. Die Deutschen behaupteten später, 200 alliierte Maschinen, Bomber und Jäger, abgeschossen zu haben; Guderians Flak — ihr Kommandeur, Oberst von Hippel, erhielt dafür das Ritterkreuz — soll allein 112 Maschinen abgeschossen haben. Das war sicher übertrieben,[7] aber die Verluste waren hoch genug, um dem alliierten taktischen Bomberpotential das Rückgrat zu brechen. Auch die deutsche Luftwaffe hatte schwere Verluste erlitten, zwei ihrer bekanntesten Führer, Generalmajor von Stutterheim und Oberst Schwartzkopf, das Stuka-As, waren gefallen. Die pausenlosen Bombenangriffe hatten die deutschen Nerven sichtlich strapaziert; im Kriegstagebuch des XIX. Panzerkorps heißt es: „Die Vollendung der Brücke bei Donchery wurde wegen des flankierenden Artilleriefeuers und lang anhaltender Bombenangriffe auf die Stellen des Brückenschlags noch nicht vollendet. Unser Jagdschutz ist unzureichend." Die Brücken wurden aber nicht zerstört, Guderians Panzer- und Nachschubtransporte über die Maas wurden verzögert, aber nicht aufgehalten. Es war schon wirklich ein groteskes Wunschdenken, wenn Georges am Abend Barratt informierte, die Luftangriffe hätten es Huntziger ermöglicht, den Brückenkopf „unter Kontrolle zu halten", am nächsten Tag würde sich das „Zentrum des Interesses Dinant zuwenden". Der schwarze Tag von Sedan bezeichnete jedenfalls die absolute Höchstleistung der alliierten Bomberkräfte, diese Anstrengung konnte nie mehr wiederholt werden — und dabei hatte sie ihr Ziel nicht erreicht.

Das heroische Opfer von Barratts Geschwadern hatte jedenfalls den Schwung der entscheidenden Rechtsdrehung der 1. und 2. Panzerdivision nicht bremsen können. Am Morgen, noch ehe Guderians schicksalhafte Entscheidung fiel, hatte der energische Oberst Balck gegen leichten Widerstand bereits einen Übergang über den Bar und den parallel verlaufenden Ardennenkanal erzwungen. Bis zur Mündung in die Maas ist das Tal des Bar sehr breit und offen und bietet keine solchen natürlichen Hindernisse wie etwa die von den Franzosen bereits verlorenen Marféehöhen. Der Fluß selbst ist nicht mehr als das, was man in Frankreich manchmal ein „pipi du chat" nennt, zumeist nur neun Meter breit; die Brücken scheinen nicht zerstört worden zu sein. Westwärts des Bar geht die Landschaft schnell in die monotone Ebene Nordfrankreichs über, die sich bis zum Kanal erstreckt. Das nächste ernstliche Hindernis bildet erst wieder die Oise, kurz vor St-Quentin. Die Panzer der 1. und 2. Panzerdivision stießen schnell über die Barübergänge, die Balcks Schützen genommen hatten. Kurz nach Mittag erfolgte ein dritter französischer Panzerangriff gegen die 1. Panzerdivision, die ihre Panzer direkt in der Feuerlinie mit Munition versorgen mußte. Um 15 Uhr ließ der französische Widerstand südwestlich des Bar merklich nach. Zumindest in dieser Richtung schien Guderians kühne Rechtsschwenkung bisher gerechtfertigt zu sein.

Französische Verstärkung nach Sedan

Die Kräfte, die Huntziger in der Nacht des 13. zum Bar geschickt hatte, bestanden aus der 5. leichten Kavalleriedivision und der 1. Kavalleriebrigade — beide unter dem Befehl von General Chanoine — und waren bei den ersten Gefechten in den Ardennen ziemlich angeschlagen worden. An die Nahtstelle zwischen der 2. und der 9. Armee hatte Corap Oberst Marcs 3. Spahibrigade, die sich so überstürzt von der Semois zurückgezogen hatte, und die 53. Division entsandt. Als Folge einer Reihe von typischen Gegenbefehlen, durch die die 53. Division die ganze Nacht im Kreis herumgehetzt worden war, waren am Morgen nur die Spahis und Chanoines Gruppe in Stellung: und sie traf die volle Wucht von Guderians Rechtsschwenkung.

Unter dem Befehl von General Etchberrigaray stehend, war die 53. die dritte der B-Divisionen, die verhängnisvollerweise zur Zeit des deutschen Angriffs im Raum Sedan postiert waren. Im Winter hatte sie im Norden Befestigungen gebaut und im Vorfrühling auf Bauernhöfen um Paris gearbeitet. Als Coraps Reserve für seinen rechten Flügel war die 53. am 12. Mai zu General Libauds XLI. Korps zwischen Mézières und dem Bar befohlen worden. Am 13. um 21 Uhr warnte Corap Libaud, die Verbindung mit der 2. Armee sei verlorengegangen, deshalb sollte die 53. Division an den Bar vorrücken und ihn gegen Osten halten. Eine dreiviertel Stunde später, als die 53. Division bereits unterwegs war, erhielt Libaud eine weitere Weisung Coraps (der Grund ist nicht klar), die Situation sei weniger kritisch geworden, die 53. Division solle daher wieder Stellung gegen Norden beziehen, das heißt, zur Unterstützung der 9. Armee in Erwartung eines über Mézières drohenden Stoßes. Um 22 Uhr 30 leitete Libaud den Befehl an General Etchberrigaray weiter, unterwegs erhielt der Verbindungsoffizier jedoch einen weiteren Gegenbefehl direkt von Corap, die Division solle doch wieder längs des Bar in Stellung gehen. Um die Verwirrung noch zu erhöhen, stieß die Division auf die Flüchtlinge, die in der Nacht des 13. auch schon anderen Verstärkungen begegnet waren.

General Doumenc: „Teile unserer eigenen Artillerie kamen mit ihren Lastwagen, aber ohne Geschütze, vorbei. Ihre Offiziere erklärten, vor ihnen sei keine Infanterie mehr, die Deutschen hätten die Maas bei Donchery überschritten und stünden bereits am Ardennenkanal."

In der nächtlichen Verwirrung hatte General Etchberrigaray die größte Mühe, seine Truppen einzuholen, um sie wieder zu formieren. Am Morgen war die 53. Division so weit verstreut, daß es ihr unmöglich war, den Bar noch so rechtzeitig zu erreichen, um dort von Nutzen zu sein. Weder von ihrer Qualität her noch in ihrer Position war die 53. Division daher die ideale Formation, um die wichtige Nahtstelle zwischen Huntziger und Corap gegen Guderians kommenden Generalangriff zu sperren.

Nach schweren Kämpfen, in denen sich die französische Kavallerie großartig schlug, erreichten Oberst Balcks Schützen, immer noch Guderians „Speerspitze", bei Einbruch der Nacht des 14. ihr Ziel in Singly, 10 km westlich des Ardennenkanals. Ihre Verluste waren keineswegs leicht gewesen. Balck hatte eine große Zahl Offiziere und Mannschaften verloren, die 1. Panzerdivision war nur noch zu drei Vierteln einsatzfähig. Die Division hatte aber bereits 3000 Gefangene gemacht, 28 Geschütze erbeutet und etwa 50 französische Panzer zerstört. In der Nacht brachten die 1. und die 2. Panzerdivision alle ihre Panzer über den Bar. Sie waren für den großen Stoß nach Westen am 15. bereit.

„Großdeutschland" bei Stonne

Auf der anderen Seite von Guderians Brückenkopf hatten Oberfeldwebel Rubarth und seine erschöpften Pioniere voll Freude die Panzer der 10. Panzerdivision aus dem Morgennebel auftauchen sehen. Während des Tages war durch flankierendes französisches Artilleriefeuer, RAF-Bomben und verschiedene technische Schwierigkeiten der Übergang der 10. Panzerdivision mehr noch als bei der 1. und der 2. Panzerdivision verzögert worden. In der Folge konnte die 10. Panzerdivision erst am 15. ihr volles Gewicht für die wichtige Defensivrolle einsetzen, die ihr bei Guderians Rechtsschwenkung zugewiesen war. Inzwischen fiel „Großdeutschland", das nun wieder der 10. Panzerdivision zugeteilt war, die Aufgabe zu, die

Höhen um Stonne, etwa 20 km südlich von Sedan, gegen den erwarteten starken Gegenangriff des Feindes zu halten. Als „Großdeutschland" gegen Stonne vorrückt, wird es von französischen Moranes angegriffen. Der Kriegstagebuchführer der 15. Kompanie beobachtet, wie die Moranes zwei Bomben abwerfen: „Hilflos schießen wir zurück. Wir sehen einander an. Wo bleibt die Explosion? Jemand ruft ‚Ein Blindgänger'. Unteroffizier Waldemar Kiedrowski aus Essen springt aus einem Graben zu dem Blindgänger ... er wirft ihn auf die Straße ... Die Bombe explodiert — von Kiedrowski bleibt nichts übrig. Unteroffizier Schieg verliert ein Bein. — Weiter hinten stürzt die Morane ab, ein Opfer unserer MG. Kiedrowski ist unser erster Gefallener. Niemand kann ihn finden, niemand ihn begraben."

Was war aber aus dem Gegenangriff geworden, für den General Georges starke Kräfte bestimmt hatte? Nach den sorgfältig abgewogenen Worten General Rubys hätte ein derartiger Stoß gegen die Flanke von Guderians Brückenkopf in dem Augenblick, in dem die Hauptmasse der Panzer eine Schwenkung von 90 Grad machte und die Flanke nur von „Großdeutschland" gehütet wurde, am Abend des 14. vermutlich „einen schönen örtlichen Erfolg erzielt, dessen Auswirkungen bis über die Grenzen der (2.) Armee hinaus fühlbar gewesen wären".

Die 3. Panzerdivision bei Stonne

General Brocards 3. Panzerdivision bildete mit ihren Schwestern, der 1. und 2. Panzerdivision, einen der Türme auf Frankreichs Schachbrett. Sie waren die stärksten Figuren, die General Georges einsetzen konnte. Die 3. Panzerdivision besaß zwei Bataillone mit den neuen Hotchkiss H-39; wenn ihre Gesamtzahl an Panzern auch geringer war, hätte sie der auseinandergezogenen deutschen 10. Panzerdivision, die zur Hälfte die nicht für Panzerschlachten geeigneten Panzer I und II besaß, gewachsen sein sollen. Ihre Moral war ausgezeichnet, anderseits war sie eben erst aufgestellt worden, so daß ihre Bataillone erst am 1. Mai mit Übungen im Divisionsverband begonnen hatten. Einige Motoren waren zudem noch nicht richtig eingefahren. Die 3. motorisierte Infanteriedivision (unter General Bertin-Boussu) war ebenfalls eine erstklassige, hervorragend ausgebildete Einheit. Als die 3. Panzerdivision ihren Marschbefehl erhielt, war sie nördlich von Reims, in 65 km Entfernung im Manövereinsatz; man nahm allgemein an, sie werde in ein anderes Manövergelände verlegt und nicht in die Schlacht geworfen. Obwohl sie auf dem Anmarsch nicht von der Luftwaffe bombardiert wurde, wurde sie durch die vielen Bombenschäden auf den Straßen behindert. Die schweren B-Panzer hatten Mühe, die Aisne zu überqueren, manchmal mußten die Ungetüme störende Flüchtlingsfahrzeuge niederwalzen, um überhaupt weiterzukommen.

Marcel Lerecouvreux[8] schildert dramatisch, was den Verstärkungen für Sedan unterwegs begegnete. Weit hinter der Front waren Brücken und Telephonleitungen auf „höheren Befehl" zerstört worden. Überall sprach man von der fünften Kolonne: „Eine Schwadron der 5. Kürassiere entdeckte einen Oberfeldwebel, der sich die Rangabzeichen abgerissen hatte, um leichter vor dem Feind und seiner eigenen Verantwortung fliehen zu können; später meldete ein Leutnant der Divisionspak Flüchtlinge, darunter zwei Leutnants, die sich ähnlich degradiert hatten; mit vorgehaltener Maschinenpistole zwang er seine Einheit zur Umkehr. Alle diese Feiglinge setzten schreckliche Gerüchte in Umlauf, besonders über Luftangriffe, die sie mitgemacht haben wollten und über die Lawine von Panzern, von der sie dichtauf verfolgt würden. Man brauchte ja eine Rechtfertigung für die Flucht... die Flüchtlinge sagten, sie würden von Panzermassen verfolgt (einige sprachen von 400, andere von 500, ja sogar von 5000)."

Lerecouvreux meint, daß diese Panikmache wahrscheinlich der Grund für übereilte Sprengungen hinter der Front war.

Näher an der Front ließen die Gerüchte ein ganzes Bataillon Pioniere verschwinden, das das Dorf Vaux hätte in Verteidigungszustand setzen sollen. In der allgemeinen Verwirrung schossen französische Einheiten mit Gewehren und MG aufeinander. Besonders bei Raucourt hatten sich zwei Bataillone auf diese Weise ziemlich schwere Verluste beigebracht. Auf der Straße nach Stonne herrschte ein Chaos. Fahrzeuge lagen auf und neben der Straße, ja man sah sogar in Stich gelassene pferdebespannte Artillerie; ein Geschütz stand, die Pferde noch eingeschirrt, mitten in einem Bach. Trotzdem hatten die Flüchtlinge doch Zeit gefunden, alles zu plündern.

Trotz dieser Verzögerungen und der Panik ringsum erreichte die 3. Panzerdivision ihren Bereitstellungsraum hinter Stonne am 14. um 6 Uhr, sie brannte darauf, dem Feind entgegenzutreten. General Brocard meldete sich sofort im HQ der 2. Armee in Senuc und traf dort den Kommandeur des neu zusammengestellten XXI. Korps,[9] General Flavigny, der ihm seine Befehle gab. Das XXI. Korps sollte

a) Stellungen längs der zweiten Linie östlich des Bar beziehen... und den Boden der vom Feind gebildeten Tasche halten,

b) wenn der Feind aufgehalten war, zum frühestmöglichen Zeitpunkt in Richtung Maisoncelle - Bulson - Sedan angreifen.

Im einzelnen sollte die 3. Panzerdivision ihr Auftanken beschleunigen und in Zusammenarbeit mit der 3. motorisierten Division „so bald wie möglich" in Richtung Bulson angreifen mit dem Ziel, „den Feind über die Maas zurückzuwerfen".

Wie Oberst Goutard betont, waren aber die zwei Begriffe „Halten" und „Angreifen" in Flavignys Befehl ein Widerspruch: „‚Halten' ist ein Begriff der Defensive und fordert die lineare Entfaltung längs einer Front; ein Gegenangriff ist offensiv und verlangt an einem Punkt Konzentration in der Tiefe. Wie konnte eine Kampfgruppe diese widersprüchlichen Aufträge gleichzeitig oder auch nur nacheinander erfüllen? Wenn man den Feind ‚hielt', war die Gelegenheit zu Gegenangriffen vorüber, war es dafür zu spät. Es war klar, daß bei unserer Manie für eine ‚fortlaufende Front' das ‚Halten' Vorrang bekommen würde."

Flavignys Befehl endete: „Die Zeit des Gegenangriffs wird später festgesetzt." Brocard machte Flavigny dann auf den Zustand seiner Division nach einem Nachtmarsch von 48 km aufmerksam. Er glaubte, sie sei erst in zehn Stunden zum Angriff bereit (Wie sehr glich das der Geschichte der 1. Panzerdivision bei Dinant!). Flavigny verwarf die von Brocard vorgeschlagene Stunde H (16 Uhr) und befahl ihm mündlich, um 11 Uhr anzugreifen. Brocard scheint seine eigenen Befehle aber verspätet ausgegeben zu haben, auch das Auftanken dauerte lange. Die 3. Panzerdivision konnte also erst um 13 Uhr zu ihren Ausgangspositionen vorrücken. Auch jetzt wieder traten durch Bomben und Flüchtlinge Verzögerungen ein, so daß die Division tatsächlich erst um 16 Uhr zum Angriff bereitstand. Die 3. motorisierte Division war noch schlimmer aufgehalten worden. Statt das Schlachtfeld am Morgen des 14. zu erreichen, konnte sie die 3. Panzerdivision um 16 Uhr nur durch drei Aufklärungseinheiten unterstützen. Noch blieben aber für den Gegenangriff vier Stunden Tageslicht; „die Tankbesatzungen schäumten", wie Ruby sagt, „vor Ungeduld".

Inzwischen war jedoch General Flavigny von der Schnelligkeit beeindruckt, mit der sich die Front veränderte. Er war jetzt allein in Senuc — Huntziger, der fürchtete, sein Armee-HQ würde durch den Feind bedroht, hatte dieses nach Verdun zurückverlegt. Flavigny, selbst ein alter Tankmann, scheint (so General Ruby) Zweifel hinsichtlich der technischen Eigenschaften von Brocards Division mit ihrer begrenzten Ausbildung bekommen zu haben. Was auch seine Motive gewesen sein mögen, um 15 Uhr 30 traf er jedenfalls eine folgenschwere Entscheidung. Er wollte den Angriffsteil des Befehls fallenlassen und vor allem „halten". „Das wichtigste ist das Halten der zweiten Linie", sagte er.

Demzufolge erhielt die 3. Panzerdivision Befehl, sich defensiv über etwa 20 km, von Ormont westwärts des Bar bis Sonne, einzurichten. An allen Straßen, Wegen und möglichen Einfallgassen sollte sie „Korke" bilden, die aus je einem „B" und zwei H-39 bestanden. So wurde die starke Einheit während der Nacht in eine Anzahl kleiner Rudel zerbrochen. „Von nun an", sagte Goutard, „gab es eine Linie, einige Panzer, aber keine 3. Panzerdivision mehr. Die stählerne Lanze war für immer begraben, genauso der Gegenangriff". Die beste und letzte Gelegenheit, Guderian vor seinem Ausbruch aus dem Brückenkopf einen schweren Schlag zu versetzen, war vertan. Es war ein tragischer Fehler.

Die Generale: Georges und Huntziger

Um dem bereits überlasteten Billotte die Verantwortung für den Kampf um Sedan abzunehmen, hatte General Georges am 13. die 2. Armee von der Armeegruppe Nr. 1 weggenommen und seinem eigenen direkten Befehl unterstellt. Deshalb mußte Huntziger am 14. an Georges berichten. Obwohl sein Stab britische Korrespondenten noch zu täuschen versuchte, „daß man lediglich, wie beabsichtigt, die Vorposten zurückziehe", warnte Huntziger Georges an diesem Morgen, daß einige seiner Truppenteile nicht hielten, „daß man gesehen habe, wie Männer mit erhobenen Armen aus den Blockhäusern kämen und daß er Befehl gegeben habe, auf solche Leute zu schießen".

Huntzigers Meldungen über Flavignys Gegenangriff scheinen jedoch so diskret gewesen zu sein, daß sie wie Ausflüchte wirkten. Um 19 Uhr sagte sein Stabschef zu Georges, daß der Angriff aus „technischen Gründen" nicht habe beginnen können. Eine halbe Stunde später war Huntziger selbst am Apparat und behauptete mit schlecht begründetem Optimismus, „der feindliche Angriff sei am Ardennenkanal und an der Maas durch Flavignys ‚groupement' aufgehalten worden".[10] Georges, sichtlich aufgebracht über Huntzigers Zaudern, sich gleichzeitig aber nur teilweise des Ernstes der Lage bei Sedan bewußt, erwiderte scharf: „Die 3. Panzerdivision wurde für einen Gegenangriff bei Sedan zu Ihrer Verfügung gestellt. Sie müssen daher am Morgen die heute so gut begonnene (!) Operation fortführen, indem Sie so weit wie möglich zur Maas vorstoßen und das durch die Panzer gewonnene Gelände durch Infanterie konsolidieren. Nur so kann man die Vorherrschaft über den Feind erringen und seinen Vormarsch nach Westen und Süden lähmen."

Am Abend des 14. fühlte Huntziger keineswegs den Optimismus, den er in seinen Meldungen an Georges ausdrückte. Zu einem seiner Offiziere sagte er traurig: „Ich werde immer der ‚Besiegte' von Sedan sein." In seiner Depression über die Schläge, die seine Armee eingesteckt hatte, unterlief ihm eine noch schlimmere Fehlkalkulation als Flavigny mit dem Anhalten des Gegenangriffs und der Verteilung der 3. Panzerdivision. Er schloß, daß Guderians Stoß die Maginotlinie ausflankieren und sie dann von Norden her aufrollen wolle. Dieser Drohung wollte er dadurch begegnen, daß er sich „auf seinem rechten Absatz" — am rechten Ende seines Abschnittes bei Longwy — drehte und das Zentrum seiner Armee, quer über die Maas bei

Mouzon, weiter nach Inor zurücknahm. Praktisch bedeutete das die kampflose Aufgabe von mehr als 130 Bunkern an der Maas und die Erweiterung des 6,5 km breiten Taschenhalses bei Donchery-Wadelincourt zu einer 24 km breiten Bresche. Es bedeutete weiter, daß die Übergangsstelle der 10. Panzerdivision von Huntzigers flankierender Artillerie nicht mehr unter Sperrfeuer genommen werden konnte, was wieder die Aussicht auf einen Gegenangriff am 15. entscheidend reduzierte. Das Schlimmste war jedoch, daß sich die 2. Armee durch Huntzigers Entschluß von der 9. Armee entfernte und dabei eben die Lücke vergrößerte, durch die Guderian stoßen wollte.

Die Generale: Guderian und Kleist

Guderian setzte in der Nacht seine Befehle für den Durchbruch der 1. und 2. Panzerdivision am nächsten Tag in seinem HQ in La Capelle auf. In einem Sprung über 32 km sollten sie „als erstes Ziel die Linie Wasigny - Rethel erreichen", während sich die Korpsaufklärung bis Montcornet vortasten sollte.

Die Befehle verursachten sofort eine hitzige Auseinandersetzung zwischen Guderian und seinem Vorgesetzten Kleist. Kleist, der vom Schlachtfeld genauso weit entfernt war wie Gamelin, war — durch die Nachrichten über Flavigny beunruhigt — hinsichtlich der Sicherheit seiner Südflanke äußerst nervös geworden. Diese Sorge sollte die deutschen höheren Befehlshaber, wie schon während der Planung von „Sichelschnitt", noch öfter plagen. Kleist und andere Offiziere seiner Generation konnten nicht vergessen, wie ihnen 1914 an der Marne der Sieg entrissen worden war, als Kluck durch sein vorzeitiges Eindrehen seine Flanke dem von Paris geführten Gegenstoß Galliénis exponiert hatte.[11] Statt nach Rethel vorzustoßen, wünschte Kleist, Guderians Panzer sollten lieber an der Linie Montigny - Bouvellemont halten, nur 2 oder 3 km weiter, als sie in der Nacht gekommen waren. Guderian war wütend. Nach dem Kriegstagebuch des XIX. Korps „kritisierte er den Plan bitter, der den Sieg wegwarf". Nach einer weiteren Auseinandersetzung setzte er seine Meinung durch. Wenn es eine weitere Rechtfertigung für die Dringlichkeit von Flavignys Gegenangriff gegeben hätte, so war es Kleists Zaudern.

Terror in Rotterdam

Holland lag in den letzten Zügen. Am Morgen des 14. hatten außerhalb von Rotterdam Waffenstillstandsverhandlungen zwischen holländischen und deutschen Beauftragten begonnen. In der Zwischenzeit bereitete die Luftwaffe einen Terrorangriff auf die Innenstadt vor, falls die Holländer weiterhin Widerstand leisteten. Um 14 Uhr bombardierten 60 He 111 die Altstadt zwanzig Minuten lang ohne jede Gegenwirkung, da die holländische Luftwaffe bereits vernichtet war. Die Deutschen behaupten seither, man habe sich bemüht, den Angriff noch abzusagen, die Befehle hätten die Maschinen aber nicht mehr erreicht. Jedenfalls war es ein brutaler Angriff, der der Weltmeinung einen Schock versetzte. Knapp 900 Menschen wurden getötet; im Entsetzen des Augenblicks nannte der holländische Außenminister als Zahl 30.000, eine starke Übertreibung, die aber die lähmende Angst vor der deutschen Luftwaffe in Frankreich nur noch steigerte. Am Abend kurz vor 22 Uhr hörten die Pariser im Radio Hollands Bekanntgabe seiner Kapitulation.

Panzerschlacht in der Gembloux-Lücke

Am 14. hatten die BEF in Nordbelgien ihr erstes ernstes Treffen zu bestehen gehabt. Bocks Streitkräfte versuchten Louvain zu nehmen, wurden aber durch wildes Sperrfeuer der 60-Pfünder von Montgomerys 3. Division zurückgewiesen. Die schwersten Kämpfe fanden aber weiter südlich an der Front der französischen 1. Armee statt. In der Nacht zuvor hatte sich Prioux' Kavalleriekorps hinter die belgische Panzersperre bei Perwez zurückgezogen. Am 13. kurz nach dem Morgengrauen brachen Hoepners Panzer, von starker Artillerie unterstützt, durch. Die Bresche war ganze 60 Meter breit. Prioux setzte aber alle Panzer, Soldaten und Kanoniere ein und warf die Deutschen zurück. Am Spätnachmittag hatte sich Blanchards 1. Armee endlich in der Gembloux-Lücke festgesetzt. Die Aufgabe des Kavalleriekorps war jetzt erfüllt, am Spätnachmittag wurde es zur Umgruppierung hinter Blanchards Hauptlinie zurückgezogen. Die erste große Panzerschlacht des Krieges war vorüber. Die Pariser Presse beanspruchte den Sieg, und Prioux' Kräfte hatten tatsächlich wild und entschlossen gekämpft, ganz anders als die 2. und 9. Armee. Prioux' Verluste waren aber erschreckend hoch gewesen: ein Drittel der neuen Somuas- und zwei Drittel der Hotchkiss-Panzer waren zerstört, einige Einheiten hatten Verluste bis zu 60 Prozent erlitten. Die strategische Folge dieser Schlacht ist nicht zu unterschätzen. In der Nacht dachte Gamelin daran, alle Panzer- und motorisierten Einheiten an der rechten Flanke der 1. Armee zu konzentrieren und die rechte Flanke des Ardennendurchbruchs anzugreifen. Das nur mehr als Torso bestehende Elite-kavalleriekorps machte diese Absicht jedoch unmöglich.

Im GQG Gamelins hatte das Licht in der Nacht vom 13. zum 14. bis lange nach Mitternacht gebrannt. Am nächsten Morgen und nochmals am Nachmittag besuchte Gamelin Georges' HQ in La Ferté. In seinen Memoiren sagte er, „seine Anwesenheit sei aus moralischen Gründen notwendig gewesen". Georges hatte sich offensichtlich von seinem Zusammenbruch in der vergangenen Nacht, der zweifellos durch die Auswirkungen seiner alten Wunde verstärkt wurde, noch nicht erholt. So schockiert Gamelin aber auch von dem gewesen sein mochte, was er in La Ferté sah, gibt er an anderem Ort trotzdem zu, daß ihm die Situation bei Sedan damals weniger ernst erschien, als sie tatsächlich war. Die Schuld daran trugen Huntzigers allzu optimistische Berichte, die Georges noch weiter rosa färbte. Um 7 Uhr 30 hatte Georges dem Generalissimus folgende irreführende Information gegeben: „9. Armee. Der Gegenangriff bei Houx gelang nicht, die Infanterie war den Panzern nicht gefolgt... 2. Armee. Die Bresche bei Sedan ist an der Haltelinie abgeriegelt... Gegenangriff mit starken Kräften begann heute morgen um 4 Uhr 30."

Um 10 Uhr 30 erweckten weitere Berichte beim GQG den Eindruck, daß man die 2. Armee „in der Hand habe und die Truppen aushielten". Zwei Stunden später telephonierte Kapitän Beaufre noch beunruhigendere Meldungen: „Panik bei der 5. leichten Kavalleriedivision. Die Deutschen sind in Omicourt am Barkanal..." Um 16 Uhr 25 hörte Gamelin zum erstenmal, daß Rommel seine Panzer über die Maas gebracht hatte. Am Spätabend wurde ihm eine unangenehme „Ente" übermittelt (als Teil eines geschickten deutschen Täuschungsplans), die einen bevorstehenden deutschen Angriff durch die Schweiz meldete. Goebbels sollte erklärt haben, „daß es binnen zweimal 24 Stunden in Europa keine neutralen Staaten mehr gibt". War der Angriff bei Sedan etwa nicht der deutsche Hauptstoß? Der Wehrmachtsbericht vom 14. schlug aus dem Maasübergang immer noch kein allzugroßes Kapital. Wollten die Deutschen die Maginotlinie etwa auch aus der Schweizer Flanke angreifen? Gamelin mußte vorsichtig sein, wenn er Verstärkungen von der Maginotlinie abzog. Der Tag endete für ihn mit einem weiteren unrealistischen Bericht aus Les Bondons: „Seit dem letzten Bericht hat sich nicht viel geändert. Immer noch kleine Einbrüche im Raum Mézières - Charville. Kein Gegenangriff bei Sedan, aber heftige Luftangriffe und Sperrfeuer. Der deutsche Vormarsch scheint blockiert zu sein. Alle Gefangenen sprechen von Ermüdung der deutschen Truppen."

Über Georges' Optimismus sagte Colonel Bardies bissig: „Er hat nur den Zweck, die Rückschläge zu verharmlosen und General Gamelin, über ihm die Regierung und darüber hinaus die öffentliche Meinung zu beruhigen... Man hat den Eindruck, daß das GQG noch nicht an eine Katastrophe glaubt und daher auch nicht an Mittel größeren Ausmaßes denkt, um ihr entgegen-zuwirken."

Trotz der beruhigenden Töne aus La Ferté und Vincennes gab es in Paris Menschen, die bereits am 14. ahnten, daß an der Front nicht alles bestens stand. Alexander Werth vom „Manchester Guardian" schrieb in sein Tage-buch: „Düstere Stimmung im Büro. Der Fallschirmspringer, der gestern über Paris absprang, war nur ein Würstchenballon."

Paul Baudouin, der Sekretär von Reynauds Kriegskabinett, berichtet: „Lunch zu Ehren des Ministerpräsidenten und des Außenministers von Luxemburg sowie des belgischen Außen- und des Finanzministers. Ich ging eben hinaus, als Oberst Villelume sagte, er wolle mich dringend sprechen. In strahlendem Sonnenschein schritt ich über den großen Rasen des Quai d'Orsay, aber es überlief mich eiskalt. Die Nachrichten waren sehr schlecht. Huntzigers Armee war heftig angegriffen worden, und einige Befestigungen im Raum Sedan waren verlorengegangen. Wir fühlten, daß die Situation plötzlich tragisch geworden war."

Bei einer Nachmittagssitzung des Kriegskabinetts im Elysée bestätigte Gamelin, daß die Nachrichten sehr schlecht seien. (Wie schlecht, sagte er nicht — aus dem einfachen Grund, weil er es selbst nicht wußte). Er gab zu, er sei „überrascht", wahrte aber äußerlich die „Joffresche Kaltblütigkeit".

In London hatte die britische Regierung ebenfalls keine Ahnung vom wahren Ernst der Lage.

14. KAPITEL

Der Durchbruch
15. Mai

Wenn unsere Panzer denen des Feindes deutlich überlegen sind, so beherrschen unsere Jäger die feindliche Luftwaffe noch mehr.

„Le Temps", 16. Mai

Verantwortliche Kreise betonen die Tatsache, daß nördlich und bei Sedan nordwärts ein Bewegungskrieg im Gange ist; der Kampf muß unvermeidlich so lange hin und her wogen, bis die Hauptstreitkräfte aneinandergeraten und eine fortlaufende Front entsteht ... Unter dem anscheinend endlosen Bombenstrom, unterstützt von dem französischen Sperrfeuer, begannen die Deutschen zu wanken und fielen dann zurück. Die Straßen in ihrem Rücken waren vielerorts durch zerstörte und umgestürzte Lastwagen, Panzer, gepanzerte Fahrzeuge und Nachschubfahrzeuge blockiert.

„The Times", 16. Mai

Beim Übergang über die Maas im Raume von Sedan ist in engstem Zusammenwirken mit der Luftwaffe der Schutzwall Frankreichs, die Maginotlinie, in ihrer Verlängerung nach Nordwesten durchbrochen.

Wehrmachtsbericht, 15. Mai

Corap: Wieder ein schrecklicher Tag

Der 14. Mai war ein schrecklicher Tag für Corap gewesen. Was die pausenlosen Angriffe der Luftwaffe, die sich an diesem Tag bei ihrer Tätigkeit auf die 9. Armee konzentrierte, der Moral seiner angeschlagenen Divisionen angetan hatte, machte tiefen Eindruck auf ihn. Am meisten sorgte er sich jedoch um das Wachsen von Rommels „Tasche" westlich von Dinant; jetzt schnitt auch noch Guderian tief in seine andere Flanke. Spät in der Nacht traf er eine fatale Entscheidung; am 15. um 2 Uhr rief er Billotte an und teilte ihm mit, daß er beabsichtige, die ganze Maaslinie aufzugeben. Er schlug vor, die 9. Armee hinter die französischen Grenzbefestigungen zurückzuziehen, die sie vor fünf Tagen in Erfüllung des Dyle-Plans verlassen hatte. Billotte erhob im Prinzip keinen Einspruch, wies Corap jedoch an, an der Linie Walcourt - Mariembourg - Rocroi - Signy - l'Abbaye, also etwa an der Hauptstraße von Charleroi nach Rethel, haltzumachen. Diese Verteidigungslinie bestand aber nur auf dem Papier, und bei dem Chaos innerhalb der 9. Armee bedeutete dieser Befehl den Beginn der Auflösung. Einige von Coraps Einheiten erhielten lediglich Befehl, an der Sperrstellung zu halten, die General Martin am Abend zuvor hinter Florennes hatte errichten wollen; andere zogen sich zu der „Zwischenstellung" Billottes zurück. Einige waren bewegungsunfähig, wieder andere, die keine Befehle erhielten, lösten sich einfach auf und zogen nach Westen. Höchst erregt rief Corap d'Astier an und bat zur Deckung seines Rückzuges um Luftunterstützung im Morgengrauen. Obwohl d'Astier alle Kräfte bei Huntziger einsetzen sollte, versprach er, sein Möglichstes zu tun; Corap konnte ihm aber nicht einmal sagen, wo sich seine Front befand.

Das war die Situation auf Armee-Ebene, als der 15. heraufdämmerte. Huntziger hatte am Abend zuvor das eine Schleusentor geöffnet, jetzt öffnete Corap das zweite. Durch beide drohte die Flut nach Frankreich zu brechen.

Rommel schlägt wieder zu

Gegenüber von Rommels Brückenkopf verlief die von Corap befohlene „Haltelinie" bei Philippeville, etwa 20 km von der Stelle entfernt, die Rommel am 14. erreicht hatte. Seine Befehle für die 7. Panzerdivision lauteten für den 15. jedoch, „in einem Zug" in den Raum von Cerfontaine, etwa 13 km *westwärts* von Philippeville, vorzustoßen. Rommel selbst wollte mit Rothenburgs Panzer fahren, um den Angriff von der Spitze aus zu leiten. Sein Divisions-HQ überließ er seinem Stabsoffizier, dem äußerst fähigen Major Heidkämper. Seine rechte Flanke, doch etwas rückwärts gestaffelt, hüteten Oberst Werners Panzer von der 5. Panzerdivision. Um 8 Uhr erfuhr Rommel, daß die 7. Panzerdivision an diesem Tag von der Luftwaffe unterstützt werden würde. Er bat daher, sie unmittelbar vor seinen Panzern, die sich bereits in Bewegung gesetzt hatten, einzusetzen. Schon in der nächsten Stunde stieß er, wie er sagt, in der Nähe von Flavion in einem „kurzen Gefecht" auf die französische 1. Panzerdivision.

Als Bruneaus Panzerbataillone am 14. spätnachts ihren Versammlungsraum erreicht hatten, nahmen sie eine Defensivstellung ein; sie warteten auf die Ankunft der Tankwagen, die Bruneau irrtümlich ans Ende der Kolonne geschickt hatte. Das Warten dauerte endlos, und schließlich meldete Bruneau General Martin, er könne nicht, wie vom XI. Korps befohlen, im Morgengrauen angreifen. Er glaubte, daß er erst am späten Morgen aufgetankt haben würde. Deshalb schickte er auch seine Artillerie zurück und behielt nur *eine* von insgesamt sechs Batterien zur Unterstützung seiner bewegungslosen Panzer zurück.[1] Bald nach Tagesanbruch erfuhr Bruneau, daß seine Einheiten von Stukas schwer angegriffen wurden. Um 8 Uhr wurden zwei seiner Tankbataillone von Rommels Panzern überrascht, als sie eben auftankten. Ein wirres Gefecht begann. Einer französischen Schwadron gelang ein Gegenangriff, der zu beträchtlichen Verlusten bei Rommel führte. Die Deutschen mußten wieder einmal feststellen, daß ihre 3,7 nichts gegen die schwergepanzerten „Bs" ausrichten konnten; die beste Chance lag darin, ihnen die Ketten wegzuschießen. Viele dieser prächtigen Fahrzeuge mußten jedoch, ohne Treibstoff unbeweglich wie angehobbelte Elefanten, von ihren Besatzungen hastig in Brand gesteckt werden.

Mit dem geradezu magischen Gefühl für die momentane Lage, das für all seine Bewegungen typisch war, wich Rommel um Bruneaus Flanke aus und stieß weiter nach Westen. Nachdem er der 1. Panzerdivision den ersten harten Schlag versetzt hatte, überließ er es der herankommenden 5. Panzerdivision, ihr den Gnadenstoß zu geben. Bruneau, der aus der daraus sich ergebenden Kampfpause Rommels Absicht richtig erkannte, befahl seiner Division, um 14 Uhr, sich nördlich Florennes mit Blickrichtung Südosten umzugruppieren. Bis der Befehl aber zu seinen Panzern gelangte, waren diese bereits unlöslich in einen harten Kampf verstrickt — diesmal mit den „Roten Teufeln"[2] der 5. Panzerdivision.

Wie die Panzerschlacht von französischer Seite aussah, beschreibt ein Mitkämpfer in einem B-Panzer des 37. Panzerbataillons: „ ‚En avant!' befiehlt ‚Adour', der Panzer des Kapitäns... Der ‚Gard' ist rechts von mir, der Kapitän rechts von ‚Gard'. In dem Moment trifft eine Granate den Panzer links. Auf die Straße zu flammen in der Höhe einer niedrigen Hecke rote Lichter auf! Wieder eine Granate gegen die Panzerung!

Ich zögere zurückzuschießen, weil ich dachte, es sei ein Irrtum eines unserer Panzer, dann drehe ich meinen Turm den Flammen zu und jage fünf Sprenggranaten auf die Hecke, hinter der sich jetzt nichts mehr bewegt. Ich fahre zu dem Wald am Rand des Plateaus, und hier beginnt die Schlacht. Der Fahrer ruft: ‚Ein Panzer am Waldrand vor uns!' Das ist bestimmt ein Feind. Ein Panzer IV, auf den ich das Feuer der 7,5 richte... Neben einem brennenden deutschen Panzer kriechen und klettern Männer ins Unterholz. Unsere gesamte linke Flanke wird von schweren deutschen Panzern bedrängt; sie stehen getarnt und unbeweglich breitseits.

In diesem Augenblick benachrichtigt mich der Beifahrer des Kapitäns, daß mir der Kapitän, am Bauch und den Beinen verwundet, den Befehl übergibt. Der neue Panzer IV geht in unserem Feuer in Flammen auf, aber meine Kühler sind zerschmettert. Meine 7,5 wird seitlich der Mündung getroffen und bleibt in der Position des stärksten Rückstoßes stecken; ich schieße mit der 4,7 weiter. Dann wechsle ich die Stellung in ein Dickicht weiter im Süden. Der Wald wird von einer 10,5 behämmert, nicht weit von uns springen Granatlöcher auf. Aus der Distanz kann ich ‚Gard' erkennen, die Turmluke ist weit offen... Zu meiner Rechten ein zerschossener Tank des 28. Bataillons. Die deutschen Panzer formieren sich zu einem Halbkreis, ich schätze sie auf 50 bis 60.

Ich gebe den Panzern meiner Kompanie den Befehl zum Rückzug. ,Ourcq' und ,Yser' fahren langsam zurück — ich sehe, daß ,Hérault' brennt."

Am Spätnachmittag war das 37. Bataillon auf vier, sein Schwesterbataillon, das 28., auf zwei kampffähige Tanks zusammengeschmolzen; das 26. hatte noch knapp 20 seiner leichten Panzer. Nur das 25. (leichte) Bataillon blieb mehr oder weniger intakt, es hatte sich nachts verirrt und war zur Schlacht zu spät gekommen. Damit war der erste von General Georges' „Türmen" als Streitmacht ausgeschaltet. Die Panzerbesatzungen der 1. Panzerdivision kämpften tapfer und gut, sie behaupten, etwa hundert Panzer zerstört zu haben.[3] Aber sie waren „verheizt" worden, nicht in einem kühnen Gegenstoß, sondern bruchstückweise in einer Begegnungsschlacht. Oberst Bardies sagt, die Division sei eingesetzt worden, „wie man in vergangenen Zeiten Kürassierschwadronen einsetzte, indem man ihnen den Befehl zum Sterben gab, um einen fluchtartigen Rückzug zu decken". Im Schutz der Nacht kroch die 1. Panzerdivision nach Beaumont und dann nach Solre-le-Château hinter die französische Grenzstellung zurück. Als Bruneau sie am nächsten Tag sah, verfügte sie nur mehr über 17 Panzer, der Rest hatte sich in der Nacht verirrt oder war aus Treibstoffmangel liegengeblieben.[4]

Rommel durchbricht die französische Front

Rommels Panzer waren inzwischen um die 1. Panzerdivision herumgefahren und richteten bei den „weichen" rückwärtigen Teilen der 9. Armee schrecklichen Schaden an. Unterwegs nach Philippeville bemerkt Rommel selbst: „Zahlreiche Geschütze und Fahrzeuge[5] einer französischen Einheit, deren Bedienungen beim Auftauchen unserer Panzer kopfüber in den Wald geflohen waren, nachdem sie wahrscheinlich schon schwer durch unsere Stukas gelitten hatten. Im Wald mußten wir Umwege um riesige Krater machen. Etwa 5 km nordwestlich von Philippeville gab es einen kurzen Schußwechsel mit französischen Truppen, die die Höhen südlich von Philippeville besetzt hatten. Die Panzer lieferten ein Bewegungsgefecht, die Türme nach links gedreht. Von Zeit zu Zeit wurden feindliche Pak und Panzer zusammengeschossen. Außerdem richteten wir Streufeuer in die Wälder an unseren Flanken, als wir vorbeifuhren."

Schon mittags hatte Rommel Philippeville genommen und stieß weiter nach Cerfontaine, 10 km dahinter, dabei durchbrach er in einem raschen Zug Billottes und Coraps „Zwischenstellung", noch ehe sie besetzt worden war. Männer und Maschinen waren erschöpft, einer seiner Panzerkommandanten meldet: „Eine Anzahl Fahrzeuge brach zusammen, selbst mein Befehlswagen konnte nicht mehr mitmachen, ich mußte ihn von einem Lastwagen ziehen lassen ... Ich bin todmüde ... Zwei Tage und drei Nächte keinen Augenblick Ruhe, die Verpflegung besteht aus zwei Scheiben Brot, höllischer Durst. Morgen ist Ruhetag.[6] Das Fahrzeug muß dringend überholt werden, Draht ist um das Lenkrad gewickelt, die Batterien sind leer ... Wir sehen wie Schweine aus, wir sind seit Tagen unrasiert. Ich schwanke vor Müdigkeit und muß mir mit Pervitin helfen. Die Funker können nur mit Mühe wachgehalten werden."

Rommel blieb jedoch unerbittlich. Als er sah, daß die ermüdeten Schützen Bismarcks um fast 15 km zurückhingen, so daß eine Lücke entstand, in die der Feind einsickern konnte, drehte er wütend um und jagte nach Osten, um sie heranzuholen. Rommel fand dabei zwei zusammengebrochene Panzer: „Ihre Besatzungen sammelten Gefangene ein; einige Franzosen standen bereits herum. Jetzt kamen Hunderte französische Kradfahrer aus den Büschen und legten mit ihren Offizieren langsam die Waffen nieder. Andere versuchten, schnell auf der Straße nach Süden zu entkommen.

Ich beschäftigte mich kurz mit den Gefangenen. Die Offiziere stellten eine Anzahl Bitten, darunter die, ihre Burschen behalten zu dürfen und ihr Gepäck aus Philippeville abholen zu lassen."

Als er seine Mission beendet hatte, jagte Rommel wieder nach Westen und begegnete kurz vor Cerfontaine „einer Abteilung vollbewaffneter französischer Kradfahrer, die ich im Vorbeifahren mitnahm. Die meisten waren so erschüttert, plötzlich in eine deutsche Kolonne zu geraten, daß sie ihre Maschinen einfach in den Graben fuhren und nicht mehr kämpfen konnten".

Als er bei Einbruch der Nacht in seinem Panzerlager bei Cerfontaine von der Höhe eines Hügels aus zurückschaute, sah er, „so weit das Auge reichte, endlose Staubsäulen — ein tröstliches Zeichen, daß der Vormarsch der 7. Panzerdivision in das eroberte Feindesland begonnen hatte". Rommel hatte an dem Tag nur 15 Mann an Toten verloren, er war über 17 km vorgerückt, hatte 450 Gefangene gemacht, 75 Panzer zerstört oder erbeutet und der 9. Armee und ihren Hoffnungen auf einen Gegenangriff einen entscheidenden Schlag versetzt.

Die 9. Armee zerbricht

Am 15. um 4 Uhr hatte Billotte Georges telephonisch benachrichtigt, daß sich die „9. Armee in einer kritischen Lage befindet".

An diesem Tag war sie bei Einbruch der Nacht auf ihrer ganzen 80 km langen Front in voller Flucht begriffen. Ein Stabsoffizier der 18. Division berichtet über die deutschen Bombenangriffe: „Wir kamen durch die Rauchwolken eines Treibstoffkonvois, der eben durch ein Flugzeug bombardiert worden war und neben der Straße ausbrannte. Anderswo war eine Artilleriegruppe auf dem Marsch angegriffen worden. Auf der Straße klafften riesige Bombentrichter, zahlreiche Pferdekadaver lagen herum, ein Beweis dafür, daß der Angriff verheerend gewesen war. Auf der Straße nach Fraire kam eine Gruppe Artilleristen in vollem Galopp auf uns zu. Als sie angehalten wurden, erklärten sie, der Feind sei hinter ihnen her."

Von dem Tag an, an dem Rommel über die Maas gegangen war, schwere Schläge einstecken müssend, löste sich die 18. Division jetzt vollständig auf. General Duffet, der fast seinen ganzen Stab verloren hatte, streifte den Tag über auf dem Schlachtfeld herum, um seine versprengten Einheiten wieder zu sammeln. Mit einer Handvoll Männer versuchte er am Abend bei Beaumont, durch das sich die Reste der 1. Panzerdivision zurückzogen, eine Verteidigungslinie aufzubauen. Zu seiner Rechten hatte General Hasslers 22. Division, die sich bei Givet gegen die über die Maas setzende deutsche Infanterie nicht allzu gut geschlagen hatte, ein ähnliches Los zu ertragen. „Die Flugzeuge folgen uns pausenlos", sagte einer ihrer Bataillonskommandeure, „sie bombardieren uns und beschießen uns mit MG. Wir kamen durch Couvin, wo sich Kolonnen aller Art bunt vermengt drängten ... Die Unordnung wuchs, unsere Männer setzten sich in ihrer grenzenlosen Müdigkeit auf alle Fahrzeuge, die sie fanden, die Offiziere konnten sie nicht daran hindern. Da ich begriff, daß man die völlig erschöpfte Truppe nur so aus dem Gebiet herausziehen konnte, gestattete ich es.

Beim Ortsausgang von Couvin wurden wir aber wieder von feindlichen Flugzeug-MG angegriffen. Es gab Schreckensszenen mit Frauen und Kindern, die tot oder verwundet neben dem Weg in den Gräben ausgestreckt lagen ... Die Flugzeuge kamen in großer Zahl und griffen pausenlos mit Bomben und MG an."

Bei Einbruch der Nacht bestand die Division nur mehr aus einzelnen Fragmenten, die über die Grenze zurückfluteten. General Martins XI. Korps war praktisch verschwunden. Trotzdem befahl ihm Corap, „alles zu tun, um den Feind an der Grenze aufzuhalten". Eine unmögliche Aufgabe! Wie Martin bemerkt, bestand „die erste Aufgabe darin, durch die Pioniere die Bunkertüren öffnen zu lassen". Die Schlüssel der Bunker, die verschlossen worden waren, als sich die 9. Armee am 10. in Marsch setzte, waren jedoch verschwunden — entweder mit Einheiten, die verlegt worden waren, oder in den Taschen der Bürgermeister, die sich selbst dem Flüchtlingsstrom angeschlossen hatten.

Im Norden mußte sich die 5. motorisierte Division, die Yvoir deckte, ohne besondere Feindberührung in wachsender Unordnung zurückziehen, nachdem ihre Flanke durch den Zusammenbruch des XI. Korps aufgerissen war. In Coraps Abschnitt blieb am 15. daher nur die 4. nordafrikanische Division General Sancelmes zurück, und das Schicksal dieser prächtigen Einheit war besonders erschütternd. Nachdem sie sich am 14. bei Anthée prächtig gegen Rommel geschlagen hatte, wurde sie zurückgezogen, um die Linie Hemptinne - Philippeville zu halten. Ohne Artillerie — Sancelme hatte ebenso wie Bruneau die Geschütze zurückgeschickt — konnte sie keine geeignete Abwehrstellung einnehmen, ehe sie von Rommel bei seinem Umgehungsmanöver um die 1. Panzerdivision aufgespalten wurde. Die Erlebnisse des Leutnants Édouard Leng, eines Reservisten des 13. Zuavenregiments, sind typisch für das Schicksal dieser Einheit: „Von den frühen Morgenstunden an kämpfte ich an der Vodecée-Kreuzung und in Villers-le-Gambon, ich mußte das Feuer deutscher Panzer und Stukas über mich ergehen lassen und war fast ohne Verbindung mit anderen Teilen der Division. Gegen 18 Uhr 30 erhielten wir Befehl, uns in Richtung Philippeville zurückzuziehen ... Scharf vom Feind verfolgt und unter starken Verlusten an Menschen und Waffen — für die wir fast keine Munition mehr hatten —, rannte ich mit zwei Offizieren und einer Gruppe meiner Männer etwa 1 km südöstlich von Philippeville bei Vachefontaine in etwa 20 deutsche Panzer, wir waren eingekreist, Widerstand war zwecklos."

Andere Panzer der 7. Panzerdivision überrannten direkt in Philippeville das HQ der 25. algerischen Tiralleurs und standen eine Stunde später vor dem Divisions-HQ in Neuville, aus dem sich General Sancelme nur mit Mühe hinter eine Barrikade von Pak rettete. Von seinem Regiment abgeschnitten, schickte er am Nachmittag hintereinander drei Offiziere zu Martins HQ, aber keiner kam zurück. Am Ende des 15. war die 4. nordafrikanische Division ebenso wie die 1. Panzerdivision keine kämpfende Einheit mehr.

Desaster bei Monthermé

Weiter südlich, an der Front des XLI. Korps, vollzog sich der Zusammenbruch von Coraps Armee noch drastischer. Hier erwies sich Coraps Rückzugsbefehl hinter die Linie Rocroi - Signy - l'Abbaye als besonders verhängnisvoll. Denn die 102. Division, deren MG-Schützen aus Madagaskar und Indochina Reinhardt auf der Halbinsel Monthermé während der letzten zwei Tage so gut in Schach gehalten hatten, war eine Festungsdivision ohne Transportmittel, während die 61. Division nördlich davon nicht genügend Fahrzeuge und diese auch nicht nahe zur Hand hatte. In den frühen Morgenstunden des 16. krochen deutsche Pioniere mit Flammenwerfern sowie Schützen der 6. Panzerdivision bis auf wenige Meter an die Bunker heran, die so tapfer von einer kolonialen Nachhut gehalten wurden. Um 3 Uhr 30 griffen sie unter Trommelfeuer an. Noch bei Dunkelheit durchbrachen die Deutschen die Stellung und hatten um 8 Uhr 30 auch die Reservestellungen genommen. Sofort schwärmten die bisher aufgehaltenen Panzer bei Monthermé über die Maas. In diesem Moment kam ein französischer Lastwagen mit tausend der so dringend benötigten Tankminen — tragisch verspätet — an der Front an. Der Fahrer bestand darauf, zu seinem Ziel weiterzufahren, wurde aber vom Feuer der Panzer erfaßt und flog „in einer gewaltigen Explosion in die Luft".

Oberhalb Monthermé gingen die deutsche 3. und 23. Infanteriedivision über die Maas und bauten Brücken, um auch Reinhardts zweite Panzerdivision, die 8., über den Fluß zu bringen.

Jetzt holte Reinhardt die verlorene Zeit mehr als auf. Die 102. Festungsdivision, die alle Geschütze und sogar MG aufgeben mußte, wurde überholt und mit erstaunlicher Schnelligkeit zusammengetrieben. Die Kradschützen der 6. Panzerdivision brausten aus dem Monthermé-Brückenkopf „und jagten an einem französischen Munitionsdepot und zahllosen verlassenen Geschützen vorbei. Der Feind hatte keine Zeit gehabt, sie auf seiner Flucht mitzunehmen. Im Wald war eine feuerbereite Batterie stehengeblieben. Die Franzosen müssen völlig überrascht worden sein... Bei der führenden Gruppe fallen einige Schüsse. Dann kommt der Feind mit erhobenen Händen aus den Büschen... etwa dreißig Mann, darunter vier Neger. Sie sind schmutzig und unrasiert, in ihren Augen steht die Furcht".

In Arreux, 10 km von Monthermé entfernt, „kommen Franzosen von selbst aus den Kellern und ergeben sich. In Renwez ist es das gleiche. Die Franzosen ergeben sich, ohne einen Schuß abgegeben zu haben".

Links von der 6. Panzerdivision besetzte motorisierte Infanterie die Zwillingsstädte Charleville - Mézières. Alle Einwohner waren geflohen.

Karl von Stackelberg, ein Kriegsberichterstatter, sah erstaunt eine französische Kolonne, die ihm entgegenkam, sie marschierte, von einem Kapitän geführt, in vollkommener Ordnung, „... sie hatten aber keine Waffen mehr und hielten den Kopf gesenkt. Ohne Bewachung marschierten sie freiwillig in die Gefangenschaft. Hinter dieser ersten Kompanie sah ich immer neue Gruppen... schließlich waren es 2000 Mann... Unwillkürlich mußte man an Polen denken. Es war unerklärlich. Wie waren solch gigantische Konsequenzen nach der ersten größeren Schlacht, nach dem Sieg an der Maas, möglich? Wie war es möglich, daß französische Soldaten mit ihren Offizieren so völlig niedergeschlagen, so völlig demoralisiert, mehr oder weniger freiwillig in die Gefangenschaft marschierten?"

Überall bot sich das gleiche Bild: „Tote Pferde und verlassene Wagen neben der Straße, die Kisten aus den Wagen gefallen, der Inhalt auf der Straße verstreut — weggeworfene Stahlhelme; Gewehre, Sättel, Ausrüstungsgegenstände. Ich sah in den Gräben tote Franzosen. Ich sah verlassene Geschütze und reiterlose Pferde, oft gab es regelrechte Barrikaden aus Fahrzeugen, Geschützen und toten Pferden..."

In einer Ortschaft stieß Stackelberg auf zwei deutsche Soldaten, die auf einem „befreiten" Grammophon den Schlager aus der Zeit des „komischen Krieges" spielten: „Wir hängen unsere Wäsche an der Siegfriedlinie auf". Ein weinender französischer Oberst stand in der Nähe und sah zu, wie die hilflosen Kolonnen Gefangener vorbeizogen. Auf Fragen gab er seiner Fassungslosigkeit darüber Ausdruck, daß die deutschen Panzer alles so schnell überrannt hatten.

Um 11 Uhr wurde der Kommandeur der 42. Halbbrigade, die Monthermé verteidigt hatte, gefangengenommen; von seinem rechten Nachbarn, der 52. Division, blieben von einer Ist-Stärke von 70 Offizieren und 2600 Mann nur 19 beziehungsweise 500 übrig. Am folgenden Tag wurde der Divisionskommandeur Portzer gefangengenommen. Die Gesamtstärke der 102. Festungsdivision betrug nur noch 1200 Mann. Als Kampfeinheit existierte sie nicht mehr.

Das Schicksal der 61. Division, die nicht frontal angegriffen wurde, war noch weniger ehrenvoll.

Ihr „weicher" Transport wurde von Reinhardts rasenden Panzermännern in einer Aktion überholt, von der Panzerbesatzungen träumen. Auf einer Straße bei Brunehamel fuhren vier Panzer eine Kolonne von 40 Fahrzeugen entlang und schossen sie zusammen. Hundert Mann ergaben sich. Als den Deutschen bereits die Munition knapp wurde, sichteten sie eine weitere Kolonne von 75 Fahrzeugen und vernichteten diese ebenfalls. Als die vier Panzer am nächsten Tag zu ihrer Einheit zurückkehrten, hatten die 13 Mann Besatzung 500 Gefangene gemacht und Hunderte Fahrzeuge erbeutet. Unter solcher Behandlung zerbrach die 61. — eine B-Division — wie ihre Schwestereinheiten bei Sedan. Ihr Kommandeur, General Vauthier, meldete am nächsten Tag im HQ der 9. Armee traurig, daß nur er allein noch übrig sei, wenn auch am folgenden Tag noch insgesamt 700 bis 800 Mann mit drei leichten MG zurückkamen; andere Überlebende der 61. Division wurden in den folgenden Tagen sogar in Compiègne aufgelesen. Man konnte durchaus sagen, daß am Abend des 15. auch Coraps XLI. Korps nicht mehr existierte.

In dem berauschenden Frühlingssonnenschein wurden die deutschen Truppen von einer völlig neuen Stimmung erfaßt. Geschwunden war ihre gewisse Scheu vor der legendären „furia francese".

„Vor uns dehnt sich die Straße", schrieb ein Angehöriger der 6. Panzerdivision. „Über uns ist kein feindlicher Flieger. Der Himmel wird von unseren Flugzeugen beherrscht. Es ist ein wundervolles Gefühl der Überlegenheit. Wir brausen mit 80 Stundenkilometer nach Montcornet an der Serre. Vor der Stadt gibt es einen kurzen Zusammenstoß mit einer französischen Kompanie, die sich aber dann fast ohne Kampf ergibt." Gegen etwas stärkeren Widerstand wurde bei Einbruch der Nacht Montcornet genommen. Seit dem Morgen hatten Reinhardts Panzer von der Maas her 60 km zurückgelegt und waren bis auf eine knappe halbe Fahrtstunde ans HQ der 9. Armee in Vervins herangekommen. Das war der bei weitem schnellste Vorstoß der Deutschen, selbst Reinhardt scheint überrascht gewesen zu sein. Um Mitternacht ließ er die 6. Panzerdivision bei Liart Stellung beziehen, 27 km *östlich* der Stelle, die sie am Abend bereits erreicht hatte. Coraps „Zwischenstellung" war von oben bis unten aufgerissen.

Zurück nach Sedan: Die Schlacht um Stonne

Ohne die Erfolge Rommels und Guderians an beiden Flügeln wäre Reinhardt wohl kaum so glücklich im Zentrum durchgebrochen. Doch zurück nach Sedan, das immer noch den Schlüsselabschnitt bildete:

Am Morgen des 15. mußte Guderian zwei getrennte Schlachten schlagen: eine offensive Durchbruchsschlacht, die die 1. und die 2. Panzerdivision von der Linie Singly - Bouvellemont westwärts fochten, und eine beweglich geführte Abwehrschlacht des Regiments „Großdeutschland" gegen einen Angriff von Süden.

Die Nacht vom 14. auf den 15. hatte General Georges über die Art getobt, wie Huntziger die 3. Panzerdivision eingesetzt hatte. Um 6 Uhr rief er die 2. Armee an und wiederholte seinen Befehl, einen energischen Gegenangriff zu führen. „Die Durchführung ist durch die Lage der Armee links von Ihnen noch unerläßlicher geworden" (das heißt der Coraps). Huntziger gab — obwohl er jetzt viel lieber in der Defensive geblieben wäre — die Weisungen an Flavigny weiter und forderte einen „von Panzern unterstützten" Angriff auf der Achse Bulson - Sedan. Flavigny befahl der 3. Panzerdivision und der 3. motorisierten Division um 11 Uhr 30 (man achte auf den Zeitverlust), um 15 Uhr anzugreifen. Sie sollten in drei systematischen Sprüngen vorgehen: der erste sollte sie bis zur Linie Chémery - Maisoncelle bringen, der zweite auf die Höhen südlich von Bulson und der dritte auf die Stellung von La Marfée - Pont Maugis, die die Maas beherrschte.

Der Angriff sollte nach der klassischen Methode „Infanterie unterstützt durch Panzer" durchgeführt werden, die man seit 1918 an der *École Militaire* lehrte. Eigene Initiative war den Angreifern nicht gestattet, und es war typisch, daß den Befehl ein Infanterist — Bertin-Boussu von der 3. motorisierten Division — und nicht Brocard von den Panzern erhielt.[7] Die 3. Panzerdivision, die am vergangenen Abend „Korke" gebildet hatte, war über einen weiten Abschnitt zu beiden Seiten des Ardennenkanals verteilt. Sie litt zudem, wohl wegen der neuen Panzer und der geringen Erfahrung der Mannschaften, an einer ungewöhnlich großen Zahl von Pannen. Um 14 Uhr 30 meldete Brocard an Flavigny, daß er seine B-Panzer nicht rechtzeitig bereitstellen könne. Der Angriff wurde auf 17 Uhr 30 verschoben. Es war die gleiche alte Geschichte wie bei allen anderen französischen Gegenstößen.

Seiner Ausbildung getreu, wartete „Großdeutschland" jedoch nicht erst ab, bis es von den Franzosen angegriffen wurde. An frühen Morgen stieß es auf die Höhen beiderseits von Stonne vor, um seine Verteidigung um diese Schlüsselposition aufzubauen. Das brachte Flavigny weiter aus dem Gleichgewicht, er mußte einige seiner Panzer und Teile der Infanterie zur Verteidigung einsetzen, die für den Großangriff am Nachmittag gedacht waren.

Stonne liegt, von welligem, bewaldetem Gelände mit eingestreuten Moorstücken umgeben, auf einem steilen Hügel. Der Besitz des Ortes gab einem Angreifer einen unentbehrlichen Ausgangspunkt, während ein Verteidiger nur schwer von dort zu verdrängen war. Den ganzen 15. über wogte die Schlacht, die bisher heftigste im Raum Sedan, hin und her. Stonne wechselte in der brennenden Maihitze mehrmals den Besitzer.

Ein Kompaniechef der 10. Panzerdivision erzählte seinen Panzerbesatzungen, daß sein Großvater 1870 unter Moltke bei Sedan gefallen sei und sein Vater im Weltkrieg im gleichen Raum. „Und wenn ich falle, ist das das Ende meiner Soldatenfamilie." Bei Raucourt stieß er auf französische Pak. Vom offenen Turm aus befehligend, wollte er das Feuer eröffnen, aber die Franzosen kamen ihm zuvor. Eine französische Granate zerschmetterte ihm den Kopf. Die tragische Saga hatte ihren Abschluß gefunden.

Am 15. waren die Panzer nur zum Teil jenseits der Maas. Stonne war ein Tag der Infanterie. „Großdeutschland" hatte es wahrlich nicht leicht. Gegen Mittag erhielt General Schaal von den 10. Panzern „alarmierende Nachrichten über französische Panzerangriffe".

In erster Linie war es der imponierenden Schnelligkeit zu danken, mit der die ausgezeichnet geschulten Männer von „Großdeutschland" die Pak einsetzten, daß das Regiment bei Stonne nicht überrannt wurde. Leutnant Beck-Broichsitter, der Kommandeur der 14. Kompanie (Pak), schildert den Kampfverlauf: „In dem Ort finden wir verlassene Häuser, überwachsene Gärten, romantische alte Brunnen . . . Wir gehen durch die Dorfstraßen vor. Grenadiere aller Kompanien laufen herum. Sie haben keine Befehle. Ein zerschossener deutscher Panzer liegt in einem Graben. Ein Offizier und ein Feldwebel stehen mit Pistolen in der Hand in der Nähe. Ein Mann der Panzerbesatzung in staubig-schwarzer Uniform liegt tot im Gras. Sein Gesicht ist gelb. Vom Wasserturm kommt Gewehrfeuer! Eine Staubwolke steigt auf, ein französischer Panzer kommt auf uns zu. Wir springen hinter ein Haus, er donnert nahe an uns vorbei. Der Ortsrand wird vom Wasserturm aus mit MG-Feuer belegt. Unsichtbare Geschütze feuern oft ganz unvermittelt vom bewaldeten Hügel hinter uns — eine verworrene Situation."

Nachdem die Kompanie drei ihrer leichten 3,7-Pak nach vorn gebracht hat, tauchen sechs französische Panzer auf, es folgt ein erbittertes Duell. Mehrere Panzer werden zerstört, eine ihrer Granaten schlägt dicht neben Beck-Broichsitter in die Mauer. „Die Schüsse kommen allmählich näher, die Panzer bringen frische Infanterie ins Gefecht. Ihre Stärke ist in den Gärten schwer abzuschätzen. Die Situation wird kritisch, der Kampfwille der Soldaten läßt in dem schweren Feuer nach. Alle sind am Ende ihrer Kraft, sie haben seit dem 10. Mai gekämpft."

Das deutsche Feuer wird schwächer. Nach einem neuen französischen Angriff vom Wasserturm her, erscheinen weitere Panzer. Beck-Broichsitter schildert weiter: „Die Lage ist sehr ernst. Die andere Pakabteilung hat alle Hände voll zu tun. Wie sollen wir die neu angreifenden Panzer aufhalten? Das Feuer wird schwerer, alles scheint zu brennen. Auf der Straße liegen unsere Toten, immer mehr Verwundete verschwinden nach hinten.

Etwa zehn französische Panzer rollen in breiter Front heran, mit etwa 40 Stundenkilometer drehen die Fahrer die Panzer herum und feuern. Unsere drei Geschütze werden mitten auf der Straße getroffen, es gibt sofort Verwundete, aber die Abteilung hält. Das Duell beginnt. In einem stundenlangen Gefecht hält Hindelangs Abteilung mit ihrem Feuer die angreifende Infanterie nicht nur auf, sondern erwidert auch das Flankenfeuer vom Wasserturm und dem bewaldeten Hügel. Der Kampf um das Dorf läßt nach, an den zähen französischen Angriffen zerbröckeln einige unserer Infanteriekompanien. Geschütze auf Selbstfahrlafetten helfen wieder und wieder... Vier schwere Infanteriegeschütze gehen ungedeckt in Stellung und feuern mit 15-cm-Granaten auf den Wasserturm. Er gibt aber nicht auf. Die Verluste werden schwerer. Einige der Pakgeschütze sind voller Löcher, aber sie feuern weiter."

Beck-Broichsitters Pak werden jetzt von drei der 32-t-B-Panzer beschossen: „Aus 100 Meter zerschießt einer das Geschütz und feuert mit dem MG auf die Trümmer. Der Geschützführer — Feldwebel Kramer — wird verwundet, sein Ladeschütze ist schwer getroffen, der zweite ist gefallen. Unter MG-Feuer kriecht der verwundete Kramer zu den Ladeschützen und zieht ihn mit unsäglicher Mühe in ein Haus."

Das Feuer der drei schweren Panzer droht die Pakabteilung zu vernichten, aber sie bleibt in Stellung. Einer der Kolosse fährt vorne seitlich vorbei. Der Führer der linken Pak, Unteroffizier Giesemann, entdeckt in der Mitte eine kleine gestreifte Fläche, offensichtlich der Kühler. Sie ist nicht viel größer als ein Munitionskasten. Er zielt darauf, eine Flammenzunge schießt aus dem Panzer. Beide Geschützführer feuern jetzt auf das kleine Viereck an der Seite der Panzer. Gleich darauf wird das linke Geschütz durch einen Volltreffer vernichtet. Hindelang zieht sich mit dem letzten Geschütz ins Dorf zurück, aber die drei 32-Tonner sind erledigt."

Der Regimentsgeschichte von „Großdeutschland" zufolge rettete die Tat

Oberfeldwebel Hindelangs die Front von Stonne; er und Beck-Broichsitter erhielten dafür das Ritterkreuz. In der zehnstündigen Schlacht verlor die 14. Kompanie einen Offizier und zwölf Mann an Gefallenen und sechzehn Verwundete. Zwölf ihrer Fahrzeuge und sechs der zwölf Geschütze wurden zerstört, während sie 33 Panzer abgeschossen haben will. Aus deutscher Sicht war die Lage bei Stonne einmal äußerst kritisch. Guderian, der das Regiment während eines französischen Angriffs besuchte, bemerkt, daß eine „nervöse Spannung zu erkennen war". Kurz nach 17 Uhr meldete Graf Schwerin, der Regimentskommandeur, an General Schaal, seine Männer seien wieder aus Stonne geworfen worden, „sie befinden sich im Zustand völliger körperlicher Erschöpfung und sind kaum mehr kampffähig". Alle verfügbaren Schützenkompanien der 10. Panzerdivision wurden zur Unterstützung des schwankenden „Großdeutschland" vorgeworfen, während man einem neuen französischen Panzerangriff von etwa 50 Panzern bei Raucourt Panzer entgegensandte. Um 18 Uhr meldete das Kriegstagebuch der 10. Panzerdivision „einen weiteren starken feindlichen Panzervorstoß bei Chémery", der sehr gefährlich schien, weil er im Falle des Gelingens das nach Westen schwenkende XIX. Korps in die Flanke getroffen hätte.

Worin bestand nun die französische Anstrengung, die den Deutschen solche Sorge bereitete? Am Morgen waren ein Bataillon (das 45.) leichter H-39 und eine Kompanie schwerer B-Panzer der 3. Panzerdivision sowie ein Bataillon Infanterie vorgeworfen worden, um den Angriff „Großdeutschlands" auf Stonne aufzuhalten. Um 17 Uhr 30 begann dann Flavignys Großangriff. Nach General Rubys Worten war er jedoch auf einen „Faustschlag" reduziert worden. Nur das 39. Bataillon B-Panzer und einige leichte H-39 griffen an, sie waren aber kaum im Gefecht, als General Brocard den Angriff einstellte; Brocards zwei andere Panzerbataillone am Ardennenkanal nahmen an dem Angriff überhaupt nicht teil.

Selbst die Deutschen waren von der Tapferkeit der Panzerbesatzungen beeindruckt. Hauptmann Aulois, ein Weltkriegsveteran und Chef einer B-Panzer-Kompanie, die vier ihrer „B" bei Stonne verloren hatte, wurde verwundet aus seinem zerstörten Panzer gezogen und von seinen Gegnern zu seiner Tapferkeit beglückwünscht. Was ein Angriff Flavignys in voller Stärke erreicht hätte, kann aus der Sorge geschlossen werden, mit der die 10. Panzerdivision den Vorstoß schon einiger weniger Tanks bei Chémery beobachtete. General Hoth, Rommels Korpskommandeur, schrieb: „Mit der Verschiebung des Angriffs haben die Franzosen eine günstige Gelegenheit versäumt, ein entschlossen geführter Gegenangriff hätte die Niederlage in einen Sieg verwandelt."

Es war die letzte günstige Gelegenheit, die die Franzosen auf dem Schlachtfeld von Sedan erhalten sollten. Am Abend wurde Brocard von Huntziger in die Reihen der ihres Dienstes enthobenen Generale geschickt.

Die Franzosen ebenso wie das erschöpfte „Großdeutschland" taumelten von Stonne zurück — aber schon am nächsten Morgen drangen die Deutschen „gegen nur leichten Widerstand" erneut in den Ort ein.

Später kam in Gestalt der 29. motorisierten Division[8] die Ablösung für „Großdeutschland"; die 29. war die erste Division von Wietersheims XIV. motorisiertem Infanteriekorps, das hinter Guderian dreingehastet war.

Wie Kielmannsegg sagt, war es eine sehr willkommene und dringend nötige Ablösung für die erschöpften Verteidiger der Südfront. „Großdeutschland" hatte 9 Offiziere und 49 Mann an Toten und 30 Offiziere und 429 Mann an Verwundeten und Vermißten verloren — wahrscheinlich die schwersten Verluste, die eine deutsche Einheit in dem Feldzug bisher erlitten hatte.[9]

Die entscheidende Schlacht bei Stonne war jedoch gewonnen. Oberst Graf Schwerin hatte die Kiste Champagner, die er mit Guderian gewettet hatte, mehr als verdient. Am 16. mußten nur noch die restlichen Panzer der 3. Panzerdivision erledigt werden, die das französische Oberkommando so sinnlos vergeudet hatte.

1. und 2. Panzerdivision: erbitterter Widerstand

Im Vergleich zu der glänzenden Leistung von Reinhardts XLI. Panzerkorps erschienen die Fortschritte der 1. und 2. Panzerdivision am 15. fast unbedeutend. Ihre Energie galt vor allem der Vollendung des komplizierten Richtungwechsels sowie der Zerschlagung der letzten Reste des Widerstands, der noch vor dem „weichen Innern" Frankreichs anzutreffen war. Woraus bestanden diese Elemente?

Am vorhergehenden Tag hatte General Georges General Touchon, im Weltkrieg als Kommandeur eines Regiments Alpenjäger oftmals verwundet, mit der Übernahme einer „Armeeabteilung" an der Front beauftragt. Er sollte „die Verbindungen wiederherstellen und die Flanken der 2. und 9. Armee durch eine Koordination der Tätigkeit in diesem Raum zusammenschweißen". Touchon scheint den 14. vergeudet zu haben, indem er verschiedene Untergebene besuchte, er erreichte Huntzigers Gefechtsstand erst um 16 Uhr und Rethel um 19 Uhr. Am nächsten Tag gab er in seinem neuen Gefechtsstand in Château Porcien um 14 Uhr seinen ersten Befehl, „die zweite Linie in Liart - Signy - l'Abbaye - Poix-Terron und Bouvellemont um jeden Preis zu halten". Dann machte er sich auf die Suche nach General Libaud vom XLI. Korps. Aber Libauds HQ war verlassen. Bei der Rückkehr nach Château Porcien wurde Touchon durch deutsche Panzer beschossen und entkam nur mit Mühe. Er verlegte sein HQ nach Hermonville, 15 km nordöstlich von Reims.

Die der Armeeabteilung Touchon — der späteren 6. Armee — ursprünglich zur Verfügung gestellten Kräfte waren das XLI. Korps, die südlichste Einheit von Coraps Armee, Etchberrigarays 53. Division, Chanoines Kavallerie-„groupement", die 14. Division, später auch die 2. Panzerdivision und die wehrlosen Überbleibsel von Grandsards X. Korps. Wir wissen bereits, wie weitgehend das XLI. Korps am 15. bereits zerschlagen und wie sehr der Kampfwert der 53. Division gesunken war. Über die tragische Sage der 2. Panzerdivision ist noch zu berichten. Die 14. Division unter dem Befehl des Generals de Lattre de Tassigny, eines Kompaniechefs bei Verdun, der später Maréchal de France (Generalfeldmarschall) und einer der Helden der Befreiung werden sollte, war eine der besten Infanterieeinheiten der Armee. Aus Lothringen entsandt, war sie aber eben erst bei Château Porcien an der Aisne, westwärts Rethel, angekommen, deshalb konnte nur eines ihrer Regimenter, das 152., an dem Kampf dieses Tages teilnehmen. Dieses Regiment leistete bei Bouvellement den Hauptwiderstand gegen Guderians Rechtsschwenkung, ähnlich wie weiter im Norden Oberst Marcs 3. Spahibrigade bei La Horgne.

Auf der anderen Seite trug wieder der unerschrockene Oberst Balck mit seinen Grenadieren der 1. Panzerdivision die Hauptlast des Kampfes. Den ganzen Tag über hämmerte er auf die tapferen Spahis und die Männer de Lattres ein. Einmal scheinen die ermüdeten Schützen Balcks durch ihre hohen Verluste entmutigt worden zu sein. Mehr als die Hälfte der Offiziere war tot oder verwundet, mehrere Kompanien hatten nur wenig mehr als die Hälfte ihres Bestandes. An diesem brennendheißen Tag erhielten sie kaum Verpflegung oder Getränke. Mehrere Offiziere beklagten sich über die immer neuen Anforderungen an die Truppe, Balck allein war es klar, daß sie vor der allerletzten französischen Widerstandslinie lagen. „Plötzlich", schrieb einer seiner Unteroffiziere, „erschien unser Regimentskommandeur. Wie ein Turm in der Schlacht stand er da, in Feldmütze, mit Stock, Gasmaske und Pistole. Rasch informierte er sich über die Lage und gab sofort die von uns erwarteten Befehle."

Guderian, der Balck am folgenden Tag in den brennenden Trümmern von Bouvellement besuchte, berichtete: „Die Munition wurde knapp. Die Männer in der ersten Linie schliefen in den Gräben ein; Balck selbst, in Windjacke und mit seinem Knotenstock, sagte mir, die Einnahme des Orts sei nur gelungen, weil er selbst, als sich seine Offiziere gegen die Fortsetzung des Angriffs ausgesprochen hatten, erwidert habe: ‚In diesem Fall nehme ich den Ort allein!', und weggegangen war. Darauf folgten ihm seine Männer. Sein schmutziges Gesicht und seine rotgeränderten Augen verrieten mir, daß er einen harten Tag und eine schlaflose Nacht hinter sich hatte."

Bei Einbruch der Nacht mußte sich de Lattres Regiment gegen Rethel zurückziehen. Obwohl es etwa zwanzig deutsche Panzer abgeschossen hatte,

hatte es seine gesamte Pak und ein Drittel seiner Männer verloren. In La Horgne hatte das 3. Spahiregiment mit noch grimmigerer Entschlossenheit gekämpft und seinen verhängnisvollen Rückzug von der Semois mehr als gutgemacht. Von Panzern und Infanterie angegriffen, hatte die Brigade bis 18 Uhr Widerstand geleistet, bis sie buchstäblich ausgelöscht war. Oberst Marc wurde in seinem Gefechtsstand gefangengenommen, seine zwei Regimentskommandeure, die Obersten Burnol und Geoffroy, waren gefallen; von 37 Offizieren waren 12 tot und 7 verwundet, die Verluste der Mannschaften bewegten sich in ähnlichem Rahmen. Balck erhielt für diesen Tag das Ritterkreuz und wurde, ein seltener Fall, im Wehrmachtsbericht namentlich erwähnt.

Wenn auch der Widerstand bei La Horgne und Bouvellemont den Schwung der 1. Panzerdivision bremste, brach die 2. Panzerdivision ohne Mühe durch die ungeordneten Teile der 53. Division. Am Abend stellten ihre Aufklärungsabteilungen bei Montcornet bereits die Verbindung mit Reinhardts Panzern her. Die Linie Signy - l'Abbaye - Poix-Terron, die um jeden Preis hatte gehalten werden sollen, war nun nicht mehr als eine „Eintragung im Logbuch eines Stabsoffiziers". Guderians Weg nach Westen lag ungehindert offen. Viel bedeutender war jedoch die Tatsache, daß aus den drei getrennten Brückenköpfen jenseits der Maas binnen 24 Stunden eine 110 km breite Bresche geworden war — eine Bresche ohne Boden. Vielleicht ist es daher keine Übertreibung, wenn man, wie mehr als nur ein französischer Historiker, sagt, Frankreich habe bereits am 15. Mai den Krieg verloren.

Die französische 2. Panzerdivision entzweigeschnitten

Auf dem Papier blieb noch General Bruchés 2. Panzerdivision bestehen. Aber keine andere Einheit, die den deutschen Durchbruch aufhalten sollte, erlebte ein traurigeres und sinnloseres Schicksal. Wie ihre Schwesterdivisionen war die im Januar 1940 aufgestellte 2. Panzerdivision am 10. in der Champagne gelegen. Am nächsten Tag bestimmte General Georges sie zusammen mit der 3. Panzerdivision als Verstärkung der 2. Armee, schien das aber in den nächsten 48 Stunden vergessen zu haben. Am Nachmittag des 13. sandte Georges sie schließlich hinter der 1. Panzerdivision her nach Charleroi und weg von der Hauptgefahrenzone bei Sedan, wo Guderian bereits über die Maas gegangen war. Weil die Panzertransportwagen knapp waren, wurden die Panzer und andere Kettenfahrzeuge mit der Bahn transportiert, während die Nachschubkolonnen mit eigener Kraft auf Rädern fuhren. Da der Transport der 1. Panzerdivision fast alle zur Verfügung stehenden Flachwagen beansprucht hatte, zog sich das Verladen der 2. Division im

Bahnhof Châlons vom Nachmittag des 14. bis zum Morgen des 15. hin. Deutsche Bombenangriffe kamen hinzu; als Folge war die 2. Panzerdivision im denkbar ungünstigsten Augenblick auf einen weiten Raum verteilt. Als sich Bruché am Morgen des 14. im HQ der 1. Armee meldete, mußte er Blanchard gegenüber zugeben, er wisse nicht, wo seine verschiedenen Einheiten wären, noch in welcher Reihenfolge sie eintreffen würden. Man sagte dem armen Mann, seine Division sei Corap zur Verfügung gestellt worden. Als sich Bruchés Verbindungsoffizier am nächsten Tag im HQ der 9. Armee meldete und erklärte, die Änderung der Pläne mache einen Angriff vor dem Mittag des 17. unmöglich, sagte man ihm: „Die 2. Panzerdivision gehört uns nicht mehr. Sie ist der Armeeabteilung Touchon unterstellt worden, an die wir Ihre Meldung weitergeben." Inzwischen wurde die Straßenkolonne, die eben Guise erreicht hatte, auf Georges' Anweisung hin ostwärts nach Signy-l'Abbaye, der südlichen Verankerung von Coraps „Haltelinie", umgeleitet, während die Panzer in Hirson ausgeladen und mit eigener Kraft nach Signy in Marsch gesetzt wurden.

Während aber das Manöver — es war so kompliziert, daß dafür das Geschick eines Guderian nötig gewesen wäre — durchgeführt wurde, stießen Reinhardts Panzer auf dem Weg nach Montcornet bereits durch Signy. Bei einer von Bruchés Batterien, die am 15. um 17 Uhr bei Blancheflosse (nahe Brunehamel) auf der Straße überrascht wurde, wurden zehn ihrer zwölf Geschütze von Panzern überfahren; eine weitere Batterie, die von Traktoren gezogen wurde, weil keine Flachwagen mehr vorhanden waren, löste sich in Luft auf. Ohne es zu wissen, hatte Reinhardt einen Keil durch das Zentrum der 2. Panzerdivision getrieben. Die Straßenkolonne, die weiter gekommen war als die Panzer, wurde nach Süden abgedrängt und suchte bei Rethel hinter der Aisne Schutz. Die Panzer, die von dem Bahnendpunkt Hirson nach Südosten fuhren, stießen längs der Straße Liart - Rozoy völlig unerwartet auf Panzer und wurden nach Norden abgedrängt. Im Morgengrauen des 16. lagen also fast alle Panzer Bruchés in einem weiten Raum zwischen Saint-Quentin und Hirson verstreut auf der einen Seite von Reinhardts Panzerkeil, ohne Nachschub und unter Verlust der halben Artillerie. Auf der anderen Seite, südlich der Aisne, befand sich General Bruché selbst mit den Räderfahrzeugen der Division, einer Batterie, einer Kompanie leichter H-39 und vier verirrten Panzern B sowie zwei Kompanien Jäger. So war der dritte und letzte von Georges' „Türmen" zerbrochen, ehe er überhaupt eingesetzt werden konnte. Um die Situation noch schlimmer zu machen, blieben sowohl General Georges wie auch Touchon längere Zeit über den wahren Stand der Dinge bei der 2. Panzerdivision im unklaren.

Im Morgengrauen des 13. hatte Billotte mit Georges telephoniert: „Die 9. Armee ist in einer kritischen Situation... Es ist unbedingt nötig, der schwankenden Armee Leben einzuflößen. General Giraud, dessen Energie bekannt ist, erscheint mir als der geeignetste Mann für diese schwierige Aufgabe." Etwas später erkannte Georges bei einem Telephongespräch mit dem unglücklichen Corap, daß dieser die „Kaltblütigkeit verloren" hatte; am Abend nahm man dem alten Kolonialsoldaten die Reste seiner zerschlagenen Armee weg. „Ich fuhr am 16. um 4 Uhr", schrieb Corap, „mit gebrochenem Herzen."[10] Giraud, sein Nachfolger, den Beaufre „unseren feurigsten Kommandeur" nennt, wird von Sir Alan Brooke weniger schmeichelhaft als Don Quichotte geschildert, der „ohne Rücksicht auf die Folgen tapfer gegen jede Windmühle geritten wäre" und der „einem (Brooke), wenn er auf der linken Flanke operiere, wenig Vertrauen einflöße". Um die Lage an der Front der 9. Armee wiederherzustellen, war aber mehr als quichottisches Feuer nötig. Genügten zudem die Teile seiner 7. Armee, die das Fiasko von Breda überlebt hatten und ihm nun zur 9. Armee folgten, um die klaffenden Löcher zu stopfen, die dort aufgerissen worden waren? In der Nacht sandte Giraud eine erste beunruhigende Meldung über die Situation an Billotte: „Vom XI. Armeekorps habe ich keine Nachrichten. Sancelmes Division (die 4. nordafrikanische) scheint Teile im Raum von Philippeville zu haben. Keine Meldungen von der 18. und der 22. Division, die desorganisiert zu sein scheinen. Vauthiers (61.) Division hat Rocroi aufgegeben und zieht sich in die zweite Linie zurück. Die 1. Panzerdivision hat heute morgen einen Schlag im Raum Mettet geführt. Sie soll einen weiteren im Raum von Philippeville führen, ich habe jedoch keine Informationen. Mein Eindruck ist ernst, besonders zu meiner Rechten wegen des schnellen Vorgehens der Panzer."

Mitten in der Nacht erhielt Giraud die verheerende Nachricht, daß Panzer in Montcornet, knapp 20 Kilometer südlich des Armeehauptquartiers in Vervins, eingedrungen seien.

Inzwischen im Norden...

Im Norden wurden die BEF neuerdings von der 6. Armee angegriffen, die Befehl hatte, ein „Festsetzen der Alliierten in der Dyle-Stellung zu verhindern". Wieder wurden die Deutschen abgewiesen.

Lord Gort konnte schließlich mit der Leistung der BEF zufrieden sein; die Truppe ihrerseits, die ja nur ihre eigene Front sah, war sich keines Grundes bewußt, warum man nicht weiterhin in der Dyle-Stellung bleiben sollte. Am Nachmittag war rechts bei der französischen 1. Armee ein kleiner Einbruch erfolgt, im großen und ganzen hielt jedoch die Linie Antwerpen - Namur. Dann wurde aber die Freilegung der rechten Flanke Blanchards durch die Auflösung der 9. Armee zum dominierenden Faktor. Am 15. um 18 Uhr erkannte Billotte zum erstenmal den ganzen Ernst des deutschen Durchbruchs an der Maas; er entschied, die ganze alliierte Linie im Norden an die Schelde zurückzuverlegen, in die Stellung also, die geplant gewesen war, ehe Gamelin den ehrgeizigen Dyle-Plan entworfen hatte. Der Rückzug sollte in drei Nächten bewerkstelligt werden und am 19. Mai beendet sein. Blanchard wurde sofort von Billottes Absicht benachrichtigt. Gort anderseits erfuhr davon erst am nächsten Morgen um 5 Uhr, als er, beunruhigt über die Nachrichten aus dem Süden, einen Stabsoffizier zum HQ der Armeegruppe Nr. 1 sandte, der dort den Befehl sah. Gort ließ dann die Belgier durch Generalmajor Needham, den Chef der britischen Militärmission beim belgischen HQ, davon informieren, was geplant war. Needham wurde aber bei einem Autounfall schwer verletzt, so daß die unglücklichen Belgier erst am 16. um 10 Uhr von Billottes Absicht erfuhren. Gorts Vertrauen zum französischen Oberkommando war nun noch mehr erschüttert, während die Belgier äußerst verbittert waren; ihr stellvertretender Stabschef, General Derousseaux, behauptet, „es war meine schlimmste Erfahrung in dem Feldzug, der Generalstab war wie betäubt". Als die Soldaten der BEF von Billottes Rückzugsbefehl hörten, waren sie nach der erfolgreichen zweitägigen Verteidigung ebenfalls „wie gelähmt" und sehr enttäuscht. Niemand konnte begreifen, was im Süden geschehen war.

Die RAF bombardiert das Ruhrgebiet, Reynaud bittet um weitere Hurricanes

Auch in der Luft fanden am 15. wichtige Ereignisse statt. Um 6 Uhr 30 hatte General Têtu aus Georges' HQ angerufen, d'Astier solle die Priorität von der 2. zur 9. Armee verlegen, wobei es für die Selbsttäuschung in den höheren französischen Stäben typisch war, daß er hinzusetzte: „Ich höre, daß die Situation bei der 9. Armee weniger ernst ist, als man glauben könnte, ihr Rückzug ist kontrolliert . . ." Was die Alliierten aber an diesem Tag in die Luft schicken konnten, spiegelte nur allzu genau die grimmigen Verluste der letzten fünf Tage wider. Zum Schutz der ganzen Nordostfront einschließlich Paris konnte General d'Astier nur 237 Jagdeinsitzer, 38 Nachtjäger und 38 Bomber aufbringen. Mittags mußte er zugeben, daß die Hälfte seiner Jäger durch Bombenangriffe unbrauchbar gemacht worden waren. Seine „aviation de chasse" (Jagdeinheiten) konnte im Vergleich zu den 340 am 14. nur etwa 200 Einsätze fliegen, bei sieben eigenen Verlusten will sie dabei 21 Abschüsse erzielt haben. Das genügte schwerlich, um Coraps Armee vor den Stukas zu schützen, die sie heimsuchten wie Fliegen das Aas.

Von den Frankreich verbliebenen Bombern sollten sechs Léo 45 Flavignys Gegenangriff im Abschnitt Sedan unterstützen, neun Bréguets vom „Groupement 18" bombardierten Reinhardts Panzer, die aus Monthermé ausbrachen. Die Bréguets warfen ihre Bomben aus 450 Meter Höhe und kehrten alle sicher heim, was die Moral stärkte — wenn man das Trefferergebnis auch nicht sehr genau überprüfte. Typisch war die Bombardierung eines Heinkel-Flugplatzes durch eine einzelne französische Maschine, die ihre Bomben 500 Meter von den Baracken entfernt in einen Wald warf und dann heimflog.

Die erbarmungslose Bombardierung der französischen Verstärkungen und Nachschubkolonnen wurde inzwischen fortgesetzt. Tag um Tag schlichen die unheimlichen Arado-Aufklärer, die weder durch Kleingewehrfeuer noch durch Jäger vertrieben werden konnten, über die französischen Linien hinweg, bis dann die Heinkel und Dornier zuschlagen konnten.

Die britische Leistung am 15. übertraf die Franzosen keineswegs. Nach ihren erschreckenden Verlusten am 14.[11] wurden die verwundbaren Battle aus dem Tageseinsatz zurückgezogen, man beschränkte sich auf einen Angriff auf Rommels Kolonnen bei Dinant, der aber weder von Rommel selbst noch vom Kriegstagebuch der Division registriert wird. Während der Nacht wurde jedoch ein Unternehmen durchgeführt, das zwar den Verlauf der Schlacht in keiner Weise beeinflußte, bestimmt aber den Charakter des Kriegs veränderte. Wütend über den Luftangriff auf Rotterdam, verwarf das britische Kriegskabinett die Skrupel, die bisher eine strategische Bombardierung des Ruhrgebietes verhindert hatte. Man redete sich ein, daß schwere nächtliche Bombenangriffe die Luftwaffe in erster Linie dazu zwingen würde, Jäger aus Frankreich abzuziehen, um das Ruhrgebiet zu schützen, und daß zweitens der deutsche Schrei nach Vergeltung einen Teil der Bomber, die jetzt die französische Armee zerschlugen, gegen die britischen Inseln ablenken würde. Mit etwas weniger altruistischen Motiven hoffte der Luftwaffenstab zudem insgeheim, daß nächtliche Angriffe billiger zu stehen kommen würden, nachdem sich Tagesangriffe als so verheerend kostspielig erwiesen hatten. In dieser Nacht wurden daher 96 Wellington-, Whitley- und Hampden-Bomber nach Nordwestdeutschland gesandt. 78 wurden auf Ölraffinerien angesetzt, aber nach der amtlichen RAF-Geschichte behaupteten nur 24 Besatzungen, sie überhaupt gefunden zu haben. Wie so viele Angriffe in der Folge erzielte dieser erste strategische Bombenangriff nur geringfügige Ergebnisse. Kein einziges Flugzeug, keine Flak wurde aus Frankreich abgezogen. Goebbels Propagandamaschine schrie nach Rache, die aber erst nach dem Fall Frankreichs erfolgen sollte.

Am selben Tag fiel in London eine zweite strategische Entscheidung von wahrhaft historischer Bedeutung. Zum Zeitpunkt des deutschen Angriffs befanden sich zehn von Englands allzu spärlichen Jagdgeschwadern in Frankreich, am 13. hatte man das Äquivalent von zwei weiteren Hurricane-Geschwadern entsandt. Deutsche Bomberbesatzungen bezeugen, daß die Briten viel energischer angriffen als die französischen Moranes; aber das war alles nur ein Tropfen auf einen heißen Stein. Am Abend des 14. rief Reynaud Churchill fast flehentlich an und bat, ihm weitere zehn Staffeln nach Sedan zu entsenden. Am nächsten Tag wurde diese Bitte Gegenstand einer erbitterten Kontroverse im Kabinett. Luftmarschall Dowding vom Jägerkommando widersetzte sich energisch. Mit einem vor Spannung weißen Gesicht ging er um den langen Konferenztisch, bis er hinter Churchills Stuhl kam. Jahre später bemerkte Dowding: „Ich glaube, einige der anderen dachten, ich würde ihn erschießen." Er legte aber nur ein Blatt Papier mit einer graphischen Darstellung vor den Premierminister hin. Sie zeigte die wahrscheinliche Verlustrate in den nächsten zehn Tagen, falls die Hurricane nach Frankreich geschickt würden. Am zehnten Tag erreichte die Linie den Nullpunkt. Wenn die gegenwärtigen Verluste weitergingen, würde es in 14 Tagen weder in Frankreich noch in England eine Hurricane geben. Dowding sagt, die Zeichnung „habe es geschafft". Zögernd schloß sich das Kabinett seiner Ansicht an.

Inzwischen brachte der Abend des 15. Mai in Frankreich der AASF eine neue Bedrohung. Zwanzig Jäger waren bei dem Schutz der vorgeschobenen Luftbasen verlorengegangen, jetzt wurden diese Flugplätze von den vorrückenden Panzern bedroht. Kurz vor Mitternacht beschloß Luftmarschall Barratt, einen Teil der bedrohten Kampfeinheiten nach Süden zu verlegen. Mitten in der Schlacht und angesichts der beschränkten Transportmöglichkeiten war das ein ungeschickter Schachzug. Gleichzeitig sperrte er sein vorgeschobenes HQ in Chauny zu und zog sich in das HQ in Coulommiers zurück.

Kleist und Guderian uneins

Hinter den Kulissen des deutschen Oberkommandos, wo man doch eigentlich hätte lauten Jubel erwarten können, herrschten im Gegenteil Ungewißheit und Zwietracht. Offenen Ausdruck fand diese Stimmung in der dritten Auseinandersetzung zwischen Kleist, dem Befehlshaber der Panzergruppe, und Guderian. Der vorsichtige Kleist wollte Guderian in einem kleinen Brückenkopf westlich Sedan zurückhalten und erst Kräfte sammeln lassen, ehe man weiter angriff. Kleists HQ befahl, so sagte Guderian, „Halt für alle weiteren Angriffe und eine Ausweitung des Brückenkopfes. Ich wollte und konnte diesen Befehlen nicht zustimmen, denn es hätte bedeutet, das Element der Überraschung und den ganzen Anfangserfolg zu opfern, den wir erzielt hatten. Ich setzte mich daher zuerst mit Oberst Zeitzler, dem Stabschef der Panzergruppe, und als das nicht genügte, mit General von Kleist persönlich in Verbindung und bat, den Haltebefehl zu widerrufen. Das Gespräch wurde sehr hitzig; wir wiederholten unsere Argumente mehrmals".

Wütend schrie Guderian einen bissigen Vergleich mit der Marneschlacht in den Apparat, wo — jedenfalls nach Ansicht deutscher militärischer Kreise — eine Einmischung des Oberkommandos die deutschen Armeen zum Halten und am Rand des Sieges zur Umkehr veranlaßt hatte.[12] Es war, stellt Guderian fest, „ein Hinweis, der von seinem Vorgesetzten nicht allzu gut aufgenommen wurde". Zögernd lenkte Kleist aber ein und gab Guderian die geforderte „Bewegungsfreiheit".

15. KAPITEL

„Wir haben
die Schlacht verloren!"
16. Mai

Nur der ist besiegt, der die Niederlage hinnimmt.

Foch

Dem Feind ist es nicht gelungen, unsere Front zu durchbrechen und aus dem Raum Sedan - Mézières herauszukommen. Er hat Welle um Welle, Division auf Division in die Schmelzofen geworfen. Unsere Ebenen, unsere Felder und unsere Straßen sind mit seinen Leichen übersät ... Wir müssen es sagen und wieder sagen und es in die vier Winde von Frankreichs Himmel schreien: „Er wollte durchbrechen wie bei Verdun, und er kam nicht durch!"

„L'Epoque", 16. Mai

Südwestlich Namur erweiterten unsere Divisionen ihre Erfolge auf dem Westufer der Maas und schlugen dabei erneut französische Panzerkräfte. Südlich Sedan wurden französische Gegenangriffe, die unter Einsatz schwerster Panzer geführt wurden, abgewiesen.

Wehrmachtbericht, 16. Mai

Eine gewisse Zahl deutscher Kampffahrzeuge konnte vorstoßen, sie waren aber nicht stark genug und operierten wie verirrte Kinder ... Die deutschen Panzer werden bald weder Treibstoff noch Munition haben.

Havas, 17. Mai

Rings um Sedan halten die Franzosen noch die Stellungen, die sie einnahmen, nachdem sie den feindlichen Angriff zum Stehen brachten. Am linken Maasufer ist die Lage weniger klar, obwohl die Fortschritte, die die Deutschen dort gemacht haben mögen, relativ geringfügig sind.

„The Times", 17. Mai

Am siebenten Tag des Feldzuges verlagert sich das Hauptinteresse von den zerschlagenen Fronten Huntzigers und Coraps zu den Kriegsräten auf beiden Seiten, wo sich die Führer von nun an verzweifelt bemühen, mit dem unglaublichen Tempo der Ereignisse Schritt zu halten. Für die Deutschen wurde die Schnelligkeit des Vorstoßes von neuen Zweifeln und der Furcht vor Rückschlägen begleitet. Im alliierten Oberkommando erkannte man in der Nacht des 15. und am folgenden Morgen endlich das Ausmaß der Katastrophe an der Maas. Vor diesem verspäteten Erwachen müssen wir aber wohl zuerst die Geschehnisse in Vincennes und La Ferté an den vorhergehenden Tagen verfolgen.

Nachdem Gamelin als Oberbefehlshaber seine Dispositionen getroffen hatte, überließ er deren Ausführung General Georges, dem Befehlshaber der Nordostfront. Ihre Beziehung ähnelte der zwischen den Generalen Alexander und Montgomery bei El Alamein (man darf dabei aber die tiefe Abneigung Gamelins und Georges gegeneinander nicht vergessen!); wenn Sedan so glücklich verlaufen wäre wie El Alamein, würden die Historiker in Gamelin jetzt zweifellos einen hervorragenden Feldherrn sehen. Am 10. Mai zeigte sich Gamelin mit der Entwicklung des deutschen Angriffs „sehr zufrieden", dann beschäftigte er sich drei Tage lang mit „Organisationsfragen" mit besonderem Gewicht auf Holland, dem er sich wegen seines Geisteskindes, der Breda-Variante, besonders verpflichtet fühlte.

Obwohl er über den Verlauf der Schlacht schlecht informiert war, suchte er Georges nur einmal (am 11. Mai) in La Ferté auf. Dabei hatte er mit „einem gewissen Erstaunen" davon erfahren, daß Georges seine Vollmacht, die Bewegungen der BEF und der belgischen Armee zu koordinieren, an Billotte übertragen hatte. Obwohl er das als „Abdankung" kritisierte, hatte er sich damit abgefunden, weil „es oft besser ist, ein Fait accompli hinzunehmen, als es zu riskieren, in die Entscheidungen eines Befehlshabers einzugreifen". Am 12. blieb er La Ferté absichtlich fern, er erklärte, es sei „nicht schicklich", dorthin zu gehen, während Georges die Front in Belgien besuchte. Am nächsten Morgen — Guderian setzte zum Maasübergang an, und Rommel hatte bereits einen Brückenkopf bei Houx gebildet — besuchte Gamelin Georges wieder und behauptet (in seinen Memoiren), „er sei durch die Erkenntnis erschüttert worden, daß man keine stärkeren Reserven an die Front geschickt hatte". Nichts deutete aber darauf hin, daß Gamelin eingegriffen oder auch nur Alternativvorschläge gemacht habe. Am 14. war er am Morgen und wieder am Nachmittag in La Ferté und berichtet, er sei erstaunt gewesen, daß keine Reserven unmittelbar hinter Sedan gewesen seien, als die Deutschen angriffen, „und daß Huntziger, aus Gründen, die ich nicht feststellen konnte", keinen Gegenangriff unternommen hatte. Obwohl er betont, seine Anwesenheit „sei aus moralischen Gründen nötig gewesen", scheint Gamelin auch an diesem Tag nicht persönlich interveniert zu haben. Bei seiner Rückkehr nach Vincennes konnte er seinem eigenen GQG wenig mehr sagen, als daß der Maasübergang „unverständlich, unerklärlich" erscheine und daß man in der Befehlsausführung „schwere Fehler gemacht habe". Bei einem weiteren Besuch in La Ferté am 15. hörte Gamelin mit Überraschung,[1] daß Georges der 9. Armee den Rückzug von der Maas befohlen habe.

Die Verwirrung und die Kompetenzschwierigkeiten waren so groß, daß man noch heute nicht eindeutig sagen kann, wer von beiden — Gamelin oder Georges — letztlich für die verschiedenen Befehle in den kritischen Tagen zwischen dem 10. und dem 15. verantwortlich war. Wenn er als Generalissimus nichts von den Maßnahmen wußte, die Georges gegen die deutsche Bedrohung an der Maas traf, trifft Gamelin in letzter Analyse die Verantwortung ebenso wie dafür, daß er sich von Georges über die wirkliche Lage an der Front nur so unvollständig informieren ließ. Gamelin *muß* aber wenigstens von den von Georges befohlenen Bewegungen der Armeereserven gewußt haben; wenn man das aber voraussetzt, hätte er entweder eingreifen müssen, falls er sie mißbilligte, andernfalls muß man schließen, daß sie eine stillschweigende Billigung hatten.

Gamelin griff aber nicht ein, wofür er in seinen Memoiren die schwächliche Entschuldigung vorbringt, „ein Oberbefehlshaber führe nur schlecht durch, was er nicht verstehe".[2] Anderseits weist nichts in seiner wortreichen Entschuldigung darauf hin, daß er die Reserven anders eingesetzt hätte, als Georges das tat. Wenn er also (ex post facto) die Verspätung kritisiert, mit der Georges die Reserven einsetzte, darf man doch fairerweise annehmen, daß er die *Richtung* billigte, in die sie geschickt wurden. Vielleicht ist es nützlich, die Truppenbewegungen zwischen dem 10. und 15. Mai kurz aufzuführen, für die Gamelin und Georges gemeinsam verantwortlich waren.

Insgesamt siebzehn Divisionen und zwei Brigaden mit über 300.000 Mann wurden in die Schlacht geschickt. Am 10. wurde die 1. Panzerdivision zur 1. Armee gesandt, am 11. zwei weitere Divisionen zur 1. Armee und zwei zum Schutz der Nordflanke der Maginotlinie, am 12. zwei weitere Divisionen zur 1. Armee und zwei (3. Panzer und 3. motorisierte) zur 2. Armee,[3] während eine (die 53.) der direkten Kontrolle der 9. Armee entzogen und zur Verstärkung der Front hinter Mézières geschickt wurde. Am 13. wurde eine Division (2. Panzer) zur 1. Armee und eine (die 36.) zur 9. Armee geschickt — aber nur, um die dort abgezogene 53. zu ersetzen; tatsächlich überholten die Ereignisse die 36. Division, sie blieb an der Aisne stecken, noch ehe sie eingreifen konnte. Am 14. handelte es sich bei neunzehn Marschbefehlen um sechzehn Richtungsänderungen, dabei wurden die Marschziele von sieben Divisionen binnen vierundzwanzig Stunden umgestoßen. Bei der 53. und der 2. Panzerdivision erwiesen sich die Folgen als besonders verhängnisvoll. Am gleichen Tag wurde die 14. Division (unter de Lattre) zur Verstärkung der 9. Armee entsandt, wie die 36. kam sie aber nie an und hielt dann unter Touchon die Aisnelinie. Am Abend des 14. waren acht frische Divisionen zu Huntzigers 2. Armee befohlen, um ein Aufrollen der Maginotlinie von Norden her zu verhindern, von diesen kam die Hälfte bei der Entscheidungsschlacht nicht zum Einsatz. Schließlich wurde am 15. eine Division (die 1. nordafrikanische) aus der 1. Armee herausgelöst und zur 9. geschickt.

Das französische Oberkommando entsandte insgesamt folgende Verstärkungen:

Zur 1. Armee: 5 Divisionen, von denen drei umgeleitet wurden.

Zur 2. Armee: 8 Divisionen, von denen vier nicht an der Schlacht teilnahmen.

Im Gegensatz dazu erhielt die Armee, die am dringendsten Verstärkung gebraucht hätte, die 9., nur eine Division: am 15., als es zu spät war. Nichts kann deutlicher illustrieren, wie vollständig Gamelin und Georges durch den „Matadorenmantel" getäuscht worden waren, wie völlig sie die deutschen Absichten mißdeutet hatten. Und das Ende dieses Täuschungsmanövers war noch nicht abzusehen.

In Vincennes hatte der 15. Mai mit einer neuen Sorge vor einem „linken deutschen Haken" über die Schweiz gegen die Maginotlinie begonnen; Berichte aus Bern meldeten, die Lage an der deutschen Grenze sei jetzt „kritisch". Oberst Minart sagt, „es sei ein düsterer, endloser Tag gewesen, der nach Tod roch". Die Berichte aus La Ferté blieben weiterhin nichtssagend, gerade ihr lakonischer Ton wurde immer verdächtiger. Verbindungsoffiziere aus Vincennes wurden betont brüsk behandelt.

Oberst Minart, der als Verbindungsoffizier Dienst tat, fühlte, „daß unsere Befehlsorganisation immer mehr zusammenbrach und daß Stunde um Stunde eine Lähmung hochkroch". In der düsteren Festung hatte man das Gefühl, „in einem Unterseeboot ohne Periskop zu sein". Von der Front sickerten trotzdem immer häßlichere Gerüchte herein. Die nervöse Spannung an diesem Tag wurde noch weiter durch ein geheimnisvolles Kommen und Gehen gesteigert, durch private Telephongespräche zwischen Gamelin und Georges und einen Anruf Reynauds, der sich angeblich auf eine dringende Intervention bei der britischen Regierung bezog. Gamelin erweckte den Eindruck eines Mannes, der „von einer dumpfen, durchdringenden Furcht befallen ist". Er suchte immer mehr die Isolierung, lehnte es aber weiterhin ab, direkt in die Schlacht einzugreifen.

In La Ferté scheint sich General Georges am 15. vordringlich mit den Kämpfen um Stonne und mit Flavignys verspätetem Gegenangriff befaßt zu haben. Um 17 Uhr rief er persönlich den Kommandeur des XVIII. Korps an, das Huntzigers rechten Flügel hielt, und befahl ausdrücklich: „Sie müssen die Ankerstellung Inor - Malandry halten. Davon kann der Ausgang des Krieges abhängen." Inor - Malandry war die Linie, auf die Huntziger in der Nacht des 14. verhängnisvollerweise zurückgefallen war; sie schützte die Nordflanke der Maginotlinie, und Georges hatte zu diesem Zweck acht Divisionen entsandt; hier lag an diesem Tag der Schlüssel zu Georges' Überlegungen. Zuerst war es die Bedrohung der Gembloux-Lücke gewesen, jetzt beherrschte die Flankendrohung für die Maginotlinie sein Denken. Inzwischen war Guderian bei Stonne in der Defensive, die Berichte, die

Georges von Huntziger aus diesem Abschnitt erhielt, lauteten so, als ob sich die Franzosen hier mehr als nur behaupteten.

Gegen Abend scheint Georges neue — schlecht begründete — Hoffnung gefaßt zu haben. Dieser Optimismus führte zu einem geradezu absurd unrealistischen Tagesbefehl Gamelins an die Streitkräfte in Nordafrika und in der Levante:

„Insgesamt scheint der 15. ein Nachlassen der Feindtätigkeit zu zeigen, die am 14. besonders heftig war. Unsere Front, die zwischen Namur und dem Raum westwärts von Montmédy erschüttert war, stabilisiert sich allmählich."

Gamelin: „Plötzlich wurden ihm die Augen geöffnet"

Am Abend lieferte Gamelin einen ähnlich ermutigenden Bericht an das Kriegskabinett. Um 20 Uhr 30, kurze Zeit nachdem Daladier, der Minister für Nationale Verteidigung, von der Besprechung in sein Büro in der Rue Saint-Dominique zurückgekehrt war, meldete sich Gamelin mit einem völlig veränderten Ton am Apparat. Zum erstenmal war die „Joffresche Kaltblütigkeit", der zuckerig-sichere Ton verschwunden, den er für seine politischen Meister vorbehielt. Welche Kombination von Ereignissen und Nachrichten diesen plötzlichen Stimmungswandel bewirkt hatte, ist nicht ganz klar. Vermutlich war es ein Bericht eines Generalstabsoffiziers, des Oberstleutnants Guillaut, den Gamelin zur 9. Armee gesandt hatte. Guillaut meldete: „Die Unordnung bei der Armee spottet jeder Beschreibung. Die Truppen weichen überall. Der Armeegeneralstab hat den Kopf verloren. Er weiß nicht mehr, wo die Divisionen sind. Die Situation ist schlimmer, als man sich vorstellen kann. Die Straßen sind von flüchtenden Truppen verstopft."

Pertinax' Worten zufolge scheint Gamelin „bis zu diesem Augenblick die Illusion gehabt zu haben, daß alles ‚geflickt' werden könnte". Plötzlich wurden ihm die Augen geöffnet. Jetzt wußte er, daß den Deutschen der Durchbruch gelungen war, während der größte Teil der Reserven unwiderruflich eingesetzt, ja teilweise schon vernichtet war.

Bullitt, der amerikanische Botschafter, war bei Daladier, als Gamelin aus Vincennes anrief. Er hörte, wie Daladier ausrief: „Nein, was Sie mir sagen, ist unmöglich! Sie irren sich! Es ist nicht möglich!" Als Daladier das Ausmaß der Katastrophe erfaßte, schrie er wieder in den Apparat: „Wir müssen bald angreifen!" „Angreifen? Womit? Ich habe keine Reserven mehr." Das Gespräch endete so: „Dann bedeutet das die Vernichtung der französischen Armee?" „Ja, es bedeutet die Vernichtung der französischen Armee." Daladier forderte eine Erklärung, worauf Gamelin erwiderte: „Ich habe zwischen Laon und Paris kein einziges Korps Soldaten mehr."

Eine Stunde nach diesem dramatischen Gespräch erhielt Georges in La Ferté die „lähmende" Nachricht, daß Reinhardts Panzer Montcornet erreicht hatten. Für das französische Oberkommando war das ganze Bild verwandelt. Die Hauptdrohung richtete sich nicht mehr gegen die Maginotlinie, sondern — natürlich — gegen Paris selbst. Spät in der Nacht berief Reynaud eine Besprechung im Innenministerium ein, bei der Daladier, General Hering, der ältliche Militärgouverneur von Paris, und Oberstleutnant Guillaut in Vertretung Gamelins zugegen waren. In einer Atmosphäre der Panik besprach man die ersten Maßnahmen zur Verteidigung von Paris und für eine eventuelle Evakuierung der Regierung. 40 Abteilungen Mobilgarde wurden von den Armeen abgezogen und dem Militärgouverneur, General Hering, zur Aufrechterhaltung der Ordnung in Paris zur Verfügung gestellt.[4]

Reynaud greift ein

Der Chef der Zivilregierung, Paul Reynaud, war inzwischen selbst zu seinen düsteren Schlüssen über die Schlacht an der Maas gelangt, noch viel eher als sein diskreditierter Generalissimus. Am 14. um 17 Uhr 45 hatte er Churchill eine dringende Depesche nach London gesandt. Der chronologische Zusammenhang dieser Botschaft muß beachtet werden, sie wurde abgesandt, noch ehe jemand in Paris wissen konnte, daß Rommel den Gegenangriff der 1. Panzerdivision zerschlagen hatte, noch ehe Reinhardt aus Monthermé ausgebrochen war, noch ehe Flavigny seine Aktion gegen Sedan begonnen hatte und nur Stunden nachdem sich Guderian zu seiner Rechtsschwenkung entschlossen hatte. Und schließlich zu einem Zeitpunkt, da sich General Georges noch mit einer möglichen Bedrohung der Maginotlinie befaßte.

Reynaud depeschierte: „Nachdem ich eben das Kriegskabinett verlassen habe, sende ich Ihnen im Namen der französischen Regierung folgende Erklärung: Die Situation ist in der Tat sehr ernst. Deutschland versucht, uns einen tödlichen Schlag *in der Richtung auf Paris* zu versetzen. Die deutsche Armee ist durch unsere befestigte Stellung südlich Sedan gebrochen.

Zwischen Sedan und Paris befinden sich *keine* Stellungen, die vergleichbar wären mit der Linie, die wir um jeden Preis wiederherstellen müssen ..."

Die Deutschen, schloß Reynaud, könnten nur aufgehalten werden, wenn man die Panzer „von der Stukaunterstützung isolierte". Deshalb brauchte man unter allen Umständen noch *mehr* Jäger. „Es ist entscheidend, daß Sie sofort zehn weitere Squadrons schicken. Wir können nicht sicher sein, ob wir ohne diesen Beitrag den deutschen Vormarsch aufhalten können."

Als General Ironside, dem Chef des Empiregeneralstabs, diese Depesche übermittelt wurde, befahl er, sofort einen Offizier in General Georges' HQ zu entsenden, „um die wahre Lage festzustellen". Später am Tag notierte er aber, „daß wir aus Gamelins oder Georges' HQ nichts herausbringen können". Reynaud hielt er „für etwas hysterisch". Der französische Regierungschef war, körperlich wie seelisch, zweifellos nicht in bester Verfassung. Er hatte die Nachwirkungen der Grippe noch nicht abgeschüttelt, das politische Jonglieren der letzten Woche hatte ihm zugesetzt, und sein Zustand wurde keineswegs dadurch gebessert, daß Madame de Portes ihm dauernd Vorschläge hinsichtlich der Kriegführung und der Leitung Frankreichs machte sowie auf die Beförderung von Freunden oder Söhnen von Freunden drängte.

Élie Bois sagt, Reynaud sei in diesen Tagen „mehr als hager gewesen. Seine nervöse Eigenart, eine ruckartige Bewegung des Kopfes von rechts nach links, war deutlicher als sonst. Seine Stimme war müde und der Glanz seiner Augen ungesund".

Wegen der Entfremdung zwischen Reynaud und dem Generalissimus, den er hatte entlassen wollen, waren seine Verbindungen mit Vincennes so unbefriedigend wie die Gamelins mit Georges. Paul Baudouin berichtet, Reynaud habe am Morgen des 15., als er von Coraps Zusammenbruch erfahren habe, „nicht direkt mit General Gamelin telephonieren wollen, um einen Bruch mit Daladier zu vermeiden. Er rief aber Daladier an und fragte ihn nach Gamelins Gegenmaßnahmen. Daladier erwiderte darauf: ‚Er hat keine.' "

Nachdem Oberst Villelume, sein militärischer Sekretär, Vincennes wegen einer Information angerufen hatte, schnappte Gamelins „chef de cabinet", Oberst Petitbon, zurück: „Wenn das so weitergeht, werde ich überhaupt keine Informationen mehr geben."[5]

In seinem tiefen Mißtrauen gegen Gamelin hatte sich Reynaud jedoch von Anfang an auf seine „Spione" verlassen. Ihre Informationen zusammen mit seiner überentwickelten Intuition führten den kleinen Mann zu Schlüssen, die, vielleicht von Hysterie gefärbt, der Wirklichkeit bedeutend näher kamen als die Gamelins oder Georges'. Als er Churchill am 14. sagte, „die Verteidigung zwischen Sedan und Paris sei zerbrochen", sprach er auch mit dem technischen Wissen einer Kassandra, die die Möglichkeiten des Panzerkriegs lange gepredigt — und studiert hatte. Er wußte, „*daß alles verloren war* ... wenn unsere Front durchbrochen wurde. Eine Wiederholung der Schlacht an der Marne kam nicht in Frage. Wir hatten uns für eine fortlaufende Front entschieden. Jetzt mußten wir zu dieser Entscheidung stehen."

Am 15., um 7 Uhr 30, schreibt Churchill, nachdem er Reynauds erste Depesche erhalten hatte: „Ich wurde mit der Mitteilung geweckt, daß M. Reynaud am Apparat sei. Er sprach englisch und offensichtlich unter einer starken Belastung: ‚Wir sind besiegt worden.' Als ich nicht gleich antwortete, sagte er wieder: ‚Wir sind geschlagen; wir haben die Schlacht verloren.' Ich sagte: ‚Das kann doch sicher nicht so schnell geschehen sein?' Er antwortete aber: ‚Die Front ist in der Nähe von Sedan durchbrochen, sie strömen mit großen Mengen Panzern und Panzerwagen durch' . . . oder so ähnlich."

Vermutlich noch halb im Schlaf erwiderte Churchill beruhigend: „Alle Erfahrungen zeigen, daß die Offensive nach einer Weile enden wird. Ich erinnere mich an den 21. Mai 1918. Nach fünf oder sechs Tagen müssen sie des Nachschubs wegen halten, und dann bietet sich die Gelegenheit für einen Gegenangriff. Ich habe das alles aus dem Mund Marschall Fochs selbst gehört." Churchill schreibt weiter: „Sicherlich war es das, was Reynaud in der Vergangenheit immer gesehen hatte und was wir jetzt hätten sehen sollen. Der französische Ministerpräsident kam jedoch zu dem Satz zurück, mit dem er begonnen hatte und der sich als nur allzu wahr erwies. ‚Wir sind geschlagen, wir haben die Schlacht verloren.' Ich erwiderte, ich sei bereit, hinüberzukommen und mit ihm zu sprechen."

Nach dieser beunruhigenden Mitteilung rief Churchill Ironside an — der eben mit Gort telephonierte — und sagte, Reynaud sei ihm „durch und durch demoralisiert erschienen" und er (Churchill) habe ihm gesagt, „ruhig zu bleiben". Ironside informierte Churchill: „Wir haben keine besonderen Bitten von Gamelin oder Georges, die beide ruhig sind, obwohl sie die Lage für ernst halten." Churchill rief Georges persönlich an und stellte fest, daß er ruhig war, die „Bresche bei Sedan ist gestopft". Ein Telegramm von Gamelin bestätigte, daß „die Lage zwischen Namur und Sedan zwar ernst sei, daß er sie aber mit Ruhe aufnehme". Mit einer Ehrlichkeit, die in Gamelins Memoiren gut ausgesehen hätte, gibt Churchill zu: „Da ich so viele Jahre keinen Zugang zu amtlichen Informationen hatte, konnte ich die Heftigkeit der Revolution nicht begreifen, die seit dem letzten Krieg durch die Einführung von Massen schnellfahrender schwerer Tanks bewirkt worden war."

Am 15. Mai folgte Churchill daher mehr dem Urteil Gamelins und Georges' als dem Reynauds. Bei der Kabinettssitzung, die die französische Bitte um weitere Jäger behandelte, billigte er daher Dowdings Argumente, die Heimatverteidigung dürfte nicht weiter geschwächt werden. Englands Entscheidung, diese Jäger zurückzuhalten, wird in Frankreich immer eine Quelle äußerster Verbitterung bleiben, man darf aber den Einfluß nicht übersehen, den dabei die „Ruhe" der französischen Oberbefehlshaber in diesen frühen Tagen spielte.

Am Morgen des 16. jedoch — dem Tag des allgemeinen Erwachens — begann auch Churchill den vollen Ernst der Lage in Frankreich einzusehen. Ein neuer SOS-Ruf Reynauds spät am 15. besagte knapp: „Gestern abend haben wir die Schlacht verloren. Der Weg nach Paris liegt offen, schicken Sie alle Truppen und Flugzeuge, die Sie schicken können." Churchill bemerkt: „Obwohl man sich kein klares Bild von den Geschehnissen machen konnte, war der Ernst der Krise offenkundig. Ich fühlte die Notwendigkeit, am Nachmittag nach Paris zu kommen." Dementsprechend flog er um 15 Uhr in einem unbewaffneten Flamingo in Begleitung von General Ismay und dem Vizechef des Empiregeneralstabs, General Dill.

Vincennes, 16. Mai: Die Nachrichten sind alle schlecht

In Vincennes begann der 16. Mai mit einer anscheinend endlosen Kette von schlechten Nachrichten. „Wie der 15. ein Tag des Wartens am Rande der Ereignisse gewesen war, schleuderte der 16. den Gefechtsstand des Oberbefehlshabers mitten in die Atmosphäre der Schlacht selbst", sagte Oberst Minart. Als in den frühen Morgenstunden die Meldung gekommen war, daß sich die Panzer jetzt Laon, etwa 130 km vor Paris, näherten, „war es, als ob das alte Fort, Zeuge so vieler historischer Ereignisse, nun von den ersten Brechern der Flutwelle erreicht würde, die Frankreich verschlang. Nie war die Lage ernster erschienen". Um 6 Uhr 30 erteilte Gamelin einen verzweifelten Befehl an alle Truppen, „auszuhalten, selbst wenn sie umzingelt wären, und Widerstandszentren zu bilden". Die über Georges einlaufenden Informationen beschränkten sich jedoch auf ein Minimum, und um 10 Uhr 15 erfuhr Vincennes, daß die Telephonverbindung mit der 1. Armee Blanchards abgerissen sei. Jetzt folgte aber eine Reihe von direkten Verbindungen mit der Front, die Gamelin plötzlich in unmittelbaren Kontakt mit der Schlacht brachten. Zuerst telephonierte Oberstleutnant Ruby von Huntzigers Stab aus eigener Initiative; er berichtete von der Entwicklung um Stonne, dem Versagen des Gegenangriffs der 3. Panzerdivision und von der Entlassung General Brocards. Zum erstenmal erreichte ein derartiger Bericht Gamelin, ohne zuerst in La Ferté „gefiltert" zu werden. Fast unmittelbar darauf kam ein Anruf aus Amiens vom Stabschef der 2. Region, der sagte, „in Anbetracht des Ernstes der Lage habe er beschlossen, sich direkt mit Vincennes in Verbindung zu setzen". Er gab einen detaillierten Bericht über die deutschen Truppen, die durch Montcornet gekommen waren; dann schilderte er den „ungeordneten Rückzug von Einheiten aller Waffengattungen" von Coraps Armee in den östlichen Raum, der der Jurisdiktion der 2. Region unterstand. Etwa 20.000 Mann, darunter Flüchtlinge der 61. Division, hatten bereits Compiègne erreicht; ein weiterer Anruf zwei Stunden später nannte 30.000. Daß diese Meldung von einer nichtkämpfenden Befehlstelle kam, war geradezu grotesk. Am späten Vormittag berichtete dann General Touchons Stabschef das volle Ausmaß des Panzerdurchbruchs.

Soll Paris evakuiert werden?

Alles schien die Annahme zu bestätigen, daß die Deutschen mit schrecklicher Geschwindigkeit auf Paris vorrückten. Reynaud war am frühen Morgen bei Daladier, als Gamelin telephonierte, „die Deutschen könnten heute abend in Paris sein". Nach Aussage Baudouins lehnte Gamelin von Mitternacht an jede Verantwortung für die Sicherheit der Hauptstadt ab, „was", wie Reynaud zu Baudouin sagte, „eine höfliche Art sei, seine Hände in Unschuld zu waschen". Gamelin gab die gleiche Warnung an Georges Mandel im Kolonialministerium durch, er soll als Erklärung hinzugefügt haben, „die vom Kommunismus durchsetzte Armee" habe nicht gehalten. Um 10 Uhr sandte der senile Militärgouverneur von Paris, Hering, sichtlich in einem Stadium des Zusammenbruchs, Reynaud einen Brief:

„Lieber Ministerpräsident,
unter den gegenwärtigen Umständen halte ich es, um Unordnung zu vermeiden, für weise, Ihnen vorzuschlagen, daß Sie die Evakuierung der Regierung anordnen ... Ich wäre Ihnen verbunden, wenn Sie mich so bald wie möglich von Ihrer Entscheidung benachrichtigen würden."[6]

Wieder ist die Feststellung bemerkenswert, daß der Gouverneur von Paris, indem er die Gefahr der zivilen Unordnung betonte, offensichtlich wieder das Gespenst der Volksfront und einer wiederauferstandenen Kommune in seinem Nacken fühlte und darin keine geringere Gefahr sah als in dem nahenden Feind.

Am Mittag berief Reynaud eine Besprechung ein, an der neben Hering auch der Polizeichef von Paris, die Führer des Senats und der Nationalversammlung sowie mehrere Minister teilnahmen. Die französischen Führer trafen sich in einer Atmosphäre unverhüllter Panik. Dicke Rauchsäulen aus den Kaminen der Ministerien, wo man bereits die Akten verbrannte, wiesen allzu brutal auf die Tatsache hin, daß Paris zum drittenmal im Bewußtsein noch Lebender von dem schurkischen „Boche" und seiner teuflischen Kriegsmaschine bedroht war. Konnte er aufgehalten werden? Alles sprach zugleich. Man machte verrückte Vorschläge, einer lautete, Kriegsschiffe mit geringem Seegang sollten die Seine herauffahren und Paris verteidigen. Gouverneur Hering erklärte die Maßnahmen zur Verteidigung der Stadt, er habe aber leider keine Sprengstoffe. Man sprach von der Zerstörung von Industrieanlagen, verwarf den Gedanken aber, weil er Arbeiteraufstände hervorrufen könne. Reynaud, der gründlich schockiert schien, hatte sich darauf vorbereitet, anzuordnen, daß um 16 Uhr die Regierung von Paris nach Toulon verlegt werde. Er setzte eine Proklamation auf, die die Bevölkerung zur Räumung der Stadt aufrief. Daladier glaubte jedoch, daß diese Kur schlimmer sei als die Krankheit selbst, er widersetzte sich aus psychologischen Gründen resolut jeder Verlegung der Regierung. Dautry, der Rüstungsminister, erklärte dramatisch: „Wir werden auf den Straßen und überall kämpfen." Auch Mandel, der die meiste Selbstbeherrschung gezeigt zu haben scheint,[7] blieb hartnäckig; schließlich erklärte de Monzie, für eine Evakuierung großen Maßstabs stünden keine Transportmittel zur Verfügung. Ein neuer Anruf Reynauds bei Gamelin, der inzwischen vier Divisionen plus drei weitere leichte, für Norwegen bestimmte Infanteriedivisionen zur Verteidigung von Paris bereitstellte, bestätigte, daß die Regierung noch bis Mitternacht Zeit habe, ehe sie sich entscheide. Reynaud entschloß sich jetzt und erklärte, „die Regierung sollte in Paris bleiben, wie schwer die Stadt auch bombardiert werden mag", obwohl er dann etwas „delphisch" hinzusetzte, „sie solle jedoch dafür sorgen, daß sie nicht in Feindeshand falle".

Die zivile Front

Angefacht durch die Panik bei der Regierung und dem Oberkommando, griff zum erstenmal seit dem 10. Mai die Alarmstimmung auch auf die Zivilbevölkerung über.

Bis auf eine gelegentliche Unruhe war das Leben in Paris und den Provinzen bemerkenswert normal geblieben. Die Theater, die in den ersten Tagen nur wenig Besuch aufwiesen, füllten sich wieder. Die Restaurants waren gut besucht, und die Evakuierten, die sich in den Provinzen langweilten, kehrten in die Hauptstadt zurück. Geschäfte in der Rue de Rivoli verkauften die Porzellanfigur eines Terriers, der über einem Exemplar von „Mein Kampf" das Hinterbein hob. Nichts hatte die Pariser aber mehr von der Gefahr abgelenkt als der wundervolle Frühling, den auch Clare Boothe begeistert schilderte.

Nachrichten und Zensur

Hand in Hand mit dem verlockenden Frühling sorgte die schattenhafte Gestalt des französischen Zensors dafür, daß die bürgerlichen Illusionen erhalten blieben. Die dem Informationsministerium unterstellten Zensurorgane residierten im Hotel Continental. Eine der mächtigsten Gestalten war der „offizielle Sprecher", ein gewisser Oberst Thomas, der mit seinem kurz gestutzten Haar, dem Schnurrbart und dem Zwicker einen britischen Kriegsberichterstatter an den unglücklichen Dreyfus erinnerte. Unterstützt wurde er von einer Anzahl hartgesichtiger Damen, die kleine Imitationen von Scheren als Symbol ihres Metiers an den Hüten trugen. Schon bei Eröffnung der Feindseligkeiten hatte Gamelin es klargemacht, daß er Journalisten nicht gern an der Front sehe, und man hatte alles getan, um den Kontakt der Zeitungsleute zu der kämpfenden Truppe auf ein Minimum zu beschränken. Typisch waren die Erfahrungen, die eine Gruppe britischer Korrespondenten am 10. Mai bei der 2. Armee machte. Ihre Berichte vom „Vorabend der Schlacht" erreichten London erst, als Huntzigers Truppen bereits in vollem Rückzug waren; in den nächsten kritischen Tagen durften sie nur bis nach Vouziers, ihre Informationen erhielten sie von einem Hauptmann von Huntzigers Presseabteilung, der ihnen eine Art „Vorlesung über Strategie" hielt und über die Ereignisse an der Front nicht besser informiert zu sein schien als sie selbst. Was wirklich geschah, erfuhren sie aus den zusammenhanglosen Berichten von Flüchtlingen. Als dann das Armee-HQ aus Senuc zurückverlegt wurde, kehrten sie in einer achtzehnstündigen, alptraumhaften Bahnfahrt, während der sie außerdem noch bombardiert wurden, nach Paris zurück.

Die alliierte Presse war also im wesentlichen von den Informationen des Oberst Thomas und seiner Helfershelfer sowie von nichtssagenden amtlichen Kommuniqués abhängig, während ihre darauf beruhenden Berichte im Hotel Continental umgeschrieben, zurechtgestutzt und zusammengestrichen wurden. Oft stellten britische Korrespondenten fest, daß das, was tatsächlich in London ankam, wenig mehr war als Geschwätz. Gordon Waterfield von Reuter — bei der 2. Armee akkreditiert — behauptete sogar, das Auftreten von Flüchtlingen hätte nicht erwähnt werden dürfen, und als er einmal von der „fast undurchdringlichen" Maginotlinie schrieb, wurde das „fast" schnell herausgestrichen.

Auf lange Sicht bedeutete die Strenge und Lügenhaftigkeit der französischen Zensur, daß für Historiker die Dokumentation der welterschütternden Maitage 1940 noch schwieriger wurde, als sie das ohnehin schon war. Im Augenblick führte es zu einer völligen Irreführung der Öffentlichkeit; als die Wahrheit schließlich durchsickerte, war ihre Wirkung um so größer. Am 11. und 12. war in der Presse nichts Beunruhigendes zu lesen gewesen, am 13. schlüpften einige schlechte Nachrichten an Oberst Thomas vorbei, aber nicht genug, um Sorge zu bereiten. Am 14. Mai las Arthur Koestler in einem Zug eine Nummer von „L'Epoque" und dort von Kerillis: „Der Geist der heroischen Tage von 1916 ist wiedergekehrt. Bei der Wiedereroberung eines Außenforts von Sedan haben unsere Truppen eine

Tapferkeit gezeigt, die der glorreichen Tage vom Douaumont würdig ist..."

Über diesen Bericht erschrocken, sagte er seinem Freund Joliot-Curie Bescheid.

„Sie sind bei Sedan!"

„Bei Sedan? Du träumst ... Ich wußte nicht, daß du so ein *paniquard* bist."

Als Koestler jedoch Joliot-Curies Laboratorium verließ, war eben der „Paris-Midi" erschienen, und die Worte „Wir haben Sedan geräumt" flammten auf der Titelseite. „Das war der Augenblick", sagte Koestler, „in dem der Stuhl unter uns zusammenbrach." Am 15. verglich Thomas die Situation „mit der vom März 1918. Die Situation ist ernst, aber weder kritisch noch verzweifelt". Der Journalist Alexander Werth schrieb in sein Tagebuch: „Gott, wenn man sich vorstellt, daß das am zweiten Tag des Angriffs auf Frankreich gesagt wird."

In den Provinzen

Tatsächlich gehörten Intellektuelle wie Koestler und Journalisten wie Werth zu einer kleinen Minderheit; erst am 16. nahm der Alarm in der Pariser Öffentlichkeit ernste Ausmaße an. Pierre Vasselle liefert in seinem Bericht aus Amiens ein Bild des Lebens in der Provinz während dieser Tage. Der Sonntag, der 12. Mai, war in völliger Ruhe vorübergegangen. Am Pfingstmontag waren dann einige Belgier aufgetaucht, man hielt das aber für einen Teil des Räumungsplans der befestigten Zone, es erregte keinerlei Besorgnis. Bei Ostwind glaubten aber einige Leute Geschützfeuer zu hören. Am 14. verursachte die Verzögerung amtlicher Mitteilungen eine gewisse Unruhe, man sprach davon, Frauen und Kinder zu evakuieren. Die Zahl der Belgier stieg an, aber der Lebensstil änderte sich nicht, die Läden blieben geöffnet, und die Kinder schickten sich an, nach den Pfingstferien wieder in die Schule zu gehen. Der 15. verlief ohne Zwischenfall. Man hörte, Arras sei während der Nacht stark bombardiert worden. Einige Autos mit den Zulassungsschildern AF (Aisne) und NA (Pas-de-Calais) tauchten zwischen den Belgiern auf, der Verkehr lief aber glatt, nichts deutete auf eine Evakuierung hin. Die Sonne schien weiterhin heiß und strahlend wie im Juli. Eine ernste Unruhe machte sich erst bemerkbar, als amtlich zugegeben wurde, daß die Deutschen die Maas zwischen Namur und Mézières überschritten hatten. Am Morgen des 16. hörte man dann, daß man nicht mehr mit Saint-Quentin telephonieren könne. Die Wagen mit AF und NA wurden zahlreicher, die Insassen wurden jetzt befragt. Gegen Mittag fuhren auch aus Amiens Wagen gegen Westen.

Amiens blieb jedoch an diesem Tag viel ruhiger als Paris. Schon vom frühesten Morgen an liefen häßliche Gerüchte durch die Stadt. „Rethel wurde überrannt!" „Die Boches sind in Laon", „Heute abend sind sie in Paris". Um die schlimmsten Befürchtungen bestätigt zu sehen, brauchte man nur über den Place de la Concorde zu fahren, wo das Marineministerium hastig Akten in Marinelastwagen verladen ließ. Im Kaufhaus Galeries Lafayette drängte man sich in den Schuh- und Kofferabteilungen. Senator Bardoux bemerkte auf seinem Weg in die Deputiertenkammer: „. . . um halb elf: Ich hatte keinen schlechten Eindruck; Paris schien ruhig. Um 12 Uhr 15 war mein Eindruck völlig anders. Die Beschlagnahme der Busse, die Steigerung des Verkehrs und die Ankunft von Flüchtlingen hatte Paris verrückt gemacht."

Aus allen Richtungen erschienen die ersten schwerbeladenen Autos, immer mehr Pariser versuchten, die Stadt zu verlassen, solange es noch Zeit war.

Natürlich gab es auch Fälle von unerschütterlicher Ruhe. Alexander Werth bemerkte Kunststudenten, die — einer war in Uniform — weiter ihre Bilder malten. Die Nationalversammlung selbst war vermutlich Zentrum der Gerüchte und der Panik. Senator Bardoux stellte bei seiner Ankunft fest, „daß die Korridore von einer widerwärtigen Menge erfüllt waren, schmutzige, schlechtgekleidete, übelriechende und in Rauch gehüllte Leute. Die ernstesten Gerüchte liefen um und wurden von zwei Quästoren, Barthé und Perfetti, weiter verhökert: Die Deutschen sind in Laon und Reims eingedrungen. Sie rücken in einer motorisierten Kolonne, flankiert von zwei Panzerdivisionen, vor. Sie werden heute abend in Paris sein".

Andere prominente Politiker versicherten ihm, die durchbrochene Linie an der Maas sei von zwei Pariser Divisionen besetzt gewesen, die von „den Kommunisten verseucht waren".[8] Sie hätten sich „aufgelöst", nachdem sie mit Panzern und Flammenwerfern angegriffen worden seien; jetzt marschierten die Flüchtlinge nach Paris, um „die Revolution auszurufen". Die Pariser Taxis (ein Schatten der Marneschlacht!) wurden in der Nacht aus unbekannten Gründen mobilisiert. Pierre Mendès-France, auf Urlaub aus Syrien in Paris, erinnert sich, wie ein ihm bekannter Minister „buchstäblich den ganzen Morgen Freunde antelephonierte und ihnen riet, Paris sofort zu verlassen. Besonders besorgt war er wegen der Juden; er beschrieb in düsteren Bildern, welches Risiko sie eingingen . . ." Und Bois behauptet, selbst Herriot habe einem Freund gesagt: „Ich rate dir, Paris vor 2 Uhr zu verlassen."

Um 15 Uhr wurde Reynaud telephonisch informiert, in den Gängen der Kammer drängten sich erregte Deputierte, die die wildesten Gerüchte verbreiteten, die Regierung wolle Paris verlassen. Er beschloß daher, selbst zur Kammer zu sprechen. Bois, der ihn vor seiner Rede sah, sagte, „er habe wie ein Mann ausgesehen, der durch Müdigkeit, Kummer und Verantwortung bis zum äußersten beansprucht sei". Er hatte aber wieder den Mut zusammengerafft, der ihn am Morgen offensichtlich verlassen hatte. Hitzig leugnete er jeden Gedanken, die Regierung wolle Paris verlassen. „Wir werden vor Paris kämpfen; wir werden, wenn nötig, in Paris kämpfen."

Als er sich zu seiner Rede erhob, wirkte er auf die Zuhörer „sehr edel, sehr fest". „Hitler", so sagte er, „will den Krieg in zwei Monaten gewinnen. Wenn ihm das mißlingt, ist er verloren, das weiß er ... Die Periode, durch die wir gehen werden, hat vielleicht nichts mit der gemein, die wir eben gegangen sind. Wir werden Schritte ergreifen müssen, die gestern noch revolutionär erschienen wären. Vielleicht werden wir die Methoden und auch die Männer wechseln müssen. Auf jede Schwäche wird die Todesstrafe stehen."

Bei diesem drakonischen Satz sprangen die Deputierten auf und applaudierten lange und laut. Herriot beendete die dramatische Sitzung unter erneutem Beifall mit den Worten: „Frankreich ist sich der Größe und Tragik dieser Prüfung bewußt. Es wird seiner Vergangenheit und seiner Bestimmung gerecht werden!"

Churchill in Paris

In dieser Atmosphäre landete Churchill in Paris. „Schon als wir den Flamingo verließen", berichtet er, „war offenkundig, daß die Lage unvergleichlich schlimmer war, als wir gedacht hatten. Die Offiziere, die uns erwarteten, sagten General Ismay, daß man die Deutschen in wenigen Tagen in Paris erwarte." Ismay war „erschlagen". Auf der Fahrt durch Paris stellte er fest, daß die Menschen „lustlos und resigniert waren, daß sie keine Spur von dem leidenschaftlichen Trotz zeigten, der sie im letzten Krieg hatte ‚Ils ne passeront pas!' rufen lassen. Für Churchill gab es keine Hochrufe!" Um 4 Uhr 30 kamen Churchill und seine Begleiter zu einer Besprechung in den Quai d'Orsay, an der Reynaud, Daladier, Gamelin und andere teilnahmen. „Alles stand", erinnert sich Churchill.

„Wir setzten uns gar nicht an einen Tisch. In jedem Gesicht war äußerste Niedergeschlagenheit zu lesen. Vor Gamelin stand eine Staffelei mit einer etwa zwei Quadratmeter großen Karte. Eine schwarze Linie sollte die alliierte Front zeigen. Bei Sedan war eine kleine, aber unheilvolle Ausbauchung eingezeichnet."

Nach französischen Berichten über die Begegnung drückte Churchill seine Überraschung über den Ernst der Lage aus, er bekannte, „er habe nicht ganz verstanden, welches Stadium erreicht war, als er hörte, die Regierung wolle Paris verlassen". Reynaud, so berichtet Paul Baudouin, „winkte dann Gamelin, der wie ein guter Referent an seine Karte trat und einen bewundernswert klaren und ruhigen Vortrag über die militärische Lage hielt ... Seine damenhafte Hand wies uns hier und dort auf der Karte die Positionen unserer zerschlagenen Einheiten und die unserer Reserven auf dem Marsch. Er erklärte, aber er machte keine Vorschläge. Er hatte keine Meinung hinsichtlich der Zukunft ... Währenddessen blieb M. Daladier mit rotem Gesicht für sich allein. Er saß wie ein bestrafter Schuljunge in einer Ecke."

Daladier unterbrach und sagte halblaut zu Baudouin: „Der Fehler, der unverzeihliche Fehler war es, so viele Leute nach Belgien zu schicken."

Churchill fährt in seiner Erinnerung an die Besprechung fort: „Ich fragte dann: ‚Wo ist die strategische Reserve?' und verfiel ins Französische: ‚Où est la masse de manœuvre?'

General Gamelin wandte sich mir zu und sagte kopfschüttelnd und mit einem Achselzucken: ‚Aucune.'

Eine lange Pause trat ein. Im Garten des Quai d'Orsay stiegen große Rauchwolken hoch, durch das Fenster sah ich, wie ehrwürdige Beamte Schubkarren voll Akten zu den Feuern fuhren."

Die Luft war von fliegenden, versengten Papierfetzen erfüllt, Fetzen von Staatsverträgen, Geheimpapieren von höchster Wichtigkeit und von bedeutungslosen Aktennotizen. Immer wieder flog ein schweres Aktenpaket vor den Augen der alliierten Staatsmänner aus den oberen Stockwerken in den Garten.

„Keine strategische Reserve?" wiederholte Churchill.

„‚Aucune.'[9] Ich war wie erschlagen. Was sollten wir von der großen französischen Armee und ihren höchsten Chefs denken? Mir war nie der Gedanke gekommen, daß Kommandeure, die eine Kampffront von 800 km zu verteidigen hatten, nicht für eine strategische Reserve gesorgt hatten ... Wozu war denn die Maginotlinie da? Sie hätte auf einem langen Grenzabschnitt Truppen einsparen und nicht nur Ausfallspforten für örtliche Gegenschläge bilden, sondern auch die Bereithaltung großer Reserven ermöglichen sollen; nur so kann so etwas gemacht werden. Aber es gab keine Reserven. Ich gebe zu, daß das eine der größten Überraschungen meines Lebens war. Warum hatte ich nicht mehr darüber gewußt ...?"

Warum in der Tat? Die Frage zeigte eine erschreckende Lücke in den Beziehungen zwischen den beiden Alliierten. In seiner Verwirrung kehrte Churchill mehrmals an das Fenster zurück und starrte geistesabwesend auf den Rauch, der von den französischen Staatsdokumenten aufstieg. „Die alten Herren kamen immer noch mit ihren Schubkarren und warfen deren Inhalt eifrig ins Feuer." Dann drehte er sich wieder um und feuerte seine Fragen auf die französischen Führer ab: „Warum haben sich die alliierten Armeen aus Nordbelgien zurückgezogen und dabei Brüssel und Louvain aufgegeben? Sollten sie nicht im Gegenteil die Nordflanke des deutschen Durchbruchkeils angreifen? Jetzt ist der Augenblick für einen Angriff und nicht für den Rückzug", wiederholte er. Er sträubte sich, die Drohung durch die deutschen Panzer so ernst zu nehmen, „solange sie nicht von starken Infanterieeinheiten unterstützt würden, sind sie nur wie kleine Fähnchen, die man in eine Landkarte steckt", unfähig, sich selbst zu unterstützen oder aufzutanken.

Baudouins Worten zufolge soll dann Reynaud, der „sah, daß der englische Premier den Ernst der Lage nicht voll erfaßte", Gamelins Platz an der Staffelei eingenommen haben.

„Die harte Spitze der deutschen Lanze ist durch unsere Truppen wie durch einen Sandhügel gefahren." Er erklärte die Bedeutung des Schlachtverlaufs an der rot eingezeichneten Ausbuchtung. Zweimal sagte er: „Ich versichere Ihnen, daß hier nicht nur das Schicksal Frankreichs, sondern auch das des britischen Empire auf dem Spiel steht."

Churchill wandte sich wieder an Gamelin und fragte geradeheraus: „Wann und wo werden Sie die Flanken der ,Beule' angreifen? Von Norden oder von Süden?" Gamelins Antwort lautete: „Unterlegenheit in der Zahl, Unterlegenheit in der Ausrüstung, Unterlegenheit der Methode." Dann zuckte er hoffnungslos mit den Achseln. Es war die Bankrotterklärung einer ganzen Generation französischen Denkens, französischer Vorbereitungen.

Die Franzosen setzten jetzt Churchill unter Druck, er solle helfen, das durch die Panzer aufgerissene Loch zu stopfen. Er müsse noch mehr Jägerstaffeln schicken. Churchill erwiderte ausführlich, er wies darauf hin, wie verhängnisvoll der Ausgang des ganzen Krieges beeinflußt werden würde, wenn die Verteidigung der britischen Inseln entblößt würde. Er verglich die schweren Verluste der RAF bei der Bombardierung der Brücken von Sedan mit den leichten der letzten Nachtangriffe auf die Ruhr. Er erklärte, daß vier Staffeln bereits nach Frankreich unterwegs seien,[10] schloß aber damit, daß er fest (und spitz) erklärte: „Es ist Sache der *Artillerie*, die Panzer aufzuhalten. Die Aufgabe der Jäger ist es, den Himmel über der Schlacht zu säubern (nettoyer le ciel)." Nach zwei Stunden endete die Besprechung. „Das war das letzte, was ich von Gamelin sah", schrieb Churchill und entließ ihn mit dem bissigen Nachruf: „Zweifellos hat er seine eigene Geschichte zu erzählen."

In der britischen Botschaft ließ Churchill durch Ismay London anrufen, das Kabinett solle sofort zusammentreten und eine dringende Depesche beraten, die er gleich diktieren wollte.

Die Depesche wurde um 21 Uhr abgesandt. Churchill betonte den „tödlichen Ernst der Stunde" und schätzte: „Mindestens vier Tage sind nötig, um zwanzig Divisionen zum Schutz von Paris[11] heranzuführen sowie gegen die Flanken der Beule loszuschlagen." Er beschrieb die Verbrennung der Akten, die ihn stark beeindruckt hatte, und fuhr fort: „Ich glaube, daß die nächsten zwei, drei oder vier Tage für Paris und wahrscheinlich für die französische Armee entscheidend sein werden. Die Frage, der wir uns stellen müssen, lautet daher, ob wir weitere Unterstützung durch Jäger geben können... Ich persönlich fühle, daß wir die geforderten Staffeln (das heißt weitere sechs) morgen schicken sollten und daß wir alle verfügbaren französischen und britischen Luftstreitkräfte konzentrieren sollten, um den Luftraum über der Beule für die nächsten zwei oder drei Tage zu beherrschen, nicht für einen örtlichen Zweck, sondern um der französischen Armee eine letzte Chance zu geben, ihre Tapferkeit und Kraft zusammenzureißen. Historisch gesehen, wäre es nicht gut, wenn die Bitte abgelehnt würde und Frankreich deshalb unterginge."

Prophetische Worte!

Aus Tarnungsgründen war die Depesche in Hindustani abgesandt worden; um 22 Uhr 30 kam die Antwort über Ismay in dem einzigen hindustanischen Wort „han" (ja). Das britische Kabinett hatte die zusätzlichen sechs Squadrons gebilligt.

Churchill „nahm Ismay sofort im Wagen mit zu M. Reynauds Wohnung. Sie lag im Dunkeln. Nach einer Weile kam Reynaud im Morgenrock aus dem Schlafzimmer".

In der folgenden Szene setzte Churchill seine gesamten schauspielerischen Talente ein, um seinen französischen Kollegen mitzureißen. Ismay wurde dabei an Eltern erinnert, die zusehen, wie Kinder ihre Geschenkpakete öffnen: „Churchill wollte Reynaud eine unbezahlbare Perle schenken und sein Gesicht sehen, wenn er sie erhielt." Zunächst bestand er darauf, sein eigenes Telegramm nach London zu verlesen, dann „sagte ich ihm die günstige Nachricht. Zehn Staffeln Jäger! Ich überredete ihn, M. Daladier holen zu lassen". Ismay bemerkte, daß es Reynaud nicht gefiel. Daladier kam aber schließlich doch, und Churchill las wieder sein Telegramm und die Antwort. „Daladier", berichtet Churchill, „sprach kein Wort. Er erhob sich nur aus seinem Stuhl und drückte mir die Hand." Dann begann Churchill mit einer wahren Tirade, „dem Feind den Kampf aufzuzwingen". Ein französischer Augenzeuge berichtet, „Daladier sei zermalmt, vom Kummer gebeugt gewesen, Reynaud sei stumm geblieben, mit erhobenem Kopf habe er wie eine kleine zerbrochene Maschine ausgesehen, während Churchill vor ihnen auf und ab marschierte und sie ermahnte: ‚Sie dürfen den Mut nicht verlieren! Haben Sie vermutet, wir könnten ohne bittere Rückschläge siegen?' Er ereiferte sich immer mehr. Vom Rauch seiner Zigarre gekrönt wie ein Vulkan", schrieb Baudouin in sein Tagebuch, erklärte Churchill: „Selbst wenn Frankreich besiegt wäre, würde England weiterkämpfen ... Bis 1 Uhr morgens beschwor er eine apokalyptische Vision des Krieges herauf. Er sah sich im Herzen Kanadas, wo er, über ein England hinweg, das durch hochexplosive Bomben vom Erdboden rasiert, und ein Frankreich, dessen Ruinen bereits kalt waren, den Luftkrieg der Neuen Welt gegen die von Deutschland beherrschte Alte Welt führte ... Mr. Churchill machte auf Paul Reynaud einen starken Eindruck und gab ihm Vertrauen. Er ist der Held des ‚Kriegs bis zum Ende'."

Am gleichen Abend verbreitete der französische Rundfunk eine Ansprache Reynauds, die dessen außerordentlichen Stimmungsumschwung — seit dem Morgen — kennzeichnete. „Die absurdesten Gerüchte wurden in Umlauf gesetzt", verkündete er der französischen Öffentlichkeit. „Man hat gesagt, die französische Regierung beabsichtige, Paris zu verlassen. Das ist falsch. Die Regierung ist in Paris und wird dort bleiben ...

Man hat gesagt, der Feind sei in Reims. Man hat sogar gesagt, er sei in Meaux, während er lediglich einen breiten Einbruch erzielt hat, den unsere tapferen Truppen sich zu bereinigen bemühen.

1918 haben wir viel bereinigt, was die unter euch nicht vergessen haben werden, die in dem letzten Krieg gekämpft haben."

In dieser neuen Geisteshaltung informierte Reynaud auch seine Kollegen, die Regierung müsse sich darauf vorbereiten, eventuell nach Nordafrika zu gehen, um den Krieg von dort aus fortzusetzen.

Die zehn RAF-Squadrons

Am nächsten Morgen flog Churchill in dem Gefühl nach England zurück, daß es vielleicht gelungen sei, „den Kampfgeist unserer französischen Freunde zu beleben, soweit unsere begrenzten Mittel das vermögen". Was Dill und Ismay aber an dem Tag in Paris gesehen und gehört hatten, ließ einen unheilbaren Mangel an Vertrauen zum französischen Oberkommando entstehen. Die Briten sahen von nun an die Schlacht um Frankreich immer nüchterner. „Eine Ermutigung für Frankreich würde Hand in Hand mit einer Verschanzung daheim gehen. Die Operation in Narvik (die sehr hoffnungsvoll erschien) sollte zugunsten einer Verstärkung der Heimatstreitkräfte in der Schwebe bleiben; der freiwillige Heimatschutz gegen deutsche Fallschirmspringer sollte aufgebaut und die Entsendung weiterer Jägerstaffeln nach Frankreich unterbunden werden. Nach der Atmosphäre des Jubels, die Churchill durch seine Erklärung geschaffen hatte, sollten die Tatsachen hinsichtlich der Entsendung von sechs weiteren Geschwadern eine ernste Enttäuschung bringen."

Während Churchills Abwesenheit hatte Luftmarschall Dowding seinen Standpunkt vom vergangenen Tag in einem energisch abgefaßten Brief an das Luftfahrtministerium bekräftigt und daran erinnert, „daß nach der letzten Schätzung zur Heimatverteidigung 52 Squadrons (Staffeln) nötig seien, meine Streitmacht jetzt aber auf ganze 36 Squadrons reduziert wurde". Bei der Sitzung, die Churchill von Paris aus angeordnet hatte, hatte zwar Ironside die Forderung auf Entsendung der zehn Squadrons befürwortet; der Chef des Luftwaffenstabs, Sir Cyril Newall, hatte jedoch Dowding unterstützt und schließlich als „Kaninchen aus dem Zylinderhut" eine Unterredung mit Barratts HQ in Frankreich herbeigezaubert, die ergab, daß auf den vorhandenen Flugplätzen bestenfalls noch drei Squadrons untergebracht werden könnten. Angesichts der Tatsache, daß die AASF an diesem Tag durch das Vorrücken der Panzer gezwungen wurde, einige Flugplätze aufzugeben, war dieses Argument nur schwer zu widerlegen. Man einigte sich daher auf einen Kompromiß, daß die zusätzlichen sechs Hurricane-Staffeln in Südengland stationiert wurden und täglich nach Frankreich fliegen sollten (drei am Morgen, die am Nachmittag von weiteren drei abgelöst werden sollten). Die britische amtliche Kriegsgeschichte erklärt: „So operierte das Äquivalent von zehn weiteren Squadrons, um die Frankreich gebeten hatte, vom 17. an von französischen und englischen Basen aus." Wenn man aber die geringe Maximalreichweite der Jäger von 1940 berücksichtigt (500 km bei Hurricanes), war das keineswegs das, was man Frankreich in der Nacht des 16. zugesagt hatte und die Franzosen demnach erwarten konnten. Von Basen in England konnten die Hurricanes nicht, wie Churchill prophezeit hatte, „in den nächsten zwei, drei Tagen den Himmel über der ‚Beule' beherrschen". Und auf jeden Fall war die Überlegenheit der Luftwaffe jetzt so groß, daß weitere 100 Jäger oder etwas darüber keinen Umschwung bewirken konnten. Mehr noch: Wie Churchill spitz bemerkt hatte, konnten Panzer nur am Boden aufgehalten werden.

Vincennes: „Ein Sturm der Panik"

Wie wollten Gamelin und Georges nach dem Hin und Her dieses ereignisreichen Tages die Beule eliminieren?

Am Nachmittag und Abend des 16. waren weitere üble Nachrichten bruchstückweise nach Vincennes gelangt. Verbindungsoffiziere brachten erschreckend einförmige Berichte vom „schlechten Verhalten der Truppe". „Selbst in den Vorstädten von Paris seien", so sagt Oberst Minart, „die Bars und Bistros von Zechern in der Uniform aller Waffengattungen überfüllt gewesen. Überall herrschte Unordnung und Disziplinlosigkeit." Im HQ selbst habe am Ende des Tages „ein Sturm der Panik" geweht.

„Oberst Petitbon (Gamelins chef du cabinet) hatte im Hof des Forts mit Richtung auf das große Südportal ein 7,5-cm-Geschütz, Gott weiß woher, postiert, das anderswo mehr von Nutzen gewesen wäre. Schreibkräfte wurden schnell in der Bedienung des Geschützes unterwiesen."

Minart sah in diesem Befehl einen Hinweis darauf, wie jedermann völlig den Kopf verloren hatte. „Ein Stabsoffizier hatte sogar sein Gepäck in sein Büro bringen lassen, damit er es im Fall einer Flucht leichter mitnehmen konnte." In der Zwischenzeit erschien und verschwand Gamelin „traurig und beschäftigungslos bei seinen Stabsoffizieren und Adjutanten. Er erweckte tiefes Mitleid und schien nach einem unbekannten Fetisch greifen zu wollen. Niemand wagte es, ihn anzusprechen".

Gamelin war auch noch nicht bereit, sich mit Georges zu befassen und ihm die Leitung der Operation aus der Hand zu nehmen, obwohl er (ex post facto) über die Art der Führung der Operationen durch Georges grollte und trotz der Tatsache, daß bereits ein Armeebefehlshaber (Corap), ein Korpskommandeur (Martin) und drei Divisionskommandeure wegen ihrer Verantwortlichkeit für die Katastrophe an der Maas „in die Wüste geschickt" worden waren (oder, wie in Martins Fall, das soeben wurden). Am Ende des 16. täuschten sich Gamelin und Georges immer noch hinsichtlich des strategischen Ziels der Deutschen. Sie starrten jetzt auf Paris. Gleichzeitig hielten neue Alarmmeldungen aus der Schweiz und die neuerlichen harten Kämpfe bei Stonne ihre Befürchtungen hinsichtlich der Maginotlinie wach. Sie konnten sich deshalb nicht entschließen, die untätigen Reserven und die Intervalltruppen der Linie anderswo einzusetzen. Es kam ihnen kein ernsthafter Gedanke an die Möglichkeit, daß Rundstedt, mit dem Ziel, die alliierten Armeen in Nordbelgien einzukesseln und zu vernichten, zur Kanalküste wollte.

General Georges' Kommando erließ am 16. zwei wichtige Befehle. Der erste, „Generalbefehl Nr. 14", bezog sich speziell auf den feindlichen Stoß in der Achse Givet - Paris und „bestimmte, daß Billottes Armeen" alle Anstrengungen machen sollten, sich längs der Linie festzusetzen, die von Antwerpen durch Charleroi, Anor,[12] Liart, Signy-l'Abbaye und Omont zu der Verankerung in Inor verlief. Das bedeutete jedoch, daß die Armee in Nordbelgien die Deutschen weiterhin frontal aufhalten sollte, ungeachtet einer möglichen Bedrohung in der Flanke oder im Rücken, während die Linie von Liart nach Omont schon am Abend zuvor durchbrochen worden war. Falls es sich als unmöglich erweisen sollte, die „fortlaufende Front wiederherzustellen", sollten sich die französischen Streitkräfte jeder „seitlichen Ausdehnung des Feindes widersetzen", indem sie die Übergänge über die Aisne und die Oise bis zu deren Zusammenfluß hielten. Georges' Spezialbefehl 93 forderte hingegen einen „Gegenstoß mit Panzern am Morgen des 17., der den ganzen Raum zwischen Hirson, Liart und Château Porcien an der Aisne säubern sollte". Der Angriff sollte von General Giraud geführt werden und die 1. und die 2. Panzerdivision mit Verstärkung durch die 1. leichte mechanisierte Division und die 9. motorisierte Division einsetzen, die beide zu seiner alten 7. Armee gehört hatten. Von Süden her sollte General Touchon mit der „de-Gaulle-Gruppe" angreifen, über die noch mehr zu sagen sein wird.

War das also die konzentrierte Aktion gegen beide Flanken der Beule, auf die Churchill gedrängt hatte? Leider nein. Georges war über den Zustand der betreffenden Einheiten völlig falsch informiert. Die 1. Panzerdivision hatte fast alle Panzer verloren, die 2. war in zwei Teile zerschnitten und zerstreut, während de Gaulles Gruppe erst in dieser Nacht unter dem phantasievollen Namen „4. Panzerdivision" versammelt wurde. Was des weiteren die 2. Panzerdivision anlangte, so waren Georges' Weisungen so widersprüchlich wie zwei Tage vorher Flavignys Handhabung der 3. Panzerdivision bei ihrer Ankunft südlich von Sedan: einerseits sollte sie bereits einen Gegenangriff beginnen, anderseits aber wurden ihre verstreuten Panzer aufgefordert, die verschiedenen Oise-Übergänge zu „verkorken". Wieder wurden die schwindenden Panzerkräfte Frankreichs in „Pfennigpaketen" vergeudet.

An der Front: wiederum Stonne

An Guderians Front tobten die Kämpfe um Stonne auch während des 16. wild hin und her. In der Nacht vom 15. auf den 16. gelang es bei einem Gegenstoß Flavignys, zwei Kompanien B-Panzer in den Ort zu werfen, wo sie etwa ein Dutzend deutscher Panzer zerstörten. Wie aber schon oft waren Infanterie und Panzer schlecht koordiniert, gegen Mittag wurde daher die französische Infanterie durch deutsche Gegenstöße wieder aus Stonne geworfen. An diesem Tag wurde das mitgenommene Regiment Großdeutschland zur wohlverdienten Ruhe aus der Linie gezogen[13] und durch die erste der Infanteriedivisionen ersetzt, die im Eilmarsch herankamen. Auf dem Anmarsch stießen die frischen Truppen auf Szenen der Vernichtung, verursacht durch das genaue französische Artilleriefeuer, wie man es nur selten in dem ganzen Feldzug beobachten konnte: „Granatloch auf Granatloch, zerschossene Panzer und Motorräder . . . in einem Fahrzeug saß der Fahrer noch mit halb weggerissenem Schädel am Steuer . . ein schrecklicher Anblick."

Huntzigers Leute merkten schnell den Unterschied zwischen den deutschen Ablösungstruppen der zweiten Linie und der großartigen Elite, die Stonne gestürmt hatte. „Die Gefangenen", sagte Ruby, „sind triste Exemplare." Ein Brief, den man bei einem jungen Offizier fand, besagte: „Unsere

Verluste sind sehr schwer... die französische Artillerie dezimierte ganze Kompanien. Wir haben es satt..." Die Franzosen kamen aber immer noch nicht merklich voran. „Die Kämpfe", schreibt Oberst Ruby, „nehmen den Charakter eines Stellungskrieges an."

Vom französischen Standpunkt aus betrachtet war Stellungskrieg bei Stonne die falsche Methode, doch hatte Huntziger keine Panzerkräfte mehr für einen ernsten Schlag gegen die empfindlichste Stelle der deutschen Front. Zu diesem Zeitpunkt waren Huntziger und seine 2. Armee von der Flut der Schlacht bereits zu überrollt und spielen in unserem Bericht nur mehr eine Nebenrolle. Huntziger, der sein HQ jetzt in einem der düsteren Forts von Verdun eingerichtet hatte, erscheint lediglich wieder, um seinen Namen unter die Urkunde der Kapitulation zu setzen, deren Voraussetzungen bei Sedan geschaffen wurden.

Guderian bricht durch

Nordwestlich des statischen Schlachtfeldes von Stonne kam die Rechtsschwenkung der 1. und der 2. Panzerdivision am 16. auf volle Touren, Guderian, der von Kleist die „Bewegungsfreiheit" zurückerhalten hatte, fuhr in einem Funkwagen in der führenden Panzerkompanie mit und griff wiederholt in die Leitung des Vormarsches ein. Obwohl die Luftwaffe kein klares Bild von der Feindlage im Westen beschaffen konnte, wurde es den Männern der Panzerspitze bald klar, daß sie keine nennenswerten Kräfte mehr vor sich hatten. „Man hatte den Eindruck", schrieb Hauptmann von Kielmannsegg vom Stab der 1. Panzerdivision, „daß der Feind halb gelähmt, halb hypnotisiert auf die ursprüngliche Durchbruchsstelle bei Sedan starre." Auf der Fahrt von Sedan her stellte Kielmannsegg fest, daß es bis Bouvellemont, wo Balck am Tag zuvor so hart gegen de Lattre gekämpft hatte, „keinen Ort gab, der nicht zusammengeschossen oder verbrannt war... Der Brandgeruch lag überall in der Luft, an vielen Stellen waren die Flammen noch nicht gelöscht. Plötzlich hört das alles auf. Vom Feind und von unseren Truppen ist nichts mehr zu sehen. Ein wundervoller Frühlingsmorgen, der nicht durch Flieger am Himmel, sondern durch singende Vögel charakterisiert wird... In dieser friedlichen Landschaft fehlen die Menschen. Alles ist tot und leer, nicht einmal die Alten sind geblieben... Auf den Feldern und in den Ställen hört man brüllendes Vieh".

Die Truppen erhielten Befehl, die geschwollenen Euter der Kühe zu melken, „bei der Schnelligkeit des Feldzugs war das aber nur selten möglich".

„Wir waren jetzt im offenen Land", schreibt Guderian, und diese Erkenntnis war das kräftigste Stimulans für seine ermüdeten Truppen. Auf der Fahrt durch Montcornet „kam ich an einer vorrückenden Kolonne der 1. Panzerdivision vorbei. Die Männer waren jetzt hellwach. Sie wußten, daß wir einen vollständigen Sieg errungen, einen Durchbruch erzielt hatten. Sie jubelten und riefen Bemerkungen, die oft nur von meinen Stabsoffizieren im zweiten Wagen gehört werden konnten. ,Gut gemacht, alter Junge.' ,Da ist unser Alter.' ,Habt ihr ihn gesehen? Das war der ,schnelle Heinz'. Und so weiter. All das sprach für sich".

Auf dem Marktplatz von Montcornet traf Guderian General Kempf von der 6. Panzerdivision, die den Ort in der Nacht genommen hatte. Da drei Panzerdivisionen durch dieses eine Zentrum strömten und Kleist ihnen keine seitlichen Grenzen gesetzt hatte, mußten den verschiedenen Einheiten neue Routen zugewiesen werden. Guderian und Kempf erledigten das unter sich und beschlossen weiterzufahren, „bis der letzte Tropfen Sprit verbraucht war". Am Ende des Tages hatten die führenden Teile von Guderians Korps Marle und Dercy an der Serre erreicht, 65 km vom Ausgangspunkt dieses Tages und 90 km von Sedan.

Das Korps-HQ wurde in Soize, östlich von Montcornet, eingerichtet. Im Norden hatte Kempf nach der Einahme von Vervins — Coraps ehemaligem Armee-HQ — Aufklärungseinheiten bis Guise an der Oise vorgeworfen. (In der Zwischenzeit hatte an der Maas die 3. Infanteriedivision nach hartem Kampf ihre Maasbrücke bei Nouzonville beendet. Dadurch konnte Reinhardts zweite Panzerdivison, die 8., ihre Panzer über den Fluß bringen. Frisch und mit nicht nennenswerten Verlusten brauste sie jetzt nach vorn, um die Schwesterdivision einzuholen.) Hinter Guderians und Reinhardts Panzerdivisionen war jedoch nach der offiziellen Geschichte der 1. Panzerdivision „kaum ein einziger deutscher Soldat zu finden, abgesehen von einigen Nachschubdiensten 40 bis 50 km hinter der 1. und der 2. Panzerdivision. Munition und Treibstoff wurden auf einem einzigen, sehr schmalen und fast ungeschützten Nachschubweg nach vorn gebracht. Die Divisionen tankten aber auch aus erbeuteten französischen Lagern und öffentlichen Tankstellen".

Am Abend des 16. erreichten die vordersten Infanteriedivisionen erst den Raum von Sedan. Die Situation in diesem Raum alarmierte die nüchternen Köpfe im HQ der Panzergruppe und weiter oben, nicht aber den stürmischen Guderian.

Am 16. beliefen sich die französischen Angriffe gegen Kleists Panzergruppe praktisch auf Null. Nach mehreren Ruhetagen hinter der Maginotlinie bei Longwy war die 3. leichte Kavalleriedivision über Reims zurückgekehrt, sie hatte Befehl, sich de Gaulles Angriff gegen die Südflanke der „Beule" anzuschließen, den Georges für den 17. befohlen hatte. Am 16. hatte der Divisionskommandeur, General Petiet, beschlossen, eine starke Aufklärungseinheit nach Montcornet vorzuschicken. Bei Dizy-le-Gros, etwa

8 km vor Montcornet, stieß sie auf die 2. Panzerdivision und wurde übel zugerichtet. Die Kavallerieeinheit wurde zerstreut und kehrte erst zwei Wochen später wieder zu der Division zurück, während lediglich zweieinhalb Züge Panzerwagen und Kradfahrer sich vom Feind lösen konnten. Guderian, der sich in Montcornet befand, berichtet, eine ganze Panzerkompanie sei gefangengenommen worden, und er glaubte irrtümlich, sie habe zu General de Gaulles Division gehört.[14] Ein Bataillon Dragoner in Hotchkiss-Panzern, die General Petiet bei Sissonne Defensivstellung beziehen ließ, wurde beinahe von einer unaufhaltsamen Flut von Flüchtlingen aus zerschlagenen französischen Einheiten überwältigt. Ein weiteres Bataillon Dragoner sollte den Ort Liesse besetzen und Verbindung mit de Gaulle aufnehmen, der sich angeblich im Wald von Samoussy, östlich von Laon, konzentrierte. Sie kamen in Liesse an, als der Curé, „ein energischer alter, großer Mann mit einem kurzgeschnittenen Schnurrbart, eben die Kirche absperrte und verschwand". Etwa um 19 Uhr sießen die Dragoner auf einen einsamen, zu de Gaulle gehörigen Panzer. Drei Stunden später hörte man MG-Feuer, die deutschen Panzer waren bereits nahe.

Und was war aus General Bruchés entzweigeschnittener 2. Panzerdivision geworden, die sich angeblich auf einen Angriff gegen Kleists Nordflanke vorbereitete? Wegen der chaotischen Zustände auf den Eisenbahnen wurden einige Züge bei Bohain, westlich der Oise, angehalten; als der Befehl zum Ausladen kam, befanden sich die Panzer daher auf dem falschen Ufer des Flusses und wurden von Giraud — im Einklang mit dem defensiven Teil von Georges' Befehl Nr. 14 — zum „Verkorken" der Flußübergänge eingesetzt. Inzwischen blieb die prächtige Brigade Somua-Panzer von der 1. mechanisierten Division, die auf dem Weg durch Belgien nach Süden war, infolge des Zusammenbrechens der belgischen Bahnen bei Soignies, nordöstlich Mons, liegen.[15] Die restlichen Panzer der 2. Panzerdivision auf der Nordseite der Beule wurden an weitverstreuten Punkten zwischen Etreux (an der Oise), Le Nouvion und Hirson ausgeladen. Ohne Verbindung mit Bruchés Divisions-HQ erhielten sie einander widersprechende Anweisungen von einem halben Dutzend Kommandostellen. Zwei Kompanien B-Panzer, die in Le Nouvion ausgeladen wurden, erhielten am 16. (vor Erhalt von Georges' Nr. 14) direkt von Giraud Befehl, sofort nach Süden, nach Montcornet, vorzustoßen. Die folgende Saga zeigt, daß Frankreichs bester Panzer zahlreiche mechanische Mängel aufwies.

In Le Nouvion stellte Leutnant Perré fest, daß sein B-Panzer „Tempête" nicht in den vierten Gang geschaltet werden konnte. In Voulpaix hatte er nur mehr den dritten Gang zur Verfügung und wurde von der übrigen Kompanie verlassen. Perré versuchte den Vormittag über, den Panzer zu reparieren. Als er gegen 15 Uhr hörte, daß der Feind bereits Vervins genommen hatte, beschloß er, im dritten Gang weiterzuhinken. An einem

Hügel streikte jedoch der Motor. Zu seiner angenehmen Überraschung stieß er hier jedoch auf einen zweiten Tank, „Martinique", der einen Ventilatorenschaden hatte. Wie der Blinde, der den Blinden führt, schleppten sich die beiden Panzer abwechselnd. Als „Martinique" eben den Geist aufgeben wollte, stießen sie auf, „Aquitaine" und „Toulon", die ebenfalls liegengeblieben waren und von „Bourrasque" weitergeschleppt wurden.

Es war jetzt Mitternacht. „Martinique" und „Aquitaine" wurden in Brand gesteckt, während „Bourrasque" die zwei Überlebenden weiterziehen konnte. Sie fuhren drei Stunden und kamen an zehn deutschen Panzern vorbei, die sie nicht erkannten. Am 17. um 5 Uhr brach „Bourrasques" Benzinleitung unter der Belastung. Gerade jetzt wurden die Panzer von Infanterie auf Lastwagen angegriffen. Man vertrieb sie mit den MG der Panzer, wenige Minuten später forderten zwei Männer — französische Gefangene mit einem weißen Tuch — die Panzer zur Übergabe auf. Sie wurden durch einen Feuerstoß verjagt, und die Deutschen verschwanden. Als die Leitung von „Bourrasque" repariert war, fuhr er davon und zerstörte zwei deutsche Fahrzeuge, die ihm zu nahe kamen. Die Kommandanten der zwei bewegungslosen B-Panzer, Perré und Rollier, befahlen dann ihren Besatzungen, sich mit den MG der Panzer zu den französischen Linien durchzuschlagen. Den ganzen 17. blieben die zwei Kommandanten bei ihren Panzern und hielten die 4,7-cm-Türme besetzt. Am Abend sprengte Perré einen deutschen Munitionswagen und erledigte einen leichten Panzer mit Panzergranaten. Rollier erledigte zwei Panzer und einen Wagen. Als ihnen die Munition ausging, sprengten sie „Tempête" und „Toulon" und gelangten, nachdem sie von einem Graben aus 60 deutsche Panzer vorbeifahren gesehen hatten, ohne etwas unternehmen zu können, zu den französischen Linien bei La Fère zurück.

Die wenigen Kampfeinheiten der französischen 2. Panzerdivision, die sich südlich der Aisne befanden, waren inzwischen von General de Lattre „beschlagnahmt" und zur Verteidigung von Rethel eingesetzt worden. Am Abend des 15. meldete ein Mann von den Chasseurs General de Lattre, drei B-Panzer der 2. Division hätten knapp nördlich des Flusses mechanische Schwierigkeiten. Während der Nacht ließ de Lattre sie herüberholen und setzte sie zur Bewachung der Brücken über die Aisne ein. Am nächsten Tag entdeckte „Téméraire" einen feindlichen Stabswagen, der ganz nahe herankam. Ein wohlgezielter Schuß der 4,7-cm-Kanone erledigte ihn, in den Trümmern fand man einen deutschen Oberst, dem ein Bein weggeschossen war. In seiner Brieftasche fand man Guderians Angriffsbefehl für den nächsten Tag, zusammen mit den genauen Marschwegen der Panzerkolonnen. Die Dokumente wurden sofort — angeblich zum GQG — weggeschickt. Die Besatzung von „Villers-Brettonneux", die nordöstlich Rethel feindlichen Motorenlärm hörte, stellte entsetzt fest, daß das 4,7-Geschütz klemmte, während sich gleichzeitig eine Granate nicht in die 7,5-cm-Kanone rammen ließ. Der Beifahrer schlug sie schließlich mit einem wuchtigen Hammerschlag hinein, gerade rechtzeitig, um mit einigen Schüssen eine deutsche Kolonne aufhalten zu können. 13 deutsche Lastwagen wurden zerschossen. Vier Tage und vier Nächte setzten die Panzer diese Aktion fort; sie bildeten damit das Rückgrat von de Lattres tapferer Verteidigung von Rethel. Dazu waren die drei Panzer aber nicht gedacht, und de Lattres Widerstand, so bewunderungswürdig er war, hielt praktisch nur einen der beiden Torpfosten fest, durch die die Stampede bereits hindurchgebraust war.

Rommel: Sturmfahrt nach Avesnes

An Rommels Front begann der 16. bescheiden genug, so daß der neue Befehlshaber der 9. Armee, Giraud, schon die falsche Hoffnung hegen konnte, seine Front sei „stabilisiert". Der Tag sollte jedoch mit einer der spektakulärsten deutschen Leistungen enden — mit einer Leistung zudem, die Rommels Ruf als Panzerführer begründete. Rommels Hauptaufgabe für den Tag war es, durch die „sogenannte Maginotlinie" zu brechen. Die eigentliche Linie endete bei Longwy. Rommel schien aber genau wie die alliierte Presse der französischen Propaganda zum Opfer gefallen zu sein, die Maginotlinie erstrecke sich von der Schweiz bis ans Meer. Tatsächlich lag nur ein schwacher Gürtel von Panzerhindernissen und Bunkern vor ihm, die während des Winters hinter der französischen Front errichtet worden waren. Sie waren jetzt hastig mit den Resten von Martins XI. Korps besetzt worden, die, wie schon erwähnt, große Schwierigkeiten gehabt hatten, überhaupt in die Bunker zu kommen. Rommel scheint die Linie jedoch für ein ernstes Hindernis gehalten zu haben, so daß er seine Kräfte für einen wuchtigen Schlag konzentrierte. Am Vormittag bereitete er immer noch die Pläne hierfür vor, als ganz unerwartet der Armeebefehlshaber, Kluge, zu Besuch kam. Kluge war auf der Fahrt nach vorn von dem, was er sah, äußerst angetan: „Truppen rückten vor; die Nachschubkolonnen folgten. Gefangene marschierten zurück. Überall sah man die Wirkung der deutschen Stukas. Die Treffer liegen meist unmittelbar am Weg. Getroffene Fahrzeuge und Pferde waren zur Seite geräumt, die Trichter am Rand der Straße wurden schnell aufgefüllt. Das Artilleriefeuer vom frühen Morgen hat aufgehört. — Männer des Armeestabs nehmen zwei Franzosen gefangen, die nach ihren eigenen Angaben seit drei Tagen in den Wäldern von Anthée herumirren. Bei ihrer Einheit hatten sie seit Tagen keine Verpflegung mehr erhalten. Sie scheinen von der Wucht des deutschen Angriffs stark beeindruckt."

Als Kluge in Rommels HQ ankam, drückte er „sein Erstaunen darüber aus, daß die Division noch nicht abgerückt war". Rommel erläuterte dann seinen Plan für einen Angriff auf die „Maginotlinie", und Kluge billigte ihn sofort.

Eine der ersten Einheiten, auf die Rommel beim Vorrücken gegen die französische Grenze stieß, waren die Reste von General Duffets hartgeprüfter 18. Division, die Rommels Biß schon bei Houx zu spüren bekommen hatte. Duffet selbst hatte jegliche Verbindung mit seiner Truppe verloren und wanderte den folgenden Tag wie eine verlorene Seele von Gefechtsstand zu Gefechtsstand. Schließlich entkam er mit einer Handvoll Soldaten durch die deutschen Linien nach Paris und stellte sich Gamelin wieder zur Verfügung. Am Morgen des 16. war auch General Sancelme von der 4. nordafrikanischen Division ein Kommandeur ohne Division. Als er sich in der vergangenen Nacht ohne jede Verbindung zu seiner Truppe zurückzog, hörte das Divisions-HQ den gefürchteten Ruf: „Die Panzer kommen!" Ein Pakgeschütz feuerte, und ein Panzer wurde zerstört. Es war aber ein französischer Hotchkiss, dessen Besatzung getötet wurde — das führende Fahrzeug einer Kompanie (wahrscheinlich von der 1. Panzerdivision, die sich, ohne im Kampf gewesen zu sein, über die Grenze zurückzog). Sancelme nahm die Panzerkompanie mit und kam am Morgen des 16. in Martins Gefechtsstand an, wo man ihn etwas erstaunt begrüßte, weil man annahm, die ganze Division sei schon gefangen. Ohne weitere Informationen zu erteilen, befahl ihm Martin, mit den Resten seiner Division bei Anor in Stellung zu gehen, dann informierte Martin (unzutreffend) Giraud,[16] daß die 4. nordafrikanische Division eben mit der gesamten Infanterie und einem Teil der Artillerie angelangt sei. Martins Handeln erscheint nach der schrecklichen Spannung der Woche fast sinnlos. Nachdem er diesen und andere „Haltebefehle" gegeben hatte, erhielt er am Nachmittag unbestätigte (und unzutreffende) Meldungen, die Deutschen bedrohten bereits die Brücken an der Sambre und der oberen Oise in seinem Rücken. Ohne Giraud zu benachrichtigen, befahl er den bedingungslosen Rückzug über die Oise — die Linie, die nach Georges' „Befehl Nr. 14" um jeden Preis gehalten werden mußte.

Von der 4. nordafrikanischen Division erreichten am 17. jedoch nur ein Oberst und etwa 1000 Mann Anor; sie hatten das Regiments-HQ verloren und waren bei Philippeville durch das Netz der Deutschen entkommen. Nach einem 110-Kilometer-Marsch ohne Verpflegung mußten sie im Zustand völliger Erschöpfung wieder gegen die Deutschen Front machen. Das war das tragische Ende einer Division, die sich so tapfer geschlagen hatte. In der gleichen Nacht wurden General Sancelme und sein Stab in La Capelle gefangengenommen.

Wie am vergangenen Tag fuhr Rommel in Rothenburgs Befehlspanzer über die französische Grenze. Vor dem Ort Clarfayts erhielt die Kolonne die Warnung, die Straße sei vermint. „Deshalb bogen wir nach Süden ab und fuhren durch Felder und Hecken um den Ort. Vom Feind war kein Laut zu hören, obwohl unsere Artillerie dann und wann eine Granate tief ins Feindesland sandte. ... Plötzlich sahen wir etwa 100 m voran die kantigen Umrisse einer französischen Befestigung. Dicht daneben befand sich eine Anzahl vollbewaffneter französischer Soldaten, die sich dem Anschein nach ergeben wollten. Wir dachten schon, wir könnten sie kampflos gefangennehmen, als ein Panzer das Feuer auf andere Franzosen eröffnete, mit dem Resultat, daß die Besatzung wieder in ihrem Bunker verschwand. Nach wenigen Augenblicken erhielten die führenden Panzer schweres Pakfeuer von links und MG-Feuer aus dem ganzen Raum.“

Einer von Rommels Panzerkommandanten setzt den Bericht über die Bunkerstellung fort: „Sie speit Feuer. Zwei Fahrzeuge fallen aus; Pak feuert auch von rechts und trifft den Kommandopanzer der schweren Kompanie. Dem Funker wird das Bein weggeschossen, der Kommandant bleibt unverletzt. Ich bin mit meinem Panzer ganz nahe, gehe aber in Deckung. Schweres feindliches Artilleriefeuer mittleren Kalibers. Wie sollen wir durch die Bunkerlinie kommen? Eine große Frage. Vor uns ist ein dichtes Drahtgewirr, dahinter ein breiter und tiefer Panzergraben; mitten auf dem Weg sind Panzerhindernisse errichtet. Gibt es weitere Hindernisse? Die einzige Möglichkeit besteht darin, die Hindernisse zu sprengen und dann auf gut Glück durchzufahren. Mittlerweile ist es Nacht geworden. Wie immer begleitet der Divisionskommandeur unseren Angriff in einem Panzer. Die Explosion — eine gespannte Stille —, dann zwei Leuchtkugeln! Der Weg ist frei. Jetzt los und ein wildes Feuer auf die Bunker. Es gibt ein oder zwei Ausfälle, aber die Masse kommt durch.“

Jetzt wurde die befestigte Zone mit schwerem Artilleriefeuer belegt. Im künstlichen Nebel krochen Pioniere vor und sprengten die feindlichen Sperren. Rommel beobachtete, wie ein Sturmtrupp gegen einen Bunker vorging: „Die Männer krochen heran und warfen eine dreipfündige Sprengladung in die Schießscharte. Als nach wiederholten Aufforderungen zur Übergabe die starke Besatzung nicht herauskam, wurde eine weitere Ladung geworfen. Ein Offizier und 35 Mann wurden gefangen, doch kurz darauf überwältigten sie den schwachen Stoßtrupp und entkamen, als französische MG von einem anderen Bunker aus das Feuer eröffneten.“

Jubelnd schrieb Rommel in sein Tagebuch: „Der Weg nach Westen lag jetzt offen. Wir waren durch die Maginotlinie! Es war kaum faßbar. Vor zweiundzwanzig Jahren waren wir viereinhalb Jahre vor dem gleichen Feind gestanden, hatten Sieg um Sieg errungen und doch den Krieg verloren. Und jetzt waren wir durch die berühmte Maginotlinie gebrochen und fuhren tief in Feindesland. Es war nicht nur ein schöner Traum. Es war Wirklichkeit!“

Der Kampf nahm jetzt einen völlig anderen Charakter an, den einer wilden nächtlichen Verfolgung. Bei Vollmond befahl Rommel seinen Panzern, mit äußerster Kraft zu fahren und dabei zu schießen, um feindliche Pak-Bedienungen und Minenlegertrupps zu entmutigen. „Wir machen es wie die Marine", sagte er. „Wir feuern Salven nach Back- und nach Steuerbord!"

„Im Mondlicht konnten wir die Männer des 7. Kradschützenbataillons zu Fuß vorgehen sehen. Gelegentlich schoß ein feindliches MG oder eine Pak, aber die Schüsse kamen nicht in unsere Nähe."

Die Franzosen waren völlig überrascht, einmal darüber, daß Rommel die Grenzbefestigungen so schnell durchbrochen hatte, und zweitens, daß er den Vorstoß gegen jede Regel bei Nacht fortsetzte. „Die Leute wurden durch den Lärm unserer Panzer rauh geweckt. Truppen biwakierten neben der Straße. Militärfahrzeuge standen in Bauernhöfen oder teilweise auf dem Weg selbst. Zivilisten und französische Soldaten lagen mit von Entsetzen verzerrten Gesichtern in den Gräben und neben den Hecken ... In stetem Tempo ging es weiter auf unser Ziel zu."

Wie immer führte Rommel die Sturmfahrt selbst, so wie er als junger Oberleutnant seine Leute hinter die italienischen Linien bei Karfreit geführt hatte. Gelegentlich sandte er einen kurzen Funkspruch an den weit zurückgebliebenen Divisionsstab. Vor Avesnes wurde die Fahrt langsamer. „Militärfahrzeuge, Artillerie und Panzer blockierten den Weg und mußten unzeremoniell weggeschoben werden. Ringsum lagen französische Soldaten flach am Boden, die Bauernhöfe waren mit Geschützen, Panzern und anderen Militärfahrzeugen vollgestopft ... Überall das gleiche Bild — Soldaten und Zivilisten auf beiden Seiten des Wegs in voller Flucht."

In Avesnes, der kleinen Stadt, von der aus Ludendorff die Märzoffensive 1918 befehligt hatte, vermutete Rommel starke französische Streitkräfte. Trotzdem ließ er seine Panzerkolonne in unvermindertem Tempo weiterfahren. Tatsächlich überrumpelte seine Vorhut die Reste von Bruneaus 1. Panzerdivision auf dem Marsch nach La Capelle. Für Rommel gab es einige unangenehme Augenblicke, als sich einige B-Panzer „wild um sich schießend" in die deutsche Panzerkolonne drängten. Mehrere deutsche Panzer wurden vernichtet; im Morgengrauen fuhr dann Leutnant Hanke, der begeisterte Nazi, der sich schon an der Maas ausgezeichnet hatte, mit seinem Panzer IV vor und erledigte die restlichen B-Panzer. Nur drei Panzer der französischen 1. Panzerdivision krochen vom Schlachtfeld weg. Später am Tag wurde auch die Artillerie vernichtet, mit Ausnahme einer Batterie hatte sie keine Granate verfeuert. General Bruneau, der seine Division verloren hatte, „gab seinen Offizieren die Freiheit" und verschwand in der Nacht. In der folgenden wurde er von zwei Pionieren der 6. Panzerdivision östlich von Saint-Quentin gefangengenommen.

Nachdem Rommel in Avesnes „aufgeräumt" hatte, funkte er an das Korps-HQ um weitere Befehle. Er bekam keine Antwort, deshalb beschloß er, weiterzustürmen und Landrecies und den dortigen Sambreübergang, 18 km westwärts von Avesnes, zu nehmen. Die Munition wurde knapp, deshalb „fuhr seine Kolonne mit schweigenden Geschützen durch den heller werdenden Tag nach Westen", Rommel war aber überzeugt, daß der Rest der Division, Infanterie und Nachschub, dichtauf folgten. Wieder kam er an Flüchtlingskolonnen und völlig überraschten französischen Truppen auf dem Marsch vorbei. Einer von Rommels Panzerkommandanten erinnert sich, daß er den französischen Truppenkolonnen einfach laut und keck zugerufen habe, sie sollten die Waffen wegwerfen. „Viele befolgten den Befehl willig — andere waren überrascht, aber nirgends gab es auch nur eine Spur von Widerstand. Mehrmals fragte man die Panzermänner hoffnungsvoll: ‚Anglais'?"

In einem einzigen Fall zeigte sich Rommel rücksichtslos. Ein französischer Oberstleutnant wurde von Rommel überholt, als sein Stabswagen in dem Chaos steckenblieb. Man fragte ihn nach Rang und Ziel. „Seine Augen glühten vor Haß und ohnmächtiger Wut, er schien der fanatische Typ zu sein." Rothenburg winkte dem Franzosen, in seinen Panzer zu kommen. „Er weigerte sich aber mitzukommen, und so mußten wir ihn nach dreimaliger vergeblicher Aufforderung erschießen."

Die Panzerspitze fuhr durch Landrecies, auf einer unbeschädigten Brücke über die Sambre und mitten in eine Baracke voller Soldaten; nachdem ein französischer Panzer zerstört worden war, befahl Leutnant Hanke den Offizieren, ihre Truppen antreten zu lassen und nach Osten zu marschieren. Schließlich hielt Rommel seine Kolonne auf einem Hügel an, 30 km von Avesnes entfernt. Munition und Sprit waren fast zu Ende. Es war der 17. Mai, 5 Uhr 15. Obwohl seine Besatzungen völlig erschöpft waren, hastete Rommel selbst sofort zurück, um den Rest der Division heranzuholen.

Das Ende der 9. Armee

Seit dem vorangegangenen Morgen hatte Rommel fast 80 km zurückgelegt. Nach allen geltenden Regeln der Kriegsführung schien die Art, wie er seinen vielleicht zwei Kilometer breiten „Finger" in der Nacht durch die französischen Linien gestoßen hatte, fast tollkühn. Die Wirkung auf einen bereits demoralisierten Gegner war jedoch verheerend. Am 16. und 17. beliefen sich Rommels Verluste auf einen Offizier und knapp 40 Unteroffiziere und Mannschaften, während etwa 10.000 Mann gefangengenommen und 100 Panzer zerstört oder erbeutet wurden. Die weiteren Folgen der „Sturmfahrt nach Avesnes" waren noch bedeutungsvoller; indem sie die Ausgangspunkte geplanter Angriffe wegnahm, zerschlug sie auch die geringen Hoffnungen auf Gegenstöße an der Nordflanke der Beule, die am 17. hätten stattfinden sollen; indem durch sie die Brücke in Landrecies in deutsche Hand fiel, hatte sie zudem die Sambre-Oise-Linie durchbrochen, die Georges seinem Befehl Nr. 14 zufolge hatte halten wollen, „komme was da wolle". Und schließlich versetzte sie den 9. Armee den Gnadenstoß.

Entscheidend war hier das Schicksal des französischen II. Korps und seiner einzigen Division, der 5. motorisierten. Am linken Flügel der 9. Armee stehend, hatte sie in der Schlacht bisher nur eine Nebenrolle gespielt. Am Nachmittag des 16. befahl General Bouffet, der Korpskommandeur, dem Kommandeur der 5. Division, General Boucher, sich in der Nacht auf Avesnes zurückzuziehen. Unmittelbar darauf vernichtete ein heftiger Luftangriff das HQ des II. Korps. General Bouffet und fast sein gesamter Stab fielen. Erschüttert und verwirrt zog sich die 5. motorisierte Division zurück. Als sie Avesnes erreichte, wurde sie durch Rommel gestellt. Die durch Flüchtlinge noch gesteigerte Panik verbreitete sich wie ein Wildfeuer. Die Division „verflüchtigte" sich, wie General Doumenc es plastisch ausdrückte. Dahin war die letzte Division, die einmal unter Coraps Kommando gestanden war. Es war so, wie Victor Hugo über Waterloo geschrieben hatte: „Da verschwand dieser Lärm, der eine große Armee gewesen war . . ."

Gelände können wir immer zurückgewinnen — verlorene Zeit aber nie.
Generalfeldmarschall von Gneisenau

...der Sprecher des französischen Informationsministeriums sagte bezüglich der Berichte, daß deutsche Panzerkräfte die französischen Linien durchbrochen hätten, „eine sehr deutliche Besserung der Lage" sei eingetreten.
Er beschrieb den Durchbruch der deutschen Panzerkolonnen „als eine lange gerade Linie", er sagte, etwas Zeit sei nötig gewesen, ehe man die gegen die Kolonnen nötigen Maßnahmen traf, und zwar deshalb, weil es notwendig wurde, die Berichte über den Vormarsch zu sammeln und zu vergleichen, damit der alliierte Gegenschlag so hart wie möglich erfolgen könne.
„The Times", 17. Mai

Es besteht kein Grund für die Annahme, daß sich die französische Armee von der Schlagkraft der deutschen Panzerdivisionen und der Luftwaffe (bei Sedan) „überwältigt" zeige. Es ist wahr, daß sie an mehreren Stellen Boden verlor und daß ihre Vormarschlinie durchbrochen wurde, das ist aber nur die unvermeidliche Folge des Vorteils, den der Angreifer darin besitzt, daß er seinen Angriffspunkt wählen kann. Der französische Generalstab war auf einen derartigen Rückschlag vorbereitet; es werden noch mehr erfolgen, ehe die Alliierten ihre Front stabilisieren können.
„Manchester Guardian", 17. Mai

Alles ruhig am Kurfürstendamm

In Deutschland weckten die gewaltigen Ereignisse der ersten Feldzugswoche erstaunlich wenig Aufregung. Sicher: als Teil der deutschen Täuschungskampagne waren das volle Ausmaß und die Richtung des Durchbruchs bewußt „heruntergespielt" worden. Erst am 15. Mai erwähnte der Wehrmachtbericht, daß die Maas bei Sedan überschritten worden sei, und selbst das wurde den Nachrichten über die holländische Kapitulation untergeordnet. Am selben Abend erwähnten deutsche Rundfunkkommentatoren neben ausführlichen Schilderungen der holländischen Niederlage gleichsam „en passant", der Maasübergang südlich Namur biete die besten Aussichten, die Festung aus der Flanke zu bedrohen und den Nordsektor der Dyle-Linie im Rücken zu fassen. Gelegentliche Hinweise höherer Stellen deuteten aber darauf hin, daß an der Front überraschende Erfolge erzielt worden waren.

Im Vergleich zu den spannungsgeladenen Tagen vom August 1914 kam die mangelnde Begeisterung der deutschen Öffentlichkeit jedoch fast einer Apathie nahe. William Shirer mit seinem feinen Gefühl für die Stimmung der Berliner bemerkte, wie „wenige sich bemühten, die Mittagszeitungen zu kaufen". Zwei Tage später schrieb er: „Ein typischer Berliner Sonntag — kein Hinweis darauf, daß man sich — zumindest die Berliner — sehr über die Schlacht um die tausendjährige Existenz aufregt." Als bescheidene Luftschutzmaßnahme wurden die Cafés um 23 statt um 1 Uhr geschlossen, und das Tanzen wurde für die nächste Zeit verboten. Am Tag darauf verrät Shirers Tagebuch sein Erstaunen über den schnellen Ablauf der Ereignisse:

„13. Mai. Erstaunliche Neuigkeiten . . . Kein Wunder, daß mir heute ein deutscher Offizier sagte, selbst das Oberkommando sei von dem Tempo etwas überrascht.

14. Mai. Wir sind von den Nachrichten wie betäubt. Die holländische Armee hat nach nur fünf Tagen Kampf kapituliert. Was ist mit den großen Wasserlinien geschehen?

15. Mai. Heute sehr lange Gesichter bei den ausländischen Korrespondenten und Diplomaten. Das Oberkommando behauptete, die Maginotlinie bei Sedan durchbrochen zu haben . . . Es scheint fast unglaublich.

17. Mai. Was für ein Tag! Welche Neuigkeiten . . . Ich hätte es nicht geglaubt, nur hat uns das deutsche Heer selten getäuscht. Heute abend beim Rundfunk bemerkte ich, daß die Militärs zum erstenmal von einer französischen Flucht sprachen."

Immer noch verrieten die Berliner auf dem Kurfürstendamm und im Tiergarten keine sichtbare Erregung.

Hitler nervös — Halder zuversichtlich

In den verschiedenen Hauptquartieren des deutschen Oberkommandos war das ganz anders. Die schwerbedrängten alliierten Führer wären erstaunt und ermutigt gewesen, hätten sie die Nervosität, Furcht und Verwirrung sehen können, die im feindlichen Lager — in deutlichem Gegensatz zu den sehr greifbaren Erfolgen — herrschten. Bei den deutschen Hauptakteuren zeigte sich eine bemerkenswerte Änderung in ihrer Einstellung. Hitler — der Spieler, der seine beruflichen Ratgeber zunächst ensetzt hatte, schien die Nerven zu verlieren, während der vorsichtige Berufssoldat Halder vor Zuversicht fast barst.

Am 10. Mai hatte Hitler sein Führerhauptquartier in einem strengen Westwallbetonwerk im düsteren Hochland von Münstereifel bezogen. Selbst die Offiziersmesse war in einem Bunker untergebracht. Brennpunkt war jedoch eine kleine Holzhütte, die als Karten- und Befehlsraum diente, hier fanden die wichtigsten OKW-Konferenzen statt. Jodl sagte in Nürnberg aus, das Leben im „Felsennest" habe „einer Kreuzung aus Kloster und KZ geglichen ... ein wahres Martyrium für uns Soldaten; es war nämlich kein militärisches, sondern ein ziviles Hauptquartier, wir Soldaten waren dort nur Gäste."

Obwohl Brauchitsch und Halder ihr OKH-HQ ganz in der Nähe hatten, war die Verachtung Hitlers für seinen Generalstab inzwischen so tief verwurzelt, daß die Kontakte zwischen den zwei HQ minimal und gespannt waren. Die Luftwaffe brauste darüber hinweg. Armee-Einheiten zogen immer noch am „Felsennest" vorbei zur Front. Hitler blieb aber der Schlacht eigenartigerweise fern, im wesentlichen ließ er sich durch den Speichellecker Keitel informieren, der später aussagte, er sei „buchstäblich jeden zweiten Tag unterwegs gewesen, zumeist im Raum von Rundstedts Heeresgruppe", deren neuer Stabschef General von Sodenstern[1] ein alter Freund Keitels war.

Am 16. zeigte Hitler bereits steigende Sorge um die immer länger werdende linke Flanke des Panzerkeils. Die Infanteriedivisionen schienen zu langsam nachzukommen. Jodl berichtet, daß Hitler „an dem Tag scharf auf die Unterstellung aller Panzer- und motorisierten Divisionen der Heeresgruppe B unter die Heeresgruppe A drängte", und man hörte, daß er am Feldtelephon General von Reichenau, den Führer der 6. Armee, anschrie, weil er wegen der Freigabe von Hoepners XVI. Panzerkorps zögerte.[2] Die bereits bestehende Spannung zwischen Hitler und dem OKH wuchs. Halder, der seinen vorsichtigen Pessimismus hinsichtlich „Sichelschnitt" längst aufgegeben hatte — nachdem man ihn einmal von dessen militärischen Vorteilen überzeugt hatte —, teilte keineswegs Hitlers Sorge um die linke Flanke. Hier lag der wesentliche Unterschied zwischen dem rationellen Intellekt des Berufssoldaten und dem irrationalen, instinktiven Funktionieren des Verstandes des ungeschulten Genies. Am 16. Mai schrieb Halder in sein Tagebuch, „daß sich der Durchbruch geradezu klassisch entwickle". Halder, der mit größter Gewissenhaftigkeit die Berichte von „Fremde Heere West" verfolgte — die sich als sehr genau erwiesen —, stellte fest, es gebe immer noch keine Anzeichen dafür, daß die Franzosen ihre Hauptreserve in die Schlacht würfen, während die um 19 Uhr eintreffenden Abendberichte meldeten, daß alle Angriffe gegen die Flanke[3] abgewiesen worden seien.

Am nächsten Tag machten es neue Berichte von „Fremde Heere West" Halder klar, daß auch an der Nordflanke der „Beule" kein ernstlicher alliierter Gegenangriff drohte. Am 17. schrieb er in sein Tagebuch, „der Feind hat noch keine größeren Maßnahmen getroffen, um die Durchbruchslücke zu schließen". Er stellte fest, daß die Franzosen „mindestens sechs Divisionen" an die kritische deutsche Südflanke gebracht hatten, „aber hier wollen *wir* nicht angreifen, und ihre Kräfte genügen nicht für einen Angriff".

In dieser neuen, unbedingten Zuversicht äußerte Halder nun seine Ansicht, die ein radikales Abgehen vom ursprünglichen Sichelschnittplan bedeutete.

Die Gesamtlage schien sich so günstig zu entwickeln, daß selbst der vorsichtige Halder dachte, „man kann schließen, daß wir die Operation jetzt in südwestlicher Richtung fortsetzen könnten". Seiner Ansicht nach konnte Frankreich in einer einzigen Schlacht zerschmettert werden, statt in zwei getrennten Operationsphasen, wie Manstein geplant hatte. Bocks Heeresgruppe B allein würde die Aufgabe zufallen, „den Feind nördlich der Sambre einzukesseln und zu vernichten", während Rundstedts Heeresgruppe A jetzt exzentrisch davon wegschwingen und Frankreich nach Südwesten aufrollen sollte, möglicherweise mit „einem rechten Haken", der Paris umfaßte. Für die Südflanke sah Halder keine Bedrohung, „weil der Feind im Augenblick zu schwach ist". Um 10 Uhr 30 rief er daher Rundstedts Stabschef Sodenstern an, er solle nicht an der Oise halten und sich nicht an der Südflanke festlegen lassen. Mittags wurde der OKH-Chef Brauchitsch zu Hitler gerufen und erlebte wieder eine der so unangenehmen Sitzungen. Halder sagt lakonisch: „Augenscheinlich wenig Übereinstimmung. Der Führer betont, daß er die Hauptgefahr aus Süden kommen sieht. (Im Augenblick sehe ich keinerlei Gefahr!) Infanteriedivisionen müssen daher so schnell wie möglich herangebracht werden, um die Südflanke zu schützen."

Rundstedt unterstützt Hitler

Mißtrauisch wie immer gegen seine Ratgeber im OKH brach Hitler am Nachmittag selbst auf, um Rundstedt in seinem HQ in Bastogne zu sprechen. Hitler, der äußerst nervös einlangte, stellte fest, daß sich Rundstedts Ansichten mit seinen eigenen deckten. (In der Rückschau muß man sich sehr wohl fragen, in welchem Ausmaß Rundstedt durch seine immer wiederkehrende Sorge der Grund dafür war, daß Hitler die Nerven verlor: nicht nur zwischen dem 17. und 19., sondern auch später, zur Zeit des historisch gesehen viel folgenschwereren Haltebefehls vor Dünkirchen.) Die Äußerungen der Befehlshaber der drei Heeresgruppen beweisen, daß sie von den Anfangserfolgen von „Sichelschnitt" völlig überrascht waren. Nach dem Maasübergang rief Bock: „Die Franzosen scheinen den Verstand verloren zu haben." Leeb schrieb am 18. in sein Tagebuch: „Es ist phantastisch!" Rundstedt scheint aber am meisten überrascht gewesen zu sein, sein Operationschef und Biograph, General von Blumentritt, nennt den „Maasübergang ein Wunder, das Rundstedt nicht verstehen konnte". In kritischen

Augenblicken scheint Rundstedt von seinen persönlichen Erfahrungen 1914-1918 genauso beeinflußt gewesen zu sein wie seine französischen Opponenten. Da seine eigene Einheit 1914 in Sichtweite von Paris gekommen war, konnte er nicht vergessen, wie Klucks Richtungsänderung den fast sicheren Sieg verwirkt hatte; auf keinen hohen deutschen Offizier hatte Frankreichs Fähigkeit, nach schweren Rückschlägen zu einem verheerenden Gegenstoß anzusetzen, einen so unauslöschlichen Eindruck gemacht. Jedes Gespräch über einen Angriff nach Südwesten[4] weckte in ihm die schlimmsten Erinnerungen an Galliénis tödlichen Gegenstoß in Klucks Flanke, dem Vorspiel der Marneschlacht. Er besaß eine so hohe Meinung vom französischen Oberkommando und erwartete schon vom ersten Augenblick des Durchbruchs an „einen überraschenden Gegenstoß starker französischer Kräfte aus dem Raum Verdun — Châlons-sur-Marne nach Norden in Richtung Sedan und Mézières".

Schon am 15. Mai drückte das Tagebuch der Heeresgruppe A Rundstedts Sorge um die Südflanke aus: „Zum erstenmal ist die Frage aufgetaucht, ob es nicht nötig werden wird, die motorisierten Kräfte an der Oise anzuhalten ... Dem Feind darf in keinem Fall ein Erfolg, nicht einmal ein örtlicher, an der Aisne oder später im Raum Laon gestattet werden. Das hätte eine weit schädlichere Wirkung auf die Gesamtoperationen als ein zeitweiliges Verlangsamen unserer motorisierten Kräfte."

Das Kriegstagebuch fährt fort: „Die ausgedehnte Flanke ist zwischen La Fère und Rethel, besonders im Raum Laon, zu empfindlich und lädt den Feind zu einem Angriff geradezu ein ... Wenn die Angriffspitzen zeitweilig angehalten werden, wird es möglich sein, binnen vierundzwanzig Stunden eine gewisse Versteifung der bedrohten Flanke zu erreichen."

Rundstedt hatte Kleist am 16. deshalb befohlen, die Oise mit der Panzergruppe *nicht* vor dem 18. zu überschreiten. Bei seinem Besuch im HQ der Heeresgruppe gewährte Hitler Rundstedt volle Unterstützung und erklärte: „Die Entscheidung hängt im Augenblick nicht so sehr von einem schnellen Vorstoß zum Kanal als von der Fähigkeit ab, so schnell wie möglich eine absolut sichere Verteidigungsstellung an der Aisne im Raum Laon und später an der Somme zu erreichen ... Alle Maßnahmen müssen darauf gegründet sein, selbst wenn das eine zeitweilige Verzögerung des Vormarschs nach Westen bedeutet."

Durch die Gespräche mit Rundstedt in seiner Auffassung bestärkt, fuhr Hitler in erneutem Grimm auf seine Ratgeber vom OKH ins „Felsennest" zurück. Halder schreibt in sein Tagebuch: „Ein sehr unangenehmer Tag. Der Führer ist äußerst nervös — er sorgt sich um unseren Erfolg, will nichts riskieren und wäre daher glücklich, wenn wir halten würden. Sein Besuch bei der Heeresgruppe A hat nur Unklarheit und Zweifel bewirkt."

Aus dem OKW stimmte der Hitler ergebene Jodl zu: „Ein Tag großer

Spannung. Brauchitsch hat den Befehl, so schnell wie möglich eine Flanken-position im Süden aufzubauen, nicht ausgeführt ... Brauchitsch und Halder werden gerufen und erhalten strikten Befehl, sofort die nötigen Maßnahmen zu treffen." Halder mußte seine „Süd-West-Operation" aufgeben, obwohl er seinen Standpunkt tapfer verfocht.

Kleist gibt Guderian den Haltebefehl

Von Rundstedt veranlaßt, hatte Kleist bereits zweimal erfolglos versucht, Guderian zu bremsen. Die zwei Generale — so völlig verschieden in ihrer Persönlichkeit und ihren Anschauungen über die Kriegführung — mochten sich nicht, bei der letzten Auseinandersetzung (in der Nacht des 15.) war es sehr hitzig zugegangen. Am frühen Morgen des 17. erhielt Guderian einen Funkspruch vom HQ der Panzergruppe, „der Vormarsch solle sofort an-gehalten werden und ich solle mich persönlich bei General Kleist melden, der mich auf meinem Flugplatz um 7 Uhr aufsuchen wolle. Er kam sehr pünktlich und zankte mich aus, ohne mir guten Morgen zu wünschen, in sehr heftigen Ausdrücken, weil ich den Befehlen nicht gehorcht habe.[5] Er hielt es nicht für angebracht, ein Wort des Lobes für die Leistungen der Truppe zu äußern. Als der erste Sturm vorbei war und er anhielt, um Atem zu holen, bat ich, meines Kommandos enthoben zu werden".

Der zornige Kleist war, wie Guderian sagt, ziemlich „verblüfft", dann nickte er und befahl Guderian, den Befehl an General Veiel von der 2. Panzerdivision zu übergeben.

Guderian war erschüttert, daß Hitler, der frühere „Schirmherr der Pan-zerwaffe", der „die kühnsten Aspekte des Manstein-Plans gebilligt und kein Wort gegen meine Vorschläge hinsichtlich der Auswertung des Durch-bruchs gesagt hatte, jetzt über seine eigene Kühnheit erschrocken war". Guderian funkte an Rundstedt, er wolle am Nachmittag zur Heeresgruppe fliegen und Bericht erstatten. Die Antwort lautete, Guderian solle bleiben und die Ankunft General Lists, des Befehlshabers der 12. Armee, abwar-ten, „der Weisung hatte, den Fall aufzuklären". Bis zu Lists Ankunft soll-ten Guderians Panzer halten.

„Bei seiner Ankunft am frühen Nachmittag fragte mich List, was in aller Welt hier vor sich gehe. Auf Weisung von Generaloberst Rundstedt informierte er mich, daß ich nicht zurücktreten würde, und erklärte, der Befehl, den Vormarsch anzuhalten, komme vom OKH und müsse daher befolgt werden."

Guderians heftige Erwiderung über das Ausmaß des französischen Zu-sammenbruchs vor seiner Front — die zum Teil durch den anderen Panzerkorpskommandeur, Reinhardt, bestätigt wurde — scheint List überzeugt und durch seine Weitergabe der Argumente Guderians und Reinhardts Rundstedt wenigstens zum Teil beruhigt zu haben. Nicht aber Hitler. Mit Rundstedts Billigung brachte List einen wundervollen Kompromiß zustande. Er befahl Guderian, eine stark bewaffnete Aufklärung vorzunehmen. Das Korps-HQ müsse unter allen Umständen bleiben, wo es war, „damit man es leicht erreichen könne".

Rundstedt muß wohl gedacht haben, den Vormarsch praktisch angehalten zu haben, wenn er Guderian auf diese Weise bewegungsunfähig machte — weil Guderian nie von „hinten" führen würde. Aber er kannte Guderian nicht. Wohl auf Grund einer Art Verschwörung von jüngeren Kräften im OKH und in Rundstedts Stab erfaßten die Aufklärungseinheiten inzwischen alles bis auf die rückwärtigen Staffeln.

Guderians „blindes Auge"

Zu seiner Befriedigung hatte Guderian jetzt genau das, was er haben wollte. Gehorsam ließ er sein HQ in Soize zurück. „Ich ließ aber von meinem vorgeschobenen HQ eine Leitung legen, so daß ich meine Befehle nicht funken mußte und diese daher nicht von den Abhöreinheiten des OKH und des OKW abgefangen werden konnten."

Die Kampfaufklärung setzte sich in Bewegung. Nach fast einem Tag der Untätigkeit rollten die Panzer am Abend des 17. wieder, ohne daß Hitler und das Oberkommando etwas davon wußten; ein blendendes Beispiel bewußter militärischer Insubordination.

Die Panzergruppe selbst hatte den Halt als einen Segen angesehen. Wie Kielmannsegg schreibt, „war es der erste Ruhetag seit Beginn des Feldzugs". Nicht nur die Infanterie und der Nachschub konnten aufholen, es gab Gelegenheit, sich auszuschlafen, die Panzer zu schmieren und schadhafte Teile auszuwechseln.

Wären die Ereignisse für die Franzosen weniger unglücklich verlaufen, wenn die Panzertruppe nicht einen so rücksichtslosen und selbstsicheren Führer wie Guderian gehabt, wenn Rundstedt Unterführer besessen hätte, die seine Befürchtungen am 15. und 16. teilten? Oberst Goutard, der Kriegshistoriker, glaubt, „eine zweitägige Ruhepause hätte vielleicht unserem Oberkommando Zeit gegeben, sich zu sammeln".

De Gaulle: „Die Chance zu handeln"

Der 17. Mai, an dem die Panzer hielten, war auch der Tag, den Georges für die ersten koordinierten Flankenangriffe auf die „Beule" bestimmt hatte. Tatsächlich war es aber nur die Gruppe de Gaulles, die handelte. 49 Jahre alt — genau ein Jahr älter als sein „Mitskorpion" Rommel — und noch Oberst, hatte dieser hochmütige Mann, der lieber zu seinen Panzern zurückkehrte, als daß er einen politischen Posten übernahm, erst am 11. Mai den Befehl über die 4. Panzerdivision erhalten. Wie de Gaulle selbst sagt, „existierte die Division nicht", ihre verschiedenen Teile kamen erst von weither. Am 15. wurde de Gaulle in Georges' HQ gerufen, er hörte, daß General Touchon sich bemühe, eine Sperrstellung für Paris zu errichten; vom Raum Laon aus operierend, solle die 4. Panzerdivision für Touchon „Zeit gewinnen"; die Entscheidung, wie das geschehen solle, blieb de Gaulle überlassen — General Georges, „ruhig, herzlich, aber sichtlich überfordert", entließ de Gaulle mit den Worten: „Da, de Gaulle! Hier haben Sie die Chance zu handeln, der Sie doch so lange die Ideen vertraten, die der Feind jetzt durchführt."

De Gaulle eilte nach Laon, wo am nächsten Tag ein embryonaler Stab und die Reste von General Petiets 3. Kavalleriedivision zu ihm stießen.

Das Bild, das sich bot, war düster. „Auf allen Straßen aus dem Norden drängten sich elende Flüchtlingskolonnen. Ich sah auch viele Soldaten, die ihre Waffen verloren hatten. Sie gehörten zu den Truppen, die in den letzten Tagen von den Panzern in die Flucht geschlagen worden waren. Als sie auf ihrer Flucht von den mechanisierten Einheiten des Feindes eingeholt wurden, hatte man ihnen befohlen, die Waffen wegzuwerfen und nach Süden zu verschwinden, damit sie die Straßen nicht verstopften. ,Wir haben nicht die Zeit, euch gefangenzunehmen', hatte man ihnen gesagt."

Beim Anblick dieser Horden und wütend über die vom Feind gezeigte Geringschätzung, schreibt de Gaulle in sein Kriegstagebuch: „Ich fühlte eine grenzenlose Wut. Ah, es ist zu stupid! Der Krieg beginnt so schlecht wie nur möglich. Deshalb muß er weiterdauern. Die Welt ist dafür groß genug. Wenn ich lebe und bleibe, werde ich kämpfen, wo immer ich muß, solange ich muß, bis der Feind besiegt und der Fleck von der nationalen Ehre abgewaschen ist."

Nachdem er eine Erkundung durchgeführt hatte, beschloß de Gaulle, Guderians Verbindung zu zerschneiden, indem er auf die wichtige Kreuzung in Montcornet, etwa 32 km nordöstlich seines Versammlungsraums, vorstieß. Er wollte am nächsten Morgen mit allen Kräften angreifen, die ihn bis dahin erreicht hatten. Bis zum Morgengrauen des 17. hatte er jedoch nur drei Panzerbataillone erhalten. Zwei bestanden aus leichten Renault R-35 mit dem veralteten 3,7-cm-Geschütz; nur das 46. war ein Bataillon mit B-Panzern, es war aber erst vor kurzem aus einem leichten Bataillon umgerüstet worden. Es hatte nie an taktischen Manövern teilgenommen und nur eine Schießübung mit der 7,5-Kanone mitgemacht. Zudem war eine Kompanie der modernen D-2 (16 t) mit dem starken 4,7-cm-Geschütz erschienen. Im Laufe des Tages kam noch ein einziges Infanteriebataillon, die 4. Jäger, in Bussen, die aus der Luft sehr verwundbar waren. In scharfem Gegensatz zu Guderians Ausstattung besaß de Gaulles 4. Panzerdivision keine richtige Flak, sie durfte auch mit keiner nennenswerten Luftunterstützung rechnen.

Trotzdem begann de Gaulle seine Mission bei Tagesanbruch. Er fuhr durch die traurigen Flüchtlingskolonnen, dabei trug er eine Lederjacke und paffte unaufhörlich Zigaretten. In der rauhen Welt der mechanischen Kriegführung entbehrte es nicht einer gewissen Romantik, daß sich die zwei großen Vorkämpfer der Panzerwaffe, Guderian und de Gaulle, nun zum erstenmal auf dem Schlachtfeld gegenübertraten.

Der Tag begann für de Gaulle gut, seine Panzer fegten auf der Straße von Laon nach Montcornet alles vor sich her. Auf der Fahrt durch Dizy beobachtete Kapitän Idée, der Chef der unabhängigen Kompanie von D-Panzern, wie sich seine 14 Panzer entfalteten. Besorgt sah er aber nur zwei Panzer des B-Bataillons, das rechts von ihm hätte sein sollen. In Chivres überrannten Idées Panzer eine deutsche Aufklärungskolonne in einem schrecklichen Gemetzel. „Die Hölle bricht los. Da sind ihre Motorräder, die Fahrer schlaff über den Beiwagen oder den Lenkern zusammengebrochen, ein Lastwagen in Flammen, ein von unseren 4,7ern zerschossener Panzerwagen, Infanterie, niedergemäht, wo sie sich hinter einen Bauernhof zurückziehen wollte; noch ein Panzerspähwagen, auf der Straße nach Machecourt zerschossen. Chivres ist gesäubert, wir fahren nach Bucy weiter. Ein Gefühl des Erfolges."

Eine weitere Kolonne „weicher" deutscher Fahrzeuge wurde überholt und blieb brennend liegen. Um 15 Uhr kämpften sich de Gaulles Tanks nach Montcornet und „vernichteten alles, was keine Zeit zur Flucht gehabt hatte".

De Gaulles Angriff mit deutschen Augen gesehen

An diesem Tag wäre beinahe der Gefechtsstand der 1. Panzerdivision überrannt worden. General Kirchner war vor zwei Tagen selbst verletzt worden, als er einige Minuten geschlafen hatte und ein Fahrzeug über sein Knie gefahren war. Seither lag er unbeweglich, fluchend und mit drohender Miene auf einer Bahre neben der Lagekarte. Er gab aber das Kommando nicht ab, sondern verließ sich auf seine zwei Stabsoffiziere Wenck und Kielmannsegg. Kielmannsegg fuhr allein zu dem vorgeschobenen Divisions-HQ, etwa 13 km weiter westwärts. „Als ich aus Montcornet herausfuhr und der Hauptstraße — die einzige Straße der Division — nach Westen folgte, sah ich mehrere deutsche Soldaten auf mich zulaufen. Es waren Pioniere, die behaupteten, daß französische Panzer hinter ihnen her seien. Ich wollte ihnen nicht glauben, weil die Richtung, in die sie wiesen, auf unsere Front zeigte. Mein Ordonnanzoffizier, der inzwischen auf einen Hügel gefahren war, bestätigte es jedoch. Wir mußten nicht mehr überlegen, woher die Panzer kamen. Ich befahl den Pionieren, die bereits einige Minen gelegt hatten, an der Einfahrt nach Montcornet eine Sperre zu errichten."

Die Stadt war mit Fahrzeugen aller Art, darunter Kielmannseggs Munitionskolonne, überfüllt. Als er die Verteidigungsvorbereitungen getroffen hatte, jagte Kielmannsegg nach Lislet zurück, das sich den Panzern völlig offen darbot. Auf zwei der Straßen zu dem Ort fand er friedlich und ahnungslos eine Munitionskolonne, die auf die Weiterfahrt wartete. Kielmannsegg schrie den Männern zu, umzukehren. Der Feldwebel, den er als Beobachter aufgestellt hatte, rief: „Sie kommen, Herr Hauptmann, sie kommen!" — „Bald hörte ich auch Schüsse. In dem Augenblick fiel mir ein, daß ich meinen Melder und meinen Burschen nicht verständigt hatte, die in einiger Entfernung einquartiert waren ... Als allerletzter verließ ich dann das sehr stille Lislet, als die ersten Panzer bereits in die Dorfstraße einbogen. Unter diesen Umständen war Klugheit der bessere Teil der Tapferkeit, denn selbst mit dem besten Willen auf der Welt kann man ein Dutzend feindlicher Panzer nicht mit einer Pistole aufhalten."

Kielmannsegg eilte zurück, um Guderians HQ in Soize zu warnen. Unterwegs begegnete er einigen deutschen Panzern, die aus der Werkstatt kamen, und schickte sie sofort den Franzosen entgegen. Inzwischen eröffneten einige Flaks von den Höhen hinter Lislet das Feuer. Mehrere von de Gaulles Panzern wurden zerschossen und der Rest zurückgeschlagen Kielmannsegg stellt aber fest, daß etwa 25 tatsächlich hinter die Kampftruppen der 1. Panzerdivision gelangt waren.

Auf der deutschen Verlustliste stand auch Major Wenck, der am Morgen verwundet worden war, als er eben von der hitzigen Auseinandersetzung zwischen Guderian und Kleist zurückfuhr. Kielmannsegg stellte fest, daß Lislet „von einem Ende bis zum anderen brannte, zwei zerschossene Tanks standen auf der Dorfstraße, mehrere andere lagen vor Montcornet und Lislet. Später am Nachmittag erfolgte ein neuer Angriff, geführt von vier schweren B-Panzern, aber obwohl meine leichte Flak (die ich in der Zwischenzeit herangeholt hatte) die dicke Panzerung nicht durchschlagen konnte, zwang sie die französischen Maschinen dadurch zur Umkehr, daß sie auf ihre Ketten schossen. Hier wurde uns der geringe Kampfgeist des Feindes völlig bewußt, deutsche Panzer wären vor einer so schwachen Abwehr sicherlich nicht umgekehrt".

Kapitän Idées Bericht vom Ende der Operation klingt deprimierend vertraut: „19 Uhr. Der Sprit wird knapp. Die B-Panzer sind eben umgekehrt, sie verlassen Lislet. Die Infanterie hatte ihnen nicht folgen können, und was können wir ohne sie tun? In unserem Rücken muß der Feind eingesickert sein. Die feindlichen Zugführer sind schrecklich unternehmungslustig."

Seine Kompanie D-2 zog sich zurück, er stellte mit Stolz fest, daß er nur einen Panzer verloren hatte. Inzwischen war eine weitere Kolonne de Gaulles an der Sperre aufgehalten und durch deutsches Geschützfeuer zum Rückzug aus Montcornet gezwungen worden. Da es de Gaulle an Artillerie fehlte, konnte er den Kampf nicht aufnehmen. Auf dem Rückweg zum Ausgangspunkt war die 4. Panzerdivision gegen Luftangriffe nicht geschützt und wurde, an Flak verzweifelt knapp, erbarmungslos von Stukawellen behämmert. Kapitän Idée erinnert sich, wie Tausende von Brandgeschossen von seinem Tank abprallten. „Wir kommen da nicht heraus. Ich bin blind vor Schweiß. Ich wische mich mit dem Ärmel ab, das Medaillon der heiligen Thérèse, das ich am Handgelenk trage, lächelt mir zu. Ich küsse es." Idée kam durch, verlor aber noch einen Panzer. Jetzt plänkelten die alarmierten deutschen Panzer bereits in de Gaulles Rücken. De Gaulle: „Wir waren verlorene Kinder, 32 km vor der Aisne. Wir mußten eine Situation beenden, die, gering gesagt, riskant war."

Was erreichte de Gaulle?

Nach vierundzwanzig Stunden war de Gaulles erste Aktion schon wieder beendet. Zwei Tage später griff er genau nördlich von Laon mit Verstärkungen, doch mit nicht mehr Erfolg an.

Angesichts des Ruhms, der seinen Operationen später von gaullistischen Mythomanen gespendet wurde — die dabei den zweiten der vier Pfeiler seines historischen Rufs schufen[6] —, sollte man hier kurz analysieren, was am 17. Mai bei Montcornet wirklich erreicht wurde. De Gaulle selbst erklärt, daß „mehrere Hundert tote Deutsche und viele ausgebrannte Lastwagen herumlagen. Wir hatten 130 Gefangene gemacht und weniger als 200 Mann verloren".[7] Da der Angriff wieder nicht durch Infanterie unterstützt wurde und auch keine Flankensicherung besaß, kann man ihn schwerlich als etwas anderes als einen Überfall ohne weitere Folgen bezeichnen. Es ist zweifelhaft, ob Touchon dadurch Atemluft erhielt; sicher hat der Angriff Guderians Vormarsch nicht aufgehalten, wie einige gaullistische Historiker behaupten. (Wie schon geschildert, hatte das deutsche Anhalten einen ganz anderen Grund.) Es gab zwar bei den Deutschen eine gewisse Beunruhigung, aber nichts von jener echten Sorge, wie sie bei der Schlacht um Stonne oder später bei dem britischen Gegenangriff bei Arras am 22. Mai herrschte. Nach dem Krieg sagte Kleist zu Liddell Hart: „Er brachte uns nicht in solche Gefahr, wie spätere Berichte behauptet haben. Guderian wurde allein mit ihm fertig, ohne mich zu belästigen. Ich hörte erst am folgenden Tag davon."

Zweifellos hatte Guderian seine eigenen Motive, Kleist nicht zu informieren, die Tatsache bleibt jedoch bestehen, daß das deutsche Oberkommando von de Gaulles Angriff erst erfuhr, als die Befehle zum Weitermarsch bereits erteilt waren. Wenn de Gaulles Gegenstoß an der Südflanke so stark gewesen wäre, daß man es auch in Rundstedts HQ verspürt hätte, wäre der Haltebefehl sicherlich verlängert worden. Hinsichtlich der relativen Auswirkung des Angriffs auf den deutschen Durchbruchskeil muß man fast an das Wort Johnsons denken: „Eine Fliege, Sir, kann ein stattliches Pferd stechen und es zusammenzucken lassen. Sie ist aber doch nur ein Insekt und das Pferd ein Pferd."

Unter den obwaltenden Umständen und mit den ihm verfügbaren Kräften scheint es unwahrscheinlich, daß de Gaulle mehr als einen Insektenstich[8] auszuteilen vermochte, zweifellos hat er seine Division aber mit höchstem persönlichem Mut geführt. Die nackten Tatsachen rechtfertigen aber kaum seine Prahlerei am 1. März des folgenden Jahres in London: „Ich weiß von einer gewissen Panzerdivision, die erst mitten im Kampf improvisiert aufgestellt wurde und den Deutschen genau die gleiche Behandlung zuteil werden ließ, die ihre elf Panzerdivisionen uns zuteil werden ließen . . ."

Die Franzosen greifen von Norden an

Auf dem Papier erscheinen die Angriffe auf die Nordflanke der „Beule", die General Georges gemeinsam mit dem de Gaulles befohlen hatte, eindrucksvoll genug. In der Praxis erreichten sie aus den schon erwähnten Gründen nichts. Die französische 1. Panzerdivision existierte nicht mehr — obwohl Georges das nicht wußte —, und den zur Verfügung stehenden Streitkräften hatte Rommels nächtlicher Vorstoß nach Le Cateau (westlich der Sambre) die Ausgangsstellung genommen und sie in die Defensive geworfen. Über einen weiten Raum hinter der Oise verteilt, hatten die Bataillone von Bruchés 2. Panzerdivision keine Gelegenheit, sich umzugruppieren, sie wurden in Teilen zum Schutz von Flußübergängen eingesetzt. Kurz nach dem Morgengrauen wurden sie von vorgeschobenen Teilen der deutschen 2. Panzerdivision angegriffen. Zeitweilig konnten sie diese von den Brücken bei Moy zurückweisen, wohingegen es der deutschen 1. Panzerdivision gelang, die wichtige Oisebrücke in Ribemont zu nehmen, als sich Kleist und Guderian eben stritten. Die französische 2. Panzerdivision blieb während des 17. ohne Kommandeur: General Bruché irrte verzweifelt umher, um seine verlorenen Schäflein zu suchen, während General Giraud wiederum ihn vergeblich suchte. Inzwischen wurde in der Nacht des 16. als Folge von Rommels Sturmfahrt nach Avesnes die 9. motorisierte Division von Girauds altem Kommando ebenfalls zersprengt. Als sie an der Oise anlangte, erhielt sie von Giraud keinen Befehl, die Brücke zu halten, sie zog sich also zurück, als der Feind auftauchte, und gab die Brücken in Hirson und Guise auf. Da Landrecies und Ribemont bereits in deutscher Hand waren, bedeutete das, daß die Sambre-Oise-Linie, auf deren Behauptung Georges so großen Wert gelegt hatte, bereits kompromittiert war. General Didelets 9. motorisierte Division konnte sich am 17. umgruppieren und erhielt von Giraud den (hoffnungsvollen) Befehl, „die wenigen Schwadronen deutscher Panzer zu vernichten (das heißt die Rommels), die nach Le Cateau greifen. Ich befehle, daß die Brücke in Landrecies im Nachtangriff genommen wird". Die andere Division der „alten" 7. Armee war an diesem Tag auch nicht kampffähig, die 1. leichte mechanisierte Division war noch von den Kämpfen um Breda mitgenommen. Der vom französischen Oberkommando bestimmte „Tag des Gegenangriffs" endete also wieder damit, daß die Streitkräfte sich überall (mit Ausnahme de Gaulles) in der Defensive befanden.

Rommel konsolidiert sich

Oberleutnant Georges Kosak von der 4. leichten Kavalleriedivision gehörte zu der Legion von Gefangenen, die Rommel bei seiner Sturmfahrt machte. Schon einmal war Kosak Rommels Vorhut entkommen. Bei Maroilles, 10 km westlich von Avesnes, gefangengenommen, konnte Kosak nun zum zweitenmal fliehen, indem er, bis an den Hals im Wasser, einen Bach hinunterwatete. Von Wassigny aus wurde er eilig zu Giraud gebracht und verhört. Giraud und sein Stab waren erstaunt, daß die Panzer bereits in größerer Zahl in Maroilles waren. So erging es übrigens auch Rommels Korpskommandeur, General Hoth, der am Morgen zu Rommels Amüsement befahl, den Angriff gegen Avesnes fortzusetzen. Rommel konsolidierte am 17. die Gewinne der letzten Nacht und trieb Gefangene zusammen, der Tag verlief aber nicht ohne Aufregung. Am frühen Morgen gab es einen kleinen Schreck, als Rommel vor Le Cateau hielt und feststellen mußte, daß ihm nur „ein kleiner Teil des Panzerregiments und ein Teil des Kradschützenbataillons gefolgt waren". Er schickte sofort einen Offizier zurück. „Dann versuchte ich selbst zurückzufahren, um die Verbindung herzustellen, geriet aber in schweres Pakfeuer aus Le Cateau und mußte umkehren. Inzwischen hatte Rothenburg mit einem Teil des Panzerbataillons Sickenius auf dem Hügel östlich Le Cateau gegen feindliche Panzer und Pak gekämpft, sie aber schnell erledigt. Ich kehrte zum Panzerbataillon zurück, das sich inzwischen eingeigelt hatte."

Nachdem weitere Teile des Kradschützenbataillons eingetroffen waren, hielt Rommel die Lage bei Le Cateau für gesichert; immer noch in der Annahme, daß der Rest der Division dichtauf folge, eilte er im Funkwagen, nur von einem Panzer III begleitet, davon, um sie herbeizuholen. „Unterwegs stießen wir auf mehrere gestrandete Fahrzeuge des Kradschützenbataillons und des Panzerregiments, deren Besatzungen uns rieten, in Landrecies vorsichtig zu sein, da dort eine Anzahl unserer Fahrzeuge von feindlichen Panzern beschossen worden sei. Ich fuhr dann mit hohem Tempo nach Landrecies weiter, wo sich das III. Panzerbataillon, das das Regiment anführte, verirrt hatte. Als wir endlich die Straße nach Avesnes erreichten, sahen wir ein deutsches Fahrzeug, das von feindlichen Geschützen zerschossen war. Ein französischer Panzer oder eine Pak mußte in der Nähe gewesen sein, wir hatten keine Zeit für ein langes Palaver. Also durch! Verwundete Kradschützen riefen uns verzweifelt zu, sie mitzunehmen. Leider konnte ich ihnen nicht helfen, es stand zu viel auf dem Spiel!"

In der Nähe von Maroilles hatte der begleitende Panzer III eine Panne. Es hätte kein ungünstigerer Moment sein können, denn „dicht neben dem Weg biwakierten französische Offiziere und Soldaten bei ihren Waffen. Sie hatten sich aber augenscheinlich noch nicht von dem Panzerschreck erholt. So gut wir konnten, schickten wir sie durch Rufen und Winken aus dem fahrenden Fahrzeug in Marsch. Deutsche Truppen waren nicht zu sehen. Wir rasten weiter durch Maroilles. Östlich des Ortes entdeckten wir einen gestrandeten Panzer IV, dessen 7,5 aber in Ordnung war. Wir atmeten auf vor Erleichterung. Ein Panzer IV war ein guter Schutz."

Kurz darauf entdeckte Rommel am Horizont eine Kradschützenkompanie, die schnell die Straße von Marbai heranfuhr. Da er glaubte, daß weitere Abteilungen folgen würden, fuhr er in Richtung Avesnes weiter, fand aber nichts. „Jetzt bog ein französischer Wagen von einer Seitenstraße links ein. Auf unser Rufen hielt er, ein französischer Offizier stieg aus und ergab sich. Hinter dem Wagen kam ein ganzer Lastwagenkonvoi in einer großen Staubwolke. Ich leitete den Konvoi schnell nach Avesnes. Hanke schwang sich auf den ersten Lastwagen, während ich an der Kreuzung stehenblieb und den französischen Truppen zurief und zuwinkte, sie sollten die Waffen niederlegen — der Krieg sei für sie vorbei. Auf mehreren Lastwagen waren MG zur Fliegerabwehr montiert. Durch den Staub konnte man unmöglich erkennen, wie lang die Kolonne war, als aber 10 bis 15 Fahrzeuge vorbei waren, setzte ich mich an die Spitze der Kolonne und fuhr nach Avesnes."

Hier traf Rommel endlich auf die zurückgebliebenen Teile der 7. Panzerdivision. Man kann sich vorstellen, wie sie abgekanzelt wurden. Erst gegen 15 Uhr erreichte Rommels HQ Avesnes; Einheit auf Einheit besetzte nun das in der Nacht überrannte Gebiet.

Als er seine Division zu seiner Zufriedenheit verteilt hatte, „ruhte sich Rommel anderthalb Stunden aus". Aber schon am Abend versammelte er in Le Cateau „seine Panzerkommandanten und gab die Befehle in seiner klassischen Art: ‚Unsere weitere Marschroute: Le Cateau - Arras - Amiens - Rouen - Le Havre.' Wir waren über diese unvernünftige Forderung etwas schockiert, weil wir durch die Kämpfe der letzten Tage und den Mangel an Schlaf völlig erschöpft waren. Es war uns daher fast willkommen, daß der Befehl nicht gleich durchführbar war, weil unsere Panzer fast keinen Sprit mehr hatten".

Zwischen der langen „Zunge", die durch Rommels Sturmfahrt gebildet wurde und dem Einbruch von Reinhardts und Guderians Panzern in der Oiseschleife brachen am 17. deutsche Infanteriedivisionen durch die Lücken von Anor und Trélon und damit durch die letzte Moginotverlängerung längs der belgischen Grenze. Bei Anor wurden die Reste von General Hasslers 22. Division in den Wald von Saint-Michel zerstreut; bei Trélon war es die 1. nordafrikanische Division, am 15. von der 1. Armee zur Verstärkung hierher entsandt, die am meisten litt; am folgenden Tag hatten zwei ihrer Bataillone nur mehr je 260 Mann.

An Reinhardts Front hatte die 8. Panzerdivision endlich in die Schlacht eingegriffen und stieß die obere Oise südlich von La Capelle entlang, ehe sie der Haltebefehl erreichte. Im Süden nahmen Panzer der 6. unter Oberst von Ravenstein eine unzerstörte Brücke in Origny gegen schwachen Widerstand. Am Abend wurden ihre Brückenköpfe in Hauteville und Neuvillette von B-Panzern der 2. französischen Panzerdivision scharf angegriffen. Wieder betonen die amtlichen deutschen Berichte, wie unwirksam die deutsche Pak gegen die schwere Panzerung der B-Panzer war. Ein B-Panzer wurde 25mal getroffen, ehe ihn ein Schuß in die Ketten bewegungsunfähig machte.

Das Kriegstagebuch der 6. Panzerdivision schreibt verächtlich, „wenn deutsche Besatzungen in den überlegenen französischen Panzern gesessen wären, wären die Brückenköpfe kaum zu halten gewesen". Bei Einbruch der Nacht wurden die Brückenköpfe dann durch einige der tödlichen 8,8-Flak gesichert.

Ehe der Haltebefehl kam, hatte Guderians 1. Panzerdivision Ribemont an der Oise und Crézy-sur-Serre[9] genommen. Bei Anbruch der Nacht des 17. hatten die Deutschen fast den ganzen Landvorsprung zwischen den Flüssen Serre, Sambre und Oise besetzt. Von Landrecies nach Süden bis Moy an der Oise, etwa 10 km nördlich der Serremündung, hatten verschiedene Panzerkommandanten in der Tarnung der von Kleist genehmigten „bewaffneten Aufklärung" eine Anzahl wichtiger Brückenköpfe über Georges' Flußschranke gesichert. Guderian war nun bereit, seinen Marsch zum Kanal fortzusetzen, sobald Kleist das Signal dazu gab.

Inzwischen erreichten die deutschen Infanteriedivisionen, die die Flanken der Beule „ausmauern" sollten, endlich ihre Stellungen. Weit zurück bei Stonne, wo die Franzosen noch immer angriffen, war General Forsters VI. Armeekorps eingetroffen, so daß die motorisierte Division von General von Wietersheims XIV. Korps nun die Flanke bei Rethel übernehmen konnte, wo de Lattre entschlossen, aber in der Defensive kämpfte. Auch die 10. Panzerdivision war endlich aus ihrer Defensivrolle bei Stonne erlöst und rollte vor, um sich dem Hauptpanzerkeil anzuschließen. Am 17. fuhr sie bereits südlich an Rethel vorbei.

Zwei Tage später wurde Wietersheim durch die Ankunft der Brandenburger vom III. Korps, die von Charleville - Mézières nach Südwesten marschierten, wieder westwärts „geschubst". Und so ging es weiter. Die deutschen Divisionen kamen immer an, ehe sich die von deutschen Fliegern angegriffenen französischen Verstärkungen in das Vakuum zwischen den Panzern und den folgenden Einheiten einschieben konnten, wie das Rundstedt und Hitler gefürchtet hatten. Die Besetzung der Flanken der „Beule" — oder des Panzerkorridors, zu dem sie sich ausweitete — war zweifellos ein organisatorischer Triumph Halders und des OKH; dieser Beitrag zum Erfolg von „Sichelschnitt" ist von Historikern vielleicht nie gebührend gewürdigt worden. Es war aber zugleich ein Triumph der Ausdauer des deutschen Fußsoldaten. In jenen Tagen bot sich auf den Hauptstraßen hinter den Panzern überall das gleiche Bild: auf der einen Straßenseite die endlosen Kolonnen niedergeschlagener französischer Gefangener, die nach Osten hinkten, auf der anderen Seite die Kompanien und Bataillone junger Deutscher; barhäuptig und die Ärmel aufgerollt, sangen sie: „Sollte ich einst liegen auf blutdurchtränktem Feld" oder das alte „Siegreich wollen wir Frankreich schlagen" — und sie marschierten, marschierten und marschierten. Ihr Nachschub und ihr Gepäck wurden mit pferdebespannten Wagen nachgefahren, die Infanterie aber marschierte — ein Beispiel dafür, daß hinter den wenigen Elitekräften die Masse der deutschen Wehrmacht wahrscheinlich spärlicher mit modernem Kriegsgerät ausgestattet war als die Franzosen und Briten. Die Feldwebel sorgten für Marschdisziplin, während hinter ihnen die Bataillonskommandeure, Rundstedt und letzten Endes Hitler selbst immer größere Anstrengungen forderten. In der Hitze und dem Staub dieses erbarmungslosen sonnigen Mai war die Anstrengung der Gewaltmärsche ungeheuer.

Ein deutscher „Fußlatscher" schrieb: „Die ersten fünfzehn Kilometer am Tag sind ein Spaziergang, die nächsten zehn Anstrengung und der Rest — bis in den Abend hinein — reine Qual."

Langsam brachten die Deutschen das eroberte Eisenbahnnetz wieder in

Gang, am 17. fuhren Truppenzüge schon bis Libramont in den Ardennen, drei Tage später gingen sie bereits bis Dinant. Die Luftwaffe verlegte gleichzeitig ihre Basen sprungweise nach vorn. Die Organisation lief reibungslos, hier trugen die Erfahrungen aus Spanien und Norwegen reiche Frucht.

Die alliierte Luftwaffe zieht sich zurück

Auf der anderen Seite vollzog sich der Rückzug der alliierten Luftstreitkräfte am 16. und 17. weit weniger glatt. Am 16. hatte Barratt seine AASF-Basen längs der Aisne aufgeben müssen. Glücklicherweise hatte er eine Ausweichmöglichkeit — um Troyes waren während des „komischen Krieges" einige Graslandeplätze vorbereitet worden. Trotz Barratts dringender Vorstellungen bekam er aber keine Transportmittel. Die RAF-Geschichte kommentiert: „Ihre Transportmöglichkeiten waren für eine gleichzeitige Bewegung dieser Art hoffnungslos ungenügend. Da ihr sogar 600 Fahrzeuge der Normalausstattung fehlten, wäre die Luftwaffe ohne zwei Glücksumstände verkrüppelt worden."

Erstens versuchten die Deutschen nicht, die Aisne nach Süden zu überschreiten, und zweitens konnte die AASF auf geheimnisvolle Weise 300 neue amerikanische Lastautos „trotz starker Proteste" von den Franzosen „borgen", die sie dann bis zur endgültigen Evakuierung behielten. Barratt verlegte sein HQ von seiner exponierten Lage auf dem Wege der Panzer nach Coulommiers südlich der Marne. Am 17. mußte sich auch jener Teil der Streitkräfte zurückziehen, der Gort im Norden unterstützte; Barratt, der südlich der „Beule" saß, verlor die Verbindung mit ihm. Zwei Tage später wurde dieser Teil nach England zurückverlegt. Man braucht nicht erwähnen, daß die Franzosen diese Verlegung der RAF-Basen weithin als „Davonlaufen" ansahen — welche Meinung schwerlich dazu beitrug, ihre Moral zu heben.

Gleichzeitig mußte jedoch auch d'Astier sein HQ von Chauny nach Chantilly verlegen. Am 16. mußten sich zehn französische Einheiten aus dem Dreieck Reims - Mézières - Laon zurückziehen, am nächsten Tag folgten vier weitere „groupes" Jäger und eine Bomberstaffel. Jetzt zeigte sich die Schwäche der französischen Nachschuborganisation. So unglaublich es klingt, jede „groupe" mußte ihre eigenen Piloten zurückschicken, um Ersatzteile heranzuschaffen, zudem schlossen die Depots an Sonntagen und täglich nach den „Dienststunden". In dem allgemeinen Chaos des Rückzugs war so die Lufttätigkeit auf ein Minimum eingeschränkt — im ungeeignetsten Augenblick.

Am 16. flogen die französischen Jäger 250 Einsätze (verglichen mit 340 am 14.), aber nur 153 über kritischen Frontabschnitten,[10] am 17. war die Leistung die gleiche, aber über einen Raum von Antwerpen bis zur Maginotlinie verteilt. Während die Luftwaffe mit 100 Bombern Einzeleinsätze gegen Nachschublinien flog, konnte man zur Unterstützung von de Gaulles Angriff etwa 12 von 30 Jägern begleitete Léos zusammenkratzen. Die deutsche Luftüberlegenheit wurde immer drückender. In der französischen Luftwaffe hatten Einheiten wie Groupe I/54 nur noch ein einziges einsatzfähiges Flugzeug. Bei einem Zusammenstoß über Gembloux in Nordbelgien wurden 11 von 12 Blenheim der Staffel 82 abgeschossen und die zwölfte Maschine schwer beschädigt. Die nutzlosen Battle wurden jetzt nur noch nachts geflogen. Nach den Worten der offiziellen Historiker „warfen viele Battle-Besatzungen ihre Bomben mit nicht mehr Zielansprache als der Uhrzeit ab, so daß sich Barratt gezwungen sah, Bombenabwürfe ‚nach geschätzter Ankunftszeit' zu verbieten. Jetzt schwand diese Phrase zwar aus den Berichten der Flieger, die Methode wurde aber weiterhin praktiziert."

Warum schützen uns unsere Flugzeuge nicht?

Die alliierten Luftstreitkräfte waren so überbeansprucht, daß sie weder der 2. Armee, die von den Deutschen heftig bombardiert wurde, zu Hilfe kommen, noch beim Rückzug der Armeen in Nordbelgien helfen konnte. Das Fehlen eigener Flugzeuge am Himmel hatte eine verheerende Wirkung auf die Moral der französischen Truppen. Die wachsende Verzweiflung schildert der französische Unteroffizier René Balbaud, der mit Verstärkungen auf Maubeuge zumarschierte. Als sie am 14. zum erstenmal aus der Luft mit MG beschossen wurden, wunderte er sich: „Wieso zum Teufel werden die Flugzeuge nicht von unseren Geschwadern verjagt? Wahrscheinlich ist das ein Zufall." Als am nächsten Tag das HQ seiner Einheit bombardiert wurde, bemerkte er: „Aber sie konnten wirklich nicht wissen, wo es ist! Es war ein Zufall. Wir sehen nicht viele französische Flugzeuge." Nach weiteren Bombardierungen am 16. fragte er: „Warum schützen uns unsere Flugzeuge nicht? Niemand sagt es mehr laut, aber jeder denkt es." Nach einer Nacht in hastig aufgeworfenen Gräben gibt er zu: „Die Bombardierung hat die Zähesten ermüdet. Was kann man mit leichten MG gegen 150 Bomber ausrichten?" Dann schließt er: „Den Feind nicht von Angesicht zu Angesicht zu sehen, sich nicht wehren zu können, nicht den Schatten eines französischen oder britischen Flugzeugs während einer stundenlangen Bombardierung zu sehen, das war einer der Hauptgründe, daß wir den Glauben an den Sieg verloren."

Inzwischen war es am Morgen des 17. zu Unstimmigkeiten zwischen Barratt und dem französischen Oberkommando wegen des Einsatzes der von Churchill versprochenen weiteren Jägerstaffeln gekommen. Sollten sie alliierte Tagbomber geleiten oder die deutschen Bomber abschießen, die die Bodentruppen angriffen? Die zwei Aufgaben waren miteinander unvereinbar. General Georges führte an, die Truppen könnten sich vor allem der verheerenden Kombination von Panzern und Luftwaffe nicht erwehren. Man kam überein, die bescheidenen französischen Tagangriffe noch weiter einzuschränken und sich darauf zu konzentrieren, den Truppen mehr Schutz aus der Luft zu gewähren.

Rückzug aus Belgien

In Nordbelgien begann der systematische Rückzug der Alliierten am 16. und dauerte den 17. über an. Die 3. und 4. Panzerdivision von Hoepners XVI. Korps, die noch auf die Gembloux-Lücke einhämmerten, wurden jetzt von Bock herausgelöst und Rundstedts Heeregruppe A unterstellt. Sie bogen nach Südwesten in Richtung Charleroi und Maubeuge ab, um die Nordflanke der „Beule" zu sichern. So waren nun mit einer einzigen Ausnahme alle Panzerdivisionen auf den Einkreisungsstoß zum Kanal konzentriert. Die Masse von Bocks Streitkräften stieß aber immer noch hart hinter den weichenden Alliierten her, um ihnen keine Möglichkeit zu geben, sich abzusetzen. Obwohl die Deutschen die alliierten Stellungen nirgends durchbrechen konnten, erlebten die BEF am 16. und 17. die bisher härtesten Kämpfe. Generalleutnant Alan Brooke schrieb in sein Tagebuch: „Ich war gestern abend zu müde, um zu schreiben, und jetzt kann ich mich kaum erinnern, was gestern geschah. Die Stunden sind so überfüllt und folgen einander so schnell, daß das Leben verschleiert wird und kaum Erinnerungen hinterläßt."

General Prioux begab sich, deprimiert und verärgert darüber, daß sein Kavalleriekorps in kleine „Päckchen" zerrissen wurde, am 17. zum Armeegruppen-HQ Billottes in Douai, um die dringendsten Nöte der 1. Armee zu lindern. Billotte sagte ihm: „Wir sind auf dem Weg zu einem neuen Sedan, aber einem noch schrecklicheren als dem von 1870." Obwohl Rundstedts schneller Vorstoß im Süden Billottes Armeen im Norden mit der Vernichtung bedrohte, ging der Rückzug schmerzlich langsam vonstatten. Billotte schlug am 17. trotzdem vor, daß der für die Nacht geplante Rückzug in die Dendre-Linie um 24 Stunden verschoben würde. In Übereinstimmung mit dem belgischen Oberkommando konnte Gort Billotte das ausreden, und so wurde der ursprüngliche Plan, wenn auch konfus und mit kostspieligen Fehlern, durchgeführt. Am Abend des 17. rückten die Deutschen zum zweitenmal innerhalb einer Generation in Louvain und Brüssel ein. René Balbaud, dessen Einheit an jenem Tag auf Maubeuge zurückfiel, schrieb verblüfft: „Wir verstehen nicht. Ein Fahrer bringt seltsame Nachrichten. Er sagt, die Deutschen seien bei Sedan in Frankreich eingedrungen... Wir haben kein Radio... Die alten Scherze über die Besetzung Deutschlands werden seltener."

Französisches Oberkommando: eine trügerische Ruhe

In La Ferté kam General Georges am Morgen des 17. zu der unangenehmen Schlußfolgerung, daß man die Panzer schwerlich an der Oise aufhalten könne. Er erließ daher einen Sonderbefehl: „Sollte die Armeegruppe Nr. 1 gezwungen werden, die Sambre-Oise-Linie aufzugeben, muß sie sich an der Scheldelinie: Valenciennes - Cambrai - La Catelet - Saint Quentin - Saint Simon - Crozat-Kanal - La Fère im Anschluß an Touchons Armeeabteilung wieder festsetzen."

Um die Zugänge nach Paris zu sperren, beschloß Georges, eine „neue" 7. Armee zu schaffen und in das Loch einzuführen, das Girauds verschwindende 9. Armee hinterließ; sie sollte Touchons Streitkräfte mit dem Rest der Armeegruppe 1 längs einer von Péronne an der Somme nach Südwesten führenden Linie verbinden. Zum Führer der Armee bestimmte er General Frère, einen Korpskommandeur von einem ruhigen Abschnitt, den er eiligst nach La Ferté befohlen hatte. Frère sollten etwa zehn Divisionen zur Verfügung stehen, die hauptsächlich (endlich!) von der Maginotlinie und von den Alpen abgezogen wurden. Dazu kam die 3. leichte Division, die ursprünglich nach Brest zur Einschiffung nach Norwegen geschickt, dann aber zurückgerufen und General Hering zur Verteidigung von Paris zur Verfügung gestellt worden war.

Am Morgen des 17. bestand die „neue 7. Armee" nur aus General Frère und zwei Stabsoffizieren.

Nach der Panik des vorangegangenen Tages trat am 17. in Vincennes eine trügerische Ruhe ein, weil die Deutschen sich Paris nicht weiter genähert hatten. Um 8 Uhr erhielt Gamelin einen Brief von Daladier, in dem er ersucht wurde, einen Bericht über die Operationen mit seiner persönlichen Beurteilung der Lage zu liefern. Das war Gamelins Stärke, er machte sich sofort an die Abfassung eines umfangreichen Memorandums — während knapp 150 km entfernt die Schlacht um Frankreich tobte. Wieder würde Gamelin an diesem Tag nicht in die Schlacht eingreifen. Nachdem er die schriftliche Arbeit erledigt hatte, besuchte er La Ferté, wo man „ruhig zu sein schien". In Georges' HQ waren jetzt beruhigende Nachrichten eingetroffen: daß die Panzer gehalten hatten und möglicherweise von Paris abdrehen würden. Die Drohung schien nicht mehr so akut wie am 16. Als er General Frère traf, sprach Gamelin unbestimmt von einem größeren

Gegenangriff. „Ich sah sein Gesicht aufleuchten", sagte Gamelin, „er hat die Seele eines großen Führers."

Am selben Tag erhielt Gamelin einen Anruf von Reynaud, er solle einen neuen Tagesbefehl aufsetzen, der an die Truppen gefunkt werden sollte. „Ich blieb etwas kühl", sagte Gamelin, „da ich mich schon zweimal an die Truppe gewandt hatte." Der Befehl wurde aber trotzdem abgefaßt, er beschwor irgendwie den Geist von Verdun herauf, klang allerdings nicht ganz überzeugend: „... Jeder Soldat, der nicht vorrücken kann, muß sich eher auf der Stelle töten lassen, als das Stück nationalen Bodens aufzugeben, das ihm anvertraut wurde. Wie immer in den ernsten Augenblicken unserer Geschichte lautet der Tagesbefehl ,Siegen oder sterben'. Wir müssen siegen. Gamelin."

Inzwischen wurde ein weiteres Telegramm an Churchill gesandt, das darauf hinwies, daß die deutschen Nachschubkolonnen vielleicht aufgehalten würden, wenn die RAF Magnetminen in die Maas abwerfen würde.

Auch in Paris ...

Das trügerische Gefühl der Erleichterung hatte man am 17. auch in Paris. Senator Bardoux stellte fest, daß sich „die Presse an diesem Morgen etwas entspannt hatte. Die Taxis haben einen Gegenbefehl erhalten." Später hörte er ein umgehendes (falsches) Gerücht, Churchill habe sich entschlossen, *alle* in England stationierten Jäger nach Frankreich zu schicken. Auch Paul Baudouin berichtet: „Die militärische Lage scheint nicht schlechter zu sein, möglicherweise, weil sich die deutschen Divisionen umgruppieren und versorgen müssen. Jedermann ist in Wahrheit deshalb optimistisch, weil Paris noch nicht von den deutschen Panzern beschossen wird."

Am Abend waren jedoch „die Nachrichten, die Oberst Villelume brachte, nicht so gut. Die deutschen Kolonnen drehen von Paris auf die Kanalhäfen zu. Der Feind setzt seinen schnellen Vormarsch wieder fort, anscheinend kann er nicht aufgehalten werden."

Wieder in Dienst gestellt: Weygand und Pétain

Reynaud war jetzt fest entschlossen, Gamelin loszuwerden. Als er das Thema aber bei einer Kabinettsitzung anschnitt, verteidigte Daladier Gamelin neuerdings; wie in der stürmischen Sitzung vom 9. Mai kam man zu keiner Entscheidung. Reynaud hatte inzwischen aber schon andere geheime Schritte unternommen.

Das folgende Telegramm war an den 73jährigen General Weygand, den

Befehlshaber der französischen Streitkräfte im Orient gesandt worden: „Der Ernst der militärischen Lage an der Westfront wächst. Bitte kommen Sie ohne Aufschub nach Paris. Übertragen Sie Ihre Funktionen einem höheren Befehlshaber Ihrer Wahl. Die Geheimhaltung Ihrer Abreise ist wünschenswert."

Weygand erhielt die Depesche am 17. in Syrien und packte sofort.

In der Zwischenzeit hatte Reynaud mit dem Nachtzug einen Sonderbeauftragten nach Madrid geschickt, um den dortigen französischen Botschafter — einen weiteren berühmten Soldaten, Marschall Philippe Pétain[11] — abzuholen.

17. KAPITEL

Sturm zum Atlantik
18. bis 20. Mai

*Sie wußten es nicht. Niemand wußte etwas. Sie evakuierten. Man konnte
sie nicht unterbringen. Jede Straße war blockiert. Und sie evakuierten
immer noch. Irgendwo im Norden Frankreichs hatte ein Stiefel einen
Ameisenhaufen zertreten, und die Ameisen waren auf dem Marsch. Mühsam. Ohne Panik. Ohne Hoffnung. Ohne Verzweiflung. Auf dem Marsch,
wie von der Pflicht gerufen.*

Antoine de Saint-Exupéry: Flug nach Arras

*Was die deutsche Panzerkolonne anlangt, die während der letzten paar
Tage so oft erwähnt wurde ... diese Kolonne scheint sich verirrt zu haben,
insofern, als sie zu lange geradeaus marschierte und sich schließlich zu weit
von der Masse der deutschen Armee entfernt hatte.*

„Daily Telegraph", 18. Mai

*Aus der Zurückhaltung der französischen Kommuniqués und dem sybilli-
schen Klang der französischen Zeitungskommentare kann man schließen,
daß General Gamelin zum Gegenstoß bereit ist.*

„The Times", 18. Mai

*Jeder Tag, der ohne Katastrophe vorübergeht, muß als ein Tag des Sieges
gewertet werden.*

„L'Epoque", 19. Mai

*Der Höhepunkt der Krise ist vorbei ... Unsere Soldaten gewöhnen sich
jetzt an die deutschen Angriffsmethoden und lernen ihnen zu begegnen.*

„Paris-Soir", 20. Mai

Die Panzer rollen wieder

Im Morgengrauen des 18. setzten die Panzer ihren Vormarsch fort.

In den folgenden drei Tagen stießen die „häßlichen, fatalen Sicheln",
wie Churchill sie treffend nannte, auf immer weniger Widerstand und
bewegten sich mit neuem, schrecklichem Impetus vorwärts. Die Eintragungen
in die Tagebücher blieben auf beiden Seiten auf ein Minimum reduziert.
Guderians 2. Panzerdivision brach aus ihren Brückenköpfen an der Oise
hervor und nahm schon um 8 Uhr Saint-Quentin. Links von ihr hatte die
1. Panzerdivision bereits wieder die Führung übernommen. Gegen Mittag
erreichte sie Péronne und die nahen wichtigen Brücken über die Somme,
nachdem sie 50 km zurückgelegt hatte. Wieder wurden französische Kolon-

nen überholt, Gefangene gemacht, einschließlich mehrerer Stäbe, die, wie Guderian sagt, „nach Péronne gekommen waren, um festzustellen, was los sei".

Inzwischen rückte die 10. Panzerdivision auf, um „bewegliche Sperrverbände" längs der empfindlichen, immer länger werdenden Südflanke zu bilden. Nördlich von Guderian machte Reinhardts 6. Panzerdivision die erfreuliche Entdeckung, daß die B-Panzer von Bruchés 2. Panzerdivision, die sich am Tag zuvor noch so heftig gewehrt hatten, in westsüdwestlicher Richtung „verschwunden" waren. Reinhardt meldete: „Der Feind stellt für uns keine ernstliche Gefahr mehr dar ... Seine örtlichen Angriffe sind nichts als Nadelstiche ohne einheitliches Kommando. Das XLI. Korps hat nur eine Aufgabe: vorzustoßen, ohne sich um die Dinge rechts oder links von ihm zu kümmern."

Um die Mitte des Nachmittags traf jedoch die „Kampfgruppe Ravenstein" (der 6. Panzerdivision) bei Le Catelet auf schweren Widerstand. Wieder machte sich die Überlegenheit der B-Panzer fühlbar. Der Kampf tobte zweieinhalb Stunden lang. Schließlich wurden die letzten zusammenhängenden Einheiten der französischen 2. Panzerdivision unter Befehl von Oberstleutnant Golhen von der Übermacht erdrückt. Ravensteins Panzer brausten nach Le Catelet und überrannten das HQ der unglücklichen 9. Armee. Das ganze HQ einschließlich des Stabschefs der Armee wurde gefangen. Nur dem Kommandeur selbst, General Giraud, der sich auf seinem vorgeschobenen Gefechtsstand — im Rücken der Panzer — befand, gelang es, zu entkommen — vorläufig! Bei Einbruch der Nacht saß Reinhardts Korps quer über der Hauptstraße, etwa 10 km südlich von Cambrai. Als Kleist (nach dem Krieg) die Ereignisse des Tages zusammenfaßte, gab er zu, daß Ravensteins Gefecht der „einzige bemerkenswerte Vorfall an der Front der Panzergruppe gewesen sei".

An der Nordflanke des Panzerkorridors nahm die 5. Panzerdivision die Festung Maubeuge und stieß im Forst von Mormal auf wütenden Widerstand der 1. nordafrikanischen Division und der 1. leichten Division, die von Prioux' Kavalleriekorps für den „geheimen" französischen Gegenstoß des 17. dorthin gesandt worden waren. Das verworrene Kampfgeschehen im Wald dauerte den ganzen folgenden Tag über an.

Auch Rommel hatte an diesem Tag einen harten Kampf zu bestehen. Kurz nach Mitternacht am 17. hatte er Befehl erhalten, auf dem schnurgeraden Weg bis Cambrai, 25 km von Le Cateau entfernt, vorzustoßen. Sechs Stunden später meldete sich jedoch der Adjutant von Rothenburgs 25. Panzerregiment im HQ und berichtete, daß sich „starke feindliche Kräfte" auf halbem Weg zwischen Landrecies und Le Cateau festgesetzt hätten. Im Schutze der Dunkelheit war es ihm gelungen, mit einem Panzerspähwagen durchzukommen, aber Rothenburgs Verbindungen waren jetzt bedroht, er brauchte dringend Treibstoff und Munition. Rommel befahl dem einen zur Verfügung stehenden Panzerbataillon, sofort zum Regiment durchzustoßen und Treibstoff und Munition hinzubringen. Man braucht nicht erst erwähnen, daß er selbst gleich hinterdrein fuhr. Er holte bald auf und fand die Panzer im Gefecht mit französischen Panzern, die den Weg sperrten. Rommel berichtet: „Auf der Straße entwickelte sich ein heftiger Kampf, es gab keine Möglichkeit, den Feind zu flankieren. Unsere Geschütze schienen gegen die schwere französische Panzerung völlig wirkungslos zu sein."[1]

Nachdem er das Gefecht eine Weile aus der Nähe beobachtet hatte, löste er das Panzerbataillon heraus und schlug damit nach Südwesten zu. Wieder stieß er auf französische Panzer und mußte sich langsam durchkämpfen. Erst am Mittag erreichte er Rothenburg, der berichtete, daß er sich gegen schwere feindliche Panzerangriffe behauptet habe, „jetzt aber zu keiner weiteren Bewegung fähig sei".

Aus irgendeinem Grund war die Sprit- und Munitionskolonne Rommel nicht gefolgt, „ich konnte ihm also im Augenblick nicht helfen ... Die französische Artillerie hatte inzwischen heftiges Feuer auf unsere Igelstellung gelegt. Das Feuer war genau, und ein Teil der Stellung mußte geräumt werden."

Trotz der gefährlichen Lage scheint Rommel — wie Reinhardt auch — erkannt zu haben, daß die französischen Angriffe eher verzweifelte „Nadelstiche" als einen koordinierten Gegenangriff darstellten. Er befahl daher Rothenburgs Panzerregiment, sich zum Angriff auf Cambrai bereitzustellen, noch ehe die Nachschubkolonnen eingetroffen waren. Die Versorgung der Hauptmasse von Rothenburgs Regiment fand erst mehrere Stunden später, also gegen Abend, statt. In der Zwischenzeit stieß ein zusammengesetztes Bataillon motorisierter Infanterie, von nur wenigen Panzern und zwei Kompanien Flak auf Selbstfahrlafetten begleitet, gegen Cambrai vor. Es war ein berechnetes Risiko,[2] wie es für Rommel und die revolutionäre Dynamik der Wehrmacht so charakteristisch war. Nach Rommels Bericht „rückte das Bataillon in breiter Front und großer Tiefe unter gewaltiger Staubentwicklung über die Felder vor. Panzer und Flak beschossen den Nordrand von Cambrai in Abständen. Der Feind in Cambrai, der wegen des Staubes nicht sehen konnte, daß die meisten unserer Fahrzeuge „weich" waren, glaubte offensichtlich, ein großer Panzerangriff sei im Gang, und leistete daher keinen Widerstand."

Bei Einbruch der Nacht war die Stadt fest in Rommels Hand. Ein deutscher Kriegsberichterstatter beschreibt die 20 km lange Trümmerstraße: „Panzer, Lastautos, Geschütze, Pferde und Menschen — praktisch alles, was sich auf dieser Straße zurückbewegt hatte; am zahlreichsten waren die Fahrzeuge, die mitten auf dem Weg von den Panzern überrascht, in den

Graben gefahren und dort erledigt worden waren. Es war ein Bild des Entsetzens, das niemand vergessen konnte."

Da und dort lagen französische Panzer, denen ganze Platten von den Türmen weggerissen waren, wahrscheinlich durch Volltreffer von Stukabomben, die ihre Munition hatten explodieren lassen. Auf einem Flugplatz bei Cambrai zählte man 42 Flugzeuge, die von der Luftwaffe auf dem Boden zerstört worden waren. Die Verluste der 7. Panzerdivision beliefen sich am 18. auf 35 Gefallene, darunter 4 Offiziere.

Hitler stimmt zu

Im deutschen Oberkommando war die Auseinandersetzung des vergangenen Tages vielleicht noch hitziger fortgesetzt worden. Wieder gab es „äußert unerfreuliche Diskussionen". Hitler zeigte immer noch eine „unerklärliche Angst" wegen der Südflanke: „Er tobt und schreit, wir würden die ganze Operation verderben und die Gefahr einer Niederlage laufen." Gegen Mittag trafen dann im OKH die Meldungen ein, daß Antwerpen, Cambrai[3] und Saint-Quentin genommen seien. Ohne sich auf Hitler zu beziehen, befahl Halder den Panzern, „die Linie Cambrai - Saint-Quentin zu gewinnen und mit Aufklärungseinheiten weiter nach Westen vorzustoßen". Bei einer zweiten Besprechung mit Hitler erklärte Halder um 17 Uhr die Lage und forderte Bewegungsfreiheit. Sie wurde gewährt. Zu diesem Zeitpunkt konnte das aber die Bewegungen an der Front nicht mehr beeinflussen. Wie Halder bissig und etwas selbstgefällig bemerkt, wurde so „schließlich doch das Richtige entschieden, aber bei allgemeiner schlechter Laune und in einer Form, die, von außen gesehen, den Anschein erweckte, daß die Maßnahme vom OKW — also von Hitler — getroffen worden sei."

Am folgenden Tag verkündete der deutsche Rundfunk die Einnahme von Saint-Quentin und Le Cateau sowie die Gefangennahme von 110.000 Mann, die holländische Armee nicht eingerechnet.

Giraud gefangen

Auf französischer Seite war am 18. von einer Konsolidierung nichts zu bemerken. General Georges' Panzerdivisionen existierten praktisch nicht mehr: die 1. war durch Rommel vernichtet, die 2. gespalten und stückweise „verheizt", die 3. operierte, auf einen Bruchteil ihrer Stärke reduziert, immer noch ergebnislos im Raume von Stonne, während de Gaulles 4. an ihren Wunden vom 17. laborierte und sich auf eine neue Aktion am 19. vorbereitete. Touchons 6. Armee hütete südlich der Aisne den nicht bedrohten Weg nach Paris, ihre Funktion war rein defensiv, so daß sie nicht auf den Panzerstrom zur Küste einwirken konnte. Der Schriftsteller Hans Habe, der aus Österreich geflüchtet war und sich freiwillig zur französischen Armee gemeldet hatte, schildert die Situation im Abschnitt Le Chesne, südlich Sedan, wo seine Division eingesetzt war. „Unsere Offiziere sprachen von einer Gegenoffensive, aber niemand glaubte daran." Drei Wochen saßen sie passiv in ihren Stellungen. „Sie sagten, wir würden eine Weile im Wald von Noirval bleiben. Wir sprachen ernstlich davon, wohin wir nach vierzig Tagen in der Stellung in Urlaub geschickt werden würden."

Das klang wieder ganz nach dem „komischen Krieg".

Von dem anderen hastig zusammengesetzten „Kork", General Frères neuer 7. Armee links von Touchon, waren die 23. Division und die 3. leichte Division am Morgen des 18. angekommen, sie gelangten aber nur bis auf die „falsche Seite" des Crozatkanals und mußten sich dort hastig eingraben. Nördlich von Ham, fast bis zu dem 65 km entfernten Douai, klaffte ein riesiges Loch, in dem jetzt nur die wertlosen Reste der 9. Armee lagen. Zwischen diesem Loch und dem Kanal war nichts — bis auf zwei britische Territorialdivisionen. Diese, die 12. und die 23., waren seit einem Monat in Frankreich. Nicht voll ausgerüstet, leisteten sie Verbindungsdienste zwischen den BEF und ihren rückwärtigen Basen. Ihre Stärke betrug etwas mehr als die Hälfte einer normalen Division, viele ihrer Feldgeschütze konnten nur über offenes Visier feuern, weil ihnen die notwendigen Instrumente fehlten. Jetzt wurden auch sie, als die einzig verfügbaren Einheiten, in das „Loch im Deich" geworfen. Die 23. erhielt die Aufgabe, 25 km des Canal du Nord zu halten, von Douai bis hinter Cambrai, wo Rommel vorwärtsdrängte; die restlichen 23 km bis Péronne im Süden sollten von Frères Truppen besetzt werden, die nicht rechtzeitig eintreffen konnten. Die britische 12. Division sollte weit aufgeteilt die auseinanderliegenden Zentren Abbeville, Amiens, Doullens und Cléry-sur-Somme schützen. Am Abend des 18. hatte eine leichte Abteilung von Guderians 1. Panzerdivision die erste Gefechtsberührung mit britischen Truppen, den Royal West Kents, knapp außerhalb von Péronne. Zeitweilig zogen sich die Deutschen in die Stadt zurück, aber die Briten erhielten Befehl, bei Einbruch der Nacht auf Albert zurückzufallen. Inzwischen wurde ein Zug, der eine Brigade der britischen 12. Division beförderte, am Nachmittag während des ersten Angriffs der Luftwaffe auf Amiens getroffen.

In der Nacht von 18. auf den 19. Mai ging die Tragödie der 9. Armee zu Ende. General Giraud, der am 18. keinen Kontakt mit General Frère und dem Großteil seiner eigenen Truppen gehabt hatte, erhielt von Billotte Befehl, sein HQ nach Le Catelet zurückzuverlegen; „als einzige Möglichkeit, die Moral aufrechtzuerhalten", blieb Giraud aber in seinem Gefechtsstand in Wassigny. Erst um 16 Uhr wollte er nach Catelet zurück. Er wußte nicht, daß das HQ von der 6. Panzerdivision überrannt worden war. Begleitet von zwei Offizieren, kam er bis auf 10 km an Le Catelet heran, als er hörte, daß die Deutschen in der Nähe seien. In den nächsten drei Stunden arbeitete sich die Gruppe mit dem Kompaß querfeldein. Als sie in dem brennenden Le Catelet anlangten, wechselte Girauds Gruppe Schüsse mit einer Panzerabteilung. In einem Wald schickte Giraud seine Begleiter weg. Durch eine Wunde aus dem Ersten Weltkrieg behindert, wurde er schließlich von einer französischen Kolonne mit einem MG-Träger an der Spitze aufgelesen. Bei einem weiteren Zusammenstoß mit deutschen Panzern wurde der MG-Träger zerschossen, und Giraud mußte in einem abgelegenen Bauernhaus Zuflucht suchen. Als dieses am 19. um 6 Uhr von deutschen Soldaten umzingelt wurde, mußte sich Giraud ergeben: nach französischen Berichten einer Panzerabteilung, nach dem Kriegstagebuch der 6. Panzerdivision einer Feldkücheneinheit. Am selben Tag nahm die Division auch General Bruneau, den Kommandeur der vernichteten 1. Panzerdivision, gefangen. Girauds Kommando hatte genau dreieinhalb Tage gedauert. In einer bereits hoffnungslosen Situation hatte er zweifellos sein Bestes gegeben.

Mit Giraud verschwand auch die 9. Armee von der Bildfläche. Einer von Gamelins Verbindungsoffizieren berichtete nach seiner Rückkehr von der Front: „Vollkommene Auflösung. Von 70.000 Mann und zahlreichen Offizieren steht nicht die kleinste Einheit mehr unter Befehl, höchstens 10 Prozent der Männer haben die Gewehre behalten. Aus den Tausenden, die wir sichteten, konnte ich keine einzige Kompanie zur Verteidigung der Brücke in Compiègne bilden. Die Verluste schienen jedoch nicht hoch gewesen zu sein. Unter den Tausenden von Flüchtlingen befand sich kein Verwundeter ... Sie verstehen nicht, was ihnen geschehen ist. Der Anblick eines Flugzeuges entsetzt sie. Nachschubtruppen zerbrachen noch vor der Infanterie, sie verbreiteten überall Unordnung ...“

Drew Middleton von der „New York Times“ begegnete dem Rest der 9. Armee, der durch Amiens zog: „Es waren die Schreiber, die Köche, die Flak und die schwere Artillerie, die entscheidend geschlagen und in die Flucht gejagt worden waren. Wie sie mit ihren schmutzigen Uniformen auf den pferdebespannten Wagen saßen, glichen sie keinen Soldaten, sondern Zigeunern.“

Das war kein heroischer Nachruf.

Fliehende Soldaten und Zivilisten

Das Schauspiel der fliehenden Soldaten, die ihre Einheit verloren hatten, wiederholte sich überall in Nordfrankreich.

Ein typisches Beispiel dafür ist die Odyssee von Jean Muray, einem Kanonier, der beim deutschen Angriff auf Signy-le-Point in den Ardennen auf Urlaub gewesen war. Er erhielt mit Hunderten anderen Befehl, auf eine Transportmöglichkeit zu seiner Division zu warten. Am 15. kamen aber bereits die Flüchtlinge von der Maas. Murays Gruppe zog nach Westen und schloß sich schließlich den Resten eines an der Maas zerschlagenen Artillerieregiments an. Drei Tage waren sie unterwegs. Verpflegung holten sie sich aus den verlassenen Dörfern. Über die Nacht des 16. berichtet Muray: „Wir marschierten pausenlos zwei Stunden lang, dann hielt die Kolonne plötzlich. An einer Kurve wurde ein starkes Licht auf uns gerichtet... Die Männer setzten sich an den Straßenrand. Dann kam ein Offizier: er sagte uns, wir seien gefangen und sollten die Waffen niederlegen. Unser Kommandant war schon von den Deutschen gefangen. Ich warf mein Gewehr in den Graben. Wie einfach war das alles gewesen..."

Kurze Zeit später bemerkten Muray und seine Kameraden, daß die Deutschen wieder verschwunden waren. Sie setzten daher ihre Flucht fort. Als sie am nächsten Tag Brunehamel erreichten, das von toten Pferden mit entsetzlich aufgeblähten Bäuchen übersät war — den Resten einer Kolonne, die von Reinhardts Panzern zusammengeschossen worden war —, wurden Muray und seine Gruppe von Deutschen umzingelt. Bei dem Versuch, über ein Feld zu fliehen, erhielt er einen Oberschenkelschuß und wurde gefangengenommen.

Soldaten, die glücklicher waren als Muray, kamen nicht nur bis Amiens, sondern bis an die Tore von Georges' HQ in La Ferté. Man versuchte, sie zu sammeln, aber es gab für diese Menge nicht genug Militärpolizei. Man berichtete, daß Flüchtlinge, einschließlich mehrerer Offiziere, in Mont Valérien „pour encourage les autres" erschossen worden seien. Die Demoralisation, die die fliehenden Soldaten verbreiteten, war ganz außerordentlich. Das Schicksal der fliehenden Zivilbevölkerung, die die namenlose Angst aus ihren Heimen getrieben hatte, war aber unvergleichlich schlimmer. An einem bestimmten Tag schätzte man, daß zwei Millionen Holländer und Belgier und beinahe acht Millionen Franzosen auf den Straßen unterwegs waren; neun Zehntel der Bevölkerung von Lille flohen. In den ersten fünf Schlachttagen hatten die Franzosen die Grenze nach Belgien gesperrt. Dann aber brach die Flut über Nordfrankreich herein, und sie glich einer der großen Fluchtwanderungen vor den Barbarenhorden der Vorzeit, denn nichts dergleichen hatte man im modernen Europa erlebt.

Pierre Mendès-France, der auf Urlaub aus Syrien daheim war, sah wie diese Horden durch seine Heimatstadt Louviers, südlich von Rouen, strömten: „In den ersten Tagen hatten wir starke amerikanische Wagen gesehen, gefahren von Chauffeuren in Livree. Elegante Damen hielten ihre Schmuckkästchen in der Hand — dann kamen ältere Wagen... und ein oder zwei Tage später eine ganz außergewöhnliche Prozession von Autoveteranen ... Dann folgten die Radfahrer, meist sorglose junge Leute ... Schließlich auch die Fußgänger, oft ganze Familien — und zuallerletzt die schweren Wagen der Bauern aus Flandern; sie fuhren langsam, sie waren mit den Kranken und Alten beladen ... Es war eine kolossale Entwurzelung."

Zuerst befanden sich keine Soldaten unter „den Flüchtlingen, später aber wurden ganze Einheiten mit in den großen Menschenstrom gerissen, der nach Westen und Süden floß".

Die Menschen flohen in Wagen aller Art, in Touristenbussen, Möbel-, Leichen- und Eiswagen. Wer kein Transportmittel fand, belagerte die Bahnhöfe.

Dabei gab es Flüchtlinge, die schon mindestens einmal die gleiche Wanderschaft angetreten hatten. Unterwegs wurden die Flüchtlingskolonnen oft von deutschen Flugzeugen bombardiert oder beschossen oder von alliierten Einheiten, die an die Front wollten, von den Straßen gejagt.

Ursprünglich behandelte die Bevölkerung die Flüchtlinge freundlich. In Paris bemerkte Clare Boothe: „Der Bahnhof war voll von freiwilligen Helfern. Unermüdliche weißgesichtige kleine Pfadfinder halfen ihnen aus den Zügen und stellten ihre Fahrräder und ihr Gepäck zusammen." Als die Zahl der Flüchtlinge aber wuchs und sie wie Heuschrecken die Lebensmittel einer Gegend vertilgten, verwandelte sich die Freundlichkeit in Feindschaft. Fabre-Luce sagt: „Ende Mai hatten die Franzosen ihr Mitleid aufgebraucht. Sie begrüßten die Neuankömmlinge jetzt mit verschlossenen Mienen."

Bitten um Brot, Benzin oder nur eine Schlafmöglichkeit wurden in steigendem Maß abgelehnt. Die Flüchtlinge wiederum zeigten offenen Haß gegen die französischen Truppen, denen sie unterwegs begegneten, mehr als sie selbst gegen den Feind aufbrachten. Ein deutscher Offizier, der Flüchtlingskolonnen überholte, erinnert sich: „Sie haßten uns nicht und sie liebten uns nicht. Für sie war alles wie von Gott über sie gesandt; sie befaßten sich nicht mit den Ursachen der Katastrophe."

Die fünfte Kolonne — Mythos oder Wirklichkeit?

Die Flüchtlingskolonnen auf den Straßen stellten für die alliierten Streitkräfte ein unlösbares Problem dar. An der Front dringend benötigte Verstärkungen wurden stundenlang aufgehalten; Verwundete starben in Ambulanzen, die in Verkehrsstauungen steckenblieben. Die Militärpolizei versuchte, die Flüchtlinge dazu zu zwingen, auf den Feldern zu kampieren, sie kehrten aber immer wieder auf die Straßen zurück. Da sie nicht schießen wollten, waren die Truppen hilflos. Die Not ihrer Landsleute wirkte auf die Soldaten deprimierend, sogar auf die Briten, obwohl sie auf fremdem Boden kämpften. „Der unaufhörliche Anblick gequälter Menschen, die wie erschrecktes Vieh ziellos dahintrieben, wird zu einem der schlimmsten Tagalpträume", vertraute Alan Brooke seinem Tagebuch an.

Die BEF hatten schon früher einen kunstvollen Plan ausgearbeitet, um etwa 800.000 Menschen aus den Industriebezirken Nordfrankreichs zu evakuieren; als ihnen aber die Panzer die Fluchtwege nach Westen verlegten, begegnete Brooke den unglücklichen Flüchtlingen, die nach Osten zurückdrängten: „Viele Frauen waren im letzten Stadium der Erschöpfung, viele hatten die Füße mit Schnüren und Papier umwickelt, nachdem ihre Schuhe unbrauchbar geworden waren. Ich höre von dem Präfekten, daß es jene 800.000 Menschen waren, die wir nach Westen evakuiert hatten. Sie waren auf deutsche Panzer gestoßen und auf Gerüchte von Panzern, wo diese gar nicht existierten. Wie eine große Woge fluteten diese Menschen jetzt, knapp an Nahrung und an Schlaf und bis ins Mark erschreckt, wieder zurück und verstopften alle Wege in einem Augenblick, wo Beweglichkeit lebenswichtig war."

Der Massenexodus erwies sich als eine von Hitlers erfolgreichsten „Geheimwaffen" im Frankreichfeldzug. In welchem Ausmaß war es eine teuflisch ersonnene Politik der Deutschen? Was waren die Motive dieser Massenwanderung?

In den alliierten Ländern glaubte man während des Feldzuges und auch nachher, deutsche Rundfunksendungen und die Tätigkeit der fünften Kolonne hätten die Massen in Bewegung gesetzt und bewußte Angriffe der deutschen Luftwaffe sie weitergetrieben. Sicherlich hatte Goebbels' „Terrorpropaganda" Panik unter der Zivilbevölkerung verbreitet, aber niemand in Deutschland hatte mit einem solchen Ausmaß gerechnet. Die deutschen Truppen zeigten oft Überraschung, daß die neutralen Holländer und Belgier, die sie doch „zu beschützen gekommen waren", und ebenso die Franzosen sie mit so viel Furcht ansahen, sie vergaßen aber, wie tief verwurzelt die Erinnerungen an deutsche „Bestialitäten" während der Besetzung 1914/18 geblieben waren.[4] Gesteigert wurde die Panik durch Wochenschauberichte von den deutschen Terrorangriffen in Spanien und Polen, von Rotterdam ganz zu schweigen. Zuverlässige Zeugen[5] bestätigen, daß Flüchtlingskolonnen tatsächlich im freien Gelände bombardiert oder mit MG beschossen wurden. Gelegentlich mag es vorgekommen sein, daß unerfahrene Piloten Flüchtlingskolonnen für Truppen hielten, in einigen Fällen mag es wirklich die Brutalität einzelner gewesen sein. Es gibt aber keine Beweise, daß es sich um eine bewußte Methode der Luftwaffe handelte. Die Flüchtlinge *erwarteten* jedoch, aus der Luft angegriffen zu werden, und das steigerte ihre Panik. Maurois erzählt eine rührende Geschichte von „einer Belgierin, die bemerkte, daß unsere Fahrzeuge und Panzer mit Laub getarnt waren, vier Blätter aufhob und sie nebeneinander auf das Dach ihres Kinderwagens legte".

Die damals weitverbreiteten Berichte, ein bösartiges Netz von Angehörigen der fünften Kolonne habe sich unter die Flüchtlinge gemischt und Panikstimmung verbreitet, hält ebenfalls nicht genauer Untersuchung stand. Der Holländer Louis de Jong, der die Hintergründe der Berichte über die fünfte Kolonne nüchtern und sachlich untersucht hat, behauptet hinsichtlich Frankreichs sogar: „In keinem einzigen konkreten Fall haben wir Beweise, daß die Flucht der Bevölkerung durch falsche, von feindlichen Agenten in Umlauf gesetzte Befehle gefördert worden sei."

Man kann sich der Schlußfolgerung nicht entziehen, daß viele der Behauptungen dem Bemühen der Behörden entsprangen, ihr eigenes Versagen zu bemänteln. Oft waren es nämlich gerade jene Leute, die eigentlich hätten versuchen sollen, die Massenpanik zu bremsen, die zu dem Exodus führte. In Berichten vom Schauplatz hinter der Front der 9. Armee ist häufig von Gendarmen die Rede, die durch die Ortschaften fuhren und den Einwohnern sagten: „Ihr müßt weg." Im Norden fragte Saint-Exupéry Flüchtlinge, die vorbeikamen: „Wer hat euch den Räumungsbefehl gegeben? Immer war es der Maire (Bürgermeister), der Lehrer oder der Schreiber des Maire gewesen. Eines Morgens um 3 Uhr war der Befehl durch das Dorf gelaufen: ‚Alles 'raus!' Sie hatten es bereits erwartet. Seit zwei Wochen hatten sie Flüchtlinge durch ihr Dorf ziehen sehen, die nicht mehr an den ewigen Bestand der heimatlichen Scholle glaubten ... Die Dorfbevölkerung war auf dem Marsch. Und niemand wußte warum."

Die Kettenreaktion ging von Weiler zu Dorf, von Stadt zu Großstadt. Im Hinblick auf die Kriegführung war es ein schwerer Fehler der belgischen und der französischen Regierung, keine drastischen Maßnahmen ergriffen zu haben. Sie hätten beispielsweise den Benzinverkauf stoppen, die belgische Grenze völlig für den Zivilverkehr sperren und der Bevölkerung über den Rundfunk befehlen können, zu Hause zu bleiben, anstatt den Äther mit beruhigender Tanzmusik und unwahren Berichten zu erfüllen.

Eine nicht weniger mächtige Geheimwaffe Hitlers war die vielerwähnte fünfte Kolonne — oder der *Glaube* an ihre Existenz. Die „Spionagemanie" hatte Frankreich schon 1870 und 1914 ergriffen, doch nie verheerender als im Mai 1940.

Kurz nach dem Zusammenbruch der 9. Armee versuchte eine Gruppe von Journalisten aus Cambrai wegzukommen. Percy Philip von der „New York Times" wurde von einigen Soldaten aus einem Zug gezerrt, seine blaue Kriegsberichteruniform, sein blondes Haar und seine blauen Augen hatten den Verdacht geweckt, er sei ein deutscher Fallschirmagent. Er sollte auf der Stelle erschossen werden, als gerade noch Polizisten kamen und bestätigten, daß seine Papiere in Ordnung waren. Sie wollten aber keine Garantie für seine Sicherheit übernehmen, weil die Stimmung der Menge „gefährlich" war. Philip entkam schließlich mit Hilfe von drei Militärärzten. Etwa zur gleichen Zeit wurde Maurice Noël vom „Figaro" aufgegriffen, als er durch ein französisches Dorf radelte. Frauen führten den Mob an und schrien: „Die Zeitungen haben gesagt, wir sollen alle Fallschirmspringer töten!" Ein arabischer Soldat sagte zu Noël: „Ich höre an Ihrem Akzent, daß Sie kein Franzose sind." Die Polizei schritt ein. Bei seiner Durchsuchung fand man eine Schachtel mit einem weißen Pulver gegen Magenstörungen. „Da! Da ist der Sprengstoff!" heulte die Menge. Um das Gegenteil zu beweisen, zündete Noël ein Streichholz an, ehe er es aber an das doppeltkohlensaure Natron halten konnte, warfen sich drei Polizeibeamte und ein Dutzend Zuschauer auf ihn „in einem verzweifelten Versuch, die Polizeistation vor der Vernichtung zu bewahren". Nur das Eingreifen eines mutigen Maire rettete Noël.

Häufig wurden alliierte Flieger mißhandelt, besonders gefährdet war jedoch die Lage solcher verhafteter „Ausländer" wie etwa Arthur Koestler. Aus Zellen, die mit „Angehörigen der fünften Kolonne" überfüllt waren, wurden in Abbeville wahllos 22 Gefangene erschossen. Von einer Gruppe Belgier, die in Abbeville ohne Verhandlung an der Stadttribüne erschossen wurden, war ausgerechnet der belgische Faschistenführer Léon Dégrelle der einzige, der entkam. „Das Spionageproblem haben wir gelöst", erklärte ein französischer Soldat einem amerikanischen Kriegsberichterstatter, „wir erschießen einfach alle Offiziere, die wir nicht kennen." Major Barlone bestätigt, daß das keine Übertreibung war. Am 22. Mai schrieb er in sein Tagebuch: „Wir haben Befehl, alle Spione und Fremden zu erschießen, die sich nicht ausweisen können." Und später: „Apotheker Charbonnier in unserem Lazarett ließ fünf Personen erschießen, darunter ein schönes junges Mädchen; mit Hilfe von Lichtern und Vorhängen verschiedener Farben hatten sie deutsche Flugzeuge dirigiert und dadurch Brände in einer nahen chemischen Fabrik verursacht."

In welchem Ausmaß *existierte* eine fünfte Kolonne, die vor den Panzern arbeitete? Major Barlone behauptete: „Die fünfte Kolonne existiert wirklich; jede Nacht tauchten überall blaue, grüne und rote Lichter auf. Ein Regiment kann nicht zwei Stunden an einem winzigen Ort rasten, ohne mit riesigen Bomben belegt zu werden."

Damals stimmte ihm die große Mehrzahl der Franzosen zu, groß war die Liste von Taten, die den verschiedenen Geheimagenten zugeschrieben wurden.[6] Die Geschichten begannen in Polen, wo Volksdeutsche polnische Truppen überfallen und ihr Waschwasser mit Senfgas vergiftet haben sollen. Deutsche Flugzeuge sollen vergiftete Schokolade und Zigaretten abgeworfen haben.[7] In Holland wurde die Handvoll „Brandenburger" in ausgeborgten holländischen Uniformen vertausendfacht. Am 16. Mai versicherte der holländische Außenminister van Kleffens persönlich der Presse in Paris, „Fallschirmagenten seien zu Tausenden über sein Land hergefallen, verkleidet in französische, belgische und britische Uniformen, in den Gewändern von Priestern und in der Tracht von Nonnen". Hier begann die Legende von den „Nonnen in Nagelschuhen".

Der belgische Sicherheitsdienst warnte vor Fallschirmagenten in Zivil und ersuchte, alle Reklame für Pascha-Zichorie von Telegraphenmasten usw. zu entfernen, „da auf der Rückseite Zeichnungen gefunden worden waren, die dem Feind wertvolle Informationen liefern könnten". Als die Deutschen die Ardennen durchquert hatten, lief in Frankreich das Gerücht um, das sei nur möglich gewesen, weil die fünfte Kolonne für die Panzer geheime Benzinlager angelegt habe.

Dem Debakel von Sedan folgte das Gerücht, die Brücken seien durch Verrat den Deutschen unversehrt in die Hände gefallen.[8] Offiziere, die sie sprengen wollten, seien von verkleideten deutschen Agenten erschossen worden. General Spears erzählt eine hierfür typische Geschichte (er hörte sie wieder von Saint-Exupéry, der sagte, er könne sich für deren Wahrheit verbürgen): „Eine Gruppe der besten schweren Artillerie in der französischen Armee, der 15,5-cm-Rimaillots, wurde bei Laon angehalten, als ein blasser Stabsoffizier auftauchte und erklärte, er komme in aller Eile vom Korps-HQ mit der Meldung, daß in wenigen Minuten eine deutsche Panzerdivision auftauchen werde. Der Korpskommandeur beschwöre sie als gute Franzosen, die Geschütze nicht in Feindeshand fallenzulassen. Nach wenigen Minuten waren 35 der unersetzlichen Kanonen hoffnungslos beschädigt. *Das Korps-HQ hatte keinen derartigen Befehl gegeben.*"

Die Verbreitung falscher Befehle war eine der Tätigkeiten, die man der fünften Kolonne besonders zur Last legte, in der Folge gehorchte man oft Befehlen nicht, die von *echten,* aber *unbekannten* Offizieren überbracht wurden — was die Verwirrung in dem französischen Befehlsnetz noch mehr vergrößerte.

Zudem behauptete man, deutsche Agenten hätten Signale an unsichtbare Flugzeuge gegeben. Peter de Polnay, der eines Nachts vom Montmartre aus beobachtete, behauptete: „In ganz Paris sah ich Lichtmorsesignale. Die fünfte Kolonne war am Werk."

Hans Habe schreibt von einem verdächtigen Oberfeldwebel, „der jeden Abend geheimnisvollerweise verschwand und den man später ertappt haben soll, wie er deutschen Flugzeugen unter dem Vorwand, seine Pfeife anzuzünden, Signale gab. Ein Artillerieleutnant soll ihn auf der Stelle erschossen haben. Ich sah ihn jedenfalls nie wieder!"

Nur ein Bruchteil dieser Tätigkeit der fünften Kolonne ist je bewiesen worden. Brigadegeneral Telford Taylor beim US-Armeenachrichtendienst in

Europa, später Chefanwalt bei den Nürnberger Prozessen, erklärt: „Sorgfältige Untersuchungen haben hinreichend bewiesen, daß Berichte von Subversion in Holland und Norwegen stark übertrieben und oft völlig unbegründet waren."

De Jong schätzt, daß in Holland etwa 1000 Agenten, davon 200 holländische Staatsbürger, tätig waren: „Es muß festgestellt werden, daß kein deutsches Dokument hinsichtlich der Vorbereitungen der Offensive einen Hinweis auf eine fünfte Kolonne enthält."

Wie in Holland gab es auch in Belgien eine kleine Zahl „rexistischer" Verräter, die den Deutschen geholfen haben mögen. De Jong erwähnt Abwehragenten, die als Flüchtlinge nach Belgien eingeschmuggelt worden sein mögen, aber nicht mehr als ein- bis zweihundert. Wir haben schon gezeigt, daß in Luxemburg deutsche „Touristen" den Panzern halfen, indem sie Sprengungen verhinderten und Leitungen zerstörten.

Abgesehen von einigen Sabotagetrupps, scheinen die Deutschen aber keine ernstlichen Vorkehrungen für eine fünfte Kolonne in Frankreich getroffen zu haben. De Jong verwirft kategorisch den Mythos von den falschen Befehlen. „Nirgends scheinen falsche Befehle durch die fünfte Kolonne in Umlauf gesetzt worden zu sein![9] Mindestens zwei französische Generale, Menu und Ruby (Huntzigers Stabschef), spotten über den Gedanken, die fünfte Kolonne sei für das Chaos und die Verwirrung an der Maas verantwortlich gewesen. General Menu sagt: „Wir erklären mit Nachdruck, daß wir nicht an dieses Argument glauben ... War er ein Agent der fünften Kolonne, jener Offizier des X. Korps, der am Spätnachmittag des 13. Mai anrief, Panzer seien in Chaumont und dann in Bulson? ... Wir sagen nein."

Der Schweizer Historiker Eddy Bauer sagt sogar: „Eines ist allerdings klar: in Frankreich gab es niemals eine fünfte Kolonne."

Auf deutscher Seite spricht in der Fülle persönlicher Memoiren und Erzählungen seit 1945 allein der Umstand für sich, daß eine fünfte Kolonne *nie* erwähnt wird. Sicher: die Abwehr hatte ihr Netz von V-Männern, Spionen und Informanten in Frankreich, sie waren jedoch nach Zahl und Qualität eng begrenzt und zum Teil erst kurz vor Kriegsbeginn hastig eingesetzt. Die Abwehr verließ sich auf weniger romantische Formen der Spionage: die Lufterkundung und das Abhören von Funksprüchen. Tatsächlich war Canaris' Abwehr fast den ganzen Krieg hindurch eines der am wenigsten wirksamen Organe von Hitlers Kriegsmaschine; zudem hat der deutsche Charakter fast nie eine besondere Neigung für die subtileren Formen der Untergrundkriegführung gezeigt.

Es gibt eine ganze Zahl von Gründen, warum die Legende von der fünften Kolonne in Frankreich so über alle Maßen aufgebauscht wurde. Da war einmal die Goebbelssche Propaganda, dazu kamen die Prahlereien von

Hitler selbst: „Mitten im Frieden", so hatte er nach Rauschnings Bericht erklärt „werden plötzlich Truppen, sagen wir, in Paris erscheinen. Sie werden französische Uniformen tragen, sie werden bei hellem Tageslicht durch die Straßen marschieren. Niemand wird sie aufhalten. All das ist schon durchdacht... Wir werden sie im Frieden über die Grenze schicken. Allmählich. Niemand wird in ihnen etwas anderes sehen als friedliche Touristen."

In dieser Form der psychologischen Kriegführung wurden die Deutschen durch das Wissen des Westens von den subversiven Tätigkeiten der Sudetendeutschen 1938 unterstützt, vor allem aber wurden diese Gerüchte genährt durch die Äußerungen alliierter Führer, wie van Kleffens, von den „Nonnen in Nagelschuhen" oder Reynauds Behauptung, die Maasbrücken seien unzerstört in deutsche Hand gefallen, sowie seiner Proklamation vom 13. Mai, „alle deutschen Kombattanten ohne Uniform würden an Ort und Stelle erschossen".[10]

Jedenfalls hatten sich die Deutschen mit dem Bluff von der fünften Kolonne nie einen solchen Erfolg erwartet.

Hitlers Erfolge wurden zweifellos noch durch die Gerüchte von Geheimwaffen gefördert. Es mußte doch eine einfache Antwort für die großen Erfolge geben. Wie waren Dänemark und Norwegen so schnell unterlegen? War Eben Emael mit Hilfe eines Nervengases oder mittels Todesstrahlen genommen worden? Hatten die Deutschen die Maas in einem Amphibientank überquert, der mit Hilfe von Preßluft schwamm? Besaßen sie 60-t-Tanks mit einer nicht zu durchschlagenden schweren Panzerung? Alle diese Geschichten machten die Runde. Wo gab es sonst Erklärungen für so gewaltige Erfolge? Waren sie durch die fünfte Kolonne zustande gekommen? Oder durch Verrat?

„Nous sommes trahis!"

Verrat! Bei jeder größeren Katastrophe haben die Franzosen dieses Wort auf den Lippen, was einen der weniger bewundernswerten gallischen Charakterzüge enthüllt. Der gallische Stolz kann nie zugeben, daß die Nation insgesamt die Schuld trägt; sie muß von einem Individuum oder einer Partei verraten worden sein. Während des deutsch-französischen Krieges und in den unglücklichsten Stunden von 1914/18 erklang düster das „Nous sommes trahis" — „Wir sind verraten worden". Der Boden war aber nie fruchtbarer für das Entstehen solcher Ausreden als im Mai 1940. Clare Boothe berichtet von einem Gespräch mit einer älteren Krankenschwester, die sie fragte: „,Madame, sind Sie Amerikanerin?' Ich bejahte, und sie fuhr fort: ,Dann müssen Sie mir die Wahrheit sagen: Qui nous a trahi? Wer hat uns verraten?' . . . Es war das erste Mal, daß ich das Wort ‚trahi‘ in Paris hörte. Zuerst war es nur ein Flüstern, wie die leisen Winde, die an den trüben Tagen vor dem Hurrikan kommen."

Als dann das Debakel an der Front größer wurde, wurde aus dem Geflüster „ein Gebrüll". William Shirer, der Ende Juli mit der siegreichen deutschen Armee nach Paris kam, wurde versichert, „in der französischen Armee habe von oben bis unten Verrat geherrscht — die Faschisten oben und die Kommunisten unten". Die Linke beschuldigte die „Cagoule",[11] für die Deutschen Waffen- und Treibstoffvorräte jenseits der Maas angelegt zu haben. Die Rechte schrieb die Katastrophen dem kommunistischen Einfluß zu. Die Defätisten und die „Weichen" in der Regierung waren mit deutschem Geld gekauft, die rechtsorientierten Generale ebenfalls. Die alptraumhafte Phantasterei von der fünften Kolonne wuchs jedenfalls. Selbst Intellektuelle wie Simone de Beauvoir glaubten daran, und General de Gaulle hüllte später von London aus den allgemeinen Glauben an den Verrat in den Mantel historischer Respektabilität.

Verrat und die fünfte Kolonne lieferten die passende Erklärung für sonst unerklärliche Katastrophen. Fast auf der letzten Seite seiner umfangreichen Memoiren bringt de Gaulle einen Bericht, der Zusammenbruch der 55. Division bei Sedan sei durch falsche, von Fallschirmagenten in Umlauf gesetzte Befehle verursacht worden; er machte gleichzeitig Anspielungen auf die Verantwortlichkeit der Kommunisten. Wie stark die Kommunisten auch zur Demoralisierung inner- und außerhalb der Armee beigetragen haben mögen, eine fünfte Kolonne im konventionellen Sinn haben sie nie gebildet. Was Frankreich verriet, war tatsächlich, „was an ihm selbst falsch war". Die echte oder eingebildete Rolle der fünften Kolonne darf jedoch nicht unterschätzt werden. Unteroffizier René Balbaud schreibt: „Wir fühlten uns auf allen Seiten verraten und bespitzelt. Als wir hörten, die Deutschen seien in Frankreich, dachten wir sofort an Verrat. Wir sprachen von Generalen, die pensioniert, vom Oberbefehlshaber, der ersetzt worden war. Ob sie nun echt waren oder nur in der Einbildung bestanden, die Verratsfälle hatten das gleiche Ergebnis: den Zusammenbruch der Armeemoral. Wir sprachen von König Leopold . . . Und unsere Luftwaffe? Verschwunden in einem Traumland. Verraten . . . Warum noch kämpfen? Jeder, dem wir vertrauten, hatte uns verraten."

Die Franzosen wissen es jetzt: Die Deutschen stoßen zum Kanal

Am 18. Mai wußte endlich auch das französische Oberkommando, daß die Deutschen zum Kanal wollten — daß sie von Paris abbogen und ihre Flanke an der Aisne defensiv deckten. Wie schon erwähnt, waren einem schwerverwundeten deutschen Oberst am 16. bei Rethel die Marschbefehle für die Panzer abgenommen worden. Offenbar wurden die Papiere an General Touchons HQ der 6. Armee gesandt, aus einem geheimnisvollen Grund aber nicht sofort nach La Ferté oder Vincennes weitergeleitet. Am 17. fing das *Deuxième Bureau* in Billottes Armeegruppen-HQ Nr. 1 einen deutschen Funkspruch in Klartext ab, der verriet, daß der Stoß zum Kanal und nicht nach Paris ziele; auch diese Meldung scheint nicht unmittelbar aus GQG weitergeleitet worden zu sein. Am selben Morgen wurde wieder ein deutscher Stabsoffizier mit ähnlichen Befehlen von einer Einheit der 2. Panzerdivision gefangengenommen. Der stellvertretende Divisionskommandeur, Oberst Perré, brach sofort auf, um sie General Giraud zu bringen, aber Giraud war nicht aufzufinden. Perré scheint ebenfalls nicht daran gedacht zu haben, die wertvolle Beute sofort ans GQG zu leiten, er dachte, es käme zu spät dorthin, um noch von Wert zu sein. So gewannen Gamelin und Georges erst spät am 18. Klarheit. Zu diesem Zeitpunkt bemühten sich die Deutschen nicht mehr besonders, das wahre Ziel von „Sichelschnitt" zu verbergen. Shirer entdeckte einen Hinweis in einer Berliner Zeitung, daß „die deutschen Armeen, die jetzt von Nordosten auf Paris zumarschieren, nicht mehr sofort Paris zu nehmen versuchen, wie 1914, sondern nach Nordwesten den Kanalhäfen zustreben, um England von Frankreich abzuschneiden".

Gamelin zögert noch, Pétain trifft ein

Die Gerüchte, daß Hitler auf die Kanalhäfen abbiege, hatten bei den Parisern einen kurzen, schlecht begründeten Jubel verursacht. Die Börsenkurse stiegen. „Vielleicht geht er zuerst nach England", flüsterte man, Gamelin selbst mag das nicht geglaubt haben, „seinem Stab schien er aber am 18. in besserer Form zu sein als zuvor. Der Oberbefehlshaber hatte sich sichtlich zusammengerissen". Im Denken von Joffres getreuem Stabsoffizier, dem Mann, der die Befehle für den unsterblichen Sieg an der Marne vorbereitet hatte, klang ein vertrauter Akkord auf. Machten die Deutschen, die von Paris abbogen und eine offene Flanke darboten, etwa den gleichen Fehler wie Kluck 1914? Gedanken parallel zu denen, die Hitler und Rundstedt quälten, beschäftigten jetzt Gamelin. In Vincennes fühlte man, daß der Generalissimus einen Meisterschlag vorbereitete. Am Nachmittag des 18. meldete die Luftaufklärung ein „völliges Vakuum im Raum Laon - Montcornet" unmittelbar hinter der Panzerspitze. Aber Gamelin zögerte noch.

Als Gamelin am Morgen La Ferté besuchte, scheint er dort nichts von der wiedergewonnenen Haltung gefunden zu haben, die seine eigenen Stabsoffiziere an ihm entdeckten. Die Atmosphäre schien „für eine reguläre

Arbeit nicht geeignet zu sein". Im Büro von Georges' Stabschef, General Roton, „herrschte äußerste Unordnung, ständig kamen und gingen Stabsoffiziere". Der mönchshafte Generalissimus fragte sich, wie sein Untergebener in dieser Atmosphäre des Chaos, wo keine Überlegung möglich sei, „die Ereignisse beherrschen könne". Privat äußerte er diese Besorgnis gegenüber General Doumenc. Nach den konventionellen „Loyalitätsgeräuschen" gegenüber Georges meinte Doumenc, die Zeit sei bald da, wo Gamelin die Leitung der Schlacht selbst in die Hand nehmen solle. Gamelin erwiderte: „Natürlich, lassen Sie mich den richtigen Zeitpunkt wissen." Als ob dieser nicht schon längst verpaßt gewesen wäre. Nach einem weiteren unergiebigen Gespräch über die Wiederherstellung der „fortlaufenden Front" erfuhr Gamelin, Reynaud und Daladier würden ihn um 15 Uhr besuchen, und so eilte er nach Vincennes zurück.

Zur vereinbarten Stunde erschien Daladier — aber kein Reynaud. Durch einen Anruf in seinem Büro erfuhr Gamelin schließlich, daß Reynaud — begleitet von dem aus Madrid zurückgekehrten Pétain — vor einer Stunde abgefahren sei. Verwirrung! Hatte der Ministerpräsident einen Unfall gehabt? Schließlich kam („ziemlich brüsk", sagt Gamelin) die Nachricht, Reynaud und Pétain hätten zuerst Georges aufgesucht. Daladier und Gamelin sollten auf sie warten. Die beiden verbrachten die Zeit „in vertraulichem Gespräch". Gamelin gab zu, es sei „das erste Mal seit zehn Tagen gewesen, daß er ohne präzise Beschäftigung geblieben sei" — ein zu diesem Zeitpunkt wirklich kurioses Eingeständnis.

Um 18 Uhr 20, als Gamelin und Daladier über drei Stunden verplaudert hatten, trafen Reynaud und Pétain ein. In La Ferté hatte Georges, wie Reynaud berichtet, „uns die Lage an Hand einer großen Karte erklärt, die er mit seiner graubehandschuhten Hand auf einer Rolle auf- und abzog. Wir sahen die Positionen der Armeen und, besonders bezeichnet, die der zehn Panzerdivisionen. Zwei- oder dreimal unterbrach er seinen Bericht und sagte, die braunen Augen sorgenvoll auf uns gerichtet: ,Es ist eine schwierige Situation.' "

Auch Gamelin gab in Vincennes eine Schilderung der Lage. Als der vierundachtzigjährige Marschall wieder in seinen Wagen stieg, drückte er Gamelin warm die Hand und murmelte: „Ich bemitleide Sie von ganzem Herzen." Da Reynaud nichts über das künftige Schicksal des Generalissimus gesagt hatte, wurde die ganze Bedeutung von Pétains Sympathiebezeigungen erst am folgenden Tag klar. Gamelin ging dann in sein Büro, um seinen umfangreichen Bericht für Daladier zu unterzeichnen. Er hatte immer noch keinen Versuch gemacht, die Leitung der Schlacht zu übernehmen.

Der 18. endete für das französische Oberkommando mit einer äußerst ernsten Meldung Billottes an Georges' QG. „Wir hatten gehofft, sie

heute aufhalten zu können, aber wir kamen um 24 Stunden zu spät."
Da er kaum eine Möglichkeit sah, das Loch zwischen der 1. Armee und
General Frères neu entstehender 7. Armee zu stopfen, setzte Billotte bedenklich hinzu: „Wir müssen über unser Verhalten für den Fall nachdenken, daß unsere Streitkräfte getrennt werden." In seinem letzten Tagesbefehl sprach Georges hoffnungsvoll von der Bedeutung, „eine Verlängerung unserer Sperre an der Somme von Péronne bis zur See vorzusehen",
eine Maßnahme, die in sich bestimmt kein Mittel darstellte, die Panzer vor
dem Kanal aufzuhalten. Am folgenden Tag sollte de Gaulles 4. Panzerdivision längs der Achse Laon - Crézy-sur-Serre einen weiteren Stoß in die
Südflanke der Panzer führen.

Auf der politischen Bühne lud Reynaud Pétain an diesem Samstag ein,
als stellvertretender Ministerpräsident in seine Regierung einzutreten.
Pétain nahm an. Nach Reynauds Bericht sei, als er im Senat sagte, der
„Sieger von Verdun" stehe jetzt an seiner Seite, der Ruf erschollen:
„Endlich!"

Spears, der den Marschall seit dem Weltkrieg nicht mehr gesehen hatte,
schilderte ihn: „immer noch aufrecht, aber sehr viel älter, in betontem Bruch
mit der Vergangenheit trug er Zivil ... Er erschien aber tot, wie man von
einer Gestalt, die nicht mehr lebendig erscheint, sagt, sie sei tot ... Als
ich gelegentlich zu ihm hinübersah, schien er gar nicht zu hören, was gesagt
wurde."

Von nun an sollte dieser verehrungswürdige, aber pessimistische alte
Soldat, den man so tragisch aus einer ruhmreichen Vergangenheit gerissen
hatte, im Schicksal Frankreichs eine immer gewichtigere Rolle spielen.

Reynaud ging jetzt daran, sein Kabinett umzubauen. Daladier wurde
endlich aus dem Verteidigungsministerium gedrängt, das Reynaud selbst
übernahm, und erhielt als Trostpflaster den Quai d'Orsay. Der zähe Georges
Mandel wurde vom Kolonial- ins Innenministerium transferiert, jenem
Schlüsselposten in Zeiten der Gefährdung der bürgerlichen Moral. Für die
wichtigste Rolle wartete Reynaud aber immer noch auf das Eintreffen
Weygands.

19. Mai. De Gaulles zweite Chance

In seinen Befehlen für den 19. Mai erklärte Guderian: „Der Oberbefehlshaber des Heeres (Brauchitsch) hat ein weiteres Vorgehen der Gruppe Kleist
ausdrücklich gebilligt." Sein XIX. Panzerkorps sollte Brückenköpfe über
den Canal du Nord nach Westen erobern; gleichzeitig sollte es, zur Vorbereitung der zweiten Phase der Schlacht um Frankreich, zwischen Ham und
Péronne Brückenköpfe über die Somme errichten, „um nach Südwesten

drehen zu können, wenn die Zeit gekommen ist". Der 19. Mai sollte weniger spektakuläre Fortschritte bringen, die technischen Probleme erforderten vor dem Sprung zur Küste einen Tag der Konsolidierung und Umgruppierung. Trotz aller guten Vorzeichen begann der 19. für Guderian besorgniserregend. Um 1 Uhr 35 erhielt das HQ des XIX. Korps einen Funkspruch, das Treibstoffdepot in Hirson sei „ausgebrannt". Das war eine sehr ernste Nachricht, denn von hier aus sollten Guderians Panzer in der Nacht mit Sprit versorgt werden. Sie hatten demnach „nur noch für einen Tag Treibstoff". Später am Morgen meldete die 10. Panzerdivision, ihr Angriff auf Ham sei fehlgeschlagen. Die Luftaufklärung meldete eine Massierung von einigen hundert Panzern südlich von Crézy-sur-Serre. Zugleich kam die Meldung, eine der Sperrabteilungen an der Südflanke sei durch einen feindlichen Angriff überwältigt worden.

De Gaulle hatte sich im Morgengrauen in Bewegung gesetzt. Bei seinem zweiten Angriff wollte er über die Serrebrücken bei Crézy stoßen und dann Guderians Vormarschlinie bei La Fère zerschneiden. Er war durch ein Artillerieregiment 7,5er, der berühmten Waffe des Weltkriegs, und durch zwei Abteilungen Somua-Panzer verstärkt worden. Er verfügte jetzt über etwa 150 Panzer. Von diesen waren jedoch nur 30 B-Panzer, 40 Somua oder D-2, der Rest aber veraltete R 35. Die Besatzung der Somua bestand aus dem Kommandanten, der zugleich Schütze war und nie einen Schuß abgefeuert hatte, und einem Fahrer, der lediglich vier Fahrstunden absolviert hatte. Mit nur einem Infanteriebataillon war de Gaulle wieder nur schlecht unterstützt.

Zuerst schien de Gaulle in einen leeren Raum vorzustoßen. Nachdem er leichte deutsche Streitkräfte überwältigt oder vertrieben hatte, erreichte er nach vier Stunden die Serre. Hier stießen seine Panzer auf harten Widerstand. Guderian hatte wie immer schnell reagiert. „Crézy ist eine Pakfestung, ein gewaltiger Hinterhalt", erklärte Kapitän Idée. „Die R 35 stockten und zogen sich aufgelöst zurück, einige brannten bereits." Seine D-2 rückten weiter vor. Vor der Serrebrücke fuhr ein Panzer auf eine Mine und ging hoch, einem zweiten wurde die Kette weggesprengt. Als dritter fuhr Idée, sein Panzer „Rocroi" geriet unter heftigen Beschuß: „Ein furchtbarer Schlag, der Turm erbebt, an seiner Basis getroffen ... Er bewegt sich nicht mehr. Ich kämpfe wie wild damit. Die Verklemmung ist behoben, der Turm bewegt sich. Ich schieße. Peng! Ein schweres Geschoß trifft schräg das Turmdach, das rot aufglüht."

Als die Infanterie, wie auch schon am 17., nicht auftauchte, beschloß Idée, der zwei Panzer verloren hatte, sich zurückzuziehen. In den zwei Tagen Kampf hatte seine Kompanie von vierzehn Panzern sechs als zerstört und zwei als „vermißt" gemeldet.

De Gaulles Mißgeschick am 19. wurde durch ein weiteres Beispiel der so schlechten Verbindung zwischen Luft- und Bodenstreitkräften noch vergrößert. Um ähnliche vernichtende Stuka-Angriffe zu verhindern, wie sie de Gaulles erstem Angriff widerfahren waren, hatte man General d'Astier ersucht, den stärksten Jagdschutz zu schicken, den die Umstände erlaubten. D'Astier wurde aber von der Änderung der Angriffszeit nicht verständigt. Wieder fielen die Stuka aus leerem Himmel über de Gaulles Kolonnen her. Auf ein verzweifeltes Hilfeersuchen entsandte d'Astier alle Jäger, die bereits in der Luft waren. Als sie aber über der Serre anlangten, war es bereits zu spät. De Gaulles Streitmacht war von den Stukas schwer mitgenommen. Am frühen Nachmittag erhielt de Gaulle Befehl von Georges, sich nicht „zu stark zu engagieren, die Division würde noch an einer anderen Front gebraucht". Von Stukas bombardiert, zog er sich in guter Ordnung hinter die Aisne zurück. Tief verbittert sagt er: „Ich muß mir immer wieder vorstellen, was eine mechanisierte Armee, von der ich so lange träumte, hätte erreichen können. Wenn sie an dem Tag vorhanden gewesen und plötzlich in Richtung auf Guise vorgestoßen wäre, hätte das den Vormarsch der Panzerdivisionen sofort aufgehalten, eine ernste Verwirrung wäre in ihrem Rücken entstanden, und die Nordgruppe der Armee hätte sich wieder mit den Kräften im Zentrum und im Osten vereinigen können."

19. Mai: Die Deutschen konsolidieren sich

Die örtlichen Schwierigkeiten, mit denen Guderian am Morgen zu kämpfen hatte, boten ihm drei Möglichkeiten: Er konnte den Vorstoß nach Westen anhalten und eine Abwehrfront nach Süden aufbauen; mit der Hauptmacht seiner Streitkräfte einen Gegenangriff nach Süden führen oder seine Befehle nicht ändern und weitermarschieren. Für Guderian war es typisch, daß er diesen letzten Weg wählte. Er überließ es allein der 10. Panzerdivision, de Gaulles Angriff „abzublocken". Wieder bewiesen die Ereignisse die Richtigkeit seiner Entscheidung.[12] Ein Funkspruch beseitigte zudem seine Hauptsorge: die Meldung über das Treibstofflager in Hirson hätte „ausgabebereit" und nicht „ausgebrannt" lauten sollen. Die Panzer konnten weiter!

Am Nachmittag überschritten die 1. und die 2. Panzerdivision den Canal du Nord und erreichten das alte Schlachtfeld an der Somme. Von Männern und Maschinen kamen Warnsignale, die eine kurze Pause gebieterisch nötig zu machen schienen; als der Kommandeur seiner 1. Panzerbrigade, Oberst Nedtwig, aus reiner Erschöpfung zusammenbrach,[13] mußte das selbst Guderian beachten. In der Nacht hielt die Hauptmasse des Korps auf der Linie Cambrai - Péronne - Ham.

Nördlich von Guderian zerbrachen Reinhardts Panzer den französischen

Widerstand in Le Catelet nach harten Kämpfen. Bei Einbruch der Nacht standen sie Schulter an Schulter mit Guderian in einer konsolidierten Stellung westlich des Canal du Nord. Für Rommel endete der schnelle Vormarsch der letzten Tage mit der Einnahme von Cambrai. Auch er mußte am 19. halten, um umzugruppieren und seine erschöpften Männer etwas schlafen zu lassen. Bis zum Einbruch der Nacht war er lediglich 10 km bis Marquion vorgestoßen, wo die Straße nach Arras den Canal du Nord kreuzt. Als ihn sein Korpskommandeur, General Hoth, am Nachmittag besuchte, bat der ungeduldige Rommel um die Erlaubnis, in einem weiteren Nachtangriff die wichtigen Höhen südöstlich Arras, etwa 30 km weiter, nehmen zu dürfen. Angesichts der Ermüdung der Männer lehnte Hoth zunächst ab. Rommel erwiderte: „Die Truppe steht schon zwanzig Stunden am gleichen Platz, und ein Nachtangriff bei Mondschein fordert geringere Opfer." Hoth gab nach, und Rommel durfte kurz nach Mitternacht angreifen. Rechts von Rommel befand sich die 5. Panzerdivision im Wald von Mormal in scharfen Kämpfen mit der französischen 1. leichten mechanisierten Division und der 1. nordafrikanischen Division. Ihre vorgeschobenen Einheiten zogen aber bald mit Rommel gleich. Noch weiter im Norden hämmerten die nunmehr Rundstedt unterstellte 3. und 4. Panzerdivision von Hoepners XVI. Korps gegen die südliche Verankerung von Blanchards 1. Armee ein und drängten sie in Richtung Valenciennes zurück. Am Ende des 19. fehlte so nur noch *eine* von Hitlers zehn Panzerdivisionen[14] beim sogenannten „Rendezvous vom 19. Mai". Hier, knapp 80 km vom Atlantik entfernt, standen sie zum letzten Akt von „Sichelschnitt" bereit.

Die Maginotlinie: Die vergessene Armee

An der Maginotlinie waren die vergangenen acht Tage der Schlacht so verlaufen wie die Monate des „komischen Krieges" zuvor. Der verzweifelte Kampf im Norden ließ sie unberührt. Die Beobachter in den Stahltürmen warteten auf einen Feind, der niemals kam. Von Zeit zu Zeit fand ein Artillerieduell auf große Entfernung statt. Am 18. griff dann General von Witzlebens 1. Armee plötzlich ein kleines, merkwürdigerweise La Ferté genanntes Fort an. Es war etwas ungeschickt angelegt und fiel nach wildem Kampf am 19. Der deutsche Rundfunk feierte den Fall des ersten Maginotforts begeistert, obwohl dessen strategische Bedeutung gering war. Dabei handelte es sich gar nicht um einen reinen Bravourakt, der Angriff war zeitlich sorgfältig berechnet, denn das französische Oberkommando hatte endlich Befehl gegeben, die bisher unbeweglichen Intervalltruppen in die Schlacht im Norden zu werfen. Hier war eine Warnung, die Maginotlinie nicht zu weitgehend zu entblößen. Wie die Deutschen erwartet hatten, beachtete das französische Oberkommando auch die Warnung; Ende Mai schickte es *sogar wertvolle Panzer zurück*, um die Forts schützen zu helfen.

Die Luftwaffe triumphiert

In der Luft nahm die Stärke der Alliierten am 18. und 19. noch weiter ab.[15] Am 19. verfügte d'Astier nur noch über 170 einsatzfähige Jäger; infolge der beschädigten Telephonleitungen wurde es zudem immer schwerer, die Einsatzbefehle durchzubringen. Zwar gab es noch sechs „groupements" Bomber, zwei bestanden aber aus Amiots und Blochs, „die nur nachts zu verwenden waren", von den drei, die mit Léos und Bréguets ausgestattet waren, wurden zwei eben verlegt, die dritte wurde am 19., als sie eben aufsteigen wollte, von der Luftwaffe überrascht und verlor zwei Drittel ihrer Maschinen; die sechste, die mit neu eingetroffenen amerikanischen Glenn Martins ausgestattet war, wartete darauf, daß die Bombenabwurfvorrichtungen eingebaut wurden.

Bei den Briten war Barratts AASF noch mitten in der Verlegung. Am folgenden Tag wurde die Telephonverbindung zwischen Barratt und der „Luftkomponente" bei der BEF von dem deutschen Vorstoß durchtrennt, und Lord Gort stimmte jetzt mit dem Luftfahrtministerium überein, daß sie nun von Südengland aus operieren solle. Nach zwei Tagen waren nur noch einige Lysander-Kuriermaschinen in Frankreich. Die Evakuierung der „Luftwaffenkomponente" vollzog sich leider in solcher Eile, daß fast die gesamten Bodeneinrichtungen und Vorräte dem Feind überlassen wurden. Die „Komponente" hatte 261 Hurricane besessen, 75 davon waren zerstört worden, vom Rest kehrten nur 61 nach England zurück. In den zehntägigen Operationen über Nordfrankreich hatte England 195 Hurricane verloren, etwa ein Viertel seiner Gesamtstärke an modernen Jägern. In den neuen Basen in Kent und unter Kontrolle des Ministeriums war die „Komponente" zu weit von der Schlacht entfernt, um noch wirksam eingreifen zu können.

Die RAF bombardierte nachts wieder das Ruhrgebiet mit schweren und mittleren Bombern und täuschte weiterhin sich selbst, die Regierung und die Öffentlichkeit hinsichtlich der Resultate. William Shirer, der am 19. am Kölner Flughafen vorbeifuhr, notiert: „Er war mit Flugzeugen vollgepackt, aber die Hangars waren unberührt. Sie waren prächtig mit Netzen getarnt. Offensichtlich haben die britischen Nachtangriffe weder das Ruhrgebiet entscheidend getroffen noch die deutschen Flugplätze beschädigt. Die Alliierten scheinen immer noch einen ‚komischen Krieg' auszutragen."

Inzwischen hatte Churchill seinen Luftwaffenstabschef „zusammengestaucht": „Besteht denn keine Möglichkeit, festzustellen, wo eine Kolonne feindlicher Panzer nachts ausruht, um sie dann zu bombardieren?"

Am Abend des 19. wurden 20 Chance-Vought-Sturzbomber, die der französischen Marine gehörten und in Boulogne und Berck stationiert waren, zum erstenmal eingesetzt, um den im Wald von Mormal verzweifelt kämpfenden Truppen zu helfen. Zehn wurden abgeschossen, der Rest durchlöchert, die Wirkung auf die Panzer blieb minimal. Da sich der Panzerkorridor immer mehr ausweitete und immer weniger alliierte Flieger zur Verfügung standen, wurde es noch schwieriger, die einzelnen Kolonnen zu lokalisieren. Am Morgen des 19. entdeckten Aufklärer eine große Panzerkolonne (vermutlich die Rommels) im Anmarsch auf Arras. Bomber standen jedoch nicht zur Verfügung, und so konnten die Panzer ungehindert weiterrollen. Am nächsten Morgen wurden zwei Bomberstaffeln der RAF aus England entsandt, um eine um 8 Uhr 30 entdeckte Panzerkolonne anzugreifen. Die erste Staffel erreichte das Zielgebiet um 11 Uhr 30 und bombardierte eine nach Westen ziehende Kolonne, kurz darauf konnte die zweite an dieser Stelle nichts mehr finden. Beide waren tatsächlich zu spät gekommen, um das ursprünglich ausgemachte Ziel, eine vorgeschobene Einheit der 6. Panzerdivision, anzugreifen.

Die deutsche Luftwaffe hatte sich bereits auf belgischen Flugplätzen dicht hinter der Front eingerichtet, die Stukas konnten im Tag sechs, ja sieben Einsätze fliegen und damit die ohnehin schon vorhandene numerische Überlegenheit noch vergrößern. Abgesehen von der nie versagenden taktischen Nahunterstützung, konzentrierten sich die mittleren Bomber der Luftwaffe darauf, das französische Eisenbahnnetz zu zerschlagen, auf dem Georges Verstärkungen an die Aisne und an die Somme heranführen wollte. Am 19. wurde Amiens durch einen gewaltigen Luftangriff für den Panzerangriff am nächsten Tag „weich" gemacht. Die Stadt scheint ohne Flak- und Jagdverteidigung gewesen zu sein. Obwohl vier Fünftel der Bevölkerung die Stadt verlassen hatten, waren die Verluste unter der Zivilbevölkerung schwer. Glücklicherweise kamen eben zwanzig freiwillige amerikanische Feldambulanzen vorbei und konnten den Verwundeten helfen.

Rückzug aus Nordbelgien

In Nordbelgien hatten die Alliierten am 19. den Rückzug hinter die Schelde beendet, die belgische Armee hielt die Linie von Terneuzen an der Küste bis Oudenarde. Anschließend hatten die BEF eine starke Stellung an der Schelde bis Maulde an der französischen Grenze. Die 5. Division war als Armeereserve nach Seclin südlich Lille zurückgezogen worden; in der Nacht des 19. befahl Gort der 50. Division, abzüglich einer Brigadegruppe, sich auf die aus dem Weltkrieg berühmten Vimyhöhen nördlich von Arras zu konzentrieren. Hier sollte sie sich auf eine Offensive vorbereiten. Südlich der BEF hielt die 1. Armee Blanchards eine in der Linie Condé-sur-l'Escaut - Valenciennes - Bouchain verankerte Stellung, um deren südliches Ende die unwiderstehliche Panzerflut nach Westen wirbelte. Die Truppen der auf dem Rückzug häufig bombardierten BEF waren stark ermüdet. Leutnant Miles Fitzalan-Howard von Montgomerys 3. Division trug in sein Tagebuch ein: „In fünf Nächten insgesamt acht Stunden geschlafen: am 18. die ganze Nacht auf, am 19. auf bis 3 Uhr, bis 7 geschlafen, am 20. bis 3 Uhr auf, bis 7 geschlafen, am 21. aufgeblieben."

Trotzdem waren die BEF in viel besserer Verfassung als Blanchards Armee, die seit dem ersten Zusammenstoß mit dem Feind die Hauptlast der Kämpfe im Norden getragen und viel höhere Verluste erlitten hatte als die Belgier oder Briten.

Major Barlone, der sich bei Condé über die französische Grenze zurückzog, erlebte ein Gefühl der Erleichterung. Der Stab von Barlones Divisions-HQ (der 2. nordafrikanischen Division) richtete sich in der Stadt Saint-Amand ein, wo nicht ganz 50 Zivilisten zurückgeblieben waren. Nach Barlones Worten durften die Truppen „sich aus den Häusern nehmen, was sie brauchten, denn wir wußten, daß die Deutschen in wenigen Tagen hier sein würden. Die Offiziere können sich nach Herzenslust der Weinkeller im Hôtel de Paris bedienen; ein Posten steht an der Tür, und nur Offiziere dürfen hinein."

Trotz des erstaunlichen Eingeständnisses, daß das legalisierte Plündern hier nur Offizieren gestattet war, sagte Barlone, die Disziplin seiner Männer sei gut gewesen, sie seien eher „befremdet als mutlos gewesen".

Ähnliches galt auch für Prioux' Kavalleriekorps, und das trotz der Schläge, die es durch die Panzer hatte hinnehmen müssen. Die Soldaten waren aber so müde, daß die Offiziere alle Mühe hatten, sie am Einschlafen auf Posten zu hindern. Die 1. leichte mechanisierte Division kämpfte, obwohl sie nominell Prioux unterstand, noch fern im Wald von Mormal, viele seiner Panzerkompanien hatten bei anderen Divisionen „aushelfen" müssen, sie kehrten nun nur zögernd zu ihrem rechtmäßigen Herrn zurück! Da das Kavalleriekorps so geschwächt war, war Prioux sehr überrascht, als er am 18. um Mitternacht von Georges den Befehl erhielt: „Morgen, am 19. Mai, in Richtung Cambrai - Saint-Quentin angreifen, mit dem Ziel, die dort operierenden Panzerkräfte zu zerschlagen." Das war die Hauptmasse von neun deutschen Divisionen! Es war nur ein weiterer Beweis dafür, wie hoffnungslos wenig das Oberkommando von den Realitäten an der Front wußte. Prioux suchte sofort Billotte auf, um ihm präzise zu erklären, warum er nicht gehorchen würde.

Am Frühnachmittag des 19. fand zwischen den Generalen Georges und Billotte ein wichtiges Telephongespräch statt, als Georges gerade mit Gamelin und einer britischen Delegation unter General Dill konferierte. Im Verlauf des Gesprächs soll Billotte, nach General Rotons Worten, bemerkt haben: „Ich erfahre, daß sich die Briten in drei oder vier Phasen auf Calais zurückziehen und von dort evakuieren wollen." Die Annahme war irrig, sie basierte auf einem Mißverständnis zwischen den Stäben Billottes und Gorts, sie zeigte aber immerhin die Richtung, in die Gorts Gedankengänge jetzt liefen. Die verschiedenen Faktoren für die britische Entscheidung, die BEF zu evakuieren, betreffen diesen Bericht nur am Rande. Sie müssen jedoch erwähnt werden, soweit sie mit dem letzten alliierten Gegenschlag zusammenhängen, der noch Aussicht hatte, den Panzerkorridor zu durchschneiden und damit die Armeen zu retten, denen im Norden die Einkreisung drohte.

Während seines Parisbesuches am 16. hatte Churchill wie durch ein Wunder Reynauds und Daladiers sinkenden Mut wiederaufrichten können. Er und seine Umgebung waren jedoch tief bestürzt über das Gesehene nach London zurückgekehrt. Schon am nächsten Tag sandte Churchill Neville Chamberlain als dem Lordpräsidenten des Rates ein Memorandum, in dem er bat, die Probleme zu untersuchen, falls es nötig werden würde, die BEF aus Frankreich zurückzuziehen.

Ironside schrieb gleichzeitig in sein Tagebuch, er habe nicht mehr das Vertrauen in die Fähigkeit der Franzosen, die Deutschen aufzuhalten. „Wir haben in einem Narrenparadies gelebt. Wir haben uns vor allem auf die Stärke der französischen Armee verlassen. Und diese Armee ist zusammengebrochen, oder beinahe zusammengebrochen ... Im Augenblick sieht es nach der größten militärischen Katastrophe der Geschichte aus ..."

Falls der deutsche Vormarsch andauerte, wurden die Verbindungslinien der BEF durch Amiens bedroht. England würde dann gezwungen sein, den Versuch zu machen, „die BEF über Dünkirchen, Calais und Boulogne zu evakuieren". Ironside hielt das „für einen unmöglichen Vorschlag". Trotzdem empfahl er der Admiralität, alle kleinen See-Einheiten zusammenzuziehen.

In der Nacht vom 18. auf den 19. kam es zu einer kritischen Begegnung zwischen Lord Gort und Billotte. Der französische Armeegruppenbefehlshaber fuhr gegen Mitternacht zu Gort nach Wahagnies. In der vergangenen Woche hatte Gort von Billotte keine Befehle erhalten; zum erstenmal kam Billotte nun zu Gort, um mit ihm über das volle Ausmaß der Krise zu konferieren. Bisher hatten die Franzosen Gort und den kleinen Beitrag Englands zur Landkriegführung eher mit einer gewissen Verachtung betrachtet. Nun wurde es plötzlich offenkundig, daß sich Frankreich im Augenblick der Krise darauf verlassen würde müssen, daß die „amateurhafte" aber verhältnismäßig intakte Streitmacht der BEF in der künftigen Strategie eine Schlüsselrolle spielen würde, wodurch ihr Führer in französischen Augen plötzlich neue Bedeutung gewann. Gorts Erfahrungen in der letzten Woche hatten bereits sein Vertrauen in das französische Oberkommando erschüttert, was ihm Billotte *jetzt* sagte, bestätigte nur seine düstere Beurteilung der Lage. Wie er sagt, schilderte Billotte „die Maßnahmen, die ergriffen wurden, um die Lage an der Front der 9. Armee wiederherzustellen, obwohl er sichtlich wenig Hoffnung hatte, daß sie wirksam sein würden. Die Berichte von den Verbindungsoffizieren bei französischen Einheiten klangen ebenfalls nicht ermutigend, insbesondere konnte ich keine Bestätigung dafür erhalten, daß die Franzosen südlich der Lücke genügend Reserven für starke Gegenangriffe zur Verfügung hatten, die erhoffen ließen, daß die Lücke geschlossen werden konnte."

Wenn aber die Lücke nicht geschlossen werden konnte? Dann würden neun deutsche Panzerdivisionen in Gorts Rücken kommen. Gort boten sich zwei Alternativen an: Er mußte sich entweder zur Somme-Linie oder an die Kanalküste zurückziehen. Die erste hatte den augenscheinlichen Vorteil, daß Gort auf seine eigenen Verbindungslinien zurückfiel und mit den Franzosen in Verbindung blieb; andererseits bedeutete es, daß die belgische Armee dann gezwungen war, den belgischen Boden oder ihre Verbündeten aufzugeben. Falls die Evakuierung der BEF unvermeidlich werden sollte, war das viel schwieriger, wenn die Kanalhäfen aufgegeben waren. Wenn die BEF aber auf die Kanalhäfen zurückfiel, „bedeutete das das Verschwinden der BEF vom Kriegsschauplatz zu einer Zeit, in der die Franzosen alle Unterstützung brauchten, die England ihnen geben konnte. Es bedeutete weiter die Gewißheit, daß man, selbst wenn die ausgezeichneten Hafenanlagen von Dünkirchen weiterhin zur Verfügung standen, alle schweren Geschütze und einen Großteil der Fahrzeuge und der Ausrüstung zurücklassen mußte".

Von nun an wurde Gort zwischen seinem Wunsch, den Franzosen bei ihren Versuchen zu einem Gegenangriff loyal zu helfen, und der Sorge hin und her gerissen, seine neun Divisionen, die Crème der britischen Armee, nicht von der See abschneiden zu lassen. Was ihm Billotte über die Aussichten gesagt hatte, „die Lücke zu schließen", war so entmutigend, daß Gort am 19. das Kriegsministerium informierte, es werde die Evakuierung der BEF in Erwägung ziehen müssen. „Ich erkannte, daß dieses Vorgehen in der Theorie eine letzte Alternative war", sagte Gort. „Trotzdem fühlte ich, daß mir unter den gegebenen Umständen kein anderer Ausweg bleiben würde."

Am selben Tag begannen Kriegsministerium und Admiralität gemeinsame Besprechungen unter dem Decknamen „Dynamo" über die „mögliche, aber unwahrscheinliche Evakuierung einer sehr großen Streitmacht unter gefährlichen Umständen".

Gamelin geht

Der 19. Mai war ein Sonntag. Obwohl die französische Regierung an diesem Tag von zwei irdischen Rittern Wunder erhoffte — von de Gaulle, der an der Serre angriff, und von Weygand, der aus Syrien erwartet wurde —, wandte sich die Seele Frankreichs Notre Dame zu, wie in so zahllosen anderen Krisen in der langen französischen Geschichte. An diesem Tag fand in Notre Dame ein bewegender Bittgottesdienst statt, dem die gesamte Regierung und Vertreter des öffentlichen Lebens beiwohnten. Auf dem Vorhof hatte sich eine große Menge versammelt. Senator Bardoux berichtet, „daß die Heiligen Frankreichs beschworen und die Reliquien der heiligen Genoveva und des heiligen Ludwig gezeigt wurden. Bullitt (der amerikanische Botschafter), der in der ersten Reihe saß, konnte seine Tränen nicht verbergen".

Für General Gamelin gab es an diesem Tag keine Hilfe vom Himmel. Es „sollte der letzte Tag meiner militärischen Existenz sein", schrieb er später, obwohl er davon noch keine Ahnung hatte, als der Tag für ihn etwa um 5 Uhr mit einem Anruf General Doumencs begann. „Ich hielt es für sinnlos, Sie früher zu wecken", sagte Doumenc, „aber ich habe den *sehr* deutlichen Eindruck, daß Sie *jetzt* eingreifen müssen. Am Telephon kann ich nicht mehr sagen." Gamelin erwiderte, er werde um 8 Uhr in Les Bondons sein. „Heute ist die Stunde gekommen", erklärte er dramatisch in seinen Memoiren. „Ich hoffe, daß es noch nicht zu spät ist." In Les Bondons traf er Georges immer noch erregt und äußerst deprimiert an, inmitten eines ähnlichen Chaos wie am Tag zuvor. Oberst Minart schildert die Szene: „... eine große Anzahl Offiziere aller Rangstufen, insbesondere mehrere Generale, einige sehr, sehr geschäftig, andere niedergeschlagen, kommen und gehen ... Telephone, Landkarten (alles ging so schnell, daß man noch nicht einmal die Karten von Norwegen und Finnland von den Wänden genommen hatte), Akten, Notizblocks, Notizbücher aller Art sind wie zu einem Ausverkauf ausgebreitet ... Man hatte den Eindruck, einer Konsultation von hundert hilflosen Ärzten beizuwohnen, Spezialisten der verschiedensten Art, in extremis zu einem Sterbenden gerufen, den man bereits aufgegeben hat."

Gamelin erklärte Georges diplomatisch, er halte es für notwendig, „jetzt als alliierter Oberbefehlshaber einen allgemeinen Manöverplan zu formulieren". Er bat um einen Federhalter und zog sich dann in einen kleinen

Raum zurück, um seine berühmte „Persönliche und geheime Weisung Nr. 12" zu formulieren — sein erster und zugleich letzter Eingriff in die Schlacht. Er sagt, Angehörige seines Stabs hätten gewünscht, er solle die Angelegenheit ganz in die Hand nehmen. „Ich wollte aber General Georges nicht vor aller Augen demütigen. Ich wollte die ‚Form' wahren und ihm seine ‚amour-propre' und seine Autorität retten" — eine vielleicht kuriose Überlegung in Frankreichs Schicksalsstunde.[16] Er begann demnach:

„Ohne mich in die Führung der gegenwärtigen Schlacht einschalten zu wollen, die in den Händen des Oberbefehlshabers der Nordostfront liegt ... denke ich, daß im gegenwärtigen Zeitpunkt:

1. Gründe dafür bestehen ... die Front unserer Armeen im Osten und derer, die Paris nach Westen schützen, auszudehnen und die Verbindung mit der Armeegruppe Nr. 1 zu halten,

2. daß wir hinsichtlich der Armeegruppe 1 mit äußerster Kühnheit handeln müssen, um sie nicht einkesseln zu lassen,[17] erstens, indem wir, wenn nötig, den Weg zur Somme forcieren, und zweitens, indem wir besonders bewegliche Streitkräfte in den Rücken der Panzerdivisionen und der motorisierten Divisionen werfen, die diesen folgen. Im Augenblick scheint hinter dieser ersten Staffel ein Vakuum zu bestehen,[18]

3. mit allen verfügbaren Mitteln eine Offensive gegen die Brücken in Mézières vorzubereiten ist,

4. die gesamte Kraft der französischen und britischen Luftwaffe jetzt an der Schlacht teilnehmen muß.

5. Alles hängt von den allernächsten Stunden ab.

M. Gamelin"

Das war schwerlich die Sprache eines obersten Kriegsherrn, eines Joffre oder eines Foch, der energisch die Zügel ergriff; sie erschien mehr wie eine Rechtfertigung vor dem Gericht der Geschichte; die unklar abgefaßte Absicht, die Panzer im Rücken zu fassen, war zwar richtig, kam aber an diesem Tag hoffnungslos zu spät. Den Alliierten blieben keine „allernächsten Stunden mehr", und wo waren denn die besonders „beweglichen Streitkräfte", die Gamelins Plan vorsah?

Um 9 Uhr 45 setzte Gamelin die Unterschrift unter sein, wie General Roton es nannte, „militärisches Testament".

Nachdem er es „mit ruhiger, gemessener Stimme" Georges' versammeltem Stab verlesen hatte, ging er mit General Vuillemin von den Luftstreitkräften im Garten spazieren, während Georges auf Grund der „Weisung 12" zu handeln begann. Dann blieb Gamelin noch zu einem „schnellen Lunch". Der Küchenchef, der schon eine Generation früher für Pétain gekocht hatte, hatte ein wahres „Hochzeitsmahl" zusammengestellt, das Essen nahm aber eher „den Charakter einer Trauermahlzeit an. Es war grotesk und pathetisch", erinnert sich einer der teilnehmenden Stabsoffiziere. Nur Gamelin schien mit gutem Appetit zu speisen.

Als Gamelins Gruppe nach Vincennes zurückkehrte, stellte sie (nach Oberst Minart) fest, „daß alle Tätigkeiten wie am Vorabend eines Umzugs eingestellt worden waren. Jedermann dachte an seine eigenen Angelegenheiten und packte hastig. Die Schränke waren praktisch leer. Das 7,5-Geschütz war entfernt. Beim ersten Signal konnte Vincennes geräumt werden wie eine Feuerwehrbaracke."

In dieser Umgebung traf der reisemüde General Weygand gegen 15 Uhr ein. Er informierte Gamelin, Reynaud habe ihn nach Paris gerufen und angewiesen, sich mit der Lage vertraut zu machen. Gamelin schilderte die Lage, und Weygand bat um die Erlaubnis, Georges anrufen zu dürfen. Als er ging, sagte er zu Gamelin: „Wissen Sie, daß Paul Reynaud Sie nicht leiden kann?" Nach Weygand kam der völlig gebrochene Corap, dem Gamelin einige teilnehmende Worte sagte und ihm versicherte, „seine soldatische Ehre sei über jeden Zweifel erhaben". Gegen 21 Uhr brachte ein Wagen einen Abgesandten Reynauds. Er überreichte Gamelin einen Brief, der seine Ablösung durch Weygand aussprach und ihm für die Dienste im „Laufe einer langen und glänzenden Karriere dankte".

Früh am Morgen, dem 20., erschien Weygand zur Übernahme in Vincennes. Im Büro des Oberbefehlshabers — man sah von dort auf den Wall, an dem der Herzog von Enghien erschossen worden war — fand, wenn man Gamelins Version hinnimmt, ein ungewöhnlicher Wortwechsel zwischen den beiden Generalen statt. Gamelin äußerte: „Die Ausführung meines Befehls ist der einzige Weg, um die Situation zu retten." Worauf Weygand auf sein Notizbuch geklopft und erwidert haben soll: „Aber ich habe die Geheimnisse Marschall Fochs." „Ich hätte erwidern können", sagte Gamelin, „daß ich die Marschall Joffres besaß und diese nicht genügt hätten." Verletzt stellte Gamelin fest, daß es Weygand während dieses kurzen letzten Gesprächs nicht über sich brachte, „ein von Herzen kommendes Wort zu sprechen; er schien sich nicht einmal daran zu erinnern, daß ich ihm im August 1939 das Kommando in der Levante verschafft hatte". Mit diesem greinenden Ton verließ Gamelin Vincennes für immer. Weygand glaubte, „er sei offensichtlich erleichtert gewesen, eine schwere Verantwortung loszuwerden". Der entlassene Generalissimus verabschiedete sich von niemand. Einige neugierige Sekretärinnen beobachteten seine Abfahrt von den Fenstern aus. Die Posten salutierten. Einige Beobachter hatten das Gefühl, der düstere Hof von Vincennes habe eben eine weitere Hinrichtung erlebt. Gamelin kehrte in die Parterrewohnung in der Avenue Foch zurück, die er für seine Pensionierung gekauft hatte, und grübelte über seinen Memoiren. Der Krieg ging aber weiter.

Der neue Oberbefehlshaber, der jetzt das schwindende Kriegsglück der Alliierten in den Händen hielt, war zur Zeit seiner Ernennung 73. Angeblich belgischer Abstammung, war er unehelicher Geburt; bis zum heutigen Tag ist seine Herkunft umstritten. Einige behaupten, er sei der Sohn eines belgischen Industriellen und einer Polin, andere, Leopold II., der „Ausbeuter des Kongos", sei sein Vater, während eine starke Partei behauptet, Maxim Weygands Eltern seien der unglückliche Kaiser Maximilian und eine Mexikanerin.[19] Mexikanisches Blut hätte seine vorstehenden Backenknochen und die tiefliegenden Augen erklärt, die ihm im Alter ein immer unfranzösischeres Aussehen gaben. Er war ein kleiner, adretter Mann mit einem Fuchsgesicht. Foch hatte den Kavalleristen Weygand mehr oder weniger zufällig als Stabschef ausgewählt, wie ein Schatten war Weygand bis zum Waffenstillstand und auch noch nachher bei dem Marschall geblieben.

Nie hatte er Truppen im Kampf befehligt. „Die aktive Führung unterscheidet sich aber von der Arbeit als Stabschef", meinte General Spears, „wie ein Ritt im Grand National davon, daß man die Sprünge photographiert." Von Foch trennte er sich und ging nach Polen, seine Bewunderer sehen in ihm den Verantwortlichen für den polnischen Sieg über die Rote Armee 1920. 1923 wurde er Hochkommissar in Syrien, 1931 Oberbefehlshaber der französischen Armee. 1935 pensioniert, wurde er 1939 (von Gamelin) zurückberufen und als Militärbefehlshaber nach Syrien geschickt.

Weygand war eine typisch französische Gestalt: ein „politischer General". Er war dem rechten Flügel fast genauso verpflichtet wie der katholischen Kirche. Clemenceau sagte von ihm, „er stecke bis an den Hals in der Pfaffenclique", oft schien er die inquisitorenhafte Vorstellung zu hegen, das sündige Frankreich müsse für seine Sündhaftigkeit büßen. Clemenceau hatte auch gewarnt: „Paßt auf! Wenn je ein Staatsstreich versucht wird, dann von ihm!" Mehr als einmal hatte er vor dem „Croix de Feu" gesprochen, ja man flüsterte, sein leidenschaftlicher Konservativismus habe ihn sogar mit den Cagoulard-Terroristen in Verbindung gebracht. Während des russisch-finnischen Krieges hatte er zu denen gehört, „die gegen die Bolschewisten gehen wollten". Spears behauptet, er habe nur zwei Vorurteile besessen: seine quälende Furcht vor der Revolution und seine Abneigung gegen Reynaud. Beide sollten ihren Einfluß auf die Art seiner Kriegführung ausüben.[20] Reynaud seinerseits liebte Weygand nicht sonderlich; das Beste, was er in seinen Memoiren über ihn sagte, war, „er habe die Gabe, sehr deutlich zu erklären". Warum hatte Reynaud dann den alten General in diesem düsteren Augenblick gerufen? Nach de Gaulles bissigen Worten war Weygand ein „brillanter Zweiter", der nie Truppen im Kampf geführt hatte. Er hatte nicht wie etwa Huntziger Gelegenheit gehabt, den deutschen Blitzkrieg aus erster Hand zu studieren, und in der Levante war er auch nicht in enger Verbindung mit den Ereignissen seit dem 10. Mai geblieben.[21] Seine Berufung war in erster Linie eine „patriotische Tat". Reynaud wollte durch sie den „Verdun-Strom" in der französischen Seele neu erschließen. Im Denken des Volkes stand Pétain für Ehre und Ausdauer in der Gefahr, Weygand war Fochs rechte Hand gewesen — und Foch war gleichbedeutend mit dem Sieg und „la gloire".

Nicht jeder französische Soldat war jedoch dieser Ansicht, viele teilten den Zynismus Leutnant Claude Jamets, der in sein Tagebuch schrieb: „Gagamelin.[22] Weygand im Gegenteil ist reinen Bluts. Der Geist Fochs. ‚Wenn in Gefahr, ruf nach Weygand' usw. ... Welche Trägheit des Intellekts und des Herzens! Und Weygand wird trotzdem gerufen — weil Foch tot ist. Für diesen modernen Krieg hätte man genausogut Napoleon, den Großen Condé — oder Vercingetorix rufen können."

Die Berufung Pétains und Weygands aus reinen Gefühlsgründen, um Frankreich den Rücken zu stärken, war eine Maßnahme, die sich noch entscheidend gegen Reynaud auswirken sollte.

Weygand hatte einen anstrengenden Flug hinter sich. Am 18. hatte er ohne Aufenthalt Tunis und dann am Abend Paris erreichen wollen. Über Benghasi (damals in der Hand des zweifelhaften neutralen Italien) war er aber durch starken Gegenwind zur Umkehr gezwungen worden und hatte bei dem notwendigen Auftanken in Marsa Matruch in Ägypten drei wertvolle Stunden verloren. Bei der Landung in Étampes war dann das Fahrgestell der Maschine gebrochen, und Weygand hatte durch die obere MG-Kanzel aussteigen müssen. Da zu diesem Zeitpunkt Luftalarm war, hatte er Paris erst am 19. um 11 Uhr erreicht. Trotz der für einen Mann seines Alters anstrengenden Reise hatte Weygand alle überrascht, die ihn sahen. Bei seiner Ankunft in La Ferté war Kapitän Beaufre (der zugegebenermaßen sein Bewunderer auf Lebenszeit wurde) „von seiner Leidenschaft und seinem feurigen Willen beeindruckt, der in so scharfem Gegensatz zu der bläßlichen, starren Ruhe seines Vorgängers stand". Der dreiundsiebzigjährige General setzte seinen neuen Stab in Montry[23] fast augenblicklich durch einen 100-m-Sprint über den Rasen in Erstaunen. Schon bei seinem ersten kurzen Gespräch mit Georges am 19. erfaßte Weygand den Ernst der Lage. In zehntägigen Kämpfen hatte die französische Armee 15 Divisionen verloren, weitere 45 standen im Norden in Gefahr, ins Meer geworfen zu werden. Es gab keine Reserven, die Arsenale waren fast leer. Zwischen Valenciennes und Montmédy klaffte eine Bresche von fast 150 km. Der richtige Augenblick für einen Gegenangriff wäre der 15. oder 16. Mai gewesen, jetzt war es dafür zu spät. Was den niedergeschlagenen Georges anlangte, entschied Weygand, daß er (wenigstens nominell) im Amt bleiben müsse, es wäre zu kompliziert und auch für die Armee zu deprimierend gewesen, ihn jetzt ersetzt zu wissen.

Im Gegensatz zu Gamelin wollte er aber die Leitung der Schlacht von Anfang an in seine eigenen Hände nehmen. Gamelins Weisung Nr. 12 vom selben Morgen wurde aufgehoben. Am Abend hatte Weygand Reynaud aufgesucht und ihm gesagt, daß er die schwere Verantwortung übernehmen wolle, hatte aber pessimistisch hinzugefügt: „Sie werden nicht überrascht sein, wenn ich Ihnen keinen Sieg garantiere, ja Ihnen nicht einmal die Hoffnung auf einen Sieg geben kann." Als er ging, fragte ihn Baudouin nach seinen nächsten Plänen. Weygand antwortete: „Ich bin todmüde, denn ich habe nur drei Stunden in Tunis geschlafen. Ich beginne damit, daß ich etwas schlafe." Alle Entscheidungen wurden auf den Morgen vertagt. So verstrichen weitere 24 der „wenigen Stunden", die Frankreich noch blieben.

Weiter zum Kanal

Der Montag, der 20. Mai, war der Tag von Guderians Triumph. Am vergangenen Abend hatte er wieder seine Bewegungsfreiheit erlangt. Um Mitternacht befahl er seinem Korps, nach Amiens und Abbeville vorzustoßen; er setzte vor den Befehl die Worte: „Der Feind vor der Front des Korps ist geschlagen!" Die letzten Luftmeldungen bestätigten das: vor den Panzern waren keine alliierten Formationen mehr festzustellen. Auf der alliierten Seite sprachen d'Astiers Patrouillen von einem „Panzerwirbel, der bald losbrechen würde". Zwischen den Panzern und der Küste gab es kein natürliches Hindernis mehr — nur Meile um Meile der flachen Ebene der Picardie, ein Paradies für Panzerkommandeure.

Guderian selbst war um 4 Uhr mit der 1. Panzerdivision unterwegs, er wollte den historischen Augenblick der Einnahme von Amiens miterleben. Der Morgen begann mit einer scharfen Auseinandersetzung, an der auch Oberst Balck, jetzt Kommandeur der 1. Panzerbrigade, beteiligt war. Sie hatten den Brückenkopf von Péronne verlassen, ohne auf die Ablösung durch die 10. Panzerdivision zu warten. Sein Nachfolger, Oberst Landgraf, war wütend über Balcks Nachlässigkeit und besonders über seine Antwort „Wenn wir ihn verlieren, können Sie ihn ja immer wieder nehmen". Bei Albert stießen die früher von Balck befehligten Schützen zum erstenmal auf britische Truppen (die Royal West Kents). Der Historiker der 1. Panzerdivision schreibt, „sie hätten zäh und tapfer gekämpft, ohne jedoch den Fall von Albert verhindern zu können". Balcks Panzer umfuhren das Hindernis bei Albert und waren um die Mitte des Vormittags nach 56 km Fahrt vor den Toren von Amiens.

Nie waren Panzer schneller gefahren. Kielmannsegg vergleicht die

Sturmfahrt mit dem Rennen eines edlen Rennpferds, „dem man endlich die Zügel läßt".

William Shirer, der endlich Erlaubnis erhalten hatte, der deutschen Armee zu folgen, war von dem Anblick dieser Armee auf Rädern fasziniert, die „einfach die Straßen entlangfuhr — mit Panzern, Flugzeugen, Artillerie, Pak, kurz mit allem — die Straßen waren den ganzen Morgen mit Nachschub und marschierenden Truppen erfüllt — merkwürdig — noch kein einziges alliiertes Flugzeug — und dabei diese endlosen Kolonnen von Soldaten, Geschützen, Nachschub; Kolonnen, die sich bis zur deutschen Grenze erstreckten — was für ein Ziel! Längs der Straßen strömten Flüchtlinge in Staub und Hitze zurück — es reißt einem das Herz heraus..."

Obwohl er den Aufbau der Wehrmacht all die Jahre genau beobachtet hatte, machten die deutschen Kolonnen auf Shirer einen tiefen Eindruck: „Es ist eine kalte, unpersönliche Kriegsmaschine, die so kalt und wirksam geführt wird wie, sagen wir, unsere Automobilindustrie in Detroit. Tausende von Motorfahrzeugen donnern die staubigen Straßen entlang. Offiziere und Mannschaften bleiben gleich kühl und sachlich. Keinerlei Aufregung, keine Spannung. Ein Offizier, der das Artilleriefeuer leitet, unterbricht für eine halbe Stunde und erklärt uns, was er tut."

Auf einem Flugplatz vor Amiens hätten die Panzer beinahe eine RAF-Einheit überrascht, die dort über Nacht kampierte, die Maschinen stiegen buchstäblich vor der Nase der ersten Panzer auf. Die Stadt war fast leer, am vergangenen Nachmittag waren die letzten Verbindungstruppen abmarschiert,[24] begleitet von den Nonnen des Ordens der Heiligen Familie; etwa zur gleichen Zeit kam der geschlagene Corap auf dem Weg zu Gamelin durch die Stadt. Etliche Brände vom letzten Bombenangriff tobten immer noch, das Morgengrauen brachte einen weiteren erbarmungslosen Angriff der Luftwaffe. Amiens wurde lediglich von einem Bataillon des Royal-Sussex-Regiments (von der 12. Territorialdivision) verteidigt, es focht bis zum letzten Atemzug gegen Balcks Panzer und wurde völlig vernichtet. Mittags hatten die Deutschen eine große Hakenkreuzfahne vor das Postamt gelegt, um der Luftwaffe zu zeigen, daß die Stadt in deutscher Hand war. Dann stießen sie methodisch vor, um Brückenköpfe über die Somme für die zweite Phase der Schlacht um Frankreich zu sichern. Guderian besichtigte die große Stadt, die nicht einmal Ludendorff 1918 hatte nehmen können, er fand sogar noch Zeit, die Kathedrale zu besuchen, ehe er davonstürmte, um nach der 2. Panzerdivision zu sehen.

Er fand General Veiel mit seiner 2. Panzerdivision bei Albert, sie hatte eben eine britische Batterie erobert, die ihren letzten Schuß Munition verfeuert hatte. Der Treibstoff war der Division nahezu ausgegangen, sie wollte in Albert halten. Guderian sagt, daß sie schnell „enttäuscht wurde", er befahl ihr, sofort bis Abbeville vorzustoßen. Irgendwie wurde die Treibstofffrage gelöst; um 18 Uhr erreichte die 2. Panzerdivision Abbeville nach einer Fahrt von über 70 km; sie überraschten dabei eine französische Einheit beim Drill auf dem Exerzierplatz. Die Panzer brachen in die Stellungen der 35. britischen Brigade ein, von der sich nur Reste über die Somme zurückziehen konnten. Auch Abbeville war am 20. erbarmungslos bombardiert worden. Die Luftwaffe gewährte allerdings den bedrängten Briten einen kurzen Aufschub, indem sie irrtümlicherweise die bereits von den Deutschen besetzten Brückenköpfe bombardierte, so daß diese sich für die Nacht wieder zurückziehen mußten, bis der Irrtum aufgeklärt war.

Wegen einer Verzögerung der Befehlsübermittlung traten Reinhardts Truppen am 20. erst um 8 Uhr zum Angriff an. Um 13 Uhr stießen sie bei Mondicourt auf die ersten Briten, die, dem Tagebuch der 6. Panzerdivision zufolge, „im Gegensatz zu den Franzosen durch ihre zähe Kampfführung überraschten und erst nach einstündigem Kampf überwältigt wurden". Zwei Stunden später kämpfte Ravenstein bereits wieder gegen die 36. britische Brigade, die Doullens verteidigte und trotz ihrer hoffnungslosen Unterlegenheit bis zum Einbruch der Nacht aushielt. Trotz des harten Widerstands fegten Reinhardts Panzer um Doullens herum und erreichten ihre Tagesziele Hesdin und Le Boisle. Am Ende des ersten Tages waren die beiden britischen Territorialdivisionen, die 12. und die 23., vernichtet. Wie verschiedene deutsche Berichte bezeugen, hatten sie sich, weit auseinandergezogen und den deutschen Panzerdivisionen keineswegs gewachsen, ausgezeichnet geschlagen.

Wie mit Hoth vereinbart, begann Rommel am 19. um Mitternacht wieder einen seiner berühmten Nachtangriffe. Um 5 Uhr hatte er das Dorf Beaurais, 4 km südlich Arras, erreicht. Wie bei Avesnes waren seine motorisierten Infanterieregimenter jedoch nicht so dichtauf gefolgt, wie es beabsichtigt gewesen war. Als Rommel zurückfuhr, um sie zu suchen, wäre er beinahe von französischen Kavalleriepanzern erwischt worden. Sie zerschossen seinen Begleitpanzer; mehrere Stunden lang waren Rommel und sein Nachrichtenstab umzingelt. Die Lage wurde erst bereinigt, als ein Infanterieregiment mit Artillerie eintraf. Wieder war Rommel nur knapp davongekommen. Den Rest des Tages hämmerte die 7. Panzerdivision erfolglos auf Arras ein, das von britischen Truppen unter Generalmajor R. L. Petre gehalten wurde. Seit dem Maasübergang war es Rommels erster ernster Rückschlag. Seine Verluste waren die höchsten seit dem 13. Am Abend des 20. lag die Panzerdivision um Arras in der Defensive — eine für Rommel ungewöhnliche Situation.

Als die Nacht des 20. über Nordfrankreich hereinbrach, pflückten Guderians Männer die Frucht des bisherigen Feldzugs. Österreicher von Oberstleutnant Spittas Bataillon der 2. Panzerdivision stießen von Abbeville die Somme hinunter und erreichten Noyelles an der Atlantikküste, nicht weit von dem Schlachtfeld von Crézy aus dem Hundertjährigen Krieg. Sie hatten seit dem Morgen über 100 km zurückgelegt. Die hundemüden Panzerbesatzungen füllten sich die Lungen mit Seeluft und wunderten sich, wieviel mehr sie schon geleistet hatten als die kaiserliche Armee. In zehn kurzen Tagen hatten sie 320 km zurückgelegt[25] und die Elite der alliierten Armeen eingekesselt.

In seinem Tagesbefehl sagte Guderian dem Korps am Abend: „Die Kämpfe des heutigen Tages haben uns den vollen Erfolg gebracht. Auf der ganzen Front ist der Feind auf dem Rückzug, zum Teil befindet er sich auf der Flucht."

Das OKH und das OKW waren beide von den Meldungen überrascht. Am 19. hatte sich Jodl noch gesorgt, die Alliierten in Nordbelgien könnten nach Süden durchschlüpfen, und noch am Morgen des 20. hatte Halder die Befürchtung geäußert, Bocks Druck im Norden „könnte das Wild an Kleist vorbeijagen". Im „Felsennest" traf Jodl Hitler aber „außer sich vor Freude an. Er spricht in Worten höchster Anerkennung von der deutschen Armee und ihrer Führung. Arbeitete bereits am Friedensvertrag... Erste Verhandlungen im Wald von Compiègne wie 1918".

In Paris berichtet Alexander Werth: „Lustige Nachrichten erreichten mich abends aus dem Zensurbüro, daß alle telephonischen (und telegraphischen) Verbindungen zwischen Paris und London unterbrochen seien. Leitungen durchschnitten? Fünfte Kolonne am Werk? Oder was sonst? Colonel Thomas sagte, um Saint-Quentin und Péronne sei schwer gekämpft worden. Er will suggerieren, daß sich der deutsche Vormarsch verlangsame. Ich habe schon bemerkt, wenn er sagt, es wurde ‚um' Ortschaften gekämpft, das bedeutet, diese Orte sind bereits in deutscher Hand."

Der französische Zensor war wie üblich 48 Stunden hinter den Ereignissen zurück. Für die Alliierten war der 20. zweifellos der bisher schwärzeste Tag; nur wenige in den kommenden fünf Jahren sollten noch schwärzer werden.

Die größte Angriffsoperation aller Zeiten im Westen findet nach einer Reihe großer taktischer Einzelerfolge ihre erste operative Auswirkung; unsere Truppen haben die Kanalküste erreicht.

Wehrmachtsbericht, 21. Mai

Die Deutschen haben die letzte Probe noch nicht bestanden, wir sind noch der alte Gegner von der Marne, der alte Gegner von Verdun. Pétain erscheint uns als ein Symbol, als ein Versprechen. Weygand bringt uns den Genius Foch zurück.

„Le Journal", 21. Mai

Wie man hört, hat ein ernster technischer Fehler im Kabel Montag nacht und gestern die Unterbrechung des öffentlichen Telephondienstes von London nach Paris und darüber hinaus verursacht ... Ein Postbeamter sagte: „Wir haben keine Ahnung, wann der Dienst wiederaufgenommen wird."

„Daily Telegraph", 22. Mai

Die Wiedereinnahme von Arras mag sich als der Wendepunkt in der gegenwärtigen Schlacht erweisen, die eine entscheidende Auswirkung auf den ganzen Krieg haben wird.

„Daily Mail", 23. Mai

Deutsches Oberkommando: neue Unschlüssigkeit

Auch für die jubelnden Deutschen konnten die nächsten drei Tage zu den gefährlichsten des ganzen Feldzugs werden. Der verwundbare „Schildkrötenkopf" der Panzer war jetzt weiter vorgerückt als je zuvor,[1] das Vakuum zwischen ihnen und den ermüdeten, in Gewaltmärschen nachrückenden Infanteriedivisionen noch größer als am 17., an dem Hitler die Nerven verloren hatte. Konnten die Alliierten noch einen erfolgreichen Gegenangriff zum Durchbruch durch den Panzerkorridor führen, ehe der jetzt noch schwache Keil zu Stahl wurde?

Seit dem 10. Mai war der Ausgang der Schlacht niemals so sehr zu einem Rennen mit der Zeit geworden. Auf deutscher Seite war sich Guderian dessen voll bewußt. In der Nacht des 20. sorgte er sich darüber, „daß wir nicht wußten, in welche Richtung der Angriff fortgesetzt werden sollte". Auch Kleist hatte hier keine Weisungen erhalten. In seinen Befehlen für den

21. ordnete Guderian einfach an, die Panzer sollten sich umgruppieren und die am 20. gewonnenen Stellungen konsolidieren. „So wurde der 21. vertan, während wir auf Befehle warteten. Ich besuchte an dem Tag Abbeville und unsere Übergangsstellen und Brückenköpfe an der Somme. Unterwegs fragte ich meine Männer, wie ihnen die Operationen bisher gefallen hätten. ‚Nicht schlecht‘, erwiderte ein Österreicher von der 2. Panzerdivision, ‚aber wir haben zwei ganze Tage vergeudet.‘ "

„Leider hatte er recht", kommentiert Guderian bitter.

Der Grund für die Verzögerung in der Befehlsübermittlung lag in einer neuen Unschlüssigkeit des deutschen Oberkommandos, das erneut durch die eigenen Erfolge völlig überrascht worden war. Das Ziel von „Sichelschnitt", die Einkesselung der alliierten Armeen im Norden, war erreicht, im Meisterplan waren jedoch die nächsten Schritte nicht präzise festgelegt. Halder spielte anscheinend noch immer mit dem Gedanken, über die Brückenköpfe an der Somme vorzugehen und das „Aufräumen" im Norden Bocks Heeresgruppe B zu überlassen. Hitlers Jubel war bereits wieder durch Zweifel wegen der schwachen Südflanke beeinträchtigt, später am Tag hielt er Brauchitsch eine neue Vorlesung darüber, wie langsam die Infanterie den Panzern folge. So entschied sich das deutsche Oberkommando erst am Mittag des 21., alle Kräfte gegen den im Norden eingekesselten Gegner zu konzentrieren.

Als Guderian Befehl erhielt, nach Norden einzudrehen und die Kanalhäfen zu besetzen, war der Kampftag schon vorbei. In der Zwischenzeit waren Rommel und die Streitkräfte um Arras in ernste Schwierigkeiten geraten.

Alliiertes Oberkommando: weitere Verzögerungen — Ironsides Plan

Im alliierten Lager, wo die Zeit eine noch größere Rolle spielte, hätte der Wechsel im Oberbefehl, so wünschenswert er war, zu keinem ungünstigeren Augenblick erfolgen können. Noch ehe man Streitkräfte für den Angriff auf Mézières von Süden her und auf die Somme von Norden konzentrieren konnte, wurde Gamelins Weisung Nr. 12 von Weygand widerrufen. Bei Weygands erstem Besuch in Georges' HQ hatte ihm Georges einen kurzen Lagebericht geben wollen, Weygand hatte aber nach seinem ermüdenden Flug aus der Levante geantwortet: „Nein, morgen." Nachdem er sich hatte informieren lassen, hatte Weygand dann ein oder zwei wichtige Befehle erteilt. Er ließ (endlich) die Straßen räumen; Zivilisten durften sie nur zwischen 18 Uhr und Mitternacht benützen. Betroffen wegen des großen Mangels an Pak, ließ er alle berühmten 7,5er des Weltkriegs aus den „Mottenkisten" holen; sie sollten „wie Revolver" in Verbindung mit der Infanterie verwendet werden. Wie er richtig erkannte, bot sich das ernsteste Problem jedoch nicht im Süden, sondern im Norden des Panzerkorridors. Doch mußte er feststellen, daß die Verbindungen dorthin abgeschnitten waren, er besaß mit Billotte nur einen dünnen Kontakt über London. Deshalb sagte er zu Georges: „Ich muß die Lage an Ort und Stelle studieren." Foch hatte ihn den Wert des häufigen persönlichen Kontakts gelehrt. Später am Nachmittag erklärte er Reynaud, falls die Eisenbahn noch funktioniere, „fahre ich am Abend nach Abbeville, andernfalls fliege ich morgen zurück". Pétain, der zugegen war, unterstützte Weygands Entscheidung. Reynaud redete ihm jedoch eine Bahnfahrt nach Abbeville aus, „weil es ein fataler Schlag für Frankreich wäre, wenn Sie gefangengenommen würden" — was tatsächlich möglich gewesen wäre, da Abbeville um diese Zeit in deutsche Hand fiel.

Schließlich entschied man, daß Weygand am folgenden Morgen fliegen solle, daß er binnen 24 Stunden wieder zurück sei. Für die Alliierten bedeutete das den Verlust von zwei weiteren kostbaren Tagen.

Inzwischen war am Morgen des 20. Ironside, der Chef des Empire-Generalstabs, in einem wichtigen Regierungsauftrag im Norden angekommen. Sein Besuch erfolgte auf Gorts Anruf beim Kriegsministerium, der die Möglichkeit einer Evakuierung betraf. Churchill nahm das mißgünstig auf, er erklärte, Ironside „könne den Vorschlag nicht annehmen, da er, wie die meisten von uns, den Vormarsch nach Süden vertrete". Ironside sollte Gort in Wahagnies daher sagen, „daß er sich durch jeden Widerstand durchkämpfen solle, um sich mit den Franzosen im Süden zu vereinigen". Diese Formulierung verriet, wie schlecht die Regierung und Churchill noch am 19. über die Situation in Frankreich unterrichtet waren.[2]

Ironside kam am 20. um 8 Uhr in Gorts HQ. Er brachte einen schriftlichen Befehl, der die Ansicht der Regierung ausdrückte und von dem Ironside auch Billotte und die Belgier in Kenntnis setzen sollte. General Dill, der schon in Paris war, sollte Georges informieren. Es war das erstemal, daß England in die Landkriegführung durch den französischen Generalstab eingriff.

Als Ironside für den Marsch nach Süden in Richtung auf Amiens eintrat, war Gort konsterniert. „Nach kurzem Nachdenken", berichtet Ironside, „war Lord Gort nicht einverstanden. Ich sagte, er solle es versuchen, aber der Oberbefehlshaber sagte nein." Er erklärte fest, sieben seiner neun Divisionen stünden an der Schelde in enger Feindberührung; selbst wenn sie sich lösen könnten, würde eine Lücke links zwischen der BEF und der erschütterten belgischen Armee entstehen, durch die der Feind eindringen müsse. Auf Ironsides Einwand hin, die Panzer seien „müde", erwiderte Gort, die Franzosen seien das noch viel mehr. Was er in den letzten Tagen von den Franzosen und ihren Führern gesehen habe, ließe ihn ernstlich zweifeln, ob sie zu einem „organisierten Gegenangriff großen Maßstabs überhaupt noch fähig seien", deshalb neige er mehr und mehr zu seiner „letzten Alternative". Er sagte Ironside jedoch, er plane bereits, am folgenden Tag mit seinen zwei freien Divisionen von Arras aus einen *begrenzten* Gegenstoß nach Süden zu führen. Da er von den Franzosen keine neuen Befehle erhalten habe, wolle er seinen Angriff durchführen. Ironside fragte Gort, „unter wessen Befehl er jetzt handle".

„Die Antwort lautete: unter General Billotte, der sein HQ unterhalb der Vimyhöhe bei Lens hatte. Billotte hatte der BEF seit etwa acht Tagen keine Befehle erteilt, noch hatte Gort sich deswegen beim Kabinett oder bei mir beklagt."[3]

Ironside fragte dann, ob er Gorts Generalstabschef, Generalleutnant Pownall, mitnehmen könne, und brach übelgelaunt zu Billotte auf.

Gort

Wie Schauspieler in einem Theaterstück haben geschichtliche Nebenfiguren ihre großen Auftritte, in denen sie aus dem Hintergrund kurz in das volle Rampenlicht treten und die Szene beherrschen, ehe sie wieder hinter den Kulissen verschwinden. Für die nächsten zehn Tage wurde so die anspruchslose Bulldoggenfigur Lord Gorts zu der wichtigsten Gestalt in der Schlacht, vielleicht sogar im ganzen Krieg. John Standish Surtees Prendergast Vereker, der 6. Viscount Gort, war damals 54 Jahre alt. Während des Weltkriegs war er mehrmals für seine fast sagenhafte Tapferkeit ausgezeichnet worden. Viermal verwundet, neunmal in Berichten erwähnt, hatte er die höchsten Orden erhalten, unter anderen das nur für ganz besondere Heldentaten verliehene Viktoriakreuz. Er war der Chef des Empire-Generalstabs, als er mit der Führung der BEF beauftragt wurde. Bis dahin hatte er nie eine größere Einheit als eine Brigade befehligt.

Als geradliniger Mann mit begrenztem Intellekt hatte er sich von allen Intrigen ferngehalten, er stellte einen völligen Gegensatz zu den „politischen" Generalen Frankreichs, wie Weygand oder dem „Denker Gamelin", dar — übrigens auch zu seinem eigenen Vorgänger, Sir Douglas Haig. Seine Reaktion auf den reformerischen, aber vielleicht zu pfiffigen Hore Belisha — seit 1937 Kriegsminister — war typisch: „Wir dürfen die Leute in den Klubs nicht aufregen, indem wir zu schnell vorgehen." Bei seiner Truppe hatte er den liebevollen, aber kaum schmeichelhaften Beinamen „Dicker Junge". Sein Untergebener Brooke schildert ihn als „einen der ausgesprochen geraden Charaktere, die Vertrauen einflößten. Er hätte nie etwas Kleines oder Gemeines tun können. Er war voll Vitalität, Energie und *joie de vivre* — und besaß große Führereigenschaften. Ich mußte ihn einfach bewundern und empfand für ihn eine echte und tiefe Zuneigung! Aber", so setzt Brooke hinzu, „ich hatte kein Vertrauen zu seiner Führung, wenn es sich um eine große Streitmacht handelte. Er schien den Wald vor lauter Bäumen nicht sehen zu können."

Im Winter des „komischen Krieges", als er vielleicht dem Kabinett gegenüber seinen Zweifel an der französischen Armee und ihrer Strategie hätte äußern sollen, beschäftigte sich Gort unermüdlich mit Details, wie dem Gebrauch von Handgranaten, der Kunst der Nachtpatrouille, mit Kleingewehrfeuer und Kartenlesen im Schnee.

Maurois, der sein HQ besuchte, äußerte sein Erstaunen: „Nie hatte ein Generalissimus ein einfacheres Büro. Mit vier Reißnägeln war ein handgeschriebenes Kärtchen an seiner Tür befestigt: ‚Büro des Oberbefehlshabers'. Im Raum, der keine anderen Möbel enthielt, stützten zwei Böcke aus Weißholz eine Planke. Das war Lord Gorts Arbeitstisch ... Von Natur aus äußerst aktiv, fand er im Krieg seinen einzigen Sport und seine einzige Erholung im Spazierengehen. Im Morgengrauen sah man ihn auf den verschlammten Wegen rund um Arras, die Ellbogen dicht am Körper, den Kopf vorgereckt."

Wie Spears treffend bemerkte, hielten Gorts französische Kollegen ihn für eine Art „freundlichen, jovialen Bataillonskommandeur", und sie behandelten ihn auch so. Manchmal machte er auch diesen Eindruck. In einem hohen Grad war das auch der Schlüssel zu seinem Charakter und zu seinem Handeln.

Als er 1939 die Führung der BEF übernahm, erhielt er von seiner Regierung die Weisung, seine Befehle von General Georges, als dem Oberbefehlshaber der Nordostfront, entgegenzunehmen; falls aber ein französischer Befehl seiner Meinung nach die „britischen Feldstreitkräfte gefährdete", konnte er sich vor dessen Ausführung an die britische Regierung wenden. Gort hatte diese Weisungen mit der starren Loyalität eines Bataillonskommandeurs ausgeführt. Während des „komischen Krieges" und nach Beginn der deutschen Offensive hatte ihn so manches an der Art der französischen Kriegführung gestört, er hatte es auch übelgenommen, daß ihm Georges und Billotte nur ein Minimum an Konsultation und Information zukommen ließen. Die französischen Führer waren aber seine Vorgesetzten, und Gort nahm, seinem Charakter getreu, sein Los hin, ohne sein Recht auszuüben, sich zu beklagen oder seine Befürchtungen seiner Regierung mitzuteilen. Als die Lage nach dem deutschen Durchbruch immer ernster wurde, wuchs Gorts Sorge, Churchill und die Regierung könnten sich dessen nicht bewußt sein, wie schlimm die Dinge in Frankreich standen[4]; anderseits wollte Gort bis zum 20. Mai die falschen Auffassungen seiner Vorgesetzten nicht angreifen. Gort war aber doch viel mehr als ein „Bataillonskommandeur". Er besaß das „Einspurgehirn", das so oft mit großem

Mut gepaart ist, und in der dritten Maiwoche war dieses Einspurgehirn fest entschlossen, die BEF vor der Vernichtung zu retten, komme, was da wolle. Als ein Mann, der sich das Viktoriakreuz erworben hatte, ließ er sich durch nichts von dem abschrecken, was er für seine Pflicht hielt, selbst wenn er sich dabei einem so starken Willen wie dem Winsten Churchills widersetzen mußte. 1914 sagte man in England, Admiral Jellicoe sei der Mann, der „den Krieg an einem Nachmittag verlieren könnte". Bis zum 20. Mai 1940 hätte Gort, wenn er Englands einzige Landstreitmacht verspielte, den Krieg in einer Woche von Nachmittagen verloren. Von Jellicoe hatte man auch gesagt, „er besitze alle Eigenschaften Nelsons, bis auf dessen Ungehorsam". Gort würde nie ungehorsam sein; in der Not konnten ihn aber sein Einspurdenken und sein Mut zu einem trotzigen Querkopf machen. In der kommenden Woche war die Verantwortung, die auf Gort allein lastete, gewaltig. Glücklicherweise — für England und schließlich auch für Frankreich — bewiesen die Ereignisse, daß Gort die Kraft besaß, sie zu tragen.

Ironside besucht Billote

Ironside traf Billotte in Lens, zusammen mit Blanchard, dem Befehlshaber der 1. Armee. Beide waren „völlig deprimiert. Kein Plan, kein Gedanke an einen Plan. Bereit, sich schlachten zu lassen. Ohne Verluste aufs Haupt geschlagen. *Trés fatigués* und tatenlos."

Ein zorniger Auftritt folgte. Ironside hätte in den Augen eines Ausländers als die Karikatur eines Briten gelten können. Er war 190 cm groß[5] und mußte auf die zwei mittelgroßen, niedergeschlagenen französischen Generale in seiner Wut erschreckend gewirkt haben. Ironside gibt zu, daß er die Beherrschung verloren „und Billotte an einem Knopf seines Waffenrocks gezerrt habe. Der Mann ist völlig geschlagen." Verächtlich schrieb Ironside in sein Tagebuch: „Vor ihrer Front ist absolut nichts. Und sie bleiben zitternd hinter der Wasserlinie nördlich von Cambrai, während das Schicksal Frankreichs auf dem Spiel steht . . ."[6]

Dann zwang er Billotte und Blanchard, den britischen Vorschlag eines Angriffs auf Amiens zu akzeptieren, und „Billotte nahm Haltung an und sagte, er würde sofort einen Angriffsplan aufsetzen". Dann telephonierte Ironside mit Weygand und sagte zu ihm, „hier sei keine Entschlußkraft und auch keine Koordination. Ich sagte ihm, Billotte sollte abgelöst werden." Schließlich kam er (mit Billotte und Blanchard) überein, daß die britische und die französische 1. Armee am 21. mit je zwei Divisionen angreifen sollten. Daß die Franzosen nur unter Ironsides Druck nachgaben, war offenkundig. Ehe Ironside nach London zurückkehrte, versicherte ihm Gort, sie „würden nie angreifen".

Der Ton von Ironsides Tagebuch beweist, daß er die Lage nach der Besprechung in Lens nüchterner und realistischer beurteilte. „Ich verzweifle allmählich an dem französischen Kampfwillen überhaupt. Die große Armee von ein paar Panzern geschlagen!" Auch das Schicksal von Gorts Divisionen bekümmerte ihn. Er fragte sich, ob sie sich überhaupt noch zur Kanalküste würden durchschlagen können. „Situation verzweifelt. Persönlich glaube ich nicht, daß wir die BEF herausziehen können. Die einzige Hoffnung, ein Marsch nach Südwesten. Haben sie die Zeit? Haben sie die Verpflegung? Gott helfe der BEF", setzte er bitter hinzu. „Durch die Unzulänglichkeit des französischen Kommandos wurden sie in diese Lage gebracht."

Nachdem er Churchill am 21. getroffen hatte, stellte er fest, „der Premier glaubt immer noch nicht an eine Verschlechterung der Lage".

Gort im Alleingang bei Arras

In Wahagnies bereitete Gort weiter seine Angriffspläne für den 21. vor. Generalmajor Harold Franklyn von der 5. Division koordinierte das Unternehmen. Die „Frankforce" unterstellten Truppen bestanden nominell aus zwei Infanteriedivisionen (der 5. und der 56.) und der 1. Armeepanzerbrigade. Die Infanteriedivisionen hatten statt wie üblich je drei zusammen nur vier Brigaden. Eine Brigade der 5. Division war abgestellt, um die französische Kavallerie an der Scarpe abzulösen, damit sie an dem Angriff teilnehmen konnte. General Franklyn beschloß zudem, die andere Brigade (die 17.) bis nach der ersten Angriffsphase in Reserve zu halten. Von der 50. Division sollte eine der Brigaden die Garnison von Arras verstärken und die Flußlinie unmittelbar östlich der Stadt halten. Als die Aktion am 21. begann, griffen nur zwei Bataillone an. Statt der 100 Panzer brachte „Frankforce" infolge der langen Märsche nur 58 Infanteriepanzer vom Typ Mark I und Mark II auf. Beide Typen waren äußerst langsam, aber schwer gepanzert. Der Mark I besaß nur ein MG, der später „Matilda" getaufte Mark II war mit einem Zweipfünder[7] bewaffnet und hatte mit seinen 25 Tonnen die dickste Panzerung aller in Frankreich befindlichen Panzer. „Frankforce" wurde im Kampf von Generalmajor G. le Q. Martel, dem Kommandeur der 50. Division, geführt.

Was ursprünglich als begrenzte Operation zur Entlastung von Arras geplant war, hatte inzwischen durch Ironsides Druck eine solche Bedeutung angenommen, daß man in dem Unternehmen den ersten Schlag gemeinsamer alliierter Bemühungen sah, um die Lücke zu schließen. Das erfuhren aber weder Franklyn noch Martel. Ihre Befehle blieben unverändert: sie sollten die Garnison von Arras unterstützen und die Straßen südlich der Stadt

sperren, um so die deutschen Verbindungen vom Osten über Arras abzuschneiden. Man scheint nicht bedacht zu haben, auf welche Feindkräfte
Martels ziemlich bescheidene Streitmacht am 21. „südlich Arras" stoßen
könnte.

Gort, der immer noch fürchtete, daß die „Franzosen nie angreifen würden", ließ Billotte und Blanchard durch seine Verbindungsoffiziere klar-
machen, „daß die französischen und britischen Armeen nördlich der Lücke
offene Flanken haben und ihre jetzigen Stellungen nicht mehr halten könnten, falls unser Gegenangriff nicht erfolgreich ist".

Als am 20. um 18 Uhr eine Besprechung in Franklyns HQ stattfand,
erschien jedoch ein Vertreter von General René Altmayers V. Korps, das,
wie mit Billotte und Blanchard vereinbart, mit zwei Divisionen östlich von
Arras in Richtung auf Cambrai angreifen sollte. Von Ironsides Wutaus-
bruch erschüttert, hatte Blanchard tatsächlich Major Vautrin zu Altmayer
geschickt und ihn auf die Bedeutung des Angriffs am 21., der gleichzeitig
mit den Briten erfolgen sollte, hingewiesen.[8] Vautrin meldete jedoch,
„General Altmayer, der todmüde und entmutigt sei, habe stumm
auf seinem Bett geweint". Er hatte Vautrin erklärt, er solle doch realistisch
denken, „die Truppen seien ausgepumpt, er sei bereit, alle Folgen seiner
Weigerung zu tragen und sich an der Spitze eines Bataillons töten zu lassen, er könne aber nicht weiterhin das Armeekorps opfern, von dem er
schon fast die Hälfte verloren habe".

Demgemäß erreichte am Abend ein Brief Blanchards Gort, Altmayer
könnte erst am 22. oder in der folgenden Nacht handeln, weil die Straßen
so stark blockiert seien. Statt dessen würden Prioux und sein Kavalleriekorps „Frankforce" Flankenschutz im Westen geben.

Prioux, der sich von allen französischen Befehlshabern den meisten
Kampfgeist zu erhalten haben scheint, hatte tatsächlich im Stil einer Kavallerieattacke mit seinen Panzern in die dünnen Verbindungslinien der deutschen Panzer einbrechen wollen. Jetzt hatte er jedoch eigene Probleme.
Ein guter Teil seiner 1. leichten mechanisierten Division war in den erbitterten Kämpfen im Wald von Mormal vernichtet worden, am 19. hatte
er die an die verschiedenen Divisionen ausgeliehenen Panzerkompanien
noch nicht wieder einsammeln können, um gleichzeitig mit de Gaulles aus
dem Süden erfolgenden Angriff vorzustoßen. Die zaudernden Infanterie-
generale scheinen für Billottes Weisungen taube Ohren gehabt zu haben.
Am 20. um 17 Uhr erließ Billotte schließlich einen drakonischen Befehl:
„Der größere Teil der Kampffahrzeuge ist nicht an die leichten mechanisierten Divisionen zurückgegeben worden. Dieser Befehl wird sofort ausgeführt werden. Ich werde nicht zögern, jeden Einheitskommandeur, der
diesen Befehl nicht ausführt, vor ein Kriegsgericht zu stellen."

Der Befehl kam jedoch zu spät. Prioux konnte nur einige schwache

Abteilungen seiner 3. leichten mechanisierten Division zur Unterstützung von „Frankforce" anbieten.

D'Astier bestätigt, daß seine ZOAN von Georges ersucht worden sei, am Morgen des 21. einer Operation „erster Bedeutung", die von Blanchards 1. Armee bei Cambrai unternommen würde, „starke Unterstützung" zu gewähren. Man hatte aber weder Front, Ziel noch Zeit erwähnt. Georges schien überhaupt nicht im Bilde zu sein, und d'Astier hatte keine Verbindung mit der 1. Armee oder mit der Air-Force-Komponente, die wieder nach Kent zurückverlegt worden war, herstellen können. Seine Aufklärer wurden entweder abgeschossen oder verjagt; sie konnten erst am 21. um 16 Uhr durchkommen und meldeten dann, um Cambrai „sei nichts los". Auch von der „Komponente", die eben die Rückverlegung nach Kent beendete, war keine RAF-Unterstützung zu erwarten.[9]

Obwohl Gort seine schlimmsten Befürchtungen hinsichtlich der französischen Beteiligung bestätigt sah, hielt er hartnäckig an seinem Angriffsplan für Arras fest. Seine französischen Kritiker deuten an, er sei „vielleicht erpicht gewesen, die Sache hinter sich zu bringen". Jedenfalls bestimmten ihn Instinkt und Erfahrung, nicht auf die Franzosen zu warten. Als daher „Frankforce" am 21. um 14 Uhr — nach verschiedenen Verzögerungen am Vormittag — endlich in Gang kam, war der von Ironside geforderte massive Gegenschlag von vier britischen und französischen Divisionen zu einem Vorstoß zweier englischer Bataillone zusammengeschrumpft, unterstützt von Panzern, von denen nur 16 „Matildas" gegen deutsche Panzer echt verwendbar waren, sowie mit einem Flankenschutz von einigen Schwadronen leichter französischer Panzer. Die traurige Geschichte aller französischen Gegenangriffe wiederholte sich; als einziger Unterschied dazu war das Ergebnis ein etwas anderes.

Martels Angriff

General Martel, der wie Rommel von einem offenen Wagen aus führte, stieß mit zwei motorisierten Kolonnen westlich von Arras nach Süden. Jede bestand aus einem Panzerbataillon, einem Bataillon Infanterie (von der Durham Light Infantry) sowie je einer Batterie Feldartillerie und einer Batterie Pak. Deckung aus der Luft gab es nicht. Das Ziel war, bei Einbruch der Nacht den Fluß Cojeul zu erreichen. Die rechte Kolonne stieß fast sofort unerwartet bei Duisans auf den Feind.[10] Der Ort wurde nach dem Kampf gesäubert, eine Anzahl Gefangener wurde gemacht, aber zwei kostbare Infanteriekompanien und einige Pak mußten zurückbleiben, um den Ort zu halten. Der Rest der Kolonne ging gegen Warlus vor, das gegen harten Widerstand genommen wurde. Dann besetzte die

Kolonne Berneville und warf eine Vorhut über die Straße Doullens-Arras. Hier wurde die britische Infanterie durch heftiges MG- und Granatwerferfeuer niedergehalten, während die Lufwaffe 20 Minuten lang angriff. Trotzdem stießen Martels Panzer nach links, wo sie auf das neu eingelangte motorisierte SS-Regiment Totenkopf trafen. Die rechte Kolonne hatte jedoch ihre Pfeile verschossen und mußte sich am Abend unter schweren Verlusten auf Warlus zurückfallen lassen. Hier kam es zu einem unglücklichen Zwischenfall, einige Panzer von Prioux griffen britische Pak an, die sie für deutsche hielten. Eine britische Pak wurde vernichtet und mehrere Mann getötet, außerdem mehr als ein französischer Panzer getroffen, ehe der französische Führer seinen Irrtum erkannte und sich entschuldigte. Sechs der Panzer spielten dann eine nützliche Rolle, indem sie die rückwärtige Verbindung nach Duisans freikämpften, wo Rommels Panzer einzusickern drohten. Das war an diesem Tag das gesamte Ausmaß der französischen Unterstützung.

Auch Martels linke Kolonne mußte auf dem ganzen Weg kämpfen, sie kam aber schneller voran und brachte den Deutschen schwere Verluste bei. Ihre Panzer besetzten Dainville, zerschmetterten eine motorisierte Kolonne und vernichteten Transportmittel — während die nachfolgende Infanterie Gefangene machte. 3 km weiter überrannten sechs „Matildas" ohne große Mühe eine deutsche Pak-Batterie bei Achicourt. Dann stieß die Kolonne nach Agny und Beaurains vor, ein kleiner Vortrupp erreichte Wancourt am Cojeulfluß. Fast den ganzen Nachmittag über tobte im Raum Agny-Beaurains ein wilder Kampf zwischen den schweren Infanteriepanzern des 4. Royal Tank Regiments und Rommels 6. Schützenbrigade, die von starker Artillerie unterstützt wurde.

Auf beiden Seiten gab es schwere Verluste, aber wie Martels rechter Kolonne, folgten auch seiner linken keine Truppen, die den Erfolg ausnützten, ja auch nur das gewonnene Gelände halten konnten.

Inzwischen hatte östlich von Arras Brigadier Haydons 150. Brigade (von der 50. Division) einen Vorstoß über die Scarpe nach Tilloy unternommen; die 13. Brigade hatte für die zweite Phase einen Brückenkopf weiter östlich gewonnen. Da Franklyn jedoch erkannte, daß er das gewonnene Gelände nicht würde halten können, weil Rommels Panzer ihn westwärts von Arras bald im Rücken bedrohen würden, entschloß er sich, den Angriff einzustellen. Der britische Gegenangriff bei Arras war zum Stehen gekommen. Er hatte maximal 16 km an Boden gewonnen und 400 Gefangene[11] eingebracht; eine große Anzahl Panzer und Fahrzeuge war zerstört worden, aber alle eigenen Panzer bis auf 26 Mark I und 2 der wertvollen Mark II waren verlorengegangen.[12] Der Rest der Panzer, deren Ketten unter der Belastung der letzten Tage rissen, mußte sich, unaufhörlich von Stukas angegriffen, zurückziehen.

Die deutschen Berichte verraten, daß der Schwung von Martels „Frank-force"-Angriff im Verhältnis zu den eingesetzten Kräften einen außerordentlich starken Eindruck machte. Das SS-Regiment Totenkopf scheint seine erste Linie hastig aufgegeben zu haben, als es bei Wailly angegriffen wurde, und selbst Guderian stellt „Anzeichen von Panik" fest, ein Ausdruck, der sich in seinem ehrlichen Feldzugsbericht vorher nie findet. Rommels Augenzeugenbericht ist, wie so oft, der anschaulichste. Fast im gleichen Augenblick, in dem Martel angriff, hatte Rommel Rothenburgs 25. Panzerregiment zum Angriff angesetzt. Zusammen mit seinem treuen Adjutanten, Leutnant Most, wollte er den Angriff selbst begleiten. Wieder mußte er aber wegen seiner nachhängenden Infanterieregimenter zurück. Er konnte das 7. nicht finden, südlich von Wailly jedoch „stießen wir auf Teile des 6. Schützenregiments. Wir fuhren seine Kolonne entlang und drehten es auf Wailly zu. Etwa 1 km östlich des Ortes erhielten wir aus Norden Feuer. Eine unserer Haubitzbatterien war bereits am Nordausgang des Ortes in Stellung und feuerte auf die feindlichen Panzer, die von Arras nach Süden angriffen.[13]

Als wir nun in MG-Feuer gerieten und die Infanterie rechts von uns bereits in Deckung gegangen war, liefen Most und ich vor den Panzerwagen zu der Batteriestellung. Es sah nicht so aus, als würde die Batterie mit den Panzern Schwierigkeiten haben; die Kanoniere feuerten ruhig Schuß um Schuß ab, ohne auf das Feindfeuer zu achten."

Als Rommel jedoch Wailly erreichte, stellte er fest, daß das Feuer der französischen Panzer „bei unseren Truppen im Ort Chaos und Verwirrung verursacht hatte. Mit den Fahrzeugen verstopften sie Wege und Höfe, statt mit jeder verfügbaren Waffe den angreifenden Gegner zu bekämpfen. Wir versuchten, Ordnung zu schaffen."

Westlich des Ortes stieß Rommel auf leichte Flak und einige Pak, „die meisten in voller Deckung". Ganz in der Nähe hatten britische Panzer einen Panzer III zerschossen, andere Panzer, die von Bac-du-Nord kamen, drängten gegen Wailly vor. „Es war eine böse Klemme", sagt Rommel. Er beobachtete, „wie die Bedienung einer Haubitzbatterie, von der zurückgehenden Infanterie mitgerissen, ihre Geschütze verließ."

Um die gefährliche Lage zu bereinigen, „brachte ich mit Mosts Hilfe jedes verfügbare Geschütz dazu, ein Schnellfeuer gegen die Panzer zu eröffnen ... Ich wies die Geschütze persönlich in die Ziele ein. Wir liefen von Geschütz zu Geschütz. Bald konnten wir die führenden Panzer außer Gefecht setzen. Etwa 150 m westlich von unserem kleinen Wald kletterte ein britischer Hauptmann aus seinem Panzer und kam unsicher mit erhobenen Händen auf uns zu. Wir hatten seinen Fahrer getötet."

Rommel ließ dann einen Feuerwechsel auf eine weitere Gruppe britischer Panzer vornehmen, einige wurden zusammengeschossen, der Rest zum Rückzug gezwungen. „Obwohl wir während des Gefechts im schwersten Panzerfeuer lagen, arbeiteten die Geschützbedienungen großartig. Das Schlimmste schien vorbei und der Angriff abgeschlagen zu sein, als Most plötzlich hinter einer 2-cm-Flak dicht neben mir zu Boden sank. Er war tödlich verwundet."

Leutnant Most war schon der zweite Adjutant, den Rommel an seiner Seite verloren hatte.[14] Martels rechte Kolonne war jedoch aufgehalten.

Rommel wendet sich dann der linken Kolonne zu und spricht von „sehr starken Panzerkräften", die dem 6. Schützenregiment „schwere Verluste an Menschen und Material" zufügten: „Die Pak, die wir schnell einsetzten, erwies sich gegen die schwergepanzerten britischen Panzer als zu leicht, die Mehrzahl wurde mit ihren Bedienungen außer Gefecht gesetzt und dann von den Panzern überrannt. Viele unserer Fahrzeuge brannten aus."

Der Angriff wurde schließlich zum Stehen gebracht, nachdem Rommel mit seiner Divisionsartillerie und 8,8-Flak eine starke Artilleriestellung zwischen Beaurains und Agny aufgebaut hatte. Die deutschen Feldgeschütze, die über offenes Visier feuerten, erwiesen sich selbst für die dicke Panzerung der „Matildas" als zu stark. Wieder einmal erwies die 8,8 ihre tödliche Wirkung, eine Batterie schoß allein neun Panzer ab. Später, am Abend, stieß Rommel mit seinen Panzern nordwestlich Arras in die Flanke und den Rücken von „Frankforce". In einem weiteren scharfen Gefecht wurden sieben Panzer — allerdings bei neun Eigenverlusten — zerstört.

Die Kämpfe des Tages hatten Rommel die bisher höchsten Panzerverluste gebracht. Zudem hatte er 89 Gefallene (davon 7 Offiziere), 116 Verwundete und 173 Vermißte.[15] Dieses eine Mal fiel den deutschen Augenzeugen die große Zahl eigener ausgebrannter Panzer auf; vielleicht ist es bezeichnend, daß in dem deutschen Propagandafilm „Sieg im Westen" Martels Unternehmen bei Arras als einziger alliierter Gegenschlag gesondert erwähnt wurde. De Gaulle wurde nicht genannt. Rommel war besorgter, als sich in seinen Tagebüchern zeigt; in seinem Bericht vom 21. spricht er von „Hunderten von Panzern", Lagekarten weisen Eintragungen von seiner Hand auf, die von einer Offensive von „fünf feindlichen Divisionen" sprechen.

Rommels Sorge fand ihr Echo im deutschen Befehlsweg. Sein Armeebefehlshaber von der 4. Armee, Kluge, gibt in seinem Bericht zu, der 21. „sei der erste Tag, an dem der Feind wirkliche Erfolge erzielte". Er neigte dazu, von Arras aus nicht nach Westen zu stoßen, ehe die Lage nicht geklärt war. Bei Kleists Panzergruppe befahl Rundstedt der 6. und der 8. Panzerdivision, von Le Boisle und Hesdin zurückzudrehen und längs der Flanke der „fünf Feinddivisionen" in Stellung zu gehen, während Guderians 10. Panzerdivision, die noch dringend zum Schutz der Südflanke des Panzerkorridors benötigt wurde, in Reserve gestellt wurde. Vor dem Nürnberger Tribunal erklärte Rundstedt: „Ein kritischer Augenblick trat ein, als meine Streitkräfte eben den Kanal erreicht hatten. Verursacht wurde die Krise durch einen britischen Gegenstoß am 21. von Arras nach Süden. Kurze Zeit fürchtete man, unsere Panzerdivisionen könnten abgeschnitten werden, ehe unsere Infanteriedivisionen heran waren. Kein französischer Gegenangriff stellte je eine so starke Drohung dar."

Im OKH schrieb Halder am 21. in sein Tagebuch: „Der Tag beginnt in einer recht nervösen Atmosphäre... Auf die Nordflanke der 4. Armee wird schwerer Druck ausgeübt." Am Abend zeigte er etwas mehr Zuversicht. „Die Lage an Kluges rechtem Flügel kann nicht sehr ernst sein. Nur örtliche Affären...!"

Am nächsten Morgen verraten die Eintragungen neue Besorgnis: „Heeresgruppe A hat zeitweilig... ein Anhalten der Panzerbewegung in Richtung auf Calais verfügt, die wir ihr gestern befohlen haben; sie wird den Vormarsch erst fortsetzen, wenn die Lage bei Arras geklärt ist — alles hängt davon ab, die Infanterie schnell nach Arras und westwärts davon zu bringen."

Der bei Arras erlittene Schock verursachte schließlich bei Hitler selbst neue Nervosität, die direkt zu dem größten deutschen Fehler in diesem Feldzug führen sollte. Auf alliierter Seite brachte der Zusammenbruch des Unternehmens Gort endgültig die Überzeugung, die einzige Hoffnung für die BEF bestehe darin, auf Dünkirchen zurückzufallen, statt sich nach Süden „durchzuboxen", wie Ironside und Churchill gehofft hatten.

Weygand fliegt nach Norden

Als Gort eben seinen „Frankforce"-Angriff starten wollte, war der neue französische Oberbefehlshaber zu den Kommandeuren im Norden abgereist. Wieder verlief die Reise (in beiden Richtungen) so, daß sie einen weit jüngeren Mann hätte mutlos machen können. Als Weygand mit einem einzigen Adjutanten im Flughafen Le Bourget ankam, „stellte ich fest, daß die Behörden nichts von meiner Reise gehört zu haben schienen. Wir wurden von einem Ende des Flugplatzes zum anderen geschickt". Nachdem so eine Stunde vergeudet worden war, startete er im Morgengrauen mit einem Schwarm Jäger als Geleit. Den ersten unverkennbaren Hinweis, daß der Feind zur Küste durchgebrochen war, erhielt Weygand, als er am Fluß Canche[16] von starkem Flakfeuer begrüßt wurde. Etwas später mußte seine Eskorte einige Me 109 vertreiben. Als er dann sicher auf dem Flugplatz Norrent-Fontes nordwestlich Béthune landete, war der Platz wegen feindlicher Bombenangriffe bereits als „unbrauchbar" aufgegeben: „Nachdem wir an leeren Hangars vorbeigewandert waren, die alle Zeichen eines hastigen Aufbruchs aufwiesen, stießen wir schließlich auf einen kleinen, sehr schmutzigen Soldaten mit einem hübschen Gesicht; er erzählte uns, was geschehen war, und fragte mich, was er mit den 20.000 Liter Treibstoff anfangen solle, um die er sich, da er keine Befehle erhalten habe, große Sorgen mache."

Kein Transportfahrzeug wartete auf den Oberbefehlshaber. Später stellte sich heraus, daß die Wagen, die ihn aus Abbeville abholen sollten, die Stadt in Flammen vorgefunden hatten und umgekehrt waren, wobei sie nur knapp Guderians Panzern entgingen. Endlich entdeckten Weygand und sein Adjutant einen alten Militärlastwagen, dessen Fahrer eben dieser schmutzige, kleine Soldat zu sein schien. Nach einigen Umwegen fand Weygand schließlich einen Ort, in dem das zivile Postamt noch funktionierte „und wo der Postmeister nach langen Bemühungen eine wenn auch abscheulich schlechte Verbindung mit dem Generalstab der Armeegruppe Nr. 1 herstellte. So erfuhr ich, daß General Billotte versuchte, mich zu finden, wenn auch niemand sagen konnte, wohin er gefahren war."

Weygand entschied, wieder nach Calais zu fahren. Während er wartete, ging er, von Hunger gepeinigt, in die Gastwirtschaft eines halbverlassenen Dorfes und bestellte eine Omelette. Der Mann der Frau, die ihn bediente, war an der Front, sie sagte ihm, „sie wolle nicht weggehen, denn sie wisse nicht wohin, und was habe es auch für einen Sinn?" An der Wand hing ein Druck mit dem Bild der Unterzeichnung des Waffenstillstands von 1918. Auf diesem erkannte sie plötzlich Weygand und rief: „Wie kann ich noch Angst haben, nachdem *Sie* da sind!" Mit dieser kleinen Ermutigung flog Weygand nach Calais, wo er erfuhr, daß der belgische König — als Oberbefehlshaber der belgischen Armee — und Billotte im Rathaus von Ypern auf ihn warteten. Über entsetzlich verstopfte Straßen wurde Weygand nach Ypern gefahren, wo er um 15 Uhr eintraf. König Leopold war bereits eingetroffen, aber weder Billotte noch Gort. Der einzige britische Repräsentant war Admiral Sir Roger Keyes, der König Leopold attachiert war.

Im Büro des Bürgermeisters von Ypern folgte dann, was der König der Belgier als „vier Stunden wirren Redens" beschrieb. Drei getrennte Besprechungen fanden statt: die erste zwischen dem von seinem Adjutanten, General van Overstraeten, begleiteten König Leopold und Weygand.[17] Draußen warteten drei belgische Minister, darunter der damalige Außenminister, der unsterbliche Paul-Henri Spaak. Später behaupteten die Minister, der König habe ihnen arrogant die Teilnahme an der Beratung verweigert, sie hätten „nur zufällig" erfahren, daß die Besprechung der alliierten Befehlshaber überhaupt stattfinde. Der König seinerseits beschuldigte die Minister, eine „aggressive und unangenehme Haltung einzunehmen". Infolge der Spannung zwischen dem König und seinen Ministern variieren die Berichte über die Besprechung ganz enorm. Weygand will König Leopold gesagt haben, die belgische Armee, die an der Schelde stand, „sei zu lange im Osten geblieben", sie solle sich so weit wie möglich nach Westen zurückziehen, wenn nötig bis zur Yser. Leopold erwiderte, das sei unmöglich, „seine Armee sei nach den Gewaltmärschen dafür zu müde". Statt dessen schien er einen „großen Brückenkopf bei Ostende" bilden zu wollen. Das stand in diametralem Gegensatz zu dem Plan, den Weygand bereits erwog. Er wollte, daß sich die Belgier, wie schon 1914, auf die Yser-Linie zurückfallen ließen und diese hielten, damit die BEF, deren linke Flanke dann verkürzt und gesichert war, mit ganzer Kraft nach Süden schlagen konnte. Das bedeutete natürlich, Belgien bis auf einige Quadratkilometer aufzugeben. General van Overstraeten behauptet, der König habe widersprochen, „denn es sei absolut nötig, den Rückzug aufzuhalten, weil die Divisionen bereits anfingen, sich infolge der Reihe nächtlicher Rückzüge, dieses Gifts für die Disziplin, aufzulösen". Weygand erklärte, der König habe sich geweigert, eine sofortige Entscheidung zu treffen, „er wolle es sich überlegen und mir später Bescheid geben". Weygand glaubte, beim König bereits Anzeichen einer „tiefen Entmutigung" bemerkt zu haben, während Ministerpräsident Pierlot, der Leopold unmittelbar nach dem Tête-à-tête mit Weygand sah, erklärte: „Der König hielt die Lage der Armeen in Flandern für fast, wenn nicht völlig hoffnungslos." Man kann mit vollem Recht behaupten, daß der König mit seiner Weigerung, den Rückzug zur Yser anzutreten, die Niederlage bereits für unabwendbar hielt.

Noch während die Besprechung andauerte, langte Billotte endlich in Ypern ein. Von Gort und seinem Stab war immer noch nichts zu sehen, und Blanchard, dessen Interesse an der Besprechung genauso groß war, war augenscheinlich nicht eingeladen worden. Billotte sollte keine Gelegenheit mehr haben, seine Erinnerungen an die zweite Besprechung im Rathaus von Ypern weiterzugeben, über die die Berichte wieder auseinandergehen.

Weygand hat offensichtlich seinen Plan ausführlich erläutert: nämlich zugleich aus dem Raum Cambrai nach Süden und von der Somme aus nach Norden vorzustoßen, die zwei Stöße sollten sich in der Höhe von Bapaume begegnen. Nach General van Overstraetens Aussage wies Billotte darauf hin, daß sich die 1. Armee in einer sehr verworrenen Lage befinde; erschöpft und hart geprüft, sei sie nicht mehr zum Angriff fähig und nicht einmal in der Lage, sich zu verteidigen. Seiner Ansicht nach stellten einzig die BEF noch eine starke Offensivkraft dar. Weygand kommentiert: „Ich kannte die Intelligenz, Entschlossenheit und Energie General Billottes seit langem ... Die Anstrengungen und Sorgen der letzten beiden Wochen hatten bei ihm sichtlich ihre Spuren hinterlassen, aber er erkannte die kapitale Notwendigkeit, daß das Unternehmen durchgeführt werden müsse, und teilte meine Auffassung von dem Zwang zur Eile. Es bleibt aber fraglich, ob Billotte Weygand die genauen Tatsachen hinsichtlich des „Frankforce"-Angriffs mitteilte — vor allem, daß Blanchard sich für unfähig erklärt hatte, vor dem 22. oder 23. einen Angriff mit zwei Divisionen zu beginnen, sowie daß Gort nur eine Brigadegruppe aufgebracht hatte, mit der er eben jetzt angriff. Wären Blanchard und Gort in Ypern zugegen gewesen, ist es wohl unwahrscheinlich, daß Weygand in dem festen Glauben nach Paris hätte zurückkehren können, die alliierten Armeen könnten im Norden einen konzentrierten Angriff führen, wie er das dann 24 Stunden später Reynaud und Churchill versprach. Wieder einmal sollte ein französischer Oberbefehlshaber bei seiner Regierung falsche Hoffnungen erwecken.

Gort verfehlt Weygand — Billotte getötet

Darüber verärgert, daß Gort weder in Ypern erschienen war noch eine Erklärung gegeben hatte, wartete Weygand bis 19 Uhr: „Ich kann nicht zurück, ohne ihn gesprochen zu haben", meinte er. Obwohl er Reynaud versprochen hatte, binnen 24 Stunden wieder in Paris zu sein, fragte er sich: „Soll ich die Nacht hier verbringen und auf bessere Zeiten warten?" In diesem Augenblick meldete sich Admiral Abrial, der Befehlshaber der französischen Seestreitkräfte Nord, und setzte ihn davon in Kenntnis, eine Bombardierung der Flugplätze mache einen Flug unmöglich, er erbiete sich jedoch, Weygand das 600-Tonnen-Torpedoboot „Flore" zur Verfügung zu stellen. Weygand nahm an und fuhr nach Dünkirchen. Dort schiffte er sich während eines heftigen Luftangriffs ein, die „Flore" fuhr durch den Hafen, „inmitten von Wasserfontänen und entlang an Hafenanlagen, die, von Brandbomben getroffen, lichterloh brannten". Nach einem Umweg über Dover setzte die „Flore" Weygand im Morgengrauen des 22. in Cherbourg an Land. Von dort setzte er seine Reise fort und erreichte Paris gegen 10 Uhr. Er zeigte immer noch keinerlei Ermüdungserscheinungen.

Gort kam etwa um die Stunde, da Weygand Ypern verließ, dort an. König Leopold und General van Overstraeten hatten sich bemüht, ihn herbeizuholen, da man nichts entscheiden wollte, ohne daß man seine Ansichten kannte. Overstraeten hatte vergeblich versucht, ihn telephonisch zu erreichen, und war dann mit Admiral Keyes nach Hazebrouk gefahren, wo man ihn vermutete. Schließlich spürte man ihn in seinem neuen HQ in Prémesques, zwischen Lille und Armentières, auf, wohin er eben von Wahagnies umgezogen war.

Nach Gorts Aussage wußte dieser von Weygands Besuch nur durch einen

Funkspruch von Churchill an Keyes — Kopie an Gort —, der in der Nacht des 20. lediglich festgestellt hatte: „Weygand kommt morgen zu Ihnen, um alle Aktionen zu koordinieren." Eine Meldung der britischen Mission im französischen GQG, Weygand würde in Norrent-Fontes landen, war vermutlich ein Irrläufer: Der Empfang wurde weder durch das GHQ der BEF noch durch Gorts Befehlsstelle bestätigt. Den ganzen Tag über hatte Gort auf eine Benachrichtigung gewartet, wo Weygand sich aufhalte. Bis zu Overstraetens Eingreifen schien die französische Seite nicht daran gedacht zu haben, mittels Kuriers den britischen Befehlshaber herbeizuholen.

Weygand ging in der Annahme, „Gort sei der Konferenz in Ypern absichtlich ferngeblieben", in deutsche Gefangenschaft. Die Kontroverse um Gorts Fernbleiben dauert in Frankreich bis auf den heutigen Tag an. Blieb er etwa beleidigt weg, weil Altmayer nicht zu der „Frankforce"-Besprechung in der vergangenen Nacht gekommen war? J. Benoist-Méchin[18] behauptet, Gort sei absichtlich weggeblieben, weil er bereits ein „Partisan der Evakuierung" geworden war und eine Beteiligung an Weygands Offensivplänen ihn in eine „unlösbare Situation" verstrickt hätte. Für Gort sprechen die erschreckend schlechten Verbindungen und der Funkspruch, der nie ankam; er hatte soeben den Gefechtsstand verlegt, und seine Beschäftigung mit dem Gegenangriff bei Arras und der üblen Lage zweier seiner Korps an der Schelde sind wohl eine hinreichende Entschuldigung dafür, daß er nicht versuchte, Weygand zu finden.[19]

Jedenfalls: das „Denken auf Umwegen", wie Benoist-Méchin es Gort zuschreibt, paßt einfach nicht zu dessen Charakter.

Daß Gort und Weygand am 21. einander nicht trafen, war auf jeden Fall verhängnisvoll. Das dritte Treffen in Ypern fand zwischen Billotte und Gort statt, wobei Billotte seinem Gesprächspartner Weygands Absichten übermittelte. Gort seinerseits berichtete von den nicht sehr ermutigenden Fortschritten des Arras-Unternehmens. Er wies darauf hin, daß seine Reserven jetzt alle eingesetzt seien. Man überredete die Belgier, von der Schelde an die Lys zurückzugehen, um Divisionen für Weygands Offensive freizumachen. Das war ein schlechter Kompromiß, denn die Lys-Linie stellte keine Frontverkürzung dar. Gort rechnete, daß die Verlegung so lange dauern würde, daß die Divisionen nicht vor dem 26. angreifen konnten. Nach der Besprechung sagte der König seinen wartenden Ministern, Gort werde an Weygands Offensive teilnehmen. „Der britische General hält die Chancen aber für praktisch gleich Null. Die Situation ist verzweifelt."

So war hinsichtlich der Offensive noch nichts entschieden. Die Belgier hatten sich nicht zu dem Rückzug an die Yser bereit erklärt, Gort hatte nichts erfahren, was seinen Glauben an eine Unterstützung durch die 1. französische Armee wiederherstellte, und die Belgier hatten ihm keine Garantie für die Sicherheit seiner linken Flanke gegeben. Weygand war voll Mißtrauen nach Paris zurückgekehrt, und zwar mit Ideen, die ihm Gort schnell hätte ausreden können, wenn sich die beiden in Ypern getroffen hätten. Wie Overstraeten feststellt, endeten die Besprechungen in einer sehr gedrückten Stimmung.

Dann folgte ein weiterer jener tragischen Schicksalsschläge, wie sie die Alliierten von Anfang an getroffen hatten. Kurz nach der Ypernkonferenz wollten einige junge britische Offiziere ihren Hunger mit einer Flasche Milch stillen, die sie in einem Bauernhaus gefunden hatten. Die Tür öffnete sich, ein älterer französischer General kam herein, sagte: „Ah! Du lait! Excellent!" und trank die Flasche ohne alle Formalitäten leer, noch ehe die Briten ihren Unwillen hatten äußern können. Es war General Billotte, den die Angehörigen der BEF bei dieser Gelegenheit wahrscheinlich zum letztenmal sahen. Wenige Stunden später prallte Billottes Wagen auf ein Flüchtlingslastauto. Der Fahrer, der einen Stahlhelm trug, blieb am Leben. Billotte, der nicht so geschützt war, starb, nachdem er zwei Tage in tiefer Bewußtlosigkeit gelegen hatte. Die Alliierten hätte kaum ein schwererer Schlag treffen können, denn Billotte war der einzige, der Weygands Plan aus erster Hand kannte,[20] und er war der einzige, zu dem König Leopold und Gort noch etwas Vertrauen besaßen. Während Billotte im Sterben lag, verstrichen weitere drei Tage, ehe Blanchard als sein Nachfolger bestätigt wurde und Prioux als Befehlshaber der 1. Armee nachrückte. Niemand konnte so die drei alliierten Armeen im Norden für den Weygand-Plan koordinieren. Inzwischen gingen beunruhigende Gerüchte um, der unglückliche Billotte habe Selbstmord verübt.[21]

Churchills zweite Begegnung mit Reynaud

Am Nachmittag hielt Reynaud eine mutige, ja wahrhaft große Rede vor dem Senat. Zum erstenmal enthüllte er die ernste Situation:

„Das Land ist in Gefahr. Es ist meine Pflicht, dem Senat und der Nation die Wahrheit zu sagen!" Das Gemurmel wurde zu einem Gebrüll; man fragte nach den Namen der Schuldigen. Der Ministerpräsident zählte einige der schrecklichen Tatsachen auf, sprach von dem „ersten Versagen" der 9. Armee, verurteilte General Corap und gab bekannt, daß durch „unglaubliche Fehler, die bestraft werden würden, Brücken über die Maas nicht zerstört wurden". Als er den Verlust von Arras und Amiens bekanntgab, lief ein schmerzliches Stöhnen durch die Reihen. Die Atmosphäre klärte sich erst, als Reynaud eine Quelle der Hoffnung bot: „Inmitten des Unglücks unseres Landes können wir bei dem Gedanken stolz sein, daß sich zwei seiner Söhne, die mit Recht auf ihren Lorbeeren ausruhen könnten, in dieser tragischen Stunde der Nation zur Verfügung gestellt haben: Pétain und Weygand. (Anhaltender Beifall.) Pétain, der Sieger von Verdun ... der weiß, wie Frankreich aus dem Kataklysmus zum Sieger aufsteigen kann ... Weygand, Fochs Mann, der den deutschen Ansturm aufhielt, als die Front 1918 durchbrochen war, und der uns ... zum Siege führte. Frankreich kann nicht sterben. Wenn *mir* eines Tages gesagt würde, daß nur ein Wunder Frankreich retten kann, würde ich an diesem Tag sagen: ‚Ich glaube an das Wunder,[22] weil ich an Frankreich glaube!' "

Am Abend befielen Reynaud neuerlich böse Ahnungen, was geschehen würde, wenn Weygand auf seiner Reise in deutsche Hände fiele. Zu Baudouin sprach er sogar von General Huntziger als möglichem Nachfolger. Der 73jährige General kehrte aber voll Energie zurück und begann sofort mit einer optimistischen Analyse der Lage. „Man hat so viele Fehler gemacht, daß sie mir Zuversicht geben. Man wird in Zukunft weniger machen. Die BEF", so erklärte er, anscheinend ohne ihre Beteiligung bei Arras zu erwähnen, „ist in bester Verfassung, denn sie ist bisher kaum im Kampf gestanden. Einige Teile von Blanchards Armee sind erschüttert ... doch stellt diese Armee noch einen starken Kampffaktor dar." Er erläuterte Reynaud dann den Plan des Zangenangriffs auf Bapaume, den er schon König Leopold und Billotte mitgeteilt hatte. Der Plan ähnelte Gamelins „Weisung Nr. 12", mit dem Unterschied, daß sich die Zange weiter im Westen und drei Tage später schließen und der Schlag härter sein sollte. „Ich habe den Plan jedem erklärt, mit dem ich sprach,[23] ich glaube, daß sie mich verstanden haben und daß ich sie überzeugen konnte. Ich kann nicht bloß hinter Panzern her laufen. Ein gemeinsames Manöver ist besser!" Dann setzte er aufschlußreich hinzu: „Es bringt uns entweder den Sieg oder rettet wenigstens unsere Ehre!" In den kommenden Tagen sprach Weygand immer häufiger von der „Rettung der Ehre", ein Hinweis darauf, welche Richtung sein Denken bereits einschlug. Oberst Goutard erklärt dazu bissig: „Sobald das einmal zu einer Angelegenheit der Ehre wurde, stand es schlimm um uns."

Reynaud erklärte sich mit Weygands Plan einverstanden und sagte ihm, daß Churchill um 11 Uhr 15 in Paris eintreffen würde. Reynaud erinnert sich: „Mittags fuhren wir zusammen in die Feste Vincennes, unter einem Himmel, dessen Schönheit in diesen tragischen Tagen unerbittlich schien." Bei seinem zweiten, so bedeutungsvollen Besuch in Paris war Churchill wieder von General Ismay und General Sir John Dill begleitet, der Ironside als Chef des Empire-Generalstabs ersetzen sollte.

Ismay war von Weygands Erscheinung angenehm überrascht. „Er erweckte den Eindruck eines Kämpfers — entschlossen, entschieden und trotz seines verwitterten Gesichts und seiner vorgerückten Jahre erstaunlich aktiv. Er hätte aus Gummi sein können. Man wagte zu hoffen, daß die alliierten Armeen jetzt die Führung erhielten, die ihnen bisher so gefehlt hatte."

Churchill gibt zu, daß er von dem Oberbefehlshaber ähnlich beeindruckt war. „Trotz der körperlichen Anstrengung und einer Nachtreise war er munter, lebendig und sarkastisch. Er machte auf alle einen ausgezeichneten Eindruck."

Die Abwesenheit Daladiers und seines Absinthgeruchs trug ebenfalls zur Verbesserung der Stimmung bei.

Weygands Plan

Die Besprechung war Ismay zufolge „kurz und sachlich". Weygand schilderte seine Beobachtungen, die er auf seiner Reise gemacht hatte, und gab noch einmal ein Exposé seines Plans, der allgemein gebilligt wurde. Weygand zog sich daraufhin zurück und entwarf seine „Operation Générale N⁰ 1".[24]

I. Die in der Armeegruppe Nr. 1 gruppierten Kräfte (die belgische Armee, die BEF und die 1. Armee) machen es sich zur Hauptaufgabe, den deutschen Vormarsch zum Meer zu blockieren, um den Kontakt zwischen sich und den übrigen französischen Streitkräften aufrechtzuerhalten.

II. Die deutsche Armee wird *nur* durch Gegenangriffe aufgehalten und geschlagen.

III. Die für die Gegenangriffe nötigen Kräfte sind bereits in der Gruppe vorhanden, deren lineare Verteidigungsstellung dicht besetzt ist; sie bestehen aus

einigen Infanteriedivisionen der 1. Armee,
dem Kavalleriekorps,
den BEF, die aus dem belgischen Sektor herausgelöst werden und geschlossen eingesetzt werden müssen.

Die Gegenangriffe werden von allen in Frankreich stationierten RAF-Kräften unterstützt.

IV. Die Offensive wird im Osten von der belgischen Armee an der Yser gedeckt. Die leichten feindlichen Einheiten, die in unserem Rücken zwischen der Grenze und der Somme, unterstützt durch Luftangriffe auf unsere Flugplätze und Häfen, Störungen und Panik verursachen, befinden sich in einer gefährlichen Lage und werden vernichtet.

Weygand beendete seinen Befehl mit der Weisung, „daß eingekesselte Panzer nicht wieder entkommen dürften". Von dem Sowjetspion George Blake hätte man das gleiche sagen können, als er erst einmal aus dem britischen Staatsgefängnis entsprungen war.

Die sieben Panzerdivisionen, die mitten durch die Alliierten gefahren waren, als „leichte Einheiten" abzutun, mag wenig Beziehung zu den Tatsachen[25] gehabt haben, es ist aber noch gar nichts, verglichen mit dem Telegramm, in dem Churchill Gort über die Besprechung in Vincennes unterrichtet:

„Man kam überein:

1. daß sich die belgische Armee an die Yser zurückzieht und dort standhält. Die Schleusen werden geöffnet;

2. daß die britische und die französische Armee zum frühesten Zeitpunkt nach Südwesten in Richtung auf Bapaume und Cambrai angreifen — mit etwa acht Divisionen und mit dem belgischen Kavalleriekorps an der rechten Flanke der Briten;

3. daß die RAF, da die Schlacht für beide Armeen lebenswichtig ist und die Erhaltung der britischen Verbindungen von der Befreiung von Amiens abhängt, bei Tag und Nacht die größtmögliche Unterstützung gewähren soll;

4. daß die neue französische Armeegruppe, die sich längs der Somme bildet, nach Norden stoßen und sich mit den britischen Divisionen vereinigen soll, die in der allgemeinen Richtung Bapaume nach Süden angreifen."

Die Belgier hatten sich erstens nie bereit erklärt, an die Yser zurückzugehen. Zweitens: Wie sollten — was Blanchard und Gort den alliierten Führern hätten erklären können — acht Divisionen oder 100.000 Mann einem Feind, der scharf aus Osten drückte, binnen einem Tag den Rücken kehren und nach Süden angreifen? Eines der „Geheimnisse Marschall Fochs", auf die Weygand während des Abschiedsgesprächs mit Gamelin angespielt hatte, war es gewesen, daß Foch immer genau den Wert der Einheiten kannte, die er zu einem gegebenen Zeitpunkt in die Schlacht werfen mußte. Am 22. Mai fehlte Weygand dieses Wissen ganz bestimmt. Drittens war es eine starke Übertreibung, von einer „neuen französischen Armeegruppe zu sprechen ... die auf Amiens vorrückte", wie Weygand sehr wohl gewußt haben muß. In Wahrheit standen hinter der Somme auf einer 145 km langen Linie — von der Küste bis zum Chrozat-Kanal — ganze 5 Divisionen, die General Frère für seine neue 7. Armee hatte zusammenkratzen können, dazu die 2. und 5. leichte Kavalleriedivision, beide übel zugerichtet, sowie die neu eingetroffene, noch nicht eingesetzte 1. britische Panzerdivision. In einem von General Georges am 22. abgeschickten Sonderbefehl wurden diese Einheiten angewiesen, unter General Robert Altmayer[26] an die linke Flanke General Frères zu treten.

Churchills Hoffnungen

Privat beklagte sich Churchill bei Reynaud darüber, daß Gort vier Tage hintereinander keine Befehle erhalten habe. „Seit Weygand den Befehl übernahm, verlor man drei Tage, bis man Entscheidungen traf. Der Wechsel im Oberkommando war richtig. Die daraus resultierende Verzögerung war übel." Trotzdem endete die Besprechung in einem reserviert optimistischen Ton. Ehe er ging, sagte Churchill schmeichelnd zu Weygand: „Sie haben nur einen Fehler, Sie sind zu jung."

Während seiner ganzen Laufbahn war Churchill immer für einen General aufgeschlossen gewesen, der Kämpfer zu sein schien — und Weygand erweckte diesen Eindruck, im Gegensatz zu dem bleichen Intellektuellen Gamelin. Churchill hatte sich immer noch einen romantischen Glauben an die französische Armee bewahrt. Konnte diese großartige Waffe, auf die sich alle Berechnungen der britischen Europapolitik seit 1919 gegründet hatten, nach den Ereignissen von nur zwölf schrecklichen Tagen zerbrochen sein wie ein schwankendes Rohr? Als Historiker und Kriegsteilnehmer standen Churchill die Erinnerungen an Foch, an das Wunder von der Marne und an den Juli 1918 noch zu deutlich vor Augen. Wenn ein *kämpfender* französischer General, der geistige Erbe Fochs, eine Offensive für möglich hielt, *mußte* sie versucht werden. Auch Churchill teilte, was die Praxis anlangte, mit Weygand eine gewisse Engheit der Anschauung. So wie Wavell im folgenden Jahr in Griechenland war auch Weygand mitten in eine Schlacht geschleudert worden, ohne Kenntnis von der Wucht, der Schnelligkeit und der Vernichtungskraft des modernen Blitzkrieges.

Man darf im Hinblick auf die Ereignisse des Mai 1940 nicht vergessen, daß auch Churchill, der zehn Jahre lang, von 1929 bis 1939, kein Regierungsamt ausübte, eine Periode, die er als „Jahre in der Wildnis" bezeichnete, nur knapp 14 Tage voll erbarmungsloser Krisen Zeit gehabt hatte, sich mit der praktischen Logistik einer kriegführenden Armee im Jahre 1940 vertraut zu machen. Weygand hatte Churchills Glauben neu entfacht. Nach Spears' lebhaften Worten „hing der Weygand-Plan wie ein schlaffes Segel am Mast", aber Churchill füllte es wie ein neuer Äolus mit seiner Lungenkraft. „Aber", so sagte Spears, „das Schiff bewegte sich nicht."

Am Abend des 22. Mai um 19 Uhr 30 hielt Churchill bereits wieder eine Kabinettsitzung in London ab. General Ironside bemerkte niedergeschlagen, daß Churchill fast „sprudelnder Laune" war.

Ironside war zur Gänze von dem enttäuscht, was er bei seinem Besuch bei Billotte vor zwei Tagen gesehen hatte. Die BEF, so sagte er, habe „die Chance verloren, sich herauszulösen".

Ehe noch viele Stunden verstrichen waren, schwand angesichts der Ereignisse auch Churchills Glaube an Weygands Plan.

Nach dem wohlverdienten Ruhetag war Guderian am Morgen des 22. wieder angetreten. Er hatte jetzt Befehl, nach Norden zu schwenken und die Kanalhäfen zu nehmen. Ursprünglich hatte er die verhältnismäßig frische 10. Panzerdivision in vollem Tempo nach Dünkirchen werfen wollen, wegen des „Frankforce"-Angriffs behielt Kleist die 10. jedoch als Reserve zurück, falls sich die Lage verschlechtern sollte.[27] Guderian sagte, er habe seine Pläne „nur schweren Herzens" geändert. Die durch das Regiment Großdeutschland verstärkte 1. Panzerdivision sollte nach Calais, während die 2. Panzerdivision die Küste entlang auf Boulogne stürmte. Um 7 Uhr hatte Guderian den Fluß Authie, 25 km von Abbeville entfernt, überquert; wiewohl er bemerkt, er habe nicht mit voller Kraft angreifen können. Mit Teilen mußte er ja noch die Brückenköpfe an der Somme sichern, bis — wieder einmal — die motorisierte Infanterie von Wietersheims XIV. Korps herankam. Am Nachmittag wurde an den Zugängen nach Boulogne erbittert gekämpft, zum erstenmal wurde Guderian heftig von der alliierten Luftwaffe angegriffen, „während wir von eigenen Fliegern nur wenig sahen". Infolge des schnellen deutschen Vorstoßes hatte die deutsche Luftwaffe große Entfernungen zu bewältigen, während die Panzer jetzt in die Reichweite der RAF-Kräfte in Kent gelangten.

Auf dem Land war der Widerstand jedoch nur stellenweise hartnäckig, so daß Guderian am Abend des 22. vor den Toren von Boulogne und Calais stand; Kleist hatte inzwischen entschieden, daß die Krise bei Arras vorüber sei, die 10. Panzerdivision wurde Guderian zurückgegeben, der durch sie die 1. Panzerdivision am Morgen des 23. vor Calais ablösen ließ. Die 1. sollte nach Osten auf das nur 40 km entfernte Gravelines und weiter nach Dünkirchen vorstoßen. Am 23. traf sie jedoch auf zäheren Widerstand und hielt nach einem Vormarsch von etwas über 25 km am Aa-Kanal. Auch die 2. Panzerdivision wurde bei Boulogne in schwere Kämpfe verwickelt. Boulogne wurde durch die irischen und Walliser Garden von der 20. Guards-Brigade und von improvisierten französischen Garnisonstruppen energisch verteidigt. Stundenlang hielten die dicken, mittelalterlichen Wälle sogar die Panzer in Schach, dann wurde jedoch eine 8,8 geholt, die eine Bresche in die Mauer schoß, durch die die Panzer eindringen konnten. Die 2. Panzerdivision konnte aber erst am 25. die Hakenkreuzfahne über Boulogne hissen. Dadurch wurde Guderians Zeitplan für die Einnahme des weit wichtigeren Dünkirchen umgestoßen. Brigadier A. N. Nicholson hielt indessen bis tief in den 26. hinein in Calais aus,[28] dadurch wurde auch die 10. Panzerdivision an einem möglichen Angriff auf Dünkirchen gehindert.

Am 22. bedrohten Teile der 6. und der 8. Panzerdivision Gorts rechte Flanke westlich der Linie Béthune - Arras.

Nachdem Martels Angriff zum Stehen gebracht worden war, stieß Reinhardts Hauptmacht, verstärkt durch eine aus Holland gekommene motorisierte Division, parallel zu Guderian nach Norden vor. Am Abend des 23. stand sie im Raum Saint-Omer am Aa-Kanal.

Sobald Rommel nach dem Schock von Arras wieder zu Atem gekommen war, griff er am 22. wieder an. Während seine Schützen den Gegner frontal fesselten, umging er dessen Flanke. In Maroeuil überrannten Rothenburgs Panzer einige britische Batterien, die Martels Rücken decken sollten. Sie erreichten dann Mont Saint-Éloi, eine wichtige Höhe, die Arras von Nordwesten her überschaute, wurden aber von dort durch einen energischen Gegenangriff eines Regiments von Prioux' motorisierten Dragonern vorübergehend wieder vertrieben. Am 23. zog General von Hartliebs 5. Panzerdivision zum erstenmal seit dem Maasübergang mit Rommel gleich, und Oberst Werners Panzer (vom 31. Regiment) schlossen sich jetzt Rothenburgs Flankenstoß im Westen von Arras an. Am Abend stand Werner auf der beherrschenden Lorettohöhe, um die 1915 so hart gekämpft worden war und deren Denkmal die Inschrift trägt: „Wer die Lorettohöhe besitzt, besitzt Frankreich."[29]

Immer mehr Infanteriedivisionen der zweiten Linie strömten nun in den Panzerkorridor, Hoepners 3. und 4. Panzerdivision fuhren jetzt an Hoths Panzern vorbei, um zwischen Rommel und Reinhardt Stellung zu beziehen. Alle deutschen Panzereinheiten[30] waren jetzt nach Osten und gegen die BEF konzentriert. Während sie in die Westflanke der eingekesselten alliierten Armeen stießen, steigerten auch Bocks Infanteriedivisionen ihren Druck gegen die Schelde-Linie; am 23. mußten die Belgier[31] ihre Verankerung in Terneuzen und Gent aufgeben.

William Shirer beobachtete die deutschen Vorbereitungen für den Übergang über die Schelde: „Schwere Artillerie, und das ist erstaunlich: 15-cm-Geschütze, von Raupenfahrzeugen geschleppt und auf Gummireifen, wird mit 65 Stundenkilometer einen Hang hinaufgezogen. (Ist das eines der deutschen Geheimnisse, daß schwere Geschütze so schnell gezogen werden?) ... Den ganzen Nachmittag über leiteten zwei Aufklärer — offensichtlich deutsche — das Artilleriefeuer ... Daß sie selbst keine Aufklärer besaßen, brachte die Alliierten in die Klemme. Wir sahen den ganzen Tag über keinen alliierten Aufklärer."

Wieder fiel Shirer die tadellose Organisation der Wehrmacht auf: „Selbst die Verwundeten schienen ihre Rolle in der gewaltigen Maschine zu spielen. Sie stöhnten nicht."

Die Moral der deutschen Truppen war „phantastisch": „Ich erinnere mich an eine Pionierkompanie, die unter feindlichem Feuer eine Pontonbrücke über die Schelde schlagen sollte. Die Männer ruhten am Waldrand und lasen die neueste Nummer der Soldatenzeitung ‚Westfront'. Ich habe nie Männer gesehen, die so nonchalant in eine Schlacht gingen, obwohl einige von ihnen sie bestimmt nicht überleben würden."

In diesen Tagen witterten die Deutschen unverkennbar den Sieg. Am 23. schrieb Rommel kurz an seine Frau:

„Liebste Lu,

nachdem ich wenige Stunden geschlafen habe, habe ich Zeit für eine Zeile an Dich. Meine Division hatte großartige Erfolge. Dinant, Philippeville, Durchbruch durch die Maginotlinie und in einer Nacht 65 km durch Frankreich nach Le Cateau, dann Cambrai, Arras, immer weit vor allen andern. Jetzt geht die Jagd auf sechzig eingekesselte britische, französische und belgische Divisionen los. Sorg Dich nicht um mich. Wie ich die Dinge sehe, kann der Krieg in Frankreich in 14 Tagen vorbei sein."

Leutnant Karl-Heinz Mende von einer der Infanteriedivisionen schrieb nach Hause, „versuche nicht Eindrücke zu fassen von dem, was hier geschieht. Was logisch ist und was geschätzt werden kann, ist für diese Tage ein zu kleiner Maßstab ... Von allem, was geschieht, ist nur eines gewiß — jeden Tag, jede Stunde etwas Neues."

22. Mai: Die Franzosen greifen an

Während sich „Frankforce" westlich von Arras mühsam behauptete, begann General René Altmayer am 22. um 9 Uhr den ursprünglich zwischen Ironside und Billotte vereinbarten Angriff, der am Tage vorher nicht hatte stattfinden können. Statt eines Stoßes mit zwei Divisionen war, wie bei „Frankforce", die französische Angriffsstreitmacht auf ein Regiment zusammengeschrumpft (das 121. von General Moliniés 25. motorisierter Division), unterstützt von zwei Panzeraufklärungsgruppen und Artillerie. Das 121. Regiment stieß von Douai auf Cambrai vor und versetzte der deutschen 32. Infanteriedivision einen harten Schlag. Französische leichte Panzer stießen bis an den Stadtrand von Cambrai durch, dann wurden sie durch He 123[32] bombardiert und von Me 109 mit MG und Kanonen beschossen. Schließlich war es wieder die 8,8-Flak, die aus 150 m Entfernung die Panzer aufhielt. Zwölf Stunden nach Angriffsbeginn erhielt das Regiment Befehl von der 1. Armee, anzuhalten und sich hinter die Ausgangslinien zurückzuziehen. Daß der Angriff überhaupt stattfand, wenn der Theorie nach die 1. Armee und die BEF ihre Kräfte für den Gegenschlag „mit acht Divisionen" am 23. schonen sollten, verrät den verhängnisvollen Zusammenbruch jeglicher Koordination nach Billottes tödlichem Unfall; Gort war von Moliniés Unternehmen gar nicht verständigt worden.

Die Befehlsgebung bei den eingekesselten Armeen im Norden wurde immer schwieriger. Durch einen Brandbombenangriff, der Lens in ein Flammenmeer verwandelt hatte, war General Blanchard mit seinem HQ aus der Stadt vertrieben worden; auch aus Estaires wurde er bald von der Luftwaffe verjagt, die Kraftstation des HQ wurde zerstört, es gab weder elektrisches Licht noch Funk. Überall liefen niedergeschlagene Soldaten herum, die ihre Einheiten und Waffen verloren hatten. Unter den pausenlosen Luftangriffen brach die französische Moral noch weiter zusammen. In Paris sagte Weygand am 23. zu Baudouin, er habe Informationen, daß 40 französische Offiziere von den Armeen im Norden in London Zuflucht gesucht hätten; sie wurden verhaftet und nach Frankreich zurückgebracht. Weygand setzte hinzu, „er habe die Moral der französischen Truppen nicht wiedererkennen können, sie seien nach Führung und Betragen so ganz anders gewesen als damals, als ich mein Kommando niederlegte". Hinsichtlich des Entlastungsangriffs aus Süden von der Somme her, den Weygand in Vincennes so hoffnungsvoll geschildert hatte, war bis zum Abend des 23. nichts geschehen. Teile von General Frères 7. Armee hatten „Kontakt mit dem Fluß hergestellt", während Senegalesen der 7. Kolonialdivision nach einem ermüdenden Marsch von 30 km am Rand der deutschen Brückenköpfe aufgehalten wurden. General Robert Altmayers neues „groupement" konnte in den nächsten Tagen auf keinen Fall effektvoll eingreifen. Ironsides bittere Feststellung, die Entfaltung der französischen Kräfte an der Somme sei rein defensiv, war nicht unbegründet. Sie schienen keine Angriffsabsichten zu haben, sie wollten die Deutschen lediglich daran hindern, nach Paris zu marschieren.

Gort entscheidet: Rettet die BEF!

Gorts Erbitterung darüber, daß die Regierung den Ernst der Lage im Norden offensichtlich nicht erkannte, war in den letzten drei Tagen immer weiter gewachsen. Sie erreichte ihren an Verzweiflung grenzenden Höhepunkt, als er nach dem Vincennestreffen vom 22. Churchills Weisung erhielt. Wie sollten die Armeen im Norden für den 23. acht Divisionen aufbringen? Die französische 1. Armee besaß, wie Gort wohl wußte, insgesamt nur mehr 8 Divisionen zuzüglich des Kavalleriekorps. Bis jetzt hatte die 1. Armee nur ein Regiment zum Angriff aufbringen können. Die 2. Division, die die BEF als Reserve gestellt hatte, kämpfte jetzt um ihr Leben, und von den Belgiern war nichts zu erwarten.

Das ärgerlichste war jedoch, daß man ihm vorher nichts von dem Angriff gesagt hatte. Da Billotte tot und noch nicht ersetzt war, stand eine koordinierte Aktion der drei Armeen von vornherein unter einem schlechten Stern. Am 23., dem für den Angriff bestimmten Tag, hatte Gort immer noch keine besonderen Weisungen erhalten, er griff also auf seine Prärogative zurück und telegraphierte an den Kriegsminister Anthony Eden. Er bat darum, daß der allseits geachtete Sir John Dill herüberfliege, und warnte Eden ganz offen: „Meiner Ansicht nach wird jeder Vorstoß unserseits einem Ausfall gleichkommen; der Entlastungsangriff muß von Süden her geführt werden, da wir keine — ich wiederhole — keine Munition für einen ernsten Angriff besitzen."[33]

General Blanchard, der an dem Morgen in Gorts HQ anlangte, stimmte dieser Ansicht zu.

Als Antwort auf Gorts Bitte forderte Churchill von Reynaud eine sofortige Durchführung des Weygand-Plans. „Ich fordere, den französischen Befehlshabern im Norden und Süden und dem belgischen Hauptquartier den strengsten Befehl zur Durchführung zu geben und die Niederlage in einen Sieg umzuwandeln. Die Zeit ist von vitaler Bedeutung, da die Vorräte knapp sind."

Gort half das zwar kaum in seinen Schwierigkeiten, aber Churchill begann bereits — was Gort nicht wissen konnte — seine Meinung über Weygands Absichten zu revidieren. In einer Kabinettsitzung wies er darauf hin, „daß der Erfolg des Weygand-Plans von der französischen Initiative abhänge, von der aber bisher keine Spur zu sehen sei". Als in der Nacht immer noch nichts gegen den Panzerkorridor unternommen war und weder Gort noch die Belgier entsprechende Befehle erhalten hatten, ließ Churchill einen schärferen Funkspruch via Reynaud an Weygand folgen: „Wie paßt das zu Ihrer Feststellung, daß Blanchard und Gort ‚main dans la main' seien? Ich hoffe, daß Sie das bereinigen. Gort sagt weiter, daß seine Aktion ein Ausfall sein muß, daß die Entlastung von Süden kommen muß, da er keine (wiederhole *keine*) Munition für einen ernsten Angriff habe. Trotzdem weisen wir ihn an, Ihren Plan auszuführen."

Von Eden erhielt Gort jedoch am 23. eine sehr beruhigende Information, sie lautete: „Sollte die Lage das (den Weygand-Plan) unmöglich machen, sollten Sie uns informieren, so daß wir die Franzosen verständigen und Vorbereitungen zur See und in der Luft treffen können, um Sie zu unterstützen, falls Sie sich an die Nordküste zurückziehen müssen."

Endlich schien die Regierung den Tatsachen ins Auge zu sehen. Für Gort bot sich nun eine Möglichkeit, nach seinem eigenen Urteil zu handeln.

Und Gorts Urteil stand bereits fest: Der Weygand-Plan wird nie Wirklichkeit werden, die Franzosen würden nie angreifen. Den BEF blieb damit nur die Hoffnung, auf Dünkirchen zurückzuweichen, solange noch Zeit war.[34] Die französische Armee im Nordkessel war auf jeden Fall erledigt. Bei Arras drohte Gort unmittelbar Gefahr. Zwei Tage lang, nachdem keine Hoffnung mehr auf eine Wiederaufnahme des Angriffs bestand, hielt sich „Frankforce" gegen zwei Panzerdivisionen. Jetzt drohte die völlige Einkesselung durch Rommel. Nur mehr zwei Straßen waren offen. Am 23. um 7 Uhr befahl Gort den Rückzug von „Frankforce" und die Aufgabe von Arras. In der Nacht zogen sich die britische 5. und die 50. Division etwa 24 km[35] hinter den Haute-Deule-Kanal nordöstlich von Arras zurück.

In der Atmosphäre wachsender Spannung zwischen den Alliierten löste der Rückzug aus Arras erhebliche Verbitterung aus. Man sagte, Gort habe — obwohl Franklyn seine französischen Nachbarn benachrichtigte — Blanchard nicht informiert[36]; die Schnelligkeit und das Ausmaß des britischen Rückzugs habe die Franzosen gefährdet. Weygand behauptete, dadurch sei die Ausgangslinie für den Weygand-Plan verlorengegangen, der Eindruck, die BEF verzichte auf die Teilnahme, habe zudem die französischen Truppen demoralisiert.

Aber selbst wenn Weygands Plan am 24. noch Aussichten auf Erfolg gehabt hätte, hätte Rommel, falls Franklyn die Linie nicht geräumt hätte, an diesem Tag seine Gegner umfaßt und damit den größten Teil von zwei britischen Divisionen und die Reste des französischen Kavalleriekorps eingekesselt. Jedenfalls sandte Reynaud am 24. ein Protesttelegramm an Churchill: „Heute morgen haben Sie mir depeschiert, Sie hätten General Gort angewiesen, den Weygand-Plan durchzuführen. General Weygand informiert mich eben auf Grund einer Depesche General Blanchards, die britische Armee habe sich aus eigener Initiative 40 km auf die Häfen zurückgezogen, zu einem Zeitpunkt, in dem unsere Truppen, von Süden kommend, nach Norden Gelände gewinnen, wo sie ihre Verbündeten treffen sollten.

Diese Aktion der britischen Armee steht in direktem Widerspruch zu dem formellen Befehl, den sie heute morgen von General Weygand erhielt. Der Rückzug hat General Weygand natürlich gezwungen, alle Maßnahmen zu ändern, er sieht sich genötigt, seinen Plan aufzugeben, die Lücke zu schließen und eine fortlaufende Front herzustellen. Ich brauche den Ernst der möglichen Folgen wohl nicht zu betonen."[37]

Obwohl der Weygand-Angriff am 24. Mai für den 26. festgelegt wurde, bedeutete Gorts Entschluß, über die Deule zurückzugehen, nicht nur das Ende des Weygand-Plans, sondern auch das Ende jeder Hoffnung, über den Panzerkorridor auszubrechen. Selbst ohne den vorherigen Rückzug bei Arras ist man zu dem Schluß gezwungen, daß die Ereignisse des 24. auf jeden Fall das Ende dieser Hoffnungen bedeutet hätten. Denn schon mit dem 23. war das „Vakuum mit der Stahlspitze" vom 21. zu einer, wie Pertinax es nannte, „Armee mit soliden Gliedern" geworden. Die deutschen Infanteriedivisionen waren angekommen, und die Panzer standen bereit, um jeder Ausbruchsdrohung der eingekesselten Alliierten zu begegnen oder ihnen auf Befehl den Gnadenstoß zu versetzen. Die Alliierten waren überall in der Defensive, eine Aussicht auf Entsatz aus dem Süden bestand nicht mehr. Selbst wenn die Alliierten aus dem Kessel im Norden durchgebrochen wären, wären sie auf beiden Flanken durch viel stärkere deutsche Kräfte äußerst verwundbar gewesen. Aus deutscher Sicht war der dünne Panzerkorridor unverletzlich geworden. „Sichelschnitt" hatte Erfolg gehabt.

Dahin war der große Plan der Alliierten, der „deutschen Schildkröte den Kopf abzuhauen". Der Gamelin-, der Ironside- und schließlich der Weygand-Plan hatten alle zusammen nur zu zwei Schlägen geführt, zu dem einer britischen Infanteriebrigade mit 74 Panzern und 24 Stunden später zu dem eines französischen Infanterieregiments mit einigen leichten Panzern. Der britische Angriff am 21. war schwach wie ein Strohhalm im Wind, er konnte die Deutschen nur zeitweilig aus dem Gleichgewicht bringen. Trotzdem läßt der Schock, den er verursachte, nur im entferntesten ahnen, was ein gut koordinierter Gegenangriff am 21. — oder besser noch früher — erreicht haben könnte. Man muß sich überlegen, was geschehen wäre, falls Martel über 50 statt 16 „Matildas" verfügt hätte, sein Angriff von einer der ausgezeichneten Panzerdivisionen begleitet worden wäre — die früher in der Schlacht so sinnlos vergeudet worden waren — und die Alliierten zudem zeitweilig die Luftüberlegenheit behauptet hätten, die sie am 21. erstmals erringen konnten. Für die Deutschen war der 21. der Tag höchster Gefahr gewesen. Der dünnbesetzte Panzerkorridor war südlich von Arras nur 40 km breit.

Ein Bericht des Kommandeurs der französischen 2. leichten mechanisierten Division weist auf die versäumten Möglichkeiten hin: „Ich habe den Eindruck, daß ich mit einer intakten Division und besonders mit den Panzern Cambrai sehr leicht hätte erreichen können. Ich verfüge aber nur über die nichtgepanzerten Einheiten."

Man muß aber auch zugeben, daß die Deutschen, selbst wenn sie durch den alliierten Gegenstoß am 21. vorübergehend aufgehalten worden wären, früher oder später wieder angegriffen hätten, denn die französische Armee hatte am 21. an Menschen, Material und Moral bereits zu viel von ihrer Schlagkraft verloren, als daß sie sich noch einmal hätte erholen können. Aber selbst wenn wir uns nicht auf den gefährlichen Treibsand der Spekulation hinauswagen, ist doch unleugbar, was „Frankforce" *tatsächlich* erreichte. Der Angriff warf den deutschen Zeitplan zur Wegnahme der Kanalhäfen um, ohne die „das Wunder von Dünkirchen" ein totgeborenes Kind gewesen wäre.

Das war es, was in diesem schicksalhaften Augenblick Lord Gort zeitweilig über das Niveau der anderen alliierten Kriegsherren hinaushob. Auf eigene Verantwortung entschloß er sich am 21. zu diesem Angriff, auf eigene Verantwortung beschloß er, sich in der Nacht des 23. vom Feind zu lösen und den Rückzug anzutreten, der, wie er wußte, in der Evakuierung gipfeln würde. Was die Gesamtkriegführung anbelangte, war das die weittragendste Entscheidung, die im Mai 1940 auf alliierter Seite getroffen werden konnte — und nur Gort konnte sie treffen. Wäre Gort ein romantischer Visionär gewesen, ein zweiter Lawrence, hätte er gesehen, wie jene britischen Divisionen, die er aus dem Kessel von Flandern rettete, vier Sommer später bei der Befreiung Europas die Führung übernahmen. Gort war aber kein Visionär. Er war auch nicht mitteilsam: mit Sicherheit kann man lediglich so viel sagen: Er wußte am 23., daß die französische Armee erledigt und es seine simple Pflicht war, die BEF für einen neuen Kampf auf einem neuen Schlachtfeld zu retten. Wenn die BEF in Nordfrankreich ausgelöscht worden wäre, kann man sich kaum vorstellen, wie England hätte weiterkämpfen können, wenn es aber aus dem Kampf ausgeschieden wäre, ist es noch schwerer, sich vorzustellen, durch welche Kombination von Umständen Amerika sich mit Stalins Rußland verbündet hätte, um Hitler zum Kampf zu stellen.

19. KAPITEL

Das Ende im Norden
24. Mai bis 4. Juni

Seit der Wiedereroberung von Arras wurde gemeldet, daß Amiens und sogar Sedan und andere wichtige Plätze durch Gegenangriffe zurückerobert würden.

„Daily Herald", 25. Mai

Deutsche militärische Kreise haben es heute abend deutlich zum Ausdruck gebracht. Sie sagten, das Schicksal der großen in Flandern eingekesselten alliierten Armee sei besiegelt.

William Shirer: Berliner Tagebuch, 25. Mai

Nach einer Schätzung des französischen Kriegsministeriums gingen bei den Operationen in Holland, Belgien und Frankreich 2000 deutsche Flugzeuge und 1400 Panzer verloren.

„National-Zeitung", Basel, 26. Mai

Wir müssen vorsichtig sein und dieser Befreiung nicht die Attribute eines Sieges verleihen. Kriege werden nicht durch Evakuierungen gewonnen.

Winston Churchill vor dem Unterhaus, 4. Juni

Der Zusammenbruch des Weygand-Plans bedeutete, daß der Feldzug hoffnungslos verloren war. „Die Entscheidungsschlacht" gegen Frankreich, von der Hitler und Manstein geträumt hatten, war durchgefochten und gewonnen. Von nun an konnten zwar kleinere Gegenstöße und selbst heroische örtliche Gegenaktionen den deutschen Sturm zum völligen Sieg wohl gelegentlich noch bremsen, was aber in dem nächsten Kriegsmonat bis zu dem unvermeidlichen Ende in dem Eisenbahnwaggon in Compiègne noch folgen sollte, war wenig mehr als ein grimmiges, hinausgezogenes Postskriptum zu einer bereits abgeschlossenen Geschichte. Die dramatischste Szene dieses Postskriptums, die Räumung von Dünkirchen, gehörte eigentlich mehr schon zum ersten Akt der Schlacht um England als zu den Schlußszenen der Schlacht um Frankreich. Die Ereignisse der folgenden Wochen, bis Frankreich endgültig die Waffen niederlegte, müssen aber doch kurz skizziert werden. Sie beginnen mit den Folgen einer Auseinandersetzung im deutschen Oberkommando — Folgen von wahrhaft historischer Bedeutung, die noch heute diskutiert werden.

Nach einem Tag des härtesten Drucks auf den Rand des Kessels schrieb Ironside am 24. verblüfft in sein Tagebuch: „Die deutschen mobilen Kolonnen sind ganz entschieden zum Stehen gekommen — wie sie schon einmal angehalten haben. Es ist sicher, daß es momentan nur sehr wenig Bewegung gibt."

Ironside hatte mit seiner Vermutung recht. Am 24. hatten sich Guderian und Reinhardt mehrere Brückenköpfe über den Aa-Kanal gesichert, als, wie Guderian sagt, der Blitz aus heiterem Himmel kam: „Hitler befahl dem linken Flügel,[1] an der Aa zu halten. Es war verboten, den Fluß zu überschreiten. Über den Grund wurden wir nicht informiert. Der Befehl enthielt die Worte: ,Dünkirchen ist der Luftwaffe zu überlassen.' Wir waren sprachlos."

Doch es war ein „Führerbefehl", der keine Gründe nannte, und Guderian sagt, es sei „schwierig, dagegen zu argumentieren". Die Panzer erhielten sogar Befehl, sich aus den Brückenköpfen jenseits der Aa wieder zurückzuziehen. Für den berühmten „Haltebefehl", der für zwei Tage gelten sollte, wurden viele Erklärungen abgegeben: das schlammige, von Kanälen und Entwässerungsgräben durchzogene Gelände Flanderns sei für Panzer ungeeignet, die Deutschen hätten ihre Panzer für die zweite Phase der Schlacht um Frankreich schonen müssen; Hitler habe der BEF eine „goldene Brücke" zurück nach England bauen wollen, um den Abschluß eines Friedensvertrags mit England zu erleichtern; Göring habe, wegen der brillanten Erfolge des Heeres verstimmt, seinen Anteil am Ruhm für die Luftwaffe gefordert; und schließlich, die gewaltigen Massen, die sich jetzt gegen den alliierten Kessel zusammendrängten, seien schwer zu manövrieren gewesen. Bestenfalls sind das alles aber nur halbe Wahrheiten. Die Historiker werden weiterhin hinsichtlich der Motive streiten, die Tatsachen jedenfalls waren kurz folgende:

Am 23. Mai hatte Göring Hitler im „Felsennest" angerufen und ihn gedrängt, jetzt sei der Augenblick, daß die Luftwaffe den Gnadenstoß im Norden ausführe; das Heer müsse dann „nur mehr das Gelände besetzen". Er brachte politisch-weltanschauliche Argumente vor und erklärte, der letzte Triumph solle besser der „nationalsozialistischen" Luftwaffe als dem konservativen Heer zufallen: das Ganze wurde zu einer Frage von Hitlers persönlichem Prestige den OKH-Generalen gegenüber. Göring war fest überzeugt, daß die Luftwaffe den Schlag allein führen könne. Görings Argumente machten bei Hitler zweifellos Eindruck, obwohl Jodl von Göring bissig bemerkte: „Er verbrennt sich wieder einmal das Maul."

Am nächsten Morgen fuhr Hitler zu Rundstedts HQ der Heeresgruppe A, das sich jetzt, fern von der Schlacht in Flandern, in Charleville befand.

Rundstedt erklärte Hitler, daß ihn die offene Südflanke immer noch beunruhige. Den Kriegstagebüchern der Heeresgruppe A zufolge „war mit der Möglichkeit einer konzentrierten Aktion der alliierten Kräfte im Norden und französischer Kräfte südlich der Somme zu rechnen". Rundstedt betonte die Nervosität, die der britische Angriff bei Arras verursacht hatte, und erwähnt Kleists Meldung, 50 Prozent seiner Panzer seien außer Gefecht, obwohl weder er noch Kleist darauf hinwiesen, daß die meisten in wenigen Tagen repariert sein würden. Was dann, wenn die britischen „Matildas"[2] den deutschen Panzern in den flandrischen Sümpfen, die Hitler und Rundstedt aus dem Weltkrieg so gut kannten, nun noch schwerere Verluste zufügten? Wie brachte man die nötigen Panzer auf, um im Unternehmen Rot die noch beträchtlichen französischen Kräfte südlich der Somme zu zermalmen? Die Kapitulation der eingekesselten Armeen im Norden war nur eine Frage der Zeit. Die Vorbereitung von Unternehmen Rot erhielt jetzt Vorrang. In der vergangenen Nacht hatte Rundstedt Kleists und Hoths Panzern den Befehl erteilt, an Ort und Stelle zu halten, „um die Lage sich klären zu lassen und unsere Kräfte konzentriert zu halten". All das teilte Rundstedt Hitler mit.

Zum zweitenmal in diesem Feldzug stimmte Hitler mit Rundstedt völlig überein. Er war mit Rundstedts Maßnahmen einverstanden und überzeugt von der Notwendigkeit, die Panzer für die zweite Phase der Schlacht zu schonen. Der endgültige Haltebefehl wurde erlassen, der Stempel „Auf Befehl des Führers" machte ihn unumstößlich.

Wie zwei bedeutende deutsche Historiker betont haben, war es eine „in der deutschen Militärgeschichte wahrscheinlich einmalige" Situation. Hitler schaltete praktisch (und nicht zum letztenmal) seinen ersten Ratgeber im Heer, das OKH, aus. Wie zu erwarten war, waren Brauchitsch und besonders Halder mit Hitlers und Rundstedts Auffassung nicht einverstanden. Schon am Mittag des 22. hatte Halder in seinem Tagebuch ein Nachlassen der Spannung notiert. „Der Feind weicht bei Arras, westlich davon stoßen unsere Panzer nur noch auf schwachen Feind." Am folgenden Morgen sorgte er sich hauptsächlich um eine administrative Reibung zwischen den Heeresgruppen Rundstedts und Bocks. Die Heeresgruppe A habe Schwierigkeiten, die gewaltige Masse von 71 Divisionen zu kontrollieren[3]; deshalb setzte Halder — offensichtlich als Hieb gegen Rundstedt — hinzu: „Es erscheint mir freilich fraglich, ob sie (die Heeresgruppe A) mit ihrem Stab hinreichend flexibel und energisch ist." Am Nachmittag wurden Zweifel hinsichtlich Kleist geäußert, der „sich seiner Aufgabe nicht ganz gewachsen fühlt, solange die Krise bei Arras nicht beseitigt ist. Panzerverluste bis zu 50 Prozent. Ich sagte ihm, daß die Krise binnen 48 Stunden beseitigt sein wird. Ich kenne die Größe der Aufgabe. Wir müssen hartnäckig sein."

Auch am 24. sind Halders Eintragungen ähnlicher Natur. „Die Widerstandskraft des Feindes ist, von örtlichen Kämpfen abgesehen, nicht mehr sehr hoch einzuschätzen. Die Dinge werden ihren eigenen Gang gehen, wir müssen nur Geduld haben und sie reifen lassen."

In der Nacht trug Halder kommentarlos den Haltebefehl ein, er setzte hinzu, es geschehe „auf ausdrücklichen Wunsch des Führers! In dem bezeichneten Raum soll die Luftwaffe das Schicksal der eingekesselten Armeen besiegeln!" Die Ausrufungszeichen sprechen für sich. Ulrich Liss, der Nachrichtenchef von „Fremde Heere West", notiert, daß der sonst so pünktliche Halder fast eine Stunde zu spät zur Abendbesprechung des OKH kam, „und zwar sichtlich in einer derartigen Wut, wie ich ihn weder vorher noch nachher je gesehen habe. ,An der Entscheidung, die eben getroffen wurde, trägt der Generalstab keine Schuld . . .', waren ungefähr seine Worte".

Laut Halder begann der 25. mit einer unangenehmen Auseinandersetzung zwischen Brauchitsch und dem Führer. Trotz energischer Einwände Brauchitschs und Halders hielt der von Rundstedt unterstützte Hitler an seinem Befehl fest. Verzweifelt schrieb Halder in sein Tagebuch: „Ein vollkommener Umsturz vollzieht sich. Ich wollte die Heeresgruppe A zum Hammer und die Heeresgruppe B zum Amboß machen, aber jetzt soll B der Hammer und A der Amboß sein. Da B jedoch vor einer organisierten Front steht, muß das sehr kostspielig werden und wird lange dauern. Noch etwas: die Luftwaffe, auf die man jetzt so viel Hoffnung setzt, ist völlig vom Wetter abhängig." Die Sache „setzt den Nerven mehr zu als die gesamte Organisation des Feldzugs selbst".

Am 26. um 12 Uhr 30 wurde Brauchitsch schließlich ins „Felsennest" gerufen. Zu seiner großen Befriedigung sagte ihm Hitler, er habe mit gewissen Vorbehalten den Panzern befohlen, nach Dünkirchen vorzugehen und der britischen Evakuierung ein Ende zu bereiten. Es würde allerdings 16 Stunden dauern, um sie wieder in Gang zu bringen. „Bis dahin", sagte Guderian, „war es für einen großen Sieg zu spät."

Während der drei Tage, an denen der Haltebefehl in Kraft war, war nämlich viel geschehen. Vier britische und eine Anzahl französischer Divisionen hatten aus dem Kessel um Lille entkommen können, was bestimmt nicht geschehen wäre, wenn Rommel seinen Einkreisungsstoß hätte fortsetzen dürfen. Ein Abwehrring um Dünkirchen war aufgebaut. Die „Dynamo"-Evakuierungsflotte war versammelt, die ersten Einschiffungen waren bereits in vollem Gang, wie Hitler Brauchitsch informierte. Schließlich gab es erste Anzeichen eines möglichen Umschlagens des „Göring-Wetters", das für die Luftwaffe so wichtig war, wenn sie „die Arbeit aus der Luft beenden sollte".

Ehe wir uns von dieser Episode abwenden, die, wie Guderian sehr richtig bemerkt, „den verhängnisvollsten Einfluß auf den weiteren Verlauf des

Krieges haben sollte", können drei Mythen über Bord geworfen werden. Erstens: die Ausrede, der flandrische Schlamm sei für den Haltebefehl verantwortlich gewesen, wird von keinem der deutschen Panzerfachleute vorgebracht, die in dem fraglichen Gebiet kämpften. Guderian nennt diese Entschuldigung „armselig". Zweitens: der Gedanke, Hitler habe „den BEF eine goldene Brücke bauen wollen", findet jetzt immer weniger Anhänger, sie steht auch in offenem Widerspruch zu den sehr bestimmten Befehlen an die Luftwaffe, alle eingekesselten Kräfte „zu vernichten". Dieser Mythos scheint von Rundstedt bei seinem Verhör durch Liddell Hart nach dem Krieg verbreitet, wenn nicht erfunden worden zu sein. Drittens kann man die Schuld für den Haltebefehl nicht ausschließlich vor Hitlers Tür legen. Seit dem Krieg hat die deutsche Generalität aus verschiedenen Gründen, darunter auch aus Selbsterhaltungstrieb und Berufsstolz, jeden Irrtum und jedes Verbrechen im Krieg Hitler zugeschoben; in diesem Fall bestreitet selbst Guderian die Auffassung, Rundstedt sei für den Befehl verantwortlich. Wenn jedoch jemand die Hauptschuld hat, so ist das Rundstedt. In seinem Gedankenaustausch mit Hitler war er völlig frei und kein Parteimann, der bloß Hitlers eigene Wünsche vertrat. Rundstedts Integrität als Soldat war dafür zu groß. Er war ein hervorragender Schlachtenlenker, in seiner Strategie zeigte er sich aber fast ebenso von seinen Weltkriegserfahrungen beeinflußt wie seine französischen Widerparts. Am 24. Mai war es die Erinnerung an das, was die Briten getan hatten, und die Befürchtung, die Franzosen könnten möglicherweise dasselbe tun, die Rundstedt dazu bestimmte, die Panzer halten zu lassen.

In den Unstimmigkeiten mit dem deutschen Oberkommando, deren Gipfel der Haltebefehl vom 24. Mai war, lag die Achillesferse von Hitlers meisterlicher Kriegsmaschine und zugleich auch die seines Meisterplans. Durch sie wurden die BEF gerettet. Hätte man noch mehr retten können, wenn die Alliierten diesen schwachen Punkt energischer ausgenützt hätten?

Die Panzer rollen wieder

Während des Anhaltens der Panzer drückten die deutschen Infanterieeinheiten erbarmungslos gegen den eingekesselten Feind. Die Hauptgefahrenpunkte lagen für die Alliierten im Osten, längs der Linie, die von den schnell nachlassenden Belgiern gehalten wurde, und am unteren Ende der Tasche bei der jetzt von General Prioux befehligten französischen 1. Armee. Die Belgier hatten sich am 25. mit Genehmigung des Königs von der Schelde an die Lys zurückgezogen. Reichenaus Infanterie war jedoch fast sofort beiderseits Courtrai durch die neugebildeten Linien gebrochen. Am nächsten Tag versuchten die Belgier, ihren rechten Flügel zwischen Ypern und Roulers zu verankern. Blanchard, der Billotte gefolgt war, drängte sie, auf die Yser zurückzufallen — wie Weygand es ursprünglich beabsichtigt hatte. Der belgische Generalstabschef Michiels erklärte jedoch, ein weiterer Rückzug komme nicht in Frage und würde nur die Auflösung der Einheiten zur Folge haben. Am Nachmittag des 26. warnte das belgische Oberkommando Blanchard: „Die Grenzen der belgischen Widerstandskraft sind nahezu erreicht."

Nach Aufhebung des Haltebefehls war es Rommels erste Aufgabe, den La-Bassée-Kanal östlich von Béthune zu überschreiten. Wieder wurde Rommel die 5. Panzerdivision unterstellt. Nach harten und blutigen Kämpfen hatte er am Abend des 27.[4] die britische Linie durchbrochen. Die 5. Panzerdivision nahm Armentières, während Rommel nach Osten der deutschen Infanterie entgegenfuhr, die von dort kam. Beinahe die Hälfte der französischen 1. Armee war jetzt in einem kleineren Kessel bei Lille eingeschlossen. Vier Tage noch focht General Molinié, hauptsächlich mit nordafrikanischen Truppen, einen beispielhaft tapferen, aber hoffnungslosen Kampf, der es jedoch den BEF und dem Rest der 1. Armee ermöglichte, sicher auf den Brückenkopf von Dünkirchen zurückzugehen.[5] Als sich die Falle schloß, gehörte zu den rund 35.000 Mann Gefangenen auch der tapfere General Prioux, den Männer der 4. Panzerdivision in seinem Gefechtsstand bei Steenwerck überrannten. Rommel hätte beinahe wieder eines seiner neun Leben verloren, als eine schwere deutsche Granate wenige Meter von seinem Befehlswagen entfernt einschlug und einen seiner Bataillonskommandeure tötete. Am 29. Mai wurde die 7. Panzerdivision zu einer sechstägigen Ruhe und einer nötigen Umgruppierung für die Teilnahme am Unternehmen Rot aus der Linie gezogen. Rommels Rolle in der ersten Phase von „Sichelschnitt" war beendet.

Nach Aufhebung des Haltebefehls stieß Guderian über den Aa-Kanal und nahm am 25. Wormhoudt und Bourbourgville und am 29. Gravelines, auf halbem Weg zwischen Calais und Dünkirchen. (Inzwischen waren Boulogne am 25. und Calais nach einem verzweifelten Widerstand der Rifle-Brigade unter Brigadier Nicholson am 26. gefallen.) Wie die 7. Panzerdivision wurde dann auch Guderians XIX. Korps zur Vorbereitung von „Rot" herausgezogen. Guderian bemerkt bitter: „Man kann jetzt unmöglich abschätzen, wie der weitere Krieg verlaufen wäre, wenn wir die BEF in Dünkirchen rechtzeitig gefangengenommen hätten!"

Französische Verzweiflung

Die Ernennung Weygands und sein Flug nach Flandern waren in Frankreich von einem kurzen Aufflackern des Optimismus begleitet gewesen. Es sollte das letzte Mal sein. Alexander Werth beobachtete, „daß die Bücherbuden längs der *quais* am 23. wieder geöffnet waren". Bei einer Cocktailparty zwei Tage später sagten Gäste zuversichtlich, „daß alles weit besser gehe", man sprach davon, daß „Weygand die Sommefront organisiert habe", daß die Armeen an der Somme und in Flandern sich binnen 24 oder 48 Stunden vereinigen und die deutsche Zange zerbrechen würden, daß Hitler einen Fehler gemacht habe, als er Paris nicht am 16. Mai angriff. Noch am 26. Mai machten sich Armeesprecher über die „Lehnstuhlstrategen" lustig, die vermuteten, die Flandernarmeen seien eingekesselt. Am folgenden Tag sah Werth als weiteres Zeichen eines Normalzustands Picasso mit seiner Geliebten im Café Flore — aber jetzt gab Oberst Thomas im Hotel Continental den Verlust von Calais halb und halb zu, „und eine Vereinigung der Armeen in Flandern und an der Somme wurde nicht einmal mehr erwähnt".

In der letzten Maiwoche breitete sich der Defätismus in Frankreich ungehindert aus. Die Anzeichen der Verzweiflung nahmen verschiedene Formen an. Vincent Sheean beobachtete bei einem Besuch am Quai d'Orsay, wie einer der ehrwürdigen alten *huissiers,* dieser Schutzdrachen, die die Portale bewachten, „die schwere Silberkette, sein Dienstabzeichen, so schief hängen ließ, daß sie ihm fast von der Schulter fiel ... Wer diese steifen, stolzen Lakaien der 3. Republik kannte, hätte daran sehen können, daß die Republik im Sterben lag". Arthur Koestler, der gerade wieder einmal in Freiheit war, erkannte die nahende Verzweiflung in dem „Sturm auf die Bahnhöfe. Dem Verschwinden von Bussen und Taxis von den Straßen. Dem Zusammenschmelzen der Stadt, so als ob sie von Schwindsucht verzehrt würde. Den Maschinenpistolen der *Flics* an den Straßenecken. Dem eigenartigen Blick der Menschen in der Untergrundbahn, denen die trüben Kerzen der Furcht hinter den Augäpfeln leuchteten. In der Fallschirmspringerangst. In der Fünften-Kolonnen-Psychose".

Dann wurde er zusammen mit einigen führenden deutschen Nazigegnern wieder verhaftet, einige davon nahmen Gift.

Spears fand in seinen ersten Berichten an Churchill ähnliche Formulierungen. „Churchill war falsch informiert worden, als man ihm sagte, Paris werde sich zornig erheben. Die Wohlhabenden setzten sich schnell ab — die Masse der Bevölkerung war lediglich verwirrt und apathisch. Man fühlte nichts von der Erregung, die 1914 die Stadt erfaßt hatte."

Gleichzeitig überlegte Leutnant Claude Jamet tief in der Maginotlinie traurig: „Bei wem — Offizier oder Soldat — habe ich ein wahres heiliges Feuer entdeckt, eine aufrichtige Glut, die Hingabe des ganzen Seins an ein einziges Ziel? Den einzigen, vollständigen Willen, ‚Krieg zu machen‘ und zu gewinnen? ..."

Am Sonntag, den 26. Mai war der feierliche Bittgottesdienst der vergangenen Woche wiederholt worden. Die Reliquien der heiligen Genoveva waren vor dem Panthéon, der Ruhestätte der Großen aus Frankreichs Vergangenheit, ausgesetzt worden. Senator Bardoux, der wieder zugegen war, schreibt jedoch: „Die betroffene und schweigsame Menge, die die Stimme verloren hat, so daß sie nicht mehr die Marseillaise singen kann und die Litanei nur mechanisch rezitiert, kann mich nicht mehr trösten. Der Schatten von 1870 fällt über das Land."

Belgien kapituliert

Als bekannt wurde, daß sich die BEF in Dünkirchen einschifften, trat zu der Verzweiflung in Frankreich noch eine Entfremdung zwischen den Alliierten, die sich rasch vertiefte. Spears, der für solche Erscheinungen ein feines Gefühl besaß, sagt: „Zum erstenmal fühlte ich einen Bruch in den Beziehungen zwischen den zwei Nationen, nicht merklicher als ein Sprung in einem Kristall, aber durchgehend und unheilbar. Wir waren nicht mehr eins."

Eine neutrale Beobachterin wie Clare Boothe schrieb: „Ich sah voller Angst, wie der Haß der Franzosen auf die Briten sprunghaft wuchs. Viele Leute gaben jetzt ganz offen dem britischen Oberkommando die Schuld an dem ganzen schrecklichen Fiasko."

Am 28. Mai bekam Frankreich einen neuerlichen Grund zur Verbitterung. In den frühen Morgenstunden kapitulierte Belgien. Diese Kapitulation der belgischen Armee zu ihrer Linken bedeutete den entscheidenden Schlag für Prioux' 1. Armee im Kessel von Lille; auch ließ sie ein klaffendes Loch zwischen den BEF und der See aufspringen. Aus Hinweisen König Leopolds und General Michiels hätte es aber dem französischen Oberkommando schon seit Tagen sonnenklar sein sollen, daß Belgien binnen Stunden zusammenbrechen würde. In der Verzweiflung der Stunde reagierte Reynaud jedoch in wilder Wut. In einer Rundfunkansprache erklärte er, Leopold habe die Waffen niedergelegt, „ohne General Blanchard zu warnen, ohne einen Gedanken oder ein Wort an die britischen oder französischen Truppen, die auf seine verzweifelte Bitte hin seinem Land zu Hilfe gekommen seien". Er nannte es „eine Tat ohne Beispiel in der Geschichte".[6] Die Pariser warfen belgische Flüchtlinge aus ihren Häusern. Die Landbevölkerung steckte ihre Wagen in Brand, französische Flüchtlinge prügelten sie auf Bahnhöfen und Straßen.

Der Bazillus des Defätismus und der Anglophobie hatte sich bereits in Paul Reynauds Regierung festgefressen, noch ehe sich die Krankheit in weiteren Kreisen verbreitete. Der 24. und der 25. Mai waren kritische Tage, sie bezeichneten eine Art Wasserscheide. Von nun an übte der „politische General" Weygand einen Einfluß aus, der seine Funktion als Generalissimus weit überschritt, er und nicht Pétain war es, der die Führung in der „Separatfriedenslobby" übernahm. Am 24. um 10 Uhr 30 traf Weygand zu einer Besprechung im Büro des Ministerpräsidenten ein, an der auch Baudouin und Pétain teilnahmen. Weygand flüsterte Baudouin, der ihn immer mehr unterstützte, zu: „Die Situation ist sehr ernst, denn die Engländer gehen zu den Häfen zurück, statt nach Süden anzugreifen." Weygand behauptete darauf, das britische Verhalten habe ihn nicht überrascht, denn am vergangenen Abend habe Ironsides Ton am Telephon auf ihn einen ungünstigen Eindruck gemacht. „Ich hätte ihn am liebsten geohrfeigt", rief er Baudouin zu. Bei der Besprechung schien Weygand trotz des britischen Rückzugs bei Arras an seinem ursprünglichen Plan festhalten zu wollen. Um 18 Uhr rief er Baudouin dann aus Vincennes an. Er sei mit Georges zusammen und bitte ihn zu kommen.

Bei Baudouins Ankunft vertraute ihm Weygand an, die Situation sei infolge des britischen Rückzugs viel ernster geworden, er sehe sich daher genötigt, seinen Plan aufzugeben. „Weygand schien von dem Abfall der Briten überwältigt zu sein", sagte Baudouin. Weygand hatte Baudouin auch gerufen, weil dieser dem Ministerpräsidenten die Lage erklären und ihm den Zustand der französischen Armee erläutern sollte, falls die Streitkräfte im Norden kapitulierten. Die Armee würde dann nur noch aus 50 Divisionen bestehen, von denen 18 unbewegliche Festungseinheiten waren; dabei mußten sie von der Somme bis zur Maginotlinie eine über 500 km lange Front halten. Weygand beschrieb die restliche Streitmacht als eine „Sandmauer", die bald vom Feind durchbrochen werden würde. Er umriß Baudouin seine Pläne für die Zukunft, „die französische Armee muß an der Somme und der Aisne verzweifelt Widerstand leisten. Wenn der Feind dann diesen Widerstand gebrochen hat, müssen die Reste der französischen Armee, wo sie stehen, bis zur Vernichtung weiterkämpfen, um die Ehre der französischen Fahnen zu retten".

Weygand wiederholte, was er Reynaud schon am Morgen gesagt hatte, es sei von Frankreich „verbrecherisch" gewesen, im letzten September Krieg zu erklären, ohne die Mittel zu besitzen, ihn zu führen. Baudouin äußerte seine Zweifel, ob die Moral der französischen Armee einem neuen verzweifelten Kampf an Somme und Aisne gewachsen sei. Würde es möglich sein, die von dem General vorgesehenen Maßnahmen durchzuführen? „Ich

sagte ihm: ‚Wir haben nur ein Ziel: Frankreich aus seiner jetzigen verzweifelten Lage herauszuholen, um ihm, selbst wenn es im Feld besiegt
wird, einen neuen Aufstieg zu ermöglichen...' Mit Tränen in den Augen
erklärte mir der General, daß er meine Befürchtung teile."

Die beiden trennten sich in weitgehendem Einverständnis. Das schicksalhafte Wort „Waffenstillstand" war nicht erwähnt worden; aber wie
Reynaud betont, hinter den Worten von der „Rettung der nationalen Ehre"
dachten beide daran.[7] Weygand hatte erst seit vier Tagen den Oberbefehl
übernommen.

Am Mittag des folgenden Tages, dem 25. Mai, wurde in Reynauds Büro
eine zweieinhalbstündige Besprechung abgehalten. Vorher hatte der Sonder-
beauftragte Churchills, General Spears, Reynaud, den er von früher her
kannte, seine Beglaubigung überreicht. Reynaud begann mit bissigen Kom-
mentaren darüber, „daß britische Generale stets auf die Häfen zumarschieren". Spears bat ihn, von Beschuldigungen abzusehen, die einzige Hoffnung für Frankreich und England liege darin, „daß wir gemeinsam als
Brüder handeln": „Reynaud nickte zustimmend. Er stand ein- oder zweimal auf, die kleine Gestalt sehr aufrecht, die Schultern zurückgeworfen;
die Hände auf den Rücken gelegt, ging er auf und ab. Mehrmals streckte
er den Hals und drehte den Kopf, als ob er einen zu hohen und engen
Kragen trüge. Seine chinesischen Augen, die sonst immer mit einem
Zwinkern seine geistreichen Bemerkungen begleiteten, lächelten nicht ... Er
wirkte nicht im mindesten erschüttert. Ich sagte mir wie schon so oft zuvor:
Das ist ein liebenswerter, tapferer kleiner Mann."

Reynaud erklärte Spears — was er in den folgenden Wochen noch oft
tun sollte —, daß er mit Zähnen und Nägeln bis zum Ende kämpfen
werde. Dann lud er Spears ein, an einer Sitzung des Kriegskabinetts teilzunehmen.

In Reynauds Büro waren Marschall Pétain, General Weygand, Admiral
Darlan und Paul Baudouin anwesend. Ein Kurier aus Blanchards HQ, ein
Major Fauvelle, wartete darauf, gehört zu werden. Spears sagte: „Der
Gedanke an eine Niederlage oder auch nur der Schatten dieses Gedankens
war mir nie gekommen, als aber Major Fauvelle seine Geschichte in Bruch-
stücken erzählte und die erschreckende Lage enthüllte und als ich seinen
katastrophalen Defätismus erkannte, fühlte ich, wie sich eisige Finger um
mein Herz krallten ... Meiner Ansicht nach hätte man Major Fauvelle
am besten zum Fenster hinauswerfen sollen."

Fauvelle beendete seinen pessimistischen Bericht, indem er erklärte: „Ich
glaube an eine möglichst baldige Kapitulation", was ihm einen Tadel
Reynauds und Weygands einbrachte. Weygand sprach dann sehr düster
über die bestehenden Aussichten, daß „sich die französische Armee in guter
Ordnung zurückziehe" und sich gegen einen neuen deutschen Angriff ver-

teidige. Spears zufolge wandte sich Weygand dann an Reynaud und sagte „mit einer Stimme, die wie eine Säge klang: ‚Es war reiner Wahnsinn, wir sind mit einer Armee von 1918 gegen eine deutsche Armee von 1939 in den Krieg gezogen. Das ist reiner Wahnsinn‘ ". Während dieser und anderer Besprechungen war Spears darüber schockiert, wie oft der Ministerpräsident durch das „harmoniumartige Telephon" gestört wurde. Wenn es nicht seine Geliebte, Hélène de Portes, war, dann ein Parlamentarier, der vorschlug, „sein Schwiegersohn solle aus dem Norden an eine Front versetzt werden, wo weniger Deutsche waren".

Spears gibt zu, daß seine Bewunderung für Reynauds Mut wuchs: „Allmählich konnte ich richtig abschätzen, wogegen er ankämpfen mußte, den Defätismus in höchsten Stellen und die Trance, in die ganz Frankreich verfallen war."

Nach Spears' Weggehen fand am Abend im Élysée[8] eine zweite, noch wichtigere Sitzung des Kriegskabinetts statt, an der Präsident Lebrun teilnahm. Weygand gab ein kurzes, düsteres Resümee der militärischen Operationen seit dem 10. Mai. Er behauptete immer noch, bei seinem „Plan" einer Nordsüdoperation auf Bapaume bleiben zu wollen (trotz allem, was er Baudouin am Vortag gesagt hatte), die in der Nacht vom 26. auf den 27. beginnen sollte; er sei jedoch nicht mehr optimistisch und halte es für seine Pflicht, „auf das Schlimmste vorzubereiten". An dieser Stelle unterbrach ihn Reynaud und erklärte, am Nachmittag ein Telegramm Churchills erhalten zu haben, das den Rückzug der Briten aus Arras bestätigte und anerkannte, daß die Streitkräfte im Norden praktisch eingeschlossen — und abgesehen von Ostende und Dünkirchen —, von ihren Verbindungen abgeschnitten seien. Weygand setzte seinen Bericht fort und sagte voraus, was auf den Verlust der Nordarmeen folgen würde. Frankreich werde den Kampf gegen eine dreifache Übermacht führen müssen. Es müsse sich an der Somme-Aisne-Stellung zum letzten Widerstand stellen. „Alle Teile der Armee müssen bis zuletzt kämpfen, um die Ehre zu retten." Nochmals wiederholte Weygand seine Vorwürfe, daß Frankreich unvorbereitet in den Krieg gezogen sei.[9] „Wahrscheinlich wird es für diese Unklugheit teuer bezahlen müssen." Es sei Zeit, an die Wiederaufrichtung des Landes zu denken.

Jetzt schaltete sich Präsident Lebrun[10] ein und sprach zum erstenmal aus, was Weygand und seine Anhänger dachten, aber nicht sagten: Was dann, wenn die französischen Armeen zerstreut und vernichtet würden, wie Weygand es voraussah? „Natürlich haben wir Vereinbarungen[11] unterzeichnet, die uns hindern, einen Separatfrieden zu schließen. Wenn uns Deutschland jedoch ein verhältnismäßig günstiges Angebot macht, sollten wir es trotzdem genau und objektiv prüfen."

Weygand äußerte seine Zustimmung und meinte, die Regierung solle die

Frage sofort mit den Briten besprechen. Pétain fragte, ob zwischen den beiden Ländern in der Tat wechselseitige Verpflichtungen bestünden, letzten Endes habe England nur zehn Divisionen ins Feld geschickt, gegenüber achtzig französischen. General Vuillemin[12] von den Luftstreitkräften erklärte, die RAF-Jäger seien kaum eingesetzt worden, während die Franzosen täglich 30 Maschinen verloren hätten. Obwohl die Landstreitkräfte der BEF diese Ansicht manchmal wohl geteilt hätten, war das Bild nicht völlig richtig. Trotzdem sagte Vuillemin weiter, auf dem Kontinent seien nur 65 britische Jäger, während 600 zur Verteidigung der Insel bereitstünden. „Man sagt, daß die Engländer täglich hundert Jäger auf den Kontinent geschickt haben. Ich konnte das aber nicht feststellen. Ich besitze keine detaillierten Angaben über das, was die britischen Jäger in Frankreich getan haben."[13] M. Campinchi, der Marineminister, kam mit einem genialen Vorschlag: Wenn Frankreich einen Sonderfrieden ohne britische Zustimmung schließen wolle, könne es sich von den Verpflichtungen dadurch befreien, daß die gegenwärtige Regierung, die die Vereinbarung unterzeichnet hatte, einfach zurücktrete. Die Sitzung endete damit, daß Reynaud erklärte, er werde sofort nach England fliegen und Churchill Frankreichs militärische Notlage schildern. Weygand und seine Anhänger drängten darauf, daß Reynaud die franko-britische Erklärung mit Nachdruck zur Sprache bringen solle. Man diskutierte nicht darüber, ob die französische Regierung im Fall der Niederlage in Frankreich dem Beispiel anderer Regierungen folgen und in London oder anderswo ins Exil gehen solle.

Als Ergebnis der Besprechung vom 25. sagte Reynaud: „Wenn ich nicht alles wußte, wußte ich wenigstens..., daß Pétain und Weygand dafür eintraten, am Tag, an dem die Schlacht verloren war, um Waffenstillstand zu bitten und der Regierung zu gestatten, sich in Paris gefangennehmen zu lassen." Am nächsten Tag berichtete er Churchill in London von dem vollen Ernst der Lage und dem Problem, das die „Weichen" in der Regierung darstellten. Er äußerte auch die Befürchtung, daß Mussolini Italien in den Krieg ziehen würde. Wie konnte England dann helfen? Er erklärte seine Entschlossenheit, bis zum Ende zu kämpfen, lehnte es aber ab, die von Weygand aufgeworfene delikate Frage anzuschneiden. Um 19 Uhr 30 erwartete ihn Baudouin in Le Bourget und fragte sofort: „Was haben Sie Churchill gesagt in bezug auf die Zwangslage, in der wir uns bald befinden könnten — nämlich den Kampf abzubrechen? Unter welchen Bedingungen werden uns die Briten von unserer Verpflichtung entbinden?' ,Ich konnte die Frage nicht stellen', erwiderte er. Ich sagte ihm, daß er nicht richtig gehandelt habe; daß er den Auftrag nicht erfüllt habe, den ihm das Kriegskabinett erteilt hatte."

Wenn ein jüngeres Kabinettsmitglied[14] so mit dem Ministerpräsidenten sprechen konnte, weist das auf die wachsende Bedeutung Baudouins hin.

Hinter Baudouin kann man den Schatten der Comtesse de Portes, seiner politischen Gönnerin, fühlen; sie war unermüdlich, leidenschaftlich englandfeindlich und bereits zu einem Separatfrieden entschlossen. Dieses eine Mal schien sie jedoch nicht in der Lage, die Waffen des Boudoirs gegen ihren Liebhaber einzusetzen, der zum Kampf bis zum Ende entschlossen war.

Pétain hatte während Reynauds Abwesenheit Baudouin aufgesucht. Er sagte ihm, daß er nicht an einen Kampf bis zum Ende glaube. Der alte Marschall, der in dem Ruf stand, das Leben seiner Männer bei Verdun geschont zu haben, glaubte, „daß es leicht und dumm ist, vom Kampf bis zum letzten Mann zu sprechen; es ist auch verbrecherisch, im Hinblick auf unsere Verluste im letzten Krieg und unsere niedrige Geburtenrate". Er war der Meinung, daß ein Teil der Armee gerettet werden müsse; wenn sie nicht „die Ordnung aufrechterhalte, ist ein wahrer Friede unmöglich". In den kommenden Tagen sollten sich diese Worte als genau den Ansichten Weygands entsprechend erweisen.

Aus dem Süden: der letzte alliierte Angriff

Der harte Kern der „Separatfriedenslobby" wurde also von der Achse Weygand - Pétain - Baudouin gebildet. Es war für Frankreich ein Wendepunkt. Die Lobby wurde sich ihrer Macht Reynaud gegenüber immer mehr bewußt. Es war auch die Zeit, in der das Feuer, das Churchill in Weygand zu entdecken geglaubt hatte, endgültig erloschen war. Am 27. begann der lang erwartete Angriff aus dem Süden. Unter dem wiedereingesetzten General Grandsard (früher X. Korps) griffen die 4. und die 7. Kolonialinfanteriedivision in Richtung Amiens an. Sie gelangten bis in Sichtweite der Stadt und bereiteten den deutschen Verteidigern gewisse Schwierigkeiten; dann wurden die Kolonialtruppen unter schweren Verlusten (viele ihrer Soldaten waren Senegalesen ohne Kampfausbildung) durch einen deutschen Gegenangriff auf die Ausgangsstellung zurückgeworfen. Am 28. führte de Gaulle mit dem üblichen Mut und Elan seine dritte Offensivaktion durch; unterstützt von der 51. britischen (Hochlands-)Division stieß er gegen den Brückenkopf von Abbeville vor. De Gaulle behauptet: „. . . auf dem Schlachtfeld herrschte Siegesstimmung. Jedermann trug den Kopf hoch. Die Verwundeten lächelten. Die Geschütze krachten freudig. Die Deutschen vor uns waren nach einem harten Kampf gewichen."

Man machte 500 Gefangene, aber der Angriff verflackerte am zweiten Tag wiederum: der deutsche Brückenkopf war nicht beseitigt worden, von einem Einbruch in den Panzerkorridor gar nicht zu reden. Die französischen Streitkräfte an der Somme gingen wieder in die Defensive.

Das war die letzte franko-britische Offensivbemühung; der Weygand-Plan hauchte sein Leben aus. Sein Schöpfer hatte die Hoffnung aufgegeben, noch ehe der Plan zur Durchführung kam. Am 29., als de Gaulle noch Abbeville angriff, legte Weygand dem Kriegskabinett ein Memorandum vor, in dem er einen Vergleich mit dem verlorenen Krieg von 1870 zog.

Damals hatte Frankreich, als seine reguläre Armee zerschlagen war, Milizkräfte aufgeboten, „die den Krieg um fünf Monate verlängert und die Ehre Frankreichs gerettet hatten". „Jetzt würde uns, selbst wenn die Ausrüstung vorhanden wäre, der Feind nicht die Zeit zur Aufstellung neuer Truppen lassen." Pétain gratulierte Weygand und pflichtete seiner Auffassung bei. Weygand sagte dann zu Reynaud: „Ich hoffe, die Somme-Aisne-Linie halten zu können, es ist jedoch meine Pflicht, Ihnen zu sagen, daß ich nicht sicher bin, ob ich das tun kann." Seine Meinung war nun völlig klar: er wollte noch eine Schlacht schlagen, „um die Ehre Frankreichs zu retten", dann war alles zu Ende. Reynaud antwortete entschlossen, daß er den Krieg, wenn nötig, von Nordafrika aus weiterführen werde.

Dünkirchen

In diesen Tagen begann Gort hartnäckig, und ohne sich von Churchills Grollen noch von Blanchards Bitten beeinflussen zu lassen, die Streitmacht aus Dünkirchen zu evakuieren, von der die unmittelbare Sicherheit Englands und letzten Endes auch die Rettung Frankreichs abhing.

Obwohl Gort (jedenfalls bis zum 26. Mai) gegen Churchills Willen handelte, fand dieser später in dem Memoirenwerk „Der Zweite Weltkrieg" Worte höchsten Lobes für ihn: „Im Vertrauen auf seine militärischen Fähigkeiten und überzeugt von dem völligen Zusammenbruch jeglicher Kontrolle, sowohl durch die britische und französische Regierung wie auch durch das französische Oberkommando, ... hat Lord Gort in alldem auf eigene Verantwortung gehandelt. Aber inzwischen waren wir daheim auf Grund etwas anderer Informationen bereits zu den gleichen Schlüssen gelangt."

Am 26. erhielt Gort demgemäß eine amtliche Weisung des Kriegsministeriums, „von nun an auf die Küste hin zu operieren". Nur wenige hofften damals, mehr als einen Bruchteil der BEF retten zu können. Ironside schätzte privat, die Briten wären glücklich, 30.000 Mann herauszuholen,[15] und Gort selbst funkte als Antwort auf die Weisung: „Ich darf Ihnen nicht verhehlen, daß ein großer Teil der BEF und ihrer Ausrüstung auch unter den besten Umständen verlorengehen werden." Am 28. warnte Churchill das Unterhaus, es solle sich auf „harte und schwere Nachrichten gefaßt machen". Ohne Gorts Entscheidung, sich aus Arras abzusetzen, und ohne Hitlers Haltebefehl wären Ironsides pessimistische Schätzungen wohl Wahrheit geworden.

Die Geschichte des „Wunders von Dünkirchen" wurde schon so oft erzählt, daß ihr nur wenig hinzugefügt zu werden braucht. Während des dreitägigen Stopps der Panzer hatte Gort eine mächtige Abwehr um den Brückenkopf von Dünkirchen aufbauen können. Entscheidend war jedoch die Luftherrschaft. Die RAF setzte jede verfügbare Maschine ein. Tag und Nacht fielen die Bomber über die angreifenden Deutschen her, die Jäger flogen bis zu vier Einsätze am Tag; insgesamt kam der britische Jagdschutz während der Evakuierung auf 2739 Einsätze. Zum erstenmal seit Beginn des Feldzugs ließ das grausam schöne „Göring-Wetter", das ihr bisher so sehr geholfen hatte, die Luftwaffe im Stich; mindestens während der Hälfte des neuntägigen Epos von Dünkirchen beschränkten Nebel und schlechte Sicht die Einsatzmöglichkeit. Selbst an den guten Tagen wurde die Luftwaffe, die durch die Verluste und die Strapazen der dreiwöchigen Offensive geschwächt[16] war, empfindlich von der RAF belästigt, die lediglich über die Straße von Dover zu fliegen brauchte, um einen Luftschirm über Dünkirchen aufzubauen. Nur an zwei Tagen, am 27. Mai und am 1. Juni, erzielte die Luftwaffe überragende Erfolge. Mit jedem Tag, der verstrich, wurde Görings Prahlerei, er „könne die Sache aus der Luft beenden", mehr und mehr undurchführbar.

Am Abend des 27. Mai waren nur insgesamt 7769 Mann — eine enttäuschend kleine Zahl — eingeschifft worden. Doch schon am nächsten Tag setzte die Royal Navy eine riesige Armada ein, bis herab zu den kleinsten Segelbooten, und die Zahl der Evakuierten stieg auf 17.804. Am 29. gelang es mit Hilfe französischer Kriegsschiffe, die Leistung auf 47.310 zu steigern, bis am 31. Mai der Tagesrekord von 68.014 erreicht wurde. An diesem Tag schiffte sich Gort selbst nach England ein, er hatte von Churchill den strikten Befehl erhalten, das Kommando einem seiner Korpskommandeure zu übergeben, sobald die Stärke der verbleibenden BEF auf drei Divisionen abgesunken war.[17] Am selben Tag wohnte Churchill einer Sitzung des Kriegsrates in Paris bei und teilte mit, daß die erstaunliche Zahl von 165.000 Mann evakuiert worden sei. Weygand fragte sofort, wie Spears bemerkt, nörgelnd und aggressiv: „Aber wieviel Franzosen? Werden die Franzosen zurückgelassen?" Als Churchill die Zahl 15.000 nannte, gab es natürlich verärgerte Kommentare. (Tatsächlich hatte Blanchard — zu Gorts Erstaunen — bis zum 29. keinen Befehl von Weygand erhalten, französische Truppen zu evakuieren.) Bei der Besprechung vom 1. Juni bestimmte daraufhin Churchill, daß Briten und Franzosen zu gleichen Teilen „bras dessus bras dessous", wie er es in seinem robusten Französisch ausdrückte,[18] evakuiert werden sollten.

Am Morgen des 3. Juni waren die letzten britischen Soldaten eingeschifft.

Die Deutschen waren 2 km vom Meer entfernt, wurden aber immer noch von den tapferen französischen Nachhuten aufgehalten. Im Morgengrauen des nächsten Tages legte das letzte Schiff mit einem letzten Kontingent Franzosen ab. Insgesamt 337.000 Mann, darunter 110.000 Franzosen, waren um den Preis von sechs britischen und zwei französischen Zerstörern und vieler kleiner Schiffe der „Sichelschnitt"-Falle entkommen. Die Erkenntnis, daß 30.000 Franzosen der Nachhut, zusätzlich zu denen im Kessel von Lille, den Deutschen ausgeliefert waren, weckte in den französischen Herzen neue Bitterkeit gegen die Briten. Obwohl Churchill das Unterhaus am 4. Juni warnte, daß „Kriege nicht durch Evakuierungen gewonnen werden", werden die Briten Dünkirchen immer als einen ihrer größten Triumphe werten. Für die Franzosen bedeutete Dünkirchen eine Niederlage und die Fahnenflucht eines Verbündeten. Im Hinblick auf die Gesamtstrategie des Krieges war es jedoch Hitler, der bei Dünkirchen die schwerste Niederlage erlitt.

20. KAPITEL

Die letzte Schlacht
5. bis 22. Juni

... Niederlage ist eine Sache der Müdigkeit, der Zusammenhanglosigkeit, der Langeweile. Und vor allem der Hilflosigkeit.

Antoine de Saint-Exupéry: Flug nach Arras

Nur mit Schaudern kann man an unsere Ahnungslosigkeit während der vergangenen acht Monate denken, in denen unsere edelste Pflicht darin zu bestehen schien, die Mußestunden unserer Soldaten an der Front erfreulicher zu gestalten.

„L'Œuvre", 30. Mai

Soldaten der Westfront!
Dünkirchen ist gefallen ... Damit ist die größte Schlacht der Weltgeschichte beendet.
Soldaten! Mein Vertrauen zu Euch war ein grenzenloses. Ihr habt mich nicht enttäuscht.

Adolf Hitler: Tagesbefehl vom 5. Juni

Während die deutsche Armee unerhörte Verluste erleidet, bleibt die französische Armee intakt.

Radio Straßburg, 12. Juni

Operation Rot. Die Gegner

An dem Tag, an dem Dünkirchen fiel, befahl Hitler um Mitternacht, daß alle Glocken im Reich drei Tage lang zur Feier der Beendigung der „größten Schlacht der Weltgeschichte" läuten sollten. Eine Stunde später, am 5. Juni, gab der Wehrmachtsbericht bekannt: „Die zweite große Offensive beginnt heute." Um bei der Entscheidung „dabei"zusein, hatte Hitler sein Hauptquartier aus dem „Felsennest" nach Westen verlegt.[1] Zuvor hatte er noch befohlen, die ganze Umgebung des in der Eifel stationiert gewesenen Hauptquartiers als „Nationaldenkmal" zu erhalten, selbst die Namensschilder sollten an den Türen der Räume bleiben. Halder schrieb am 4. Juni zufrieden in sein Tagebuch: „Am Abend ein Glas Wein mit dem Oberbefehlshaber in seinem Landsitz. Wundervoller Abendfriede, harmonische Atmosphäre."

In den sechs Tagen Ruhe waren die deutschen Panzer völlig reorganisiert und umgruppiert worden. Für die letzte Schlacht waren sie jetzt in fünf Panzerkorps zu je zwei Panzerdivisionen und eine motorisierte Infanteriedivision eingeteilt. Drei der Korps erhielt Bock, der noch an der rechten deutschen Flanke stand, und zwei Rundstedt, der jetzt den Franzosen im Osten von Laon bis zur nördlichen Verankerung der Maginotlinie bei Montmédy gegenüberstand. Ganz rechts in der deutschen Linie hielten an der unteren Somme Rommels 7. und die 5. Panzerdivision, beide wieder unter Hoth als Korpskommandeur. Vor Amiens und Péronne folgte Kleists Panzergruppe, die nun zwei Panzerkorps[2] umfaßte; weiter östlich, längs der Aisne, dem Raum von Rethel gegenüber, stand Guderian, der jetzt eine Panzergruppe von zwei Korps befehligte.[3] Insgesamt hatten die Deutschen von der See bis zur Maas 104 kriegsstarke Divisionen zusammengefaßt.

An dieser 360 km langen Front verfügte Weygand nur über 43 Infanteriedivisionen[4] und drei stark reduzierte und nur teilweise neubewaffnete Panzerdivisionen sowie drei ähnlich geschwächte leichte motorisierte Divisionen. 25 von Weygands Infanteriedivisionen waren — verspätet — von der Maginotlinie abgezogen worden, weitere 17 blieben noch dort. Dazu kamen noch die britische 51. Division und die 1. Panzerdivision, die allerdings nur mehr ein Drittel ihrer Stärke aufwies und hauptsächlich mit leichten Panzern ausgerüstet war. Unterwegs an die Front waren zwei weitere Divisionen (davon eine kanadische), die zwei einzigen voll ausgerüsteten Einheiten, die auf der Insel geblieben waren. Bei den Luftstreitkräften hatten die französische Produktion und amerikanische Lieferungen die Verluste zum großen Teil ausgeglichen. Zum erstenmal sah man Glenn-Martin-Bomber und die neuen Dewoitine-520-Jäger, mit einem Geschütz und 4 MG bewaffnet, in der Luft. General d'Astiers ZOAN verfügte jetzt über 125 Bomber, davon 93 modernster Bauart, die auch zum Tageseinsatz geeignet waren, sowie 225 Jäger. General Vuillemins Bitten um weitere 20 britische Jägerstaffeln hatten die Engländer abgelehnt. Bis zum 5. Juni verfügte Barratts AASF, die am 20. Mai auf nur mehr 30 Kampfmaschinen reduziert war, wieder über 30 Jäger und 70 Bomber, eine Tatsache, die damals in Frankreich nicht gebührend anerkannt wurde. Die Operationen in Frankreich wurden zudem von 250 Bombern des Bomberkommandos in England unterstützt; laut d'Astier waren an der zweiten Phase der Schlacht insgesamt 980 Maschinen beteiligt, allerdings war die Bodenorganisation verzweifelt schwach.

Weygand konnte also etwa 60 Divisionen einsetzen, seine Luftstreitkräfte bezeichnete er als „lächerlich schwach". Für die Weygand-Linie hinter der Somme und der Aisne verließ sich Weygand, der endlich die Philosophie der „fortlaufenden Front" aufgegeben hatte, auf ein „Schachbrett von Igeln". Jeder Igel bestand aus Truppen, die sich um ein natürliches Hindernis (einen Wald oder einen Ort) gut eingegraben hatten und mit 7,5-Geschützen zur Panzerbekämpfung ausgerüstet waren. Diese alte Weltkriegswaffe sollte „wie ein Revolver" gegen die Panzer gerichtet werden. Die „Igel" sollten durchhalten, selbst wenn sie vom Feind umzingelt oder umgangen waren. Hinter ihnen blieben die „groupements de manœvre", bestehend aus den wenigen Panzereinheiten, die noch geblieben waren. Das war endlich ein Versuch der Verteidigung in der Tiefe. Unglücklicherweise fehlten der Weygand-Linie jedoch die Kräfte für eine *echte* Tiefenverteidigung gegen die Panzer. Seiner Auffassung getreu, daß man eine letzte Schlacht fechten solle, um die Ehre zu retten, ehe die Regierung um Frieden bat, hatte Weygand keine zweite Linie aufgebaut, auf die man sich zurückziehen konnte, wenn die Weygand-Linie durchbrochen war.

Die Franzosen leisten Widerstand

Nach dem deutschen Plan sollte Bock am 5. Juni den Angriff eröffnen und Rundstedt vier Tage später folgen. Bocks Streitkräfte stießen sofort auf unerwartet zähen Widerstand. So verzweifelt ihre Lage war, die französischen Verteidiger kämpften mit einer Entschlossenheit und einem Opfermut, den man an der Maas nicht erlebt hatte. Das Heulen der Stukas löste keine Panik mehr aus. Die französischen Kanoniere kämpften und starben bei ihren 7,5ern und schossen eine beträchtliche Zahl von Panzern ab. Der Kriegsberichterstatter Karl von Stackelberg, der dem Vormarsch von der Maas an gefolgt war, schrieb: „In den zerstörten Dörfern kämpften die Franzosen bis zum letzten Mann. Manche Igel leisteten noch Widerstand, als unsere Infanterie schon 30 km weiter vorgestoßen war." Bei Amiens wie bei Péronne kamen Kleists zwei Panzerkorps nur einige Kilometer weiter, es gelang ihnen aber nicht, aus den Brückenköpfen auszubrechen, und selbst Rommel wurde fast einen ganzen Tag bei Hangest und Le Quesnoy in den Sümpfen des Unterlaufs der Somme aufgehalten. Am Ende des Tages war Weygand beeindruckt, wie gut sich die Truppe geschlagen hatte — weit besser als erwartet. Jetzt bestand sogar Grund zur Hoffnung. Aber der Preis war hoch gewesen, und die materielle Überlegenheit des Gegners war gewaltig. In einer Szene des deutschen Wochenschaufilms „Sieg im Westen" erledigt ein riesiges deutsches Sturmgeschütz mit gezieltem Feuer einen einzelnen französischen Scharfschützen, der sich in einem Haus eingenistet hatte. Nichts hätte die ungleiche Kräfteverteilung auf beiden Seiten in diesen verzweifelten Tagen besser charakterisieren können.

Am 6. hielten die Franzosen Kleist südlich von Amiens und Péronne wieder auf. In diesen zwei Schlachttagen wurden bei einem seiner Panzerkorps 65 Prozent der Panzer kampfunfähig geschossen. Das Unheil traf die Franzosen jedoch in der Flanke. Beschleunigt wurde es durch Rommel, der nach hartem Kampf westlich von Amiens durchbrach und an der Somme 30 km weit nach Süden stieß. Am nächsten Tag (dem Geburtstag seiner Frau) stürmte er weitere 50 km nach Forges-les-Eaux, an der Straße Beauvais - Dieppe und nur 40 km von Rouen entfernt. Wie üblich hatte er sich blitzschnell der Lage angepaßt und war mit Weygands Schachbrettsystem fertig geworden, indem er seine Division querfeldein führte und so den „Igeln" auswich; er überließ sie der nachfolgenden Infanterie. Sein Vorstoß an diesem Tag zerriß die 10. Armee General Robert Altmayers in zwei Teile; zu den Einheiten, die an der Küstenflanke verblieben, gehörte auch die britische 51. Hochland-Division. Am 8. nahm Rommel Elbeuf an der Seine und schnitt dadurch Rouen ab. In bester Stimmung schrieb er seiner Frau am 9.: „Zwei Tage auf der Verfolgung, zuerst nach Süden, dann nach Südwesten. Ein voller Erfolg. Gestern 70 km", und am 10.: „Unsere Erfolge sind gewaltig, es scheint mir unvermeidlich, daß die andere Seite bald zusammenbrechen wird. Wir haben uns nie vorgestellt, daß der Krieg im Westen *so* sein würde."

Die 5. Panzerdivision hatte inzwischen Rouen genommen, und links von Rommel hatte das XXXVIII. Infanteriekorps die untere Seine erreicht, geführt von General von Manstein, der zu dieser späten Zeit noch an dem Triumph teilnehmen durfte, der so sehr seinem Genie zu verdanken war. Rommel mußte jetzt nach Nordwesten zur See in die Nähe von Fécamp vorstoßen, um den Rückzug des isolierten linken Flügels Altmayers abzuschneiden. Nach einem weiteren 100-km-Marsch erreichte er die Küste in einem einzigen Tag, dann stieß er nach Dieppe zurück. Bei dem kleinen Hafen Saint-Valéry-en-Caux fiel er über den abgeschnittenen Teil von Altmayers Armee her, der einen Brückenkopf für die Evakuierung vorbereiten sollte. Es kamen aber keine Schiffe, und am 12. kapitulierte die Garnison. An diesem Tag machte Rommel 40.000 Gefangene, darunter zwölf Generale. Dazu gehörte die 51. Hochland-Division mit ihrem Kommandeur Generalmajor Fortune, eine der besten britischen Kampfeinheiten.

Am 14. besetzte Rommel Le Havre, nach zwei Tagen Ruhe stieß er auf Cherbourg vor, er kam durch ein Gelände, das er als Feldmarschall, und fast genau vier Jahre später, gegen amerikanische Panzer verteidigen sollte, die fast die gleiche numerische Überlegenheit besaßen wie die Deutschen 1940. Am 17. stellte er einen unübertroffenen Rekord auf und legte an einem einzigen Tag 240 km zurück. Zwei Tage später nahm er die

Kapitulation von Cherbourg entgegen. Für Rommel und die 7. Panzer-division, die die Franzosen die „Phantomdivision" nannten, war der Feld-zug zu Ende. In sechs bemerkenswerten Wochen hatte sie 97.468 Gefangene gemacht und 277 Geschütze, 458 gepanzerte Fahrzeuge und über 4000 Last-autos erbeutet. Die eigenen Verluste beliefen sich auf 682 Gefallene (ein-schließlich der relativ hohen Zahl von 52 Offizieren), 1646 Verwundete und 296 Vermißte; nur 42 Panzer waren als Totalverlust abzuschreiben.[5]

Wieder Guderian

Am 9. Juni begann Rundstedts Angriff. Weygand hatte am Morgen in einem Tagesbefehl erklärt: „Die letzte Viertelstunde ist angebrochen. Weichet nicht!"

Der deutsche Angriff, den Guderians Panzergruppe anführte, begann beiderseits Rethel. Inzwischen war das Hauptgewicht der Panzergruppe, die seinem früheren Chef und Gegner Kleist unterstand, ebenfalls nach Osten zur Aisne gedreht worden, nachdem sie südlich Amiens und Péronne auf dem direkten Marsch auf Paris gebremst worden war. Im Gegensatz zum Maasübergang sollte dieses Mal zuerst die Infanterie Brückenköpfe schaffen, ehe Guderian seine Panzer einsetzte. Aber, so sagte Guderian, „um 12 Uhr erhielt ich Meldungen von der Front beiderseits Rethel, daß die Angriffe fehlgeschlagen waren. Meine Beobachter an den anderen Fronten meldeten, daß die Infanterie nur einen einzigen kleinen Brücken-kopf von 1,5 bis 2 km Tiefe in der Nähe von Château Porcien hatte errichten können."

Wieder wehrten sich die Franzosen heroisch; die zähe 14. Division de Lattre de Tassignys will allein etwa 800 Gefangene gemacht haben. Wenn nur Grandsards Männer bei Sedan besser gekämpft hätten, als die Übermacht noch nicht so für die Deutschen sprach! Guderian beschloß jetzt, im Schutz der Dunkelheit Panzer der 1. Panzerdivision in den Brücken-kopf zu bringen. Am nächsten Tag kamen die Panzer nur langsam voran, am Nachmittag wurde eine harte Panzerschlacht im Raum Juniville gegen die Reste von Guderians altem Gegner, der 3. Panzerdivision, ausgefochten. Oberst Balck erbeutete persönlich die Fahne eines französischen Regiments, aber Guderian gibt schwere Verluste zu. Am 11. berichtete Guderian dann, die 1. Panzerdivision sei „wie im Manöver" vorangekommen. An der Aisne ging der Widerstand in der Weygand-Linie sichtlich zu Ende. Rein-hardts zwei und Kleists vier Panzerdivisionen überschritten die Aisne; mit ihrer unwiderstehlichen Panzermasse stießen sie nach Süden. Bei Einbruch der Nacht wurde Reims erreicht, am Morgen des 12. nahm Guderian Châlons-sur-Marne.

Die Einnahme von Rouen im Westen und der Maasübergang im Osten bedeuteten, daß Paris, die heilige Hauptstadt Frankreichs, rettungslos verloren war. Am 3. Juni wurde Paris zum erstenmal bombardiert, 250 Menschen sollen ums Leben gekommen sein. Zum drittenmal in 70 Jahren glich Paris wieder einer belagerten Stadt. Am folgenden Tag übersiedelte das GQG Nordost von Les Bondons in eine bescheidene Unterkunft in Briare an der oberen Loire. Am nächsten Tag verkündete der französische Rundfunk: „Aus zwingenden militärischen Gründen ist die Regierung gezwungen, die Hauptstadt zu verlassen. Der Ministerpräsident ist unterwegs zu den Armeen.“ Um Mitternacht fuhr der Wagen mit Reynaud und seinem neuen Staatssekretär für nationale Verteidigung, General Charles de Gaulle, nach dem neuen Regierungssitz Tours. Ihm folgte ein endloser Strom von Flüchtlingen. Ilja Ehrenburg, der als Korrespondent für Hitlers russischen Verbündeten zurückblieb, war von Mitleid bewegt: „Ein alter Mann schob mühsam einen mit Kissen beladenen Handkarren. Obenauf saßen ein kleines Mädchen und ein kleiner Hund, der jämmerlich heulte.“

Im Gegensatz dazu berichtet de Gaulle, wie plötzlich an einer langen Kette Flüchtlinge „ein Konvoi luxuriöser amerikanischer Wagen mit weißen Reifen“ vorbeigebraust sei, „Milizmänner auf den Trittbrettern und Motorradfahrer rings um die Prozession; das war das diplomatische Korps auf dem Weg zu den Loireschlössern“. Reynaud und de Gaulle erreichten Orléans erst im Morgengrauen.

Bis zu diesem Augenblick hatte die französische Regierung immer wiederholt, daß sie vor und hinter Paris kämpfen würde. Man hatte erst am Wochenende erklärt, Paris sei in Verteidigungszustand versetzt worden. Alle 50 m hatte man auf den Champs-Élysées Busse quergestellt, um deutsche Luftlandetruppen am Landen zu hindern. In der Nacht des 11. beschloß Weygand sodann, Paris „zur offenen Stadt zu erklären“. Daß Paris ohne Kampf kapitulierte, während Warschau, London, Leningrad und Stalingrad den Kampf aufnahmen und zerstört wurden, ist seither Quelle des Zanks geblieben. Damals hielten viele loyale Franzosen wie André Pertinax eine Kapitulation für einen „Vorgang ohne Beispiel“. 1870/71 hatte der Krieg in den Provinzen nur wegen des heroischen Widerstands der Hauptstadt weiter angedauert. Am 11. Juni war die militärische Lage jedoch so schlecht, daß ein Kampf um Paris kaum mehr militärische Vorteile gebracht hätte. Psychologisch war die Aufgabe von Paris jedoch ein schwerer Schlag für die französische Moral. André Maurois, der am 10. erfuhr, daß Paris nicht verteidigt werden würde, sagte: „In dem Augenblick wußte ich, daß alles vorbei war. Frankreich ohne Paris würde ein Leib ohne Kopf werden. Der Krieg war verloren.“

Als sich die Deutschen Paris näherten, fiel nach Wochen makellosen Wetters ein leichter Nieselregen. Am frühen Morgen des 14. Juni empfing Oberstleutnant Dr. Hans Speidel vom Stab von Küchlers[6] 18. Armee zwei französische Offiziere mit Parlamentärsflagge, die die Übergabe von Paris anboten. Später am Vormittag rückten Truppen der deutschen 87. Infanteriedivision, geführt von einer Pak-Abteilung, die das Hôtel de Ville und den Invalidendom besetzte, geordnet und ohne Blutvergießen in Paris ein. William Shirer, der drei Tage später folgte, schreibt: „Ich wollte, ich wäre nicht gekommen. Meine deutschen Begleiter sind bester Laune."

Als er über den Place de l'Opéra ging, sah „ich zum erstenmal in meinem Leben keine Verkehrsstauung, keine französischen Polizisten, die den eingekeilten Autos sinnlose Befehle zuschrien. Die Fassade der Oper war hinter Sandsackbarrieren verborgen. Das Café de la Paix hatte anscheinend eben wieder aufgesperrt. Ein einsamer Garçon brachte Tische und Stühle. Deutsche Soldaten standen auf der Terrasse und rissen sie ihm aus der Hand".

Am folgenden Tag beobachtete er bereits eine offene Fraternisierung zwischen deutschen Soldaten und Parisern: „Merkwürdig, aber jeder deutsche Soldat trägt eine Kamera. Ich sah sie heute zu Tausenden, wie sie Notre-Dame, den Arc de Triomphe und den Invalidendom photographierten ... In Paris sind heute zwei neue Zeitungen erschienen, ‚La Victoire' (wie die Ironie des Lebens es so mit sich bringt) und ‚Le Matin'. Dieser hat bereits England angegriffen und ihm die Schuld an Frankreichs mißlicher Lage gegeben."

Am Tag nach dem Fall von Paris schrieb Halder in sein Tagebuch: „Wieder ein wichtiger Tag in der Militärgeschichte!" Verdun, die mächtige Festung, das Symbol, vor dem 1916 Hunderttausende Deutsche vergeblich geopfert worden waren, war nach 24stündigem Kampf und um den Preis von weniger als 200 Toten gefallen. Für die Deutschen wurde der Feldzug zusehends zu einem bloßen Verfolgungsrennen auf Frankreichs Straßen, Rommel jagte nach Cherbourg. Am 14. kam Guderian nach Saint-Dizier und fand Oberst Balck friedlich auf einem Stuhl auf dem Marktplatz sitzen; am 15. hatte die 1. Panzerdivision die alte Festungsstadt Langres genommen und stieß nach Gray-sur-Saône am Fuß des Jura vor. Am nächsten Tag nahmen Guderians Kolonnen Besançon, und am 17. (seinem Geburtstag) erfuhr er, daß die 29. motorisierte Division Pontarlier an der Schweizer Grenze erreicht hatte. Gleichzeitig hatten Kleists Panzer an der oberen Seine Dijon erobert. Die Maginotlinie,[7] die furchtbare „Große Mauer" und die gewaltige Heeresmacht, die sie verteidigte, war von dem übrigen Frankreich isoliert, zu dessen Schutz sie erbaut worden war.

Endlich war, wie für den Triangelspieler, der im Orchester auf seinen einzigen Einsatz wartet, der Augenblick für die Maginotlinie gekommen.

Von allen Seiten angegriffen und in ihren tiefen, sonnenlosen Kasematten, ohne Ahnung davon, was im übrigen Frankreich geschah, kämpften die Verteidiger dieses weißen Elefanten der französischen Politik zwischen den Kriegen bis zum Ende weiter. Keine der großen Festungen der Linie ist tatsächlich gefallen.

Mussolini erklärt den Krieg

Als ob Frankreichs Leidensbecher noch nicht voll gewesen wäre, erschienen nun die Aasgeier, die witterten, daß seine Wunden tödlich waren. Mussolini hatte es schon lange gelüstet, ein Stück französischen Territoriums und einige Brosamen des Ruhms zu erraffen. Zu Marschall Badoglio sagte er: „Ich brauche nur einige tausend Tote, um mir das Recht zu sichern, als Kriegführender an den Friedensverhandlungen teilzunehmen." Mehrmals hatte Präsident Roosevelt bei Mussolini interveniert und gebeten, Italien möge neutral bleiben. Hitlers Zögern, Mussolini als Mitkriegführenden aufzunehmen (wie sich später herausstellte, mit gutem Recht), hatte mehr Gewicht. Schließlich konnte Mussolini nicht mehr länger warten. „Ich kann nicht einfach dasitzen und beim Kampf zuschauen", explodierte er Anfang Juni. „Wenn der Krieg vorbei ist und wir gesiegt haben, werde ich mit leeren Händen dasitzen!" Am 10. Juni, dem Tag, an dem die französische Regierung Paris verließ, erklärte Italien Frankreich den Krieg. Roosevelt verdammte zornig „die Hand, die dem Nachbarn den Dolch in den Rücken stieß". Italiens Eingreifen hatte allerdings nur geringe militärische Folgen. In den fünf Tagen Kampf, die bis zur Unterzeichnung des Waffenstillstands noch verblieben, war die italienische Armee von 32 Divisionen kaum imstande, in Frankreichs Alpenfront, die von General Orly mit drei Divisionen verteidigt wurde, einzubrechen; an der Côte d'Azur wurde die italienische Invasion von einem Unteroffizier mit sieben Mann aufgehalten.[8]

Die Soldaten: Letzter Widerstand

Für die französischen Soldaten schien der Rückzug endlos weiterzugehen: „Man konnte den Geruch der Erde, des guten Juniregens, den schwitzender Pferde und den der gestärkten weißen Blusen der Bauernmädchen riechen", schrieb Hans Habe. „Und dann wandte sich der Blick zurück auf die Flut hinkender Soldaten, die angesichts der fliehenden Frauen vergeblich wie Männer auszusehen versuchten. Man sah verzweifelt schreiende oder totenstille Kinder. Offizierswagen, die ihre schneidenden Hupen betätigten und den Weg frei zu machen versuchten; helle Kavalleristenuniformen auf nervösen, müden Pferden, Wagen mit ihren schlafenden Fahrern, Geschütze ohne Munition; die ganze unordentliche Trauerprozession einer aufgelösten Armee."

In den letzten, schrecklichen Tagen war die Qualität des Widerstands verschieden. Vielleicht war es doch ein Wunder, daß Soldaten unter diesen Umständen überhaupt noch zum Kampf bewegt werden konnten. In Vierzon soll ein Panzeroffizier, der die Stadt verteidigen wollte, von den wütenden Bürgern gelyncht worden sein. Bei manchen Einheiten gab es Anzeichen von Meuterei, während desertierte Soldaten in den Wäldern bei Paris Passanten beraubt haben sollen. Man stellte auch fest, daß Frankreich — sei es durch Inkompetenz oder aus mangelndem Willen — sein militärisches Potential keineswegs bis zur Neige ausgeschöpft hatte. Die Deutschen fanden riesige Depots mit Waffen, Munition, Kleidung, Treibstoff und sogar mit neuen Panzern, die unerklärlicherweise die Armeen nie erreicht hatten. Spears stellte auf seiner Fahrt nach Bordeaux, dem endgültigen Regierungssitz, fest, „daß fast alle Städte und Dörfer, durch die ich kam, voll von müßigen, gaffenden Soldaten waren, ... wieso sagte man dann, daß alle Vorräte und das Menschenpotential erschöpft seien?"

Die Richtigkeit solcher Vorwürfe kann wohl nie mehr überprüft werden. Trotzdem gibt es zum mindesten in den Tagen von Frankreichs Qual ein Beispiel, das in den französischen Geschichtsbüchern wie ein Nachglanz des Ruhms aus vergangenen Tagen erscheinen wird. Am 19. Juni, dem Tag, an dem Pétain um Waffenstillstand bat, erreichten Bocks Panzer Saumur an der Loire, den Sitz der berühmten Kavallerieschule. Die jungen Kadetten wollten die Schule nicht ohne Kampf aufgeben. Nur mit Ausbildungswaffen ausgerüstet, hielten sie die Brücken von Saumur zwei volle Tage gegen die Panzer, bis ihre Munition zu Ende ging.

Zweifellos gibt es noch andere Beispiele solch hoffnungslosen Heldentums, von denen man nicht mehr erfahren wird.

Die Politiker: Letzter Widerstand

Während die deutschen motorisierten Kolonnen in die Eingeweide Frankreichs stießen und sich dort nach allen Seiten ausbreiteten und verästelten, wurde in den alliierten Kriegsräten ein erbitterter Kampf geführt. Obwohl England zu der Haltung eines mehr oder weniger hilflosen Zuschauers gezwungen war, war seine Position relativ einfach. Um jede Stunde, die Frankreich im Kampf blieb, verzögerte sich die deutsche Invasion um eine Stunde, die England zur Neurüstung gegen den Angriff nützen konnte. Sollten sich die französischen Armeen nicht lieber in eine bretonische Festung zurückziehen, wo sie, von der Royal Navy versorgt, aushalten konnten, bis ihnen neue Armeen aus England, dem Empire und möglicherweise aus Amerika zu Hilfe kamen? Oder wenn alle Hoffnung versagte, könnte sich dann nicht die französische Armee mit der Regierung nach Nordafrika zurückziehen und sich dort hinter dem gemeinsamen Schild der britischen und französischen Marine wieder erholen? Das waren die besorgten Hoffnungen Englands. Vor allem befaßten sich Churchill und seine Regierung jedoch mit dem Schicksal der französischen Flotte. Wenn sie in Feindeshand fiel, bedeutete es das Ende Großbritanniens, das Ende für alle.

Am 11. Juni machte Churchill, von Reynaud gerufen, seinen vierten Besuch in Frankreich. Die Begegnung fand in Briare statt. Neben Pétain und Weygand war zum erstenmal auch de Gaulle zugegen. Reynaud hatte ihn vermutlich mitgebracht, um seine Position gegenüber den „Weichen" zu stärken. Spears erinnert sich, daß mit Ausnahme des ruhig-phlegmatischen de Gaulle „die Franzosen mit weißen Gesichtern saßen, die Augen auf den Tisch gerichtet. Sie sahen tatsächlich wie Gefangene aus, die man aus einem tiefen Verlies geholt hatte, um sie den unvermeidlichen Schuldspruch hören zu lassen".

Churchill drängte sofort darauf, daß Paris verteidigt werde. „Ich betonte die gewaltige absorbierende Kraft einer Haus-zu-Haus-Verteidigung auf eine angreifende Armee." Als Antwort forderte Weygand, daß jede verfügbare Jägerstaffel in die Schlacht geworfen werde.

„Hier", sagte er (laut Churchill), „ist der Moment der Entscheidung. Jetzt ist der entscheidende Augenblick." — „Nein", erwiderte Churchill stahlhart, „der Moment der Entscheidung kommt dann, wenn sich die Luftwaffe auf die Britischen Inseln stürzt." Für französische Ohren war das genausowenig ermutigend wie Churchills Versprechen, England würde Frankreich, wenn es bis zum Frühling 1941 aushalte, 25 frische Divisionen senden. Spears erklärt nachsichtig, er habe Reynauds „unterdrückte Gereiztheit über das Angebot" bemerkt. Reynaud sagte spitz: „Zweifellos wird die Geschichte sagen, die Schlacht um Frankreich sei aus Mangel an Flugzeugen verlorengegangen." — „Und an Panzern", erwiderte Churchill.

Weygand, der immer behauptet hatte, er werde bis zum Ende kämpfen, war ganz Defätismus. „Ich bin hilflos, ich kann nicht eingreifen, denn ich habe keine Reserven. C'est la dislocation." Er wiederholte, was er schon in seiner Proklamation vom 9. Juni gesagt hatte. „Die letzte Viertelstunde ist angebrochen."[9] Er schloß damit, daß Frankreich bald um Waffenstillstand bitten müsse. Laut Churchill soll Reynaud geantwortet haben: „Das ist eine politische Frage." Churchill hielt dann eine visionäre Rede, in der er Englands Entschlossenheit verkündete, bis zum Ende zu kämpfen. Prophetisch sagte er: „Es ist möglich, daß die Nazis Europa beherrschen, aber es wird ein Europa in Aufruhr sein, und am Ende wird ein Regime zusammenbrechen, das seine Siege hauptsächlich Maschinen verdankt. Maschinen werden eines Tages Maschinen besiegen."

Ohne auf eine Antwort zu warten, stellte er dann die Frage, an der er vor allem interessiert war: Was würde die französische Marine tun, falls sich Frankreichs Armeen ergaben?

Nach der Besprechung zog er General Georges beiseite, auf den er schon seit der Vorkriegszeit großes Vertrauen setzte. Mit Erschütterung stellte er fest, daß Georges nun ebenfalls Weygands Auffassung teilte. Beim Abendessen wandte er sich freundlich an Pétain. „Erinnern Sie sich! 1918 haben wir schwere Zeiten mitgemacht, aber wir haben sie überstanden. Die von heute überstehen wir auch." Pétain erwiderte kalt: „1918 gab ich Ihnen 40 Divisionen, um die britische Armee zu retten. Wo sind die 40 britischen Divisionen, die wir brauchten, um uns zu retten?"

Die Frage war nicht zu beantworten. Churchill und seine Ratgeber kehrten nach London zurück; sie erwarteten das Schlimmste.

Die „Weichen" gegen die „Harten"

Hinter der Regierungskulisse tobte der Kampf zwischen den „Weichen" und den „Harten" weiter. Auf der einen Seite stand Reynaud, unterstützt von dem kalten, kompromißlosen Willen Georges Mandels, Campinchi (Marine) und Marin (Staatsminister) — und nun auch de Gaulle. Reynaud war fest entschlossen, der anglo-französischen Deklaration treu zu bleiben, den Kampf in Frankreich zu beenden und von Nordafrika aus fortzusetzen.[10] Gegen die „Harten" standen Weygand, Pétain, Baudouin, Chautemps und Ybarnegaray (zwei Staatsminister ohne Portefeuille) — und Hélène de Portes, die immer neue Rekruten auf ihre Seite holte. Die „Weichen" vertraten die Ansicht, man müsse sofort einen Sonderfrieden schließen; die Gültigkeit der anglo-französischen Erklärung sei ohnehin fraglich, obwohl die Briten (nach der Ansicht vieler) Frankreich in den Krieg gestoßen hatten, hatten sie ihren Teil des Handels nicht eingehalten, indem sie die RAF in England ließen und die BEF evakuierten.

Weygand hatte einen neuen Refrain für seinen Gesang von der „letzten Schlacht um die französische Ehre" gefunden. Von der Erinnerung an die Kommune gepeinigt, fürchtete er jetzt, der Niederlage könne die Revolution folgen. Das schien ihn mehr zu quälen als die Kapitulation vor den Deutschen.[11] Am 12. warnte er das Kabinett, es solle sich an Rußland 1917 erinnern, wo „in den Regimentern und Armeen Sowjets gebildet worden seien". Am folgenden Tag erklärte er, er habe über das Marineministerium ein Telegramm erhalten, „daß in Paris ernste Unruhen ausgebrochen seien und Thorez sich im Elysée-Palast eingerichtet habe". Präsident Lebrun sprang auf, und der Rest des Kabinetts war entgeistert — bis auf Mandel, der als Innenminister mit äußerster Bestimmtheit erklärte: „In Paris gibt es keine Aufstände, und Thorez, Herr Präsident, wird heute Nacht *nicht* in Ihrem Bett schlafen." Doch die Ära der Volksfront war der Nagel zum Sarg der Dritten Republik gewesen. Trotz ihrer früheren Gegensätze waren Pétain und Weygand jetzt eines Sinnes. Seit Verdun hatten die Verluste „seiner" französischen Soldaten dem vierundachtzigjährigen Marschall ein unauslöschliches Mal aufgeprägt. In diesen Stunden war etwas unendlich Bemitleidenswert-Ergreifendes um Pétain. Wenn ihn nicht die Erwähnung der Truppe und ihrer Leiden wachrüttelte, schien er sich gar nicht bewußt zu sein, was um ihn vorging. In seinen Memoiren erwähnt Reynaud: „Marschall Pétain sagte nichts. Er schien erschöpft zu schlafen. Ich fragte ihn: ‚Wollen Sie nicht Ihre Meinung äußern, Marschall. Die Herren wollen sie hören.' ‚Ich habe nichts zu sagen', erwiderte er."

Spears erinnert sich an seinen ersten Besuch in Pétains Büro. Die Atmosphäre war „unwirklich ... sie war so tot und so schläfrig wie die im Büro eines Provinzialanwalts an einem Sonntagnachmittag". Als Spears bei einem weiteren Besuch vor dem Fall von Rouen erwähnte, Frankreich brauche jetzt eine neue Jeanne d'Arc, kam Pétain sofort auf einen Vortrag zu sprechen, den er über Jeanne d'Arc gehalten hatte („war das 1937, 1938?"); er holte einen Band Manuskripte und las die Rede vor. Spears konnte sich an keinen Satz erinnern, aber „ich fühlte eine schreckliche Traurigkeit, als ich ihn beobachtete, eine Traurigkeit, gegründet auf Mitleid für einen sehr alten Mann, für den ich bis vor kurzer Zeit die tiefste Zuneigung und Achtung gefühlt hatte. Seine kindliche Befriedigung beim Lesen des Textes wirkte lächerlich und erschütternd zugleich."

Noch trauriger stimmte Spears der gewaltige Einfluß Pétains in Frankreich. „Er wird uns retten wie bei Verdun!" war die allgemeine Auffassung. Am nächsten Tag machte Spears Churchill darauf aufmerksam, daß der Marschall Frankreich nie verlassen und keiner Regierung ins Exil folgen werde.

Von Reynaud sagte Spears, „er wankte nicht nur unter der Last seiner eigenen Verantwortung, sondern unter dem zusätzlichen Kreuz seiner Umgebung ... Er glich den wilden Kriegern, die sich, nicht zufrieden mit den Wunden, die ihnen der Feind zufügte, selbst mit Messern zerfleischen". Die schrecklichsten Wunden erlitt er jedoch von der Seite, von der er hätte Trost erwarten können — von seiner Geliebten Hélène de Portes. Sie widmete die gleiche rücksichtslose, erbarmungslose Energie, mit der sie ihren Ritter die politische Erfolgsleiter hinaufgeschoben hatte, jetzt dem möglichst frühzeitigen Abschluß eines Separatfriedens. Die Comtesse de Portes folgte der Regierung nach Tours und nach Bordeaux, sie war überall, sie setzte dem Ministerpräsidenten unaufhörlich und gnadenlos auf eine Art zu, die britische Beamte, die mit ihr in Berührung kamen, erstaunte. Paul Baudouin, der völlig ihr Mann war und schließlich ihren Willen im Kabinett vertrat, schrieb mit zurückhaltender Ritterlichkeit: „Wenn sie das Kabinett kontrollierte, war ihr einziges Verlangen, das Land zu retten, indem sie den Mann verteidigte und stärkte, dem ihre Bewunderung gehörte." Der allgemeine Eindruck war der, daß Reynaud nie allein war und nie eine Entscheidung ohne Hélène de Portes treffen konnte. Während wichtiger Beratungen des Kriegskabinetts rief sie ihn an; wenn er verzweifelt einhängte, schickte sie ihm schriftliche Botschaften und drang schließlich in Sitzungen selbst ein. Spears sah einmal, wie sie einen von Reynauds Stenographen abfing und über seine Schulter eine höchst wichtige, streng geheime Mitteilung Churchills las.[12] Als ein anderes Mal ein streng geheimes Telegramm der französischen Botschaft in London stundenlang vermißt wurde, brachte es schließlich Reynauds Kabinettchef am Quai d'Orsay, Roland de Margerie, mit einem gedämpften Flüstern zutage. „Es war in Madame de Portes' Bett."[13] Spears Meinung nach hatte Reynauds Geliebte ihm den größten Schaden zugefügt, „weil sie ihm die Männer als Mitarbeiter aufgezwungen hatte, die jetzt seine erbittertsten Gegner waren".

Reynaud zerbricht

Zweifellos hat sie die gewaltige Spannung gesteigert, unter der Reynaud litt. Am 12. Juni begann sein Zusammenbruch. Die „Weichen" überredeten ihn am Abend, er solle Churchill anrufen und ihn bitten, nach Tours zu fliegen, um noch einmal die Aussichten eines französischen Separatfriedens mit Deutschland zu besprechen ... Churchill kam am nächsten Nachmittag, begleitet von Halifax und Beaverbrook. Churchill zufolge „sprach Baudouin beim Lunch in seiner sanften, seidenen Art über die Hoffnungslosigkeit eines weiteren französischen Widerstands. Frankreich könne nur dann weitermachen, wenn die USA Deutschland den Krieg erklärten."

Nach dem Lunch wurde Churchill von Mandel empfangen, der im Gegensatz zu Baudouin „ganz Energie und der verkörperte Trotz war. Er war ein Sonnenstrahl. In jeder Hand hatte er ein Telephon und erteilte unaufhörlich Befehle. Seine Ideen waren einfach: in Frankreich bis zum Ende kämpfen, um möglichst viel nach Afrika schaffen zu können."

Dann kam Reynaud. Die Lage der französischen Armee war verzweifelt. Jetzt stellte Reynaud dem Premierminister die schicksalhafte Frage: „Ist England einverstanden, daß Frankreich aus der ‚Gemeinsamen Erklärung' entlassen wird und einen Sonderfrieden schließt?" Spears vermerkte, daß er nicht mehr vom Kampf in Afrika sprach; „er glich in nichts mehr dem heiteren, entschlossenen kleinen Burschen, der er noch vor wenigen

Stunden gewesen war. Einen Augenblick lang sah ich in ihm die Puppe eines Bauchredners, die nun — wessen Ansichten äußerte? Die Pétains? Weygands? Oder vielleicht die der Madame de Portes?"

Élie Bois zufolge versuchte die Gräfin in den Konferenzraum einzudringen. Als man sie nicht vorließ, schickte sie ungeduldig nach Baudouin. „Sagen Sie Paul, daß wir aufgeben müssen — aufgeben! Wir müssen ein Ende machen. Es muß einen Waffenstillstand geben, sagen Sie es Paul — nicht wahr — von mir! Ich bestehe darauf!"

Auf Reynauds gequälte Frage hin drückte Churchill sein Verständnis für die Lage Frankreichs aus. England würde nicht tadeln oder anklagen. Das sei aber etwas anderes als Frankreich von dem Gelöbnis zu entbinden. Er legte jedoch ein feierliches Versprechen ab, das fünf Jahre später erfüllt werden sollte: „Wenn England den Krieg gewinnt, wird Frankreich in seiner Würde und Größe wiederhergestellt werden." Churchill machte den Vorschlag, Reynaud solle an den Präsidenten der USA appellieren. England würde sich mit diesem Appell identifizieren. Reynaud stimmte zu, erklärte jedoch, was eine ungünstige Antwort bedeuten würde. Dann kehrte Churchill nach London zurück; erst vier Jahre später setzte er wieder den Fuß auf französischen Boden. Nach der Besprechung wurde Reynaud von Mandel und Herriot heftig getadelt, weil er den Separatfrieden erwähnt hatte. Herriot war in Tränen, Baudouin deutete jedoch darauf hin, daß England Frankreich praktisch aus der Erklärung entlassen habe.

Der Appell an Amerika

In den frühen Morgenstunden des 14. Juni sandte Reynaud seinen Appell an Präsident Roosevelt; in dramatischen Worten erklärte er: „Wenn Sie nicht in den nächsten Stunden Frankreich fest zu verstehen geben können, daß die Vereinigten Staaten in sehr naher Zukunft in den Krieg eintreten werden, wird sich das Schicksal der Welt ändern."

Mit anderen Worten: Frankreich würde kapitulieren.

Es war die letzte einer Reihe von Botschaften, die der französische und der britische Premier an den Präsidenten gerichtet hatten. Anfang Juni hatten Roosevelt und General Marshall ein Abkommen durchgepeitscht, durch das England etwa 600 Lastwagen voll Weltkriegswaffen und Munition kaufen konnte. Das war praktisch alles, was die amerikanische Armee damals erübrigen konnte; nichts davon erreichte jedoch Europa vor dem Fall Frankreichs. Bei der Annahme, die USA könnten ihm „Wolken von Flugzeugen" schicken oder gar Hitler den Krieg erklären, erlag Reynaud einer hoffnungslosen Illusion.[14] Die Vereinigten Staaten waren genausowenig wie vor 20 Jahren darauf vorbereitet, eine

Rolle in Europa zu spielen; es gab einfach keine Flugzeuge, die man zu Hilfe schicken hätte können. Da zudem im November Präsidentschaftswahlen bevorstanden, hätte *kein* Politiker es wagen können, die USA im Juni in den Krieg zu schicken. Roosevelts Antwort an Reynaud *mußte* negativ sein.

Die letzte Viertelstunde

Am 14. Juni, dem Tag, an dem die Deutschen in Paris einzogen, übersiedelte die Regierung der 3. Republik in ihren letzten Sitz in Bordeaux. Reynaud war am Ende, er hatte die Kraft verloren, mit den „Weichen" fertig zu werden. Er wiederholte unaufhörlich, daß alles von Roosevelts Antwort abhänge. Er wollte jedoch innerhalb des Kabinetts einen letzten Versuch machen. Am Nachmittag schlug er Weygand vor, daß Frankreich, wie Holland, eine militärische Kapitulation suchen solle, „die nur die Armee band, der Regierung aber Handlungsfreiheit ließ". Weygand war wütend. „Ich weigere mich", erklärte er unwillig, „unsere Farben mit dieser Schmach zu beflecken." Es war jedoch eine politische Entscheidung, auf die ein Oberbefehlshaber keinen Einfluß nehmen konnte; wie Churchill betont, hätte Reynaud auch weiterhin das Recht gehabt, Weygand darauf zu entlassen. Das war jedoch eine Entscheidung, zu der er weder die Kraft noch den Willen mehr besaß. Camille Chautemps schlug eine Kompromißlösung vor: Warum fragte man die Deutschen nicht nach den Waffenstillstandsbedingungen, dann konnte man immer noch ablehnen.

Als Chautemps' Vorschlag nach England übermittelt wurde, erwiderte Churchill, England sei einverstanden, daß sich Frankreich über die Waffenstillstandsbedingungen informiere, *unter der Voraussetzung, und nur unter der Voraussetzung, daß die französische Flotte während der Verhandlungen sofort nach britischen Häfen auslaufe.*

Am Abend traf Roosevelts Antwort ein; Spears war bei Reynaud, als sie ankam. „Als er sie las, wurde er noch bleicher, sein Gesicht zog sich zusammen . . . ‚Unser Appell ist fehlgeschlagen', sagte er tonlos, ‚die Amerikaner werden den Krieg nicht erklären.' "

De Gaulle, der am 14. nach London geflogen war, um Transportmöglichkeiten für Truppen nach Nordafrika zu erwirken, damit man den Krieg dort fortsetzen könne, hatte Churchill gedrängt, die französische Regierung durch „einen dramatischen Schachzug" im Krieg zu halten.

Churchill zufolge hatte de Gaulle angedeutet, eine unauflösliche Vereinigung der britischen und französischen Völker würde diesem Zweck am besten gerecht. Am Nachmittag des 16. Juni, eines Sonntags, wurde daher eine „Unionserklärung" von umwälzender historischer Bedeutung aufgesetzt und vom Kabinett gebilligt. De Gaulle diktierte sie dann Reynaud persönlich durchs Telephon.

Spears berichtet, daß Reynaud vor Freude völlig verwandelt gewesen sei. Er war sicher, daß Frankreich jetzt im Krieg bleiben würde. Bei der sofort einberufenen Kabinettssitzung teilten Reynauds Kollegen diese seine Freude jedoch keineswegs. Von der Front wurde gemeldet, daß die Deutschen vor den Toren von Besançon und Dijon stünden. Baudouin zufolge waren die Minister von dem britischen Angebot wie „betäubt".

Chautemps erklärte, „er wolle nicht, daß Frankreich ein Dominion würde". Mitten in der Diskussion brachte ein Bote einen rätselhaften Zettel („Ich hoffe, daß du nicht die Isabella von Bayern spielen wirst"),[15] den Hélène de Portes gekritzelt hatte. Das war der letzte Befehl, den Reynaud als Ministerpräsident von ihr erhielt. Plötzlich brach der zähe kleine Franzose mit dem Chinesengesicht zusammen. Physisch und geistig erschöpft, konnte er den „Weichen" nichts mehr entgegensetzen. Über die Unionserklärung wurde nicht abgestimmt, Churchills Telegramm hinsichtlich der Flotte dem Kabinett nicht einmal vorgelegt. Reynaud kündigte seine Absicht an, dem Präsidenten seinen Rücktritt anzubieten. Er schlug vor, nach Pétain zu schicken.

„Am 16. Juni, gegen 23 Uhr, sagte ich zu dem vierundachtzigjährigen Marschall: ,Das ist es, bilden Sie eine Regierung!' Ohne Zögern öffnete der Marschall mit einer charakteristischen Geste seine Aktentasche, zeigte mir eine Liste und sagte: ,Hier ist meine Regierung.' Ich muß sagen, daß ich trotz des traurigen Augenblicks einen leisen Hoffnungsschimmer sah. Ich erinnerte mich an die schwierigen Verhandlungen bei Regierungsbildungen — und hier wurde mir eine fix und fertig überreicht ... ich hielt das für ausgezeichnet." Soweit Lebrun.

Zwei Stunden später traf Pétain den spanischen Botschafter, de Lequerica, und bat ihn, die Deutschen um einen Waffenstillstand zu ersuchen. Am Vormittag flog Spears, dessen Mission nun beendet war, nach England zurück. Wie vereinbart, traf ihn de Gaulle am Flugplatz (er war eben selbst erst aus England zurückgekommen). Als die Motoren anliefen, streckte Spears die Hand aus, wie um sich zu verabschieden, und zog de Gaulle in das Flugzeug. Georges Mandel hatte weniger Glück. Bei dem Versuch, nach Nordafrika zu fliehen, um dort mit anderen „Harten" eine Exilregierung zu bilden, wurde er verhaftet und nach Frankreich zurückgebracht. Vier Jahre später wurde er von der Vichy-Miliz ermordet. „De Gaulle allein", schreibt Churchill, „trug in seinem kleinen Flugzeug die Ehre Frankreichs mit."

In Frankreich wurde die Nachricht von Pétains Gesuch um einen Waffenstillstand mit allgemeiner Erleichterung aufgenommen. „Endlich endet der Alptraum", war die allgemeine Reaktion. Flüchtlinge sammelten sich um die Regierungsgebäude in Bordeaux und feierten den alten Marschall. Die Menschen weinten vor Dankbarkeit.

In Deutschland schienen die gewaltigen Ereignisse der letzten drei Wochen wenig Erregung hervorgerufen zu haben. Bei einem Abendspaziergang auf dem Kurfürstendamm stellte Shirer fest, „daß die Menschen freundlich dahinwanderten. Die großen Straßencafés waren von Tausenden besucht, die ruhig bei ihrem Ersatzkaffee oder ihrem Eis plauderten. Ich sah sogar einige elegant gekleidete Frauen . . ."

Genauso verblüfft war Shirer über die mangelnde Begeisterung, mit der die normalerweise so erregbaren Berliner die unglaubliche Nachricht vom Fall von Paris hinnahmen. Die Stadt nahm sie „so phlegmatisch auf wie alles in diesem Krieg. Später fuhr ich nach Halensee zum Schwimmen, weil es warm war und ich mich etwas entspannen mußte. So überfüllt es war, ich hörte niemand über die Nachricht sprechen. Von über 500 Menschen kauften nur drei eine Sondernummer, als die Zeitungsjungen hereinstürzten und die Nachrichten ausschrien."

Aber Shirer setzt hinzu: „Es wäre jedoch sehr falsch, wenn man daraus schlösse, daß die Einnahme von Paris die Herzen der meisten Deutschen nicht tief bewegt hätte. Das war hier immer der Wunschtraum von Millionen."

Ist es möglich, daß Frankreichs Zeit vorbei ist, so wie es in der Vergangenheit Athen, Rom, Spanien und Portugal ergangen ist? Ist nun Deutschland an der Reihe? Nein. Unsere Tugenden und unsere Kultur, die noch vor zwanzig Jahren so stark und voller Lebenskraft waren, sind nicht von einer bloßen Handvoll Politiker umgebracht worden.
Major D. Barlone: A French Officier's Diary

Es gibt keine Alliierten mehr. Es bleibt nur noch ein Feind: England.
Abschlußbericht des OKW, 3. Juli 1940

Frankreich unterzeichnet Friedensvertrag: Wir sind im Endspiel
Schild eines Zeitungsverkäufers in London, 1940

Compiègne: Hitlers Rache

Am 20. Juni erhielt Pétain von den Deutschen über Funk Anweisungen für die französische Waffenstillstandsdelegation. Sie sollte sich „früh am Abend an der Loirebrücke bei Tours" einfinden. Das Feuer würde in dem Gebiet eingestellt werden. Nach einem kurzen Hin und Her war der unglückliche General Huntziger, der Führer der ehemaligen 2. Armee, als Delegationsführer ausgewählt worden. Er hatte zögernd angenommen. Sein Befehl lautete, die Verhandlungen *sofort* abzubrechen, falls die Deutschen die Auslieferung der Flotte oder die Besetzung von Kolonialgebieten forderten.

Das Verkehrschaos auf den Straßen war so groß, daß Huntziger und seine Begleitung den Treffpunkt erst spät am Abend erreichten. Eine deutsche Eskorte schaffte sie dann — ohne daß sie die Möglichkeit hatten, zu schlafen oder eine ordentliche Mahlzeit einzunehmen — nach Paris, wo sie um 7 Uhr 30 eintrafen. Sie hatten noch keine Ahnung, welchen Ort die Deutschen für die Verhandlungen ausgewählt hatten. Nach einer mehrstündigen Pause wurde die Delegation dann nach Compiègne, 80 km nordöstlich von Paris, gefahren. Kurz nach 15 Uhr hielt die Kolonne auf der Lichtung im Wald von Réthondes. Dort stand der historische Schlafwagen, in dem Foch und Weygand im November 1918 die Abgesandten der besiegten Deutschen empfangen hatten. Deutsche Pioniere hatten die Wand des Museums eingerissen, in dem der Waggon stand, und ihn an den gleichen Platz wie vor zweiundzwanzig Jahren gebracht. Eine riesige Hakenkreuzfahne war über das Waffenstillstandsdenkmal von 1919 drapiert. Der Zyklus der Rache hätte nicht vollständiger sein können. Frankreich hatte für die Demütigung Deutschlands im Jahre 1919 den Spiegelsaal von Versailles gewählt, in dem sich 1871 der König von Preußen zum deutschen Kaiser ausgerufen hatte. Hitler wählte als Schauplatz für seinen größten Triumph den gleichen wie Frankreich 1918.

Als Huntziger und seine Begleiter, müde und erschöpft von der Reise, erkannten, daß sie in Fochs Schlafwagen geführt wurden, waren sie tief bestürzt. Hitler war zusammen mit den Oberbefehlshabern der Wehrmachtsteile sowie Ribbentrop und Heß bereits auf der Lichtung angekommen. In dem warmen Sonnenschein schritt er zu dem großen Granitblock, las langsam die Inschrift: Hier unterlag am 11. November 1918 der verbrecherische Stolz des deutschen Volkes ...

Aus 50 Meter Entfernung studierte Shirer Hitlers Miene durchs Fernglas.

„Sie brennt vor Verachtung, Zorn, Haß, Rache, Triumph. Er steigt von dem Denkmal und kann sogar aus dieser Geste ein Meisterstück der Geringschätzung machen ... Plötzlich ... versetzt er seinen ganzen Körper in Einklang mit seiner Stimmung. Schnell stützt er die Hände in die Hüften — biegt die Schultern zurück und spreizt die Beine. Es ist eine großartige Geste des Trostes, einer brennenden Verachtung für diesen Platz und all das, was er in den letzten zweiundzwanzig Jahren bedeutete, seit er die Demütigung des Deutschen Reiches gesehen hatte."

Dann ging Hitler in den Eisenbahnwagen voran.

Als die französische Delegation Platz genommen hatte, verlas Keitel eine kurze Präambel, er erklärte, der Ort sei als Akt „ausgleichender Gerechtigkeit ausgesucht worden", Frankreich sei besiegt, Deutschlands Hauptziele in den Waffenstillstandsbedingungen seien es, die Wiederaufnahme der Feindseligkeiten zu verhindern und Deutschland die Voraussetzungen für den weiteren Krieg gegen England zu verschaffen. Als Keitel geendet hatte, verabschiedete sich Hitler mit dem Nazigruß und verließ den Wagen unter den Klängen des Deutschlandlieds. Keitel übergab jetzt den Franzosen Kopien der deutschen Bedingungen. Eine Diskussion wurde nicht gestattet. Huntziger kehrte am späten Abend nach Paris zurück und übermittelte die Bedingungen über eine erbärmliche Telephonleitung an Weygand in Bordeaux. Weygand schilderte Pétain die Bedingungen als „hart, aber nicht entehrend". Pétains Kabinett besprach die Bedingungen dann die ganze Nacht und fast den ganzen folgenden Tag. Keitel gewährte übel gelaunt eine Fristverlängerung. Schließlich wurde der Waffenstillstand am Samstag, den 22. Juni um 20 Uhr 50 unterzeichnet. Offiziell wurde das Feuer am 25. Juni, 0 Uhr 35, eingestellt. Mit bewegter Stimme wandte sich Huntziger an Keitel und sagte, er hoffe, daß der Deutsche „als Soldat" verstehe, wie schwer der Augenblick für ihn sei. Keitel erklärte: „Es ehrt den Sieger, den Besiegten zu ehren." Er bat die Anwesenden, zu Ehren der Gefallenen auf beiden Seiten eine Minute stillzustehen. „Die militärische Ehre war gewahrt", kommentierte Weygand.

Als die Delegation aus dem Wagen kam, hatte sich der Himmel überzogen, aus den ersten Regentropfen wurde ein heftiges Unwetter. Die wenigen schwarzen Fahnen, die französische Hausbesitzer ausgehängt hatten, hingen schlaff herab. Die wundervollen Sonnentage des „Göring-Wetters", das den Deutschen so sehr geholfen hatte, endeten Knall und Fall. Am dunkler werdenden Himmel zeichnete sich ein drohendes Omen ab: Großbritannien bat nicht um Frieden, und auf den Tag genau in einem Jahr würde Hitler seine siegreichen Legionen nach Rußland ins Verderben senden.

Sofort nach Unterzeichnung des Waffenstillstands schafften deutsche Pioniere den Wagen nach Berlin.[1] Mit einer Grausamkeit, die eines Dschingis Khan würdig war, befahl Hitler dann, den Platz — mit Ausnahme der Statue Fochs — dem Erdboden gleichzumachen. Dann brach er zu einer Rundreise zu den Schlachtfeldern des Ersten Weltkriegs auf, begleitet von zwei Kameraden aus der Kompanie, in der er als Gefreiter gedient hatte; er besuchte wie ein normaler deutscher Tourist auch einige Maginotforts, ehe er nach Berlin zurückkehrte, um die Siegesfeier vorzubereiten. Für Hitler war, wie für viele seiner Soldaten, der Krieg vorbei. Frankreich, der Erzfeind, lag darniedergestreckt am Boden. England zählte nicht mehr, es würde mit der Zeit wie eine reife Frucht vom Baum fallen. Rußland existierte nicht — Amerika auch nicht. Seit dem Tag der Demütigung in Versailles hatte nur Frankreich die Gedanken der Deutschen beherrscht. Karl Heinz Mende faßte diese Gedanken treffend zusammen, als er über den Waffenstillstand nach Hause schrieb: „Die große Schlacht in Frankreich ist jetzt vorbei. Sie hat 26 Jahre gedauert."

Der Preis

Wie teuer war die letzte, erderschütternde Runde der „großen Schlacht"? Die deutschen Verluste in den sechswöchigen Kämpfen beliefen sich auf 27.074 Gefallene, 111.034 Verwundete und 18.384 Vermißte.

Trotz der wiederholten alliierten und neutralen Berichte über Hekatomben von deutschen Opfern kamen die Gesamtverluste von rund 150.000 Mann nur einem guten Drittel der deutschen Verluste bei Verdun 1916, also in einer einzigen Schlacht des Ersten Weltkriegs, gleich. Selbst die Verluste der Eliteformationen, die an vorderster Front gestanden waren, waren zum mindesten nach Weltkriegsmaßstäben verhältnismäßig leicht: Rommels

7. Panzerdivision zum Beispiel verlor 2273 Mann an Toten und Verwundeten, das Regiment „Großdeutschland" von einer Gesamtstärke von 3900 Mann 1108 (davon 221 gefallen), die Verluste der am längsten eingesetzten Infanteriedivision (der 3.) betrugen 1649 Mann. Anderseits hatte die sehr erfolgreiche deutsche Doktrin, die Truppe persönlich an der Spitze zu führen, einen verhältnismäßig hohen Prozentsatz an gefallenen Offizieren — 5 Prozent der Gesamtzahl — zur Folge gehabt. Die Strapazen forderten weitere Opfer, so starb Oberst Werner, Kommandeur des 31. Panzerregiments (5. Panzerdivision) nach dem Waffenstillstand an einem Herzanfall.

Die französischen Verluste schätzt[2] man während des sechswöchigen Feldzugs auf etwa 90.000 Tote, 200.000 Verwundete und 1,900.000 Gefangene und Vermißte. Die britischen Gesamtverluste beliefen sich auf 68.111, die belgischen auf 23.350 und die holländischen auf 9779 Mann. Während die Luftwaffe 1284 Maschinen verlor, betrugen die RAF-Verluste 931, davon 477 unersetzliche Jäger. Die französischen Verluste sind schwer abzuschätzen: eine sonst zuverlässige französische Quelle nennt 560, von denen 255 am Boden zerstört wurden. Monate verstrichen, ehe die Deutschen die riesige Beute auch nur sichten konnten. Unter den erbeuteten Geschützen befanden sich allein 7000 7,5er aus dem Ersten Weltkrieg, die zum Teil erst in den letzten verzweifelten Stunden der Schlacht hervorgeholt worden waren. Von der Wehrmacht nur ein wenig umgebaut, wurden sie vier Sommer später von den Deutschen mit tödlicher Wirkung zur Bekämpfung britischer und amerikanischer Panzer bei der Landung in der Normandie verwendet.

Tränen und Feiern

Grabesstille legte sich über Frankreich, als am 25. Juni, 6 Uhr 35, die Waffen schwiegen. Wieder setzten sich — dieses Mal in umgekehrter Richtung — die Flüchtlingsströme in Bewegung. Die Lebensmittel waren verzweifelt knapp, der Verkehr war zusammengebrochen — und trotzdem normalisierte sich das Leben in Frankreich erstaunlich schnell. Einen Tag nach dem Waffenstillstand bemerkte der Kriegsberichterstatter von Stackelberg erstaunt, wie eine französische Familie in einem Restaurant in Lyon ihre Mahlzeit einnahm, als ob nichts geschehen sei.

William Shirer, der aus Compiègne zurückkam, sah, daß „die Fischer an der Seine schon wieder ihre Angelleinen ausgelegt hatten". Auch Ilja Ehrenburg beobachtete, wie Paris wieder zum Leben erwachte; „die Deutschen kauften Souvenirs, Schundpostkarten und Taschenwörterbücher in den kleinen Läden. An Restaurants erschienen Anschläge: ‚Ici on parle allemand', Prostituierte lispelten ‚Mein Süßer!' "

Die deutschen Soldaten zeigten sich im allgemeinen freundlich und hilfsbereit. Die Gestapo, der Sicherheitsdienst und der Naziterror sollten erst später kommen.

Als offenkundig wurde, daß Hitler auf Dünkirchen nicht gleich die Invasion folgen lassen würde, wandelte sich in England der Schock über die Niederlage in ein Gefühl der Erleichterung; seltsamerweise war das Leben irgendwie leichter geworden. König Georg VI. sprach für viele, als er seiner Mutter schrieb: „Persönlich fühle ich mich glücklicher, weil wir keine Alliierten mehr zu verhätscheln haben und zu ihnen höflich sein müssen." Es war schon etwas daran, „im Finale", „im Endspiel" zu sein, wie es ein Londoner Zeitungsverkäufer an seinen Stand geschrieben hatte.

Für die siegreichen deutschen Soldaten waren die Sommertage in Frankreich eine Zeit ungetrübter sorgloser Freude. Sie bestiegen den Eiffelturm, betrachteten Napoleons Grab und ließen — wie Touristen — überall und zu jeder Zeit ihre Kameras klicken. An der von Trümmern übersäten Kanalküste schlüpften sie aus ihren Stiefeln, plätscherten im warmen Wasser und schauten zu dem trotzigen, aber ohnmächtigen Feind hinüber.

Die Kriegsproduktion wurde gedrosselt, man sprach von Massenentlassungen im Heer. Der asketische Halder sagte an seinem Schreibtisch: „Jetzt kommt die Verwaltungsarbeit."

Nun wurde gefeiert und beglückwünscht; daran dachte man mehr als an die Vorbereitung zu weiterem Kampf. Selbst der eisige Molotow hatte Hitler (während er mit der einen Hand nach den baltischen Staaten und mit der anderen nach der rumänischen Provinz Bessarabien, als „Trinkgeld" für Rußlands wohlwollende Neutralität, griff) die „wärmsten Glückwünsche der Sowjetregierung zu dem glänzenden Erfolg der deutschen Wehrmacht" gesandt.

Am 17. Juni paradierte das Regiment „Großdeutschland" zu einem Dankgottesdienst in Notre-Dame[3] durch Paris, am nächsten Tag zog zum erstenmal seit 1871 eine Siegesparade durch das Brandenburger Tor in Berlin.

Am 19. beförderte Hitler dann in einer feierlichen Zeremonie in der Kroll-Oper zwölf seiner siegreichen Generale zu Feldmarschällen.[4] Seit der kaiserlichen Zeit hatte es nicht mehr so viel militärischen Pomp gegeben, aber auch nicht solche Siege.

Schatten: die Flecken des Sieges

Und doch gab es bereits Schatten. Der junge Leutnant Mende schrieb: „Ich fühle mich in diesem Feindesland voll Frieden. Und doch empfinde ich eine gewisse Sorge wegen des noch nicht beendeten Kriegs." Als Hitler während der Siegesfeier in Berlin zu seinem Finanzzauberer Schacht sagte: „Nun,

Herr Schacht, was sagen Sie jetzt?", erwiderte Schacht sybillenhaft: "Möge Gott Sie schützen!" Inzwischen war Tausende Kilometer weiter im Westen Roosevelt zum drittenmal von der Demokratischen Partei zum Kandidaten aufgestellt worden. Für den 28. Juni, den einundzwanzigsten Jahrestag der Unterzeichnung des Vertrags von Versailles, hatte Hitler eine glanzvolle Parade vor dem Schloß und eine Rede im Spiegelsaal geplant. Die Feier wurde wegen der Befürchtung (die selbst Göring nicht zerstreuen konnte) abgesagt, die RAF könnte auch daran teilnehmen.

Erst am 17. Juni, dem Tag des Dankgottesdienstes von "Großdeutschland" in Notre-Dame — erteilte das OKH die ersten Befehle zur Operation Seelöwe — der Invasion Englands. Am 29. Juli versammelte Jodl dann einige höhere Stabsoffiziere des OKW in einem Eisenbahnspeisewagen, vergewisserte sich, daß alle Fenster und Türen geschlossen waren, und informierte die Anwesenden dann, daß Hitler im kommenden Frühjahr Rußland angreifen wolle.

Hitlers erstaunliche Leistungen in Frankreich sollten aber bald in Staub zerfallen, als der Diamantenschimmer von Operation "Sichelschnitt" an dem latenten fatalen Fehler des Plans zerbrach. 1916 hatte der deutsche Generalstabschef Falkenhayn dem Kaiser bei der Vorbereitung von Verdun aufgezeigt, daß England Deutschlands Hauptgegner sei ... Indem man die französische Armee bei Verdun sich weißbluten lasse, so hatte er argumentiert, schlage man "England das beste Schwert aus der Hand". Der U-Bootkrieg würde dann den Rest besorgen. Jetzt hatte Hitler Erfolg gehabt, wo alle Generale des Kaisers versagt hatten, Englands "bestes Schwert" lag zerbrochen am Boden. Hitler und die genialen Planer der Operation "Sichelschnitt" hatten jedoch nicht weiter gedacht als Falkenhayn: man hatte keinen Plan, um das wankende England unmittelbar nach dem Fall anzugreifen. Als der erste OKH-Plan Mitte Juli entworfen wurde, war es bereits zu spät; die Deutschen hatten, wie Chamberlain gesagt hatte, "den Bus verpaßt". Die zwei großen strategischen Fehler von "Sichelschnitt" (der ursprüngliche strategische Fehler und der taktische des Haltebefehls vom 24. Mai, der die BEF aus Dünkirchen entkommen ließ) führten dazu, daß England unversehrt weiter im Krieg blieb — und das bedeutete, daß früher oder später auch die gewaltige Macht der USA eingreifen würde. Aber wie so viele Angehörige seiner Generation, deren Blick durch die Erinnerungen an 1914 bis 1918 und die Schmach von Versailles getrübt war, hatte auch Hitler nur Frankreich sehen können — und die "letzte Entscheidungsschlacht", die dort ausgetragen werden mußte.

Wenn man ihn durch die Perspektive der Zeit betrachtete, war Hitlers erstaunlicher Triumph über Frankreich zugleich die direkte Quelle seiner endgültigen Katastrophe. Welche Nation auf Erden konnte der Wehrmacht noch widerstehen, nachdem die starke französische Kriegernation so mühelos geschlagen worden war? So war Hitler überzeugt, trotz einer Teildemobilisierung und der Drosselung der Kriegsproduktion und ohne seine Kohorten mit Winterausrüstung zu versehen, Rußland in einem Blitzfeldzug überrennen zu können. Obwohl die russische Kriegsdoktrin anfänglich ebenso fehlerhaft war wie die der Franzosen, konnten die Russen einen Rückzug beginnen, übertragen auf französische Verhältnisse, von Sedan über die Pyrenäen bis nach Saragossa; erst dann starteten sie einen größeren Gegenangriff. Was hätten selbst Gamelin und Weygand erreichen können, wenn ihnen so viel Raum zur Verfügung gestanden wäre! Tödlicher noch als die Selbstsicherheit der Deutschen nach dem leichten Erfolg in Frankreich war jetzt der unbedingte Glaube Hitlers an seine eigene Unfehlbarkeit. Bei der Planung von „Sichelschnitt" hatte seine eigene Kühnheit gegenüber der Vorsicht seiner militärischen Ratgeber recht behalten, in der Schlacht hatte sich sogar die strategische Lagebeurteilung eines Rundstedt, dem er noch am meisten traute, als falsch erwiesen. In seiner unüberwindlichen Feindschaft gegen das OKH konnte er nicht zugeben, daß während des Feldzugs Halder und nicht er recht gehabt hatte. Hitler folgte also immer weniger dem Rat seiner militärischen Experten und verließ sich immer mehr auf seine eigene Intuition, bis sie ihn schließlich in Stalingrad zum „point of no return" führte.

Französische Manöverkritik

Auf vier grimmige Jahre verschwand Frankreich von dem Schlachtfeld. „Die Wahl liegt immer zwischen Verdun und Dachau", schrieb ein strenger Kritiker, Jean Dutourd, 1940. Da sich Frankreich 1940 keinem zweiten Verdun stellen wollte, wurde tatsächlich Dachau sein Los. Zu Hunderttausenden wurden Franzosen in die KZ oder zur Zwangsarbeit nach Deutschland geschafft. Das besiegte Land wurde, ein psychologisches Meisterstück, geographisch zweigeteilt, die innere Zerrissenheit Frankreichs dadurch noch weiter gesteigert. Bei der Befreiung sollten die neuen und alten Verbündeten Frankreichs den Städten und dem gesamten Land mindestens ebensoviel Schaden zufügen wie die Luftwaffe; die niedergestreckte Nation hatte bei ihrer Befreiung nur wenig mitzureden. Ein stolzes Volk kann kaum einer größeren Demütigung unterworfen werden. Viele Franzosen glaubten jedoch nicht, daß die letzte Schlacht, die die französische Ehre rettete, bereits geschlagen sei. Mit allen Mitteln und Kniffen entwichen sie zu de Gaulles „Freien Franzosen" in England oder zu der „Normandie-Njemen-Staffel" in Rußland; später entzündete die Resistance mit angloamerikanischer Unterstützung die „Flamme der Ehre" in Frankreich selbst.

Wer und was war nun für die französische Katastrophe von 1940 verantwortlich? Hätte man die Sache anders anpacken können? Wann wurde die Katastrophe unvermeidlich? Diese Fragen werden immer wieder gestellt, und die Antworten sind mit der Zeit nicht leichter geworden. Die Riom-Untersuchungen, die die Vichy-Regierung 1942 durchführte, suchte die Schuld für den verlorenen Krieg früheren Regierungen anzulasten. Die Fragestellung war voreingenommen, es gab keine Protokolle, und schließlich wurden die Untersuchungen vertagt und eingestellt. Genausowenig ergiebig und unvollständig waren die 2500 Seiten des „Serre-Berichts" der amtlichen französischen Untersuchungskommission, die von 1947 bis 1951 tagte. Der Bericht tat sein Bestes, um die Politiker zu entlasten, konnte sich aber nicht einmal darüber einigen, was wirklich zu der Katastrophe an der Maas geführt hatte — der Durchbruch an der Front General Coraps oder General Huntzigers. Aber wie das vorliegende Buch zu beweisen sucht, trugen mehr als ein Individuum oder eine Gruppe von Individuen die Schuld. Zwei Doktrinen, zwei Philosophien und die Ereignisse während einer ganzen Generation hatten daran teil. Seit dem Tag des Ruhms, dem 14. Juli 1919, waren die Würfel bei fast jedem Wurf zugunsten Deutschlands und zum Nachteil Frankreichs gefallen. 1936, nach der Wiederbesetzung des Rheinlands, war der Weg ins Unheil deutlich gekennzeichnet. Drei Jahre später ging Frankreich, selbst am Rande eines Bürgerkriegs, zögernd in den Krieg — mit einer Moral, die (wie Mandel in den letzten Kriegstagen Spears eingestand) „angekränkelt war von der Vorstellung der letzten zwanzig Jahre, es würde keinen Krieg mehr geben, weil Frankreich die blutigen Verluste von 1914 nicht noch einmal tragen könne" — und (nach Weygands Worten) „mit einer französischen Armee von 1918 gegen eine Wehrmacht von 1939"!

Noch vor dem Beginn der Entscheidungsschlacht standen zwei weitere Meilensteine an Frankreichs Weg in die Katastrophe. Der Nichtangriffspakt vom August 1939 beseitigte die Möglichkeit, daß Deutschlands Kriegspotential durch einen Zweifrontenkrieg geschwächt werden konnte; einen Monat später wurde das durch Frankreichs Weigerung erhärtet, dem polnischen Verbündeten durch eine Offensive im Westen zu Hilfe zu kommen. Vom Oktober 1939 an konnte Frankreich daher nur darauf warten, bis es angegriffen wurde. Als der Angriff dann im Mai 1940 erfolgte, war — unter Berücksichtigung aller Faktoren — die deutsche Übermacht viel größer als irgendwann während des Ersten Weltkriegs. Man könnte daher fatalistisch sagen, daß die Schlacht um Frankreich bereits verloren war, ehe sie begann. Wäre Frankreich auch besiegt worden, wenn die Deutschen nicht nach dem meisterhaften „Sichelschnitt", sondern nach einer rohen Nachahmung des Schlieffenplans marschiert wären? Möglich.

Anderseits birgt das Schicksal im Krieg viele Überraschungen. So eindrucksvoll die Wehrmacht auch wirkte, sie war 1940 doch ein recht zerbrechliches Instrument, in ihrem Aufbau weniger konsolidiert als die kaiserliche Armee von 1914; und sie besaß auch keineswegs die gleichen Hilfsquellen. Wo die Alliierten 1940 auf Infanteriedivisionen stießen, aus denen ja die Hauptmasse der Wehrmacht bestand, konnten sie sich fast immer behaupten. Wegen der beschränkten Treibstoffvorräte hätten die Panzer ohne große Umgruppierung keinen langen Feldzug durchfechten können. Die Frage der Standhaftigkeit des deutschen Oberkommandos wurde bereits angeschnitten. Man hat immer erklärt, der jüngere Moltke habe den Ersten Weltkrieg an der Marne verloren, weil seine Nerven versagten. Während des Norwegen- und des Frankreichfeldzugs gab es jedoch Perioden, in denen das deutsche Oberkommando kaum weniger beeindruckt war als Moltke. Wenn nun die scharfe Stahlspitze der Panzer abgestumpft worden wäre, wie hätten dann die Nerven des deutschen Oberkommandos reagiert? Wäre der deutsche Angriff vielleicht so lange angehalten worden, bis sich die alliierten Armeen hätten reorganisieren können? Der Eindruck, den Rundstedts Ardennenoffensive 1944 auf die Alliierten machte, deutet darauf hin, daß man selbst mit einer derartigen letzten Anstrengung (und dies sogar gegen eine viel größere Übermacht, als sie die Deutschen 1940 besaßen) zum mindesten Zeit gewinnen kann. Und das war es ja gerade, was den Franzosen 1940 fehlte — mehr noch als Waffen, ja vielleicht sogar noch mehr als die Moral. Am 15. Mai, dem sechsten Schlachttag, zeichnete sich die militärische Niederlage bereits ab. Dies war der entscheidende Tag: die französischen Gegenangriffe schlugen fehl, und man sah, daß die Deutschen nicht am Ausbruch aus den Maasbrückenköpfen gehindert werden konnten. Wenn die französischen Panzer am 15. einen konzentrierten Gegenschlag hätten führen sollen, hätten die notwendigen Dispositionen bereits am 12. getroffen werden müssen. Sowie aber die Reserven für den Dyle-Breda-Plan eingesetzt waren, war das praktisch unmöglich geworden. Die französischen Gegenstöße mußten also zu spät kommen. Die Schnelligkeit, mit der sich die Panzerkriegführung 1940 entwickelte, erwies die Gültigkeit des Ausspruchs des älteren Moltke: „Ein Fehler in der ursprünglichen Entfaltung der Armee kann während des ganzen Feldzugs nicht mehr ausgeglichen werden." Hinzu kam die gewaltige Bedeutung der Luftwaffe, die (wenn sich die Deutschen auch später trotz einer viel größeren taktischen Überlegenheit der alliierten Luftstreitkräfte imponierend verteidigten) in diesem Stadium des Zweiten Weltkriegs den entscheidenden Faktor darstellte. Abgesehen von der tödlichen Nahunterstützung durch die Stukas waren es die weitreichenden mittleren Bomber, die es dem französischen Oberkommando schließlich nicht erlaubten, die Reserven zur rechten Zeit und am rechten Ort in die Schlacht zu werfen.

Die französischen Chancen, gegen „Sichelschnitt" bestehen zu können, waren denkbar gering. Die strategische Brillanz des deutschen Plans und das tückische Geschick, mit dem er durchgeführt wurde, machen die Schlacht um Frankreich zu einem der klassischen Feldzüge der Geschichte.

Was wurde aus ihnen? Die Sieger

Die weltgeschichtlichen Folgen von Frankreichs Fall waren so gewaltig, daß man fast dazu neigt, die Hauptakteure der Tragödie aus den Augen zu verlieren. Auf deutscher Seite fielen Tausende, wie Rommels beste Kommandeure Rothenburg[5] und Bismarck[6], oder sie endeten in Ungnade bei der Nazihierarchie. Rommels Karriere ist bekannt: Aus dem legendären Helden des Wüstenkriegs wurde der enttäuschte Feldmarschall, der 1944 die hoffnungslose Gegenwehr gegen die alliierte Invasion führte, und schließlich der Kritiker des Regimes, der zum Selbstmord gezwungen wurde. Merkwürdigerweise erlangte von den zehn Kommandeuren der Panzerdivisionen in Frankreich nur Rommel hohen Ruhm. Kirchner beispielsweise, der die 1. Panzerdivision so erfolgreich geführt hatte, beendete den Krieg als Korpskommandeur. Sein Untergebener anderseits, der harte, rücksichtslose Oberstleutnant Balck, kommandierte als General der Panzertruppen 1944/45 eine Heeresgruppe im Donauraum und war einer der wenigen, die das Ritterkreuz mit Eichenlaub, Schwertern und Brillanten erhielten. Guderian übernahm, zum Generaloberst befördert, den Befehl über die 3. Panzerarmee, die er im Herbst 1941 in die Schlacht um Moskau führte; nach dem Fehlschlag des Feldzugs wurde er zur Führerreserve versetzt. Die Strapazen der letzten Jahre hinterließen ihre Spuren, seit 1942 litt er an Herzbeschwerden. Nach dem Bombenattentat vom 20. Juli 1944 erhielt Guderian — der Hitler politisch immer tragbar erschien — den Posten als Chef des Generalstabs, den früher einmal Halder innegehabt hatte. Im April 1945 wurde er endgültig entlassen. In seinen letzten Jahren kränkelnd, starb er 1954, im Alter von 66 Jahren. Sein Bild hängt an einem Ehrenplatz in den Panzerkasernen der heutigen Bundeswehr. Kleist führte 1941 die 1. Panzerarmee in die Ukraine und wurde Feldmarschall. Auch Manstein wurde zum Feldmarschall befördert, mit Recht hielt man ihn für den fähigsten deutschen Feldherrn; er fiel beim Führer am gleichen Tag wie Kleist in Ungnade — am 30. März 1944.

Bei Beginn des Rußlandfeldzugs führte Rundstedt die Heeresgruppe Süd und befehligte (zögernd) die letzte deutsche Offensive des Krieges — die Ardennenoffensive 1944/45 — in einem Gelände, das er von 1940 her so gut kannte. Nach dem Krieg war er in England gefangen, wurde aber 1949 freigelassen. 1953 starb er achtundsiebzigjährig. Hitlers „bête noire" Brauchitsch wurde entlassen, als er Moskau nicht nehmen konnte und Hitler den Befehl über das OKH selbst übernahm. Nach dem Krieg sollte Brauchitsch wegen verschiedener Kriegsverbrechen angeklagt werden, starb aber 1948 vor der Verhandlung. Franz Halder verlor seine Stellung 1942 nach einer weiteren Auseinandersetzung mit Hitler; in den Bombenanschlag von 1944 verwickelt, wurde er von den Amerikanern in Dachau gefunden.

Die Besiegten

Für die französischen Führer folgten auf die Niederlage lange Jahre der Gefangenschaft, der Beschuldigungen durch ihre Landsleute und der Versuch, ihre eigene Rolle in der Schlacht zu rechtfertigen. Viele erreichten ein hohes Alter.

Gamelin zog wieder zu seiner Frau in die Wohnung in der Avenue Foch, die er 1937 für die Zeit seiner Pensionierung gekauft hatte. Als sich die Deutschen Paris näherten, schrieb er Weygand, er reise zu seiner Schwester aufs Land, könne aber jederzeit zurückkommen. Er war verletzt, daß Weygand den Brief nicht beantwortete. Nachdem er in mehreren Schlössern gefangengehalten wurde, befand sich Gamelin von 1943 an mit Daladier, Blum und Lebrun in Buchenwald. Sie überlebten alle; 1945 stürzte sich Gamelin unermüdlich auf die Veröffentlichung dreier gewichtiger Memoiren — und Entschuldigungsbände mit dem Titel „Servir", 1958 starb er, 86 Jahre alt. General Maxime Weygand wurde nach einem kurzen Zwischenspiel als Verteidigungsminister in Pétains Kabinett als Generaldelegierter nach Algerien entsandt. Später wurde er von den Deutschen und darauf für kurze Zeit von seinen eigenen Landsleuten eingesperrt. Er starb 1965 im ehrwürdigen Alter von 98; mißtrauisch gegenüber den Briten und bis zum Ende hellwach und klug (wenn auch ziemlich taub).

General Georges hinterließ keine Memoiren. Ehe er endgültig im Vergessen verschwand, tauchte er 1943 in der Intrigenatmosphäre von Algier wieder auf. Die Alliierten, die ihn aus Frankreich „importiert" hatten, sahen ihn bald (nach Anthony Edens Worten) als „reaktionären alten Defätisten" an und „pensionierten" ihn. Der unglückliche Corap machte ebenfalls keinen Versuch, sich gegen die Beschuldigungen Reynauds zu rechtfertigen, er erlitt einen Nervenzusammenbruch. Bei der Riom-Untersuchung wurde er entlastet und starb 1953 in seinem Heim in Fontainbleau. Huntziger, der Befehlshaber bei Sedan und Führer der Waffenstillstandsdelegation, hatte ebenfalls keine Gelegenheit, seine Version von der Schlacht zu schreiben, er kam 1941 bei einem Flugzeugunglück ums Leben. Von den gefangenen französischen Generalen gelang es General Giraud, aus Schloß Königstein zu entkommen,[7] wo er mit General Prioux interniert war. Auch er floh nach Algier und rivalisierte mit amerikanischer Unterstützung einige Zeit mit de Gaulle als Führer der „Freien Franzosen". General Frère starb an Mißhandlungen in einem deutschen KZ.

Obwohl Lord Gort viele seiner Männer gerettet hatte, wurde er durch das Schicksal der BEF mit betroffen. Bei Churchill nicht in Gunst, erhielt er kein neues Kampfkommando, während seine Untergebenen bei der BEF, Brooke, Alexander und Montgomery, zu höchsten Ruhmeshöhen emporstiegen. Wahrscheinlich hatte Churchill recht: Gort war nicht der Mann, eine moderne, mechanisierte Armee zu führen oder zu organisieren. Niemand verdient jedoch mehr Anerkennung für die unschätzbaren Dienste, die er Großbritannien und der alliierten Sache geleistet hatte. Kriege „werden jedoch nicht durch Evakuierungen gewonnen". Als die Lage von Malta hoffnungslos schien, wurde Gort dort Generalgouverneur, und wieder bewährte sich sein hartnäckiger Mut. Seine Karriere endete nach dem Krieg als Hochkommissar in Palästina, bald nach seiner Ernennung erlitt er jedoch einen körperlichen Zusammenbruch und starb 1946 im Alter von 60 Jahren.

Reynaud und Pétain

Keine der Hauptfiguren der Epoche scheinen aber so von Tragik umwittert wie die zwei französischen Ministerpräsidenten: Reynaud und sein Nachfolger Pétain. Wenige Tage nach dem Waffenstillstand gab es einen Skandal, als zwei Mittelsmänner gefaßt wurden, die — offensichtlich ohne Reynauds Wissen — Gold und Schmuck aus dem Besitz der Comtesse de Portes nach Amerika schmuggeln wollten. Am 28. Juni fuhr Reynaud mit der Frau, für die er so hart gearbeitet hatte und deren Liebe ihm jetzt als einziges blieb, nach Südfrankreich. Um ihn von seinem Unglück abzulenken, überredete sie ihn, das Steuer zu übernehmen — gleich darauf prallte der Wagen gegen einen Alleebaum. Ein schwerer Koffer flog nach vorn, traf Hélène de Portes im Genick und tötete sie augenblicklich. Reynaud erlitt nur leichtere Verletzungen. Als er im Krankenhaus wieder zu sich kam und von ihrem Tod hörte, sagte er schlicht: „Elle était la France." Die restlichen Kriegsjahre verbrachte er in deutschen Gefängnissen und entging nur knapp dem Schicksal seines Mithäftlings Georges Mandel. Nach dem Krieg widmete er sich wieder der Politik und der Sache der europäischen Einheit, er wurde noch einmal Minister. Im Alter von 71 heiratete er nach dem Tod seiner ersten Frau 1949 noch einmal und zeugte drei Kinder, das jüngste wurde geboren, als er fast 80 war. Reynaud wurde 87 und starb 1966.

Pétain wurde noch älter — er, der Sündenbock für Frankreichs Schande. Seine Kollegen aus der Generation, der es zugekommen wäre, das Schicksal

Frankreichs in die Hand zu nehmen, ließen ihn im Stich; später verurteilten sie ihn, weil er Angehörige einer besiegten Nation in deutsche Zwangsarbeitslager gehen ließ. Als ihn Paul Baudouin verließ, sagte der alte Marschall mit Tränen im Auge: „Bemitleiden Sie mich. Sie gehen, aber ich, mit 84, muß bleiben und dieses Leben ertragen!" Schließlich starb er 1951 fünfundneunzigjährig in einem harten französischen Gefängnis. Durch eine Laune des Schicksals wurde General de Gaulle, Pétains ehemaliger Schützling, sieben Jahre später im Alter von 68 Jahren dazu berufen, die Zügel Frankreichs zu übernehmen, nachdem jüngere Männer aufgegeben hatten. Außer ihm leben von den Führern im Mai 1940 nur noch wenige, seltsamerweise auch zwei der Architekten von „Sichelschnitt", Halder und Manstein. In Frankreich lebt Daladier nach einem kurzen politischen Comeback in der 4. Republik ruhig in Paris. Alle sind über 80.

Die Narben der Schlacht

Die sechs Wochen von 1940 scheinen — im Gegensatz zu Verdun — keine sichtbaren Narben zurückgelassen zu haben.

Die Gebäude und die Ortschaften sind wiedererstanden. Bei Sedan, dem Schlachtfeld, auf dem die 3. Republik gezeugt wurde und starb, findet man eher Erinnerungen an die Schlacht von 1870 als an die von 1940. Hier trifft man auch auf Denkmäler und Friedhöfe aus den Jahren 1914 bis 1918, man findet aber nichts von den Trichterfeldern, die für Verdun wohl immer charakteristisch bleiben werden. An der Maas tragen dort, wo die heftigsten Kämpfe stattfanden, noch einige Bunker die Kampfspuren, aber diese Kampfspuren sind vereinzelt — ein Hinweis darauf, daß die B-Reservisten Grandsards nicht so standhielten wie die Männer von Verdun. Das Wehr bei Houx steht noch, und die Insel, über die Rommels Männer vorgingen, ist heute ein Campingplatz, der häufig von jungen Deutschen besucht wird, die 1940 noch nicht einmal geboren waren. Es ist nicht leicht, an der Maas Örtlichkeiten zu finden, die davon zeugen, was damals, an jenen herrlichen Maitagen, geschah.

Der revolutionäre Alptraum der Maitage 1968 hat in jüngster Zeit gezeigt, daß die Wunden der politischen Zerrissenheit — das Erbe der Kommune und der Volksfront, über dem jetzt noch das Schisma Pétainisten-Gaullisten lagert — in Frankreich nicht verheilt sind. Am tiefsten sind die Narben aber wohl in den Beziehungen zwischen den ehemaligen Alliierten — England und Frankreich. 1945 spielte die Enttäuschung über die französische Leistung 1940 eine Rolle bei dem britischen Entschluß, sich nie wieder für die eigene Sicherheit auf die „Streitkräfte anderer Völker" zu verlassen. England leistete getreulich seinen Beitrag für die NATO, baute aber gleichzeitig eine eigene kostspielige Maginotlinie aus Atomwaffen auf und nannte sie „unabhängiges Abschreckungsmittel". (Glücklicherweise hat man in England diese „Maginotlinie" wieder in Vergessenheit geraten lassen, ohne sie je auf die Probe stellen zu müssen.) 1940 waren es die Deutschen, die England aus dem europäischen Kontinent drängten — ironischerweise ist es im Gemeinsamen Markt Frankreich, das auf die Deutschen einwirkt, England nicht wieder zuzulassen.[8] Das ist jedoch kein Zufall und auch nicht die Verstimmung des einst Gedemütigten gegenüber den Unbesiegten. In Frankreich wecken die Folgen von Dünkirchen immer wieder den Verdacht, England würde, wenn es je wieder „hart auf hart gehe" wie 1940, versucht sein, einfach abzuziehen. Wird man einmal sagen können, England habe, indem es die BEF rettete und dadurch den Krieg gewann, den eigenen Frieden verloren?

Obwohl der Mai 1940 Männern im mittleren Alter noch in lebhafter Erinnerung ist, scheint er doch der Welt Kaiser Wilhelms II. und Marschall Fochs näher zu stehen als unserer eigenen Zeit.

Die Akteure des großen „Sichelschnitt"-Dramas scheinen sich auf einem Bildschirm zu bewegen, der fast so fern ist wie der Krimkrieg. Die Waffen, die sie verwendeten, scheinen heute so veraltet wie die nationale Sache, die sie vertraten. Wieviel Jahrhunderte scheint es zurückzuliegen, daß Vietnamesen bei Monthermé, algerische Tirailleurs bei Philippeville und Senegalesen bei Amiens für Frankreich kämpften und starben? Wieviel hat sich in drei Jahrzehnten geändert! Das französische und das britische Kolonialreich existieren nicht mehr. Das deutsche Reich ist in einen Sowjetsatelliten und eine zweitrangige Macht aufgespalten. Frankreich und Deutschland — beide im Zweiten Weltkrieg besiegt — haben endlich einen gemeinsamen Nenner gefunden. In der Folge wurden ihre Beziehungen harmonischer als irgendwann seit der Thronbesteigung Ludwigs XIV. Die Bundeswehr des wiedererstandenen, aber verstümmelten Deutschland liefert Frankreich (und England) jetzt den „besten Degen in Europa". Angesichts des gefügigen Deutschland ist Frankreich augenblicklich wohl die stärkste politische Macht westlich der Elbe. Das ist jedoch alles irrelevant. In der modernen Welt bedeutet der vereinigte Einfluß der drei kriegführenden Parteien von 1940 wenig gegenüber der Stärke der zwei Supermächte, die während der Schlacht um Frankreich aus militärischer Ohnmacht die Neutralität wahrten.

Die wohlhabenden, wohlgenährten Bürger des Gemeinsamen Markts fahren in ihren Citroën und Mercedes durch Dinant und Sedan; sie scheinen nichts von all dem Elend zu fühlen, das dieser blutige Winkel Frankreichs in den letzten hundert Jahren erleiden mußte. Wenn man sie beobachtet, drängt sich eine Frage auf: Mußten das erste Sedan, die Schlacht von Verdun und die zweite Schlacht bei Sedan wirklich ausgefochten werden, ehe Deutschland und Frankreich die Grenzschranken zwischen ihren zwei Ländern senken konnten? Vielleicht ist Hitlers schauerliche Vorhersage in „Mein Kampf", daß Deutschland noch eine letzte Entscheidungsschlacht gegen Frankreich ausfechten müsse, in einem Sinn wahr geworden, den er niemals voraussehen konnte. Die deutsch-französische Schlacht *muß* wirklich die „letzte" gewesen sein, die Fakten des Lebens sind heute so, daß man sich eine Wiederholung unmöglich vorstellen kann. Endlich scheint unter die uralte Saga, in der die deutsch-französische Rivalität das Tempo des Weltgeschehens bestimmte, das „Finis" geschrieben zu sein. Aber um welchen Preis!

London, Ashington, Château de Rougemont.

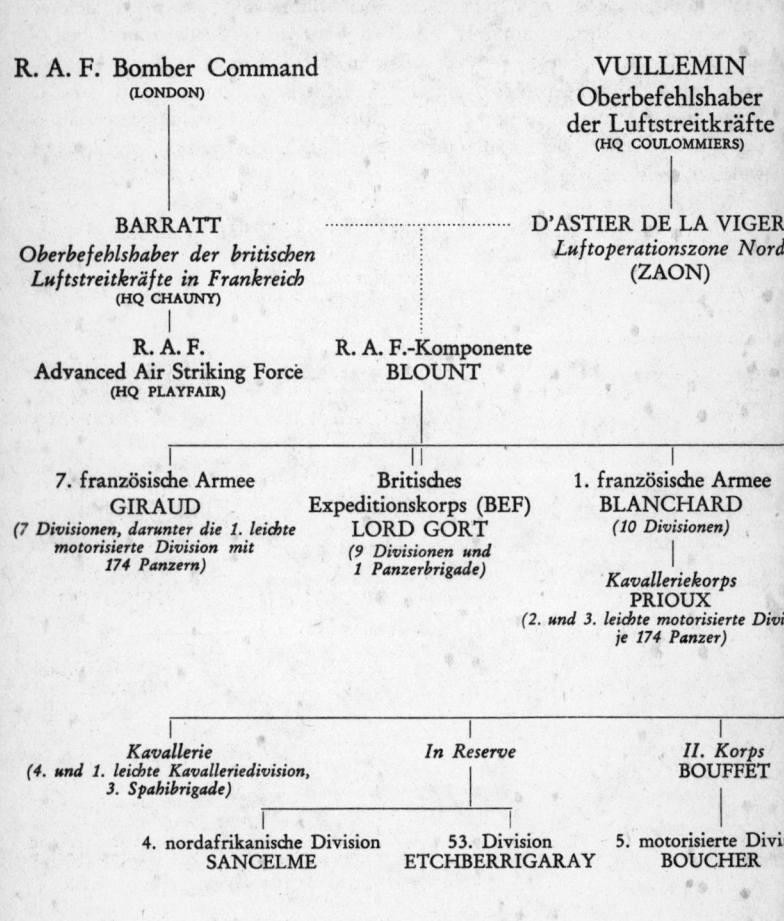

ALLIIERTER AUFMARSCHPLAN
Mit den Namen der wichtigsten Kommandanten

R. A. F. Bomber Command
(LONDON)

VUILLEMIN
Oberbefehlshaber
der Luftstreitkräfte
(HQ COULOMMIERS)

BARRATT
*Oberbefehlshaber der britischen
Luftstreitkräfte in Frankreich*
(HQ CHAUNY)

D'ASTIER DE LA VIGERIE
Luftoperationszone Nord
(ZAON)

R. A. F.
Advanced Air Striking Force
(HQ PLAYFAIR)

**R. A. F.-Komponente
BLOUNT**

**7. französische Armee
GIRAUD**
*(7 Divisionen, darunter die 1. leichte
motorisierte Division mit
174 Panzern)*

**Britisches
Expeditionskorps (BEF)
LORD GORT**
*(9 Divisionen und
1 Panzerbrigade)*

**1. französische Armee
BLANCHARD**
(10 Divisionen)

Kavalleriekorps
PRIOUX
*(2. und 3. leichte motorisierte Division
je 174 Panzer)*

Kavallerie
*(4. und 1. leichte Kavalleriedivision,
3. Spahibrigade)*

In Reserve

II. Korps
BOUFFET

**4. nordafrikanische Division
SANCELME**

**53. Division
ETCHBERRIGARAY**

**5. motorisierte Division
BOUCHER**

Holländische Armee
10 Divisionen

Belgische Armee
20 Divisionen

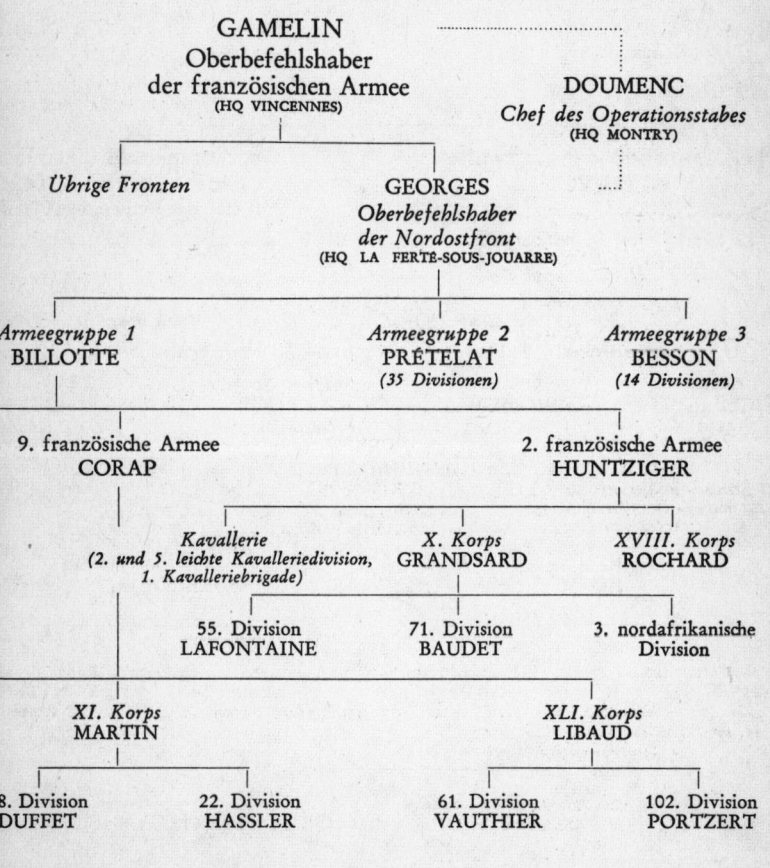

GAMELIN
Oberbefehlshaber
der französischen Armee
(HQ VINCENNES)

DOUMENC
Chef des Operationsstabes
(HQ MONTRY)

Übrige Fronten

GEORGES
*Oberbefehlshaber
der Nordostfront*
(HQ LA FERTÉ-SOUS-JOUARRE)

Armeegruppe 1
BILLOTTE

Armeegruppe 2
PRÉTELAT
(35 Divisionen)

Armeegruppe 3
BESSON
(14 Divisionen)

9. französische Armee
CORAP

2. französische Armee
HUNTZIGER

Kavallerie
*(2. und 5. leichte Kavalleriedivision,
1. Kavalleriebrigade)*

X. Korps
GRANDSARD

XVIII. Korps
ROCHARD

55. Division
LAFONTAINE

71. Division
BAUDET

3. nordafrikanische
Division

XI. Korps
MARTIN

XLI. Korps
LIBAUD

8. Division
DUFFET

22. Division
HASSLER

61. Division
VAUTHIER

102. Division
PORTZERT

RESERVE *18 Divisionen,
davon 3 Panzerdivisionen*

1. Panzerdivision
BRUNEAU
(150 Panzer)

2. Panzerdivision
BRUCHÉ
(150 Panzer)

3. Panzerdivision
BROCARD
(150 Panzer)

4. Panzerdivision
DE GAULLE
im Aufbau begriffen

DEUTSCHER AUFMARSCHPLAN
Mit den Namen der wichtigsten Kommandanten

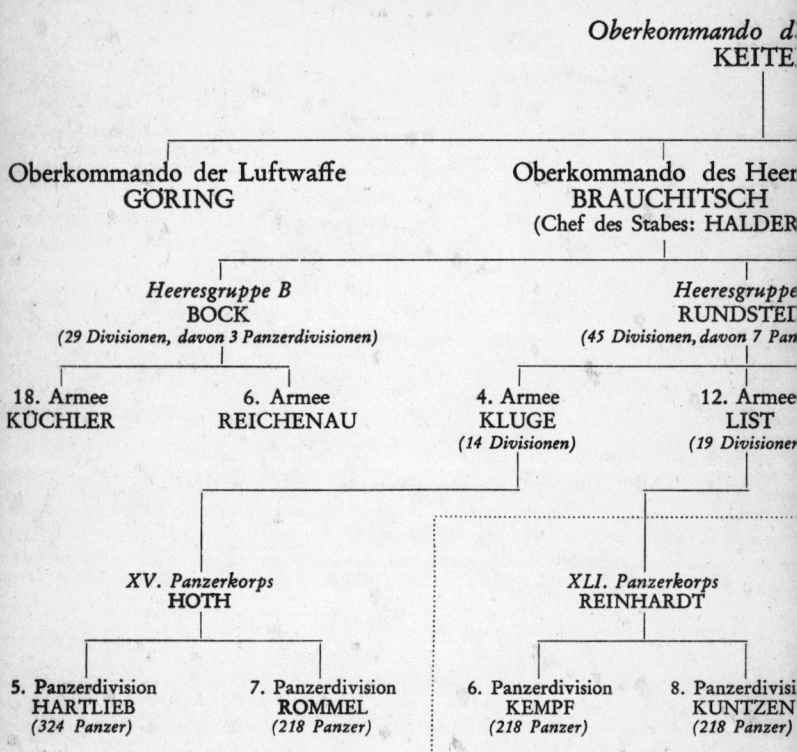

Oberkommando d.
KEITE

Oberkommando der Luftwaffe
GÖRING

Oberkommando des Heer
BRAUCHITSCH
(Chef des Stabes: HALDER

Heeresgruppe B
BOCK
(29 Divisionen, davon 3 Panzerdivisionen)

Heeresgruppe
RUNDSTEI
(45 Divisionen, davon 7 Pan

18. Armee
KÜCHLER

6. Armee
REICHENAU

4. Armee
KLUGE
(14 Divisionen)

12. Armee
LIST
(19 Divisionen

XV. Panzerkorps
HOTH

XLI. Panzerkorps
REINHARDT

5. Panzerdivision
HARTLIEB
(324 Panzer)

7. Panzerdivision
ROMMEL
(218 Panzer)

6. Panzerdivision
KEMPF
(218 Panzer)

8. Panzerdivisi
KUNTZEN
(218 Panzer)

RESERVE
42 Infanteriedivisionen

10. Mai 1940

Aufstellung der Einheiten von Norden (links) nach Süden (rechts)

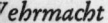

ehrmacht
Oberkommando der Marine
RAEDER
Heeresgruppe C
LEEB
(19 Divisionen, keine Panzer)
isionen)
16. Armee
BUSCH
(12 Divisionen)
1. Armee
WITZLEBEN
7. Armee
DOLLMANN
Panzergruppe KLEIST
XIX. Panzerkorps
GUDERIAN
XIV. motorisiertes Korps
WIETERSHEIM
2. Panzerdivision
VEIEL
(276 Panzer)
1. Panzerdivision
KIRCHNER
(276 Panzer)
10. Panzerdivision
SCHAAL
(276 Panzer)
Regiment
Großdeutschland
SCHWERIN

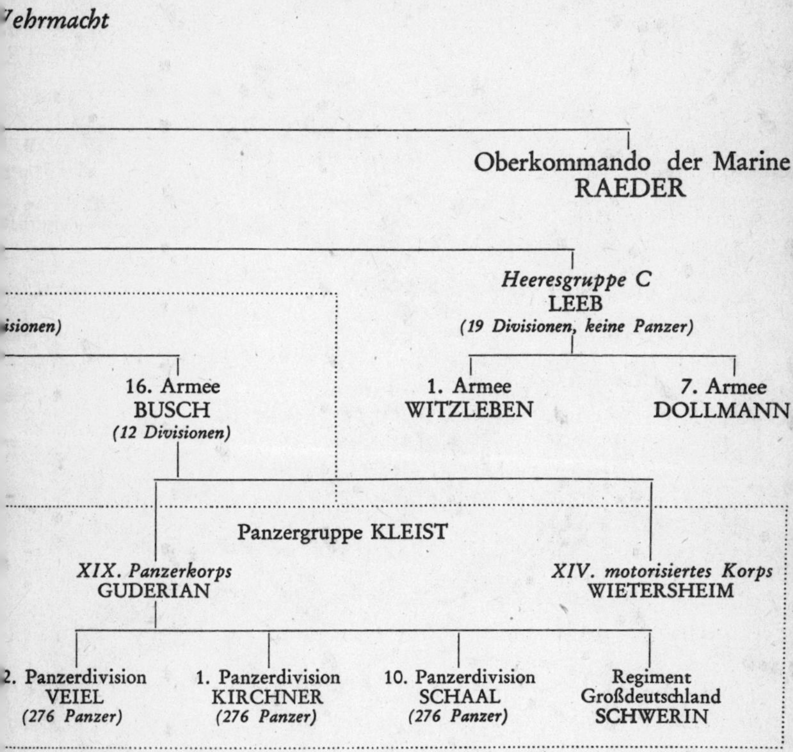

Karte I: Deutsche und französische Strategie 1914 und 1940.

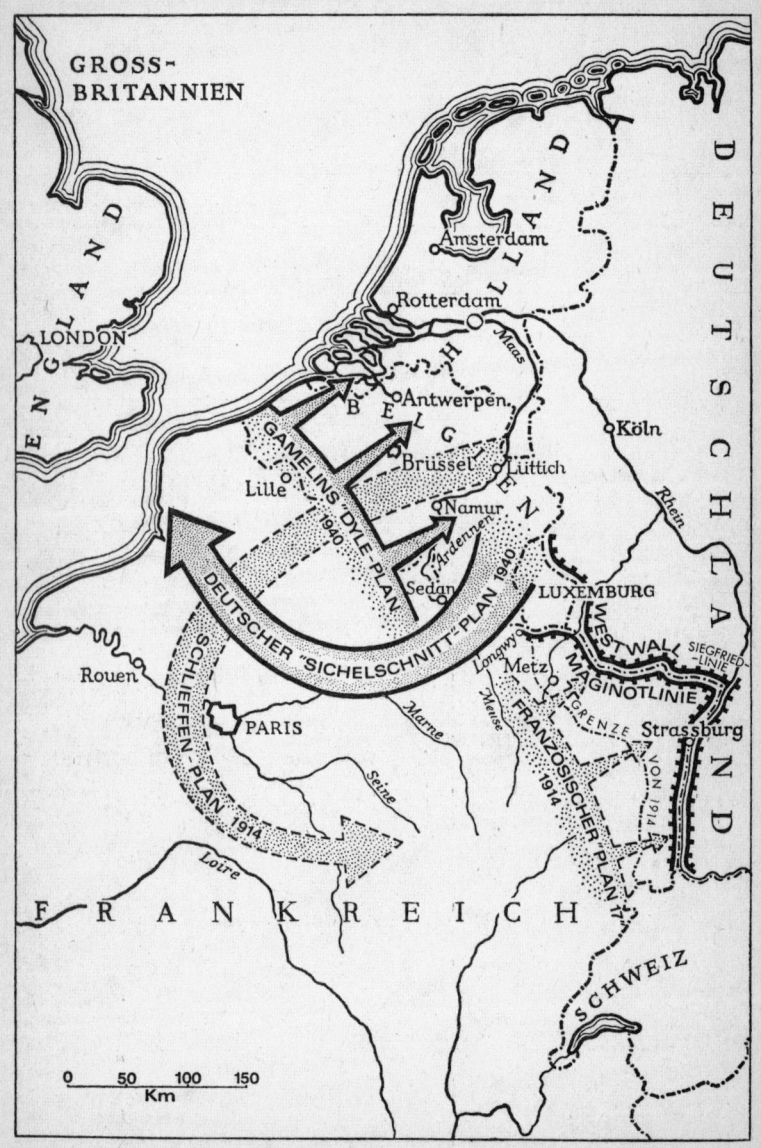

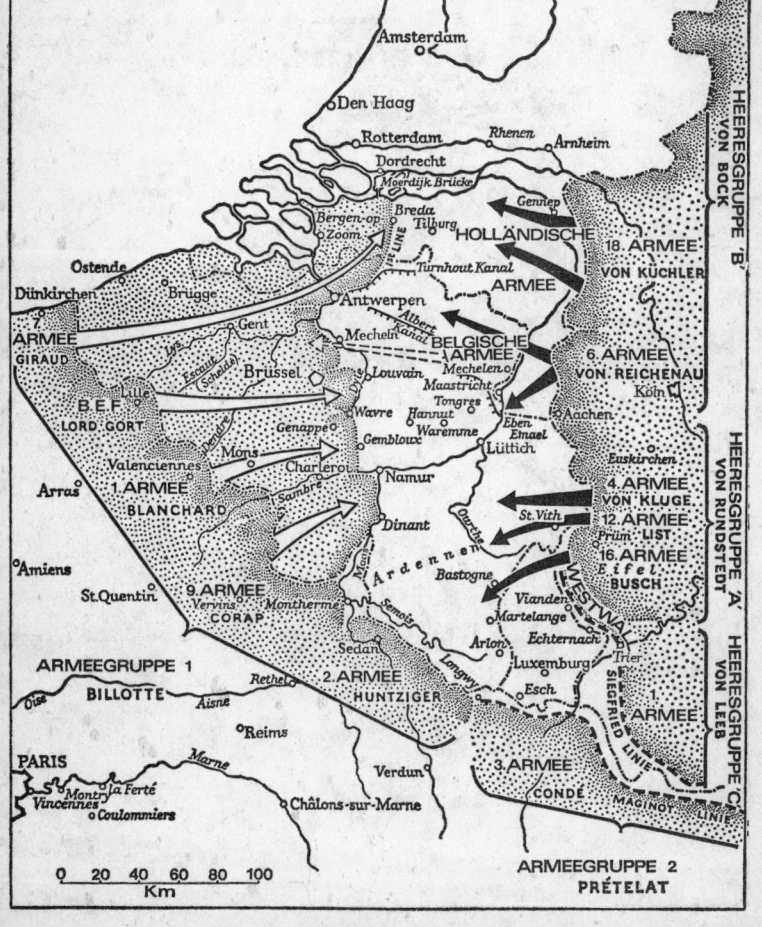

Karte II: 10. Mai. Die Hauptstoßrichtung des deutschen Angriffs.

Karte IV a (rechts oben): Der Maasübergang bei Dinant. 14. Mai.
Karte IV b (rechts unten): Ausbruch aus dem Maasbrückenkopf bei Sedan.
Flavignys Gegenangriff. 14. und 15. Mai.

Karte III: 13. Mai. Das XV., XLI. und XIX. Panzerkorps an der
Maas.

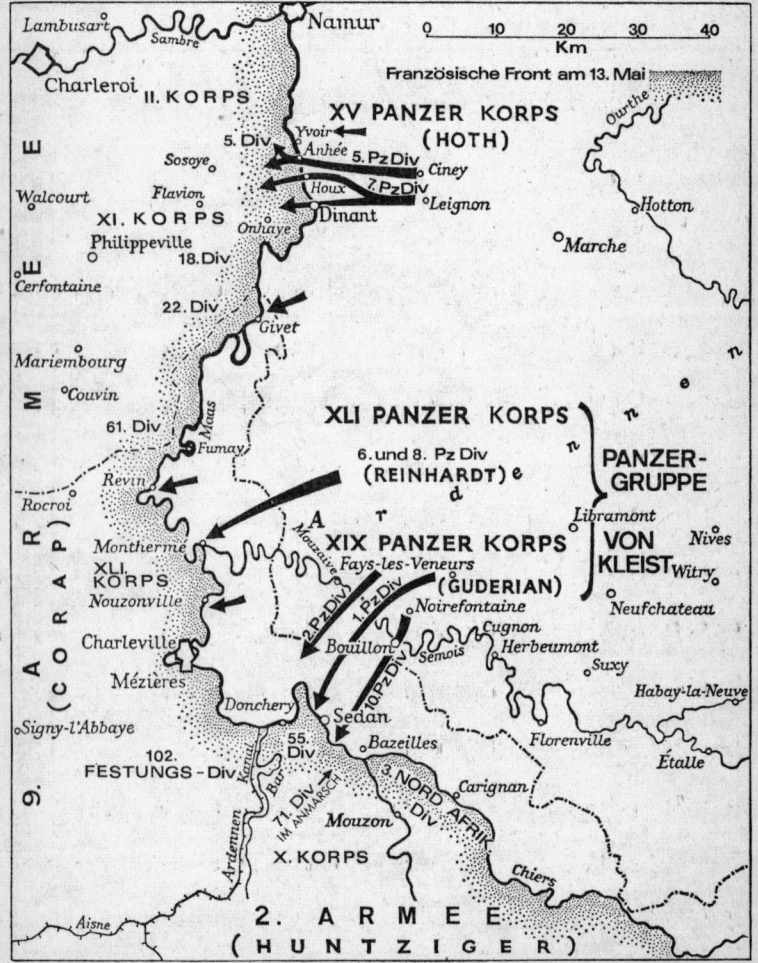

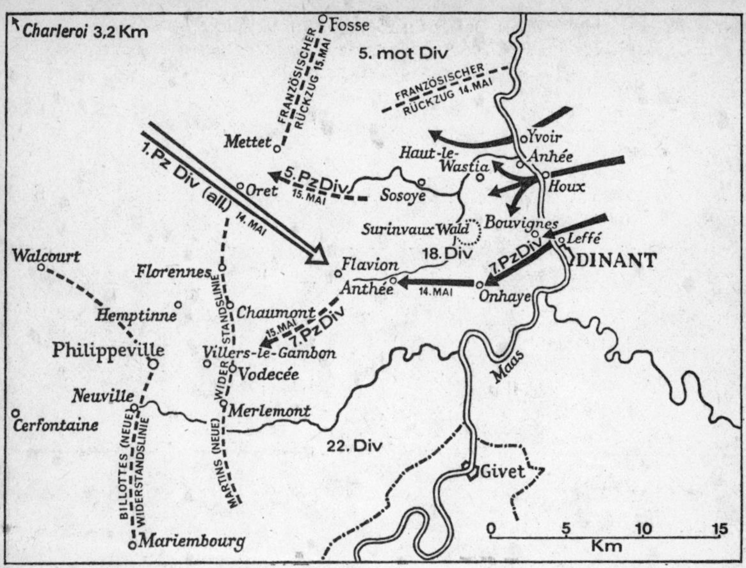

Map 1 (top):

Charleroi 3,2 Km

Fosse

5. mot Div

FRANZÖSISCHER RÜCKZUG 15. MAI

FRANZÖSISCHER RÜCKZUG 14. MAI

1. Pz Div (all) 14. MAI

Mettet

5. Pz Div 15. MAI

Oret

Sosoye

Haut-le-Wastia

Yvoir

Anhée

Houx

Surinvaux Wald

Bouvignes

Walcourt

Flavion

18. Div

Leffé

7. Pz Div

DINANT

Florennes

Anthée 14. MAI

Onhaye

Hemptinne

Chaumont 15. MAI 7. Pz Div

Philippeville

Villers-le-Gambon

Vodecée

Neuville

Merlemont

Maas

Cerfontaine

BILLOTTES (NEUE) WIDERSTANDSLINIE

MARTINS (NEUE) WIDERSTANDSLINIE

22. Div

Givet

Mariembourg

0   5   10   15
Km

Map 2 (bottom):

CHARLEVILLE

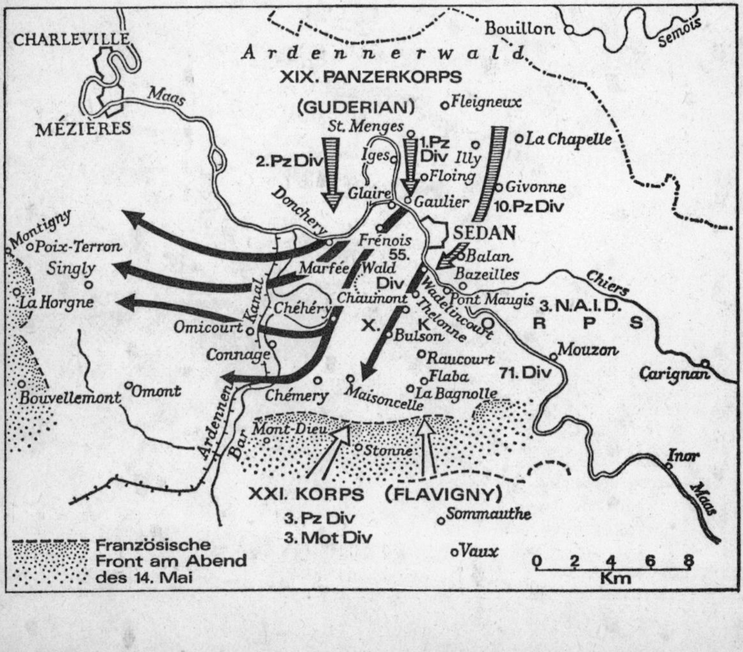

Bouillon

Semois

A r d e n n e r w a l d

XIX. PANZERKORPS

(GUDERIAN)

Fleigneux

La Chapelle

Maas

MÉZIÈRES

St. Menges

2. Pz Div

Iges

1. Pz Div

Illy

FLoing

Givonne

10. Pz Div

Donchery

Glaire

Gaulier

Montigny

Frénois

SEDAN

Poix-Terron

Marfée Wald

55. Div

Balan

Bazeilles

Pont Maugis

Chiers

Singly

Chaumont

Wadelincourt

Théllone

3. N.A.I.D.

La Horgne

Chéhéry

K

Bulson

Omicourt

Connage

Raucourt

Flaba

71. Div

Mouzon

Carignan

Bouvellemont

Omont

Ardennen Kanal

Bar

Chémery

Maisoncelle

La Bagnolle

Inor

Mont-Dieu

Stonne

XXI. KORPS (FLAVIGNY)

3. Pz Div

3. Mot Div

Sommauthe

Vaux

Maas

Französische Front am Abend des 14. Mai

0 2 4 6 8
Km

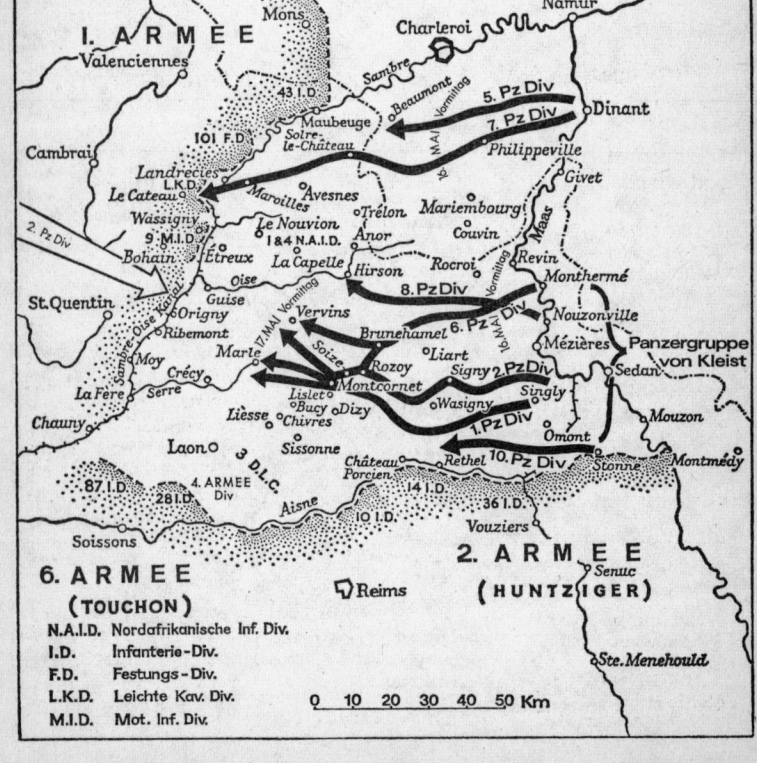

I. ARMEE

Namur

Charleroi

Valenciennes

43 I.D.

Sambre

Beaumont

5. Pz Div

7. Pz Div

Dinant

Maubeuge

Solre-le-Château

101 F.D.

Philippeville

Cambrai

Givet

Landrecies

L.K.D.

Le Cateau

Maroilles

Avesnes

Trélon

Mariembourg

Wassigny

9. M.I.D.

Le Nouvion

I & 4 N.A.I.D.

Anor

Couvin

Maas

2. Pz Div

La Capelle

Hirson

Rocroi

Revin

Bohain

Etreux

Oise

Monthermé

St.Quentin

Guise

Origny

Oise

Vervins

8. Pz Div

Nouzonville

Ribemont

Serre

Brunehamel

6. Pz Div

Mézières

Panzergruppe von Kleist

Marle

Soize

Liart

Signy

2. Pz Div

Sedan

Moy

Crécy

Rozoy

Montcornet

Wasigny

Singly

1. Pz Div

Mouzon

La Fère

Serre

Lislet

Bucy

Dizy

Chivres

Omont

Chauny

Liesse

Laon

3 D.L.C.

Sissonne

Château
Porcien

Rethel

10. Pz Div

Stonne

Montmédy

87 I.D.

28 I.D.

4. ARMEE
Div

Aisne

141 I.D.

36 I.D.

Vouziers

Soissons

10 I.D.

6. ARMEE

(TOUCHON)

2. ARMEE

(HUNTZIGER)

Reims

Senuc

N.A.I.D.   Nordafrikanische Inf. Div.

I.D.   Infanterie-Div.

F.D.   Festungs-Div.

L.K.D.   Leichte Kav. Div.

M.I.D.   Mot. Inf. Div.

Ste. Menehould

0   10   20   30   40   50 Km

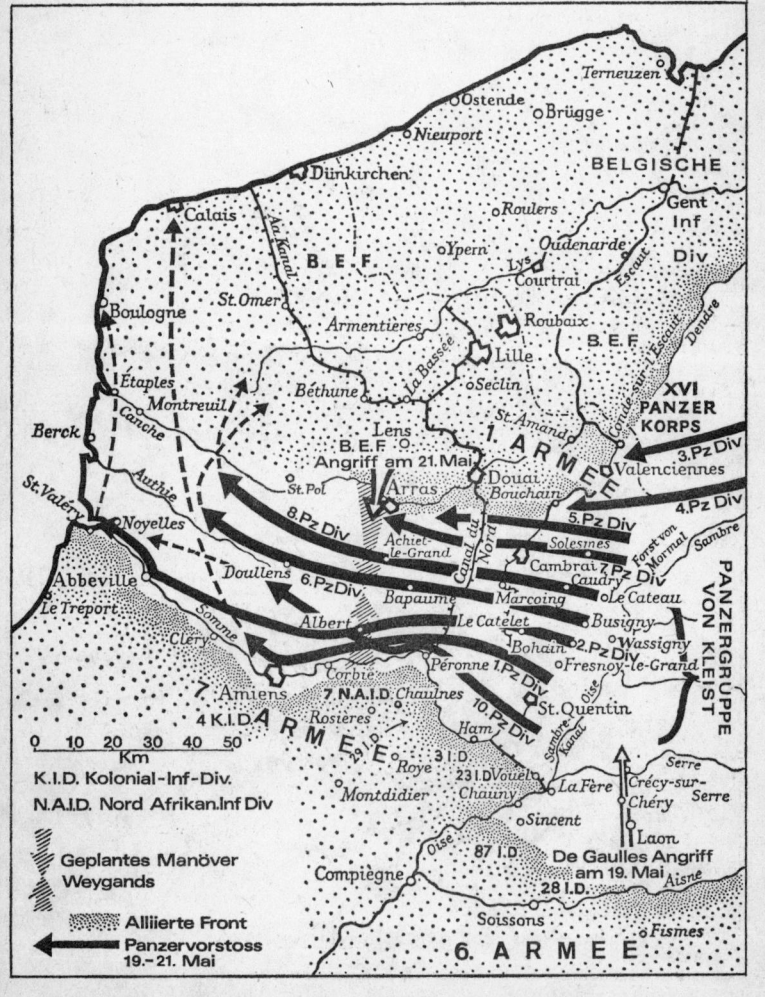

Karte VII: Der alliierte Gegenangriff bei Arras. 21. Mai.

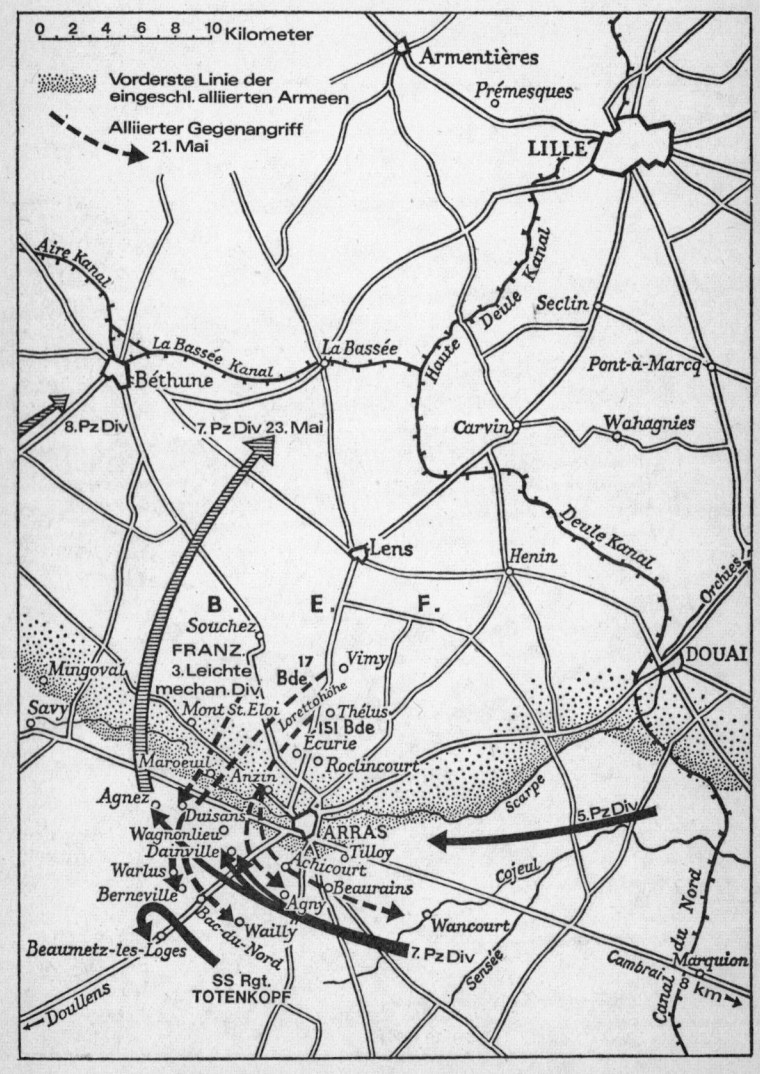

Karte VIII: Der alliierte Brückenkopf am 28. Mai.

Karte IX: Der zweite Teil des Feldzuges. 5. bis 22. Juni.

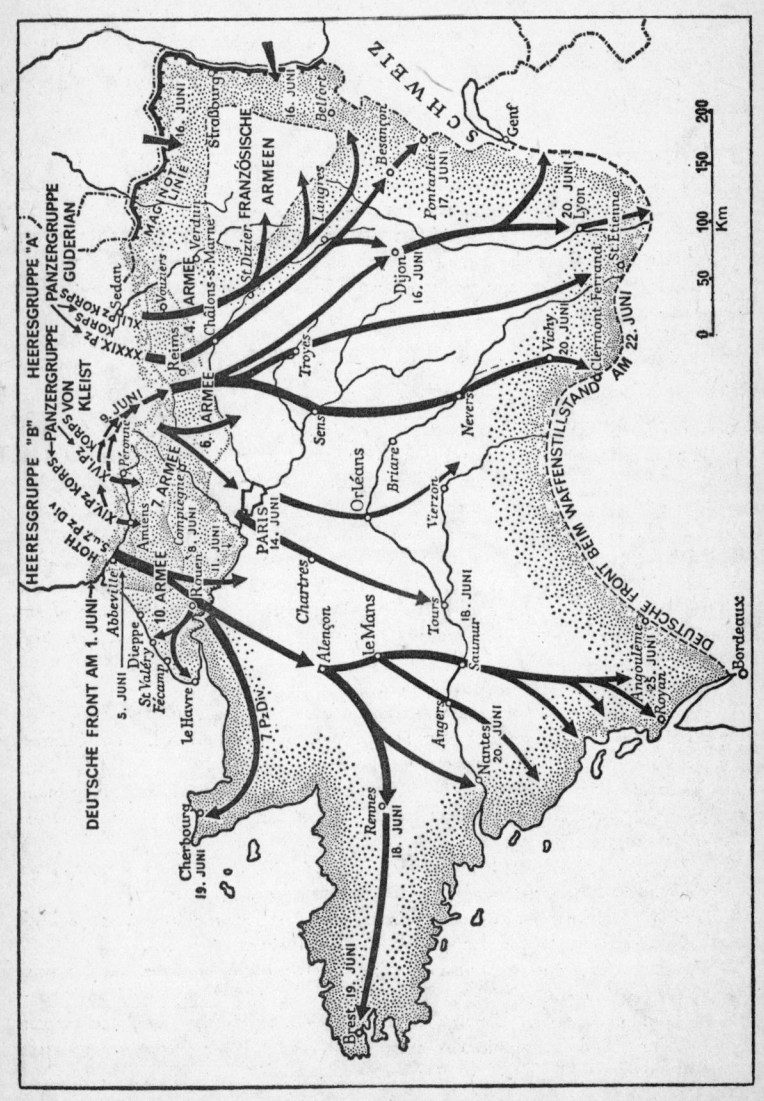

Anmerkungen

1. KAPITEL

1 Titel von Clemenceaus Memoiren.
2 Der Gedanke, den Unbekannten Soldaten, aus Überresten von acht Gefallenen von Verdun, beizusetzen, tauchte erst später auf.
3 Trotz aller Aufforderungen scheint die große Mehrheit der Linken von der größeren Attraktion der Siegesparade angelockt worden zu sein.
4 In der Tat verließ der letzte französische Soldat das Rheinland im Juni 1930.

2. KAPITEL

1 Im Jahre 1932 hatte der Rektor von Stiffkey der britischen Presse durch seine zahllosen Abenteuer mit minderjährigen Kellnerinnen in Londoner Teehäusern eine unerschöpfliche Quelle antiklerikaler Unterhaltung geliefert. Seines geistlichen Amts enthoben, beendete er seine Laufbahn 1937 in einem Löwenkäfig, in dem er eine Vorlesung halten sollte. Der Löwe war dagegen.
2 Die umgekehrte Haltung nach 1945 bietet interessante Vergleichsmöglichkeiten.
3 André Beaufre, nach dem Weltkrieg Stabsoffizier im Kriegsministerium, wurde später General und nach dem Zweiten Weltkrieg einer der führenden französischen militärischen Denker. 1956 führte er in Suez das französische Kontingent an.
4 Nach dem damaligen Kurs 24 Millionen Pfund.
5 Obwohl die Beibehaltung der Intervalltruppen in der Stunde der Entscheidung ironischerweise einer der Hauptfaktoren war, die der französischen Armee die Beweglichkeit raubten.
6 Selbst in der unterbezahlten britischen Armee erhielt damals ein Hauptmann (unverheiratet) ein Grundgehalt von £ 38 und ein Major von £ 53 (760 beziehungsweise 1050 Mark).
7 Die Armeekredite für 1936 beliefen sich auf 1492 Millionen Francs, etwa ein Fünftel dessen, was bereits für die Maginotlinie ausgegeben war.
8 General Galliéni ließ in der Marneschlacht im entscheidenden Augenblick Truppen mit den Pariser Taxis an die Front befördern (A. d. Ü.).
9 „Leichte mechanisierte Division", eine mechanisierte Division mit leichten Panzerfahrzeugen.
10 In England arbeiteten die Streitkräfte bis 1932 jedes Jahr unter der simplen Annahme, daß für mindestens zehn Jahre kein größerer Krieg zu erwarten sei.

11 An arroganter Torheit ist die Barthou-Erklärung vom 17. April 1934 kaum
    zu überbieten. A. J. P. Taylor bemerkt hierzu: „Die Franzosen haben die
    Startpistole für das Rüstungsrennen abgefeuert. Charakteristischerweise sind
    sie dann aber nicht mitgelaufen." In jüngster Zeit findet sich jedoch eine
    Parallele, als de Gaulle 1966 die NATO informierte, er fühle sich fortan
    stark genug, um auf die NATO verzichten zu können. Manchmal hat man
    das Gefühl, Frankreich habe — wie die Bourbonen, nur noch schlimmer —
    nichts gelernt und alles vergessen.

12 In der Rückschau erscheint Gamelins Lethargie noch verbrecherischer, da er
    zwei Monate vor der Wiederbesetzung des Rheinlands einem französischen
    General (Arengaud) die Wahrscheinlichkeit dieser Aktion Hitlers vorausgesagt
    haben soll. Auch Flandin scheint diese Möglichkeit im Januar 1935 in einer
    Kabinettsitzung erwähnt zu haben. Warum ließ sich die französische Armee
    dann überraschen?

3. KAPITEL

1 Bis zur Mobilmachung im August 1939 wurde diese Zahl verdoppelt.
2 Bereits ein Jahr nach dem Abzug der Alliierten Kontrollkommission 1927
   produzierte Krupp die ersten Panzer. Auf Grund des seltsamen Geheim-
   pakts mit der Sowjetunion wurden sie zerlegt nach Kasan an der Wolga
   geschickt und dort erprobt.
3 Später Feldmarschall und 1940 Oberbefehlshaber des Heeres.
4 Es ist bezeichnend, daß das entstehende Panzerkorps wegen der starren Verbindung der französischen Panzer mit der Infanterie seinem Schema das britische und nicht das französische Armeehandbuch zugrunde legte.
5 Terence Prittie: „Germans Against Hitler".
6 1945 wurde Maurras wegen Kollaboration zu lebenslänglichem Kerker verurteilt.

4. KAPITEL

1 Das genauso konservative deutsche Oberkommando hatte gewiß nicht diese
   Meinung; von Hitlers Standpunkt aus war es jedoch wichtig, daß Gamelin
   es so sah.
2 Ein Witz, der damals in Deutschland die Runde machte, erzählt von einem
   Arbeiter, der glaubte, in einer Kinderwagenfabrik beschäftigt zu sein. Seine
   Frau bat ihn, Teile zu stehlen und ihr einen Kinderwagen zu bauen. Als
   die gestohlenen Teile zusammengesetzt waren, ergaben sie keinen Kinderwagen,
   sondern — einen Messerschmitt-Jäger.
3 Noch zwei weitere in Frankreich eingesetzte Frontflugzeuge sollten erwähnt
   werden; der mittlere Dornier 17, ein Bomber mit dem Spitznamen „Fliegen-
   der Bleistift", schneller als die He 111, aber nur mit der halben Bombenlast, und der zweimotorige Messerschmitt-110-„Zerstörer", der aber in keiner
   Weise befriedigte.

4 Udet, der sich dem Chaos, in das die Luftwaffe geraten war, nicht stellen wollte, beging im November 1941 Selbstmord.

5 Zweifellos durch die Übertreibungen von Udet mit veranlaßt, fürchteten die französischen und britischen Experten die Luftwaffe 1938 aus den falschen Gründen. Sie blieben blind gegen die mögliche taktische Bedeutung der Stukas und waren hypnotisiert von dem Gemetzel, das Görings He 111 unter der Zivilbevölkerung anrichten konnte. Das britische Empireverteidigungskomitee schätzte 1938, daß die Luftwaffe in den 24 Stunden eines Angriffs 3500 Tonnen Bomben auf London abwerfen könne, das Gesundheitsministerium erwartete in den ersten sechs Monaten 600.000 Tote und 1,200.000 Verwundete. Während des gesamten „Londoner Blitzes" wurden tatsächlich nur 18.000 Tonnen Bomben abgeworfen, in sieben Monaten gab es insgesamt 90.000 Tote. Die RAF, die ihre Jäger 1938 für die Verteidigung Englands als unzureichend ansah, führte die Regierung (wie das die strategischen Luftmächte seither immer getan haben), über die Möglichkeit, Kriege mit Bombenteppichen zu gewinnen, in die Irre, was Chamberlain stark beeinflußte, wegen der Tschechoslowakei keinen Krieg zu riskieren. In einem Krieg von 1938 wären London (und Paris) zweifellos bombardiert worden (worauf sie schlecht vorbereitet waren), der Schaden wäre aber keinesfalls größer gewesen als der des „Blitz". Anderseits hatte Hitler 1938 weder genügend Stukas noch Panzer (noch waren die Mannschaften entsprechend ausgebildet), um einen Entscheidungsgang mit der französischen Armee riskieren zu können. Schon allein aus militärischen Gründen läßt sich „München" immer weniger verteidigen. Wie Churchill sagt: „Das Jahr Atempause, das angeblich durch München ‚gewonnen' wurde, brachte England und Frankreich im Vergleich zu Deutschland in eine viel schlimmere Lage als zur Zeit der Münchner Krise."

6 1939 erreichte die deutsche Flugzeugproduktion die Zahl von fast 3000 Maschinen im Jahr, während Frankreich etwa 600 herstellte.

7 1949 verurteilte ihn ein französisches Militärgericht zu 20 Jahren Zwangsarbeit.

8 Er wurde später der Gesandte Vichys in Paris.

5. KAPITEL

1 Obwohl er sich in der Folge hinter der Ausrede versteckte, das Abkommen sei von den zwei Regierungen nie offiziell ratifiziert worden.

2 Der Plan einer Saaroffensive bestand schon seit der Tschechenkrise 1938.

3 Ein britischer Soldat erhielt vergleichsweise 17 Francs im Tag — ein Grund zu Reibungen, den Goebbels in seiner Propaganda gründlich ausnützte.

6. KAPITEL

1 Nach dem Krieg verteidigte Gamelin diesen Mangel in einem Brief an die Presse (L'Aurore, 8. November 1949): „Was hätten wir auf dieser Ebene mit einem Sender angefangen?" Er setzte hinzu, daß sich ein Sender in dem

35 km entfernten HQ des Generalstabs befunden habe. „Wir benützten ihn jedoch nicht, um unsere Position nicht zu verraten."

2 Im Januar 1940 wurde der Befehl über die RAF-Komponente an Barratt übertragen, obwohl sie unter Gorts Kontrolle blieb.

3 Es wurde nie ganz klar, ob die letzte Verantwortung für die BEF bei Gamelin oder bei Georges lag; jedenfalls war es Gort nach den Weisungen des britischen Kabinetts möglich, sich an die britische Regierung zu wenden, ehe er einen Befehl ausführte, „falls er Ihnen die britische Streitmacht zu gefährden scheint" — was sich als sehr wichtiger Ausweg erwies.

4 Die schlechten Beziehungen zwischen Georges und Gamelin sind bis zu einem gewissen Grad aus der Rivalität zwischen ihren politischen Gönnern, Reynaud und Daladier, zu erklären.

5 Wie immer war es jetzt natürlich auch Englands Politik, die belgische Küste nicht in Feindeshand fallen zu lassen.

6 Da die französische Armee genau so reagierte, wie Hitler es wünschte, blieb bis nach 1945 der Verdacht bestehen, der Mechelen-Zwischenfall sei einem listigen Plan der Nazi zuzuschreiben gewesen. Das war aber bestimmt nicht der Fall.

7 Seine Gründe, die 7. Armee links von den Briten aufzustellen, nennt Gamelin in seinen Memoiren „nicht nur strategischer, sondern auch psychologischer und moralischer Natur". Schon 1914/18 hatte man in Frankreich versucht, die Briten nicht allzu nahe am Kanal zu belassen. Die Franzosen haben daher Haigs Streitmacht immer zwischen französische Armeen „hineingeschachtelt".

8 Auch Georges schien an dem mangelnden Realismus im französischen Oberkommando gelitten zu haben. An den Rand eines Berichtes über die Niederlage (im August 1940) schrieb er: „Hatten wir im Frühjahr 1940 wirklich das Gefühl, schlecht vorbereitet zu sein?"

9 Churchill, der dieses Schweigen in der Rückschau kritisiert, bemerkt: „Das britische Kriegskabinett hätte sich nicht abschrecken lassen sollen, die Angelegenheit im Herbst und Winter 1939 mit den Franzosen ‚auszudreschen'. Es wäre eine unerfreuliche und schwierige Auseinandersetzung gewesen, denn die Franzosen hätten jederzeit sagen können: ‚Warum habt ihr nicht mehr eigene Truppen geschickt? ... Zeigt bitte ein angemessenes Zutrauen zu der französischen Armee und zu unserer historischen Meisterschaft in der Landkriegführung!' Trotzdem hätten wir es tun müssen."

10 In seinen Memoiren versucht Gamelin diese Konzentration der Streitkräfte in der Maginotlinie zu rechtfertigen, indem er behauptet: „Allein ihre Existenz garantierte uns im Frühjahr 1940, daß die Deutschen, als sie über Luxemburg, Belgien und Holland angriffen, nicht auch einen gleichzeitigen entscheidenden Vorstoß zwischen Longuyon und der Schweiz führen konnten." Dieser Gedanke kam Hitler gar nicht.

11 Gamelin, der behauptet, er habe hinsichtlich des skandinavischen Unternehmens Vorbehalte gehegt, „seinem Gefühl nach jedoch nicht das Recht besessen, sich gegen eine Regierungsentscheidung zu stellen", tut die Möglichkeit eines Krieges mit Rußland ziemlich leichtfertig ab, indem er in seinen Memoiren schreibt: „Natürlich konnten wir keine Streitkräfte schicken, die Seite an

Seite mit den Finnen fochten, ohne dabei mit den Russen zu kollidieren. Wenn wir etwas in dieser Richtung tun wollten, mußten wir diese Konsequenz auf uns nehmen ..."

12 Seine Levante-Armee wurde im Juni/Juli 1941 von den Engländern gefangengenommen.

7. KAPITEL

1 Das OKH wurde an diesem Tag durch seinen Oberbefehlshaber, Generaloberst von Brauchitsch, und dessen Stabschef Halder vertreten; die Luftwaffe (OKL) durch Göring und Jeschonnek; die Marine (OKM) durch die Admirale Raeder und Schniewind; die Wehrmacht (OKW) durch ihren Chef Keitl und Oberst Warlimont in Vertretung von Jodl, dem Chef des Wehrmachtsführungsstabes.

2 Zeitweise war die Hälfte der Kampffahrzeuge in Reparatur.

3 Eine Stadt 32 km südlich von Berlin, wo das OKH in Gebäuden mit bomben- und gassicheren Kellern untergebracht war.

4 Die Stabschefs auf den verschiedenen Ebenen tragen in Deutschland traditionell (besonders in Fragen der Planung) ihren Vorgesetzten gegenüber eine höhere Verantwortung als ihre britischen oder amerikanischen Kollegen. Gleichzeitig war die deutsche Armee zweifellos die einzige Macht, die imstande gewesen wäre, Hitler abzusetzen.

5 Man muß sich sehr fragen, ob britische oder amerikanische Generale unter den gleichen Umständen anders gehandelt hätten.

6 Später Militärgouverneur von Frankreich, wegen seiner Teilnahme an der Verschwörung von 1944 hingerichtet.

7 Für Mansteins Haltung gegenüber Hitler war die Antwort typisch, die er 1942 als Befehlshaber einer Armee in Südrußland auf vorfühlende Anfragen des „Widerstands" gab; er wolle an einem Staatsstreich gegen Hitler teilnehmen, wenn man ihn nur zuerst Sewastopol erobern lasse. Nach dem Krieg wurde Manstein wegen verschiedener Kriegsverbrechen vor Gericht gestellt, von den ernstesten Anklagen freigesprochen, aber zu 18 (reduziert auf zwölf) Jahren Gefängnis verurteilt, teilweise deshalb, weil er sich hartnäckig weigerte, auf „mildernde Umstände" zu plädieren.

8 Eine Furcht, die die deutschen Planer im Mai 1940 unaufhörlich quälen sollte, bis der Erfolg feststand.

9 Der OKH-„Weisung" zufolge wurden der Heeresgruppe A nur 22 Infanteriedivisionen, der Heeresgruppe B 44 Divisionen (einschließlich 9 Panzerdivisionen und 4 motorisierter Infanteriedivisionen) zugewiesen. Bis zum 10. Mai war das geändert worden in: A 45 1/3 Divisionen (einschließlich 7 Panzerdivisionen), B 29 1/3 Divisionen (einschließlich 3 Panzerdivisionen).

10 Guderian hat später sogar behauptet, die Idee des Manstein-Planes stamme ursprünglich von ihm.

11 Von denen eine noch als „leichte Division" galt.

12 Sein Stabschef, Oberst Kammhuber, wurde ebenfalls entlassen. Nach dem

Krieg trat er der neuen deutschen Luftwaffe bei und wurde schließlich ihr Generalinspekteur.

13 Reinberger wurde 1944 aus Kanada als Kriegsgefangener repatriiert; Deutschland kapitulierte, ehe ein Verfahren gegen ihn eröffnet wurde.

14 Die Rolle, die das schlechte Wetter bei Hitlers Plänen für 1940 spielte, entbehrt nicht einer gewissen historischen Ironie. 1916 rettete das schlechte Wetter, das den Angriff der Armee des Kronprinzen auf Verdun um eine Woche verschob, wahrscheinlich die Franzosen; 1940 wurde Hitler gerettet.

15 Wie verwandt Halders „Weltkriegsdenken" dem seines französischen Widersachers war, geht aus der Tatsache hervor, daß Gamelin in seiner Abschätzung der deutschen Möglichkeiten ebenfalls damit rechnete, die Deutschen könnten die Maas nicht vor dem neunten Tag überqueren.

16 1956 wurde er der erste Generalinspekteur der deutschen Bundeswehr.

17 Die Guderian vor dem Krieg selbst befehligt hatte.

18 Während der Entwicklung hatte sich Hitler häufig über die mangelnde Phantasie seiner Generale beklagt, wenn solche Spezialaufgaben in Frage kamen. „Diese Generale sind zu korrekt... ihnen fallen nie Tricks ein!" Zum mindesten in dieser militärischen Frage dachte Hitler genauso wie Winston Churchill.

19 Doch selbst seine Planer scheinen sich der dem „Sichelschnitt" innewohnenden Schönheit zum Teil nicht ganz bewußt gewesen zu sein. Wenn Rundstedt bei Sedan durchbrach, hätte das französische Oberkommando drei fast gleich lockende Ziele annehmen können: ein Einschwenken nach links, um die Maginotlinie von hinten aufzurollen, ein Stoß geradeaus, um Paris zu nehmen, oder eine Schwenkung nach rechts, um zum Kanal vorzustoßen, wie es der Plan auch tatsächlich vorsah. Jedes Oberkommando wäre vor der gleichen Entscheidung gestanden wie ein Jagdhund, der die Wahl zwischen drei gleich weit entfernten Kaninchen treffen muß.

8. KAPITEL

1 Brauchitsch und Halder wurden hinsichtlich „Weserübung" erst in allerletzter Minute zu Rate gezogen. Hitler erwartete möglicherweise die Einwände, die das OKH gegen dieses neue und vermutlich noch riskantere Abenteuer erheben würde.

2 Verlockende Spekulationen ergeben sich, wenn man überlegt, was hätte geschehen können, wenn England in beiden Kriegen seiner amphibischen Tradition treu geblieben wäre und die Masse seiner Armee in England behalten hätte, statt sich unlöslich in die Front in Frankreich verstricken zu lassen. Im Zweiten Weltkrieg hätte die Anwesenheit oder das Fehlen der wenigen BEF-Divisionen nur geringen Einfluß auf die Ergebnisse gehabt, während sie, richtig eingesetzt, Hitler in Norwegen eine entscheidende Niederlage hätten beibringen können.

3 Typisch für das Mißtrauen innerhalb von Daladiers Kriegskabinett war Game-

lins Weigerung, die militärischen Mängel in Frankreich vor Bonnet zu besprechen, wozu Daladier sagte: „Sie haben richtig gehandelt. Wenn Sie berichtet hätten, hätten die Deutschen am nächsten Tag davon erfahren."

4   Heute würde man sie „Falken" und „Tauben" nennen.

5   De Gaulle kommandierte eine hinter der Maginotlinie verteilte Panzerbrigade. Ende Januar war er wieder ins Rampenlicht getreten, als er den politischen und militärischen Führern ein mutiges Memorandum zuleitete, in dem er vor der Gefahr warnte, die Deutschen könnten mit einer überwältigenden mechanisierten Streitmacht durch die französischen Linien brechen. Die selbstgefällige amtliche Antwort lautete, „Frankreich sei nicht Polen".

6   Diese Erklärung sollte später zur Quelle anhaltender Bitterkeit zwischen England und Frankreich werden.

7   Wegen der Verluste von 1914/18 und dem Sinken der Geburtenrate hatte Frankreich 1940 weit weniger Männer mobilisieren können als 1914. 1914 hatte Frankreich 1,250.000 Männer zwischen 20 und 25 Jahren, 1940 nur 600.000.

8   Der Unterschied ergibt sich aus den exakten Zahlen der veralteten Panzer I und II, die die Deutschen im Winter 1939/40 „pensioniert" hatten.

9   Jodl behauptet, 70 Prozent, Guderian sagt, „es seien nicht einmal 30 Prozent gewesen".

10 Die 4. Panzerdivision, die später de Gaulle erhielt, war praktisch noch in Aufstellung, als die Deutschen zuschlugen.

11 Obwohl das der Monat war, in dem die britische Flugzeugproduktion die deutsche de facto übertraf.

12 Einschließlich der in England stationierten, aber in Frankreich eingesetzten Maschinen.

13 Die beste Ausrüstung bekam die 1. und 7. Armee im Norden.

14 Im Vergleich dazu hatte Hitlers vielgeschmähte „Siegfriedlinie" eine Dichte zwischen 20 und 30.

15 Obwohl das GQG wußte, wie es den von Panzern angegriffenen polnischen Bunkern ergangen war.

16 Man beachte jedoch, daß das Wetter die Operationen der deutschen Luftwaffe nicht zu behindern schien!

17 Vielleicht sein wertvollster Beitrag während des ganzen Kriegs.

18 Oster wurde nach dem Anschlag vom 20. Juli 1944 hingerichtet.

9. KAPITEL

1   Jetzt General von Kielmannsegg, Befehlshaber Mitte, NATO.

2   Französische Zeit, wie die britische Zeit eine Stunde *hinter* der deutschen Zeit. Die folgenden Zeitangaben beziehen sich auf die französische Zeit.

3   Hitler behauptete sofort, es seien alliierte Bomber gewesen, um sich so einen Vorwand für Terrorangriffe zu verschaffen. Goebbels' Propagandamaschine hielt die Geschichte von den Greueln gegen Freiburg den ganzen Krieg über aufrecht; die Wahrheit kam erst mehrere Jahre später ans Licht.

4 Trotz einer größeren Bevölkerung als Belgien hatte Holland nur eine Armee von 250.000 Mann, im Vergleich zu den 700.000 Mann Belgiens.

5 Zufällig waren die Deutschen, denen mit der Einnahme von Fort Douaumont der größte Handstreich des Ersten Weltkriegs gelungen war, ebenfalls „Brandenburger". Sie waren vom III. (brandenburgischen) Korps.

6 Nach dem Krieg trat Witzig wieder in die Bundeswehr ein und befehligt heute als Oberst die Pionierschule der Bundeswehr.

10. KAPITEL

1 Etwa 16 km von Dinant maasaufwärts. Siehe Karte 3.

11. KAPITEL

1 Das stimmte. Es war natürlich Rommel.

2 Später in Rußland gefallen.

3 Zwischen Dinant und Yvoir, etwa 4 km von beiden entfernt. Siehe Karte 3 und 4 a.

4 Also etwa zwei Stunden nach dem erfolgten Übergang.

5 Man beachte, daß die französische 2. Panzerdivision zeitweilig von der Bildfläche verschwand. Am nächsten Tag dann wurde sie der 1. Armee zugewiesen.

6 Man beachte auch, daß Georges am 12. Mai mehrere seiner Reservedivisionen, darunter die 1. und 2. Panzerdivision, nach Nordbelgien — weg von der Hauptdrohung — dirigiert hatte.

7 Auch das war in den Begriffen von 1914/18 gedacht; man braucht nicht erst zu erwähnen, daß eine deutsche Infanteriedivision eine solche Strecke — selbst im Fußmarsch — nicht für unmöglich angesehen hätte.

12. KAPITEL

1 Gemischte Divisionen, etwa mit den französischen leichten motorisierten Divisionen zu vergleichen. Sie bestanden aus zwei Schützenregimentern und nur einer Panzerabteilung. Im polnischen Feldzug erwiesen sie sich als unzureichend.

2 Später — wieder unter Rommel — bei El Alamein gefallen.

3 Die 7. Panzerdivision besaß nur etwa zwei Dutzend der neuen Panzer IV mit der schweren 7,5-cm-Kanone.

4 Von denen, wie man sich erinnern möge, viele nie die wichtigen Panzerschilde erhielten.

5 Rommels Sohn Manfred zufolge war Hanke ein bei den anderen Offizieren

unbeliebter Erznazi. Er beendete den Krieg als Gauleiter von Schlesien und leitete die Verteidigung von Breslau. Als die Stadt schließlich in russische Hände fiel, verschwand Hanke mit einem Flugzeug. Man hat nichts mehr von ihm gehört.

6   Nachfolger des verwundeten Schräpler.

7   Rommels Gesamtverluste betrugen an diesem Tag sieben Offiziere, sieben Unteroffiziere und 49 Mann an Gefallenen sowie eine beträchtliche Zahl an Verwundeten.

8   Die Tatsache, daß Rommel ihn für „stark" hielt, spricht dafür, wie schwach sein Halt am Westufer war und was ein wirklich entschlossener französischer Gegenstoß hätte erreichen können.

9   Die mangelnde Stoßkraft dieser ersten Gegenangriffe charakterisiert auch alle folgenden. Im Gegensatz dazu war die deutsche Armee bis zu den allerletzten Kriegstagen durch ihre Gegenstöße gefährlich. Wie viele britische und amerikanische Veteranen bezeugen können, grenzte die deutsche Fähigkeit, mit den im betreffenden Augenblick gerade vorhandenen Kräften wuchtige Gegenstöße zu führen, fast an ein Wunder.

10 Dieses und das 66. Regiment waren Einheiten der Reserve „A".

11 D'Argenlieu fiel einige Tage später.

12 Duffet war Kommandeur der 18. Division.

13 Man möge sich erinnern, daß der Bar die Grenze zwischen der 9. und 2. Armee der Franzosen bildete.

14 Man beachte die ähnlich klingenden Namen der beiden nahe beieinander liegenden Orte, die später Verwirrung stiften sollten: Chéhéry und Chémery.

15 In der Luftwaffe von 1940 war die Grundeinheit die Staffel mit zehn bis zwölf Maschinen und vergleichbar mit der „squadron" der RAF, drei Staffeln bildeten eine Gruppe (RAF: wing). Drei Gruppen bildeten ein Geschwader mit etwa 120 Maschinen. Dann kam das Fliegerkorps, das aus Geschwadern verschiedener Typen bestand. Die zwei im Westen eingesetzten Luftflotten umfaßten fünf Fliegerkorps.

16 Obwohl sie hinsichtlich des Gewichts der abgeworfenen Bombenlast wahrscheinlich von dem des deutschen Artilleriebombardements am Eröffnungstag der Verdunschlacht im Februar 1916 übertroffen wurde.

17 Es war vielleicht der Lärm, der am verheerendsten wirkte. Die französischen Verwundeten in Florence Conrads Feldambulanz wiederholten immer wieder: „Der Lärm, der entsetzliche Lärm. Man fühlt die Bombe kommen, selbst wenn sie fünfzig oder hundert Meter entfernt einschlägt. Man wirft sich zu Boden, überzeugt, in dreißig Stücke zerfetzt zu werden. Und wenn man erkennt, daß sie gefehlt hat, dann ist da immer noch das schreckliche Kreischen, das *vous casse les pattes . . .*"

18 Sie war auch der Vorläufer der meisten modernen Panzerabwehrkanonen.

19 Beim Prozeß von Riom sagten französische Zeugen erstaunlicherweise, „die Verwendung dieser Boote war eine große Überraschung".

20 Zu Grandsards 71. Division gehörend.

21 Die motorisierte Infanterie gehörte zur 1. Panzerdivision.

22 Vermutlich von Rubarth und seinen Männern.

23 Die Panzer bei Bulson waren fast bestimmt ihre eigenen, die zu Grandsards Reserve-Panzerbataillons gehörten.

24 In der Flutwelle von Sedan scheint man auf allen Ebenen „ein Argument für die Wahrung des eigenen Stolzes gesucht zu haben". Selbst General Lafontaine verwendet in einem Bericht an Gamelin vom 18. Mai die unhaltbare alte Geschichte von der fünften Kolonne: „Man mußte die fast sichere Anwesenheit zweifelhafter Charaktere feststellen, sicher Fallschirmagenten, die gefälschte Rückzugsbefehle übermittelten . . ."

25 „Wenn die unglücklichen Franzosen nicht vom Mißgeschick verfolgt gewesen wären", sagte Hauptmann von Kielmannsegg zu der versäumten Gelegenheit, „hätten sie einen energischen Gegenangriff unternommen, solange der Einbruch in ihre Linien noch klein war, und hätten alle deutschen Einheiten auf dieser Seite der Maas vernichtet, ehe diese verstärkt werden konnten."

26 Die Deutschen behaupten, 30 Somuas und 70 Hotchkiss H 35 abgeschossen zu haben.

27 Wozu die Philosophie von der „fortlaufenden Front" in keiner Weise geeignet war.

13. KAPITEL

1 Von der neu eingetroffenen 4. nordafrikanischen Division.

2 Nicht viel schneller als das Vormarschtempo der deutschen Panzer durch Frankreich.

3 Wie man noch sehen wird, leisteten die nordafrikanischen Einheiten und die Kolonialeinheiten den härtesten Widerstand. Deutsche Truppen sollen wiederholt gegen die „Schmach" protestiert haben, als „Herrenvolk" gegen die „Nigger" Frankreichs kämpfen zu müssen.

4 Sein unmittelbarer Vorgänger, das III. brandenburgische Korps, hatte 1916 Fort Douaumont genommen.

5 Diese Reserven wären vornehmlich die 3. Panzerdivision und die 3. motorisierte Divsion gewesen.

6 Gegen Jägerangriffe von hinten verfügten die 1933 entworfenen Battles nur über ein beweglich montiertes Lewis-Gewehr, was etwa der Bewaffnung der Flugzeuge von 1914/18 entsprach.

7 Die britischen und französischen Gesamtverluste bei Sedan am 14. beliefen sich wahrscheinlich auf etwa 90 Maschinen.

8 Seine Einheit, die 2. leichte Kavalleriedivision, hatte sich nach dem Rückzug aus den Ardennen umgruppiert und sollte rechts von Flavignys aus der 3. Panzerdivision und der 3. leichten motorisierten Division bestehender Gruppe angreifen.

9 Bestehend aus der 3. Panzerdivision, der 3. motorisierten Division sowie der 1. Kavalleriebrigade.

10 Das wurde, mit etwas „Süßstoff" versehen, aus Les Bondons an Gamelin weitergegeben.

11 Ein weiterer Faktor war die bedrohliche Treibstoffknappheit in dieser Phase

des Angriffs. Bei der Planung von „Sichelschnitt" hatte man damit gerechnet, sich aus erbeuteten Vorräten versorgen zu können.

14. KAPITEL

1 Diese Entscheidung beweist die Ahnungslosigkeit der französischen Kommandeure hinsichtlich der Schnelligkeit der deutschen Panzer. Am gleichen Morgen hatte General Sancelme von der 4. nordafrikanischen Division, der anderen Komponente von Coraps Gegenangriff gegen Rommel, ebenfalls seine Geschütze zurückgeschickt.

2 So genannt nach den Insignien des 3. Panzerregiments.

3 Diese Gesamtziffer mag etwas übertrieben sein.

4 Das HQ der 9. Armee, die Armeegruppe Nr. 1 und das GQG erfuhren aber erst viel später, daß die 1. Panzerdivision praktisch nicht mehr existierte.

5 Sehr wahrscheinlich die gestaffelte Artillerie und der Nachschub, die Bruneau zurückgeschickt hatte.

6 Das war Optimismus!

7 Wie ein französischer Militärhistoriker, Oberst le Goyet, sagte, „befehligte Brocard nicht mehr, er war lediglich zu einem Panzerlieferanten geworden".

8 Eine von den deutschen Elitedivisionen, die später bei Stalingrad untergingen.

9 Obwohl sie im Vergleich zu entsprechenden Aktionen 1916 bei Verdun leicht waren.

10 Huntziger behielt sein Kommando, obwohl man in der Rückschau kaum sagen kann, daß er die Schlacht besser leitete als Corap, der weit härteren Prüfungen unterworfen wurde.

11 Churchill zufolge waren in der Nacht des 14. Mai von 474 nur noch 256 dienstfähige RAF-Maschinen in Frankreich.

12 Der von der OHL entsandte Oberstleutnant Hentsch hatte Moltke (dem Jüngeren) übereilt einen zu düsteren Bericht von der Lage gegeben, woraus der Rückzugsbefehl resultierte. (Anm. d. Übers.)

15. KAPITEL

1 Die Worte „überrascht", „schockiert" und „erstaunt" erscheinen mit auffälliger Häufigkeit in diesen Abschnitten von Gamelins Memoiren „Servir".

2 Ursprünglich einem General Napoleons zugeschrieben, dem dieser seinen eigenen Feldzugsplan aufzwingen wollte.

3 Obwohl sie mit dem Hauptzweck eingesetzt wurden, das Nordende der Maginotlinie zu schützen, war die Entsendung dieser zwei Einheiten vielleicht Georges' glücklichste Tat. Wie wir gesehen haben, war es die Schuld der örtlichen Kommandeure 'und nicht die Georges', daß die Einheiten falsch eingesetzt wurden. Weniger glücklich war Georges' Meinungsänderung hinsichtlich der am 11. Mai ebenfalls für Sedan bestimmten 2. Panzerdivision, die zwei Tage später aber nach Norden geschickt wurde.

4 Es war bezeichnend, daß die Erhaltung von Ruhe und Ordnung die erste Verteidigungsmaßnahme war — vermutlich gegen einen Aufstand der Linken, das ewige Schreckgespenst seit der Kommune von 1871.

5 Diese unglaubliche Episode scheint Reynaud, wenn auch spät, endlich in seinem Entschluß bestärkt zu haben. „Es ist Zeit, der Komödie ein Ende zu machen", sagte er zu Baudouin. „Ich muß Verteidigungsminister werden. Daladier wird ins Außenministerium gehen oder den Abschied nehmen müssen."

6 Am nächsten Tag, als sich die Panik zeitweilig gelegt hatte, schrieb **Hering** erneut an Reynaud: „Es war meine Pflicht, Ihnen die Abreise der Regierung und der Kammer aus Paris vorzuschlagen. Sie haben sich zum Bleiben entschlossen. Meine herzlichsten Glückwünsche. Respektvoll, Ihr Hering."

7 „Was für ein Mann", sagte einer von Mandels Kollegen zu Élie Bois. „Ein Jammer, daß er nicht Ministerpräsident ist."

8 Die 71. wurde speziell erwähnt. Das war die These, der Reynaud in seinen nach dem Krieg geschriebenen Memoiren auch weiterhin folgte.

9 Französische Berichte stimmen Churchill weitgehend zu, mit der Ausnahme, daß Gamelin behauptet, er habe, als er von strategischen Reserven gesprochen habe, nicht gesagt „Es gibt keine", sondern „Es gibt keine mehr".

10 Das war an diesem Tag vom Kabinett kurz vor Churchills Abreise gegen Dowdings Standpunkt sanktioniert worden.

11 Hier muß ausdrücklich festgestellt werden, daß in der Nacht des 16. weder Churchill noch die französischen Führer ernstlich daran dachten, der deutsche Stoß sei, statt gegen Paris, gegen den Kanal gerichtet.

12 An der befestigten Linie hinter der französischen Grenze im Abschnitt der 9. Armee. Siehe Karte 5.

13 Der nächste Einsatz von „Großdeutschland" erfolgte am 23. Mai gegen die Briten bei Saint-Omer.

14 De Gaulles Angriff sollte erst am nächsten Tag beginnen. Guderian sollte eine weitere Aktion fälschlicherweise de Gaulle zuschreiben.

15 Der Zusammenbruch des belgischen Bahnbetriebs wurde offensichtlich durch Plakate verursacht, auf denen die Lokomotivführer aufgefordert wurden, nach Hause zu fahren.

16 Der, nachdem Vervins vom Feind überrannt worden war, sein Armee-HQ eben nach Wassigny hinter dem Sambre-Oise-Kanal zurückverlegte.

16. KAPITEL

1 Mansteins Nachfolger.

2 Das gegen Prioux' Kavalleriekorps und die französische 1. Armee losgeschlagen hatte.

3 Er bezieht sich vermutlich auf die Aktion Flavignys.

4 Obwohl die Ereignisse bewiesen, daß Halder die Bedrohung der Südflanke richtiger beurteilt hatte als Rundstedt oder Hitler, hätte seine vorgeschlagene Operation „Zwei in einem" die Panzer und ihre unentbehrliche Luftunter-

stützung gefährlich weit zerstreut. Halders Opportunismus war typisch für die Planungsarbeit der deutschen Stäbe mit ihrer großen taktischen Stärke und ihrer strategischen Schwäche, die — im bösesten Fall — zu dem Unheil an der Marne und zu Ludendorffs Katastrophe von 1918 führte.

5 Vermutlich den Befehlen, die Rundstedt am 16. erlassen hatte, als er die Panzer anwies, abzuwarten, um die Infanterie aufholen zu lassen.

6 Die erste Säule bestand in de Gaulles Ruf als avantgardistischer militärischer Denker in der Periode zwischen den Kriegen, die zweite in seiner Leistung als Panzerkommandeur während der Schlacht in Frankreich, die dritte in seiner Laufbahn als Führer der Freien Franzosen von 1940 an und die vierte schließlich in seiner Leistung als französischer Präsident der Nachkriegswelt.

7 Man sollte nebenbei erwähnen, daß de Gaulles Bericht über die Aktion ausschließlich seinen Memoiren entnommen ist, da er sich als einziger französischer Kommandeur einer Panzerdivision standhaft weigerte, vor der amtlichen Serre-Kommission auszusagen, die (1947) das Versagen der französischen Panzerwaffe 1940 untersuchte.

8 Die Tatsache, daß de Gaulles Gegenangriff, so schwach er war, als *die* Leistung der französischen Panzerwaffe galt, zeigt nur um so stärker, wie rein pathetisch die Anstrengungen der drei anderen französischen Panzerdivisionen waren.

9 Nicht zu verwechseln mit dem Crézy-en-Ponthieu bei Abbeville, dem Schlachtenort des Schwarzen Prinzen (1346).

10 Die Briten waren an diesem Tag an der Schlacht kaum beteiligt.

11 Man beachte, daß Laval an diesem Tag bereits eine von Weygand und Pétain geführte Regierung gefordert haben soll.

17. KAPITEL

1 Vermutlich Somua von der 1. leichten mechanisierten Division.

2 Die Episode verursachte später einen internen Streit, der die Spannungen illustriert, die der Feldzug auch den Deutschen auferlegte. Rommels äußerst fähiger Major Heidkämper im Divisionsstab beklagte sich in einem Memorandum bei ihm, daß er als Divisionskommandeur hätte weiter zurückbleiben müssen. Wütend schrieb Rommel seiner Frau: ,Ich werde ihn so bald wie möglich versetzen lassen müssen. Dieser junge Generalstabsmajor blieb, besorgt, daß ihm und dem Stab etwas passieren könnte, etwa 30 km hinter der Front zurück und verlor natürlich den Kontakt mit den Truppen, die ich bei Cambrai befehligte. Statt alles eilig nach vorn zu schicken, fuhr er ins Korps-HQ, regte dort die Leute auf und benahm sich so, als ob die Führung der Division nicht mehr gesichert sei. Und er glaubt bis heute, er habe eine Heldentat vollbracht." Einige Tage später hatte er Heidkämper aber bereits wieder verziehen.

3 Offensichtlich etwas verfrüht, da Rommel Cambrai erst viel später am Tag nahm.

4 Gemeint sind hier wohl vor allem die Greuelmeldungen von den „abgehackten Kinderhänden" in Belgien 1914 (Anm. d. Übers.).

5 Neben den bereits erwähnten unter anderen General Prioux, Drew Middleton von der „New York Times" und Gordon Waterfield von der Agentur Reuter.

6 Einige französische Presseberichte sprechen kategorisch von 100.000 deutschen Agenten allein in den Niederlanden, Belgien und Luxemburg.

7 Die Geschichte von der „vergifteten Schokolade" in Polen ist ein interessantes Beispiel dafür, wie in einer Atmosphäre des Entsetzens selbst die verrücktesten Behauptungen geglaubt und in zahllosen Variationen verbreitet werden. Nach der Invasion in Holland wurde der Befehl erlassen, alle „nicht bezeichnete Schokolade" sofort zu vernichten. In Frankreich schreibt Alexander Werth am 21. Mai in sein Tagebuch: „Eine andere Frau behauptet, sie (die Deutschen) hätten am Tag vorher am Gare d'Austerlitz vergiftete Schokolade abgeworfen, und ein Kind, das davon aß, sei gestorben."

8 Diese Annahme wurde von keinem Geringeren als Paul Reynaud verewigt, der in seiner Rede „Das Vaterland ist in Gefahr" vom 21. Mai irrtümlich erklärte: „Durch unglaubliche Fehler, die noch bestraft werden müssen, wurden Brücken über die Maas nicht zerstört." (General Doumenc zufolge wurden *alle* Maasbrücken gesprengt!)

9 Walter Schellenberg, der berühmte SS-Nachrichtenchef, prahlte, er sei für „Falschmeldungen" in französischer Sprache verantwortlich, die über starke deutsche Sender ausgestrahlt wurden; er behauptete jedoch nie, daß falsche Befehle zu seinem Repertoire gehörten.

10 Die Deutschen erwiderten, daß sie für jeden Erschossenen zehn französische Gefangene hinrichten würden. „Nette, freundliche Leute, die Deutschen", kommentierte Shirer. „Das wirft uns nun tausend oder zweitausend Jahre zurück."

11 Das extremistische Vollzugsorgan der rechtsradikalen Ligen, das knapp vor dem Krieg ein oder zwei kleinere Bombenattentate verübt hatte.

12 Guderians Kaltblütigkeit erscheint um so bemerkenswerter, als er damals die Bedrohung durch de Gaulle irrtümlich für größer gehalten zu haben scheint. Obwohl er sie in seinen Memoiren ‚geringfügig' nennt, fährt er fort: „In den nächsten paar Tagen blieb de Gaulle bei uns, und am 19. konnten einige seiner Panzer bis auf knapp zwei Kilometer an mein vorgeschobenes HQ im Wald von Holnon vordringen. Das HQ hatte nur eine 2-cm-Flak zum Schutz, und ich verbrachte einige unangenehme Stunden, bis die bedrohlichen Besucher schließlich in eine andere Richtung abzogen." Tatsächlich setzte sich de Gaulle am 19. nach Süden ab und griff erst am 27. wieder an. Zudem liegt Holnon, wo Guderian gefährdet wurde, fast 40 km nordwestlich (jenseits von Saint-Quentin) des weitesten Punktes, den de Gaulle am 19. erreichte. Die eingesickerten Tanks dürften wahrscheinlich zu Einheiten der verstreuten 2. Panzerdivision gehört haben.

13 Er wurde durch den nicht umzubringenden Balck ersetzt.

14 Die 9. war noch gegen Antwerpen eingesetzt.

15 Obwohl „L'Epoque" am 18. behauptete: „Die deutsche Luftwaffe verliert

täglich etwas von ihrem Vorsprung. Heute besitzt sie nirgendwo die Luftherrschaft."

16 Gamelin tadelt Georges später wegen seines Mangels an Dankbarkeit für dieses „Entgegenkommen".

17 Gamelin schrieb ursprünglich: „Wir müssen von klassischen Vorstellungen abgehen", änderte das aber auf den Einwand seines Stabes hin.

18 Wie Gamelin (und vor ihm Rundstedt und Hitler) war auch Churchill zu der gleichen Schlußfolgerung gekommen. Am 19. depeschierte er Gamelin: „Die Schildkröte hat ihren Kopf sehr weit aus ihrem Schild vorgestreckt. Einige Tage müssen verstreichen, ehe ihr Körper unsere Verbindungslinien erreichen kann. Es scheint, daß wuchtige Schläge aus Norden und Süden gegen diese verlängerte ‚Tasche' überraschende Ergebnisse zeitigen könnten."

19 Als Variation des Themas behauptete der deutsche Rundfunk sofort nach Weygands Ernennung, er sei der Sohn Maximilians und einer Saarländerin, beanspruchte also gutes deutsches Blut für den armen, irregeleiteten General.

20 Im kritischen Augenblick im Juni bestand Weygand darauf, die frischen Divisionen aufzusparen, „um die Ordnung aufrechtzuerhalten" — in der Annahme, die Bedrohung durch eine Revolution sei gefährlicher als die durch die Deutschen.

21 Als er nach seiner Ankunft aus Syrien an Hand einer Karte den deutschen Vormarsch sah, soll Weygand erklärt haben: „Wenn ich gewußt hätte, daß es so schlecht steht, wäre ich nicht gekommen." (Wozu Spears bissig kommentiert: „Das bedeutet, daß er an seinen Ruf dachte.")

22 Ein Wortspiel. „Gaga" heißt in der Umgangssprache „völlig vertrottelt". (Anm. d. Übers.)

23 Um der Front näher zu sein — vielleicht auch, um sich von dem Schatten Gamelins zu befreien, der in dem düsteren Vincennes schwebte —, verlegte Weygand sein HQ zu General Doumencs Stab nach Montry.

24 Überraschenderweise fuhren noch am Abend des 19. Züge vom Gare de l'Est nach Amiens.

25 Im Vergleich dazu ist die Feststellung interessant, daß die amerikanische Panzerdivision Mitte April 1945, als Deutschland bereits geschlagen war, für die gleiche Strecke *dreizehn* Tage brauchte — was als Rekord galt.

18. KAPITEL

1 General Schaal meldete beispielsweise alarmiert, daß seine 10. Panzerdivision, die das Westende der Sommeflanke deckte, eine Linie von etwa 100 km besetzt hielt.

2 Als Rückversicherung bestimmte Churchill jedoch am Morgen des 20., „daß die Admiralität als Vorsichtsmaßnahme eine große Zahl kleiner Schiffe versammeln solle, um sie in Häfen und Einfahrten an der französischen Küste schicken zu können".

3 Als weiteres Beispiel für die schlechte Verbindung zwischen dem französischen Oberkommando und der BEF sei erwähnt, daß Gort erst am 20. indirekt

von der Befehlsübernahme durch Weygand erfuhr; die britische Regierung war überhaupt nicht konsultiert worden.

4 Hinsichtlich der falschen Auffassung der britischen Regierung trifft teilweise die Schuld Gort, weil er seine Zweifel über die französische Kampfführung nicht schon früher anmeldete; sicherlich war es ein Fehler, daß er sich nicht schon viel früher bei Ironside darüber beklagt hatte, von Billotte keine Befehle erhalten zu haben.

5 Kapitän René de Chambrun, der an diesem Tag zugegen war, sagte, Ironside sei ihm als der größte Mann erschienen, den er je gesehen hatte.

6 Die Übertreibung in dieser Bemerkung beweist wieder, wie wenig Ironside und das britische Kriegskabinett das Ausmaß der französischen Niederlage erkannten.

7 Der britische 2-Pfünder hatte ein nur um geringes größeres Kaliber, aber erheblich mehr Durchschlagskraft als die 3,7-cm-Kanone der deutschen Panzer II.

8 Obwohl Oberst Goutard Blanchard tadelt, in seinem Befehl an Altmayer gesagt zu haben, „Der Angriff beginnt vom 21. Mai an". Der Befehl war also nicht entschieden genug.

9 D'Astier war offensichtlich noch nicht über den Rückzug der „Komponente" informiert.

10 Motorisierte Infanterie von Rommels 7. Panzerdivision, die eben den Vormarsch nach Nordwesten fortsetzte. Daß ihre Anwesenheit nicht gemeldet wurde, beweist, wie unvollständig die hastige franko-britische Erkundung gewesen war.

11 Wahrscheinlich die größte Zahl deutscher Gefangener seit dem 10. Mai.

12 Die Kommandeure beider britischer Panzerbataillone waren gefallen.

13 Die rechte Kolonne von Martels Streitmacht.

14 Der erste, Leutnant Schräpler, genas von seiner Verwundung, und kehrte wenige Tage später zu Rommel zurück.

15 Das Vierfache der Verluste während des Durchbruchs Tage vorher.

16 Dessen Verlauf von Montreuil flußaufwärts durch Hesdin führt. Siehe Karte 6.

17 Der von einigen für den Bastard-Onkel des Königs gehalten wird.

18 Benoist-Méchins Buch „Soixante Jours qui Ébranlèrent l'Occident" (Paris 1956), zum Teil geschrieben, als er wegen Kollaboration eine in eine Gefängnisstrafe umgewandelte Todesstrafe absaß, enthält viele Ungenauigkeiten, obwohl es in Frankreich großes Aufsehen erregte.

19 Anderseits wurde Weygand von französischen Historikern getadelt, weil er nicht in Ypern auf Gort wartete. Churchill bezweifelt, ob es klug war, daß Weygand überhaupt reiste und dadurch einen weiteren wertvollen Tag opferte.

20 General d'Astier hält ihn für den hervorragendsten französischen Befehlshaber, den einzigen, der möglicherweise die Katastrophe hätte abwenden können.

21 Zur gleichen Zeit ging in Paris das Gerücht, Gamelin habe das ebenfalls getan.

22 Werth kommentierte skeptisch: „Reynauds Glaube an Wunder erinnert mich

irgendwie an das russische Kommuniqué nach der Schlacht bei Tannenberg: ‚Gott wird das heilige Rußland nicht verlassen.‘ "

23 Er hatte aber mit Gort nicht gesprochen, und Billotte lag im Sterben.

24 Die aber erst am 22. um 20 Uhr 50 an die nun führerlose Armeegruppe Nr. 1 gesandt wurde.

25 Ganz sicher beim Stand der Dinge am 25. Mai.

26 Nicht zu verwechseln mit seinem Bruder, General René Altmayer, Kommandeur des V. Korps bei der 1. Armee. Am 30. Mai wurde aus Robert Altmayers neuem „groupement" die 10. Armee!

27 Das war wenigstens ein greifbarer Erfolg von Martels Einsatz. Man kann sich unschwer vorstellen, welche Folgen es gehabt hätte, wenn Guderian am 23. so leicht nach Dünkirchen durchgebrochen wäre wie nach Boulogne und Calais.

28 Auf die Aufforderung, sich der 10. Panzerdivision zu ergeben, erwiderte Nicholson: „Die Antwort lautet nein, da es die Pflicht der britischen genau wie der deutschen Armee ist, zu kämpfen." Nicholson starb später in einem deutschen Kriegsgefangenenlager.

29 Am 23. schrieb Halder in sein Tagebuch: „Notre Dame de Loretto! Das Schicksal Frankreichs liegt in unserer Hand."

30 Mit Ausnahme der aus Holland kommenden 9. Panzerdivision, die die Flanke an der Somme halten sollte.

31 Die in den vier Tagen nach Billottes Unfall am 21. von den Franzosen keine Weisungen erhielten.

32 Der Henschel 123 war als Sturzkampfbomber der Vorläufer der Stukas; daß er in der Schlacht bei Cambrai überhaupt eingesetzt wurde, ist ein weiterer Hinweis auf die zeitweilig angespannte Lage bei der Luftwaffe nach den schweren Stukaverlusten.

33 Die BEF wurde an diesem Tag auf halbe Ration gesetzt.

34 In Gorts Umgebung hatte man vielfach das Gefühl, es sei bereits zu spät. Brooke schrieb am Abend des 23. April in sein Tagebuch: „Jetzt kann nur noch ein Wunder die BEF retten, das Ende kann nicht mehr sehr fern sein", während Ironside schrieb: „Ich glaube nicht, daß wir sehr viel Hoffnung haben, die BEF jetzt noch herauszuholen."

35 Nicht, wie Reynaud und Weygand behaupteten, 40 km.

36 Ob das der schlechten Verbindung oder der Hast der Bewegung zuzuschreiben war, ehe „Frankforce" von Rommel völlig abgeschnitten wurde, ist nicht ganz klar, die britische Regierung scheint aber ebenfalls überrascht worden zu sein. Ironside bemerkt: „Warum Gort das getan hat, weiß ich nicht. Er hat uns nie gesagt, daß er es tun würde, ja nicht einmal, wenn er es getan hat."

37 Reynauds Telegramm hatte eine zornige, verblüffte Anfrage Churchills bei Ironside zur Folge: „Ich muß so schnell wie möglich erfahren, warum Gort Arras aufgab und was er tatsächlich mit dem Rest der Armee anfängt. Nimmt er noch an Weygands Plan teil oder wird er unbeweglich? ... Er darf sich keinesfalls einschließen lassen, ohne eine Schlacht zu schlagen."

19. KAPITEL

1 Der jetzt praktisch die gesamte deutsche Panzerwaffe umfaßte.

2 Sie wußten nicht, daß zu dieser Zeit im Norden von diesen Panzern nur ein einziger kampffähiger übriggeblieben war.

3 Infolge der verschiedenen Verschiebungen und Verstärkungen während der Schlacht auf diese Höhe gebracht.

4 Am Tag vorher hatte Rommel von Hitler das Ritterkreuz erhalten, vor allem für seine Erfolge bei Avesnes. Er bemerkte, daß die 7. Panzerdivision bisher 27 gefallene und 33 verwundete Offiziere und 1500 gefallene und verwundete Soldaten verloren hatte. „Das sind 12 Prozent Verluste. Sehr wenig, verglichen mit dem, was erreicht wurde."

5 Angesichts der heroischen Verteidigung ließen die Deutschen die Besatzung von Lille mit vollen militärischen Ehren abziehen. Die tragische Episode steigerte aber neuerdings die französische Verbitterung gegen England. Blanchard beklagte sich bei Weygand, daß Gort trotz seiner Proteste den Rückzug der BEF ganz in die eigenen Hände genommen habe. So hätten die Briten die 1. französische Armee in Lille im Stich gelassen.

6 Zunächst war Churchill weit zurückhaltender. Dem Unterhaus erklärte er, er habe nicht die Absicht, den König zu verurteilen. Der britische Informationsminister Duff Cooper erklärte über BBC, die Belgier hätten „tapfer gekämpft... und schwer gelitten", für Beschuldigungen sei jetzt nicht die Zeit. Auf starken französischen Druck hin verdammte Churchill den König jedoch später ebenso scharf wie Reynaud.

7 Vor der Untersuchungskommission gab Baudouin im Juni 1949 zu, „er sei am 24. Mai sicher gewesen, daß der Kampf verloren war" und daß seiner Meinung nach Weygand diese Ansicht teilte.

8 Die Hauptquelle hierfür ist Baudouin, der sich als Sekretär als einziger Notizen machte. Man muß also hinsichtlich der berichteten Geschehnisse eine gewisse Vorsicht walten lassen.

9 Reynaud bezieht sich auf Weygands Epoche als französischer Oberbefehlshaber in den dreißiger Jahren, wenn er bemerkt, „er (Weygand) habe sich sehr bemüht, seine eigene Verantwortung für den ‚großen Fehler‘, den er brandmarke, nicht anzuerkennen".

10 Über die Rolle des Präsidenten der Republik in diesen Tagen sagte Mandel bissig zu Spears: „Er hebt die Hände zum Himmel und weint. *Il pleure.*"

11 Mit Beziehung auf die am 28. März von Reynaud in London unterzeichnete franko-britische Erklärung.

12 Vuillemin, der sich nie von dem Schock über den Stand der Luftwaffe erholt zu haben schien, trug bei den Sitzungen des Kriegskabinetts selten eigenes bei. Spears sagte bissig, er sah zu, „mit den befremdeten, blaßblauen Augen einer alten Zelluloidpuppe, die im undurchsichtigen Wasser eines Bades treibt, in dem sie sich zu ihrem Erstaunen befindet".

13 Am 21. Mai war man tatsächlich übereingekommen, daß die RAF von nun an die Armee im Norden und d'Astiers ZOAN die Somme- und die Aisnefront unterstützen solle. In der letzten Maiwoche war das gesamte Bomber-

kommando mit etwa 500 Maschinen ständig eingesetzt. Selbst die bisher sorgsam gehüteten Spitfire-Staffeln wurden eingesetzt. Im Verlauf des Feldzugs wurden von 53 britischen Jägerstaffeln nur zehn in Frankreich nicht eingesetzt; von diesen zehn waren zwei für Norwegen bestimmt, drei waren Nachtjäger und zwei nicht einsatzfähig. Obwohl Vuillemin es vielleicht nicht ahnte, bekamen die Deutschen den Einsatz der RAF in der Schlacht im Norden vom 22. sehr wohl zu fühlen. Jacobsen und Rohwer schreiben: „... zum erstenmal mußte das VIII. Fliegerkorps zugeben, daß es durch das unerwartete Auftauchen zahlreicher britischer Jäger schwere Verluste an Stukas erlitt... Damit wurde die Situation in der Luft plötzlich kritisch." Die französische Luftwaffe war — von Jägern abgesehen — am 30. Mai zahlenmäßig stärker als am 10. Nach französischen Quellen war die französische Luftwaffe beim Waffenstillstand am 22. Juni noch stärker und besser ausgerüstet als am 10. Mai.

14 Als Sekretär des Kriegskabinetts war Baudouins offizieller Status der eines Staatssekretärs.

15 Das deutsche OKH schätzte selbst irrtümlich die im Norden eingeschlossenen alliierten Kräfte auf nicht mehr als 100.000 Mann.

16 Einige Bombergruppen konnten nur noch 14 bis 16 statt 30 Maschinen starten lassen.

17 General Blanchard folgte am 1. Juni.

18 Bei der Begegnung hielt Churchill eine seiner größten Reden, um die Moral der französischen Regierung zu stärken. „Die Völker Frankreichs und Britanniens sind nicht zur Sklaverei geboren, noch können sie sie ertragen. Es ist unmöglich, daß ein zeitweiliger Nazisieg die glorreiche Geschichte Frankreichs und Englands beendet. Die britische Regierung ist bereit, den Krieg aus der Neuen Welt weiterzuführen, falls eine Katastrophe England verwüsten sollte. Das britische Volk wird weiterkämpfen, bis die Neue Welt die Alte besiegt. Es ist besser, wenn alle Briten kämpfend fallen und ein ,finish' unter unsere Geschichte geschrieben wird, als daß wir als Vasallen und Sklaven übrigbleiben."

20. KAPITEL

1 Mit Hitler waren auch Brauchitsch und das OKH nach Westen auf belgisches Gebiet, westlich von Givet an der Maas, umgezogen.

2 Mit der 9., 10., 3. und 4. Panzerdivision.

3 Das XXXIX. und das XLI. Panzerkorps mit der 1. und 2. Panzerdivision, von Guderians altem Kommando, und der 6. und 8. Panzerdivision unter Reinhardt.

4 Nach Weygands Angaben entsprachen die Verluste der Franzosen bis zum Fall von Dünkirchen der Stärke von 24 Infanteriedivisionen (einschließlich sechs von insgesamt sieben motorisierten Divisionen); drei von insgesamt drei leichten motorisierten Divisionen; zwei von insgesamt fünf leichten Kavalleriedivisionen; einer Panzerdivision.

5 Ende Mai hatte Rommel von 218 Panzern nur noch 86 einsatzfähig (davon nur fünf Panzer IV). Viele der ausgefallenen Panzer waren allerdings nach wenigen Tagen wieder einsatzbereit.

6 Vier Jahre und einige Wochen später verteidigte Speidel, inzwischen Generalleutnant geworden, als Stabschef der Heeresgruppe B Paris gegen die Amerikaner und die Freien Franzosen. Nachdem er den Krieg in einem Gestapogefängnis überlebt hatte, kehrte er 1951 nach Paris zurück, um über die Wiederaufrüstung der Bundesrepublik zu verhandeln. 1957 war er, als der erste deutsche Kommandeur der alliierten Landstreitkräfte in Europa, wieder in Paris.

7 Mit ihren vier Armeen mit insgesamt 400.000 Mann.

8 Eine Staffel Wellington-Bomber, die nach Marseille gesandt wurde, um Norditalien zu bombardieren, bekam es ebenfalls mit den Franzosen zu tun. Aus Sorge vor italienischen Vergeltungsangriffen hatte man Lastwagen auf den Flugplatz gefahren, um die Bomber am Start zu hindern.

9 Spears stellte fest, daß ihm im Augenblick höchsten Ernstes die Phantasie zu Hilfe kam. „Ich sah Big Ben mit einem französischen Generalskäppi, er schlug unaufhörlich die letzte Viertelstunde — während das Zifferblatt zu Weygands Gesicht wurde."

10 Ob eine Fortsetzung des Krieges durch die Franzosen in Nordafrika zu einer schnellen deutschen Invasion — mit verheerenden Folgen für die Alliierten — geführt hätte, gehört nicht in den Rahmen dieses Buches.

11 Diese Wiederholung der Geschichte ist interessant. Die Drohung einer Revolte des linken Flügels hatte die Kapitulation im Januar 1871 beschleunigt.

12 Es handelte sich tatsächlich um Churchills Vorschlag einer französisch-britischen Union.

13 Es überrascht kaum, daß de Margerie sie als „häßlich, mal soignée, schmutzig, eklig und halb irr" charakterisiert.

14 Dafür muß man großenteils den amerikanischen Botschafter in Paris, William Bullitt, verantwortlich machen. In einer Ära, in der Botschafter noch Gewicht besaßen und nicht bloße Postbeamte sind, wie das heute oft der Fall ist, scheint Bullitt sowohl sein eigenes Land wie Frankreich hinsichtlich der beiderseitigen Lage in die Irre geführt zu haben. Washington wurde von Bullitt überzeugt, die französische Kampfkraft sei viel stärker, als sie es war, während die französische Regierung durch ihn veranlaßt wurde, eine weit stärkere Hilfe aus den USA zu erwarten, als das damals möglich war.

15 Isabella war von 1389 bis 1435 Königin von Frankreich. Sie verheiratete ihre Tochter Katharina mit König Heinrich V. von England, den sie als Erben Frankreichs anerkannte. Man gibt ihr allgemein die Verantwortung für die Kapitulation der Franzosen. Isabella wurde ohne Ehren in St. Denis beigesetzt.

21. KAPITEL

1 Wo er später bei einem Angriff der RAF zerstört wurde.
2 Infolge der Verwirrung nach dem Zusammenbruch gibt es hier unterschiedliche Zahlenangaben.
3 Durch einen Befehl Keitels wurden ähnliche Gottesdienste verboten.
4 Nämlich: Keitel (Chef des OKW), Brauchitsch (Oberbefehlshaber des Heeres); die Heeresgruppenkommandeure Rundstedt, Bock und Leeb; die Armeebefehlshaber Reichenau, List, Kluge und Witzleben; dazu die drei Luftwaffengenerale Sperrle, Milch und Kesselring. Auffälligerweise fehlt Halder bei den so Geehrten. Shirer, der die Szene beobachtete, hielt ihn für die „traurigste Gestalt".
5 In Rußland gefallen.
6 Unter Rommel in der westlichen Wüste gefallen.
7 Er war auch im Ersten Weltkrieg aus einem deutschen Kriegsgefangenenlager geflohen.
8 Als erstaunliche Ironie des Schicksals ist es der Staatsmann de Gaulle, der der französischen Regierung in der dunkelsten Stunde des Juni 1940 die erstaunliche Vorstellung einer „unauflöslichen Union zwischen England und Frankreich" verkaufte und jetzt diese Tür verriegelt.

Abd-el-Krim 215
Abetz, Otto 83f., 102, 147
Abrial, frz. Admiral 399
Albert, König von Belgien 49
Alexander, König von Jugoslawien 62, 111
Alexander, Harold Rupert, Earl of Tunis 296, 458
Allenby, Edmund, Viscount of Megiddo and Felixstowe 39
Altmayer, René 391, 400, 404, 408
Altmayer, Robert 409, 433
Amery, Leo 93
Aragon, Louis 60
Armengaud, frz. Gen. 118f.
Astier de la Vigerie, François d' 79, 169, 181, 189f., 192, 196f., 226, 274, 291, 343, 368, 370, 380, 392, 431
Aulois, frz. Offz. 285

Badoglio, Pietro 437
Baker, Josephine 60
Balbaud, René 344f., 363
Balck, dt. Offz. 198f., 222, 235f., 238, 244, 256f., 262ff., 287f., 317, 380f., 434, 436, 456
Barbe, frz. Gen. 185
Barbusse, Henri 60, 68
Bardies, frz. Offz. 252, 271, 276
Bardoux, Jacques 121, 145, 347, 421
Barlone, D. 100, 190, 359, 372
Barratt, Sir Arthur 108, 110, 159, 181f., 197, 226, 260, 262ff., 287f., 317, 380f., 434, 436, 456
Barthé, frz. Beamter 308
Barthou, Louis 61
Baudet, frz. Gen. 210, 225, 242, 258
Baudouin, Paul 109, 142, 148, 177, 248, 272, 301, 304, 310f., 313, 347, 380, 402, 409, 422ff., 440, 442f., 459

Bauer, Eddy 160, 361
Bazeine, frz. Gen. 74
Beaufre, André 39, 43, 46, 247f., 271, 290, 379
Beauvoir, Simone de 31, 61f., 70, 86, 89, 96f., 154, 363
Beaverbrook, William Maxwell Aitken Baron 442
Beck, Josef 88
Beck, Ludwig 127f., 130
Beck-Broichsitter, dt. Offz. 283ff.
Benedetti, frz. Offz. 242
Benesch, Edvard 86
Benoist-Méchin, J. 400
Bertin-Boussu, frz. Gen. 265, 282
Billotte, Pierre 110, 114, 116f., 156, 160, 191ff., 226, 252, 261, 268, 274, 276f., 290f., 296, 315, 345, 353f., 365f., 372ff., 386ff., 391, 397ff., 405, 408f., 419
Bismarck, Otto Fürst 200, 237
Blake, George 319
Blanchard, Jean 116f., 191, 195, 207, 246, 251, 270, 289, 291, 303, 372, 389, 391f., 398f., 401f., 404, 409f., 419, 421, 423, 427
Bloch, Marc 83
Blomberg, Werner von 48, 51, 127
Blondy, frz. Offz. 197
Blum, Léon 67ff., 71, 75, 82f., 85f., 103f., 144, 147, 457
Blumentritt, Günther 170, 188, 330
Bock, Fedor von 124f., 129, 131f., 134, 136, 138, 173, 192, 270, 330, 345, 383, 385, 407, 416, 431f., 438
Bois, Élie 63, 84, 301, 308f.
Bonnard, Abel 161
Bonnet, Georges 63, 80, 84, 86, 89, 144, 148
Boothe-Luce, Clare 102, 144, 146, 163f., 190, 305, 356, 362, 421
Borah, William E. 95

Boris, frz. Offz. 164
Bormann, Martin 214
Boucher, frz. Gen. 207, 220, 249, 326
Bouffet, frz. Gen. 206, 326
Boulanger, frz. Gen. 27, 66
Brauchitsch, Walther von 54, 125ff., 131, 135f., 186, 329f., 332, 366, 385, 416f., 456
Braun, Wernher von 78
Bräutigam, dt. Uffz. 175, 232f.
Briand, Aristide 31, 34
Brion, Fernand de 84
Brocard, frz. Gen. 265ff., 282, 285, 303, 319
Brooke, Alan 100, 153, 178, 207, 290, 345, 357, 387f., 458
Bruché, frz. Gen. 288f., 350
Bruneau, frz. Gen. 251f., 274f., 279, 324, 354
Bullitt, William C. 299, 375
Burnol, frz. Offz. 288
Busch, Ernst 137, 139, 244
Bussche, Axel von dem 255

Cachin, Marcel 27
Campinchi, César 425, 440
Canaris, Wilhelm 160, 170, 173, 361
Castelnau, Edouard, Vicomte de Curières 24, 110
Chamberlain, Neville 86f., 89, 103, 121ff., 141, 149, 163, 173, 373, 452
Chanoine, frz. Gen. 187, 263, 287
Chautemps, Camille 62f., 65, 144, 440, 444f.
Charbonnier, frz. Apotheker 359
Chevalier, Maurice 96
Clausener, frz. Offz. 200
Clemenceau, Georges 20, 25, 30ff., 62, 148, 378
Churchill, Sir Winston S. 35, 37, 49f., 53, 80, 87, 93, 112, 127, 141, 146ff., 154, 176f., 293, 300ff., 309ff., 345, 347, 349, 370, 373, 386, 388ff., 396, 399ff., 409ff., 421, 423, 425ff., 439ff., 458
Cocteau, Jean 60
Conill, frz. Uffz. 196f.
Condé, frz. Gen. 180
Corap, frz. Gen. 116, 134, 151ff., 178, 181, 187, 190, 198, 202f., 206ff., 215, 219ff., 237, 278f., 281f., 287, 289f.,

292, 295, 301, 303, 315, 318, 326, 377, 381, 401, 454, 457
Cossé Brissac, de, frz. Gen. 150
Cot, Pierre 80f.
Coty, François 65
Courbière, dt. Offz. 234f.
Crussol, Marquise de 146f.
Cudahy, US-Ges. 163

Daladier, Édouard 66, 68, 74f., 86, 93, 101, 103, 109, 112, 121ff., 143ff., 163, 195, 299ff., 305, 309ff., 346f., 365f., 373, 403, 457, 459
Darche, belg. Soldat 203f.
Darlan, François 423
Dautry, Raoul 91, 152, 305
Debeney, frz. Gen. 24
Dégrelle, Léon 359
Denain, frz. Min. 80
Déroulède, Paul 64
Derousseaux, belg. Gen. 291
Deverell, Sir Cyrill 75
Diaghilew, Sergej 60
Didelet, frz. Gen. 339
Dietl, Eduard 142f.
Dill, Sir John 303, 313, 373, 386, 402, 410
Dimitroff, Georgi 104
Dorgelès, Roland 241
Doumenat, frz. Gen. 220
Doumenc, Joseph 110f., 220, 247f., 253, 264, 326, 365f.
Doumergue, Gaston 66, 73
Dourzal, frz. Offz. 239
Dowding, Hugh Caswell T. Baron 293, 302, 314
Dreyfus, Alfred 32, 62, 83, 306
Duclos, Jacques 68
Duffet, frz. Gen. 222, 278, 322
Duhamel, Georges 161
Duroc, frz. Beamter 207
Dutourd, Jean 453

Eden, Sir Anthony 410, 457
Ehermann, dt. Offz. 179
Ehrenburg, Ilja 104, 435, 450
Einstein, Albert 61
Éluard, Paul 60
Etchberrigaray, frz. Gen. 263f., 287
Etienne, frz. Gen. 25

Fabre-Luce, Alfred 92, 97, 120, 161, 356

Falkenhayn, Erich von 452

Fauvelle, frz. Offz. 423

Fayolle, frz. Gen. 24

Ferdonnet, Paul 84, 102, 143

Fitzalan-Howard, Miles 372

Flack, Werner 167

Flavigny, frz. Gen. 258, 266ff., 282f., 292, 298, 306

Foch, Ferdinand 21ff., 25, 31, 33, 39, 65, 92, 95, 111, 302, 376ff., 386, 404f., 447ff., 460

Fonck, René 24

Forster, dt. Gen. 342

Fortune, brit. Gen. 465

Föst, dt. Offz. 179

Franchet d'Esperey, Louis Felix Marie François 112, 209

Franco-Bahamonde, Francisco 79

François-Poncet, André 80

Franklyn, Harold 390f., 393, 411

Frère, frz. Gen. 346, 353, 366, 404, 409, 458

Friedrich II., König von Preußen 36, 108

Frömmel, dt. Uffz. 237

Fuller, J. F. C. 54

Furst, dt. Offz. 205

Galliéni, Joseph Simon 269, 331

Gallifet, frz. Gen. 202

Gallwitz, dt. Gen. 130

Gamelin, Maurice Gustave 48, 74ff., 81, 92, 94f., 101, 108ff., 129, 131, 134, 136, 138, 143, 147ff., 154ff., 162f., 174, 176f., 182f., 189f., 201, 207, 209, 221f., 248, 252, 257, 270ff., 291, 296ff., 309, 311, 314f., 322, 346f., 354, 364f., 373, 375ff., 380f., 385, 387, 402, 404f., 453, 457

Garat, frz. Bürgermeister 62

Garski, dt. Offz. 172

Gauché, frz. Gen. 57, 111, 119, 162

Gaulle, Charles de 66, 71ff., 108, 119, 146, 148, 316, 318f., 333ff., 344, 352, 363, 366ff., 375, 378, 391, 395, 426f., 435, 439f., 444f., 453, 458f.

Geoffroy, frz. Offz. 288

Georg V., König von Großbritannien 19

Georg VI., König von Großbritannien 451

Georges, Joseph 23, 75, 92, 109ff., 114, 116ff., 129, 144, 148, 160, 177, 182, 189, 192f., 195f., 198, 207f., 211, 221f., 243, 247f., 251f., 257, 262, 265, 268, 271, 276f., 282, 286, 288ff., 296ff., 314f., 318f., 322, 326, 333f., 338f., 341, 345f., 352, 355, 364ff., 368, 371ff., 375ff., 379, 385f., 388, 392, 404, 422, 440, 457

Giesemann, dt. Uffz. 284

Giraud, Henri Honoré 116f., 174, 181, 190f., 194f., 246, 290, 307, 319, 321f., 338f., 346, 350, 352ff., 364, 457

Goebbels, Joseph 101, 105, 176, 271, 292, 357, 361

Golhen, frz. Offz. 350

Gontaut-Biron, C. A. de 163, 180

Göring, Hermann 76ff., 81, 124, 143, 152, 160, 169, 415, 417, 428, 452

Gort, John Standish Surtees Prendergast Vereker Viscount 110, 116f., 193, 195f., 246, 290f., 302, 343, 345, 370f., 374, 386ff., 396ff., 401, 406, 409ff., 427f., 458

Goutard, A. 150, 239, 253, 267, 343, 402

Grandsard, frz. Gen. 153ff., 187, 208, 210f., 224ff., 228, 239f., 243, 256ff., 287, 426, 434, 459

Grubnau, dt. Offz. 236, 256

Guderian, Heinz 54ff., 73ff., 78f., 93, 130, 132f., 135, 137, 139, 150, 153f., 156, 158f., 164, 168, 170, 172, 179ff., 186ff., 198f., 201ff., 211f., 214f., 220, 222ff., 227f., 230, 233, 235ff., 243ff., 254, 256, 259ff., 268f., 273, 282, 285ff., 293f., 296, 298, 300, 317ff., 332ff., 341, 349f., 353, 366ff., 380ff., 394f., 397, 406f., 415, 417ff., 431, 434, 436, 456

Guillaut, frz. Offz. 299f.

Haase, dt. Gen. 255

Habe, Hans 353, 437

Haig, Sir Douglas 23, 387

Halder, Franz 124f., 127ff., 131ff., 135ff., 162, 182, 188, 328ff., 342, 352, 383, 385, 416f., 430, 436, 451, 453, 456f., 459

Halifax, Edward F. L. Wood Lord 121, 442

Hanke, dt. Offz. 218, 324f., 340

Harsch, Joseph 90, 95, 102
Hartlieb, dt. Gen. 407
Hassler, frz. Gen. 253, 278, 341
Haydon, frz. Offz. 393
Hedderich, dt. Offz. 171f., 180
Heidkämper, dt. Offz. 274
Heilbronn, dt. Offz. 216
Heinkel, Ernst 77ff.
Héring, Pierre 300, 304, 346
Herriot, Édouard 68, 104, 144, 308f., 443
Heß, Rudolf 448
Heusinger, Adolf 136
Hindelang, dt. Uffz. 284f.
Hippel, Theodor 173, 262
Hitler, Adolf 30, 34f., 43f., 47ff., 56ff., 60f., 68, 70f., 76f., 82ff., 91, 93ff., 104, 113, 122ff., 161f., 168, 170, 174, 176, 182, 201, 208, 211, 214, 229, 233, 244, 255, 309, 328ff., 342, 352, 357f., 361ff., 369, 383ff., 396, 413ff., 420, 428ff., 435, 437, 447ff., 451ff., 456f., 461
Hoare, Sir Samuel 176
Hobart, brit. Gen. 54
Hönmanns, dt. Offz. 115
Hoepner, Erich 195f., 270, 329, 345, 369, 407
Hore-Beliska, Leslie 387
Hoth, dt. Gen. 137, 183, 204, 285, 339, 369, 382, 407, 416, 431
Hugo, Victor 326
Huntziger, Charles 116, 120, 152ff., 163, 179f., 187, 198, 200, 208ff., 215, 222, 225f., 237, 239, 243, 245, 258, 260, 262ff., 267ff., 271f., 274, 285, 295ff., 303, 306, 316f., 361, 379, 402, 447f., 454, 457

Idée, frz. Offz. 335ff., 367
Ironside, William Edmund J. Baron 107, 121, 141, 158, 248, 301f., 314, 385ff., 396, 402, 405, 408, 415, 422, 428
Ismay, Lionel Hastings Lord 303, 309, 311ff., 318f.

Jamet, Claude 96, 99, 102f., 178, 379, 420
Jaurès, Jean 27, 61
Jean, Großherzog von Luxemburg 171

Jellicoe, brit. Admiral 389
Jodl, Alfred 94, 125, 131, 134, 141, 143, 329, 331, 383, 415, 452
Joffre, Joseph 21f., 25, 38f., 95, 108f., 112, 272, 299, 364, 376f.
Joliot-Curie 307
Jong, Louis de 358, 361

Kayaert, belg. Gen. 180
Keddig, dt. Uffz. 238
Keitel, Wilhelm 126f., 329, 449
Keller, frz. Gen. 119
Keltsch, dt. Offz. 256
Kempf, dt. Gen. 202, 245f., 254, 318
Kesselring, Albert 134, 225
Keyes, Sir Roger 397, 399f.
Kiedrowski, Waldemar 265
Kielmannsegg, dt. Offz. 168, 239, 261, 286, 317, 333, 335f., 380
Kirchner, dt. Gen. 186, 188, 202, 222f., 259, 335, 456
Kleffens, Eelco Nicolaas von 360, 362
Kleist, Ewald von 137, 170f., 182f., 186, 188, 211f., 223, 227, 237, 269, 293f., 317ff., 331f., 336ff., 341, 350, 366, 384, 395, 406, 416, 431ff., 436, 456
Klotz, Louis-Lucien 30, 62
Kluck, Alexander von 269, 331, 364
Kluge, Hans Günther von 137, 217, 321f., 395f.
Koch, dt. Offz. 174, 176
König, dt. Offz. 217f.
Koestler, Arthur 90, 97, 104, 306f., 359, 420
Kosak, Georges 178, 184f., 203, 339
Kramer, dt. Uffz. 284
Kress, dt. Offz. 188
Krüger, dt. Offz. 172
Küchler, Georg von 137, 246, 436

Labarthe, frz. Offz. 242f., 256f.
La Chambre, Guy 81
Lafontaine, frz. Gen. 154, 210, 224f., 238, 240, 242f., 256f., 261
Lamoureux, Lucien 149
Landgraf, dt. Offz. 380
Langle de Gary, Fernand 157
Lanrezac, frz. Gen. 157
Lattre de Tassigny, Jean Marie Gabriel de 287, 297, 317, 320f., 342, 434

Laval, Pierre 84, 145
Lawrence, T. E. 413
Lebrun, Albert 100, 144f., 148f., 163, 177, 424, 440, 445, 457
Leeb, Wilhelm Ritter von 124, 128, 131, 137, 160, 330
Lemaire, frz. Arzt 31
Leng, Édouard 279
Lenin, Wladimir Iljitsch 27, 63
Leopold II., König von Belgien 378
Leopold III., König von Belgien 49, 113, 116, 193, 195, 363, 397ff., 401f., 421
Lequerica, span. Botschafter 445
Lerecouvreux, Marcel 92, 99, 200f., 266
Lettow-Vorbeck, Paul 173
Libaud, frz. Gen. 263f., 286
Liddell Hart, Sir Basil 45f., 54, 74, 136, 188, 337, 418
Liss, Ulrich 417
List, Wilhelm 137, 332f.
Lloyd George, David 33, 35
Lörzer, Bruno 77, 211, 225, 227, 261
Lothian, Lord 48
Luchaire, Jean 84
Ludendorff, Erich 324, 381
Ludwig XIV., König von Frankreich 64, 460
Lukasiewicz, poln. Botschafter 88f.
Lyautey, Hubert 65

Macchiavelli, Niccolò 83
Mackensen, August von 51f.
Maginot, André 22, 40
Mahler, dt. Offz. 257
Malraux, André 61
Mandel, Georges 21, 109, 304f., 366, 440ff., 445, 454
Mannerheim, Carl G. Freiherr von 120
Manstein, Erich von 125, 129ff., 211, 330, 414, 433, 456, 459
Marc, frz. Offz. 187, 263, 287f.
Margerie, Roland de 442
Marin, Louis 148, 440
Marshall, George 443
Martel, G. le Qu. 54, 390ff., 395, 407
Martin, frz. Gen. 178, 206, 207, 220ff., 252ff., 274, 278f., 315, 321f.
Marty, frz. Revolutionär 68
Marx, Karl 63
Mata Hari 107

Maurin, Louis Félix Thomas 46f.
Maurois, André 80, 91, 107, 147, 161, 215, 357, 388, 435
Maurras, Charles 64
Maximilian, Kaiser von Mexiko 387
Meden, dt. Offz. 318
Mende, Karl Heinz 188, 255, 408, 449, 451
Mendès-France, Pierre 161, 305, 355
Menu, frz. Gen. 100, 255, 258, 361
Messerschmidt, Willy 77
Michiels, belg. Gen. 419, 421
Middleton, Drew 190, 354
Milch, Erhard 77, 79, 94
Minart, frz. Offz. 221, 298, 303, 314f., 375, 377
Mola Vidal, Emilio 83
Molinié, frz. Gen. 408, 419
Molotow, Wjatscheslaw Michailowitsch 88, 105, 121, 451
Moltke, Helmuth Karl Bernhard Graf 42, 201, 235, 283, 455
Monk, dt. Uffz. 232f.
Montgomery, Bernard L. 190, 270, 296, 372, 458
Monzie, Anatole de 144, 305
Mosley, Sir Oswald 148
Most, dt. Offz. 218, 394f.
Muray, Jean 241, 355
Mussolini, Benito 65f., 425, 437

Napoleon I. Bonaparte 64, 110, 144, 240, 379, 451
Napoleon III. 25, 66, 201, 237
Navereau, frz. Offz. 247
Nedtwig, dt. Offz. 368
Needham, brit. Gen. 291
Newall, Sir Cyrill 314
Nicholson, A. N. 406, 419
Nicolson, Harold 112
Nietzsche, Friedrich 58
Noël, Maurice 359

Orly, frz. Gen. 437
Oster, Hans 133, 160, 163
Osterkamp, Theo 169
Overstraeten, belg. Gen. 195, 397ff.

Painlevé, Paul 31
Pawlewski, Gaston 102
Perfetti, frz. Beamter 208
Perré, frz. Offz. 319f., 364
Pertinax, André 63, 71, 108, 299, 435
Pétain, Henri Philippe 23, 25, 39, 42, 45f., 66, 71ff., 91, 107, 111, 113, 144, 177, 347f., 364ff., 376, 379, 386, 401f., 422, 425ff., 438ff., 457ff.
Petiet, frz. Gen. 318f., 334
Petitbon, frz. Oberst 177, 315
Petre, R. L. 382
Pflug, dt. Offz. 216
Philby, Kim 190
Philip, Percy 358f.
Picasso, Pablo 420
Pierlot, Hubert 398
Pitt, William 31
Podszus, dt. Offz. 232f.
Poincaré, Raymond 21, 25, 30ff., 36
Polnay, Peter de 360
Pomaret, Charles 144
Poncelet, frz. Offz. 239f.
Portes, Hélène de 84, 146f., 301, 424, 426, 440ff., 445, 458
Portzert, frz. Offz. 281
Pownall, Sir Henry 195, 387
Prételat, frz. Gen. 94, 158
Preusch, dt. Soldat 172
Prioux, frz. Gen. 111, 117, 178, 190f., 195, 246f., 252, 270, 345, 350, 372, 391, 393, 401, 407, 418f., 421, 457
Prümers, dt. Uffz. 223, 227

Raeder, Erich 139
Rambaud, Roger 106
Rauschnig, Hermann 57, 83, 123
Ravenstein, dt. Offz. 254, 341, 350, 382
Reichenau, Walter von 137, 174, 176, 329, 418
Reile, Oskar 168
Reinberger, Hellmuth 115, 134
Reinhardt, Georg H. 137, 186, 202f., 223, 244f., 254, 279ff., 286, 288f., 292, 300, 318, 332f., 341, 350f., 355, 368, 382, 407, 434
Remarque, Erich Maria 60
Renoir, Jean 61
Reynaud, Paul 49, 71ff., 84, 87f., 91, 109, 142ff., 163, 177, 202, 207, 248, 272,

291, 293, 298, 300ff., 309ff., 347f., 362, 365f., 373, 377ff., 386, 399, 401f., 404, 411, 421ff., 435, 439, 441, 443ff., 457f.
Ribbentrop, Joachim von 83, 88, 121, 448
Richthofen, Wolfram von 77f., 225, 227, 261
Rocque, Casimir de la 65ff., 75
Rolland, Romain 60
Rollier, frz. Offz. 320
Romains, Jules 83, 108
Rommel, Erwin 59, 167f., 171, 174, 179, 181, 183ff., 188, 203ff., 208, 212ff., 223, 226, 243, 245, 249ff., 260f., 271, 273ff., 282, 285, 292, 296, 300, 321ff., 334, 338ff., 350ff., 353, 369, 371, 382, 392ff., 407ff., 411, 417, 419, 431ff., 436, 449, 456
Roosevelt, Eleanor 146
Roosevelt, Franklin Delano 96, 437, 443f., 452
Rothenburg, dt. Offz. 203, 250f., 254, 274, 322, 328, 339, 350f., 394, 407, 456
Roton, frz. Gen. 151, 208, 248, 365, 373, 376
Rubarth, dt. Uffz. 231ff., 264
Ruby, frz. Gen. 159, 200, 210, 226, 228, 240, 242f., 257f., 265, 267, 285, 303, 316f., 361
Rudloff, dt. Offz. 174
Rundstedt, Gerd von 95, 124f., 129ff., 135ff., 156f., 170, 202, 255, 260, 315, 329ff., 338, 342, 345, 364, 369, 395f., 415ff., 431ff., 434, 455f.
Rydz-Smigly, poln. Marschall 88

Saint-Exupéry, Antoine de 61, 358, 360
Sancelme, frz. Gen. 252, 278f., 290, 322
Sarraz-Bournet, frz. Offz. 156
Sartre, Jean-Paul 58, 61f., 154
Sas, holl. Offz. 161, 163
Savoyen-Carignan, Prinz Eugen von 108
Schaal, dt. Gen. 230, 283, 285
Schacht, Hjalmar 451f.
Schieg, dt. Uffz. 265
Schirach, Baldur von 214
Schlieffen, Alfred Graf von 42, 116, 123, 125, 130, 136
Schmundt, dt. Offz. 123, 135, 211

Schräpler, dt. Offz. 216f.
Schulze, dt. Uffz. 230f., 244, 259
Schwappacher, dt. Uffz. 170
Schwartzkopf, dt. Offz. 262
Schwerin, dt. Offz. 167, 222, 233f., 285f.
Seeckt, Hans von 52ff., 58, 74, 130
Serin, frz. Offz. 241
Sheean, Vincent 420
Shirer, William S. 48, 51, 89, 93, 95, 98, 162, 328, 363f., 370, 381, 436, 446, 448, 450
Sievert, dt. Uffz. 202
Sodenstern, dt. Gen. 138, 329f.
Soldan, dt. Offz. 189
Spaak, Paul Henri 397
Spaatz, Gen. d. USAF 76
Spears, Sir Edward 93, 99, 107f., 111f., 144, 146f., 192, 360, 366, 378, 388, 405, 421, 423f., 428, 438f., 441f., 444f., 454
Speidel, Hans 436
Sperrle, Hugo 225
Spitta, dt. Offz. 382
Stackelberg, Karl von 280, 432, 450
Stalin, Josef 103f., 120, 413
Stavisky, Serge Alexandre 61ff., 144
Steinkeller, dt. Offz. 216
Stiotta, dt. Offz. 138, 156
Stresemann, Gustav 34
Student, Gen. d. Fl. 173, 191
Stülpnagl, dt. Offz. 129
Stutterheim, dt. Gen. 262
Sumner, Welles 96, 144

Taittinger, Pierre 156
Tardieu, André 62
Taylor, Telfer 360
Teissier du Cros, Janet 97, 163
Têtu, frz. Gen. 109, 291
Theophel, dt. Uffz. 232
Thierry d'Argenlieu, frz. Gen. 222
Thiers, Adolphe 64
Thomas, frz. Offz. 306f., 383, 420
Thompson, Dorothy 95
Thorez, Maurice 67ff., 75, 86, 103f., 440f.
Touchon, frz. Gen. 286f., 289, 297, 304, 316, 334, 337, 346, 352f., 364
Turenne, frz. Gen. 201

Udet, Ernst 77ff.

Vasselle, Pierre 307
Vauthier, frz. Gen. 281, 290
Vautrin, frz. Offz. 391
Veiel, Rudolf 237, 332, 381
Vigerie, Francois d'Astier, siehe Astier
Villelume, frz. Offz. 272, 301, 347
Vuillemin, frz. Gen. 79ff., 86, 109, 117, 376, 425, 431

Walther, dt. Offz. 173
Wanty, belg. Gen. 157
Warlimont, Walter 124
Waterfield, Gordon 96, 306
Wavell, brit. Gen. 405
Wenck, dt. Offz. 259, 335f.
Wenzel, dt. Uffz. 175
Werner, dt. Offz. 204, 254, 274, 407, 450
Werth, Alexander 272, 307f., 383, 420
Westphal, Siegfried 94
Weygand, Maxime 23, 44, 47f., 74f., 109, 112, 122, 148, 192, 347f., 366, 375, 377ff., 386f., 389, 396ff., 401ff., 409ff., 414, 419, 422ff., 431ff., 439ff., 447ff., 453f., 457
Wietersheim, V., dt. Gen. 137, 223, 286, 342, 406
Wilhelm II., dt. Kaiser 127, 46Q
Wilhelm, dt. Kronprinz 51
Wilmot, Chester 235
Wilson, Thomas Woodrow 26f., 33
Windsor, Herzog von 95, 161
Wispelaere, belg. Offz. 204
Witzig, Rudolf 175f.
Witzleben, Erwin von 369
Wood, Sir Kingsley 93
Woroschilow, Kliment 87f.
Wrana, frz. Off. 226

Ybarnegaray, Jean 148, 440
Young, Desmond 213, 251

Zeitzler, dt. Offz. 294
Zimmermann, dt. Offz. 238
Zogu, Ahmed, König von Albanien 161
Zola, Emile 27

Bibliographie

Abetz, Otto: Das offene Problem, Köln 1951.

Abshagen, Karl Heinz: Canaris, London 1956.

Accart, J. M.: Chasseurs du Ciel, Paris 1945.

Allard, Paul: L'Énigme de la Meuse: La Vérité sur l'Affaire Corap, Paris 1941.

Armengaud, A.: Batailles Politiques et Militaires sur l'Europe, Paris 1948.

Astier de la Vigerie, François d': Le Ciel n'était pas Vide, Paris 1952.

Balbaud, René: Cette Drôle de Guerre, Oxford 1941.

Bardies, R. M.: La Campagne de 1939—1940, Paris 1947.

Bardoux, Jacques: Journal (1. Sept. 1939—15. Juli 1940), Paris 1957.

Barlone, D.: A French Officer's Diary: August 1939—October 1940, Cambridge 1943.

Baudouin, Paul: Private Diaries: March 1940—January 1941, London 1948.

Bauer, E.: Der Panzerkrieg, Bonn 1965.

Baumbach, Werner: Zu spät, München 1949.

Bayet, A.: Pétain et la Cinquième Colonne, Paris 1944.

Beaufre, Gen. André: Le Drame de 1940, Paris 1965.

Beauvoir, Simone de: The Prime of Life, London 1963.

Bekker, Cajus: Angriffshöhe 4000, Oldenburg 1964.

Benoist-Méchin, J.: 60 Days that Shook the West, London 1956.

Bernard, H.: La Guerre et son Évolution à Travers les Siècles, Brüssel 1957.

Bloch, Marc: Strange Defeat, Oxford 1949.

Blum, Léon: De Munich à la Guerre: 1937—1940, Paris 1965,
— Mémoires, Paris 1955.

Blumentritt, G. von: Von Rundstedt: Mensch und Soldat, London 1952.

Bois, Élie J.: Truth on the Tragedy of France, London 1940.

Bongartz, Heinz: Luftmacht Deutschland, Essen 1939.

Boothe, Clare: European Spring, London 1941.

Borchert, Hubert W.: Panzerkampf im Westen, Berlin 1940.

Bräck, Hermann: Als Kampfflieger über Frankreich, Berlin 1942.

Brogan, D. W.: The Development of Modern France, London 1940.

Bryant, Arthur: The Turn of the Tide, London 1957.

Bucheit, Gert: Der Deutsche Geheimdienst, München 1966.

Carron, Lucien: Fantassins sur l'Aisne, Paris 1943.

Chambrun, René Aldebart, Comte de: I Saw France Fall, New York 1940.

Charles-Roux, F.: Cinq Mois Tragiques aux Affaires Étrangères, Paris 1949.

Chastenet, Jacques: Les Années d'Illusions: 1918—1931, Paris 1960.
— Déclin de la Troisième: 1931—1938, Paris 1962.
— Le Drame Final de la Troisième Republique: 1938—1940, Paris 1963.
Chautemps, C.: Cahiers Secrets de l'Armistice: 1939—1940, Paris 1963.
Christophe, E. C.: Wir stoßen mit Panzern zum Meer, Berlin 1940.
Churchill, W. S.: The Second World War, Bde. I und II, London 1949.
Clark, Douglas: Three Days to Catastrophe, London 1966.
Conquet, Gen. Alfred: L'Énigme des Blindés, Paris 1956.
Conrad, Florence: Camarades de Combat, New York 1942.

Dolléans, E.: Histoire du Mouvement Ouvrier, Paris 1939.
Douglas, Sholto: Years of Command, London 1966.
Doumenc, Gen. Aimé: Histoire de la 9e Armée, Grenoble 1945.
Draper, Theodore: The Six Weeks' War: 10th May—25th June, London 1946.

Ehrenburg, Ilja: Eve of War: 1933—1941, London 1963.
Ellis, Major L. F.: The War in France and Flanders, London 1953.

Fabre-Luce, A.: Journal de la France, Bd. I: März 1939—Juli 1940, Paris 1940.
Fauvet, Jacques: Histoire du Parti Communiste français de la Guerre à la
    Guerre: 1917—1939, Paris 1964.
Fechner, Fritz: Panzer am Feind, Gütersloh 1942.
François-Poncet, André: The Fateful Years, London 1949.
Fuller, Generalmajor J. F. C.: Decisive Battles of the Western World, Bd. III,
    London 1956.

Galland, Adolf: Die Ersten und die Letzten, Schneekluth 1953.
Gamelin, Gen. Maurice: Servir: Les Armées Françaises de 1940, 3 Bde.,
    Paris 1946.
Gauché Maurice Henri: Le Deuxième Bureau au Travail, Paris 1953.
Gaulle, Gen. Charles de: Vers l'Armée de Métier, Paris 1935, London 1946.
— War Memoirs, Bd. I: The Call to Honour, 1940—1942, London 1955.
Gontaut-Biron, Ch. A. de: Les Dragons au Combat, Paris 1954.
Gorce, P.-M. de la: The French Army, London 1963.
Görlitz, Walter: Der Zweite Weltkrieg 1939—1945, 2 Bde., Stuttgart 1951.
— Hrsg.: Generalfeldmarschall Keitel, Verbrecher oder Offizier?, o. J.
Goutard, Oberst A.: The Battle of France, 1940, London 1958.
— La Guerre des Occasions Perdues, Paris 1956.
Grandmougin, Jean: Histoire Vivante du Front Populaire, 1934—1939,
    Paris 1966.
Grandsard, C.: Le 10e Corps d'Armée dans la Bataille 1939—1940,
    Paris 1949.

Greenwall, H. J.: When France Fell, London 1958.
Guderian, Heinz: Achtung — Panzer! Stuttgart 1937.
— Panzer Leader, London 1952.
— Mit den Panzern in Ost und West, Stuttgart 1942.
Guérin, Daniel: Front Populaire: Revolution Manquée, Paris 1963.

Habe, Hans: A Thousand Shall Fall: May—December 1940, London 1942.
Halder, Franz: Kriegstagebuch, 3 Bde., Stuttgart 1962—1964.
Harsch, Joseph C.: Pattern of Conquest, London 1942.
Hartog, L. J.: Und morgen die ganze Welt, Gütersloh 1961.
Hassell, C. A. U. von: The Von Hassell Diaries: 1938—1944, London 1948.
Haupt, Werner: Sieg ohne Lorbeer, Holstein 1965.
Hautecler, G.: Le Combat de Chabrehez, 10. Mai 1940, Brüssel 1955.
Hébrard, J.: 25 Années d'Aviation Militaire, Paris 1947.
Heinkel, Ernst: Stürmisches Leben, Stuttgart 1953.
Herriot, Édouard: Épisodes, 1940—1944, Paris 1950.
Heusinger, Gen. A.: Befehl im Widerstreit: Schicksalsstunden der deutschen
    Armee, 1923—1945, Tübingen 1950.

Ironside, General Sir E.: The Ironside Diaries, London 1962.

Jacobsen, H. A.: Entscheidungsschlachten des Zweiten Weltkrieges. Frank-
    furt 1960.
— Fall Gelb, Wiesbaden 1957.
Jamet, Claude: Carnets de Déroute, Paris 1962.
Jong, Louis de: The German Fifth Column in the Second World War,
    London 1956.

Kammerer, A.: La Vérité sur l'Armistice, Paris 1944.
Klein, Burton H.: Germany's Economic Preparation for War, Cambridge,
    Mass., 1959.
Kielmansegg, J. A. Graf von: Panzer zwischen Warschau und Atlantik,
    Berlin 1941.
Koeltz, Louis: Comment s'est joué notre destin, Paris 1957.
Koestler, Arthur: Scum of the Earth, London 1941.
Kosak, Georges: Belgique et France, 1940, Paris 1946.

Laure, Gen. Emile: Pétain, Paris 1947.
Lebrun, Albert: Témoignage, Paris 1945.
Lee, Asher: The German Air Force, London 1946.
Lerccouvreux, M.: Huit Mois d'Attente, Un Mois de Guerre, Paris 1946.

Leverkuehn, Paul: German Military Intelligence, London 1954.
Lévy, L.: Truth about France, London 1941.
Liddell Hart, B. H.: Memoirs, Bde. I und II, London 1965,
— The Other Side of the Hill, London 1948,
— The Tanks, Bd. II: 1939—1945, London 1959.
Liss, U.: Westfront 1939—40, Neckargemünd 1959.
Lossberg, Gen. B. von: Im Wehrmachtführungsstab, Hamburg 1950.
Lyet, Pierre: La Bataille de France, Paris 1947.

Maassen, Heinz: Über die Maas, Düsseldorf 1942.
Maine-Lombard, Pierre: Ceux du Béton, Paris 1957.
Manstein, Feldmarschall F. E. von: Verlorene Siege, Frankfurt 1966.
Manteuffel, Gen. Hasso E. von: Die 7. Panzerdivision im Zweiten Weltkrieg,
Köln 1965.
Maurois, André: Tragedy in France, New York 1940.
Mellenthin, Generalmajor F. W. von: Panzerschlachten 1939/45.
Mende, Karl-Heinz: Briefe aus dem Westen, Berlin 1940.
Mendès-France, Pierre: The Pursuit of Freedom, London 1956.
Mengin, Robert: No Laurels for de Gaulle, London 1967.
Menu, Charles Léon: Lumière sur les Ruines, Paris 1953.
Middleton, Drew: Our Share of Night, New York 1946.
Minart, Oberst Jacques: P. C. Vincennes: G. Q. G. Sector I, Paris 1945.
Montreuil, J.: Histoire du Mouvement Ouvrier en France, Paris 1947.
Monzie, A. de: Ci-devant, Paris 1942.
Moulton, J. L.: The Norwegian Campaign of 1940, London 1966.
Mueller-Hillebrand, Gen. B.: Das Heer 1939—1945, Darmstadt, o. J.
Müller, K. J.: Das Ende der Entente Cordiale, Frankfurt/Main 1956.
Murawski, Erich: Der Durchbruch im Westen, Oldenburg 1940.
Muray, Jean: La Ballade des Tordus, Paris 1943.

Narracott, Arthur Henson: War News Had Wings, London 1941.
Namier, L. B.: Europe in Decay, London 1950.

O'Neill, Robert J.: The German Army and the Nazi Party, London 1966.
Osterkamp, Theo: Durch Höhen und Tiefen jagt ein Herz, Stuttgart 1952.

Paquier, Pierre: L'Aviation de Bombardement Française en 1939—1940,
Paris 1948.
— Combats de Chasse, Paris 1946.
Pertinax, A.: The Gravediggers of France, New York 1944.
Picht, Werner: Das Ende der Illusionen, Berlin 1941.
Prételat, Gen. G.: Le Destin Tragique de la Ligne Maginot, Paris 1950.

Prioux, R.: Souvenirs de Guerre, Paris 1947.
Prittie, Terence: Germans against Hitler, London 1964.

Rauschning, H.: Gespräche mit Hitler, Zürich 1940.
Reile, Oskar: Geheime Westfront: Die Abwehr 1935—1945, München 1962.
Reynaud, Paul: Au Coeur de la Mêléc, Paris 1951.
— La France a sauvé l'Europe, Paris 1947,
— Mémoires: Venue de ma Montagne, Paris 1960.
Richards, D. J. and Saunders, H. St. G.: The Royal Air Force, 1939—1945,
Bd. I: The Fight at Odds, London 1953.
Ritter, G.: Carl Goerdeler und die deutsche Widerstandsbewegung, Stuttgart 1956.
Rocolle, Oberstleutnant P. P. F.: Le Béton a-t-il trahi?, Paris 1950.
Romains, Jules: Seven Mysteries of Europe, New York 1940.
Rommel, Feldmarschall E.: Tagebücher, hrsg. v. B. H. Liddell Hart, London 1951.
Rossi, A.: Une Page d'Histoire: Les Communistes Français pendant la Drôle
de Guerre, Paris 1951.
Roton, G.: Années Cruciales, Paris 1947.
Rowe, Vivian: The Great Wall of France, New York 1959.
Ruby, Gen. Edouard: Sedan, Terre d'Epreuve, Paris 1948.

Saint-Exupéry, Antoine de: Flug nach Arras, Hamburg, o. J.
Salesse, Oberstleutnant: L'Aviation de Chasse Française en 1939/40, Paris
1955.
Sarraz-Bournet, Oberst Jacques: Témoignage d'un Silencieux: G. Q. G.,
2e Bureau, Paris 1948.
Schlabrendorff, Fabian von: Offiziere gegen Hitler, Frankfurt a. M. 1965.
Seive, Fleury: L'Aviation d'Assaut dans la Bataille de 1940, Paris 1948.
Sendtner, K.: Die Vollmacht des Gewissens: Die deutsche Militäropposition im
ersten Kriegsjahr, München 1956.
Serre, C.: Les Évenements survenues en France de 1933—1945, 5 Bde.,
Paris 1947.
Serrigny, Gen. Bernard: 30 Ans avec Pétain, Paris 1959.
Seydewitz, Max: Civil Life in War-Time Germany, New York 1945.
Sheean, James Vincent: Between the Thunder and the Sun, New York 1943.
Shirer, William: L.: Berlin Diary 1934—1941, London 1941.
— Aufstieg und Fall des Dritten Reiches, München 1966.
Spaeter, Helmuth: Die Geschichte des Panzerkorps Großdeutschland, Bd. I,
Duisburg-Ruhrort 1958.
Spears, E. L.: Assignment to Catastrophe, 2 Bde., London 1954.
Sponeck, Theodor Graf von: Mit schnellen Truppen an 6 Fronten, Leipzig
1943.
Stackelberg, K. von: Ich war dabei, ich sah, ich schrieb, Berlin 1940.
Starcke, Gerhard: Die roten Teufel sind die Hölle, Berlin 1941.

Stoves, Rolf: 1. Panzerdivision 1935—1945, Bad Nauheim 1962.

Strohmeyer, Kurt: Stukas, Berlin o. J.

Supf, Peter: Das Buch der deutschen Fluggeschichte, Berlin o. J.

Taylor, A. J. P.: English History, 1914—1945, Oxford 1965.

—   Origins of the Second World War, London 1961.

Taylor, Telford: The March of Conquest, New York 1959.

Teissier du Cros, Janet: Divided Loyalties, London 1962.

Thompson, Laurence: 1940, London 1966.

Tippelskirch, General Kurt von: Geschichte des Zweiten Weltkriegs, Bonn 1951.

Tissier, P.: The Riom Trial, London 1942.

Tournoux, J. R.: Pétain and de Gaulle, London 1966.

Tschimpke, Alfred: Die Gespensterdivision, München 1940.

U. S. A. F.: German Air Force Operation in Support of the Army, U. S. A. F. 1962.

Vaselle, Pierre: La Tragédie d'Amiens: mai—juin 1940, Amiens 1952.

—   La Bataille au Sud d'Amiens, 20 mai—8 juin, Paris 1948.

Voisin, Pierre: Ceux des Chars, Lyon 1941.

Walter, G.: Histoire du Parti Communiste Français, Paris 1948.

Warlimont, Gen. W.: Inside Hitler's Headquarters, 1939—1945, London 1964.

Waterfield, Gordon: What Happened to France, London 1940.

Webster, Sir Charles and Frankland, Noble: The Strategic Air Offensive against Germany, 1939—1945, London 1961.

Weiss, Wilhelm (Hrsg.): Der Krieg im Westen, München 1941.

Werth, Alexander: The Last Days of Paris, London 1940.

Westphal, Gen. S.: The German Army in The West, London 1951.

Weygand, Generalmajor: Recalled to Service, London 1952.

Weygand, J.: The Role of General Weygand, London 1948.

Wheeler-Benett, John W.: The Nemesis of Power, London 1953.

Wittek, E. (Hrsg): Die soldatische Tat: Berichte von Mitkämpfern des Heeres im Westfeldzug 1940, hrsg. vom Generalstab des Heeres, Berlin 1941.

Young, Desmond: Rommel, London 1950.

Zeitschriften und andere Quellen

Aus „L'Armee: La Nation":
Generalleutnant Nyssens: Lord Gort avait raison, Mai 1953.
Major Jean Godet: Rommel en Belgique, Juli—August 1958.

Aus „Revue Défense Nationale":
General Ely: La leçon qu'il faut tirer des opérations de 1940, Dezember 1953.

Aus „Revue d'Histoire de la Deuxième Guerre Mondiale":
R. Villate: Le changement de commandement de mai 1940, Januar 1952.
Louis Marin: Gouvernement et commandement, mai—juin 1940, Oktober 1952.
Oberstleutnant le Goaster: L'action des forces aériennes, Juni 1953.
P. Dhers: Notes on the Comité de Guerre du 25 mai 1940, Juni 1953.
Jean Vanwelkenhuyzen: L'alerte du 10 janvier 1940, Oktober 1953.
J. M. d'Hoop: La politique française du réarmement, April 1954.
J. Willequet: La politique belge d'indépendance, 1936—40, Juli 1958.
General Rollot: La bataille de Sedan, Oktober 1958.
General Tournoux: Les origines de la ligne Maginot, Januar 1959.
General Rollot: L'offensive de Sedan: les rapports franco-belges, April 1960.
E. Wanty: La défense des Ardennes en 1940, April 1961.
General de Cosse-Brissac: L'armée allemande dans la campagne de 1940, Januar 1964.
Oberstleutnant le Goyet: La percée de Sedan, 10—15 mai 1940, Juli 1965.

Aus „Revue Historique de l'Armée":
General Guderian: La campagne de France, Bd. I, 1947.
Oberstleutnant d'Ornane: Le XIX Corps blindé allemand dans les Ardennes en 1940, Bd. III, 1955.
Oberst P. Lyet: Témoignages et documents 1939—40, Bd. I, 1960.
Oberstleutnant le Goyet: Le XIe Corps Armée dans la bataille de la Meuse, 10—15 mai 1940, Bd. I, 1962.
Oberst P. Lyet: A propos de Sedan 1940, Bd. IV, 1962.
Oberstleutnant le Goyet: Contre-attaques manquées, Sedan 13—15 mai 1940, Bd. IV, 1962.
Oberst P. Lyet: Les Tirailleurs malgaches à Monthermé, mai 1940, Bd. IV, 1963.
Oberstleutnant le Goyet: L'engagement de la 2e Division Cuirassée Française, Bd. I, 1964.
Oberstleutnant le Goyet: Rethel 1940, Bd. IV, 1964.
Oberst Cailloux: Campagne de France 1940: la contre-attaque qui n'eut jamais lieu, 19—25 mai, Bd. III, 1966.

Aus „Alte Kameraden":
Über die Maas am 15. Mai 1940, Nummer 9, 1959.

Aus „Deutsche Soldaten-Zeitung":
A. Rothe: So war die erste große Panzerschlacht, Mai 1952.

Aus „Militär-Wochenblatt":
Hauptfeldwebel Schulze: Erster Einsatz vor Sedan, April 1941.
Generalmajor Aschenbrandt: Der Einsatz der französischen 4. Panzerdivision, Juli 1942.
Oberleutnant Grubnau: Brückenschlag über die Maas westlich Sedan für den Übergang einer Panzerdivision, Januar 1941.

Aus „Militärwissenschaftliche Rundschau":
Oberstleutnant Soldan: Der Durchbruch über die Maas am 13. Mai 1940, November 1940.

Aus „Schweizerische Militär-Zeitschrift":
Ulrich Liss: Der französische Gegenangriff gegen den deutschen Maasdurchbruch im Mai 1940, 1958.

Diverse Zeitungen und Zeitschriften
Bundesarchiv, Koblenz
Kriegstagebücher deutscher Einheiten
„London Gazette", Supplement von 10. Oktober 1941.